RESSE 1978

Consultable aussi sur microfiche même cote.

LA LÉGISLATION

DE

L'INSTRUCTION PRIMAIRE

EN FRANCE

DEPUIS 1789 JUSQU'A NOS JOURS

RECUEIL

DES

LOIS, DÉCRETS, ORDONNANCES, ARRÊTÉS, RÉGLEMENTS,
DÉCISIONS, AVIS, PROJETS DE LOIS,

AVEC UNE INTRODUCTION HISTORIQUE ET UNE TABLE ANALYTIQUE

Par M. GRÉARD

VICE-RECTEUR DE L'ACADÉMIE DE PARIS
MEMBRE DE L'INSTITUT.

DEUXIÈME ÉDITION

TOME II
De 1833 à 1847

PARIS

TYPOGRAPHIE DELALAIN FRÈRES

IMPRIMEURS DE L'UNIVERSITÉ

1 et 3, rue de la Sorbonne.

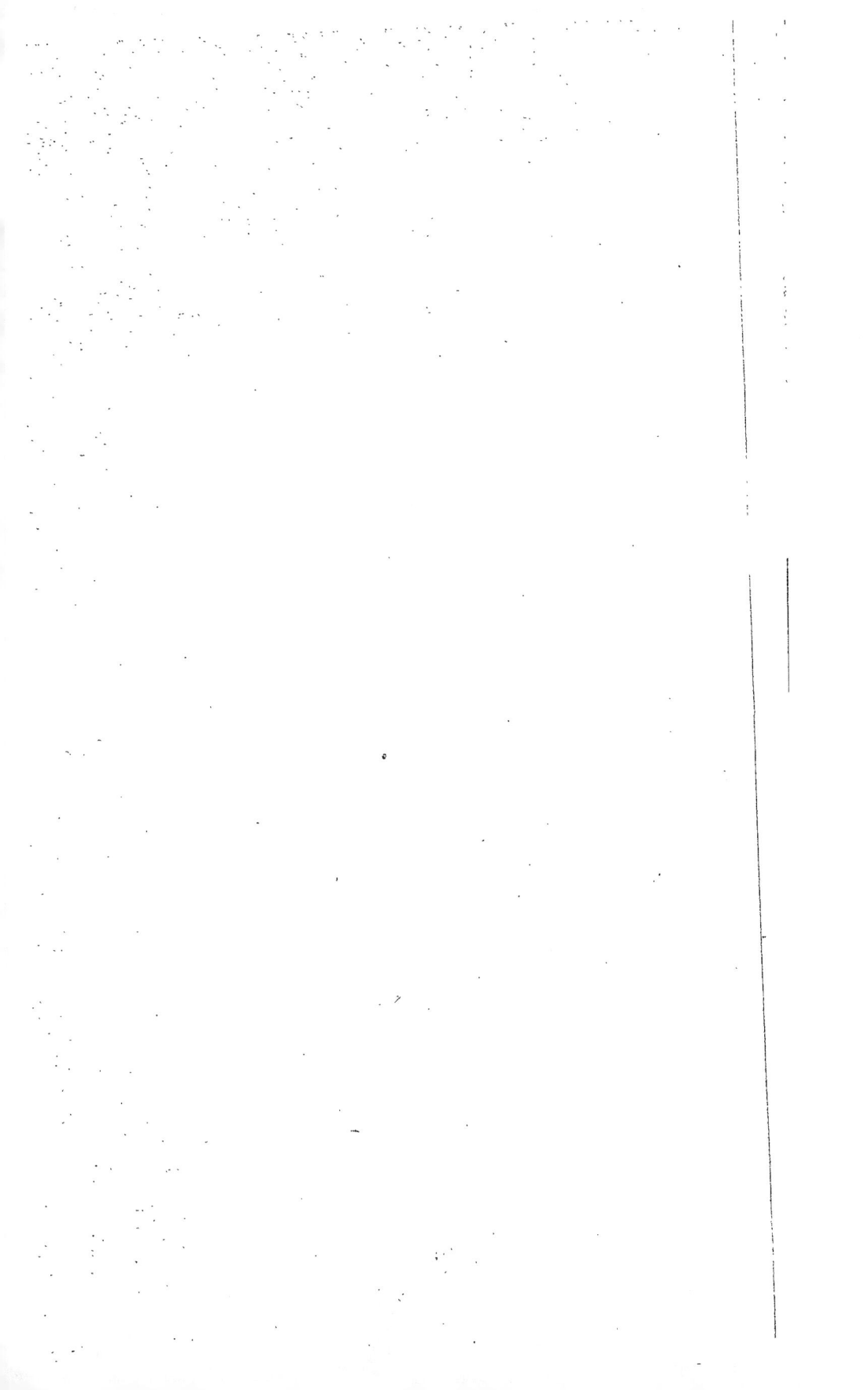

LA LÉGISLATION

DE

L'INSTRUCTION PRIMAIRE

EN FRANCE.

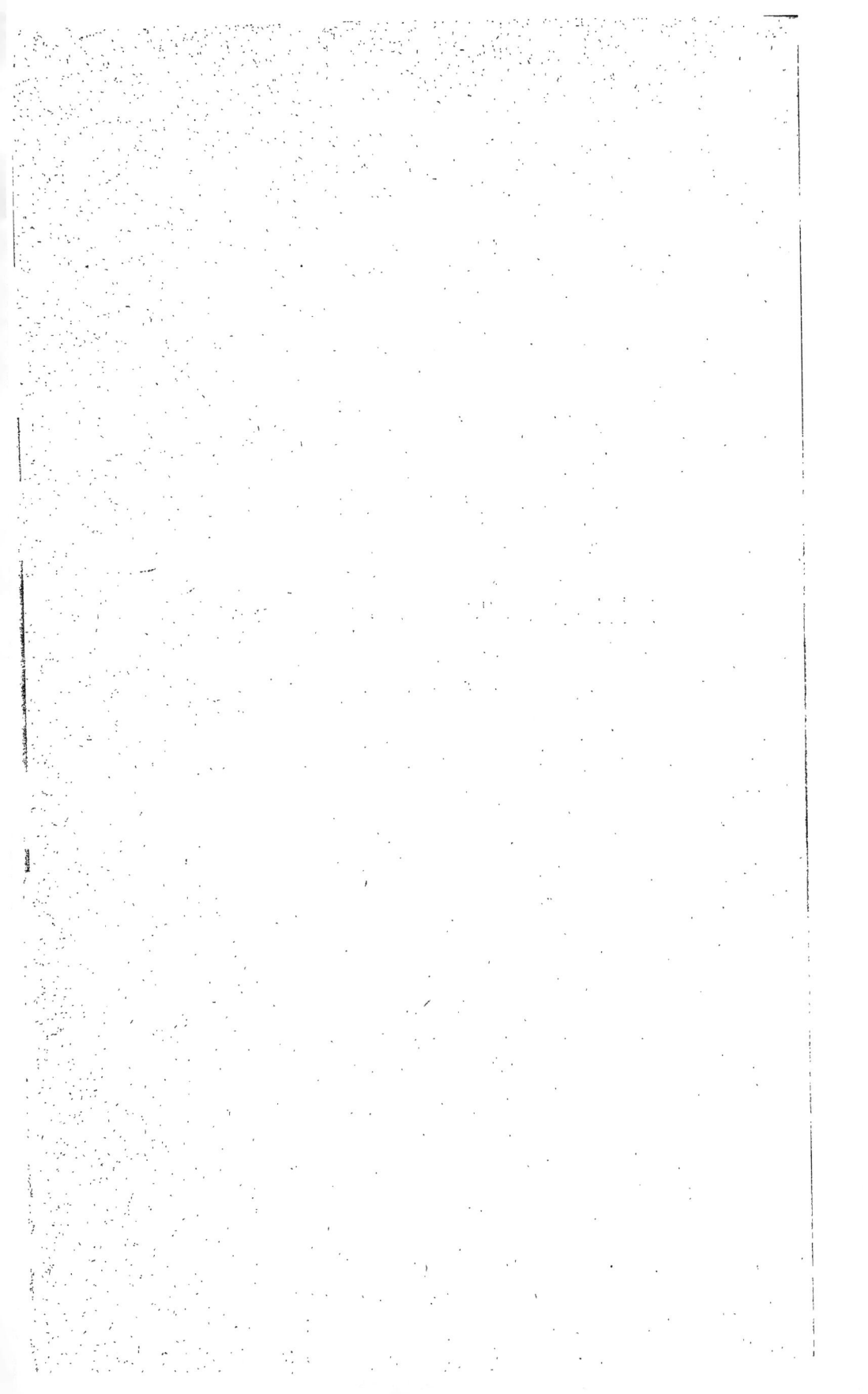

LA LÉGISLATION

DE

L'INSTRUCTION PRIMAIRE

EN FRANCE

DÉPUIS 1789 JUSQU'A NOS JOURS

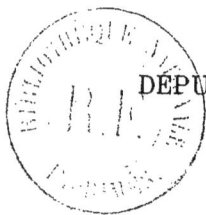

RECUEIL

DES

LOIS, DÉCRETS, ORDONNANCES, ARRÊTÉS, RÈGLEMENTS,
DÉCISIONS, AVIS, PROJETS DE LOIS,

AVEC UNE INTRODUCTION HISTORIQUE ET UNE TABLE ANALYTIQUE

Par M. GRÉARD

VICE-RECTEUR DE L'ACADÉMIE DE PARIS
MEMBRE DE L'INSTITUT.

DEUXIÈME ÉDITION

TOME II

De 1833 à 1847

PARIS

TYPOGRAPHIE DELALAIN FRÈRES

IMPRIMEURS DE L'UNIVERSITÉ

1 et 3, rue de la Sorbonne.

Toutes nos éditions sont revêtues de notre griffe.

Décembre 1891.

LA LÉGISLATION

DE L'INSTRUCTION PRIMAIRE EN FRANCE

DEPUIS 1789 JUSQU'A NOS JOURS.

———❖———

Loi sur l'Instruction primaire [1].

28 Juin 1833.

1° Exposé des motifs du projet de loi présenté à la Chambre des Députés par M. Guizot, Ministre Secrétaire d'État de l'Instruction publique.

(Séance du 2 janvier 1833.)

Messieurs, le caractère du projet de loi que nous avons l'honneur de vous présenter est d'être essentiellement pratique.

Il ne repose, en effet, sur aucun de ces principes absolus que l'esprit de parti et l'inexpérience accréditent selon le temps et les circonstances, et qui, lorsqu'ils règnent seuls dans une loi, la rendent presque toujours vaine et stérile.

---

1. Le projet que le Gouvernement avait présenté le 20 janvier 1831 (Tome Ier, page 388) n'avait pas abouti; la proposition de M. de Las-Cases, 24 octobre 1831 (Tome Ier, p. 414), et le rapport de M. Daunou, 22 décembre 1831, étaient également restés sans effet. Le 30 décembre 1832, MM. Salverte, Laurence, Eschassériaux et Taillandier, demandèrent que la question fût reprise (Tome Ier, p. 424). Trois jours après, le Gouvernement présentait un projet, qui fut immédiatement mis à l'étude, et qui aboutit à la loi promulguée le 28 juin 1833.

Consulter sur la question les documents ci-après :
Rapport de M. Renouard, député (4 mars 1833), au nom de la Commission chargée d'examiner à la fois le projet Salverte, Laurence, Eschassériaux, et celui du Gouvernement. Le rapport concluait à l'adoption;
Discussion à la Chambre des Députés (3 mai). — Le projet fut présenté le 6 mai à la Chambre des Pairs;
Rapport de M. Cousin, pair de France (21 mai);
Discussion à la Chambre des Pairs (28 mai);
Rapport de M. Dumon, député (12 juin);
Nouvelle discussion à la Chambre des Députés (18 juin), — à la Chambre des Pairs (20 juin);
Nouveau rapport de M. Cousin et dernière discussion du projet (22 juin).

L'histoire de l'instruction primaire, depuis quarante années, est une éclatante démonstration de ce danger. Quel principe, au premier coup d'œil, paraît plus favorable que celui-ci : « Quand un Gouvernement est fondé sur les lumières « générales, il doit à tous l'instruction nécessaire à tous ! » Quoi de plus spécieux, de plus digne, ce semble, d'une grande nation ! C'est presque l'honneur de l'Assemblée constituante de s'être laissé prendre à cette illusion généreuse ; et, sous l'empire de l'enthousiasme qui entraînait alors les meilleurs esprits, la loi des 13 et 14 septembre 1791 décida que l'instruction *serait gratuite à l'égard des parties d'enseignement indispensables à tous les hommes*. Ce qu'avait dit l'Assemblée constituante, la Convention le fit, c'est-à-dire le tenta, et décréta partout un enseignement élémentaire, avec un traitement fixe de 1 200 francs à tout instituteur, sur le Trésor public, ainsi qu'une retraite proportionnée. Promesse magnifique qui n'a pas produit une seule École ! Quand l'État veut tout faire, il s'impose l'impossible ; et, comme on se lasse bientôt de lutter contre l'impossible, à des illusions gigantesques succèdent promptement le découragement, la langueur et la mort.

Du principe absolu de l'instruction primaire gratuite considérée comme une dette de l'État, passons au principe opposé, qui compte encore aujourd'hui tant de partisans, celui de l'instruction primaire considérée comme une pure industrie, par conséquent livrée à la seule loi de toute industrie, la libre concurrence, et à la sollicitude naturelle des familles, sans aucune intervention de l'État. Mais cette industrie que l'intérêt entreprend, l'intérêt seul la poursuit : l'intérêt peut donc aussi l'interrompre et l'abandonner. Les lieux où l'instruction primaire serait le plus nécessaire sont précisément ceux qui tentent le moins l'industrie, et le besoin le plus sacré demeure sans garantie et sans avenir.

Contre ces deux principes extrêmes, nous adresserons-nous au principe communal ? Demanderons-nous à la commune, qui semble participer à la fois de la famille et de l'État, de se charger seule de l'instruction primaire, de la surveillance et, par conséquent, aussi des dépenses ? Le principe communal nous jette bien loin des grandes vues de l'Assemblée constituante et de la Convention ; il nous mène sous le Gouvernement du Directoire et sous la loi de l'An IV, aussi étroite en matière d'instruction primaire que le principe exclusif sur lequel elle repose : loi en vérité trop peu libérale et envers l'instituteur, et envers le peuple, qui n'assurait à l'instituteur que le logement, et n'exemptait de la rétribution qu'un quart des élèves pour cause d'indigence. Encore la loi de l'An X, conçue dans le même esprit, réduisit ce quart au cinquième, pour ne pas trop diminuer le seul traitement éventuel du maître, mais augmentant par là l'ignorance et la misère de la commune.

C'est qu'il est bien difficile que la plupart des communes supportent seules les dépenses nécessaires pour que l'instruction primaire y soit réelle ; dans presque toutes il faudra que l'instituteur se contente, ou à peu près, de la seule rétribution des élèves qu'il attirera, traitement éventuel, incertain, insuffisant. Cet instituteur, déjà si dépourvu, on le ruine entièrement si on le force de donner l'instruction gratuite aux indigents ; et, de conséquence en conséquence, on arrive à n'admettre dans l'École qu'un très petit nombre de pauvres, c'est-à-dire que l'on prive de l'instruction primaire ceux-là même qui en ont le plus pressant besoin. Rien n'est plus sage assurément que de faire intervenir les pouvoirs locaux dans la surveillance de l'instruction primaire ; mais il n'est pas bon qu'ils y interviennent seuls, ou il faut bien savoir qu'on livre alors l'instruction primaire à l'esprit de localité et à ses misères. Si on veut que le maître d'école soit utile, il faut qu'il soit respecté ; et, pour qu'il soit respecté, il faut

1.

qu'il ait le caractère d'un fonctionnaire de l'État, surveillé sans doute par le pouvoir communal, mais sans être uniquement sous sa main, et relevant d'une autorité plus générale.

Cherchez toujours ainsi, Messieurs, et vous ne trouverez pas un bon principe qui, admis à dominer seul dans l'instruction primaire, ne puisse lui porter un coup mortel. Et, pour finir ces exemples par le plus frappant de tous, supposons un Gouvernement qui, pour établir la salutaire influence de la religion dans l'instruction du peuple, irait, comme l'a tenté la Restauration dans ses plus mauvais jours, jusqu'à remettre l'éducation du peuple au clergé seul : cette coupable condescendance enlèverait à l'instruction primaire les enfants de toutes les familles qui repoussent, avec raison, la domination ecclésiastique ; comme aussi, en substituant dans les Écoles ce qu'on appelle la morale civique à l'instruction morale et religieuse, on commettrait d'abord une faute grave envers l'enfance, qui a besoin de morale et de religion ; et ensuite on soulèverait des résistances redoutables ; on rendrait l'instruction primaire suspecte, antipathique peut-être à une multitude de familles en possession d'une juste influence.

Nous espérons, Messieurs, avoir évité dans le projet de loi ces excès différents, également dangereux. Nous n'avons point imposé un système à l'instruction primaire ; nous avons accepté tous les principes qui sortaient naturellement de la matière, et nous les avons tous employés dans la mesure et à la place où ils nous ont paru nécessaires. C'est donc ici, nous n'hésitons pas à le dire, une loi de bonne foi, étrangère à toute passion, à tout préjugé, à toute vue de parti, et n'ayant réellement d'autre objet que celui qu'elle se propose ouvertement, le plus grand bien de l'instruction du peuple.

Quoiqu'elle renferme une assez grande variété de principes, cette loi est simple dans son économie. Elle réduit à trois questions fondamentales toutes celles que l'on peut se proposer sur l'instruction primaire, savoir :

1° Les objets d'enseignement que l'instruction primaire doit embrasser ;
2° La nature des Écoles auxquelles elle doit être confiée ;
3° Les autorités qui doivent y être préposées.

La première question est résolue dans le titre Ier de la loi, qui contient comme la définition de l'instruction primaire.

Nous avons divisé l'instruction primaire en deux degrés, l'instruction primaire élémentaire et l'instruction primaire supérieure. Le premier degré est comme le *minimum* de l'instruction primaire, la limite au-dessous de laquelle elle ne doit pas descendre, la dette étroite du pays envers tous ses enfants. Ce degré d'instruction doit être commun aux campagnes et aux villes ; il doit se rencontrer dans le plus humble bourg comme dans la plus grande cité, partout où il se trouve une créature humaine sur notre terre de France. Tel qu'il est constitué, vous reconnaîtrez qu'il est suffisant. Par l'enseignement de la lecture, de l'écriture et du calcul, il pourvoit aux besoins les plus essentiels de la vie ; par celui du système légal des poids et mesures et de la langue française, il implante partout, accroît et répand l'esprit et l'unité de la nationalité française ; enfin, par l'instruction morale et religieuse, il pourvoit déjà à un autre ordre de besoins tout aussi réels que les autres, et que la Providence a mis dans le cœur du pauvre comme dans celui des heureux de ce monde, pour la dignité de la vie humaine et la protection de l'ordre social.

Ce premier degré d'instruction est assez étendu pour faire un homme de qui le recevra, et en même temps assez circonscrit pour pouvoir être partout réalisé. Mais de ce degré à l'instruction secondaire qui se donne soit dans les institutions et pensions privées, soit dans les Collèges de l'État, il y a bien loin,

Messieurs; et pourtant, dans notre système actuel d'instruction publique, il n'y a rien entre l'un et l'autre. Cette lacune a les plus grands inconvénients. Elle condamne ou à rester dans les limites étroites de l'instruction élémentaire, ou à s'élancer jusqu'à l'instruction secondaire, c'est-à-dire jusqu'à un enseignement classique et scientifique extrêmement coûteux.

De là il résulte qu'une partie très nombreuse de la nation qui, sans jouir des avantages de la fortune, n'est pas non plus réduite à une gêne trop sévère, manque entièrement des connaissances et de la culture intellectuelle et morale appropriées à sa position. Il faut absolument, Messieurs, combler cette lacune ; il faut mettre une partie si considérable de nos compatriotes en état d'arriver à un certain développement intellectuel, sans leur imposer la nécessité de recourir à l'instruction secondaire, si chère, et, je ne crains pas de le dire, car je parle devant des hommes d'État qui comprendront ma pensée, si chère à la fois et si périlleuse. En effet, pour quelques talents heureux que l'instruction scientifique et classique développe et arrache utilement à leur condition première, combien de médiocrités y contractent des goûts et des habitudes incompatibles avec la condition modeste où il leur faudrait retomber ; et, sorties une fois de leur sphère naturelle, ne sachant plus quelle route se frayer dans la vie, ne produisent guère que des êtres ingrats, malheureux, mécontents, à charge aux autres et à eux-mêmes !

Nous croyons rendre au pays un vrai service en établissant un degré supérieur d'instruction primaire, qui, sans entrer dans l'instruction classique et scientifique proprement dite, donne pourtant à une partie nombreuse de la population une culture un peu plus relevée que celle que lui donnait jusqu'ici l'instruction primaire. Déjà le projet qui vous a été présenté l'année dernière et le rapport de votre Commission rendaient un enseignement de ce genre facultatif selon les besoins et les ressources des localités ; nous avons cru entrer dans vos vues en organisant d'une manière positive ce degré supérieur de l'instruction primaire, et en le rendant obligatoire pour toutes les communes urbaines au-dessus de six mille âmes, comme le degré inférieur l'est pour toutes les communes, si petites qu'elles soient.

S'il n'y a qu'un seul degré d'instruction primaire, et qu'on élève ou qu'on étende trop ce degré, on le rend inaccessible à la classe pauvre ; si on le resserre trop, on le rend insuffisant pour une grande partie de la population qui ne peut pas non plus atteindre jusqu'à nos Collèges ; et si, en admettant une instruction primaire supérieure, on la laisse facultative, on ne fait absolument rien. La loi se tait, ou elle prescrit et elle organise. C'est par ces considérations que nous avons établi et réglé un degré supérieur d'instruction primaire qui ajoute aux connaissances indispensables à tous les hommes les connaissances utiles à beaucoup : les éléments de la géométrie pratique, qui fournissent les premières données de toutes les professions industrielles ; les notions de physique et d'histoire naturelle, qui nous familiarisent avec les grands phénomènes de la nature, et sont si fécondes en avertissements salutaires de tout genre ; les éléments de la musique ou au moins du chant, qui donnent à l'âme une véritable culture intérieure ; la géographie, qui nous apprend les divisions de cette terre que nous habitons ; l'histoire, par laquelle nous cessons d'être étrangers à la vie et à la destinée de notre espèce, surtout l'histoire de notre patrie, qui nous identifie avec elle ; sans parler de telle ou telle langue moderne qui, selon les provinces où nous sommes placés, peut nous être indispensable ou du plus grand prix. Tel est, Messieurs, l'esprit du titre Ier de la loi qui vous est soumise.

Les titres II et III déterminent la nature et les caractères des Écoles auxquelles l'instruction primaire doit être confiée.

Ici, Messieurs, notre premier soin devait être et a été de restituer pleine et entière, selon l'esprit et le texte précis de la Charte, la liberté d'enseignement. Désormais tout citoyen âgé de dix-huit ans accomplis pourra fonder, entretenir, diriger tout établissement quelconque d'instruction primaire, soit du degré inférieur, soit du degré supérieur, normal ou autre, dans toute espèce de commune urbaine ou rurale, sans autre condition qu'un certificat de bonnes vie et mœurs et un brevet de capacité obtenu après examen. Vous reconnaîtrez, avec votre Commission de la session dernière, qu'exiger une preuve de capacité de quiconque entreprend l'éducation de la jeunesse n'est pas plus entraver la liberté de l'enseignement, qu'on ne gêne la liberté des professions de l'avocat, du médecin ou du pharmacien, en leur imposant des preuves analogues de capacité. La profession d'instituteur de la jeunesse est, sous un certain rapport, une industrie, et à ce titre doit être pleinement libre ; mais comme la profession de médecin ou d'avocat, ce n'est pas seulement une industrie, c'est une fonction délicate à laquelle il faut demander des garanties. On porterait atteinte à la liberté si, comme jusqu'ici, outre la condition du brevet, on imposait encore celle d'une autorisation préalable : là commencerait l'arbitraire, nous le rejetons, et avec plaisir, car nous ne redoutons pas la liberté de l'enseignement. Messieurs, nous la provoquons, au contraire. Elle ne pourra jamais, à notre gré, multiplier assez les méthodes et les Écoles ; et si nous lui reprochions quelque chose, ce serait de ne pas faire davantage. Elle promet plus qu'elle ne donne, nous le croyons ; mais ses promesses sont assez innocentes, et une seule accomplie est un service envers le pays que nous nous sentirions coupables d'avoir empêché. Encore une fois, nous sommes les premiers à faire appel à la liberté de l'enseignement ; nous n'aurons jamais assez de coopérateurs dans la noble et pénible entreprise de l'amélioration de l'instruction populaire. Tout ce qui servira cette belle cause est sûr de trouver en nous une protection reconnaissante.

Tout le monde convient que le droit de surveillance exercé sur les Écoles privées est, d'une part, nécessaire et légitime en soi, et que, de l'autre, il n'est nullement une entrave à la liberté de l'enseignement, puisqu'il ne porte point sur les méthodes. D'ailleurs, dans le projet de loi, la surveillance est au plus haut degré désintéressée, exercée par une autorité impartiale, et qui doit rassurer les esprits les plus ombrageux, car elle est en très grande partie élective. Enfin nul maître d'école privée ne peut être interdit de l'exercice de sa profession, à temps ou à toujours, qu'après un procès spécial comme le délit lui-même, et par une sentence du tribunal civil ordinaire.

Mais, quelque liberté que nous laissions, quelques sûretés que nous donnions aux Écoles privées, quelques vœux que nous fassions pour qu'elles s'étendent et prospèrent, ce serait un abandon coupable de nos devoirs les plus sacrés, de nous en reposer sur elles de l'éducation de la jeunesse française. Les Écoles privées sont libres, et par conséquent livrées à mille hasards. Elles dépendent des calculs de l'intérêt, ou des caprices de la vocation, et l'industrie qu'elles exploitent est si peu lucrative qu'elle attire peu et ne retient presque jamais. Les Écoles privées sont à l'instruction ce que les enrôlements volontaires sont à l'armée : il faut s'en servir sans y trop compter. De là, Messieurs, l'institution nécessaire des Écoles publiques, c'est-à-dire d'Écoles entretenues, en tout ou en partie, par les communes, par les départements ou par l'État, pour le service régulier de l'instruction du peuple. C'est le sujet du titre III.

Nous avons attaché à toute commune, ou, pour prévoir des cas qui, nous l'espérons, deviendront de jour en jour plus rares, à la réunion de plusieurs communes circonvoisines, une École publique élémentaire; et, pour entretenir cette École, nous avons cru pouvoir combiner utilement plusieurs principes, que trop souvent on a séparés. Il nous a paru que nulle École communale élémentaire ne pouvait subsister sans ces deux conditions : 1° un traitement fixe qui, joint à un logement convenable, rassure l'instituteur contre les chances de l'extrême misère, l'attache à sa profession et à la localité; 2° un traitement éventuel, payé par les élèves, qui lui promette une augmentation de bien-être, à mesure qu'il saura répandre autour de lui, par sa conduite et ses leçons, le besoin et le goût de l'instruction. Le traitement fixe permet d'obliger l'instituteur à recevoir gratuitement tous les enfants dont les familles auront été reconnues indigentes. Seul, le traitement fixe aurait deux graves inconvénients. D'abord, comme il devrait être assez considérable, il accablerait la portion du territoire, commune ou autre, qui en serait chargée; ensuite il établirait le droit à l'instruction gratuite, même pour ceux qui peuvent la payer; ce qui serait une injustice sans aucun avantage: car on profite d'autant mieux d'une chose qu'on lui fait quelque sacrifice, et l'instruction élémentaire elle-même ne doit être gratuite que quand elle ne peut ne pas l'être. Elle ne le sera donc que pour quiconque aura prouvé qu'il ne peut la payer. Alors, mais seulement alors, c'est une dette sacrée, une noble taxe des pauvres que le pays doit s'imposer; et, dans ce cas, il ne s'agit plus, comme dans la loi de l'An IV, ou dans celle de l'An X, du quart ou du cinquième des élèves; non, Messieurs, tous les indigents seront admis gratuitement. En revanche, quiconque pourra payer payera; peu, sans doute, très peu, presque rien, mais enfin quelque chose, parce que cela est juste en soi, et parce que ce léger sacrifice attachera l'enfant à l'École, excitera la vigilance des parents et les relèvera à leurs propres yeux.

Voilà pour l'instruction élémentaire. Quant à l'instruction primaire supérieure, comme elle est destinée à une classe un peu plus aisée, il n'est pas nécessaire qu'elle soit jamais gratuite[1]; mais la rétribution doit être la plus faible possible, et c'est pour cela qu'il faut assurer un traitement fixe à l'instituteur. Nous espérons que ces combinaisons prudentes porteront de bons fruits.

Maintenant, qui supportera le poids du traitement fixe? La commune, le département ou l'État? Souvent et presque toujours, Messieurs, tous les trois: la commune seule, si elle le peut; à son défaut, et en certaine proportion, le département; et, au défaut de celui-ci, l'État: de telle sorte que, dans les cas les plus défavorables, la charge ainsi divisée soit supportable pour tous. C'est encore là une combinaison dans laquelle l'expérience nous autorise à placer quelque confiance.

Nous reproduisons le *minimum* du traitement fixe de l'instituteur élémentaire, tel qu'il a été fixé par le dernier projet de loi et accepté par votre Commission; et le *minimum* que nous vous proposons pour le traitement fixe de l'instituteur du degré supérieur ne nous paraît pas excéder les facultés de la plupart des petites villes.

---

1. En vertu d'un amendement qui forme le dernier paragraphe de l'article 14 de la loi, « un nombre de places *gratuites*, dans les écoles primaires *supérieures*, déterminé par le Conseil municipal, était réservé pour les enfants qui, après concours, étaient désignés par le Comité d'instruction primaire, dans les familles reconnues hors d'état de payer la rétribution ».

L'ancien projet de loi et votre Commission avaient voulu que toute commune s'imposât jusqu'à concurrence de cinq centimes additionnels, pour faire face aux besoins de l'instruction primaire. Trois centimes nous ont semblé suffisants, mais à condition d'imposer le département, non plus seulement à un nouveau centime additionnel, mais à deux, pour venir au secours des communes malheureuses. Quand les sacrifices de la commune et ceux du département auront atteint leur terme, alors interviendra l'État avec la subvention annuelle que vous consacrez à cet usage. Vous voyez dans quel intérêt ont été calculées toutes ces mesures, et nous nous flattons que vous les approuverez.

Il ne peut y avoir qu'une seule opinion sur la nécessité d'ôter à l'instituteur primaire l'humiliation et le souci d'aller recueillir lui-même la rétribution de ses élèves et de la réclamer en justice, et sur l'utilité et la convenance de faire recouvrer cette rétribution dans les mêmes formes et par les mêmes voies que les autres contributions publiques. Ainsi l'instituteur primaire est élevé au rang qui lui appartient, celui de fonctionnaire de l'État.

Mais tous ces soins, tous ces sacrifices seraient inutiles, si nous ne parvenions à procurer à l'École publique, ainsi constituée, un maître capable, digne de la noble mission d'instituteur du peuple. On ne saurait trop le répéter, Messieurs, autant vaut le maître, autant vaut l'École elle-même. Et quel heureux ensemble de qualités ne faut-il pas pour faire un bon maître d'école! Un bon maître d'école est un homme qui doit en savoir beaucoup plus qu'il n'en enseigne, afin de l'enseigner avec intelligence et avec goût; qui doit vivre dans une humble sphère, et qui pourtant doit avoir l'âme élevée, pour conserver cette dignité de sentiments et même de manières sans laquelle il n'obtiendra jamais le respect et la confiance des familles; qui doit posséder un rare mélange de douceur et de fermeté, car il est l'inférieur de bien du monde dans une commune, et il ne doit être le serviteur dégradé de personne; n'ignorant pas ses droits, mais pensant beaucoup plus à ses devoirs; donnant à tous l'exemple, servant à tous de conseiller; surtout ne cherchant point à sortir de son état; content de sa situation, parce qu'il y fait du bien; décidé à vivre et à mourir dans le sein de l'École, au service de l'instruction primaire, qui est pour lui le service de Dieu et des hommes. Faire des maîtres, Messieurs, qui approchent d'un pareil modèle, est une tâche difficile, et cependant il faut y réussir, ou nous n'avons rien fait pour l'instruction primaire.

Un mauvais maître d'école, comme un mauvais curé, comme un mauvais maire, est un fléau pour une commune. Nous sommes bien réduits à nous contenter très souvent de maîtres médiocres; mais il faut tâcher d'en former de bons; et pour cela, Messieurs, des Écoles normales primaires sont indispensables. L'instruction secondaire est sortie de ses ruines, elle a été fondée en France le jour où, recueillant une grande pensée de la Révolution, la simplifiant et l'organisant, Napoléon créa l'École normale centrale de Paris. Il faut appliquer à l'instruction primaire cette idée simple et féconde. Aussi nous vous proposons d'établir une École normale primaire par département [1].

Mais, quelle que soit la confiance que nous inspirent ces établissements, ils ne conféreront pas à leurs élèves le droit de devenir instituteurs communaux, si ceux-ci, comme tous les autres citoyens, n'obtiennent, après un examen, le brevet de capacité pour l'un ou l'autre degré de l'instruction primaire auquel ils se destinent.

---

1. Le projet du Gouvernement a été amendé dans cette disposition. L'article 11 de la loi porte « que tout département sera tenu d'entretenir une École normale primaire, soit par lui-même, *soit en se réunissant à un ou plusieurs départements voisins* ».

Il ne reste plus, Messieurs, qu'une mesure à prendre pour assurer l'avenir des instituteurs primaires. Déjà la loi du 21 mars 1832 exempte du service militaire tous ceux qui s'engagent pendant dix ans au service non moins important de l'instruction primaire. Un article du dernier projet ménageait des pensions, au moyen de retenues assez fortes, aux instituteurs communaux dont les services auraient duré trente ans, ou qui, après dix ans, seraient empêchés de les continuer par des infirmités contractées pendant leurs fonctions. Votre Commission de la session dernière avait rejeté cet article par diverses considérations, entre autres par la crainte que le Trésor public n'eût quelque chose à ajouter au produit des retenues pour former une pension un peu convenable. Après de sérieuses réflexions, un autre système nous a paru propre à atteindre le but que nous nous proposons. Dans le nouveau projet de loi, il ne s'agit plus de pensions de retraite, mais d'une simple caisse d'épargne et de prévoyance en faveur des instituteurs primaires communaux. Cette caisse serait établie dans chaque département. Elle serait formée par une retenue annuelle sur le traitement fixe de chaque instituteur communal ; le montant de la retenue serait placé en rentes sur l'État [1], et le produit total serait rendu à l'instituteur à l'époque où il se retirerait, ou, en cas de décès dans l'exercice de ses fonctions, à sa veuve ou à ses héritiers.

Il est expressément entendu que, dans aucun cas, il ne pourra être ajouté aucune subvention sur les fonds de l'État à cette caisse de prévoyance, mais elle pourra recevoir des legs et des dons particuliers. Ainsi se trouveront conciliés les intérêts de l'État, chargé de trop de pensions pour consentir à voir s'augmenter encore cet énorme chapitre de ses dépenses, et ceux de l'instruction primaire qui vit de peu, mais qui a besoin d'avenir.

Je me hâte de passer au titre IV de cette loi, relatif aux diverses autorités préposées à l'instruction primaire. C'est ici surtout, Messieurs, que nous nous sommes efforcés de nous dépouiller de tout esprit de système et d'accepter l'intervention de toute autorité réclamée par le bien du service.

Des Écoles communales semées sur toute la surface de la France exigent évidemment des autorités rapprochées d'elles. Celles qui jusqu'ici ont présidé partout à l'instruction primaire sont les Comités de canton. Ces Comités sont loin d'avoir été inutiles. Plusieurs ont rendu de vrais services. Cependant on peut faire à cette institution deux sortes de reproches opposés, également graves. Les Comités cantonaux sont encore trop loin des différentes Écoles communales du canton pour exercer sur elles la surveillance permanente que celles-ci réclament ; et, bien que trop éloignés, sous un rapport, de chaque commune, sous un autre, ils n'en sont pas assez loin, ni placés dans une sphère assez élevée pour être étrangers à l'esprit de localité. Enfin c'était une question épineuse de déterminer par qui et comment devaient être nommés les membres de ces Comités.

L'expérience générale de tous les pays où l'instruction primaire est florissante l'a démontré. Il faut, pour qu'une École communale marche, qu'elle ait auprès d'elle un Comité spécial qui ait cette École seule à surveiller, et qui la surveille sans effort, parce qu'elle est constamment sous ses yeux ; et il faut en même temps que ce Comité local se rapporte à un Comité plus général placé à

---

1. Un amendement introduit dans l'article 15 de la loi a modifié cette disposition, en ce sens que le montant de la retenue sera placé, non en rentes sur l'État, mais au compte ouvert au Trésor public pour les caisses d'épargne et de prévoyance, et que les intérêts de ces fonds seront capitalisés tous les six mois.

distance, ni trop près, ni trop loin, et dont les membres soient, par leur position, étrangers aux petitesses de l'esprit local, et possèdent la fortune, les lumières et le loisir que leurs fonctions demandent. Nous vous proposons donc de substituer aux anciens Comités de canton un Comité de surveillance par École communale, et un Comité supérieur par arrondissement : l'un chargé des détails et particulièrement du matériel de l'inspection ; l'autre, chargé surtout de la direction morale ; l'un qui présente les candidats [1], l'autre qui les agrée (vous concevez qu'il s'agit toujours ici des Écoles publiques) ; celui-ci qui, en cas de négligence habituelle ou de délit grave, accuse l'instituteur primaire ; celui-là qui le juge, le suspend ou le révoque.

Ces deux Comités représentent dans leur action combinée l'intervention légitime de la commune et du département : car ils ont encore sur les anciens Comités cantonaux ce précieux avantage, que la plus grande partie de leurs membres pourra être et sera réellement empruntée aux pouvoirs électifs de la commune, de l'arrondissement et du département.

Cependant ces deux Comités, bien que se soutenant, s'excitant, s'éclairant l'un l'autre, pourraient encore se relâcher ou s'égarer dans leur zèle, si une autorité supérieure, celle qui, à son tour, représente la puissance publique appliquée à l'instruction primaire, n'intervenait, soit pour recueillir des lumières, soit pour en donner, et pour imprimer partout l'impulsion et une direction nationale. Le Ministre trahirait ses devoirs envers l'État et envers l'instruction primaire s'il s'en tenait uniquement aux rapports officiels qui lui seront transmis, et s'il n'envoyait souvent quelques délégués pour s'assurer en personne du véritable état des choses, convoquer extraordinairement les Comités, et prendre part à leurs délibérations. Nous affirmons ici, en toute conscience, que c'est à l'intervention active et éclairée de ces agents supérieurs du Ministère de l'Instruction publique qu'est due la plus grande partie des progrès de l'instruction primaire pendant ces derniers temps. Supprimer cette intervention, ce serait rendre l'État absolument étranger à l'instruction primaire, la replacer sous l'empire exclusif du principe local, revenir par une marche rétrograde à l'enfance de l'art, arrêter tous progrès, et, en ôtant à la puissance publique ses moyens les plus efficaces, la dégager aussi de sa responsabilité.

C'est encore à l'autorité supérieure qu'il appartient de nommer les membres des Commissions chargées de faire les examens pour l'obtention de brevets de capacité, ainsi que les examens d'entrée et de sortie des Écoles normales primaires. Remarquez-le bien, Messieurs ; il ne s'agit plus ici d'une surveillance matérielle ou morale, ni d'apprécier l'aptitude générale d'un candidat et de le juger sous quelques rapports de convenance ou de discipline ; il s'agit d'une affaire toute spéciale, d'une œuvre de métier, s'il m'est permis de m'exprimer ainsi. D'abord cette opération exige, à certaines époques de l'année, beaucoup plus de temps, de suite et de patience qu'on n'en peut raisonnablement demander et attendre de personnes du monde comme les membres du Conseil d'arrondissement et de département, ou d'hommes très occupés et nécessairement attachés à leur localité comme les membres du Conseil municipal. Ensuite il faut ici des connaissances positives et techniques sur les diverses matières dont se compose l'examen ; et il ne suffit pas d'avoir ces connaissances, il faut

---

1. Un amendement introduit dans la loi a changé cette disposition ; il forme le dernier paragraphe de l'article 21. C'est le Conseil municipal qui présente au Comité d'arrondissement les candidats pour les Écoles publiques, après avoir préalablement pris l'avis du Comité communal.

encore avoir prouvé qu'on les a, afin d'apporter à ces examens l'autorité suffisante. Voilà pourquoi les membres de cette Commission devront être, au moins en grande partie, des hommes spéciaux, des gens d'école; comme, dans un degré supérieur, ce sont aussi des hommes spéciaux qui sont chargés des examens pour l'obtention des brevets du baccalauréat dans les lettres et dans les sciences; brevets qui ouvrent la porte de toutes les professions savantes. Il est évident que l'instruction primaire, tout entière, repose sur ces examens. Supposez qu'on y mette un peu de négligence, ou de complaisance, ou d'ignorance, et c'en est fait de l'instruction primaire. Il importe donc de composer ces Commissions d'examen avec la sévérité la plus scrupuleuse, et de n'y appeler que des gens versés dans la matière. Or, ce choix, qui est en état de le mieux faire que le Ministre de l'Instruction publique? Le lui enlever, et lui demander compte ensuite des progrès de l'instruction primaire, serait une contradiction trop manifeste et trop choquante, pour que nous puissions la redouter de votre loyauté et de vos lumières.

Enfin, Messieurs, vous achèverez le système entier de l'instruction primaire en étendant vos soins sur ces Écoles si intéressantes, mais qu'il est si difficile d'organiser, et qu'on ne peut aborder qu'avec une circonspection extrême : nous voulons parler des Écoles primaires de filles [1]. Il est impossible d'imposer à toute commune une École spéciale de filles; mais toute commune doit être encouragée à en établir une, selon ses ressources et d'après le vœu du Conseil municipal. Il n'y a pas de raison pour que ces Écoles ne soient pas soumises aux mêmes conditions que les autres Écoles primaires. La loi descendrait peut-être à un simple règlement d'administration en statuant que, dans les Écoles mixtes, le Comité communal veillera à ce que les garçons et les filles soient convenablement séparés. Nous pensons, avec votre ancienne Commission, que l'institution des dames inspectrices, praticable et utile dans quelques grandes villes, impossible dans les campagnes, a plus d'inconvénients que d'avantages, et qu'il vaut mieux confier la surveillance des Écoles de filles aux Comités ordinaires de la commune et de l'arrondissement, pour que cette surveillance soit plus effective et plus sérieuse. Du reste, cette matière délicate est susceptible peut-être d'innovations utiles; mais on ne saurait les tenter avec trop de prudence; et nous avouons qu'avant de vous présenter avec quelque confiance rien de spécial en ce genre, nous avons encore besoin des leçons du temps et de l'expérience.

En effet, Messieurs, l'expérience est notre guide. C'est elle seule que nous voulons suivre, et que nous avons constamment suivie. Il n'y a ici aucune hypothèse. Les principes et les procédés employés dans cette loi nous sont fournis par les faits; elle ne contient pas un seul article organique qui déjà n'ait été heureusement mis en pratique. Nous avons pensé qu'en matière d'instruction publique surtout, il s'agit plutôt de régulariser et d'améliorer ce qui existe, que de détruire pour inventer et renouveler sur la foi de théories hasardeuses. C'est en travaillant sur ces maximes, mais en travaillant sans relâche, que l'administration est parvenue à communiquer à cette importante partie du service public une marche forte et régulière : au point qu'il nous est permis de dire, sans aucune exagération, que, depuis deux ans, il a été plus fait pour l'instruction primaire par le Gouvernement de Juillet que depuis quarante années par tous les Gouvernements précédents. La première Révolution avait

---

1. Les dispositions relatives aux Écoles spéciales de filles ont été supprimées dans le projet de loi. — Voir ci-après, à sa date, l'ordonnance du 23 *juin* 1836.

prodigué les promesses sans s'inquiéter des résultats. L'Empire épuisa ses efforts dans la régénération de l'instruction secondaire ; il ne fit rien pour celle du peuple. La Restauration, jusqu'en 1828, a consacré 50 000 francs par an à l'instruction primaire. Le Ministère de 1828 obtint des Chambres 300 000 francs. La Révolution de Juillet nous a donné un million chaque année, c'est-à-dire, en deux ans, plus que la Restauration en quinze années. Voilà les moyens, voici les résultats. Vous le savez, Messieurs, l'instruction primaire est tout entière dans les Écoles normales primaires. Ses progrès se mesurent sur ceux de ces établissements. L'Empire, qui, le premier, prononça le nom d'École primaire, en laissa une seule. La Restauration en ajouta cinq à six. Nous, Messieurs, en deux années, nous avons perfectionné celles-là, dont quelques-unes étaient dans l'enfance, et nous en avons créé plus de trente, dont une vingtaine sont en plein exercice, et forment, dans chaque département, un vaste foyer de lumières pour l'instruction du peuple. Tandis que le Gouvernement perce des routes dans les départements de l'Ouest, nous y avons semé des Écoles ; nous nous sommes bien gardés de toucher à celles qui étaient chères aux habitudes du pays ; mais nous avons mis dans le cœur de la Bretagne la grande École normale de Rennes, qui portera ses fruits ; et nous lui avons donné une ceinture féconde d'Écoles normales de divers degrés : une à Angers, une à Nantes, une encore à Poitiers. Le Midi a maintenant plus de cinq grandes Écoles normales primaires, dont les unes sont déjà et les autres seront bientôt en activité. Enfin, Messieurs, nous nous croyons sur la route du bien. Que votre prudence entende la nôtre ; que votre confiance nous soutienne et nous encourage ; et le temps n'est pas éloigné où nous pourrons dire tous ensemble, Ministres, députés, départements, communes, que nous avons accompli, autant qu'il était en nous, les promesses de la Révolution de Juillet et de la Charte de 1830, dans ce qui se rapporte le plus directement à l'instruction et au bonheur du peuple.

2° Loi.

Titre Ier.

De l'instruction primaire et de son objet.

Article 1er. — L'instruction primaire est élémentaire ou supérieure.

L'instruction primaire élémentaire comprend nécessairement l'instruction morale et religieuse, la lecture, l'écriture, les éléments de la langue française et du calcul, le système légal des poids et mesures.

L'instruction primaire supérieure comprend nécessairement, en outre, les éléments de la géométrie et ses applications usuelles, spécialement le dessin linéaire et l'arpentage, des notions des sciences physiques et de l'histoire naturelle applicables aux usages de la vie ; le chant, les éléments de l'histoire et de la géographie, et surtout de l'histoire et de la géographie de la France.

Selon les besoins et les ressources des localités, l'instruction primaire pourra recevoir les développements qui seront jugés convenables.

Art. 2[1]. — Le vœu des pères de famille sera toujours consulté et suivi en ce qui concerne la participation de leurs enfants à l'instruction religieuse.

Art. 3. — L'instruction primaire est privée ou publique.

TITRE II.

Des Écoles primaires privées.

Art. 4. — Tout individu âgé de dix-huit ans accomplis pourra exercer la profession d'instituteur primaire et diriger tout établissement quelconque d'instruction primaire, sans autres conditions que de présenter préalablement au maire de la commune où il voudra tenir École[2] :

1° Un brevet de capacité obtenu, après examen, selon le degré de l'École qu'il veut établir[3] ;

2° Un certificat constatant que l'impétrant est digne, par sa moralité, de se livrer à l'enseignement. Ce certificat sera délivré, sur l'attestation de trois conseillers municipaux, par le maire de la commune ou de chacune des communes où il aura résidé depuis trois ans.

Art. 5. — Sont incapables de tenir École :

1° Les condamnés à des peines afflictives ou infamantes ;

2° Les condamnés pour vol, escroquerie, banqueroute, abus de confiance ou attentat aux mœurs, et les individus qui auront été privés par jugement de tout ou partie des droits de famille mentionnés aux paragraphes 5 et 6 de l'article 42 du Code pénal ;

3° Les individus interdits en exécution de l'article 7 de la présente loi.

Art. 6. — Quiconque aura ouvert une École primaire en contravention à l'article 5, ou sans avoir satisfait aux conditions prescrites par l'article 4 de la présente loi, sera poursuivi devant le tribunal correctionnel du lieu du délit, et condamné à une amende de cinquante à deux cents francs : l'École sera fermée.

En cas de récidive, le délinquant sera condamné à un emprisonnement de quinze à trente jours et à une amende de cent à quatre cents francs.

Art. 7. — Tout instituteur privé, sur la demande du Comité mentionné dans l'article 19 de la présente loi, ou sur la poursuite d'office

---

1. Voir l'article 13 de l'ordonnance du 21 *avril* 1828 (Tome I, page 343).

2. Voir la Charte de 1830, la circulaire du 19 *octobre* 1831 (*Circulaires et Instructions officielles, relatives à l'Instruction publique*, Tome I, page 40) et ci-après, page 30, l'article 16 de l'ordonnance du 16 *juillet* 1833.

3. Voir les modèles à l'*Appendice*.

du Ministère public, pourra être traduit, pour cause d'inconduite ou d'immoralité, devant le tribunal civil de l'arrondissement, et être interdit de l'exercice de sa profession à temps ou à toujours.

Le tribunal entendra les parties, et statuera sommairement en chambre du Conseil. Il en sera de même sur l'appel, qui devra être interjeté dans le délai de dix jours, à compter du jour de la notification du jugement, et qui, en aucun cas, ne sera suspensif.

Le tout sans préjudice des poursuites qui pourraient avoir lieu pour crimes, délits ou contraventions prévus par les lois[1].

TITRE III.

Des Écoles primaires publiques.

ART. 8. — Les Écoles primaires publiques sont celles qu'entretiennent, en tout ou en partie, les communes, les départements ou l'État.

ART. 9. — Toute commune est tenue, soit par elle-même, soit en se réunissant à une ou plusieurs communes voisines, d'entretenir au moins une École primaire élémentaire[2].

Dans le cas où les circonstances locales le permettraient, le Ministre de l'Instruction publique pourra, après avoir entendu le Conseil municipal, autoriser, à titre d'Écoles communales, des Écoles plus particulièrement affectées à l'un des cultes reconnus par l'État.

ART. 10. — Les communes chefs-lieux de département et celles dont la population excède six mille âmes devront avoir en outre une École primaire supérieure.

ART. 11. — Tout département sera tenu d'entretenir une École normale primaire, soit par lui-même, soit en se réunissant à un ou plusieurs départements voisins.

Les Conseils généraux délibéreront sur les moyens d'assurer l'entretien des Écoles normales primaires. Ils délibéreront également sur la réunion de plusieurs départements pour l'entretien d'une seule École normale. Cette réunion devra être autorisée par ordonnance royale.

ART. 12. — Il sera fourni à tout instituteur communal :

1° Un local convenablement disposé, tant pour lui servir d'habitation que pour recevoir les élèves;

1. Voir ci-après, à sa date, la circulaire du 21 *mars* 1834 sur la juridiction disciplinaire à laquelle la loi du 28 juin soumet les Écoles primaires.
2. Voir ci-après, à leur date, la circulaire du 27 *avril* et celle du 24 *juin* 1834, relatives à l'exécution des obligations que la loi du 28 juin impose aux communes.

2° Un traitement fixe, qui ne pourra être moindre de deux cents francs pour une École primaire élémentaire, et de quatre cents francs pour une École primaire supérieure.

ART. 13. — A défaut de fondations, donations ou legs, qui assurent un local et un traitement, conformément à l'article précédent, le Conseil municipal délibérera sur les moyens d'y pourvoir.

En cas d'insuffisance des revenus ordinaires pour l'établissement des Écoles primaires communales élémentaires et supérieures, il y sera pourvu au moyen d'une imposition spéciale, votée par le Conseil municipal, ou, à défaut du vote de ce Conseil, établie par ordonnance royale. Cette imposition, qui devra être autorisée chaque année par la loi de finances, ne pourra excéder trois centimes additionnels au principal des contributions foncière, personnelle et mobilière.

Lorsque des communes n'auront pu, soit isolément, soit par la réunion de plusieurs d'entre elles, procurer un local et assurer le traitement au moyen de cette contribution de trois centimes, il sera pourvu aux dépenses reconnues nécessaires à l'instruction primaire, et, en cas d'insuffisance des fonds départementaux, par une imposition spéciale, votée par le Conseil général du département, ou, à défaut du vote de ce Conseil, établie par ordonnance royale. Cette imposition, qui devra être autorisée chaque année par la loi de finances, ne pourra excéder deux centimes additionnels au principal des contributions foncière, personnelle et mobilière.

Si les centimes ainsi imposés aux communes et aux départements ne suffisent pas aux besoins de l'instruction primaire, le Ministre de l'Instruction publique y pourvoira au moyen d'une subvention prélevée sur le crédit qui sera porté annuellement pour l'instruction primaire au budget de l'État.

Chaque année, il sera annexé, à la proposition du budget, un rapport détaillé sur l'emploi des fonds alloués pour l'année précédente.

ART. 14. — En sus du traitement fixe, l'instituteur communal recevra une rétribution mensuelle, dont le taux sera réglé par le Conseil municipal, et qui sera perçue dans la même forme et selon les mêmes règles que les contributions publiques directes. Le rôle en sera recouvrable, mois par mois, sur un état des élèves certifié par l'instituteur, visé par le maire, et rendu exécutoire par le Sous-Préfet.

Le recouvrement de la rétribution ne donnera lieu qu'au remboursement des frais par la commune, sans aucune remise au profit des agents de la perception.

Seront admis gratuitement, dans l'École communale élémentaire, ceux des élèves de la commune, ou des communes réunies, que les Conseils municipaux auront désignés comme ne pouvant payer aucune rétribution[1].

Dans les Écoles primaires supérieures, un nombre de places gratuites, déterminé par le Conseil municipal, pourra être réservé pour les enfants qui, après concours, auront été désignés par le Comité d'instruction primaire, dans les familles qui seront hors d'état de payer la rétribution.

ART. 15. — Il sera établi, dans chaque département, une caisse d'épargne et de prévoyance en faveur des instituteurs primaires communaux.

Les statuts de ces caisses d'épargne seront déterminés par des ordonnances royales.

---

1. « Quelquefois des dotations sont faites pour que l'instituteur donne ses leçons gratuitement à tous les élèves : peut-il alors recevoir de quelques-uns une rétribution spéciale, sous prétexte de leur accorder des soins particuliers, ou de leur enseigner autre chose que ce qui est prescrit par le règlement de l'École? — Cet abus rend nulles, en réalité, les avances faites par le donateur, et doit être réprimé; mais la loi ne pouvait prévoir tous les cas particuliers. C'est aux Comités chargés de la surveillance des Écoles qu'il appartient exclusivement d'y faire observer et maintenir les règlements. » (*Lettre du Ministre du* 11 *mars* 1833.)

« Les Frères de la Doctrine chrétienne peuvent-ils admettre dans leurs Écoles des enfants de parents plus ou moins aisés, et diminuer ainsi le produit des autres Écoles, en faisant occuper par des enfants riches des places qui ne doivent appartenir qu'aux indigents? — Il semblerait rigoureux d'empêcher les parents, quels qu'ils soient, d'envoyer leurs enfants aux Écoles des frères. La législation n'autorise aucune restriction à cet égard. Les statuts des frères ne s'opposent point à ce qu'ils donnent l'instruction aux enfants riches comme aux enfants pauvres; seulement ils leur recommandent de préférence le soin des pauvres. Mais rien ne s'oppose, comme cela a déjà été fait dans plusieurs villes, à ce que le Conseil municipal, qui entretient des Écoles de frères, exige que tous les enfants indigents soient admis d'abord. Outre l'avantage d'assurer ainsi l'instruction gratuite à tous les enfants pauvres, cette condition peut mettre de justes bornes à l'admission illimitée des élèves qui sont en état de payer dans une autre École. En général, voici la règle adoptée par l'administration toutes les fois que des différends ou des rivalités s'élèvent dans une ville entre les Écoles mutuelles et les Écoles des frères :

« 1º Libre concurrence entre les diverses Écoles;
« 2º Choix libre de la part des parents;
« 3º Les pauvres admis avant les riches dans les Écoles des frères;
« 4º Le nombre possible d'élèves qui peuvent être admis dans ces Écoles fixé par l'autorité municipale, d'après les localités, et sur le rapport du Comité.

« Tant que le nombre d'élèves admissibles n'est pas complet, et sauf à ne jamais rejeter un enfant pauvre pour lui préférer un enfant riche, les frères doivent être libres de recevoir tous les enfants que les parents leur envoient. Autrement la liberté légale d'enseignement et l'émulation qui doit animer les maîtres cessent d'exister. » (*Lettres des* 2 *et* 16 *novembre* 1831 *et du* 17 *juin* 1833.)

Consulter le rapport de M. de Gérando (13 *août* 1832) sur les *Écoles rurales des pauvres,* dont communication fut faite aux Recteurs le 30 *novembre* 1832.

Voir ci-après, page 30, les instructions du 29 *mai* 1832 sur la libre concurrence des Écoles privées.

Cette caisse sera formée par une retenue annuelle d'un vingtième sur le traitement fixe de chaque instituteur communal. Le montant de la retenue sera placé au compte ouvert au Trésor royal pour les caisses d'épargne et de prévoyance ; les intérêts de ces fonds seront capitalisés tous les six mois. Le produit total de la retenue exercée sur chaque instituteur lui sera rendu à l'époque où il se retirera, et, en cas de décès dans l'exercice de ses fonctions, à sa veuve ou à ses héritiers.

Dans aucun cas, il ne pourra être ajouté aucune subvention, sur les fonds de l'État, à cette caisse d'épargne et de prévoyance ; mais elle pourra, dans les formes et selon les règles prescrites pour les établissements d'utilité publique, recevoir des dons et legs dont l'emploi, à défaut de dispositions des donateurs ou des testateurs, sera réglé par le Conseil général.

ART. 16. — Nul ne pourra être nommé instituteur communal, s'il ne remplit les conditions de capacité et de moralité prescrites par l'article 4 de la présente loi, ou s'il se trouve dans un des cas prévus par l'article 5.

TITRE IV.

Des autorités préposées à l'instruction primaire.

ART. 17. — Il y aura près de chaque École communale un Comité local de surveillance composé du maire ou adjoint, président, du curé ou pasteur, et d'un ou plusieurs habitants notables désignés par le Comité d'arrondissement.

Dans les communes dont la population est répartie entre différents cultes reconnus par l'État, le curé ou le plus ancien des curés, et un des ministres de chacun des autres cultes, désigné par son Consistoire, feront partie du Comité communal de surveillance.

Plusieurs Écoles de la même commune pourront être réunies sous la surveillance du même Comité.

Lorsque, en vertu de l'article 9, plusieurs communes se seront réunies pour entretenir une École, le Comité d'arrondissement désignera, dans chaque commune, un ou plusieurs habitants notables pour faire partie du Comité. Le maire de chacune des communes fera en outre partie du Comité.

Sur le rapport du Comité d'arrondissement, le Ministre de l'Instruction publique pourra dissoudre un Comité local de surveillance et le remplacer par un Comité spécial, dans lequel personne ne sera compris de droit.

ART. 18. — Il sera formé dans chaque arrondissement de sous-préfecture un Comité spécialement chargé de surveiller et d'encourager l'instruction primaire[1].

Le Ministre de l'Instruction publique pourra, suivant la population et les besoins des localités, établir dans le même arrondissement plusieurs Comités, dont il déterminera la circonscription par cantons isolés ou agglomérés.

Art. 19. — Sont membres des Comités d'arrondissement :

Le maire du chef-lieu ou le plus ancien des maires du chef-lieu de la circonscription ;

Le juge de paix ou le plus ancien des juges de paix de la circonscription ;

Le curé ou le plus ancien des curés de la circonscription ;

Un ministre de chacun des autres cultes reconnus par la loi, qui exercera dans la circonscription, et qui aura été désigné comme il est dit au second paragraphe de l'article 17 ;

Un proviseur, principal de Collège, professeur, régent, chef d'institution, ou maître de pension, désigné par le Ministre de l'Instruction publique, lorsqu'il existera des Collèges, institutions ou pensions dans la circonscription du Comité ;

Un instituteur primaire, résidant dans la circonscription du Comité, et désigné par le Ministre de l'Instruction publique ;

Trois membres du Conseil d'arrondissement ou habitants notables désignés par ledit Conseil ;

Les membres du Conseil général du département qui auront leur domicile réel dans la circonscription du Comité.

Le Préfet préside, de droit, tous les Comités du département, et le Sous-Préfet tous ceux de l'arrondissement ; le Procureur du Roi est membre de droit de tous les Comités de l'arrondissement.

Le Comité choisit tous les ans son vice-président et son secrétaire ; il peut prendre celui-ci hors de son sein. Le secrétaire, lorsqu'il est choisi hors du Comité, en devient membre par sa nomination[2].

Art. 20. — Les Comités s'assembleront au moins une fois par mois. Ils pourront être convoqués extraordinairement sur la demande d'un délégué du Ministre : ce délégué assistera à la délibération.

Les Comités ne pourront délibérer s'il n'y a au moins cinq membres présents pour les Comités d'arrondissement, et trois pour les Comités communaux ; en cas de partage, le président aura voix prépondérante.

1. Voir ci-après, à sa date, l'instruction du 9 *décembre* 1833 sur les attributions des Comités.

2. Voir l'ordonnance du 2 *août* 1820 (art. 5) et l'ordonnance du 21 *avril* 1828 (art. 8), Tome I, p. 289, 341.

Les fonctions des notables qui font partie des Comités dureront trois ans ; ils seront indéfiniment rééligibles.

ART. 21. — Le Comité communal a inspection sur les Écoles publiques ou privées de la commune. Il veille à la salubrité des Écoles et au maintien de la discipline, sans préjudice des attributions du maire en matière de police municipale.

Il s'assure qu'il a été pourvu à l'enseignement gratuit des enfants pauvres.

Il arrête un état des enfants qui ne reçoivent l'instruction primaire ni à domicile, ni dans les Écoles publiques ou privées.

Il fait connaître au Comité d'arrondissement les divers besoins de la commune sous le rapport de l'instruction primaire.

En cas d'urgence, et sur la plainte du Comité communal, le maire peut ordonner provisoirement que l'instituteur sera suspendu de ses fonctions, à la charge de rendre compte, dans les vingt-quatre heures, au Comité d'arrondissement, de cette suspension et des motifs qui l'ont déterminée.

Le Conseil municipal présente au Comité d'arrondissement les candidats pour les Écoles publiques, après avoir préalablement pris l'avis du Comité communal.

ART. 22. — Le Comité d'arrondissement inspecte, et au besoin fait inspecter, par des délégués pris parmi ses membres ou hors de son sein, toutes les Écoles primaires de son ressort. Lorsque les délégués ont été choisis par lui hors de son sein, ils ont droit d'assister à ses séances avec voix délibérative.

Lorsqu'il le juge nécessaire, il réunit plusieurs Écoles de la même commune sous la surveillance du même Comité, ainsi qu'il a été prescrit à l'article 17.

Il envoie chaque année au Préfet et au Ministre de l'Instruction publique l'état de situation de toutes les Écoles primaires du ressort.

Il donne son avis sur les secours et les encouragements à accorder à l'instruction primaire.

Il provoque les réformes et les améliorations nécessaires.

Il nomme les instituteurs communaux sur la présentation du Conseil municipal, procède à leur installation, et reçoit leur serment[1].

1. Aux termes des décisions des 23 *novembre* et 20 *juin* 1831, les membres des Comités n'étaient pas tenus de prêter serment. — Voici la teneur du serment que devaient prêter les fonctionnaires publics conformément à la loi du 21 août 1830 : « Je jure fidélité au Roi des Français, obéissance à la Charte constitutionnelle et aux lois du Royaume. »

2.

Les instituteurs communaux doivent être institués par le Ministre de l'Instruction publique.

Art. 23. — En cas de négligence habituelle, ou de faute grave de l'instituteur communal, le Comité d'arrondissement, ou d'office, ou sur la plainte adressée par le Comité communal, mande l'instituteur inculpé; après l'avoir entendu ou dûment appelé, il le réprimande ou le suspend pour un mois avec ou sans privation de traitement, ou même le révoque de ses fonctions.

L'instituteur frappé d'une révocation pourra se pourvoir devant le Ministre de l'Instruction publique, en Conseil royal. Ce pourvoi devra être formé dans le délai d'un mois, à partir de la notification de la décision du Comité, de laquelle notification il sera dressé procès-verbal par le maire de la commune. Toutefois, la décision du Comité est exécutoire par provision.

Pendant la suspension de l'instituteur, son traitement, s'il en est privé, sera laissé à la disposition du Conseil municipal, pour être alloué, s'il y a lieu, à un instituteur remplaçant.

Art. 24. — Les dispositions de l'article 7 de la présente loi, relatives aux instituteurs privés, sont applicables aux instituteurs communaux.

Art. 25. — Il y aura dans chaque département une ou plusieurs Commissions d'instruction primaire, chargées d'examiner tous les aspirants aux brevets de capacité, soit pour l'instruction primaire élémentaire, soit pour l'instruction primaire supérieure, et qui délivreront lesdits brevets sous l'autorité du Ministre. Ces Commissions seront également chargées de faire les examens d'entrée et de sortie des élèves de l'École normale primaire.

Les membres de ces Commissions seront nommés par le Ministre de l'Instruction publique.

Les examens auront lieu publiquement et à des époques déterminées par le Ministre de l'Instruction publique[1].

Circulaire du Ministre de l'Instruction publique aux Recteurs et aux Préfets, relative à l'exécution de la loi du 28 juin 1855 sur l'instruction primaire. 4 juillet 1833.

4 Juillet 1833.

Monsieur le   , la loi sur l'instruction primaire vient d'être promulguée. Je me propose de soumettre incessamment au Roi un projet d'ordonnance

1. Consulter, pour l'application de la partie matérielle de la loi, l'instruction du 23 *novembre* 1833. (*Circulaires et Instructions officielles relatives à l'Instruction publique*, Tome II, page 187.)

qui en réglera l'exécution, spécialement en ce qui concerne l'intervention des Conseils généraux et des Conseils municipaux dans la fondation des Écoles et le sort des instituteurs. Je prépare également, de concert avec le Conseil royal de l'Instruction publique, les instructions nécessaires sur l'organisation des Comités de surveillance et des Commissions d'examen, sur le régime intérieur des Écoles, les caisses d'épargne départementales, les attributions respectives des Recteurs et des Préfets en cette matière, sur toutes les questions, en un mot, que soulève la loi, et dont la solution précise peut seule en assurer les résultats.

Vous ne tarderez donc pas à recevoir ces diverses instructions, ainsi que l'ordonnance royale dont elles seront le complément. Mais je puis et je veux dès aujourd'hui appeler votre attention sur le but général et la portée de cette loi, sur les divers genres d'Écoles dont la fondation successive doit la rendre complètement efficace, et sur les travaux préparatoires auxquels vous êtes immédiatement appelé.

En posant en principe (*art. 1er*) que « l'instruction primaire est élémentaire ou supérieure, la loi n'a pas entendu limiter à deux sortes d'Écoles tous les établissements qui peuvent avoir l'instruction populaire pour objet, ni statuer que les Écoles primaires élémentaires d'une part, et les Écoles primaires supérieures de l'autre, seront toutes absolument semblables et uniformes dans leur destination ou leur régime. Les besoins sociaux, auxquels cette loi se propose de satisfaire, sont non seulement très nombreux, mais très variés ; et, pour les atteindre tous, pour accomplir réellement le vœu du pays et la pensée du législateur, des Écoles de genres divers doivent se combiner, s'enchaîner les unes aux autres, et se prêter un mutuel appui.

En première ligne se présentent les Écoles les plus élémentaires de toutes, celles qui sont connues sous le nom de salles d'asile, où sont reçus les petits enfants de l'âge de 2 à 6 ou 7 ans, trop jeunes encore pour fréquenter les Écoles primaires proprement dites, et que leurs parents, pauvres et occupés, ne savent comment garder chez eux. Les établissements de ce genre, depuis longtemps en vigueur dans quelques pays voisins, commencent à se multiplier parmi nous, et plusieurs villes, notamment Paris, Lyon, Rouen, Nîmes, en ont déjà reconnu les bons effets. Indépendamment des avantages de sûreté et de salubrité qu'elles offrent pour les petits enfants, si souvent et si dangereusement délaissés, dans les classes pauvres, les salles d'asile ont le mérite de leur faire contracter, dès l'entrée dans la vie, des habitudes d'ordre, de discipline, d'occupation régulière, qui font un commencement de moralité ; et en même temps ils y reçoivent de premières instructions, des notions élémentaires qui les préparent à suivre avec plus de fruit l'enseignement que d'autres établissements leur offriront plus tard. L'utilité physique, intellectuelle et morale des salles d'asile est donc incontestable ; elles sont la base et, pour ainsi dire, le berceau de l'éducation populaire ; elles profitent enfin directement aux parents eux-mêmes : car les mères, libres des soins qu'exigeaient d'elles leurs jeunes enfants, peuvent se livrer sans inquiétude au travail, et tirer constamment un salaire de leur journée.

Après les salles d'asile viennent les Écoles primaires proprement dites, élémentaires ou supérieures, qui sont l'objet spécial et explicite de la loi. Je ne vous en entretiendrai point aujourd'hui : l'ordonnance royale et les instructions que je vous ai annoncées régleront tout ce qui les concerne. Mais, ainsi que les salles d'asile sont nécessaires pour préparer aux Écoles primaires les enfants à qui leur jeune âge ne permet pas encore de les suivre, de même il doit exister, au delà des Écoles primaires, et pour les jeunes gens ou les hommes faits qui n'ont pu en profiter, des établissements spéciaux où la génération déjà laborieuse, déjà engagée dans la vie active, puisse venir recevoir l'instruction qui a manqué à son enfance : je veux parler des Écoles d'adultes. J'ai la confiance que, dans quelques années, lorsque la loi qui nous occupe aura porté ses fruits, le nombre des hommes qui auront ainsi besoin de suppléer au défaut de toute instruction primaire, diminuera sensiblement; mais on ne saurait se dissimuler qu'il est considérable aujourd'hui, et que longtemps encore l'incurie des parents, l'ignorance profonde des classes pauvres, et l'apathie morale qui l'accompagne presque toujours, empêcheront que les enfants ne reçoivent tous, ou à peu près tous, l'instruction que nous nous empressons de leur offrir. Longtemps encore les Écoles d'adultes seront donc nécessaires, dans les lieux surtout où l'industrie réunit un grand nombre d'ouvriers, à qui l'activité d'un travail fait en commun et l'émulation qu'elle excite, font bientôt sentir l'importance des connaissances élémentaires qui leur manquent, et la nécessité de les acquérir.

Les salles d'asile, les Écoles primaires, élémentaires ou supérieures, les Écoles d'adultes : tel est, Monsieur le   , le système général de l'instruction primaire; tels sont les établissements divers qui, par leur coexistence et leur harmonie, embrassent à cet égard tous les faits et répondent à tous les besoins de la société. La loi n'a déclaré obligatoire qu'une École primaire élémentaire par commune ou agglomération de communes, et une École primaire supérieure dans les chefs-lieux de département et dans les villes de plus de 6 000 âmes de population. C'est un acte de haute sagesse dans le législateur de ne point se laisser entraîner par un esprit d'ambition systématique, de ne poser que les principes essentiels, et de ne prescrire que ce qui est généralement nécessaire et possible. Mais les développements que s'est interdit la loi, l'administration doit y entrer; le bien que, dans sa prudente réserve, la loi ne prescrit pas, l'administration peut et doit travailler à l'obtenir successivement, partiellement, en profitant de la flexibilité de ses moyens d'action, et de la bonne volonté qu'elle peut rencontrer dans les portions du territoire déjà assez éclairées pour désirer et seconder de nouveaux progrès. Je vous invite donc, Monsieur le   :

1° A faire tous vos efforts pour que la population, au milieu de laquelle vous vivez, comprenne l'utilité des divers genres d'Écoles, dont l'ensemble constitue, comme je viens de vous l'exposer, le système général de l'Instruction primaire, et pour qu'elle sache bien que l'administration supérieure est très disposée à en seconder la création. Ne négligez aucun moyen pour répandre ces idées, et pour inspirer le désir de voir fonder des salles d'asile, des Écoles primaires supérieures, des Écoles d'adultes partout où en existe le besoin.

2° Vous vous appliquerez, dès aujourd'hui, à rechercher quels sont, dans votre ressort, les localités, villes ou gros bourgs, où ces divers établissements seraient à la fois d'une nécessité déjà sentie et d'une exécution immédiatement ou prochainement possible. Les travaux dont vous aurez à vous occuper pour la fondation des Écoles primaires, élémentaires et supérieures, que la loi a déclarées obligatoires, vous mettront en mesure de recueillir, sur les développements ultérieurs que peut exiger ou admettre autour de vous l'éducation populaire, tous les renseignements désirables. Je vous adresserai prochainement, sur l'organisation matérielle et personnelle des salles d'asile, des Écoles primaires supérieures et des Écoles d'adultes, des instructions détaillées qui vous aideront à en faire, pour ainsi dire, toucher au doigt les avantages, et à provoquer le zèle soit des autorités locales, soit de la population en général. Je compte pleinement sur le vôtre, Monsieur le . Soyez assuré que, de mon côté, je m'appliquerai sans relâche à vous seconder dans l'accomplissement de la grande tâche qui vous est imposée par la loi nouvelle, et qui doit avoir, pour notre patrie, de si salutaires résultats.

Recevez, etc.

Signé : GUIZOT.

---

4 juillet 1833. **Circulaire du Ministre de l'Instruction publique aux Instituteurs, relative à l'exécution de la loi du 28 juin 1855 sur l'instruction primaire.**

4 Juillet 1833.

Monsieur l'Instituteur, je vous transmets la loi du 28 juin dernier sur l'instruction primaire, ainsi que l'exposé des motifs qui l'accompagnait, lorsque, d'après les ordres du Roi, j'ai eu l'honneur de la présenter, le 2 janvier dernier, à la Chambre des Députés.

Cette loi, Monsieur, est vraiment la charte de l'instruction primaire : c'est pourquoi je désire qu'elle parvienne directement à la connaissance et demeure en la possession de tout instituteur. Si vous l'étudiez avec soin, si vous méditez attentivement ses dispositions ainsi que les motifs qui en développent l'esprit, vous êtes assuré de bien connaître vos devoirs et vos droits, et la situation nouvelle que vous destinent nos institutions.

Ne vous y trompez pas, Monsieur : bien que la carrière de l'instituteur primaire soit sans éclat, bien que ses soins et ses jours doivent le plus souvent se consumer dans l'enceinte d'une commune, ses travaux intéressent la société tout entière, et sa profession participe de l'importance des fonctions publiques. Ce n'est pas pour la commune seulement, et dans un intérêt purement local, que la loi veut que tous les Français acquièrent, s'il est possible, les connaissances indispensables à la vie sociale, et sans lesquelles l'intelligence languit, et quelquefois s'abrutit ; c'est aussi pour l'État lui-même, et dans l'intérêt public ; c'est parce que la liberté n'est assurée et régulière que chez un peuple assez éclairé pour écouter, en toute circonstance, la voix de la raison. L'instruction primaire universelle est désormais une des garanties de l'ordre et de la stabilité sociale. Comme tout, dans les principes de notre Gouvernement, est vrai et raisonnable, développer l'intelligence, propager les lumières, c'est assurer l'empire et la durée de la monarchie constitutionnelle.

Pénétrez-vous donc, Monsieur, de l'importance de votre mission ; que son utilité vous soit toujours présente dans les travaux assidus qu'elle vous impose. Vous le voyez : la législation et le Gouvernement se sont efforcés d'améliorer la condition et d'assurer l'avenir des instituteurs. D'abord le libre exercice de leur profession dans tout le Royaume leur est garanti, et le droit d'enseigner ne peut être ni refusé, ni retiré à celui qui se montre capable et digne d'une telle mission. Chaque commune doit, en outre, ouvrir un asile à l'instruction primaire. A chaque École communale un maître est promis. A chaque instituteur communal un traitement fixe est assuré. Une rétribution spéciale et variable vient l'accroître. Un mode de perception, à la fois plus conforme à votre dignité et à vos intérêts, en facilite le recouvrement, sans gêner, d'ailleurs, la liberté des conventions particulières. Par l'institution des caisses d'épargne, des ressources sont préparées à la vieillesse des maîtres. Dès leur jeunesse, la dispense du service militaire leur prouve la sollicitude qu'ils inspirent à la société. Dans leurs fonctions, ils ne sont soumis qu'à des autorités éclairées et désintéressées. Leur existence est mise à l'abri de l'arbitraire ou de la persécution. Enfin l'approbation de leurs supérieurs légitimes encouragera leur bonne conduite et constatera leurs succès ; et quelquefois même une récompense brillante, à laquelle leur modeste ambition ne prétendait pas, peut venir leur attester que le Gouvernement du Roi veille sur leurs services et sait les honorer.

Toutefois, Monsieur, je ne l'ignore point, la prévoyance de la loi, les ressources dont le pouvoir dispose, ne réussiront jamais à rendre la simple profession d'instituteur communal aussi attrayante qu'elle est utile. La société ne saurait rendre à celui qui s'y consacre tout ce qu'il fait pour elle. Il n'y a point de fortune à faire, il n'y a guère de renommée à acquérir dans les obligations pénibles qu'il accomplit. Destiné à voir sa vie s'écouler dans un travail monotone, quelquefois même à rencontrer autour de lui l'injustice ou l'ingratitude de l'ignorance, il s'attristerait souvent et succomberait peut-être, s'il ne puisait sa force et son courage ailleurs que dans les perspectives d'un intérêt immédiat et purement personnel. Il faut qu'un sentiment profond de l'importance morale de ses travaux le soutienne et l'anime ; que l'austère plaisir d'avoir servi les hommes et secrètement contribué au bien public devienne le digne salaire que lui donne sa conscience seule. C'est sa gloire de ne prétendre à rien au delà de son obscure et laborieuse condition, de s'épuiser en sacrifices à peine comptés de ceux qui en profitent, de travailler enfin pour les hommes et de n'attendre sa récompense que de Dieu.

Aussi voit-on que, partout où l'enseignement primaire a prospéré, une pensée religieuse s'est unie, dans ceux qui le répandent, au goût des lumières et de l'instruction. Puissiez-vous, Monsieur, trouver dans de telles espérances, dans ces croyances dignes d'un esprit sain et d'un cœur pur, une satisfaction et une constance que peut-être la raison seule et le seul patriotisme ne vous donneraient pas !

C'est ainsi que les devoirs nombreux et divers qui vous sont réservés vous paraîtront plus faciles, plus doux, et prendront sur vous plus d'empire. Il doit m'être permis, Monsieur, de vous le rappeler. Désormais, en devenant instituteur communal, vous appartenez à l'Instruction publique ; le titre que vous portez, conféré par le Ministre, est placé sous sa sauvegarde. L'Université vous réclame ; en même temps qu'elle vous surveille, elle vous protège, et vous admet à quelques-uns des droits qui font de l'enseignement une sorte de magistrature. Mais le nouveau caractère qui vous est donné m'autorise à vous retracer les engagements que vous contractez en le recevant. Mon droit ne se borne pas à vous rappeler les dispositions des lois et règlements que vous devez scrupuleusement observer ; c'est mon devoir d'établir et de maintenir les principes qui doivent servir de règle morale à la conduite de l'instituteur, et dont la violation compromettrait la dignité même du corps auquel il pourra appartenir désormais. Il ne suffit pas, en effet, de respecter le texte des lois : l'intérêt seul y pourrait contraindre, car elles se vengent de celui qui les enfreint ; il faut encore et surtout prouver par sa conduite qu'on a compris la raison morale des lois, qu'on accepte volontairement et de cœur l'ordre qu'elles ont pour but de maintenir, et qu'à défaut de leur autorité on trouverait dans sa conscience une puissance sainte comme les lois, et non moins impérieuse.

Les premiers de vos devoirs, Monsieur, sont envers les enfants confiés à vos soins. L'instituteur est appelé par le père de famille au partage de son autorité naturelle ; il doit l'exercer avec la même vigilance et presque avec la même tendresse. Non seulement la vie et la santé des enfants sont remises à sa garde, mais l'éducation de leur cœur et de leur intelligence dépend de lui presque tout entière. En ce qui concerne l'enseignement proprement dit, rien ne vous manquera de ce qui peut vous guider. Non seulement une École normale vous donnera des leçons et des exemples ; non seulement les Comités s'attacheront à vous transmettre des instructions utiles, mais encore l'Université même se maintiendra avec vous en constante communication. Le Roi a bien voulu approuver la publication d'un journal spécialement destiné à l'enseignement primaire. Je veillerai à ce que le *Manuel général* répande partout, avec les actes officiels qui vous intéressent, la connaissance des méthodes sûres, des tentatives heureuses, les notions pratiques que réclament les Écoles, la comparaison des résultats obtenus en France ou à l'étranger, enfin tout ce qui peut diriger le zèle, faciliter le succès, entretenir l'émulation.

Mais, quant à l'éducation morale, c'est en vous surtout, Monsieur, que je me fie. Rien ne peut suppléer en vous la volonté de bien faire. Vous n'ignorez pas que c'est là, sans aucun doute, la plus importante et la plus difficile partie de votre mission. Vous n'ignorez pas qu'en vous confiant un enfant, chaque famille vous demande de lui rendre un honnête homme, et le pays un bon citoyen. Vous le savez : les vertus ne suivent pas toujours les lumières, et les leçons que reçoit l'enfance pourraient lui devenir funestes si elles ne s'adressaient qu'à son intelligence. Que l'instituteur ne craigne donc pas d'entreprendre sur les droits des familles en donnant ses premiers soins à la culture intérieure de l'âme de ses élèves. Autant il doit se garder d'ouvrir son École à l'esprit de secte ou de parti, et de nourrir les enfants dans des doctrines religieuses ou politiques qui les mettent pour ainsi dire en révolte contre l'autorité des conseils domestiques, autant il doit s'élever au-dessus des querelles passagères qui agitent la société, pour s'appliquer sans cesse à propager, à affermir ces principes impérissables de morale et de raison sans lesquels l'ordre universel est en péril, et à jeter profondément dans de jeunes cœurs ces semences de vertu et d'honneur que l'âge et les passions n'étoufferont point. La foi dans la Providence, la sainteté du devoir, la soumission à l'autorité paternelle, le respect dû aux lois, au prince, aux droits de tous, tels sont les sentiments qu'il s'attachera à développer. Jamais, par sa conversation ou son exemple, il ne risquera d'ébranler chez les enfants la vénération due au bien ; jamais, par des paroles de haine ou de vengeance, il ne les disposera à ces préventions aveugles qui créent, pour ainsi dire, des nations ennemies au sein de la même nation. La paix et la concorde qu'il maintiendra dans son École doivent, s'il est possible, préparer le calme et l'union des générations à venir.

Les rapports de l'instituteur avec les parents ne peuvent manquer d'être fréquents. La bienveillance y doit présider : s'il ne possédait la bienveillance des familles, son autorité sur les enfants serait compromise, et le fruit de ses leçons serait perdu pour eux. Il ne saurait donc porter trop de soin et de prudence dans cette sorte de relations. Une intimité légèrement contractée pourrait exposer son indépendance, quelquefois même l'engager dans ces dissensions locales qui désolent souvent les petites communes. En se prêtant avec complaisance aux demandes raisonnables des parents, il se gardera bien de sacrifier à leurs capricieuses exigences ses principes d'éducation et la discipline de son École. Une École doit être l'asile de l'égalité, c'est-à-dire de la justice.

Les devoirs de l'instituteur envers l'autorité sont plus clairs encore et non moins importants. Il est lui-même une autorité dans la commune : comment donc donnerait-il l'exemple de l'insubordination ? Comment ne respecterait-il pas les magistrats municipaux, l'autorité religieuse, les pouvoirs légaux qui maintiennent la sécurité publique ? Quel avenir il préparerait à la population au sein de laquelle il vit, si, par son exemple ou par des discours malveillants, il excitait chez les enfants cette disposition à tout méconnaître, à tout insulter, qui peut devenir dans un autre âge l'instrument de l'immoralité et quelquefois de l'anarchie !

Le maire est le chef de la commune ; il est à la tête de la surveillance locale : l'intérêt pressant, comme le devoir de l'instituteur, est donc de lui témoigner en toute occasion la déférence qui lui est due. Le curé ou le pasteur ont aussi droit au respect : car leur ministère répond à ce qu'il y a de plus élevé dans la nature humaine. S'il arrivait que, par quelque fatalité, le ministre de la religion refusât à l'instituteur une juste bienveillance, celui-ci ne devrait pas sans doute s'humilier pour la reconquérir ; mais il s'appliquerait de plus en plus à la mériter par sa conduite, et il saurait l'attendre. C'est au succès de son École à désarmer des préventions injustes ; c'est à sa prudence à ne donner aucun prétexte à l'intolérance. Il doit éviter l'hypocrisie à l'égal de l'impiété. Rien, d'ailleurs, n'est plus désirable que l'accord du prêtre et de l'instituteur : tous deux sont revêtus d'une autorité morale ; tous deux ont besoin de la confiance des familles ; tous deux peuvent s'entendre pour exercer sur les enfants, par des moyens divers, une commune influence. Un tel accord vaut bien qu'on fasse, pour l'obtenir, quelques sacrifices, et j'attends de vos lumières et de votre sagesse que rien d'honorable ne vous coûtera pour réaliser cette union sans laquelle nos efforts pour l'instruction populaire seraient souvent infructueux.

Enfin, Monsieur, je n'ai pas besoin d'insister sur vos relations avec les autorités spéciales qui veillent sur les Écoles, avec l'Université elle-même : vous trouverez là des conseils, une direction nécessaire, souvent un appui contre des difficultés locales et des inimitiés accidentelles. L'administration n'a point d'autres intérêts que ceux de l'instruction primaire, qui, au fond, sont les vôtres. Elle ne vous demande que de vous pénétrer de plus en plus de l'esprit de votre mission. Tandis que, de son côté, elle veillera sur vos droits, sur vos intérêts, sur votre avenir, maintenez, par une vigilance continuelle, la dignité de votre état : ne l'altérez point par des spéculations inconvenantes, par des occupations incompatibles avec l'enseignement ; ayez les yeux ouverts sur tous les moyens d'améliorer l'instruction que vous dispensez autour de vous. Les secours ne vous manqueront pas : dans la plupart des grandes villes, des cours de perfectionnement sont ouverts ; dans les Écoles normales, des places sont ménagées aux instituteurs qui voudraient venir y retremper leur enseignement. Il devient chaque jour plus facile de vous composer à peu de frais une bibliothèque suffisante à vos besoins. Enfin, dans quelques arrondissements, dans quelques cantons, des conférences ont déjà été établies entre les instituteurs : c'est là qu'ils peuvent mettre leur expérience en commun, et s'encourager les uns les autres en s'aidant mutuellement.

Au moment où, sous les auspices d'une législation nouvelle, nous entrons tous dans une nouvelle carrière ; au moment où l'instruction primaire va être l'objet de l'expérience la plus réelle et la plus étendue qui ait encore été tentée dans notre patrie, j'ai dû, Monsieur, vous rappeler les principes qui guident l'Administration de l'Instruction publique, et les espérances qu'elle fonde sur vous. Je compte sur tous vos efforts pour faire réussir l'œuvre que nous entreprenons en commun : ne doutez jamais de la protection du Gouvernement, de sa constante, de son active sollicitude pour les précieux intérêts qui vous sont confiés. L'universalité de l'instruction primaire est, à ses yeux, l'une des plus grandes et des plus pressantes conséquences de notre Charte ; il lui tarde de la réaliser. Sur cette question comme sur toute autre, la France trouvera toujours d'accord l'esprit de la Charte et la volonté du Roi[1].

Recevez, etc.

Signé : GUIZOT.

---

9 juillet 1833.   **Décision du Conseil royal de l'Instruction publique relative aux examens du brevet de capacité.**

9 Juillet 1833.

Le Conseil royal de l'Instruction publique,

Consulté sur la question de savoir si les candidats qui se présentent à l'examen des Commissions d'instruction primaire, à l'effet d'obtenir le brevet de capacité exigé pour être admis à exercer les fonctions d'instituteur, doivent produire préalablement un certificat de bonnes vie et mœurs,

Décide qu'il n'y a plus lieu à exiger cette formalité pour l'examen, la loi ne parlant d'un certificat de moralité que lorsqu'il est question de l'ouverture ou de la direction d'une École.

---

16 juillet 1833.   **Ordonnance pour l'exécution de la loi du 28 juin 1833 sur l'instruction primaire.**

16 Juillet 1833.

LOUIS-PHILIPPE, etc.,

Vu la loi du 28 juin 1833 sur l'instruction primaire ;

Sur le rapport de notre Ministre secrétaire d'État au département de l'Instruction publique ;

Notre Conseil de l'Instruction publique entendu ;

Nous avons ordonné et ordonnons ce qui suit :

TITRE Ier.

De l'organisation des Écoles primaires publiques.

ARTICLE 1er. — Les Conseils municipaux délibéreront chaque année, dans leur session du mois de mai, sur la création ou l'entre-

---

1. Cette circulaire parvint aux instituteurs par l'intermédiaire des Recteurs (18 juillet). « Vous voudrez bien, disait le Ministre en *P. S.*, dater chaque exemplaire, en y ajoutant le nom de l'instituteur. »

tien des Écoles primaires communales, élémentaires ou supérieures, sur le taux de la rétribution mensuelle et du traitement fixe à accorder à chaque instituteur, et sur les sommes à voter, soit pour acquitter cette dernière dépense, soit pour acquérir, construire, réparer ou louer des maisons d'école.

Ils dresseront annuellement, dans leur session du mois d'août, l'état des élèves qui devront être reçus gratuitement à l'École primaire élémentaire.

Ils détermineront, s'il y a lieu, dans cette même session, le nombre des places gratuites qui pourront être mises au concours pour l'École primaire supérieure.

ART. 2. — Dans le cas où des communes limitrophes ne pourraient entretenir, chacune pour son compte, une École primaire élémentaire, les maires se concerteront pour établir une seule École à l'usage desdites communes.

La réunion des communes à cet effet ne pourra être opérée que du consentement formel des Conseils municipaux, et avec l'approbation de notre Ministre de l'Instruction publique.

A défaut de conventions contraires de la part des Conseils municipaux, les dépenses auxquelles l'entretien des Écoles donnera lieu seront réparties entre les communes réunies, proportionnellement au montant de leurs contributions foncière, personnelle et mobilière. Cette répartition sera faite par le Préfet.

Une réunion de communes ainsi opérée pourra être dissoute par notre Ministre de l'Instruction publique, sur la demande motivée d'un ou plusieurs Conseils municipaux, mais à condition que ces Conseils prendront l'engagement de pourvoir sans délai à l'établissement et à l'entretien des Écoles de leurs communes respectives.

ART. 3. — Les maires des communes qui ne possèdent point de locaux convenablement disposés, tant pour servir d'habitation à leurs instituteurs communaux, que pour recevoir leurs élèves, et qui ne pourraient en acheter ou en faire construire immédiatement, s'occuperont sans délai de louer des bâtiments propres à cette destination. Les conditions du bail seront soumises au Conseil municipal et à l'approbation du Préfet.

Pendant la durée du bail, qui ne pourra excéder six années, les Conseils municipaux prendront les mesures nécessaires pour se mettre en état d'achever ou de faire construire des maisons d'école, soit avec leurs propres ressources, soit avec les secours qui pourraient leur être accordés par le département ou par l'État.

ART. 4. — Lorsqu'une commune, avec ses ressources ordinaires, ainsi qu'avec le produit des fondations, donations ou legs qui pourraient être affectés aux besoins de l'instruction primaire, ne sera pas en état de pourvoir au traitement des instituteurs et de procurer le local nécessaire, le Conseil municipal sera appelé à voter, jusqu'à concurrence de trois centimes additionnels au principal des contributions foncière, personnelle et mobilière, une imposition spéciale à l'effet de pourvoir à ces dépenses.

ART. 5. — Les délibérations par lesquelles les Conseils municipaux auront réglé le nombre des Écoles communales, fixé le traitement des instituteurs, arrêté les mesures ou les conventions relatives aux maisons d'école et voté les fonds, seront envoyées avant le 1er juin, pour l'arrondissement chef-lieu, au Préfet, et, pour les autres arrondissements, aux Sous-Préfets, qui les transmettront dans les dix jours au Préfet avec leur avis.

ART. 6. — Les Préfets inséreront sommairement les résultats de ces délibérations sur un tableau, dont le modèle leur sera transmis par notre Ministre de l'Instruction publique, et qui indiquera les sommes qu'ils jugeront devoir être fournies par le département, pour assurer le traitement des instituteurs communaux, et pour procurer des locaux convenables.

Ces tableaux seront présentés aux Conseils généraux dans leur session ordinaire annuelle.

ART. 7. — Dès que l'ordonnance royale de convocation des Conseils généraux et des Conseils d'arrondissement, pour leur session ordinaire annuelle, aura été publiée, les Préfets enverront à notre Ministre de l'Instruction publique une copie de ces tableaux.

Ils enverront en même temps l'état des communes qui n'auraient pas encore fixé le traitement de leurs instituteurs communaux, ni assuré un local pour l'École, avec indication des revenus de chaque commune, du produit annuel des fondations, donations ou legs et de la portion de ce produit et de ces revenus que la commune pourrait affecter à cette dépense.

ART. 8. — Dans le cas où les votes des communes n'auraient pas pourvu au traitement de l'instituteur et à l'établissement de la maison d'école, une ordonnance royale autorisera, s'il y a lieu, dans les limites fixées par les lois, une imposition spéciale sur ces communes, à l'effet de pourvoir à ces dépenses. La somme ainsi recouvrée ne pourra, sous aucun prétexte, être employée à d'autres dépenses qu'à celles de l'instruction primaire.

ART. 9. — Si des Conseils généraux de département ne votaient pas, en cas d'insuffisance de leurs revenus ordinaires, l'imposition spéciale destinée à couvrir, autant qu'il se pourra, les dépenses nécessaires pour procurer un local et assurer un traitement aux instituteurs, cette imposition sera établie, s'il y a lieu, par ordonnance royale, dans les limites fixées par la loi.

ART. 10. — Lorsque, dans le cas d'insuffisance des revenus ordinaires des communes et des départements, et des impositions spéciales qu'ils sont autorisés à voter, l'État devra concourir au payement du traitement fixe des instituteurs, ce traitement ne pourra excéder le minimum fixé par l'article 12 de la loi du 28 juin dernier.

ART. 11. — Au commencement de chaque mois, l'instituteur communal remettra au maire l'état des parents des élèves qui auront fréquenté son École pendant le mois précédent, avec l'indication du montant de la rétribution mensuelle due par chacun d'eux.

Le recouvrement de ce rôle sera poursuivi par les mêmes voies que celui des contributions directes.

Tous les frais, autres que ceux de poursuites, seront remboursés par la commune.

Les réclamations auxquelles la confection du rôle pourrait donner lieu seront rédigées sur papier libre et déposées au secrétariat de la sous-préfecture.

Elles seront jugées par le Conseil de préfecture, sur l'avis du Comité local et du Sous-Préfet, lorsqu'il s'agira de décharges et de réductions ; par le Préfet, sur l'avis du Conseil municipal et du Sous-Préfet, lorsqu'il s'agira de remises et de modérations.

ART. 12. — Les dépenses des Écoles primaires et les diverses ressources qui y sont affectées font partie des recettes et dépenses des communes ; elles doivent être comprises dans les budgets annuels et dans les comptes des receveurs municipaux ; elles sont soumises à toutes les règles qui régissent la comptabilité communale.

ART. 13. — Divers plans d'Écoles primaires pour les communes rurales, accompagnés de devis estimatifs détaillés, seront dressés par les soins de notre Ministre de l'Instruction publique, et déposés aux secrétariats des préfectures, des sous-préfectures, des mairies des chefs-lieux de canton, et des Comités d'arrondissement, ainsi qu'au secrétariat de chaque Académie[1].

ART. 14. — Le tableau de toutes les communes du Royaume, avec l'indication de leur population et de leurs revenus ordinaires et extraordinaires, divisé par départements, arrondissements et cantons, sera adressé tous les cinq ans, par notre Ministre du Commerce et des Travaux publics, à notre Ministre de l'Instruction publique.

1. Voir la circulaire du 3 décembre 1833, aux termes de laquelle l'évaluation de la dépense était, après enquête, de 2 000 à 3 000 francs par commune. (*Circulaires et Instructions officielles relatives à l'Instruction publique*, Tome II, page 190.)

Art. 15. — Chaque année, notre Ministre de l'Instruction publique fera dresser un état des communes qui ne possèdent point de maisons d'école, de celles qui n'en ont pas en nombre suffisant, à raison de leur population, et enfin de celles qui n'en ont point de convenablement disposées.

Cet état fera connaître les sommes votées par les communes et par les départements, en exécution des articles 1er et suivants de la présente ordonnance, soit pour les instituteurs, soit pour les maisons d'école. Il indiquera généralement tous les besoins de l'instruction primaire, et sera distribué aux Chambres.

TITRE II.

Des Écoles primaires privées.

Art. 16. — Aussitôt que le maire d'une commune aura reçu la déclaration à lui faite, aux termes de l'article 4 de la loi, par un individu qui remplira les conditions prescrites[1], et qui voudra tenir

---

1. Le 29 mai 1832, le Ministre de l'Instruction publique adressait à l'Inspecteur général Recteur de l'Académie de Paris les instructions suivantes au sujet de la libre concurrence :

« Monsieur l'Inspecteur général, par lettre du 25 avril dernier, et à l'occasion d'une réclamation élevée par le sieur P., instituteur primaire à L., contre l'établissement d'un autre instituteur dans la même commune, vous exprimez le désir qu'il vous soit transmis quelques explications sur le principe de libre concurrence adopté par l'Université, et sur les limites dans lesquelles l'application doit en avoir lieu.

« L'adoption de ce principe ne déroge en rien à la législation existante sur l'instruction publique. Toute la substance de cette législation consiste réellement dans l'obligation où sont placés les instituteurs d'obtenir un brevet de capacité et une autorisation spéciale, afin de pouvoir se livrer licitement à l'éducation de la jeunesse. Il ne s'y rencontre du reste aucune disposition qui ait pour effet de prohiber, d'une manière explicite, telle ou telle méthode et telle ou telle nature d'établissements d'instruction, ou bien de limiter le nombre des Écoles, en le proportionnant selon certaines bases, plus ou moins arbitraires, aux besoins de la population. Il suit de là que le principe de libre concurrence eût pu être admis sans difficulté sous le Gouvernement déchu. L'application en devient aujourd'hui plus stricte et plus impérieuse ; et l'autorité, en s'y conformant, ne fait que reconnaître et suivre l'esprit bien caractérisé de nos nouvelles institutions. Ainsi toutes les bonnes méthodes et toutes les Écoles sans exception dont l'ouverture est régulièrement autorisée ont un droit égal à la protection du Gouvernement, qui doit les favoriser, indépendamment du nombre et de l'état des Écoles déjà existantes, et quelle que soit d'ailleurs la population des localités. Tout instituteur qui justifie suffisamment de sa capacité et de sa moralité, et qui possède un local convenable, peut donc réclamer à juste titre le brevet et l'autorisation dont il a besoin pour enseigner. Mais il appartient aux autorités préposées à cet effet d'exercer à son égard la surveillance que la loi leur confie. Elles doivent notamment vérifier si les maisons d'école conviennent à leur destination, et si elles n'offrent aucun inconvénient, soit sous le rapport des bonnes mœurs, soit sous celui de la salubrité. Cette vérification devient surtout indispensable lorsque

une École, soit élémentaire, soit supérieure, il inscrira cette déclaration sur un registre spécial, et en délivrera récépissé au déclarant.

Il enverra au Comité de l'arrondissement et au Recteur de l'Académie des copies de cette déclaration, ainsi que du certificat de moralité que doit présenter l'instituteur.

ART. 17. — Est considérée comme École primaire toute réunion habituelle d'enfants de différentes familles, qui a pour but l'étude de tout ou partie des objets compris dans l'enseignement primaire.

ART. 18. — Tout local destiné à une École primaire privée sera préalablement visité par le maire de la commune ou par un des membres du Comité communal, qui en constatera la convenance et la salubrité.

ART. 19. — Les instituteurs privés qui auront bien mérité de l'instruction primaire seront admis comme les instituteurs communaux, sur le rapport des Préfets et des Recteurs, à participer aux encouragements et aux récompenses que notre Ministre de l'Instruction publique distribue annuellement.

TITRE III.

Des Écoles normales primaires.

ART. 20. — Les Préfets et les Recteurs prépareront, chaque année, un aperçu des dépenses auxquelles donnera lieu l'École normale primaire que chaque département est obligé d'entretenir soit par lui-même, soit en se réunissant à un ou plusieurs départements voisins.

Cet aperçu sera présenté aux Conseils généraux dans leur session ordinaire annuelle.

ART. 21. — Lorsque plusieurs départements se réuniront pour entretenir ensemble une École normale primaire, les dépenses de cette École, autres que celles qui seront couvertes par le produit des bourses fondées par les communes, les départements ou l'État, seront réparties entre eux dans la proportion de la population, du nombre des communes, et du montant des contributions foncière, personnelle et mobilière.

l'instituteur sollicite l'autorisation de recevoir des élèves pensionnaires dans son établissement.

« Je vous prie de faire part de ces observations à MM. les Inspecteurs de l'Académie de Paris, pour qu'ils en tiennent compte suivant les circonstances qui pourront se présenter.

« Recevez, etc.

Signé : GIROD. »

Cette répartition sera faite par notre Ministre de l'Instruction publique.

ART. 22. — Lorsqu'un Conseil général n'aura pas compris dans le budget des dépenses du département la somme nécessaire pour l'entretien de l'École normale primaire, une ordonnance royale prescrira de l'y porter d'office, au chapitre des dépenses variables ordinaires.

ART. 23. — Dans les départements d'une étendue considérable, ou dont les habitants professent différents cultes, notre Ministre de l'Instruction publique, sur la demande des Conseils généraux ou sur celle des Conseils municipaux qui offriraient de concourir au payement des dépenses nécessaires, et sur la proposition des Préfets et des Recteurs, pourra autoriser, après avoir pris l'avis du Conseil royal, outre les Écoles normales, l'établissement d'Écoles modèles qui seront aussi appelées à former des instituteurs primaires.

TITRE IV.

Des autorités préposées à l'instruction primaire

ART. 24. — Les Comités d'arrondissement fixeront annuellement, dans leur réunion du mois de janvier, l'époque de chacun des autres mois où ils s'assembleront[1].

La séance ainsi indiquée aura lieu sans qu'aucune convocation spéciale soit nécessaire.

ART. 25. — En l'absence du président de droit, et du vice-président nommé par le Comité d'arrondissement, le Comité est présidé par le doyen d'âge.

ART. 26. — Tout membre élu d'un Comité qui, sans avoir justifié d'une excuse valable, n'aura point paru à trois séances ordinaires consécutives, sera censé avoir donné sa démission, et sera remplacé conformément à la loi.

ART. 27. — Les frais de bureau des Comités communaux sont supportés par la commune, et ceux des Comités d'arrondissement par le département.

ART. 28. — Lorsque le Comité d'arrondissement nommera un instituteur, il enverra immédiatement au Recteur l'arrêté de nomination avec l'avis du Comité local, la délibération du Conseil muni-

---

1. Consulter, pour les dispositions transitoires, les circulaires des 24 *juillet* et 12 *août* 1833. (*Circulaires et Instructions officielles relatives à l'Instruction publique*, Tome II, pages 131 et 154.)

cipal, la date du brevet de capacité et une copie du certificat de moralité.

Le Recteur transmettra ces pièces à notre Ministre de l'Instruction publique, qui donnera l'institution, s'il y a lieu.

L'instituteur ne sera installé et ne prêtera serment qu'après que notre Ministre de l'Instruction publique lui aura conféré l'institution; mais le Recteur pourra l'autoriser provisoirement à exercer ses fonctions.

TITRE V.

Dispositions transitoires.

ART. 29. — Les Conseils municipaux délibéreront, dans leur session ordinaire du mois d'août prochain, sur l'organisation de leurs Écoles primaires publiques pour 1834. Ils s'occuperont de tous les objets sur lesquels, aux termes du paragraphe 1er de l'article 1er de la présente ordonnance, ils devront annuellement délibérer dans la session du mois de mai.

Les délibérations seront envoyées immédiatement aux Préfets et aux Sous-Préfets, au plus tard avant le 20 août.

ART. 30. — Les divers états que les Préfets sont tenus d'adresser à notre Ministre de l'Instruction publique, aux termes de l'article 7 de la présente ordonnance, aussitôt que l'ordonnance royale de convocation des Conseils généraux et d'arrondissement a été publiée, lui seront envoyés, en 1833, avant le 5 septembre.

ART. 31. — Les Préfets présenteront aux Conseils généraux, dans la prochaine session, un aperçu des sommes nécessaires pour aider les communes à procurer un local et à assurer un traitement à leur instituteur, pendant l'année 1834.

Les Conseils généraux seront appelés à voter, conformément à l'article 13 de la loi du 28 juin dernier sur l'instruction primaire, un crédit ou une imposition destinés à l'acquittement de cette dépense.

ART. 32. — Les Conseils généraux délibéreront également, dans leur prochaine session, sur les projets de statuts des caisses d'épargne et de prévoyance qui doivent être établies dans chaque département, en faveur des instituteurs primaires communaux.

ART. 33. — Dans le délai de trois mois, notre Ministre de l'Instruction publique réglera, conformément à l'article 18 de la loi du 28 juin dernier, le nombre et la circonscription des Comités d'arrondissement.

Dans les trois mois qui suivront l'installation des Comités d'arrondissement, il sera procédé à l'organisation des Comités communaux.

Jusqu'à l'installation des nouveaux Comités, les Comités actuels continueront leurs fonctions.

ART. 34. — Pareillement jusqu'à l'installation des nouveaux Comités, et lorsqu'il s'agira de nommer un instituteur communal, le Conseil municipal présentera les candidats au Comité placé au chef-lieu de l'arrondissement, après avoir pris l'avis du Comité dont la commune ressort immédiatement. Le Comité du chef-lieu d'arrondissement nommera l'instituteur, et se conformera aux dispositions de l'article 29 de la présente ordonnance.

ART. 35. — Dans le cas prévu par l'article 23 de la loi du 28 juin dernier, le droit de suspension et de révocation sera de même exercé par le Comité placé au chef-lieu de l'arrondissement, ou d'office, ou sur la plainte adressée par le Comité auquel ressortira immédiatement l'instituteur inculpé.

ART. 36. — Nos Ministres de l'Instruction publique, du Commerce et des Travaux publics, et des Finances sont chargés, chacun en ce qui le concerne, de l'exécution de la présente ordonnance.

---

19 juillet 1833.

Règlement sur les brevets de capacité et les Commissions d'examen.

19 Juillet 1833.

Le Conseil royal de l'Instruction publique,

Vu la loi du 28 juin 1833, articles 1er, 4 et 25;

Sur le rapport du conseiller chargé de ce qui concerne les Écoles primaires,

Arrête ce qui suit :

ARTICLE 1er. — Il y aura deux sortes de brevets de capacité, les uns pour l'instruction primaire élémentaire, les autres pour l'instruction primaire supérieure.

Ces brevets seront délivrés après examen par les Commissions d'instruction primaire, dans la forme qui sera ci-après déterminée.

ART. 2. — Il y aura, dans chaque ville chef-lieu de département, une Commission d'instruction primaire, chargée d'examiner tous les aspirants au brevet de capacité.

Cette Commission sera renouvelée tous les trois ans. Les membres en seront indéfiniment rééligibles.

ART. 3. — La Commission d'instruction primaire sera composée de sept membres, dont trois seront nécessairement pris parmi les membres de l'instruction publique.

3.

Ces membres sont :

Le Recteur ou un Inspecteur par lui délégué, dans les villes où est le siège de l'Académie; le proviseur ou le censeur et un professeur, dans les villes où existe un Collège royal; un ou deux fonctionnaires du Collège communal, dans les villes qui possèdent un établissement de cet ordre.

ART. 4. — A moins de circonstances extraordinaires, sur lesquelles il sera prononcé par le Recteur de l'Académie, les Commissions d'instruction primaire ne procéderont à l'examen des aspirants aux brevets de capacité que de six mois en six mois. Elles se rassembleront, à cet effet, dans les cinq premiers jours de mars et de septembre.

ART. 5. — La présence de quatre membres, au moins, sera nécessaire pour les examens des aspirants aux brevets de capacité.

Dans tous les cas, le brevet ne pourra être délivré qu'à la majorité des voix.

ART. 6. — Tout individu âgé de dix-huit ans accomplis pourra, en produisant son acte de naissance, se présenter devant une Commission d'instruction primaire pour subir l'examen de capacité.

Il sera seulement tenu de s'inscrire, vingt-quatre heures d'avance, au secrétariat de la Commission.

ART. 7. — Les examens auront lieu publiquement, dans une salle dépendant d'un établissement public.

Ils seront annoncés quinze jours d'avance par un arrêté du Recteur, qui sera publié et affiché.

ART. 8. — L'aspirant au brevet de capacité pour l'instruction primaire élémentaire devra satisfaire aux questions qui lui seront faites, d'après le programme suivant :

Instruction morale et religieuse.	Catéchisme.	
	Histoire sainte.	Ancien Testament. Nouveau Testament.

Lecture	Imprimés.	Français. Latins.
	Manuscrits ou cahiers lithographiés.	

Procédés pour l'enseignement de la lecture et de l'écriture.

Écriture.	Bâtarde. Ronde. Cursive.	en lettres	ordinaires. majuscules.

Éléments de la langue française.	Grammaire.	Analyse grammaticale de phrases dictées.
	Orthographe.	Théorie. Pratique.

Éléments du calcul. . .	Théorie. . . .	Numération	Appliquées aux nombres entiers et aux fractions décimales.
	Pratique . . .	Addition	
		Soustraction. . . .	
		Multiplication . . .	
		Division	

Système légal des poids et mesures : conversion des anciennes mesures en nouvelles.

Premières notions de géographie et d'histoire.

ART. 9. — L'aspirant au brevet de capacité pour l'instruction primaire supérieure devra satisfaire aux questions qui lui seront faites, d'après le programme suivant :

1° Tout ce qui est compris dans le programme pour l'instruction primaire élémentaire ;

Et, en outre, pour l'instruction morale et religieuse, quelques développements ;

Pour l'arithmétique, les proportions, les règles de trois et de société ;

2° Notions de géométrie : angles, perpendiculaires, parallèles, surfaces des triangles, des polygones, du cercle ; volumes des corps les plus simples.

Dessin linéaire.

Applications usuelles de la géométrie. .	Arpentage.
	Toisé.
	Levé des plans.

Notions des sciences physiques et de l'histoire naturelle applicables aux usages de la vie, et comprenant les définitions des machines les plus simples.

Éléments de la géographie et de l'histoire générales, de la géographie et de l'histoire de France.

Notions de la sphère.

| Chant . . . . | Musique . . . . | théorie. |
| | Plain-chant . . | pratique. |

| Méthodes d'enseignement. . . . . . . | simultané. |
| | mutuel. |

ART. 10. — Le procès-verbal de l'examen sera dressé, séance tenante, d'après un des modèles joints au présent règlement[1]. Il sera signé de tous les examinateurs et du récipiendaire.

Un duplicata, revêtu des mêmes formalités, sera transmis au Recteur de l'Académie par le président de la Commission et restera déposé aux archives.

ART. 11. — Un brevet conforme à l'un des modèles ci-joints sera immédiatement délivré au candidat qui en aura été jugé digne.

ART. 12. — Le brevet de capacité sera signé par les examinateurs et par l'impétrant.

Mention de la délivrance du brevet sera faite à l'instant sur un registre spécial, qui sera signé du président de la Commission et de l'impétrant, et qui restera déposé au secrétariat de la Commission.

1. Voir les modèles à l'*Appendice*.

ART. 13. — Après chaque séance, les juges indiqueront leur jugement sur chacun des candidats reçus par un de ces termes : *très
bien, bien, assez bien.*

A la fin de la session, la Commission d'examen dressera par ordre
de mérite la liste de tous les candidats reçus.

Cette liste sera envoyée aux Recteurs pour être communiquée aux
autorités.

ART. 14. — Les Inspecteurs généraux, dans leurs tournées, se
feront représenter les procès-verbaux des examens de capacité et les
listes des candidats reçus, et ils adresseront au Ministre les observations auxquelles ces procès-verbaux et ces listes pourraient donner
lieu.

ART. 15. — Outre la Commission qui sera formée au chef-lieu du
département, et qui aura droit d'examiner tous les aspirants au brevet de capacité, il pourra être établi dans chaque arrondissement de
sous-préfecture une Commission d'instruction primaire, à l'effet
d'examiner les aspirants au brevet de capacité pour l'instruction primaire élémentaire.

Cette Commission sera composée de sept membres, et elle se conformera à toutes les dispositions des articles 4, 5, 6, 7, 8, 10, 11, 12
et 13 du présent règlement.

Dispositions transitoires.

ART. 16. — Pendant trois ans, le brevet de capacité pour l'instruction primaire supérieure pourra être accordé aux candidats qui
n'auraient pas satisfait à la partie de l'examen relative au chant.

Mention expresse de cette circonstance sera faite sur le brevet.

ART. 17. — Les Commissions actuelles d'examen continueront
leurs fonctions jusqu'à l'établissement des nouvelles Commissions;
elles se conformeront aux dispositions de la loi du 28 juin et à celles
du présent règlement, en ce qui concerne les examens et la délivrance des brevets.

Les Commissions établies aux chefs-lieux des Académies pourront
seules faire les examens et délivrer les brevets de capacité pour
l'instruction primaire supérieure.

La présence de quatre membres au moins sera nécessaire pour
tous les examens.

Décision relative aux brevets antérieurs à la loi du 28 juin 1833.

19 Juillet 1833.

Le Conseil royal de l'Instruction publique,
Vu la lettre de M. le Recteur de l'Académie d'Amiens, en date du
12 juillet courant;
Consulté sur la question de savoir si un brevet de capacité obtenu
avant la loi du 28 juin dernier, et non suivi d'autorisation spéciale
avant la loi, est admissible comme titre suffisant pour exercer la
profession d'instituteur primaire, soit communal, soit privé;
Décide que les anciens brevets conservent toute leur valeur, et
donnent droit aux candidats brevetés, ou de faire leur déclaration
pour être instituteurs privés, ou d'être présentés pour les fonctions
d'instituteurs communaux, sauf aux candidats à remplir les autres
conditions prescrites par la loi du 28 juin.

**Circulaire du Ministre de l'Instruction publique, relative à l'application de la loi du
28 juin 1855 et de l'ordonnance du 16 juillet qui en règle l'exécution.**

24 Juillet 1833.

Monsieur le Préfet, j'ai l'honneur de vous adresser, pour vous et pour MM. les
Sous-Préfets de votre département,   exemplaires de la loi du 28 juin dernier sur l'instruction primaire, et de l'ordonnance royale du 16 de ce mois qui
en règle l'exécution.
Pour atteindre à ce but, Monsieur le Préfet, votre concours est nécessaire, et
j'y compte pleinement. Je n'ai pas besoin d'insister auprès de vous sur l'importance d'une telle œuvre; vous êtes trop éclairé pour ne pas la reconnaître.
Mais en même temps qu'elle est importante, elle est étendue, compliquée; elle
exigera de longs travaux; elle rencontrera plus d'un obstacle. Il est donc indispensable d'agir promptement, et, sans prétendre tout faire en un jour, de n'en
perdre du moins aucun.
D'ailleurs, la prochaine confection des rôles des contributions directes pour
1834 et la nécessité d'établir, avant l'époque de cette opération, les impositions
que les communes et les départements auront à voter afin de pourvoir aux
besoins de l'instruction primaire pendant cette année, nous commandent d'apporter la plus grande activité dans notre travail.
En parcourant les différents articles de la loi et de l'ordonnance du Roi, qui
se rattachent à l'administration départementale et communale, je vais, Monsieur
le Préfet, vous donner les principales explications dont chacune de ces dispositions me paraît susceptible. Plus tard, et soit d'après vos observations, soit de
mon propre mouvement, j'ajouterai, sur chaque question spéciale, les éclaircissements qui pourront être nécessaires.

Délibérations des Conseils municipaux. — L'article 1er de l'ordonnance indique les objets sur lesquels les Conseils municipaux auront à délibérer, chaque année, dans leur session de mai, relativement à l'instruction primaire. Cette session ayant déjà eu lieu pour 1833, l'article 29 leur enjoint de s'occuper de ces mêmes objets dans leur session d'août. Vous aurez, en conséquence, Monsieur le Préfet, à transmettre à MM. les maires, aussitôt que cette lettre vous sera parvenue, les instructions nécessaires pour qu'ils fassent délibérer les Conseils municipaux sur l'organisation des Écoles primaires publiques pour 1834.

Nombre d'Écoles publiques par commune. — L'article 9 de la loi impose à toute commune l'obligation d'entretenir, soit par elle-même, soit en se réunissant à une ou plusieurs communes voisines, au moins une École primaire élémentaire.

Dans les communes trop considérables pour qu'une seule École suffise, la loi ne règle point d'une manière générale quel sera le nombre d'Écoles publiques que chaque commune devra entretenir en raison de sa population. Cette question est évidemment subordonnée au plus ou moins grand nombre d'Écoles privées établies dans la commune, au plus ou moins d'aisance des habitants, et à d'autres circonstances de ce genre. On peut, je pense, regarder comme désirable qu'il y ait une École publique par chaque agglomération de deux mille à trois mille habitants. Mais je n'ai rien à prescrire à ce sujet. Vous saurez bien, Monsieur le Préfet, constater les besoins locaux, et exciter soit les autorités municipales, soit la population elle-même, à faire tout ce qui se pourra pour y satisfaire.

Réunion des communes pour entretenir une École primaire publique. — La loi laisse aux communes la faculté de se réunir pour entretenir ensemble une École primaire élémentaire. Ces réunions entraîneront presque toujours des inconvénients, soit que l'instituteur ait à se rendre dans chacune des communes ainsi agglomérées, soit que les enfants doivent se transporter dans la commune centrale ou dans celle qui sera pourvue d'une maison d'école. Je sais qu'il est un cas, malheureusement trop fréquent, où la réunion est inévitable : c'est lorsque les communes ont une population si faible qu'elles ne peuvent fournir à l'École qu'un très petit nombre d'enfants. Il ne faut point méconnaître cette nécessité là où elle existe, ni se montrer difficile à autoriser de telles agglomérations, lorsqu'elles sont l'unique moyen d'assurer l'établissement d'une École. Mais je vous recommande de veiller à ce que les communes qui auraient une population assez considérable et des ressources suffisantes pour entretenir seules une École publique n'abusent pas de la faculté que leur donne la loi, en se réunissant dans l'unique vue de diminuer les dépenses que chacune d'elles aurait à supporter pour cet objet. Vous m'adresserez, le 5 septembre au plus tard, un état des communes qui auront demandé à se réunir pour entretenir ensemble une École primaire publique, et vous me ferez connaître leur population, leurs revenus, et les motifs qui peuvent rendre la réunion nécessaire.

Création d'écoles plus particulièrement affectées à l'un des cultes reconnus par l'État. — Dans les communes dont les habitants professent différents cultes reconnus par l'État[1], des Écoles plus particulièrement affectées à chacun de ces

1. L'arrêté du 17 *avril* 1832 avait institué des Comités spéciaux pour la surveillance des Écoles primaires israélites. En voici la teneur :

Le Conseil royal de l'Instruction publique,

Vu l'ordonnance royale du 16 octobre 1830, portant que le Conseil royal de l'Incultes peuvent être établies, le Conseil municipal entendu, et avec mon autorisation. Il est, en général, désirable que des enfants dont les familles ne professent pas les mêmes croyances religieuses contractent de bonne heure, en fréquentant les mêmes Écoles, ces habitudes de bienveillance réciproque et de tolérance naturelle qui deviendront plus tard, entre les citoyens, de la justice et de l'harmonie. Il peut néanmoins être quelquefois nécessaire, dans l'intérêt même de la paix publique, que des Écoles spéciales soient ouvertes, au sein de

struction publique fera un règlement spécial pour l'organisation des Comités chargés de surveiller et d'encourager les Écoles primaires israélites ;

Considérant que, dans l'état actuel de la législation, il convient encore d'accorder à chacun des cultes salariés par l'État, des moyens spéciaux de surveillance,

Arrête ce qui suit :

ART. 1er. — Il sera formé immédiatement au chef-lieu de chacune des sept circonscriptions consistoriales israélites et dans la ville où siège le Consistoire, un Comité gratuit chargé de surveiller et d'encourager l'instruction primaire des individus appartenant à ce culte.

Un Comité gratuit sera également organisé dans chaque arrondissement où la population israélite et les besoins de l'instruction le rendraient nécessaire.

ART. 2. — Chaque Comité sera composé de sept membres au moins, et de douze membres au plus.

Dans les villes divisées en plusieurs arrondissements, le maire de celui où siégera le Comité consistorial en sera de droit président. Le maire de la commune où siégera un Comité d'arrondissement en sera de même président de droit.

Seront membres de droit du Comité consistorial le président du Consistoire, le grand-rabbin, le juge de paix de l'arrondissement ; et sera membre de droit du Comité d'arrondissement le juge de paix de la commune où siège le Comité.

Les autres membres seront choisis parmi les Israélites notables et distingués par leur instruction.

La liste des membres de chaque Comité, concertée entre le Préfet et le Recteur, sera soumise par ce dernier à l'approbation du Ministre de l'Instruction publique et des Cultes.

Seront membres de droit de tous les Comités le Préfet et le Sous-Préfet. Quand ils assisteront aux séances, ils auront le droit d'en prendre la présidence.

ART. 3. — Les membres qui ne font pas nécessairement partie du Comité seront renouvelés par tiers : ils pourront être réélus.

Tout membre du Comité qui, sans avoir justifié d'une excuse valable, n'aura pas assisté à trois séances ordinaires consécutives, sera censé avoir donné sa démission, et il sera remplacé dans les formes prescrites.

ART. 4. — En cas d'absence ou d'empêchement du président de droit, le Comité consistorial sera présidé par le président du Consistoire, et, à défaut de celui-ci, par le juge de paix ; le Comité d'arrondissement par le juge de paix, et, à défaut du juge de paix, par celui des membres qui sera le premier inscrit sur le tableau.

Les Comités pourront désigner un ou plusieurs inspecteurs gratuits, qui seront chargés de visiter un certain nombre d'Écoles primaires, et qui rendront compte du résultat de leurs visites aux présidents desdits Comités.

Pour les Écoles primaires de filles, les Comités désigneront des dames inspectrices.

ART. 5. — Les avis, les demandes et les documents relatifs à l'instruction primaire israélite dans le ressort des Comités d'arrondissement seront adressés par chacun de ces Comités au Comité consistorial, qui, après y avoir joint ses observations, transmettra le tout au Recteur.

Les renseignements donnés par les Comités devront avoir principalement pour but de faire connaître quelle est la population israélite, quels sont ses besoins sous le rapport de l'instruction primaire, l'état des maisons d'école, les méthodes suivies, la capacité des instituteurs, le nombre des élèves, celui surtout des enfants pauvres de l'un et de l'autre sexe à qui devra être donnée l'instruction gratuite.

la même commune, pour chaque culte. Vous aurez soin de me transmettre, avant le 5 septembre, les délibérations prises à ce sujet par les Conseils municipaux, avec votre avis. Il serait possible que, dans quelques communes mixtes, les élections n'eussent appelé au Conseil municipal que des hommes d'une même religion, et des Conseils ainsi formés pourraient se montrer enclins à n'entretenir qu'une seule École, bien que des circonstances locales, telles que d'anciennes et profondes dissidences, l'importance de la population, ou telle autre cause, rendissent l'ouverture d'une seconde École très convenable. Je vous recommande d'examiner avec le plus grand soin les réclamations qui s'élèveraient contre les délibérations de ces Conseils municipaux. Vous les leur communiquerez pour avoir leur avis ; vous me les enverrez ensuite avec le vôtre, et vous me ferez connaître le nombre des habitants de chaque communion, ainsi que tous les faits propres à éclairer la décision que j'aurai à prendre.

Ne perdez jamais de vue, Monsieur le Préfet, que l'efficacité aussi bien que la liberté de l'éducation religieuse, et la sécurité des familles à cet égard, sont les considérations dominantes qui doivent diriger en ceci l'administration.

Ouverture d'Écoles primaires supérieures dans les communes qui ne se trouvent pas dans le cas prévu par l'article 10 de la loi. — L'article 10 de la loi du 28 juin impose aux communes chefs-lieux de département, et à celles dont la population excède 6 000 âmes, l'obligation d'avoir une École primaire supérieure. Je vous adresserai incessamment, sur ce genre d'établissements, des instructions spéciales. Je veux seulement vous prévenir aujourd'hui que si des communes non comprises dans ces deux catégories veulent établir des Écoles primaires supérieures, loin de m'y opposer, j'apprendrai avec plaisir qu'elles en ont voté la création, et je m'efforcerai de les seconder. Mais ayez soin de prévenir vos administrés que je ne pourrai accorder quelque subvention sur les fonds de l'État, pour concourir à de tels établissements, qu'autant que les communes qui voudront les posséder, sans y être légalement obligées, auront fait elles-mêmes, dans ce dessein, tous les sacrifices qui seront en leur pouvoir.

Location de maisons d'école. — En imposant aux communes l'obligation de fournir à chaque instituteur un local convenablement disposé, tant pour lui servir d'habitation, que pour recevoir les élèves, le législateur n'a pas entendu contraindre celles qui en manquent à acheter ou à construire *immédiatement* des maisons d'école. Il suffira, pour accomplir le vœu de la loi, qu'elles se procurent un local provisoire, par la voie la plus économique, celle de la location. Vous inviterez en conséquence les maires des communes qui ne possèdent point de maisons d'école, et qui ne peuvent en acquérir sur-le-champ, à visiter les locaux qui conviendraient le mieux à cet emploi, à s'entendre avec les propriétaires sur les conditions de la location, et à se tenir prêts à les soumettre au Conseil municipal dans sa prochaine session. Vous aurez soin de vous assurer que ce local, choisi par le maire et les membres du corps municipal, est effectivement, de tous ceux qui pouvaient être loués, le plus convenable pour la tenue de l'École, et vous n'approuverez le bail qu'après en avoir acquis la certitude.

Construction, achat et réparation de maisons d'école. — Mais il est à désirer que toutes les communes se mettent, aussitôt qu'il se pourra, et soit par les sacrifices qu'elles feront, soit par les secours qu'elles recevront du département ou de l'État, en mesure de devenir propriétaires de maisons d'école : c'est un but qu'elles doivent s'efforcer d'atteindre, et vers lequel je vous recommande de les diriger. Dans l'espoir qu'on pourra y réussir en quelques années, l'article 3 de l'ordonnance du Roi a décidé que la durée des baux ne pourrait dépasser six ans; le Gouvernement viendra au secours des communes qui seraient dans l'impossibilité de réunir, avant l'expiration de ce délai, les sommes nécessaires pour se dispenser de recourir à de semblables locations. Je me propose de réserver annuellement, sur les fonds mis à la disposition de mon département pour encouragements à l'instruction primaire, une somme qui sera spécialement employée à aider les communes dans leurs projets d'acquisition, construction et réparation de maisons d'école. Cette somme sera répartie entre elles, dans la proportion de leurs besoins et des fonds qu'elles voteront pour cette dépense. Je vous prie de faire connaître, aussi exactement que vous le pourrez, au Conseil général, lors de sa prochaine session, la situation des communes de votre département sous ce rapport, et de lui proposer d'ouvrir, dans le budget de 1834, un crédit destiné à y pourvoir.

Fixation du traitement des instituteurs. — Les Conseils municipaux auront à régler, dans leur session du mois d'août, le traitement fixe de chaque instituteur. Ce traitement ne peut être au-dessous de deux cents francs pour une École primaire élémentaire, et de quatre cents francs pour une École primaire supérieure. Les communes qui sont obligées de s'imposer tous les ans, pour suppléer à l'insuffisance de leurs revenus ordinaires, ne pourront guère dépasser ce minimum. Cependant la loi ne le leur interdit point; et elles pourront assigner à leur instituteur, sur le produit de leur imposition extraordinaire, le traitement qui leur paraîtra convenable. Quant aux communes qui ont des revenus ordinaires élevés, il est fort à désirer que, combinant le traitement fixe qu'elles accorderont à leurs instituteurs, avec les produits qu'ils pourront retirer de la rétribution mensuelle, elles s'appliquent à leur assurer une existence honorable et qui les place au-dessus du besoin.

Vote d'impositions spéciales. — Si une commune ne peut, avec ses revenus ordinaires et avec le produit des fondations, donations ou legs affectés ou susceptibles d'être affectés aux besoins de l'instruction primaire, pourvoir au traitement fixe de l'instituteur et à la location d'une maison d'école, le Conseil municipal doit prendre une délibération pour voter, jusqu'à concurrence de trois centimes additionnels au principal des contributions foncière, personnelle et mobilière, une imposition spéciale à l'effet de pourvoir à ces dépenses. Vous préviendrez expressément MM. les maires que, si les Conseils municipaux des communes qui se trouvent dans la nécessité de recourir à cette imposition négligeaient de la voter, la loi donne au Gouvernement le droit de l'établir par ordonnance royale; et qu'après un examen attentif des besoins et des moyens de la commune, le Gouvernement n'hésiterait pas, s'il y avait lieu, à user de ce droit.

S'il arrivait que, faute d'instituteur, le montant de cette institution, laissé momentanément sans emploi, fût placé au Trésor royal, avec les autres fonds libres de la commune, conformément à l'article 8 de l'ordonnance du Roi, les receveurs des finances et les receveurs municipaux auraient à veiller à ce que, sous aucun prétexte, cette somme ne pût être appliquée à d'autres dépenses qu'à celles de l'instruction primaire. Je vous prie de leur en adresser la recommandation expresse.

Envoi des délibérations aux Préfets et Sous-Préfets. — L'article 29 de l'ordonnance royale prescrit à MM. les maires de faire parvenir immédiatement, et au plus tard avant le 20 août, à MM. les Préfets et Sous-Préfets, les délibérations que doivent prendre les Conseils municipaux. Veuillez bien leur recommander de ne point dépasser ce délai. Au fur et à mesure que ces délibérations parviendront dans vos bureaux et dans ceux des sous-préfectures, elles seront inscrites sommairement sur les cadres que je vous adresse. J'y joins un modèle offrant les divers cas qui peuvent se présenter.

Examen des ressources des communes. — Lors de la rédaction des budgets des communes, les Conseils municipaux se bornent souvent à évaluer les recettes au taux nécessaire pour couvrir les dépenses. Vous aurez soin d'examiner, pour toutes les communes qui seront dans la nécessité de recourir à une imposition, si leurs revenus ne devraient pas être évalués à une somme plus élevée. Après cet examen, qui devra s'appliquer à toutes les sources du revenu municipal, vous aurez soin de faire, dans les budgets, les rectifications dont vous auriez reconnu la nécessité. Il ne serait ni juste ni conforme à la loi qu'une commune qui, en retirant de ses biens communaux tous les revenus qu'ils sont susceptibles de produire, pourrait pourvoir aux dépenses de l'instruction primaire avec ses propres ressources, fit acquitter une partie de ces dépenses par le département et par l'État.

Réduction au minimum du traitement fixe des instituteurs lorsque l'État doit en fournir le complément. — Le traitement fixe des instituteurs ne peut être complété sur les fonds de l'État que lorsqu'il n'atteint pas le minimum fixé par l'article 12 de la loi. Vous vérifierez, en conséquence, si le produit des fondations, donations et legs, les sommes votées par les Conseils municipaux et le Conseil général, et les cinq centimes additionnels aux contributions foncière, personnelle et mobilière de 1834, peuvent fournir de quoi acquitter le traitement fixe accordé aux instituteurs. Dans le cas où ils ne suffiraient pas, vous veillerez à ce que ce traitement ne dépasse point le minimum légal, de telle sorte que l'État n'ait à fournir que ce qui sera nécessaire pour compléter ce minimum.

Rédaction du tableau des dépenses de l'instruction primaire. — Aussitôt que les états de répartition des contributions directes de 1834 vous auront été remis, vous calculerez, pour chaque commune, le montant des trois centimes additionnels au principal des contributions foncière, personnelle et mobilière ; et au fur et à mesure que les dépenses qu'aura à faire chaque localité pour l'instruction primaire auront été réglées, vous indiquerez le montant de l'imposition spéciale qu'elle devra supporter. Vous pourrez charger MM. les Sous-Préfets de faire la même opération dans les arrondissements autres que celui du chef-lieu.

Le 1er septembre, vous déterminerez d'office, sauf approbation supérieure, les sommes que vous jugerez devoir être acquittées par les communes pour lesquelles les délibérations des Conseils municipaux ne vous seraient pas encore parvenues, tant pour la location des maisons d'école, s'il y a lieu, que pour le traitement fixe de l'instituteur. Vous les ferez inscrire à l'encre rouge sur le tableau des dépenses auxquelles donnera lieu l'entretien des Écoles communales publiques en 1834. Le prix de location sera réglé d'après les connaissances locales que vous pourriez posséder, et par analogie avec ce qui existe dans les communes dont la position est à peu près semblable. Le traitement fixe sera toujours le minimum réglé par la loi.

Envoi de ce tableau au Ministère. — MM. les Sous-Préfets vous adresseront immédiatement ce tableau après en avoir totalisé les diverses colonnes et avoir rempli le résumé qui se trouve au verso du dernier feuillet. Vous rédigerez sans délai deux tableaux conformes aux modèles nos 2 et 3, qui présenteront : le premier, le relevé des communes qui n'auraient pas réglé les dépenses auxquelles doit donner lieu l'entretien des Écoles primaires en 1834 ; le second, le relevé de celles qui, ayant réglé ces dépenses, n'auraient pas voté d'imposition spéciale pour y satisfaire. Deux expéditions de ces états me seront envoyées, au plus tard, le 5 septembre avec une expédition des tableaux des dépenses de l'instruction primaire, auxquels seront annexés une récapitulation par arrondissement et un résumé général. La seconde expédition de ces derniers tableaux restera déposée à la préfecture.

Allocations de fonds pour les besoins de l'instruction primaire, et votes d'impositions, s'il y a lieu. — Les tableaux des dépenses auxquelles donnera lieu l'entretien des Écoles primaires publiques, pour 1834, devraient être mis sous les yeux du Conseil général, pour servir à déterminer les sommes qu'il aura à fournir ou l'imposition qu'il aura à voter, à l'effet de pourvoir à ces dépenses. La réunion très prochaine de ces Conseils ne nous permet de leur présenter, dans cette session, que des approximations. Veuillez bien, Monsieur le Préfet, vous attacher dès à présent à établir aussi exactement que vous le pourrez : 1o les dépenses qu'auront à faire en 1834 les diverses communes de votre département, soit pour la location des maisons d'école, soit pour le payement du traitement fixe des instituteurs ; 2o les sommes que pourront fournir les communes, soit avec le produit des fondations, donations et legs affectés à l'instruction primaire, soit par leurs revenus ordinaires, soit au moyen des impositions que les Conseils municipaux doivent voter ; 3o enfin les sommes que le département devrait fournir, soit sur ses revenus ordinaires, soit en s'imposant conformément aux dispositions de l'article 13 de la loi. Je suis persuadé que les Conseils généraux qui ont déjà alloué, l'an dernier, des sommes considérables pour l'instruction primaire, dans l'attente de la loi qui vient d'être promulguée, ne refuseront pas, aujourd'hui qu'il s'agit de la mettre à exécution, les moyens de faire jouir le pays des bienfaits qu'elle doit lui procurer.

ÉCOLES NORMALES PRIMAIRES. — *Réunion de plusieurs départements pour entretenir une École normale primaire.* — La loi fait une obligation aux départements d'entretenir une École normale primaire, soit par eux-mêmes, soit en se réunissant à un ou plusieurs départements voisins. Il est désirable que chaque département ait son École normale primaire. Néanmoins, si vous pensiez que celui dont l'administration vous est confiée ne peut suffire seul à l'entretien d'une École de cette nature, vous voudrez bien vous concerter avec vos collègues des départements voisins, dans le ressort de la même Académie, afin d'appeler les Conseils généraux à délibérer sur la réunion des départements pour cet objet. Vous m'adresserez, dans le plus bref délai, copie de la délibération que le Conseil général de votre département aura prise à ce sujet, avec votre avis, pour que je la soumette, s'il y a lieu, à l'approbation du Roi.

Rédaction d'un aperçu des dépenses de l'École normale. — Vous vous concerterez immédiatement avec M. le Recteur de l'Académie pour rédiger, conformément à ma circulaire du 12 janvier dernier, un aperçu des dépenses auxquelles donnera lieu l'École normale primaire. Vous mettrez cet aperçu sous les yeux du Conseil général, dans sa prochaine session, et vous lui proposerez de voter les dépenses nécessaires pour l'entretien, ou la création, s'il y a lieu, de cette École.

Nature des dépenses de l'École normale. — Ces dépenses sont de deux sortes : les unes sont fixes et ont pour objet les frais d'acquisition, d'appropriation ou de location de bâtiment, le traitement du directeur et des professeurs, l'achat et l'entretien du matériel et des diverses fournitures qui pourraient être faites gratuitement aux élèves, les encouragements accordés à ceux qui se distinguent, etc., etc. Les autres sont variables, et ont pour objet la nourriture, le chauffage, le blanchissage, etc., des élèves. Celles-ci doivent être acquittées, soit avec les pensions des élèves, soit avec le produit des bourses fondées par l'État, le département ou les communes. Le *boni* que peuvent présenter les dépenses de cette dernière classe doit servir, en outre, à acquitter celles de la première, concurremment avec les secours que j'allouerai à cet effet, s'il y a lieu, et avec les sommes fournies par le département ou par les départements réunis, d'après la triple base de la population, du nombre des communes et du principal des contributions foncière, personnelle et mobilière.

Création de bourses à l'École normale. — Le Conseil général aura donc à fixer le taux de la pension de chaque élève, et à créer un certain nombre de bourses ou de portions de bourses en faveur des aspirants qui n'auraient pas le moyen de payer, soit en totalité, soit en partie, leur pension. Il pourra déterminer en même temps leurs obligations spéciales vis-à-vis du département. De mon côté, je suis dans l'intention d'affecter une partie du crédit qui m'est ouvert dans le budget général de l'État pour encouragement à l'instruction primaire, soit à concourir aux dépenses fixes, soit à créer des bourses dans chaque École normale. Je vous engage à inviter les Conseils municipaux des villes riches à fonder de semblables bourses, et ceux des communes rurales à payer tout ou partie de la pension de l'élève qu'ils voudraient avoir pour instituteur. Il y a lieu d'espérer que les personnes et les associations charitables créeront aussi des bourses dans ces établissements; les départements seront admis à recevoir les fondations, donations ou legs pour leurs Écoles normales primaires; et il pourra arriver que les bourses deviennent un jour assez nombreuses, non seulement pour couvrir toutes les dépenses, mais encore pour permettre de capitaliser des excédents de recettes, et donner ainsi aux Écoles normales primaires, dont l'utilité, évidente par elle-même, est déjà prouvée par l'expérience, les moyens de se soutenir avec leurs propres revenus.

L'article 23 de l'ordonnance du 16 de ce mois permet de créer des Écoles modèles dans les départements d'une étendue considérable, ainsi que dans ceux dont les habitants professent différents cultes. Ces Écoles peuvent être fort utiles, surtout pendant les premières années qui suivront la publication de la loi. Tel instituteur, aujourd'hui en fonctions, qui ne voudrait pas faire les frais d'un déplacement jusqu'au chef-lieu du département, pour se perfectionner dans les diverses méthodes d'enseignement, hésitera moins à se déplacer s'il trouve près de sa résidence une École où il puisse acquérir les connaissances qui lui manquent. Dans les départements dont les habitants professent différents cultes, il sera peut-être nécessaire d'ouvrir ou de seconder une École modèle destinée à former des instituteurs pour les enfants qui appartiennent à l'un de ces cultes. Si vous pensiez qu'il fût convenable de créer des Écoles modèles dans votre département, vous voudrez bien proposer au Conseil général de voter quelques secours pour cet objet. Les communes qui y enverront des élèves, et l'État, si sur votre proposition je crois utile d'en autoriser l'ouverture, fourniront le complément des dépenses auxquelles donnerait lieu leur entretien.

Statuts des caisses d'épargne et de prévoyance. — L'article 15 de la loi du 28 juin porte qu'il sera établi, dans chaque département, une caisse d'épargne et de prévoyance en faveur des instituteurs primaires communaux ; et l'article 32 de l'ordonnance royale prescrit aux Conseils généraux de délibérer dans leur prochaine session sur les statuts de ces caisses. Je vous adresserai incessamment un projet de statuts que vous présenterez au Conseil général, et vous m'enverrez, dans le plus bref délai, copie de la délibération qu'il aura prise à ce sujet.

Dons du département en faveur de la caisse d'épargne et de prévoyance. — Le mode prescrit par la loi, pour le cumul et le remboursement avec intérêts des retenues exercées sur le traitement des instituteurs, leur procurera quelques secours à la fin de leur carrière, mais sera loin de leur assurer une existence à l'abri du besoin. Peut-être le Conseil général de votre département jugera-t-il convenable de voter annuellement un crédit, quelque faible qu'il soit, qui serait versé à la caisse d'épargne à titre de don départemental, et qui contribuerait à soulager la vieillesse des hommes voués à l'humble et pénible condition d'instituteurs primaires dans les communes rurales. Veuillez appeler son attention sur cet objet.

Rôles de la rétribution mensuelle. — Les Conseils municipaux auront à déterminer, dans leur session d'août, le taux de la rétribution mensuelle que doit recevoir l'instituteur. Celui-ci demeure toujours libre de faire avec les parents des élèves, quant au payement en denrées de cette rétribution, les conventions que d'un commun accord ils croiront devoir adopter ; et les noms des parents avec lesquels il se serait ainsi arrangé ne devront pas figurer sur l'état qu'il remettra au maire au commencement de chaque mois. Le maire visera cet état, le transmettra au Sous-Préfet, qui le rendra exécutoire, et, après en avoir inscrit les résultats sur le tableau dont le modèle est ci-joint sous le numéro 4, le Sous-Préfet le fera parvenir immédiatement au percepteur. Le 15 de chaque mois, les Sous-Préfets feront passer aux receveurs particuliers des finances un état du montant des rôles qu'ils auront ainsi arrêtés. Ces comptables en débiteront le percepteur et surveilleront le recouvrement des rôles. Au commencement de chaque année, vous demanderez aux Sous-Préfets une copie de l'état général du montant des rôles qu'ils auront arrêtés pendant l'année précédente, et vous m'en ferez l'envoi.

Recouvrement et payement de la rétribution. — L'article 14 de la loi et l'article 11 de l'ordonnance assimilent ces rôles, tant pour le recouvrement que pour les réclamations auxquelles ils pourraient donner lieu, aux rôles des contributions directes. Le percepteur en versera le montant dans la caisse du receveur municipal, d'où il sera retiré sur mandat du maire. Les frais de recouvrement, autres que ceux de poursuites, seront remboursés par la commune.

Réclamations. — Vous insérerez, dans l'arrêté que vous prenez annuellement pour régler le délai dans lequel doivent être présentées les réclamations en matière de contributions directes, un article spécial pour les réclamations auxquelles pourraient donner lieu les rôles de la rétribution mensuelle des instituteurs primaires. Ces réclamations devront être déposées à la sous-préfecture dans les quinze jours qui suivront la remise de l'avertissement; vous délivrerez, comme pour les contributions directes, des ordonnances pour les dégrèvements qui seraient accordés soit par nous, soit par les Conseils de préfecture.

Admission d'élèves indigents dans les Écoles élémentaires et supérieures. — Enfin les Conseils municipaux auront à dresser, dans cette même session d'août, l'état des élèves qui devront être reçus gratuitement à l'École primaire élémentaire. Ils auront à fixer, dans les communes chefs-lieux de département, ainsi que dans celles dont la population excède six mille âmes, le nombre des places gratuites qui seront mises au concours pour l'École primaire supérieure, s'ils jugent à propos de créer des places de ce genre. Je vous invite à appeler leur attention sur tous ces objets. Vous leur ferez observer en même temps que l'admission gratuite d'un certain nombre d'élèves devant être le prix du logement et du traitement fournis par les communes à l'instituteur, celui-ci ne peut être assujetti, sous ce rapport, à aucune obligation rigoureuse pour le reste de l'année 1833, à moins qu'il ne jouisse déjà d'avantages analogues à ceux que la loi a déterminés.

Circonscription des Comités d'arrondissement. — Trois membres du Conseil d'arrondissement, ou habitants notables, désignés par ledit Conseil, doivent siéger dans chaque Comité d'arrondissement. Il est nécessaire que cette désignation soit faite dans la seconde partie de la session de ces Conseils, qui aura lieu du 20 au 24 août prochain. Je ne puis, d'ici à cette époque, arrêter de nouvelles circonscriptions de comités; celles qui existent seront donc provisoirement maintenues. Ainsi, pour cette fois, les Conseils des arrondissements qui n'ont qu'un Comité choisiront trois notables; ceux des arrondissements partagés en deux ressorts en éliront six, et ainsi de suite. Ces membres élus se réuniront aux membres de droit, énumérés à l'article 9 de la loi, et la liste complète des membres de chaque Comité me sera envoyée pour le 1er septembre, afin que, dans le courant dudit mois, toutes ces réunions, organisées selon les dispositions nouvelles qui les concernent, puissent entrer dans l'exercice de leurs fonctions.

Quant à la fixation définitive du nombre des Comités et de leur circonscription, dont j'ai à m'occuper en vertu du paragraphe 2 de l'article 48 de la loi, j'attendrai à ce sujet des propositions concertées entre vous et M. le Recteur de l'Académie. Je vous invite seulement à remarquer que, d'après l'article 33 de l'ordonnance du 16, les nouvelles circonscriptions doivent être réglées dans le délai de trois mois. Je vous prie donc de vous occuper sans retard de ce travail, au sujet duquel je vous adresserai incessamment, ainsi qu'à MM. les Recteurs, des instructions particulières.

Frais de bureau des Comités. — L'article 27 de l'ordonnance du Roi décide que les frais de bureau des Comités communaux seront supportés par les communes, et ceux des Comités d'arrondissement par le département. Vous donnerez les instructions nécessaires pour que ces dispositions reçoivent leur exécution. Les Comités devant presque toujours se réunir, soit dans la maison commune, soit à l'hôtel de la sous-préfecture ou de la préfecture, leurs séances n'occasionneront que des frais extrêmement bornés.

Telle est, Monsieur le Préfet, la série des opérations que vous aurez à exécuter avant le 5 septembre prochain, pour assurer, en ce qui vous concerne, la mise en vigueur de la loi du 28 juin. Je vais donner également à MM. les Recteurs des instructions détaillées sur l'action qu'ils ont à exercer en cette matière, et je vous transmettrai ces instructions, afin que vous en ayez prompte et complète connaissance, comme je donnerai communication à MM. les Recteurs de celles qui vous sont adressées. Je sais, Monsieur le Préfet, qu'il s'est élevé quelquefois, je ne dirai pas un conflit, mais quelque embarras dans les attributions respectives des Préfets et des Recteurs en fait d'instruction primaire. On ne saurait prévoir et résoudre d'avance toutes les petites difficultés qui peuvent naître à ce sujet. Il est évident que, dans l'exécution de la loi nouvelle, tout ce qui se rattache à l'administration générale de l'État, notamment à l'administration des départements et des communes, est essentiellement de votre compétence, tandis que ce qui concerne le personnel des Écoles, leur régime intérieur, l'enseignement, appartient à l'administration spéciale de l'instruction publique. Ainsi les questions relatives à la fondation première des Écoles, à leur circonscription, à la place qu'elles doivent occuper et aux moyens d'existence qu'elles doivent puiser dans les budgets départementaux et communaux, sont particulièrement de votre ressort; et, d'autre part, la surveillance intellectuelle et morale des Écoles, de la conduite et des méthodes des instituteurs, les encouragements ou les reproches à leur adresser, la correspondance habituelle avec les Comités communaux et d'arrondissement, rentrent dans les attributions des fonctionnaires de l'instruction publique. C'est là le principe général d'après lequel doivent être réglés vos actes ainsi que ceux de MM. les Recteurs, et qui, au besoin, servirait à résoudre les questions qui pourraient s'élever à ce sujet entre eux et vous. Mais je ne me dissimule pas, Monsieur le Préfet, qu'un principe général ne fournit pas toujours la solution prompte et claire des difficultés qui se rencontrent dans l'administration pratique; et, pour remédier à leurs inconvénients, je compte moins, je l'avoue, sur la délimitation, donnée en principe et par avance, des attributions diverses, que sur votre bon esprit et celui de MM. les Recteurs dans l'exécution de la loi. Vous y avez les uns et les autres une large part; votre double intervention y est nécessaire. La vôtre notamment, Monsieur le Préfet, a beaucoup d'importance au moment où il s'agit de mettre en vigueur une loi nouvelle et de fonder beaucoup de nouvelles Écoles. Il y a là des opérations pour lesquelles l'administrateur général du département est seul compétent; mais, à raison de la situation qu'il occupe au centre de toutes les affaires, à raison de l'étendue et de la variété de ses attributions, sa bienveillance active, son concours fréquent en fait d'instruction primaire sont indispensables. Je les réclame avec pleine confiance, Monsieur le Préfet; je me tiens pour assuré que non seulement vous ferez, en ce qui vous concerne, tout ce que vous pourrez, afin d'accomplir l'œuvre dont le Roi et les Chambres viennent de poser les bases, mais que vous prêterez, en toute occasion, aux administrateurs spéciaux de l'Université force et appui. Je n'ignore pas, Monsieur le Préfet, que je vous demande un long travail, et que je vous le demande au moment où d'autres travaux d'une extrême importance, et qui ne sauraient être ajournés, absorbent presque entièrement votre temps et votre attention. Je compte cependant que vous saurez en trouver pour suffire à la nouvelle tâche qui vous est confiée, et pour imprimer à l'exécution de la loi sur l'instruction populaire ce premier et énergique mouvement qui doit en assurer le succès.

Recevez, etc.   *Signé :* GUIZOT.

Décision relative aux Écoles ouvertes dans un hospice.   26 juillet 1833.

26 Juillet 1833.

Le Conseil royal de l'Instruction publique,

Consulté sur la question de savoir si une École ouverte dans un hospice est, par là même, hors du domaine de la loi; si l'instituteur est dispensé de remplir les formalités imposées aux autres instituteurs, et si la surveillance cesse d'en appartenir aux Comités;

Décide que la loi du 28 juin 1833 n'autorise nullement une telle exception; qu'une École ouverte dans un hospice rentre dans la définition que donne l'article 17 de l'ordonnance du 16 juillet courant, et doit être soumise à toutes les dispositions qui régissent les Écoles primaires.

Circulaire du Ministre de l'Instruction publique, prescrivant une enquête sur l'état de l'instruction primaire en 1855.   28 juillet 1833.

28 Juillet 1833.

Monsieur le Recteur, j'ai besoin de renseignements précis et détaillés sur l'état actuel de l'instruction primaire dans toutes les communes du Royaume, afin d'assurer l'exécution complète de la loi du 28 juin dernier, et de bien diriger l'emploi des ressources qui seront affectées, soit par les Conseils municipaux, soit par les Conseils généraux de département, à l'établissement et à l'entretien des Écoles.

Je ne saurais me contenter de la connaissance des faits extérieurs et matériels qui, jusqu'ici, ont été surtout l'objet des recherches statistiques, en fait d'instruction primaire; tels que le nombre des Écoles, celui des élèves, leur âge, les diverses classifications qu'on peut établir entre eux, les sommes affectées à cet emploi, etc.

Ces renseignements sont d'une utilité incontestable, et je ne négligerai aucun moyen de les rendre de plus en plus exacts et complets; mais il n'importe pas moins de bien connaître le régime intérieur des Écoles, l'aptitude, le zèle, la conduite des instituteurs, leurs relations avec les élèves, les familles, les autorités locales, l'état moral, en un mot, de l'instruction primaire et ses résultats définitifs.

Les faits de ce genre ne peuvent être recueillis de loin, par voie de correspondance et de tableaux. Des visites spéciales, des conversations personnelles, la vue immédiate des choses et des hommes sont indispensables pour les reconnaître et les bien apprécier. J'ai résolu de faire faire, dans ce dessein, une inspection générale et approfondie de l'instruction primaire, dont les frais seront acquittés sur le crédit qui m'est ouvert, sous ce titre, au chapitre 3 du budget de mon département. Cette inspection aura lieu durant le mois de septembre, époque où la vacance des classes donne aux fonctionnaires de l'instruction publique plus de liberté et de loisirs. Comme elle devra être faite avec célérité, et cependant comprendre, autant qu'il se pourra, toutes les communes et toutes les Écoles, en me procurant, d'ailleurs, des renseignements d'une entière certitude, recueillis sur les lieux mêmes, il convient d'y employer au moins un inspecteur pour chaque département. Vous ne pouvez, Monsieur le Recteur, vous déplacer personnellement, pour une tournée qui durera un mois entier, à une époque surtout où il sera plus que jamais nécessaire que vous soyez présent au chef-lieu de votre Académie, pour la mise en vigueur de toutes les dispositions de la loi du 28 juin et de l'ordonnance du 16 juillet courant. D'un autre côté, MM. les Inspecteurs d'Académie ne suffiront pas pour cette tournée extraordinaire, car la plupart des ressorts académiques comprennent plus de deux départements. Je n'ignore pas, d'ailleurs, que plusieurs de MM. les Inspecteurs, à cause de leur âge avancé, et de leurs longs services, qui leur donnent des droits à une retraite prochaine, ne pourraient être utilement chargés d'une mission qui ne laissera pas d'être fatigante, puisqu'il s'agit de la visite minutieuse de toutes les Écoles primaires dans les villes et dans les communes rurales.

Je vous prie, Monsieur le Recteur, de me faire, d'ici au 15 du mois prochain, un rapport sur la manière dont il pourra être procédé, dans votre Académie, à cette inspection des Écoles primaires. Vous me désignerez ceux de MM. les Inspecteurs qui pourront y prendre part; vous m'indiquerez en outre, parmi les fonctionnaires de votre ressort, professeurs ou administrateurs d'établissements universitaires, ceux qui vous paraîtront propres, soit à concourir, en cette occasion, avec MM. les Inspecteurs, soit à les suppléer. Vous aurez soin de vous assurer d'avance de leurs dispositions à accepter une pareille mission et à la remplir conformément aux instructions qui leur seront adressées. Vous joindrez enfin à vos propositions un exposé des motifs qui les auront déterminées.

Recevez, etc.

Signé : GUIZOT.

---

2 août 1833. ### Décision relative aux lois à appliquer aux Écoles de filles[1].

2 Août 1833.

Le Conseil royal de l'Instruction publique,

Vu la lettre en date du 25 juillet dernier, par laquelle M. le Préfet de la Seine, après avoir annoncé qu'il a fait classer la demande de Mlle H...; pour une place d'institutrice primaire dans une École de filles aux frais de la ville de Paris, expose qu'il ne se croit pas fondé à pourvoir à des nominations de cette nature, d'après la loi du 28 juin sur l'instruction primaire;

Décide que la loi précitée n'est point applicable aux Écoles de filles, quant à présent; et que la législation antérieure subsiste jusqu'à nouvel ordre.

1. Voir ci-après, pages 96 et 101, les avis relatifs à la surveillance des Écoles de filles (24 *décembre* 1833 et 14 *janvier* 1834).

Décision relative aux Commissions d'examen.

6 Août 1833.

Le Conseil royal de l'Instruction publique,

Vu la lettre de M. le Préfet du département de Seine-et-Marne, en date du 4 juillet dernier, contenant présentation des membres qui devront former la Commission d'examen pour les aspirants à l'École normale primaire établie à Melun;

Consulté sur la question de savoir s'il convient que les membres de ladite Commission soient choisis indistinctement dans tout le département, ou seulement dans le chef-lieu;

Décide que les membres peuvent être choisis sur les différents points du département.

Le Conseil décide, en outre, que le directeur de l'École normale, et tout maître adjoint attaché à l'École, ne doit faire partie de cette Commission qu'autant qu'il y aurait nécessité absolue.

Avis relatif au traitement des institutrices.

13 Août 1833.

Le Conseil royal de l'Instruction publique,

Vu la lettre de M. le Préfet du département de Loir-et-Cher, en date du 5 août courant, par laquelle ce fonctionnaire demande :

1° Si les communes sont obligées de voter le traitement fixé par la loi du 28 juin dernier, pour l'instituteur et pour l'institutrice, et de fournir un logement à l'un et à l'autre;

2° Si, au contraire, il ne doit y avoir dans les communes rurales qu'un instituteur;

3° Si les filles doivent recevoir l'instruction de cet instituteur;

Est d'avis :

Sur la première question, que la loi du 28 juin n'exige de chaque commune qu'une École de garçons, et qu'elle ne l'oblige à voter les fonds que pour le traitement fixe d'un instituteur;

Sur la deuxième question, que, toutes les fois que la population et les ressources d'une commune le comportent, il est à désirer que la commune se procure deux Écoles distinctes, une pour les garçons tenue par un instituteur, et une pour les filles tenue par une institutrice;

Sur la troisième question, que dans les communes qui n'ont qu'une École, les garçons et les filles peuvent être admis simultanément à l'École avec les précautions nécessaires, et notamment celle d'une cloison à un mètre au moins de hauteur entre les enfants des deux sexes.

---

13 août 1833. Circulaire du ministre de l'Instruction publique, relative aux examens d'entrée et de sortie des élèves-maîtres des Écoles normales primaires.

13 Août 1833.

Monsieur le Recteur, je vous ai envoyé le règlement délibéré en Conseil royal de l'Instruction publique, dans la séance du 19 juillet, et approuvé par moi, concernant les brevets de capacité et les Commissions chargées d'examiner les aspirants à ces brevets, conformément à l'article 25 de la loi du 28 juin dernier, sur l'instruction primaire. Il était nécessaire de régler aussi l'exercice d'une autre attribution, conférée par la loi aux mêmes Commissions, et qui consiste à faire les examens d'entrée et de sortie des élèves des Écoles normales : il vient d'y être pourvu par les dispositions suivantes, dont je vous prie d'assurer l'exécution dans votre ressort académique :

1º La Commission d'instruction primaire, formée, dans une ville chef-lieu de département, pour examiner les aspirants aux brevets de capacité, sera également chargée de faire les examens d'entrée et de sortie des élèves de l'École normale primaire établie dans ladite ville.

Ces examens auront lieu publiquement, à l'époque du mois de septembre, une de celles qui sont indiquées, par le règlement du 19 juillet, pour les examens des aspirants aux brevets de capacité.

2º Un ou plusieurs membres de la Commission de surveillance de l'École normale primaire assisteront auxdits examens d'entrée et de sortie.

3º Trois membres au moins de la Commission d'examen devront être réunis pour les examens d'entrée ; quatre au moins seront nécessaires pour les examens de sortie.

4º Pour l'examen d'entrée, le candidat devra faire preuve des connaissances exigées par l'article 11 du règlement général du 14 décembre 1832.

Pour l'examen de sortie, l'élève-maître devra satisfaire aux questions qui lui seront faites, d'après l'un ou l'autre des programmes mentionnés dans les articles 8 et 9 du règlement du 19 juillet.

5º Le résultat de tous les examens, soit d'entrée, soit de sortie, sera constaté, pour chacun des candidats, par un procès-verbal séparé.

Tous les candidats admis aux Écoles normales primaires, d'après les examens d'entrée, seront inscrits, par ordre de mérite, sur une liste qui restera déposée aux archives de l'École, et dont un double sera envoyé au Recteur de l'Académie.

Il sera de même dressé une liste, par ordre de mérite, de tous les élèves-maîtres, qui, d'après l'examen de sortie, auront été jugés dignes d'obtenir leur brevet de capacité, conformément à ce qui est prescrit par l'article 13 du règlement du 19 juillet.

6º Lorsque l'École normale primaire du département sera établie dans une ville chef-lieu d'arrondissement, ou lorsqu'il existera, soit dans une ville chef-lieu d'arrondissement, soit dans une commune du ressort, une École modèle également destinée à former des instituteurs, la Commission d'instruction primaire formée dans ladite ville sera chargée de faire les examens d'entrée et de sortie des élèves de l'École normale ou de l'École modèle.

Cette Commission se conformera à toutes les dispositions qui précèdent, de même que les Commissions établies dans les villes chefs-lieux de département.

Recevez, etc.

Signé : Guizot.

Circulaire du Ministre de l'Instruction publique, relative à une enquête sur l'état de l'instruction primaire en 1833.   19 août 1833.

19 Août 1833.

Monsieur le Recteur, vous avez été invité, par ma circulaire du 28 juillet dernier, à m'adresser des propositions, pour qu'il pût être fait, en septembre prochain, dans votre Académie, comme dans toutes les autres, une inspection générale des Écoles primaires. J'avais choisi cette époque du mois de septembre, parce que c'est la seule où l'on puisse disposer des fonctionnaires de l'instruction publique, qu'il me paraissait nécessaire d'adjoindre en cette occasion à MM. les Inspecteurs d'Académie.

Divers documents que j'ai recueillis depuis me font connaître qu'il est à propos de prolonger la durée de cette inspection, pour qu'elle produise tous les résultats que l'on doit en attendre. Dans beaucoup de départements, les Écoles sont fermées pendant une partie ou pendant la totalité du mois de septembre; dans d'autres, c'est le mois d'octobre qui est consacré aux vacances. Les Écoles ne doivent être visitées qu'au moment où les élèves y sont réunis. Ce qui importe le plus, ce n'est pas de recueillir très vite des renseignements, mais bien d'en obtenir de complets, dont l'exactitude et la précision ne laissent rien à désirer. Ainsi donc, Monsieur le Recteur, la tournée commencera en septembre prochain, selon ce qui sera possible eu égard à l'ouverture des vacances pour les Écoles primaires; elle sera continuée pendant les mois d'octobre et de novembre; et il suffira que vos rapports me parviennent dans la première quinzaine de décembre. Vous ne pourrez guère employer les fonctionnaires de l'Université pour ce qui resterait à faire après la rentrée des classes dans les Collèges. Vous me désignerez, s'il y a lieu, à leur défaut, des personnes qui se seraient fait remarquer par leur zèle pour l'instruction primaire, et qui vous paraîtraient en état de bien faire l'inspection des Écoles. Vous les choisirez sans doute de préférence parmi les membres des Comités, des Conseils d'arrondissement, de préfecture, etc.

Il n'est pas nécessaire, Monsieur le Recteur, de borner vos indications à une personne par département. Il y a des départements qui renferment un trop grand nombre d'Écoles pour qu'un seul inspecteur suffise. Les communications présentent des difficultés dans certaines contrées; les distances, quelquefois assez grandes, entre les communes peuvent, aussi bien que d'autres causes de retard, vous mettre dans le cas de me proposer la nomination d'un plus grand nombre d'inspecteurs. Je vous invite à examiner s'il n'y aurait pas lieu d'en nommer un pour chaque arrondissement. Ce serait peut-être là le meilleur parti à prendre en général, sauf les cas où quelque moyen particulier d'exécution paraîtrait mieux adapté aux nécessités ou aux ressources locales.

Je vous prie de tenir compte de cette nouvelle communication dans les propositions définitives que j'attends de vous pour l'inspection des Écoles primaires de votre ressort académique.

Recevez, etc.

Signé : GUIZOT.

---

23 août 1833.

Avis relatif aux Commissions d'examen et à la délivrance des brevets de capacité.

23 Août 1833.

Le Conseil royal de l'Instruction publique,

Vu la lettre en date du 16 août courant, par laquelle M. le Recteur de l'Académie de Rouen soumet diverses questions relatives à la délivrance des brevets de capacité pour l'instruction primaire;

Vu l'article 25 de la loi du 28 juin dernier sur l'instruction primaire, dans lequel il est dit que les Commissions d'examen délivreront les brevets de capacité sous l'autorité du Ministre;

Est d'avis qu'on ne doit pas inférer des dispositions de l'article précité, que les Recteurs aient le droit de contrôler les examens, et que le Ministre ait celui de refuser ou d'ajourner le brevet, mais qu'il appartient aux Commissions de décider si le brevet doit être accordé ou non à l'aspirant.

---

23 août 1833.

Avis relatif aux dépenses obligatoires et aux dépenses facultatives.

23 Août 1833.

Le Conseil royal de l'Instruction publique,

Vu la lettre du Préfet du département de l'Isère, en date du 13 août courant, par laquelle il demande si les trois centimes additionnels au principal des contributions foncière, personnelle et mobilière, que l'article 13 de la loi du 28 juin dernier oblige les communes de s'imposer dans certains cas, sont destinés à pourvoir à toutes les dépenses de l'instruction primaire, et s'il ne leur est pas permis de s'imposer au delà de ces trois centimes pour satisfaire à quelques-unes de ces dépenses;

Vu les articles 12 et 13 de la loi du 28 juin 1833;

Considérant que les dépenses de l'instruction primaire sont de deux espèces, les unes obligatoires et les autres facultatives;

Que les dépenses obligatoires sont celles que définit l'article 12 de la loi du 28 juin, et consistent dans la condition imposée à chaque commune ou réunion de communes de fournir à tout instituteur communal : 1° un local convenablement disposé tant pour lui servir d'habitation que pour recevoir les élèves; 2° un traitement fixe dont cet article règle le minimum;

Que toutes les autres dépenses sont facultatives;

Considérant que les trois centimes dont parle l'article 13 sont essentiellement destinés à pourvoir aux dépenses obligatoires de l'instruction primaire, prévues par l'article 12;

Que rien n'enlève aux communes la faculté de s'imposer, s'il y a lieu, au delà de ces trois centimes pour satisfaire à leurs dépenses facultatives; mais que, dans ce cas, les impositions, n'étant pas commandées par la loi, doivent être autorisées par les ordonnances royales conformément aux règles de la comptabilité communale;

Est d'avis que l'imposition de trois centimes additionnels au principal des contributions foncière, personnel et mobilière, que les Conseils municipaux sont tenus de voter conformément aux dispositions de l'article 12 de la loi du 28 juin, en cas d'insuffisance de leurs revenus ordinaires, est destinée essentiellement à pourvoir aux dépenses obligatoires de l'instruction primaire, telles qu'elles sont ci-dessus définies;

Et que pour toutes les autres dépenses de l'instruction primaire, les Conseils municipaux restent libres de voter, en dehors des trois centimes spéciaux, des centimes extraordinaires qui devront être autorisés par des ordonnances royales.

Circulaire du Ministre de l'Instruction publique, relative à l'inspection générale des Écoles primaires.   26 août 1833.

26 Août 1833.

Monsieur le Recteur, j'ai reçu les propositions que vous m'avez adressées, conformément aux dispositions de mes circulaires des 28 juillet dernier et 19 de ce mois, concernant l'inspection générale des Écoles primaires de votre Académie.

J'approuve ces propositions : en conséquence, il sera procédé à la visite des Écoles de votre ressort dans l'ordre suivant et par les personnes ci-après désignées; savoir :

Pour donner à l'inspection et à ses résultats un caractère de précision et d'uniformité qui me fournisse les moyens de comparer l'état de l'instruction primaire sur les divers points de la France, j'ai cru devoir faire dresser une série de questions, que MM. les inspecteurs auront à résoudre sur chaque École.

Je vous adresse, en nombre proportionné aux besoins de votre Académie, des exemplaires d'un tableau destiné à recevoir les réponses de MM. les inspecteurs[1].

La première colonne de ce tableau contient la série des questions à résoudre; les autres colonnes, au nombre de 27, sont destinées à recevoir les réponses relatives à chacune des Écoles visitées.

MM. les inspecteurs inscriront en tête de chaque colonne le nom de la commune. Lorsqu'il existera plusieurs Écoles dans la même commune, ils réuniront les colonnes qu'il y aura lieu d'affecter à ces Écoles, au moyen d'une accolade, au-dessus de laquelle ils placeront le nom de la commune.

Si deux cantons ne comptaient ensemble que 27 Écoles ou un nombre moindre, MM. les inspecteurs pourraient les réunir dans le même tableau, en ayant soin d'inscrire, sur le titre, le nom des deux cantons.

Dans le cas où un canton contiendrait plus de 27 Écoles, ils porteraient les renseignements relatifs aux Écoles que le défaut d'espace ne leur aurait pas permis de comprendre dans le tableau du canton, sur celui d'un canton qui présenterait un nombre suffisant de colonnes en blanc. Ils indiqueraient, sur chacun de ces tableaux, les cantons et portions de canton qui en seraient l'objet.

Les questions sont rédigées avec assez de précision pour que MM. les inspecteurs n'éprouvent aucune incertitude sur le sens qu'on doit y attacher. Leur inspection doit s'étendre à toutes les Écoles de garçons, à celles qui sont entretenues, soit en totalité, soit en partie, avec les fonds votés par les Conseils municipaux, comme à celles dans lesquelles l'instituteur ne reçoit d'autre salaire que la rétribution qui lui est payée, soit par les parents des élèves, soit par des associations ou par des personnes charitables.

Il est nécessaire que MM. les inspecteurs se transportent dans toutes les Écoles; que leurs réponses aux questions soient le résultat de leurs observations personnelles ou des renseignements qu'ils auront recueillis dans la commune, même auprès des autorités locales, et qu'ils ne reproduisent jamais les renseignements indirects qui seraient parvenus à leur connaissance, qu'après en avoir vérifié l'exactitude sur les lieux mêmes. Je vous recommande expressément de leur faire connaître mes intentions à cet égard.

MM. les inspecteurs consigneront, sur les feuilles non imprimées qui se trouvent à la suite de chaque tableau, les observations générales qu'ils auraient faites sur la situation morale de l'instruction primaire dans chaque canton. Je désire qu'ils s'attachent à me faire connaître les circonstances locales qui peuvent influer sur le plus ou moins d'aptitude des instituteurs pour leurs fonctions; sur le plus ou moins de zèle que mettent les parents à faire fréquenter les Écoles par leurs enfants; et qu'ils indiquent, du moins sommairement, les mesures particulières qu'ils jugeraient propres à améliorer et à propager l'instruction élémentaire dans les diverses localités.

Aussitôt que vous aurez reçu cette lettre, vous vous concerterez avec chaque inspecteur pour dresser un itinéraire de sa tournée. Cet itinéraire, qui devra être suivi aussi exactement qu'il se pourra, et à moins que des circonstances

---

1. De nouveaux imprimés furent envoyés aux Recteurs le 13 novembre, pour l'établissement de duplicata qui devaient rester dans les archives des Académies.

imprévues ne s'y opposent, fera connaître le jour, et même, si on peut y parvenir, l'heure où l'inspecteur arrivera dans chaque commune. Les communes seront parcourues dans un ordre tel que les voies les plus courtes de communication soient toujours suivies, et que l'inspecteur puisse en visiter trois ou quatre chaque jour, lorsqu'elles n'auront pas plusieurs Écoles.

MM. les inspecteurs ne doivent point se rendre dans les communes qui n'ont pas d'École; mais ils s'informeront, dans les communes limitrophes, des circonstances qui ont fait durer jusqu'ici un tel état de choses. Dans leurs observations générales, ils feront connaître, pour chaque commune privée d'École, si l'on doit attribuer ce fait à l'indifférence des parents et des autorités, au défaut de ressources communales, ou bien à ce que, les communes ayant une population trop faible pour entretenir elles-mêmes un instituteur, les enfants sont envoyés à l'École de l'une des communes voisines.

A l'époque de l'année où MM. les inspecteurs feront leur visite, les jours ont une durée moyenne de douze heures. Uue heure et demie peut suffire, à ce qu'il me semble, pour la visite d'une École. En supposant que MM. les inspecteurs consacrent six heures à cette opération, ils pourraient faire en un jour la visite d'au moins quatre Écoles et il leur resterait six heures pour se transporter d'une commune dans l'autre, rédiger leurs réponses, etc. Cet emploi de leur journée ne paraît pas devoir leur occasionner une fatigue trop grande. L'indemnité qui leur sera accordée a, d'ailleurs, été calculée dans la supposition qu'ils voyageraient à cheval.

Je n'ignore pas qu'une foule de circonstances inattendues et locales peuvent déranger ces combinaisons d'une prévoyance lointaine. Je n'en crois pas moins devoir entrer avec vous dans ces détails, soit pour assigner d'avance à la mesure que je prescris quelques règles générales et positives, soit pour vous faire pressentir avec quel soin j'en examinerai l'exécution.

Vous annoncerez d'avance aux maires et aux instituteurs l'arrivée de l'inspecteur dans leur commune, et vous les inviterez à réunir les enfants à l'École, pour le moment où elle devra être visitée. Je prie MM. les Préfets de donner des instructions dans ce sens à MM. les maires.

Dans les communes où l'inspecteur arrivera le soir pour coucher, il pourra s'entendre avec l'instituteur pour que l'École se tienne extraordinairement le lendemain matin de bonne heure, afin de pouvoir se transporter plus tôt dans une commune voisine. Il pourra dans d'autres occasions demander que les élèves restent réunis pendant l'intervalle qui sépare ordinairement les deux classes de la journée. Il fera, en un mot, les dispositions nécessaires pour apporter dans son inspection, toute la célérité compatible avec les soins qu'exige l'importance de sa mission.

Si l'époque de l'inspection coïncidait avec celle des vacances des Écoles primaires dans un arrondissement ou dans un canton, il faudrait suspendre l'opération, à moins qu'il ne fût possible, avec l'aide du Sous-Préfet et des maires, d'obtenir que, pour cette année, les vacances fussent ajournées ou interrompues le jour de l'arrivée de l'inspecteur. Avant d'arrêter l'itinéraire, vous aurez soin de recueillir des renseignements à ce sujet.

Vous jugerez sans doute convenable, afin de pouvoir faire réparer plus facilement les mécomptes qui pourraient exister dans les prévisions de chaque itinéraire, de prescrire qu'ils seront divisés en plusieurs parties. Toutes les fois que l'inspecteur ne pourra, par une circonstance quelconque, visiter en un jour toutes les Écoles portées sur son itinéraire, il devra ajourner à la fin de cette partie de sa tournée celles dont la visite n'aura pas eu lieu, et vous en donner avis ainsi qu'à l'instituteur et au maire, en faisant connaître le jour où il se rendra dans les Écoles non inspectées.

Cet avis, ainsi que les envois des tableaux de chaque canton, que les inspecteurs devront vous adresser au fur et à mesure qu'ils les auront remplis, vous donneront les moyens de vous assurer si l'inspection est bien faite et avec une célérité suffisante pour ne pas entraîner trop de dépense.

Si vous remarquiez que l'une ou l'autre de ces conditions ne fût pas remplie, vous adresseriez sur-le-champ vos observations à l'inspecteur; et, si le cas l'exigeait, vous me feriez à moi-même, à cet égard, telles communications que les intérêts du service pourraient réclamer.

Il m'a paru que l'indemnité des inspecteurs pourrait être fixée à quinze francs par jour lorsqu'ils visiteront quatre communes, et à douze francs lorsqu'ils n'en visiteront que trois. Une somme de cinq francs par jour semble suffire pour les frais de location et de nourriture d'un cheval; ainsi il restera à l'inspecteur, comme rétribution pour ses travaux personnels, une somme de dix francs par jour dans le premier cas et de sept francs dans le second.

Pour que je sois à même d'établir le montant des indemnités acquises à chaque inspecteur, il sera nécessaire qu'ils vous remettent, pour chaque canton, un état des communes qu'ils auront visitées. Vous me transmettrez cet état avec votre visa, et vos observations, s'il y a lieu.

Je mets à votre disposition une somme de. . . . ., qui vous servira à faire des avances aux inspecteurs au moment où ils seront sur le point d'entreprendre leur tournée. En m'adressant le travail complet de chaque canton, vous me ferez parvenir l'état des journées que l'inspecteur aura employées à la visite des Écoles, les acomptes qu'il aura reçus, et je ferai aussitôt arrêter et solder son compte.

Les nombreux besoins de l'instruction primaire me font une loi de diminuer autant que possible les dépenses qu'occasionnera l'inspection générale. Pour atteindre ce but, j'ai décidé que la visite des communes chefs-lieux de département et d'arrondissement, de celles dans lesquelles il existe des Collèges communaux et des communes environnantes, à un rayon d'environ une ou deux lieues, serait faite, en général, par le proviseur ou le principal du Collège, s'il n'est pas lui-même choisi pour l'inspection de l'arrondissement; et que, dans ce cas, cette visite serait confiée à un autre fonctionnaire de l'Université ou, à défaut de ces fonctionnaires, à quelque personne connue par son zèle pour l'instruction primaire. La nécessité de propager et d'améliorer l'instruction est trop généralement sentie; un trop grand nombre de personnes, dans toutes les parties du Royaume, ont manifesté, depuis plusieurs années, combien elles y attachent de prix, pour que je ne sois pas persuadé qu'il vous sera facile d'en trouver qui accepteront avec empressement cette honorable mission. Quant aux fonctionnaires de l'Université, je connais leur zèle pour tout ce qui tient à l'enseignement, et je ne saurais douter qu'ils ne se fassent un véritable devoir de remplir une tâche qui leur fournira l'occasion d'aider de leurs conseils les hommes modestes appelés à répandre l'instruction qui fait la base de toutes les autres.

Vous inviterez MM. les inspecteurs à se mettre en communication, dès le commencement de leur tournée, avec MM. les Préfets et Sous-Préfets, à leur donner avis de l'époque où elle aura lieu, à recueillir auprès d'eux des renseignements généraux sur la situation de l'instruction primaire dans la contrée dont l'administration leur est confiée. S'ils éprouvaient quelques obstacles dans l'accomplissement de leur mission, ils en informeraient sur-le-champ ces magistrats, qui s'empresseraient sans doute de les lever.

Je vous recommande, Monsieur le Recteur, de surveiller personnellement l'exécution des mesures prescrites par la présente instruction, d'y donner vos soins les plus empressés, et d'accompagner le travail de chaque arrondissement des réflexions qu'il vous paraîtrait utile d'y joindre sur la situation de l'instruction primaire.

L'inspection qui va s'accomplir doit avoir la plus grande influence sur l'avenir de l'enseignement élémentaire ; il serait superflu de vous faire remarquer que le succès de cette importante mesure dépend de la manière dont vous la dirigerez.

Recevez, etc.

Signé : GUIZOT.

QUESTIONS

QUE MM. LES INSPECTEURS AURONT A RÉSOUDRE SUR CHAQUE ÉCOLE.

L'instituteur est-il logé ?
La commune lui fait-elle un traitement fixe ?
Quel en est le montant ?
L'instituteur jouit-il de quelque autre traitement comme secrétaire de la mairie, chantre, etc.?
L'École est-elle entièrement gratuite ; ou bien n'y admet-on gratuitement que les enfants indigents ? Quel est le nombre de ceux-ci ?
Quelle est la rétribution payée par les élèves non gratuits ?
L'École est-elle commune aux enfants des deux sexes ?
A quel culte appartient-elle ?
Les élèves d'un autre culte y sont-ils admis ?
L'instituteur est-il autorisé à recevoir des élèves pensionnaires ?
A quel âge les enfants sont-ils admis à l'École ?
Quel est le nombre moyen des années qu'ils y passent ?
Quel est le nombre des élèves ?
En hiver.
En été.
Quelle est la méthode d'enseignement suivie dans l'École ?
Si c'est la méthode mutuelle, le mobilier de classe est-il suffisant ? Se compose-t-il des tableaux et autres objets d'enseignement envoyés dès l'origine par l'une des sociétés pour l'instruction primaire, ou bien les tableaux ont-ils été renouvelés ? Par qui ces tableaux ont-ils été publiés ?
Les élèves sont-ils pourvus de livres uniformes et en nombre suffisant ?
Quels sont ces livres ?
Quels sont les objets dont manque l'École ?
Quels sont les moyens de les lui procurer ?
Quelles sont les matières de l'enseignement ? instruction religieuse (histoire sainte et catéchisme), lecture, écriture, orthographe, grammaire, arithmétique, arpentage, dessin linéaire, géographie, histoire, musique.
Comment l'École est-elle tenue, sous le rapport de l'ordre, de la discipline et du travail ?
Quel est l'état de l'enseignement ?
Les élèves font-ils des progrès ?
Leurs cahiers sont-ils bien tenus ?

(Les visiter, interroger les élèves, les faire interroger devant soi par le maître, et faire faire tous les exercices de l'École.)

Nom et prénoms de l'instituteur.

Son âge. Est-il célibataire, marié ou veuf?

S'il est marié ou veuf, a-t-il des enfants; quel en est le nombre, l'âge, le sexe? sont-ils à sa charge?

Quelle est sa position de fortune personnelle?

A-t-il un brevet? de quel degré?

A-t-il une autorisation? de quelle date?

L'instituteur a-t-il été exempté du service militaire en cette qualité?

Sort-il d'une École normale, et de laquelle?

A-t-il obtenu une médaille d'encouragement ou une mention honorable?

A-t-il de la capacité, de l'aptitude et du zèle pour ses fonctions? Comment s'acquitte-t-il de tous ses devoirs d'instituteur?

Quelles sont les qualités qui le distinguent?

Quel est son caractère?

Est-il exempt de toute violence, de tout emportement?

S'abstient-il toujours de frapper les élèves?

Fait-il remarquer quelque défaut?

Sa conduite est-elle régulière?

Sait-il s'attirer le respect et l'affection de ses élèves, l'estime de ses concitoyens et la bienveillance de l'autorité? Est-il bien avec le curé ou ministre, et, dans le cas de la négative, de quel côté paraissent être les torts?

Ne forme-t-il que des relations honorables, et évite-t-il les sociétés et les habitudes qui ne conviennent pas à la gravité de son état?

N'exerce-t-il pas quelque autre profession ou commerce peu compatible avec les fonctions de l'enseignement?

Indiquer les communes où les instituteurs se réuniraient en conférences, et où existerait une bibliothèque contenant des livres d'instruction primaire.

Instruction pour la tournée d'inspection extraordinaire des Écoles primaires dans l'Académie de Paris.

Pour donner à l'inspection et à ses résultats un caractère de précision et d'uniformité qui permette de comparer l'état de l'instruction primaire dans les diverses localités, on a dressé une série de questions et un tableau ci-joint destiné à recevoir les réponses.

M. l'inspecteur inscrira en tête de chaque colonne le nom d'une commune et dans la même colonne, en regard de chaque question, tous les renseignements relatifs à l'École de cette commune. Lorsqu'il existera plusieurs Écoles dans la même commune, il répétera en haut de la case le nom de cette commune, et au-dessous, sans sortir de la première case, il désignera l'École en indiquant la rue et le n°. Exemple :

VERSAILLES.	VERSAILLES.	VERSAILLES.
Rue de la Pompe, N° 28.	Rue du Plessis, N° 19.	etc., etc.

Le tableau contenant 27 colonnes, quand le canton ne comptera pas 27 écoles, on laissera en blanc les cases inutiles.

Au contraire, quand un canton aura plus de 27 Écoles, on se servira de deux cahiers, et on aura soin de répéter le nom de ce canton au titre de la seconde feuille supplémentaire qu'on sera obligé de prendre; on aura alors :

CANTON A N° 1, CANTON A N° 2.

M. l'inspecteur remarquera qu'après avoir rempli les deux premières pages du tableau, et quand il est arrivé à la question : *Comment l'École est-elle tenue?* qui est en tête du 3e feuillet, il sera obligé de reporter dans la première ligne horizontale des carrés les noms des communes déjà portées, et pour lesquelles il a déjà répondu quant aux questions de la première page. Chaque modèle renferme donc vraiment deux tableaux indépendants l'un de l'autre, où doivent se retrouver les mêmes désignations de communes ou d'Écoles.

L'inspection s'étend à toutes les Écoles, communales ou privées, tenues par des instituteurs.

Il est nécessaire que M. l'inspecteur se transporte dans toutes les Écoles; que ses réponses soient le résultat de ses observations personnelles ou des renseignements qu'il aura recueillis dans la commune même, auprès des autorités locales; qu'il ne reproduise jamais les renseignements indirects qui seraient parvenus à sa connaissance, qu'après en avoir vérifié l'exactitude sur les lieux mêmes. Cette vérification est expressément recommandée par M. le Ministre. Cependant, comme il serait inutile de se rendre dans une commune qui n'a pas d'École, force est bien, dans ce cas, de s'en rapporter, pour ce fait et pour ces causes, qu'il importe de bien connaître, à la notoriété commune et aux informations prises dans les campagnes voisines.

Avant de commencer sa tournée, M. l'inspecteur arrêtera préalablement son itinéraire dressé jour par jour, autant que possible, et combiné de manière à éviter les circuits et les déviations. M. le Ministre désirerait que l'on pût visiter trois ou quatre communes chaque jour, lorqu'elles n'auront pas plusieurs Écoles. Il s'agit d'épargner à la fois le temps et les frais. Les indemnités devront être prises sur les fonds alloués pour l'instruction primaire, et elles diminueront d'autant ces fonds, dont la destination est si précieuse, puisqu'ils assurent, d'une part, des allocations supplémentaires à des instituteurs insuffisamment rétribués, et que, de l'autre, ils servent à construire ou à réparer des maisons d'école, ou à en renouveler le mobilier, ou à procurer des livres. M. l'inspecteur entrera dans ces vues d'économie, qui doivent tourner au profit de l'enseignement populaire.

Il est essentiel que MM. les maires des communes soient prévenus, quelques jours à l'avance, par M. l'inspecteur, du moment de son arrivée dans l'École, afin que le maître et les enfants soient à leur poste; que l'École soit ouverte et en activité; et que le maire soit à même de donner toutes les explications désirables.

M. l'inspecteur jugera sans doute à propos de se mettre en communication, dès le commencement de sa tournée, avec M. le Préfet et M. le Sous-Préfet, de leur donner avis de l'époque où elle aura lieu, de recueillir auprès d'eux des renseignements généraux sur la situation de l'instruction primaire dans les localités qu'il parcourt. S'il éprouvait quelques obstacles ou quelques entraves dans l'accomplissement de sa mission, il en informerait ces magistrats, qui lui prêteraient l'appui de leurs conseils et de leur autorité. Les renseignements plus généraux, ainsi fournis par les premiers magistrats, et qui ne sont pas de nature à être contenus dans les cadres du tableau, trouveront leur place sur les feuilles qui restent, non imprimées, à la suite, et où seront consignées les observations générales sur la situation morale de l'instruction primaire dans le canton. M. le Ministre désire que M. l'inspecteur s'attache à faire connaître les circonstances locales qui peuvent influer sur le plus ou moins d'aptitude des instituteurs pour leurs fonctions, sur le plus ou moins de zèle que mettent les parents à faire fréquenter les Écoles par leurs enfants, et qu'il indique, du moins sommairement, les mesures particulières qu'il jugerait propres à améliorer et à propager l'instruction élémentaire dans les diverses localités.

M. le Ministre connaît le zèle de MM. les fonctionnaires de l'Université pour tout ce qui tient à l'enseignement : il ne saurait douter qu'ils ne se fassent un devoir d'une tâche qui leur fournira l'occasion d'aider de leur expérience les hommes modestes appelés à répandre l'instruction qui fait la base de toutes les autres.

Son Exc. attend de l'inspection qui va s'accomplir les plus heureux effets sur l'avenir de l'enseignement élémentaire. Il serait superflu de faire remarquer à MM. les fonctionnaires désignés pour y coopérer que le succès de cette importante mesure dépend de la manière dont chacun d'eux l'aura exécutée pour sa part.

---

27 août 1833.

Avis relatif à la concession des autorisations provisoires.

27 Août 1833.

Le Conseil royal de l'Instruction publique,

Vu les observations présentées sur la difficulté que l'on rencontrerait à pourvoir certaines communes d'instituteurs primaires, en exigeant rigoureusement des candidats les connaissances que demande le brevet de capacité pour l'instruction primaire élémentaire,

Est d'avis que, pendant quelque temps encore, il convient de permettre la délivrance d'autorisations provisoires à des candidats présentés par certaines communes rurales, attendu que le nombre actuel des individus possédant les connaissances exigées par la nouvelle loi est loin de satisfaire aux besoins de toutes les communes.

---

27 août 1833.

Avis relatif au traitement des instituteurs.

27 Août 1833.

Le Conseil royal de l'Instruction publique,

Vu la lettre en date du 15 août courant, par laquelle M. le maire de la commune d'Attin, arrondissement de Montreuil (Pas-de-Calais), transmet une délibération du Conseil municipal, dans laquelle ce

Conseil a émis l'avis que l'instituteur primaire actuel, le sieur C..., fût révoqué de ses fonctions, et, par suite, privé du logement et du traitement qui lui était assigné en cette qualité;

Est d'avis qu'il soit répondu à M. le maire d'Attin que, depuis la loi du 28 juin 1833, un Conseil municipal n'a pas le droit de retirer à l'instituteur communal, soit le local, soit le traitement, avant que cet instituteur ait été jugé par le tribunal ou par le Comité d'instruction primaire de son arrondissement, conformément à la loi.

Décision relative aux certificats de moralité et aux brevets de capacité.　　　30 août 1833.

30 Août 1833.

Le Conseil royal de l'Instruction publique,

Vu la difficulté élevée par M. le maire du VIᵉ arrondissement de Paris, à l'occasion de la déclaration faite par le sieur L.... de l'intention où il était d'exercer la profession d'instituteur primaire, relativement à l'exécution de l'article 4 de la loi du 28 juin sur l'instruction primaire, qui exige de la part du déclarant la production d'un brevet de capacité, et d'un certificat de bonnes vie et mœurs, délivré sur l'attestation de trois conseillers municipaux par le maire de la commune;

Décide qu'à Paris, où il n'existe point de conseillers municipaux attachés aux douze mairies, le certificat de moralité devra être délivré dans chaque arrondissement par le maire seul;

Et en ce qui touche les brevets de capacité :

Décide que l'Inspecteur général, chargé de l'administration de l'Académie de Paris, visera lesdits brevets pour légaliser, en ce qui le concerne, les signatures des commissaires qui auront fait l'examen.

Décision relative à la fixation des congés et vacances.　　　30 août 1833.

30 Août 1833.

Le Conseil royal de l'Instruction publique,

Vu les observations présentées par M. le Recteur de l'Académie de Strasbourg, à l'appui de la proposition qu'il fait de convoquer les Commissions d'examen pour l'instruction primaire dans le courant du mois d'octobre, au lieu du mois de septembre que prescrit l'arrêté du 19 juillet 1833;

·· Arrête que, sans changer les époques par une décision générale, chaque Recteur sera autorisé, jusqu'à nouvel ordre, à en indiquer d'autres selon les circonstances, et que, pour cette année seulement, M. le Recteur de l'Académie de Strasbourg est autorisé à convoquer les Commissions d'examen dans les quinze premiers jours du mois d'octobre.

3 sept. 1833.

Avis relatif à la désignation d'office des membres des Comités d'arrondissement.

3 Septembre 1833.

Le Conseil royal de l'Instruction publique,

Vu la lettre en date du 28 août dernier, par laquelle M. le Recteur de l'Académie de Poitiers, après avoir exposé que les Conseils d'arrondissement de Bourbon-Vendée et des Sables n'ont pu procéder à la désignation des trois membres qui doivent faire partie des Comités d'instruction primaire, demande si M. le Préfet du département de la Vendée peut y suppléer d'office;

Est d'avis que M. le Préfet doit désigner les trois notables pour l'arrondissement de Bourbon-Vendée, et que M. le Sous-Préfet des Sables doit en désigner trois pour ce dernier arrondissement; mais que cette mesure ne doit être que provisoire, jusqu'à ce que les Conseils d'arrondissement aient pu se réunir et faire les désignations que la loi leur attribue.

3 sept. 1833.

Décision relative aux sous-maîtres employés dans les Écoles primaires.

3 Septembre 1833.

Le Conseil royal de l'Instruction publique,

Vu le rapport qui lui a été présenté sur la question de savoir si les sous-maîtres dans une École primaire, ou communale, ou privée, doivent être assujettis aux formalités et aux conditions que la loi du 28 juin impose aux instituteurs proprement dits,

Arrête ce qui suit :

La loi n'ayant parlé que des instituteurs proprement dits, de ceux qui tiennent une École, qui dirigent un établissement d'instruction primaire, on ne peut soumettre aux conditions et aux formalités qu'elle prescrit les individus qui, sous le titre de surveillants, d'aides, de moniteurs, d'aspirants ou de sous-maîtres, sont employés par le véritable instituteur, dépendent de lui, sont à son choix et à sa libre disposition. Comme ils n'ont point les garanties de la loi, ils ne doivent pas être assujettis aux obligations de la loi.

Seulement, en vertu des règles générales de discipline et de bon ordre qui régissent toutes les Écoles placées sous la surveillance de l'Université, nul ne peut être employé pour l'enseignement ni pour la discipline par un instituteur primaire, soit communal, soit privé, que le Recteur de l'Académie n'en ait été prévenu, et qu'il n'ait donné son consentement exprès ou tacite. L'instituteur est, dans tous les cas, responsable des faits de tous ceux qu'il emploie dans son École.

Il est bien entendu que nul sous-maître n'est admis à participer aux dispenses du service militaire, s'il ne remplit toutes les conditions imposées sous ce rapport aux membres de l'instruction publique.

Décision relative aux conditions qu'un fondateur d'École peut imposer pour sa fondation.

6 sept. 1833.

6 Septembre 1833.

Le Conseil royal de l'Instruction publique,

Consulté sur la question de savoir jusqu'à quel point peuvent être admises les conditions prescrites par le fondateur d'une École primaire communale ou privée, est d'avis des résolutions suivantes :

En général, tout fondateur peut mettre à sa donation telles conditions qu'il juge convenable, pourvu que ces conditions n'aient rien de contraire aux lois.

Dans le cas particulier, il faut distinguer s'il est question d'une École communale ou d'une École privée.

Dans la première hypothèse, le fondateur peut, sans difficulté, se réserver le droit de faire admettre gratuitement à l'École un certain nombre d'enfants qu'il désignerait. (Bien entendu que ces enfants appartiendraient à la classe indigente : car, autrement, la loi veut que les enfants non indigents payent à l'École la rétribution mensuelle, et l'absolue gratuité de l'École ne pourrait avoir lieu qu'autant qu'il serait fait et assuré à l'instituteur un traitement au moins équivalent au traitement fixe déterminé par la loi, plus au traitement éventuel qui pourrait résulter des rétributions.)

Il peut aussi se réserver la faculté de présenter le maître de

l'École. (Bien entendu encore que ce maître, présenté par le fondateur au Conseil municipal, devra être, conformément à la loi, présenté ensuite par le Conseil municipal au Comité d'arrondissement,
après avis du Comité communal, puis nommé par le Comité d'arrondissement, institué par le Ministre, et installé avec prestation de
serment.)

Lors même que la commune ne s'associe point au fondateur pour
le premier établissement de l'École, ladite École peut cependant être
considérée comme École communale, en sorte que la commune soit
tenue d'exécuter les articles 9, 12 et 13 de la loi du 28 juin, en ce
qui concerne l'entretien du local et le traitement fixe de l'instituteur.
Si plusieurs communes sont appelées à se réunir pour profiter de
l'École fondée, il est nécessaire que ces communes expriment formellement leur consentement à cette réunion, et, dans le cas où le
local est donné ou assuré par la fondation, les communes ont à
pourvoir aux frais d'entretien de l'École.

Dans l'hypothèse d'une École privée, rien ne s'oppose à ce que
plusieurs communes puissent envoyer leurs enfants à une École de
ce genre, et, dans ce cas, liberté entière est accordée à la personne
fondatrice : 1° de se réserver absolument le choix de l'instituteur,
pourvu que celui-ci réunisse les conditions imposées par l'article 4
de la loi du 28 juin ; 2° de faire admettre gratuitement tous les enfants indigents et autres qu'elle voudra désigner. Mais aussi les
communes n'ont rien à faire pour l'entretien d'une telle École.

1er octobre 1833.   **Décision relative à l'admission des candidats aux examens du brevet
de capacité.**

1er Octobre 1833.

Le Conseil royal de l'Instruction publique,

Consulté sur la question de savoir si les Commissions d'instruction primaire doivent admettre à l'examen tous les candidats qui se
présentent devant elles pour obtenir le brevet de capacité, sans distinction du lieu où ils ont leur domicile légal, ni du lieu où ils ont
étudié,

Arrête ce qui suit :

La Commission d'instruction primaire établie au chef-lieu du département aura droit d'examiner tous les candidats qui auront leur
domicile légal ou qui auront étudié dans le département.

5.

La Commission établie dans un chef-lieu d'arrondissement aura droit d'examiner tous les candidats qui auront étudié ou qui auront leur domicile légal dans l'étendue de l'arrondissement.

Décision relative aux anciens brevets.

1er Octobre 1833.

Le Conseil royal de l'Instruction publique,

Consulté sur la question de savoir si les instituteurs qui étaient en exercice au moment de la promulgation de la loi du 28 juin, ont besoin d'être de nouveau nommés par les Comités, aux termes des articles 21 et 22 de la loi du 28 juin 1833, et institués par le Ministre,

Décide que les anciens brevets, même ceux qui n'auraient pas été suivis d'autorisation, devant conserver toute leur valeur, il en doit être de même, à plus forte raison, des brevets suivis d'autorisation; que ces brevets et ces autorisations ont acquis des droits incontestables aux instituteurs que la loi du 28 juin a trouvés en possession de leur état, sauf jugement en cas de faute de la part desdits instituteurs.

Décision relative à la tenue d'une École par un chef d'instruction secondaire [1].

15 Octobre 1833.

Le Conseil royal de l'Instruction publique,

Vu les articles 4 et 16 de la loi du 28 juin 1833;

Arrête que nul chef d'un établissement d'instruction secondaire ne pourra diriger une École primaire élémentaire ou supérieure, sans être muni du brevet de capacité correspondant au degré de l'École dont il s'agit.

---

1. Extrait d'une circulaire du Recteur de l'Académie de Paris (22 *janvier* 1834) :
« En exécution des articles 4 et 16 de la loi du 28 juin 1833, et de la décision du 15 octobre, les chefs d'établissement d'instruction secondaire ne peuvent diriger une École primaire, élémentaire ou supérieure, sans être munis du brevet de capacité correspondant au degré de l'École dont il s'agit. Ils sont alors en même temps chefs d'établissement d'instruction secondaire et chefs d'École primaire, et soumis en cette qualité à toutes les dispositions des règlements relatifs à l'instruction primaire.
« Leurs classes primaires doivent être séparées et distinctes de leurs classes latines. Ainsi, vous ne pourrez jouir du bénéfice de l'autorisation qu'autant que vous serez muni du brevet de capacité correspondant au degré de la classe primaire annexée à votre établissement.
« Si vous ne remplissiez pas cette condition, dans le délai d'un mois, tous vos élèves seraient soumis à la rétribution. »

22 octobre 1833.   **Avis relatif à la production du certificat de moralité par les élèves-maîtres.**

22 Octobre 1833.

Le Conseil royal de l'Instruction publique,

Vu la lettre de M. le Recteur de l'Académie de Dijon, en date du 10 octobre courant ;

Consulté sur la question de savoir si les jeunes gens qui se sont trouvés pendant leur séjour dans une École normale primaire sous la surveillance immédiate du Recteur de l'Académie, et dont la conduite lui est parfaitement connue, doivent produire le certificat de moralité exigé par l'article 4 de la loi du 28 juin pour pouvoir exercer les fonctions d'instituteur, ou si une attestation spéciale de ce fonctionnaire peut leur tenir lieu dudit certificat de moralité ;

Considérant que nul n'est admis dans une École normale primaire, s'il ne produit préalablement des certificats attestant sa bonne conduite ;

Que le certificat donné par le Recteur, après un séjour de deux ans dans l'École, ajouté aux certificats qui ont précédé l'admission de l'élève, serait bien une preuve suffisante de bonne conduite pour trois ans au moins, mais que la loi voulant que le certificat de moralité soit délivré par le maire sur l'attestation de trois conseillers municipaux, cette formalité se trouverait anéantie par le fait pour la première institution de la plupart des instituteurs communaux, si elle cessait d'être exigée des élèves-maîtres sortant des Écoles normales primaires,

Décide que le certificat de bonne conduite qui doit être produit par tout élève en entrant dans une École normale primaire, ainsi que le certificat constatant la conduite de cet élève pendant son séjour dans ladite École, seront délivrés conformément à ce qui est prescrit par l'article 4 de la loi du 28 juin 1833 pour le certificat de moralité que doit présenter tout instituteur avant d'être admis à exercer sa profession.

---

25 octobre 1833.   **Décisions relatives aux présentations de candidats par les Conseils municipaux ; aux communes réunies pour une seule École ; aux Comités communaux, cantonaux et d'arrondissement.**

25 Octobre 1833.

Le Conseil royal de l'Instruction publique,

Vu la loi du 28 juin dernier, concernant l'instruction primaire ;

Vu la lettre en date du 15 octobre courant, par laquelle M. le Préfet du Gers soumet diverses questions relatives à l'instruction primaire,

Décide :

1° Qu'un Conseil municipal ne peut faire au Comité d'arrondissement une présentation de candidats pour la place d'instituteur primaire, sans avoir pris préalablement l'avis du Comité communal;

2° Que les Conseils municipaux peuvent présenter un ou plusieurs candidats pour chaque place d'instituteur communal;

3° Que, quand plusieurs communes sont réunies pour entretenir une seule École, les divers Conseils municipaux doivent être appelés à délibérer sur la présentation des candidats pour la place d'instituteur primaire de leur École commune;

4° Que dans les arrondissements où les Comités communaux ne sont pas encore organisés, le Comité cantonal doit en faire l'office, et qu'à défaut de l'un et de l'autre, le Comité d'arrondissement doit en tenir lieu;

5° Qu'en cas de refus d'un Conseil municipal de présenter un candidat pour la place d'instituteur vacante, le Comité d'arrondissement doit constater ce refus et nommer l'instituteur sur l'avis du Comité communal.

Ordonnance portant création d'un Comité central d'instruction primaire à Paris.　5 nov. 1833.

5 Novembre 1833.

Louis-Philippe, etc.,

Considérant que, pour assurer dans la ville de Paris l'exécution de la loi du 28 juin dernier sur l'instruction primaire, il est nécessaire d'avoir égard aux différences qui existent entre l'organisation municipale de cette ville et celle des autres communes, et d'adopter par conséquent, à ce sujet, des dispositions particulières conformes aux principes et aux intentions de ladite loi;

Sur le rapport de notre Ministre secrétaire d'État au département de l'Instruction publique;

Nous avons ordonné et ordonnons ce qui suit :

Article 1ᵉʳ. — Il y aura, dans chacun des arrondissements municipaux de la ville de Paris, un Comité local chargé de la surveillance des Écoles primaires de l'arrondissement.

Ce Comité sera composé : du maire ou de l'un des adjoints, président; du juge de paix de l'arrondissement, du curé ou du plus ancien des curés, d'un ministre de chacun des autres cultes reconnus par la loi, désigné par son Consistoire, s'il y a dans l'arrondissement des Écoles suivies par des enfants appartenant à ces cultes, et d'un à trois habitants notables, qui seront choisis par le Comité central formé en vertu de l'article 4 de la présente ordonnance.

Art. 2. — Indépendamment des Comités locaux formés en exécution de l'article précédent, il sera établi des Comités de même nature pour la surveillance spéciale des Écoles luthériennes, calvinistes et israélites. La présidence de ces Comités appartiendra de droit au maire de l'arrondissement.

Art. 3. — Les Comités locaux pourront désigner, pour la surveillance spéciale et habituelle d'une ou plusieurs Écoles, des inspecteurs gratuits, dont ils recevront les rapports.

Art. 4. — Il sera formé, en outre, à Paris un Comité central, exerçant, pour toutes les Écoles primaires de la ville, les attributions des Comités d'arrondissement, telles qu'elles sont déterminées par les articles 7, 18, 22 et 25 de la loi du 28 juin.

Art. 5. — Seront membres de ce Comité : le Préfet du département de la Seine, président; notre Procureur près le tribunal de première instance du même département, le plus ancien des maires de Paris, le plus ancien des juges de paix, le plus ancien des curés, un ministre de chacun des autres cultes reconnus par la loi, désigné par son Consistoire, un des proviseurs ou professeurs des Collèges, chefs d'institution ou maîtres de pension, désigné par notre Ministre de l'Instruction publique, un instituteur primaire désigné par le Ministre de l'Instruction publique, trois membres du Conseil général du département de la Seine ou habitants notables désignés par ledit Conseil.

Les autres membres du Conseil général ayant leur domicile réel à Paris pourront assister aux séances du Comité et prendre part à ses délibérations et à ses travaux.

Art. 6. — Le certificat de moralité exigé de tout individu qui veut exercer la profession d'instituteur primaire sera délivré à Paris, sur l'attestation de trois habitants notables, par le maire de l'arrondissement municipal ou de chacun des arrondissements municipaux où l'impétrant aura résidé depuis trois ans.

Avis relatif aux élèves sortis des Écoles normales primaires et aux brevets de capacité.

5 nov., 1833.

5 Novembre 1833.

Le Conseil royal de l'Instruction publique,

Vu la lettre de M. le Recteur de l'Académie de Caen, en date du 28 octobre dernier ;

Consulté sur la question de savoir si des élèves sortis d'une École normale primaire, après avoir été examinés par la Commission de surveillance de cette École, ont pu obtenir, depuis la promulgation de la loi du 28 juin 1833 sur l'instruction primaire, la délivrance de brevets de capacité, soit pour l'instruction primaire élémentaire, soit pour l'instruction primaire supérieure,

Vu la loi du 28 juin 1833 et le règlement du 19 juillet suivant,

Est d'avis que, depuis la promulgation de la loi du 28 juin 1833 sur l'instruction primaire, tout examen a dû être fait et tout brevet délivré conformément à ladite loi.

Mais s'il s'agit d'examens subis antérieurement à la loi précitée, ces examens doivent sortir leur plein et entier effet; et le Recteur, dans ce cas, doit délivrer les brevets de capacité auxquels les candidats ont été jugés avoir droit en vertu desdits examens.

D'un autre côté, l'ancien brevet du premier degré n'équivalant pas au brevet actuel du degré supérieur, les anciens brevets, même ceux du premier degré, ne peuvent servir que pour tenir des Écoles primaires élémentaires. D'où il suit que les candidats porteurs d'anciens brevets doivent se représenter devant les nouvelles Commissions d'examen pour répondre sur les objets d'enseignement que ne comprenaient pas les anciens examens; et alors seulement ils peuvent obtenir le brevet de capacité pour l'instruction primaire supérieure.

A compter de ce moment, les Commissions d'examen nommées par le Ministre, conformément à l'article 25 de la loi du 28 juin 1833, et siégeant aux chef-lieux de département, peuvent examiner et breveter les candidats pour l'instruction primaire supérieure, comme pour l'instruction primaire élémentaire.

Les dispositions transitoires contenues dans l'article 17 du règlement du 19 juillet ne concernaient que les Commissions d'examen formées par les Recteurs avant la loi, ou par eux complétées depuis la loi.

Le brevet de capacité ancien ou nouveau est indispensable pour être admis à exercer les fonctions d'instituteur.

· 8 nov. 1833. ## Avis du Conseil royal de l'Instruction publique relatif aux Écoles primaires supérieures.

8 Novembre 1833.

Le Conseil royal de l'Instruction publique,

Consulté par le Ministre sur différentes questions relatives aux Écoles primaires supérieures;

Vu les articles 1, 4, 16 et 22 de la loi du 28 juin 1833 concernant l'instruction primaire, et l'ordonnance du 16 juillet,

Est d'avis des résolutions suivantes :

I. Toute École primaire supérieure, soit isolée, soit annexée à un autre établissement, Collège, institution, pension ou École normale primaire, devra avoir son chef spécial, qui sera muni d'un brevet de capacité du degré supérieur, et tenu de remplir, d'ailleurs, toutes les formalités et conditions prescrites par la loi du 28 juin.

S'il s'agit d'une École primaire communale, le candidat, dûment breveté et muni, en outre, d'un certificat de moralité, aux termes de l'article 4 de la loi précitée, devra être nommé par le Comité d'arrondissement, sur la présentation du Conseil municipal, après avis du Comité communal; institué par le Ministre; et installé par le Comité d'arrondissement avec prestation de serment.

S'il s'agit d'une École privée, le candidat, muni d'un brevet du degré supérieur et du certificat de moralité exigé par la loi, fera sa déclaration au maire de la commune où il voudra tenir École, et copie de cette déclaration sera aussitôt envoyée au Comité de l'arrondissement et au Recteur de l'Académie, conformément à l'article 16 de l'ordonnance du 16 juillet dernier.

II. Les autres maîtres auxquels une partie de l'enseignement primaire supérieur serait confiée, sous la direction de l'instituteur chef de l'École, ne seront point assujettis aux formalités rappelées dans l'article précédent; ils devront toutefois être agréés par le Recteur de l'Académie.

L'agrément du Recteur sera de même nécessaire lorsque ces autres maîtres seront déjà attachés à un Collège communal en qualité de régents ou de maîtres d'études.

III. Une École primaire supérieure, annexée à un Collège communal ou à une École normale primaire, demeure soumise à l'inspection et à la surveillance des Comités communal et d'arrondissement.

IV. Lorsqu'une École primaire supérieure sera annexée à une

École normale primaire, elle devra toujours avoir deux sections, l'une élémentaire, et l'autre supérieure, sous deux maîtres distincts, l'instituteur primaire chef de l'École et un maître adjoint.

V. Dans toute École primaire supérieure communale, nul élève ne sera admis à suivre les leçons qui constituent l'enseignement supérieur, sans qu'un examen préalable ait constaté que cet élève possède suffisamment l'instruction élémentaire.

VI. Les élèves des Écoles primaires supérieures annexées à un Collège ou autre établissement d'instruction secondaire devront toujours être placés dans un local distinct de celui qui est occupé par les élèves de l'École secondaire.

VII. Toute commune qui doit ou qui veut avoir une École primaire supérieure devant fournir au moins le minimum du traitement fixe que la loi assigne à l'instituteur, et l'ordonnance du 16 juillet, article 10, ne permettant d'allouer sur les fonds de l'État aucun traitement au delà du minimum, lesdits fonds de l'État ne devront contribuer à la fondation des Écoles primaires supérieures que pour les frais de premier établissement.

VIII. Les élèves de toute École primaire, supérieure ou élémentaire, sont exempts de la rétribution universitaire imposée par les lois de finances; ils sont soumis à la rétribution mensuelle établie par la loi du 28 juin dernier, sauf les cas de gratuité réglés par les Conseils municipaux.

IX. Les élèves internes ou externes d'un Collège, ou de tout autre établissement d'instruction secondaire, sont soumis à la rétribution universitaire, lors même qu'ils suivent tout ou partie des cours de l'École primaire supérieure annexée audit établissement, sauf les exemptions nominales qui pourraient être accordées en faveur des familles reconnues hors d'état d'acquitter les droits.

Décision relative à la présence des desservants et des maires dans les Comités.

8 nov. 1833.

8 Novembre 1833.

Le Conseil royal de l'Instruction publique,

Vu la lettre de M. le Recteur de l'Académie de Grenoble, en date du 31 octobre dernier;

Consulté sur la question de savoir si le curé ou le maire qui sont membres de droit du Comité local de surveillance peuvent exercer les fonctions d'instituteur primaire dans le ressort de ce Comité,

Décide :

1° Que, si l'École appartient à une seule commune, ni le maire ni le curé de cette commune ne peuvent y exercer les fonctions d'instituteur ;

2° Que, si plusieurs communes sont réunies pour une seule École, rien n'empêche que le maire ou le curé d'une de ces communes, et de la commune même où est placée l'École, ne tienne cette École, à condition que, dans ce cas, l'instituteur, ne pouvant être à la fois surveillant et surveillé, ne fera point partie du Comité local, et que ce sera le maire ou le curé d'une autre des communes réunies qui sera membre dudit Comité local.

Décision relative aux engagements décennaux.

8 Novembre 1833.

Le Conseil royal de l'Instruction publique,

Vu la lettre de M. le Recteur de l'Académie de Pau, en date du 29 octobre dernier ;

Consulté sur la question de savoir si l'engagement de se vouer pendant dix ans au service de l'instruction publique, pour être dispensé du service militaire, aux termes de l'article 14 de la loi du 21 mars 1832 sur le recrutement de l'armée, peut être contracté par des instituteurs privés,

Décide que la faculté de contracter l'engagement décennal ne peut appartenir qu'à l'instituteur qui tient une École publique communale.

Décision relative à la naturalisation des étrangers.

8 Novembre 1833.

Le Conseil royal de l'Instruction publique,

Vu la lettre de M. le Recteur de l'Académie de Grenoble, en date du 28 octobre dernier ;

Consulté sur la question de savoir si des étrangers non naturalisés peuvent être instituteurs communaux,

Décide qu'un instituteur communal ayant le caractère de fonctionnaire public et étant, en conséquence, soumis à la prestation du serment prescrit par les lois du 31 août 1830 et du 28 juin 1833, nul ne peut être admis à en exercer les fonctions s'il n'est Français ou naturalisé Français.

Avis relatif à la réduction du traitement des instituteurs par les Conseils municipaux.

12 Novembre 1833.

Le Conseil royal de l'Instruction publique,

Vu la lettre de M. le Recteur de l'Académie de Strasbourg, en date du 28 octobre dernier;

Informé que certains Conseils municipaux ont l'intention de réduire le traitement des instituteurs primaires de leurs communes, en déduisant dudit traitement ce que ces maîtres peuvent recevoir à raison d'autres fonctions, telles que celles de sacristain, chantre, ou même de secrétaire de mairie,

Est d'avis que, dans aucune circonstance, il ne peut être admis que les Conseils municipaux aient le droit de réduire, sous prétexte d'autres fonctions simultanément exercées, le traitement des instituteurs primaires au-dessous du minimum fixé par l'article 12 de la loi du 28 juin 1833.

Avis relatif à la présentation des candidats à la direction d'une École.

12 Novembre 1833.

Le Conseil royal de l'Instruction publique,

Vu la lettre de M. le maire de Schlestadt, du 29 octobre dernier;

Consulté sur la question de savoir si un Conseil municipal qui ne présente qu'un seul candidat au Comité d'arrondissement pour la place d'instituteur communal, peut être obligé à en présenter plusieurs;

Est d'avis : 1° que le Conseil municipal ne peut être tenu de présenter plusieurs candidats pour une seule place; 2° que si le Comité d'arrondissement ne croit pas devoir nommer le candidat proposé, le Conseil municipal doit faire une autre présentation; 3° que les communes populeuses doivent être invitées à présenter toujours plusieurs candidats.

12 nov. 1833.

Avis relatif à la position des instituteurs communaux en exercice avant la loi de 1833.

12 Novembre 1833.

Le Conseil royal de l'Instruction publique,

Vu la lettre de M. le Préfet du département de Loir-et-Cher, en date du 4 novembre courant ;

Consulté sur la question de savoir si les instituteurs primaires actuellement en exercice doivent être présentés par les communes pour être nommés instituteurs communaux, afin de jouir comme tels du logement et du traitement, conformément à l'article 12 de la loi du 28 juin 1833 sur l'instruction primaire ;

Considérant que la loi ne doit avoir aucun effet rétroactif,

Est d'avis que les instituteurs que la loi du 28 juin a trouvés en possession de leur état doivent le conserver sans avoir aucune formalité nouvelle à remplir, jusqu'à décès, démission ou jugement.

---

12 nov. 1833.

Décision relative à la liste de gratuité.

12 Novembre 1833.

Le Conseil royal de l'Instruction publique,

Après avoir pris connaissance de la lettre en date du 6 courant, par laquelle le sieur Hallet, instituteur de la commune de Saint-Soupplets (Seine-et-Marne), expose que le Conseil municipal a compris, au nombre des enfants indigents qui devaient entrer dans son École, un orphelin dont le tuteur est domicilié à Lagny, mais qui depuis deux ans habite chez son oncle, cultivateur à Saint-Soupplets,

Décide que, bien qu'un enfant mineur ait le domicile de son tuteur, et non celui d'un oncle qui le loge et le nourrit, il suffit de sa résidence de fait dans la commune, pour qu'il puisse, s'il est indigent, être inscrit par le Conseil municipal parmi ceux qui doivent recevoir l'instruction primaire gratuite.

Avis relatif au vote des dépenses obligatoires.

12 Novembre 1833.

Le Conseil royal de l'Instruction publique,

Vu la lettre en date du 31 octobre dernier, par laquelle plusieurs habitants du hameau de Léonds, qui fait partie de la commune de Villeperdrix (Drôme), exposent que l'éloignement où ils sont du lieu où est établie l'École primaire communale, et, de plus, la difficulté des communications empêchent leurs enfants de jouir des bienfaits de l'instruction primaire, et demandent, en conséquence, qu'il soit établi une seconde École communale dans le hameau même,

Est d'avis qu'un Conseil municipal ne peut être tenu de voter le traitement et le local pour plus d'un instituteur communal; mais que, dans le cas où il existe un ou plusieurs hameaux trop éloignés du centre de la commune, il y a lieu de stipuler, vis-à-vis de l'instituteur communal, que cet instituteur, à certains jours de la semaine ou à certains mois de l'année, devra se transporter dans lesdits hameaux pour y donner l'instruction primaire dans un local convenablement disposé à cet effet.

Avis relatif à la délivrance des brevets de capacité.

12 Novembre 1833.

Le Conseil royal de l'Instruction publique,

Vu la lettre de M. le Recteur de l'Académie de Strasbourg, en date du 28 octobre dernier;

Consulté sur la double question de savoir : 1° si un étranger peut recevoir un brevet de capacité pour l'instruction primaire; 2° si l'étranger non naturalisé Français peut être autorisé à exercer soit les fonctions d'instituteur communal, soit les fonctions d'instituteur privé;

Vu sa délibération du 8 novembre courant, laquelle porte que les étrangers non naturalisés Français ne peuvent être instituteurs communaux,

Décide :

1° Que le brevet de capacité doit être délivré à tout individu, soit Français, soit étranger, qui a subi l'examen d'une manière satisfaisante;

2° Que les étrangers non naturalisés Français peuvent être instituteurs privés, en remplissant les conditions imposées par l'article 4
de la loi du 28 juin 1833.

Avis relatif aux engagements décennaux.

12 Novembre 1833.

Le Conseil royal de l'Instruction publique,
Vu la lettre de M. le Recteur de l'Académie de Douai, en date du
31 octobre dernier ;
Consulté sur la question de savoir si ceux des instituteurs primaires communaux exerçant en cette qualité lors de la promulgation de la loi du 28 juin 1833, qui se proposent de souscrire l'engagement décennal pour être dispensés du service militaire, doivent
auparavant recevoir une nouvelle nomination ou institution,
Est d'avis que tout instituteur communal devant conserver, sauf
démission ou jugement, l'état dont il se trouvait en possession au
moment de la promulgation de la loi du 28 juin 1833, doit être, aussi
bien que l'instituteur communal nommé et institué depuis ladite
loi, admis à contracter l'engagement décennal exigé pour la dispense du service militaire [1].

Circulaire du Ministre de l'Instruction publique, relative à l'établissement des Écoles primaires supérieures.

15 Novembre 1833.

Monsieur le Recteur [2], l'article 10 de la loi du 28 juin dernier porte qu'indépendamment de l'École primaire élémentaire que toute commune est obligée
d'entretenir en tout ou en partie « les communes chefs-lieux de département
et celles dont la population excède 6 000 âmes devront avoir une École primaire supérieure ».
Vous connaissez les communes de votre Académie auxquelles s'applique cette
disposition de la loi, et dont je joins ici la liste, avec indication des diverses
Écoles qui y sont actuellement établies. MM. les maires de ces communes ont

---

1. Consulter sur l'application du règlement les deux circulaires du 11 *mars* 1834
aux Recteurs (*Circulaires et Instructions officielles relatives à l'Instruction
publique*, Tome II, pages 220, 222). — Voir à l'*Appendice* le modèle d'engagement.
2. Consulter la circulaire du même jour aux Préfets (*Ibid.*, Tome II, page 182).

déjà été invités à prendre, de concert avec les Conseils municipaux, dans leur session du mois d'août dernier, les mesures nécessaires pour la fondation des Écoles primaires supérieures. Mais, comme la délibération de ces Conseils a porté sur l'ensemble de l'instruction primaire et sur toutes les questions dont la loi du 28 juin les appelle à s'occuper, ils n'ont pas donné à ce qui concerne les Écoles primaires supérieures une attention assez spéciale : beaucoup d'entre eux les ont même complètement passées sous silence, et la nécessité d'instructions particulières et positives sur cette classe d'établissements se fait vivement sentir. Je vous les adresse aujourd'hui : elles vous dirigeront dans vos rapports avec les autorités municipales, et vous mettront en mesure, soit de provoquer leur action, soit de répondre à leurs questions, ou de leur fournir les éclaircissements dont elles pourraient avoir besoin à ce sujet.

Il est indispensable de se former d'abord une idée juste de la nature et de l'étendue de l'enseignement que doivent donner les Écoles primaires supérieures. L'article 1er de la loi du 28 juin le définit en disant qu'outre l'instruction primaire élémentaire, cet enseignement comprend nécessairement « les « éléments de la géométrie et ses applications usuelles, spécialement le dessin « linéaire et l'arpentage; des notions des sciences physiques et de l'histoire « naturelle, applicables aux usages de la vie; le chant; les éléments de « l'histoire et de la géographie, et surtout de l'histoire et de la géographie de « la France ».

Je fais préparer, pour ces diverses parties d'enseignement, des manuels, où elles seront présentées sous la forme et dans les limites qui répondent aux besoins que la loi a voulu satisfaire. En attendant que ces manuels soient terminés, et à mesure que des Écoles primaires supérieures seront formées ou réclamées dans votre Académie, vous m'informerez avec soin du degré d'extension qu'y recevront ou devront y recevoir les divers enseignements déterminés par la loi, afin que je puisse juger si ces Écoles sont, en effet, en harmonie avec les vues du législateur, et atteignent le véritable but de leur institution.

L'article 1er de la loi du 28 juin ajoute que, « selon les besoins et les res- « sources des localités, l'instruction primaire pourra recevoir les développe- « ments qui seront jugés convenables ». Cette disposition a eu surtout pour objet de rendre les Écoles primaires supérieures accessibles aux besoins des diverses localités, des diverses classes de la population, et propres à combler ainsi, en partie du moins, la lacune que laissent dans notre système d'éducation nationale les établissements d'instruction classique. Mais, en vous empressant en toute occasion d'accomplir cette intention de la loi, n'oubliez jamais que c'est d'après les besoins réels et les ressources certaines des localités qu'il faut juger de la convenance des développements que peut recevoir l'enseignement dans les Écoles primaires supérieures. Il y aurait un grave péril à accueillir légèrement ces désirs illimités, ces fantaisies vagues, qui portent quelquefois des hommes, d'ailleurs bien intentionnés, à vouloir introduire dans les Écoles toutes sortes d'études. Non seulement de tels plans, qui ne reposent sur aucune nécessité pratique et claire, finissent presque toujours par échouer, ce qui est, pour l'instruction publique en général, une cause de discrédit; mais ils ont l'inconvénient plus funeste encore de rendre superficiel, confus et inefficace, l'enseignement plus modeste dont la population a réellement besoin. Toute extension de l'instruction primaire supérieure au delà des bases posées par la loi doit donc être fondée sur quelque intérêt clair et positif de la localité qui la réclame. Ainsi, l'enseignement de telle ou telle langue moderne, de telle ou telle branche des sciences physiques, chimiques ou naturelles, peut importer spécialement à telle ou telle ville; et, loin de s'y refuser, l'administration supérieure sera toujours empressée d'autoriser et de seconder des développements de ce genre; mais il est indispensable que, toutes les fois qu'on en formera la demande, on fasse connaître avec précision les faits particuliers sur lesquels elle se fonde, les intérêts auxquels doit correspondre cette extension de l'enseignement, et les avantages pratiques qu'on a droit d'en espérer. Les localités seront ainsi préservées de ces essais mal conçus, de cet engouement irréfléchi, qui nuisent à l'essence même de l'instruction en ayant l'air de l'étendre, et qui faussent et troublent les esprits au lieu de les éclairer.

La nature et les limites de l'enseignement dans les Écoles primaires supérieures étant ainsi bien déterminées, la première question à examiner, dans les communes qui doivent fonder un établissement de ce genre, est celle de savoir si elles ne possèdent pas déjà quelque École qui puisse être considérée comme appartenant au degré supérieur, ou qu'il soit facile d'y élever. Ce développement d'une École déjà existante est presque toujours plus prompt et moins onéreux pour la commune que la fondation complète d'une École nouvelle. Il faudra seulement se bien assurer que l'École primaire qu'il s'agit d'élever au rang de supérieure et le maître appelé à la diriger satisfont, en effet, à toutes les conditions de dotation et de capacité imposées par la loi.

Il est, en général, désirable que l'École primaire supérieure soit séparée de l'École primaire élémentaire, et les enfants ne doivent jamais être admis à l'instruction supérieure qu'après avoir reçu l'instruction élémentaire. Cependant rien ne s'oppose formellement à ce que l'instruction élémentaire et l'instruction supérieure soient données dans la même École; mais il importe alors de se bien assurer que l'instruction élémentaire ne sera point sacrifiée à la portion plus étendue de l'enseignement, et qu'elle demeurera aussi exacte et aussi complète qu'elle pourrait l'être dans une École élémentaire isolée.

La plupart des communes qui sont tenues d'entretenir une École primaire supérieure possèdent un Collège communal. Il est possible que dans certaines localités les mêmes bâtiments soient en état de servir aux deux établissements: cette réunion épargnerait à la ville, soit des frais de loyer, soit des frais d'acquisition ou de construction pour une maison d'école. De plus, les régents du Collège pourraient être chargés, dans l'École primaire supérieure, de certaines portions d'enseignement qui seraient ainsi confiées, avec moins de frais, à des hommes d'une capacité éprouvée. Mais, partout où de telles combinaisons auraient lieu, il est indispensable que le Collège et l'École primaire supérieure forment deux établissements distincts en droit, séparés en fait, et que la contiguïté n'amène point la confusion.

Dans les villes qui possèdent une École normale primaire, il y aura aussi des avantages réciproques à ce que les choses soient disposées de telle sorte que l'École primaire supérieure serve d'école pratique aux élèves-maîtres de l'École normale.

Bien que l'obligation d'avoir une École primaire supérieure ne soit imposée par la loi qu'aux chefs-lieux de département et aux communes dont la population excède 6 000 âmes, la faculté n'en est point interdite aux autres communes, et je suis fort loin de vouloir, à cet égard, méconnaître les convenances ou gêner le zèle des localités; mais il faut, avant tout, qu'elles aient exécuté l'article 9 de la loi, qui leur prescrit l'établissement et l'entretien d'une École primaire élémentaire. Cette condition une fois remplie, j'accueillerai volontiers les projets qui auraient pour but la création d'Écoles primaires supérieures dans les communes qui n'y sont pas légalement obligées, pourvu que ces communes fassent les sacrifices indispensables, et notamment qu'elles assurent, d'une part, le traitement du chef de l'École, d'autre part les bâtiments et les principaux moyens d'exécution. L'État, déjà fort chargé par la nécessité de venir au secours des communes qui ne peuvent suffire à leurs obligations légales, ne saurait, quand il s'agit d'établissements non obligatoires, aider que les communes qui font elles-mêmes de grands efforts.

Dans le cas où, conformément au dernier paragraphe de l'article 14 de la loi du 28 juin, un Conseil municipal voudrait réserver dans son École primaire supérieure un certain nombre de places gratuites, vous aurez soin de faire remarquer que ces places ne doivent être données qu'après un concours, dont les conditions et les formes seront soumises à mon approbation.

A mesure que la correspondance et l'étude des faits m'ont fait connaître les questions auxquelles l'institution des Écoles primaires supérieures pourrait donner lieu, j'ai consulté, sur ces questions et sur la solution qu'il convenait de leur donner, le Conseil royal de l'Instruction publique, afin de m'éclairer par sa discussion et ses lumières. Je vous transmets les avis qu'il m'a déjà donnés sur un certain nombre de questions, et qui me paraissent conformes aux principes de la loi, comme aux intérêts généraux de l'instruction publique. Je me propose de suivre à l'avenir la même méthode dans les occasions analogues, et ces avis vous serviront de guide. Je vous engage à me faire exactement connaître toutes les questions qui pourraient s'élever sous vos yeux, en cette matière, et qui auraient besoin d'être ainsi soigneusement examinées.

Pour donner à ces instructions une prompte efficacité, je vous invite, Monsieur le Recteur, à constater exactement : 1° ce qui a été fait jusqu'ici pour l'exécution de l'article 10 de la loi du 28 juin; 2° les résultats que l'on doit attendre, soit des dispositions manifestées par les autorités locales, soit des ressources qu'elles ont sous la main. Vous voudrez donc bien écrire, sans délai, à MM. les maires des communes comprises dans l'état ci-joint, en leur faisant connaître les vues qui doivent, en général, présider à l'établissement des Écoles primaires supérieures; vous les inviterez à vous donner des renseignements sur les mesures prises ou projetées, à cet égard, dans leurs communes respectives. Vous les engagerez à faire tous leurs efforts pour abréger les lenteurs que pourrait éprouver l'ouverture de ces Écoles. Vous leur désignerez, au besoin, des instituteurs, dûment pourvus du brevet supérieur et du certificat de moralité, qui pourraient être nommés et institués, conformément à la loi, pour en prendre la direction. Vous ferez, s'il y a lieu, les mêmes communications aux maires des communes importantes qui, sans figurer dans les catégories déterminées par l'article 10 de la loi, témoigneraient cependant l'intention de fonder une École primaire supérieure, et où un établissement de ce degré devrait être d'une évidente utilité à la population. Enfin, vous ne négligerez rien pour vous mettre en état de dresser promptement un état pareil, quant au cadre, à celui que je vous envoie, et présentant, en outre, l'indication exacte :

1° De toutes les Écoles primaires supérieures communales déjà ouvertes, soit qu'elles consistent en établissements nouveaux, soit que des établissements déjà existants aient pu être transformés en Écoles de ce degré;

2° De toutes les Écoles primaires supérieures communales, dont les Conseils municipaux ont voté la création, en y affectant des ressources suffisantes, et dont l'ouverture peut être considérée comme prochaine;

3° Des Écoles primaires établies dans les villes auxquelles s'applique l'article 10 de la loi, et qui, par leur importance et par le degré de leur enseignement, pourraient facilement être élevées au degré supérieur;

4° De toutes les communes où l'exécution de l'article précité éprouverait des retards ou des difficultés;

5° Des objets de l'enseignement dans toutes les Écoles primaires supérieures ouvertes ou près de s'ouvrir, et des additions ou modifications qu'on y aurait apportées ou qu'on demanderait à apporter aux bases posées par la loi du 28 juin;

6° Enfin des Écoles privées du degré supérieur qui seraient en exercice dans les communes de votre ressort académique.

Je vous prie de m'envoyer cet état avant le 15 janvier 1834, au plus tard.

Recevez, etc.

Signé : GUIZOT.

---

19 nov. 1833.

Avis relatif à la suppléance des juges de paix dans les Comités d'arrondissement.

19 Novembre 1833.

Le Conseil royal de l'Instruction publique,

Vu la lettre de M. le Préfet du département de la Moselle, en date du 9 novembre courant;

Consulté sur la question de savoir si le juge de paix ou le curé, qui sont appelés de droit à faire partie d'un Comité d'instruction primaire, et qui se trouvent empêchés, pour cause de maladie ou d'infirmité, d'assister aux séances du Comité, peuvent y être remplacés et par qui,

Est d'avis que le juge de paix ou le curé qui, pour maladie ou pour infirmité habituelle, se trouve dans l'impossibilité de prendre part aux délibérations du Comité d'instruction primaire, doit être remplacé par le juge de paix ou le curé, qui vient immédiatement après par rang d'ancienneté.

---

19 nov. 1833.

Décision relative à l'enseignement du dessin linéaire dans les Écoles primaires.

19 Novembre 1833.

Le Conseil royal de l'Instruction publique,

Consulté sur la question de savoir si l'enseignement du dessin linéaire peut être autorisé dans les diverses Écoles tenues par les

6.

Frères de la Doctrine chrétienne, lors même qu'il s'agit d'Écoles primaires élémentaires;

Considérant que la loi du 28 juin 1833 a distingué l'instruction primaire en deux degrés, l'un élémentaire et l'autre supérieur; mais qu'elle a permis, pour l'un comme pour l'autre de ces degrés, d'ajouter les développements qui seraient jugés convenables suivant les besoins et les ressources des localités, et que le dessin linéaire est un des plus utiles développements qu'on puisse donner à l'instruction élémentaire,

Décide que le supérieur général des Frères des Écoles chrétiennes est autorisé à continuer de faire enseigner le dessin linéaire dans toutes les villes où ces Écoles sont établies.

Avis relatif aux demandes de congé adressées aux Recteurs [1].   29 nov. 1833.

29 Novembre 1833.

Le Conseil royal de l'Instruction publique

Est d'avis que les Recteurs soient autorisés à accorder aux instituteurs primaires communaux, après avoir pris l'avis des Comités

1. Consulter sur l'application de la décision la circulaire du 31 *décembre* 1833 (*Circulaires et Instructions officielles relatives à l'Instruction publique*, Tome II, page 206).

À l'occasion de cette circulaire, le Recteur de l'Académie de Paris soumettait au Ministre (6 *janvier*) les observations suivantes, qui furent admises :

« Par votre lettre circulaire du 31 décembre, vous m'avez notifié la décision qui autorise les Recteurs à accorder aux instituteurs communaux les congés dont ils pourraient avoir besoin. Cette nécessité imposée aux instituteurs de faire régulariser leur absence est une mesure tout à fait en rapport avec le caractère de fonctionnaires publics qu'ils ont reçu de la loi. En consolidant leur existence, et en consacrant leurs droits acquis, on peut, en retour, exiger d'eux une assiduité plus rigoureuse. C'est les relever à leurs propres yeux, et aux yeux des familles, que de les considérer comme si étroitement liés à l'École qui leur est confiée, qu'ils ne puissent suspendre leurs leçons sans y avoir été autorisés, et sans qu'il ait été pourvu à leur remplacement, pour que le service de l'enseignement primaire ne reste plus jamais interrompu, comme il l'est trop souvent. Mais, si Votre Excellence me permettait ici quelques objections contre le mode d'autorisation qui vient d'être arrêté, j'oserais faire observer que les cas d'absence ayant presque toujours lieu pour des motifs urgents, tels que maladies, affaires de famille, qui ne comportent nul retard, il peut paraître désirable de ne pas forcer l'instituteur à solliciter, de trop loin, le congé dont il a besoin, ou à s'absenter avant de l'avoir obtenu, ce qui rendrait la mesure illusoire. Le chef-lieu de l'Académie peut être éloigné de l'École : il est telle commune dans l'Académie de Paris située à 60 lieues de l'Administration rectorale. Il suffirait, ce me semble, que le président du Comité, c'est-à-dire le plus ordinairement le Sous-Préfet, autorisât l'absence d'après l'avis du maire, qui, en constatant la gravité du motif allégué, ferait connaître par quels moyens il a pourvu au remplacement. Je dis le président du Comité et le maire de la commune, et non les Comités supérieur et local, parce qu'il y a lieu de procéder sommairement, sans attendre la

communal et d'arrondissement, les congés qui seraient demandés par les instituteurs pour des motifs graves de santé ou d'affaires de famille, sous condition que l'instituteur ne quittera pas l'École qu'il n'ait été pourvu à son remplacement pendant tout le temps du congé, et à ses frais. Les Recteurs informeront aussitôt le Ministre du congé qu'ils auront accordé, et des raisons qui l'auront motivé.

Aucun congé ne sera accordé aux directeurs des Écoles normales primaires que par le Ministre même, sur la proposition motivée du Recteur.

---

13 déc. 1833. **Instruction du Ministre de l'Instruction publique, relative aux attributions des Comités de l'instruction primaire [1].**

13 Décembre 1833.

Monsieur le Recteur, vous connaissez l'importance de la mission qu'ont à remplir, à l'égard des Écoles primaires, les Comités institués en vertu de l'article 18 de la loi du 28 juin dernier. Il importe qu'ils entrent promptement, et sur tous les points du Royaume, dans l'exercice complet de leurs attributions, et que les principes et les dispositions, législatives ou réglementaires, qui doivent les diriger soient clairement présents à leur pensée. J'ai examiné avec soin les diverses mesures qu'il leur appartient de prendre, ou auxquelles il doivent participer, et les instructions que je vous adresse sont le résultat de cet examen. Je vous prie de les communiquer aux Comités d'arrondissement, en y ajoutant, selon les circonstances locales, les éclaircissements dont le besoin se ferait sentir, et qu'il vous sera facile de puiser, soit dans le texte de la loi du 28 juin et de l'ordonnance du 16 juillet, soit dans mes décisions et les avis du Conseil royal de l'Instruction publique.

Réunions et délibérations des Comités. — Le premier acte qui doit suivre l'installation des Comités institués en vertu de l'article 18 est de donner avis, au Recteur de l'Académie, de leur constitution définitive. Vous inviterez tous

réunion d'un Comité. On s'expose à voir les règlements éludés, quand leur exécution devient trop peu facile. Si Votre Excellence approuvait mes observations, la décision relative aux congés des instituteurs communaux pourrait être modifiée, en ce sens, qu'elle attribuerait aux présidents des Comités supérieurs l'examen qu'on vient de remettre aux Recteurs. »

1. La circulaire du 24 *juillet* (page 38) établissait le partage des attributions entre les Préfets et les Recteurs. Celle du 13 décembre n'était pas sans apporter quelque trouble dans ce partage. Divers Préfets, notamment celui de Seine-et-Oise, réclamèrent vivement contre les nouvelles dispositions. (Lettre du 13 *janvier* 1834 à l'Inspecteur général chargé de l'Académie de Paris.)

Voir la circulaire du 21 *novembre* 1833, relative à la formation des Comités (*Circulaires et Instructions officielles relatives à l'Instruction publique*, Tome II, page 184).

Consulter la circulaire du 18 *février* 1834, relative à la nomination d'un membre de l'Université dans les Comités d'instruction primaire (*Ibid.*, Tome II, page 219).

les présidents do Comités de votre ressort académique à vous faire parvenir incessamment cet avis.

Les Comités doivent nommer, dans leur première réunion, un vice-président et un secrétaire. L'article 19 de la loi du 28 juin leur prescrit de procéder annuellement à ces nominations. Afin qu'elles aient lieu simultanément dans toutes les Académies, il convient qu'à l'avenir les Comités s'en occupent dans leur réunion du mois de janvier. Les choix qu'ils auront faits à la fin de l'année 1833 seront considérés comme valables pour toute l'année 1834.

Le Préfet est président de droit de tous les Comités du département, et le Sous-Préfet de tous ceux de l'arrondissement. On ne saurait exiger de ces fonctionnaires qu'ils assistent à toutes les réunions de tous les Comités du département ou de l'arrondissement; mais il est fort désirable qu'ils président habituellement les Comités établis au chef-lieu do la préfecture ou de la sous-préfecture, et qu'ils puissent présider, au moins une fois par an, les Comités établis dans les autres communes de l'arrondissement chef-lieu ou des divers arrondissements de sous-préfecture. Ce sera, pour ces fonctionnaires, une occasion de s'assurer si les Comités se réunissent régulièrement, si les registres de leurs délibérations sont bien tenus, enfin si les membres apportent le zèle nécessaire dans l'accomplissement de leur mission. Toutes les fois que MM. les Préfets ou Sous-Préfets, présidents des Comités, seront appelés, par leurs fonctions administratives, dans une commune où siège un Comité, je compte qu'ils auront soin de se faire représenter, par le maire, le vice-président, ou le secrétaire, les registres des délibérations, et qu'ils vérifieront si les maires, présidents des Comités locaux, répondent exactement aux demandes qui leur sont adressées par les Comités supérieurs, et s'ils leur envoient régulièrement les divers documents qu'ils sont tenus de leur fournir. Dans le cas où MM. les Préfets et Sous-Préfets remarqueraient quelque négligence de la part de ces fonctionnaires, ils profiteraient de leurs relations habituelles avec eux pour les inviter à mettre plus d'exactitude dans cette partie de leur service.

Le choix du secrétaire est d'une grande importance pour le succès de la mission confiée aux Comités. C'est au secrétaire qu'il appartient de rédiger les délibérations et de les consigner sur le registre, aussitôt qu'elles ont été prises. Il doit aussi s'occuper, de concert avec le président ou le vice-président, de la correspondance à entretenir habituellement avec les autorités administratives, avec le Recteur, avec les Inspecteurs qui pourraient être spécialement chargés de la visite des Écoles primaires, avec les Comités locaux de toutes les communes comprises dans la circonscription du Comité supérieur, avec les instituteurs et avec moi-même. Il importe que ces fonctions soient partout confiées à un homme actif, connu par son zèle pour l'instruction primaire, et à qui sa position sociale permette de consacrer du temps à de tels travaux. Le législateur, dans la crainte que les membres du Comité ne puissent s'y livrer assidûment, leur a laissé la faculté de prendre le secrétaire hors de son sein. Veuillez bien leur faire remarquer l'importance de ce choix; les succès du Comité et son influence sur les Écoles primaires de sa circonscription en dépendront peut-être essentiellement.

Les Comités d'arrondissement auront aussi à fixer dans leur première réunion, et chaque année, dans leur réunion du mois de janvier, l'époque de chacun des autres mois où ils s'assembleront. La séance, ainsi indiquée, aura lieu sans qu'aucune convocation spéciale soit nécessaire. Je vous prie de rappeler aux membres des Comités ces dispositions de l'article 24 de l'ordonnance du 16 juillet dernier, en les invitant à s'y conformer exactement. Lorsqu'ils connaîtront d'avance le jour de chaque mois où le Comité doit se réunir, les membres qui le composent pourront faire leurs dispositions pour se trouver libres ce jour-là, et ne pas manquer à la séance. Il est d'autant plus indispensable de prendre à cet égard toutes les précautions possibles, que, d'après les dispositions de l'article 20 de la loi du 28 juin, les Comités d'arrondissement ne peuvent délibérer s'il n'y a au moins cinq membres présents; il serait extrêmement fâcheux que leurs travaux se trouvassent suspendus, comme cela a eu lieu quelquefois dans les anciens Comités, par l'absence d'un trop grand nombre de membres.

L'article 26 de l'ordonnance du 16 juillet, voulant prévenir les inconvénients qui résulteraient d'un défaut d'assiduité de la part des membres, a décidé que tout membre élu d'un Comité, qui, sans avoir justifié d'une excuse valable, n'aura point paru à trois séances ordinaires consécutives, sera censé avoir donné sa démission et sera remplacé conformément à la loi. Je vous prie de recommander aux présidents et aux vice-présidents de vous tenir exactement informé des absences qui donneraient lieu à l'application de cette disposition, et de porter immédiatement à ma connaissance tous les rapports qui vous seraient faits à ce sujet.

Indépendamment des séances ordinaires dont l'époque aura été réglée d'avance, les Comités doivent se réunir toutes les fois qu'un intérêt quelconque relatif à l'instruction primaire en fera sentir la nécessité ou la convenance. Le président et le vice-président sont chargés, en ce cas, de convoquer les membres. Il vous appartient aussi de demander, au besoin, des réunions extraordinaires, conformément à l'article 20 de la loi. La délégation que vous tenez à cet effet de vos fonctions mêmes, vous pouvez la transférer à MM. les Inspecteurs de votre Académie en tournée, ou chargés de missions spéciales.

Surveillance des Écoles primaires. — Aux termes de la loi, les Comités supérieurs sont spécialement chargés de surveiller et d'encourager l'instruction primaire.

La surveillance ne peut être efficace qu'autant qu'elle se rattache à des principes fixes, à des dispositions précises, dont elle procure la stricte exécution. Il convient donc, avant tout, que toute École primaire ait son règlement, qui fixe la durée des classes, les heures d'entrée et de sortie des élèves pour toutes les saisons de l'année, l'ordre des travaux de chaque séance, les jours de congé, enfin les temps de vacance. Ce règlement doit, autant que cela est possible, obliger tout à la fois les élèves, le maître, les parents. Un des premiers soins des Comités sera de vérifier si cette base indispensable de la discipline existe dans toutes les Écoles de leur circonscription. S'il y a des Écoles encore privées de règlement, ils pourvoiront à ce que cette omission soit réparée. Il sera même utile qu'ils dressent un projet de règlement général, dont les dispositions puissent convenir au plus grand nombre possible d'Écoles. Ils vous adresseront ces projets, et vous me les transmettrez avec vos observations. Je les examinerai avec soin, en Conseil royal de l'Instruction publique, et je vous les renverrai en vous indiquant les modifications dont ils me paraîtraient susceptibles. Un règlement général une fois rédigé et adopté ainsi pour chaque circonscription, le Comité en provoquera l'application dans toutes les Écoles, mais en tenant grand compte des faits divers, des usages particuliers, et en demandant toujours sur ce point l'avis des Comités locaux. Tout règlement d'École, arrêté avec ces précautions, devra être envoyé au Comité local, pour qu'il le fasse placarder dans la classe, et en surveille l'exécution quotidienne.

Les Comités supérieurs mettront à profit cette occasion pour recommander aux membres des Comités locaux d'user de toute leur influence auprès des pères de famille, afin de les engager à ne pas retirer leurs enfants de l'École pendant la belle saison. Cet usage, qui existe dans beaucoup de communes rurales, est funeste à l'enseignement et contraire aux intérêts bien entendus des parents : car, les enfants oublient en été ce qu'ils ont appris pendant l'hiver; l'enseignement est moins rapide et moins parfait; il exige plus de temps, et l'époque à laquelle les enfants peuvent se livrer entièrement aux travaux agricoles ou industriels se trouve reculée.

Pour que la surveillance des Comités d'arrondissement soit réelle, il est à désirer que les membres se partagent entre eux les Écoles de la circonscription, et qu'ils s'imposent l'obligation de les visiter aussi souvent qu'ils le pourront. La loi leur donne, d'ailleurs, le droit de s'adjoindre des délégués. Ils devront en user toutes les fois que, des communes étant placées à une trop grande distance de leur résidence, ils ne pourraient en visiter habituellement les Écoles.

Dans ces visites, les membres des Comités et leurs délégués recueilleront des renseignements sur la conduite morale des instituteurs, sur le zèle qu'ils apportent dans l'exercice de leurs fonctions, sur leur aptitude et leur capacité, sur la nature de leurs relations avec les élèves, avec les familles et avec les diverses autorités locales. Ils feront procéder en leur présence aux divers exercices de l'enseignement, et vérifieront s'il a, dans les différentes Écoles, l'étendue prescrite par la loi, s'il comprend toutes les matières qu'il doit embrasser, et s'il ne va pas au delà. Les résultats de ces visites feront l'objet de rapports, qu'ils présenteront au Comité dans ses réunions mensuelles, et dont le résumé sera soigneusement inscrit, soit sur le registre des délibérations, soit sur les états du personnel que les Comités jugeraient convenable de tenir. Les délégués ont le droit d'assister aux séances des Comités dans lesquelles on s'occupe des Écoles qu'ils ont inspectées; mais ils ne peuvent prendre part qu'aux délibérations qui ont ces Écoles pour objet.

Les Écoles primaires annexées à des Collèges, institutions ou pensions n'en sont pas moins placées sous l'inspection des Comités; mais leur surveillance doit alors se borner aux classes primaires, où l'on donne l'enseignement indiqué dans l'article 1er de la loi du 28 juin. Elle ne peut s'étendre aux autres classes, qui sont placées sous la surveillance des bureaux d'administration et des autorités universitaires.

La loi sur le recrutement de l'armée dispense du service militaire les jeunes gens qui se vouent pendant dix ans à l'enseignement primaire. Les Comités d'arrondissement devront veiller à ce que les jeunes gens, domiciliés dans la circonscription, que ce motif a fait dispenser du service militaire, tiennent l'engagement qu'ils ont contracté. S'ils apprenaient que quelqu'un de ces instituteurs a renoncé à l'enseignement avant l'expiration du terme fixé par la loi, ils vous en informeraient immédiatement.

Vous aurez soin de prendre l'avis des Comités d'arrondissement lorsque des instituteurs communaux demanderont l'autorisation de tenir des pensionnats primaires. Les membres de ces Comités devront vérifier, soit par eux-mêmes, soit par des délégués, si la position de famille de ces instituteurs et la disposition du local dans lequel ils se proposent d'établir leur pensionnat permettent d'accueillir leur demande.

Les articles 7 et 23 de la loi du 28 juin donnent aux Comités d'arrondissement des droits importants, dont ils sauront user avec sagesse, et dans les vrais intérêts de l'éducation populaire. Tout instituteur communal ou privé peut, sur

leur demande, être traduit, pour cause d'inconduite ou d'immoralité, devant
le tribunal civil de l'arrondissement, et être interdit de l'exercice de sa profession, à temps ou à toujours, Sans doute de telles poursuites ne seront jamais
entreprises que pour des causes graves et bien avérées. L'état et la réputation
d'un instituteur doivent être soigneusement ménagés; mais en même temps il
est de devoir rigoureux pour les Comités, et d'un grand intérêt pour la société
tout entière, que la surveillance exercée sur la moralité des instituteurs soit
réelle et active. Dans l'état actuel des mœurs, nous avons bien plus à redouter,
en pareille matière, le mal de l'insouciance ou de la faiblesse que l'excès de la
sévérité. J'espère que les Comités exerceront avec modération, mais qu'ils
exerceront effectivement, en cas de nécessité, le pouvoir qui leur est confié.

Lorsqu'un Comité se trouvera dans la nécessité de réclamer l'application des
dispositions dont il s'agit, il devra consigner avec détail dans un rapport les
faits sur lesquels sera fondée la plainte dont il se rendra l'organe. Ce rapport
sera envoyé au Procureur du Roi. Le Comité vous en adressera aussi une expédition, dont vous me transmettrez copie.

Un rapport semblable vous sera adressé toutes les fois que, par suite de négligence habituelle ou de fautes graves, un Comité d'arrondissement aura
réprimandé, suspendu de ses fonctions ou même révoqué un instituteur.
Vous aurez soin de m'envoyer immédiatement copie de ce rapport avec vos observations.

Encouragements. — Indépendamment de cette surveillance, qui a pour objet
de prévenir les fautes et de réprimer les abus, les Comités sont appelés à
rechercher et provoquer toutes les mesures propres à encourager et à améliorer
l'instruction populaire. La loi leur indique les principales voies qu'ils ont à
suivre pour atteindre à ce but. Je n'ai à ce sujet que de courtes observations à
ajouter aux prescriptions de la loi.

Une partie des fonds alloués annuellement au budget de l'État pour l'instruction primaire est distribuée aux communes, pour contribuer aux frais d'acquisition, de construction et de réparation des maisons d'école. L'article 22 de la
loi, § 4, appelle les Comités d'arrondissement à donner leur avis sur la distribution de ces secours. Déjà ma circulaire du 12 janvier dernier a indiqué les
pièces qu'il y a lieu d'exiger des communes qui demandent à y avoir part. En
examinant ces pièces, les Comités vérifieront soigneusement les besoins réels
des communes et les sommes qu'elles pourraient y consacrer, soit au moyen de
prélèvements sur leurs revenus ordinaires ou sur les fonds qu'elles auraient
placés au Trésor, soit en s'imposant extraordinairement. Ils examineront aussi
si les devis dressés par les architectes satisfont aux vrais besoins des localités;
et, dans le cas où ils reconnaîtraient que ces devis sont conçus dans des proportions exagérées, ils en feraient l'observation. Lorsqu'il s'agira de constructions, ils recommanderont de suivre, autant qu'il se pourra, et selon la population de la commune, l'un des plans contenus dans l'ouvrage que vous avez dû
leur transmettre, conformément à ma circulaire du 3 décembre courant. On
assurera ainsi à toutes les nouvelles maisons d'école une distribution commode,
salubre, appropriée sous tous les rapports à leur destination. On évitera, en
outre, par ce moyen, les dépenses trop fortes, ou qui ne seraient pas tout à fait
indispensables.

Il est à désirer que chaque commune ou réunion de communes ait en propriété
une maison d'école. Les membres des Comités, dans leurs relations avec les
maires et les principaux habitants des communes qui n'en posséderaient pas

encore, devront s'appliquer à provoquer les dispositions nécessaires pour faire cesser cet état de choses. Toutes les fois qu'un projet aura été formé dans ce but, qu'il sera sagement conçu, et que les ressources de la commune seront reconnues insuffisantes pour l'exécuter, ils pourront faire espérer les secours du Gouvernement.

Les Comités d'arrondissement doivent aussi donner leur avis sur les allocations faites tous les ans, à titre de secours, au profit des instituteurs âgés, chargés de famille, et qui sont dans le besoin; sur les sommes à accorder et les médailles à décerner, comme témoignage de satisfaction, à ceux qui se montrent dignes de récompense; ainsi que sur les livres à distribuer, soit aux élèves qui se distingueraient par leur application et leurs progrès, soit aux communes pauvres dont les habitants seraient hors d'état de se procurer les ouvrages nécessaires pour l'instruction de leurs enfants. Si plus tard, lorsque les besoins les plus urgents seront satisfaits, l'état des fonds mis à ma disposition pour l'instruction primaire me permettait d'établir de nouveaux moyens d'émulation et d'encouragement, soit pour les maîtres, soit pour leurs élèves, les Comités interviendraient de droit dans l'exécution de ces mesures.

L'article 22, paragraphe 3, de la loi du 28 juin, charge les Comités d'arrondissement de m'envoyer chaque année, ainsi qu'au Préfet, l'état de situation de toutes les Écoles primaires du ressort. L'opinion personnelle que se seront formée les membres des Comités soit par les renseignements qu'ils auront recueillis, soit par leurs propres observations, sur le mérite de chaque instituteur, sera consignée dans cet état. L'époque la plus convenable pour qu'il me soit transmis est le mois d'avril : c'est alors que s'opère la transition de la situation des Écoles en hiver à leur situation d'été, et que des indications plus sûres peuvent être données sur le nombre des élèves pendant toute l'année. C'est, d'ailleurs, dans leur session de mai que les Conseils municipaux doivent délibérer, conformément à l'article 1er de l'ordonnance du 16 juillet, sur toutes les questions relatives à l'établissement et à l'entretien des Écoles primaires communales. Il est nécessaire que, par l'examen préalable de l'état que les Comités leur auront fait parvenir, les Préfets puissent adresser aux Conseils municipaux, avant cette délibération, toutes les communications ou observations qui pourraient tourner au profit des Écoles communales.

Le tableau de situation, dressé par les Comités, devra comprendre, non seulement les Écoles publiques, mais aussi les Écoles privées : le classement des unes et des autres y sera fait séparément, mais de telle sorte qu'il soit toujours facile de rapprocher et de comparer les Écoles publiques et les Écoles privées d'une même commune, afin de pouvoir apprécier les divers moyens d'instruction dans chaque localité.

Enfin il sera nécessaire de porter sur ce tableau le résumé des états des enfants, qui, dans chaque commune, ne recevraient l'instruction primaire ni à domicile, ni dans les Écoles privées ou publiques. Les Comités d'arrondissement, avant d'arrêter leur travail, auront soin de se procurer ces états, qui, aux termes de l'article 24 de la loi, paragraphe 3, doivent être dressés par les Comités locaux.

Les Comités pourront joindre à l'envoi annuel de leur tableau de situation toutes les propositions par lesquelles ils croiraient devoir provoquer, en exécution du paragraphe 5 de l'article 22 de la loi, les réformes et les améliorations qu'ils auraient reconnues utiles ou nécessaires.

Les tableaux de situation, pour toutes les circonscriptions de votre Académie, devront m'être transmis par vous, dans les dix derniers jours d'avril de chaque année. Vous recommanderez, en conséquence, à chaque président de Comité, de vous faire parvenir son travail un peu avant cette époque.

Nomination des instituteurs communaux. — Les fonctions des Comités supérieurs ne se bornent pas à la surveillance et à l'encouragement de l'instruction primaire ; la loi leur a conféré, en outre, un droit dont l'exercice règle l'état des instituteurs communaux : c'est le droit de nomination, déterminé par le sixième paragraphe de l'article 22.

La marche que les Comités ont à suivre, lorsqu'il s'agit de nommer un instituteur communal, est toute tracée dans le texte que je viens de rappeler, ainsi que dans les articles 16 et 21, paragraphe 6 de la loi, et dans l'article 28 de l'ordonnance du 16 juillet. D'après ces dispositions combinées, le Conseil municipal présente au Comité supérieur, après avoir pris l'avis du Comité local, les candidats à la direction des Écoles publiques. La présentation peut ne désigner qu'une seule personne, ou en comprendre plusieurs. Elle doit consister en une délibération dans laquelle seront exposés les titres de la personne ou des personnes présentées, et dont un extrait, accompagné de l'avis du Comité local, sera adressé par le maire au président du Comité de la circonscription.

La faculté de nommer emporte nécessairement le droit d'ajourner ou de refuser la nomination dans le cas où le Comité n'aurait pas de renseignements suffisants, comme dans celui où il ne croirait pas pouvoir admettre le candidat du Conseil municipal. Il fera alors des observations à ce Conseil, en lui donnant connaissance des motifs de l'ajournement ou du refus. S'il arrivait que, malgré ces observations, le Conseil municipal persistât dans son premier choix sans donner au Comité des explications suffisantes, celui-ci devrait en référer à moi par votre intermédiaire.

Lorsque la nomination pourra, au contraire, avoir lieu sans difficulté, et c'est ce qui arrivera le plus ordinairement, le Comité aura soin de vous envoyer toujours, avec son arrêté, toutes les pièces mentionnées à l'article 28 de l'ordonnance. L'absence ou le défaut de régularité de ces pièces me forcerait de retarder l'acte d'institution, nécessaire pour que l'instituteur communal puisse être admis à prêter serment et installé.

Le Comité déléguera un de ses membres pour procéder à l'installation et recevoir le serment de tout instituteur communal dûment nommé et institué.

Ces règles générales s'appliquent sans aucune difficulté aux instituteurs communaux qui entreront désormais en fonctions. Quelques dispositions particulières sont indispensables à l'égard de ceux que la loi a trouvés en exercice[1].

---

1. Extrait de la *circulaire du 23 juin* 1834 :

« Ma circulaire du 13 décembre vous a fait connaître quels sont, parmi les instituteurs que la loi du 28 juin 1833 a trouvés en fonctions, ceux qui doivent être considérés comme instituteurs communaux. Malgré ces dispositions assez précises, quelques Comités supérieurs, entraînés par un excès de zèle, ont posé comme règle générale qu'ils ne reconnaîtraient pas comme instituteurs communaux ceux qui n'étaient pourvus que d'un brevet du 3e degré, avant qu'ils eussent subi un nouvel examen. Cette mesure serait une violation de la loi, qui n'a nullement entendu porter atteinte aux droits acquis. Ma correspondance vous a, d'ailleurs, fait connaître les motifs qui me font insister pour qu'on se conforme exactement aux prescriptions que contient à ce sujet ma circulaire du 9 décembre. Je vous invite, en conséquence, à comprendre dans l'état des instituteurs communaux que vous allez dresser tous ceux qui, pourvus d'un brevet de capacité et d'une autorisation légale, dirigeaient, au moment de la

Tout instituteur qui, pourvu d'un brevet de capacité et d'une autorisation spéciale, dirigeait, au moment de la promulgation de la loi du 28 juin, une École soutenue par une commune, était dès lors instituteur communal. Comme tel, il avait des droits acquis, une véritable possession d'état. Il serait injuste de l'en dépouiller aujourd'hui : ce serait introduire dans l'exécution de la loi une sorte de rétroactivité; ce serait, en outre, s'exposer à occasionner une perturbation très préjudiciable à l'instruction primaire. N'oublions jamais que le respect des droits et le ménagement des intérêts sont les premières conditions de tout vrai progrès social. A l'égard des anciens instituteurs communaux, dont la position est, d'ailleurs, régulière sous tous les rapports, il n'y a donc maintenant qu'une chose à faire, c'est l'échange de l'autorisation qui leur avait été délivrée contre une nomination émanée du Comité d'arrondissement, et que je confirmerai ensuite par un acte d'institution. La nomination de ces instituteurs ne doit pas être précédée des formalités indiquées au dernier paragraphe de l'article 21 : il ne s'agit pas, en effet, de les nommer réellement, puisqu'ils ont un titre valable, mais de remplacer ce titre par un autre, dont la forme soit en harmonie avec les dispositions de la nouvelle loi.

Mais, parmi les instituteurs qui ont dirigé jusqu'à présent des Écoles communales, il peut s'en trouver, et il s'en trouve, en effet, plusieurs, contre lesquels s'élèvent des plaintes, soit pour inconduite, soit pour défaut de capacité ; c'est un motif d'ajourner la délivrance de leur nouveau titre. Le Comité de la circonscription examinera si les torts de conduite peuvent constituer le cas de faute grave, qui donnerait lieu à l'application de l'article 23 de la loi. Il procéderait, dans cette supposition, conformément audit article; et, si l'instituteur, après avoir été entendu ou dûment appelé, encourait une condamnation, quelle qu'elle fût, il ne pourrait être question pour lui ni de nomination immédiate, ni d'institution. La simple réprimande, prononcée par le Comité, devrait occasionner au moins un délai de trois mois.

Si c'est le reproche d'incapacité ou d'ignorance qui est dirigé contre un instituteur, il faudra d'abord l'avertir qu'il ait à s'efforcer d'acquérir promptement les connaissances qui lui manquent. S'il ne s'en occupait pas sérieusement, si, après un délai de trois ou de six mois, selon le cas, il ne s'était pas rendu plus capable de remplir utilement ses fonctions, ce serait de sa part un fait de *négligence habituelle*, et le Comité aurait pareillement à lui appliquer les dispositions de l'article 23. En attendant, il est bien entendu que l'instituteur ne recevrait pas de nouveau titre.

Pour apprécier les effets qu'auront pu produire sur les instituteurs la réprimande qu'il aura prononcée, ou les avertissements qu'il aura donnés, le Comité supérieur devra recueillir avec soin des renseignements, soit par les inspections de ses membres, soit auprès des autorités locales.

Il est possible que, dans certaines communes, le nombre des instituteurs, précédemment subventionnés, soit plus considérable que celui des instituteurs

---

promulgation de la loi du 28 juin 1833, une École pour laquelle ils recevaient de la commune soit le logement, soit une indemnité de logement, soit un traitement fixe, et qui n'ont pas été révoqués conformément aux dispositions de l'article 23 de cette loi. Vous ne devez pas attendre, pour les porter dans cet état, que l'autorisation, en vertu de laquelle ils exercent, ait été échangée contre un acte d'institution. Quant aux nouveaux instituteurs nommés par les Comités supérieurs depuis la promulgation de la loi du 28 juin 1833, vous devrez les comprendre dans votre travail, même dans le cas où cette nomination n'aurait pas encore été confirmée par un acte d'institution. »

pour lesquels le Conseil municipal a voté, selon les termes de l'article 12 de la loi, un traitement fixe et la jouissance d'un logement. Ce Conseil devra être alors invité, par l'intermédiaire du Préfet ou du Sous-Préfet, à désigner, après avoir pris l'avis du Comité local, celui ou ceux des instituteurs de la commune qu'il veut maintenir à la tête des Écoles communales, réorganisées et dotées conformément à la loi. Les instituteurs non compris dans cette désignation ne pourront être ni nommés ni institués; ils rentreront, par le fait, dans la classe des instituteurs privés.

J'ai lieu de penser que ces dispositions seront pleinement suffisantes pour écarter de la plupart des communes les mauvais instituteurs, et opérer ainsi dès à présent dans cette classe une grande amélioration, sans brusque et injuste froissement des existences et des droits. Les Comités supérieurs agiront donc d'après ces principes, et se mettront, autant qu'il se pourra, en mesure d'opérer, dans l'espace d'une année, le renouvellement des titres de tous les instituteurs communaux de leurs circonscriptions respectives. Du reste, ils ne perdront pas de vue que, dans les contrées où il y aurait pénurie d'instituteurs, il vaut mieux tolérer, à la tête des Écoles, ceux qui n'auraient pas une capacité suffisante, que de s'exposer à faire disparaître pour un temps tous moyens d'instruction.

Organisation des Comités locaux. — Aussitôt que vous aurez été informé de l'installation des Comités supérieurs, vous les inviterez à se réunir pour déterminer, conformément à l'article 22 de la loi, 2e paragraphe, le nombre des Comités locaux de chaque commune, ainsi que les Écoles placées sous leur surveillance, et pour nommer les notables qui doivent faire partie de ces Comités.

Un seul Comité local suffira pour la plupart des communes rurales. Cependant, s'il existait dans quelques-unes de ces communes des Écoles spécialement affectées à divers cultes reconnus par l'État, on pourrait former des Comités spéciaux en nombre égal à celui des Écoles appartenant exclusivement à chaque culte.

Dans les chefs-lieux de département et d'arrondissement qui sont composés de plusieurs ressorts de justice de paix ou cantons, on pourra former, en général, autant de Comités qu'il y aura de cantons. Au surplus, les Comités supérieurs devront, pour ces communes, de même que pour les villes qui ne se trouvent pas dans cette catégorie, consulter les convenances et les besoins locaux ainsi que les vœux qui seraient manifestés. Dans ces communes, comme dans les communes rurales, ils pourront créer des Comités distincts pour les Écoles spécialement affectées à l'un des cultes reconnus par l'État.

Les Comités d'arrondissement auront ensuite à nommer dans chaque commune, même dans celles où il n'existe pas d'École publique, parce qu'elles sont réunies, pour l'entretien de cette École, à une commune voisine, un ou plusieurs habitants notables, pour faire partie du Comité, avec le maire et le curé ou le pasteur. Il semble qu'en général, et hors les cas de réunion de communes, le nombre des notables ne doit pas dépasser trois. C'est l'esprit de la loi, puisqu'elle a pensé qu'un seul notable pourrait même suffire. Les discussions pourraient se prolonger outre mesure dans des Comités locaux trop nombreux; et la surveillance n'y serait peut-être pas plus active, parce qu'il arrive quelquefois, en pareil cas, que chaque membre se repose trop sur l'exactitude de ses collègues. D'ailleurs les Comités locaux pourront toujours s'adjoindre quelques personnes charitables et zélées pour la visite journalière des Écoles.

Si des enfants appartenant à différents cultes fréquentaient la même École, un ministre de chacun de ces cultes devrait être appelé dans le Comité local. Le Comité supérieur devrait aussi nommer, pour faire partie de ce Comité local, des notables pris parmi des personnes qui professent chacun de ces cultes.

Il y a lieu de remarquer que les Comités locaux ont inspection tant sur les Écoles privées que sur les Écoles publiques. Il faudra, par conséquent, lorsque plusieurs de ces Comités existeront dans une même commune, que le Comité supérieur partage entre eux la surveillance des unes et des autres.

Je compte que, dans les trois mois qui suivront l'organisation des Comités locaux, je recevrai de vous des tableaux présentant la liste des membres de chaque Comité. Vous demanderez ces tableaux aux Comités d'arrondissement, en leur faisant observer que cette communication m'est indispensable, ne fût-ce que pour exercer au besoin, en toute connaissance de cause, le droit qui m'est attribué par le dernier paragraphe de l'article 17 de la loi du 28 juin.

Telles sont, Monsieur le Recteur, les principales indications qu'il m'a paru utile de faire parvenir aux Comités d'arrondissement, sur les fonctions qu'ils ont à remplir. Dans le cas où elles se trouveraient incomplètes, à raison de faits qu'il n'était pas possible de prévoir d'avance, le zèle et les lumières des hommes honorables qui siègent dans ces réunions sauront y suppléer. La correspondance que vous entretiendrez, d'ailleurs, avec eux leur fournira les éclaircissements spéciaux dont ils auraient besoin. Ils peuvent compter aussi que, de mon côté, je m'empresserai toujours de leur offrir tous les renseignements et toutes les directions qu'ils pourraient désirer.

Recevez, etc.

Signé : Guizot.

Avis relatif à la réunion des élèves des deux sexes. 13 déc. 1833.

13 Décembre 1833.

Le Conseil royal de l'Instruction publique,

Vu la lettre en date du 6 décembre courant, par laquelle M. le Recteur de Douai, après avoir exposé que plusieurs communes exigent que l'instituteur, auquel elles allouent l'indemnité de 200 francs, qui est le *minimum* fixé par la loi, soit tenu de recevoir les enfants des deux sexes, demande quelle mesure il convient de prendre dans cette circonstance;

Est d'avis qu'il soit répondu à ce fonctionnaire :

1° Que jusqu'à présent, la loi n'oblige les communes à procurer un local et à voter un traitement que pour une seule École, et que cette seule École doit être tenue par un instituteur : d'où il suit que ce seul instituteur communal a le droit et le devoir de recevoir les enfants des deux sexes, sauf les précautions nécessaires que les

Comités doivent prendre dans l'intérêt du bon ordre et des bonnes mœurs;

2° Que l'existence d'une institutrice privée ne peut empêcher l'instituteur communal de donner l'instruction primaire aux filles que les parents lui confient;

3° Que, lorsqu'un instituteur communal se trouve chargé de l'éducation des filles pauvres, rien n'empêche qu'il puisse recevoir en même temps des filles appartenant à des familles aisées et pouvant payer pour l'éducation de leurs enfants;

4° Que, dans le cas où la commune établirait une École distincte pour les filles, alors seulement les filles devraient suivre l'institutrice communale, le principe de la séparation des deux sexes devant continuer d'être appliqué toutes les fois que la commune assure l'existence de deux Écoles.

---

13 déc. 1833. **Avis relatif aux membres des Comités d'instruction primaire et aux Écoles fondées dans les hospices.**

13 Décembre 1833.

Le Conseil royal de l'Instruction publique,

Vu la lettre de M. le Préfet de Seine-et-Oise, en date du 3 décembre courant, relative à diverses questions proposées par les Comités d'arrondissement pour l'instruction primaire, savoir :

1° L'article 22 de la loi sur l'instruction primaire entend-il que les délégués pris hors du sein du Comité d'arrondissement, pour inspecter les Écoles primaires du ressort de ce Comité, auront seulement la faculté d'assister avec voix délibérative aux séances où il sera question du résultat de leur inspection, ou bien auront-ils la faculté d'assister à toutes les séances et de devenir ainsi membres du Comité?

2° Lorsque l'hospice d'une commune entretient une École publique, fait un traitement à l'instituteur, lui donne le logement et un mobilier convenables, la commune doit-elle, malgré cet établissement, pourvoir au traitement et au logement d'un autre instituteur, pour se conformer à l'article 9 de la loi du 28 juin dernier?

3° Un adjoint, qui peut être appelé à suppléer le maire dans la présidence du Comité d'instruction primaire, peut-il être nommé membre de ce même Comité?

4° Un membre du Conseil général nouvellement élu peut-il être appelé au Comité, avant qu'il ait prêté serment comme membre dudit Conseil, et qu'il soit réellement installé?

5° Un curé, membre de droit du Comité de la commune qu'il dessert et qu'il habite, est-il aussi membre de droit des Comités des autres communes qu'il va seulement desservir, et où il n'a qu'un pied-à-terre?

6° Un Comité supérieur vient de compléter les Comités communaux de canton; trois maires présidents des Comités communaux se trouvent faire partie du Comité supérieur comme élus par le Conseil d'arrondissement : est-il possible d'être à la fois membre d'un Comité inférieur et d'un Comité supérieur, qui doit connaître des actions du Comité inférieur? N'est-ce pas pour parer à cet inconvénient que l'article 17 porte que le Comité communal sera composé du maire ou adjoint, afin que ce dernier puisse remplacer le maire, s'il fait partie du Comité supérieur?

7° Doit-on inférer des dispositions de l'article 22 de la loi sur l'instruction primaire, que les instituteurs nouvellement nommés prêteront seuls le serment? Tous ne doivent-ils pas être installés par le Comité d'arrondissement et prêter le serment?

Est d'avis qu'il soit répondu à M. le Préfet du département de Seine-et-Oise, savoir :

Sur la première question : que les délégués des Comités ont seulement le droit d'assister aux séances où il est question des Écoles dont ils ont l'inspection;

Sur la deuxième question : que l'établissement d'une École annexée à un hospice dispense la commune de pourvoir à l'établissement d'une autre École, sous la condition que cette École de l'hospice sera ouverte à tous les enfants riches et pauvres;

Sur la troisième : que rien ne s'oppose à ce qu'un adjoint soit expressément nommé membre du Comité local, et qu'au surplus, il est à désirer qu'il y ait au moins trois notables outre le maire ou l'adjoint et le curé;

Sur la quatrième : qu'il sera ultérieurement statué sur la question des nouveaux conseillers de département, mais qu'en attendant, les Comités doivent être installés et exercer leurs fonctions (*Ordonnance du Roi du 12 janvier* 1834);

Sur la cinquième : affirmativement;

Sur la sixième : qu'il n'y a nulle incompatibilité entre les deux titres de membre du Comité supérieur et de président du Comité local : la loi l'a ainsi voulu pour toutes les communes où siège un

Comité supérieur et où doit exister aussi un Comité local; elle ne l'a interdit pour aucun;

Sur la septième : qu'il y sera statué ultérieurement.

Avis relatif à la surveillance des Écoles de filles.

24 Décembre 1833.

Le Conseil royal de l'Instruction publique,

Vu la lettre de M. le Recteur de l'Académie de Clermont, en date du 17 décembre courant;

Consulté sur la question de savoir si la surveillance des Écoles primaires de filles est, aussi bien que celle des Écoles de garçons, comprise dans les attributions des Comités d'instruction primaire,

Est d'avis qu'il soit répondu à M. le Recteur de Clermont que les Comités ont inspection sur les Écoles de garçons, en vertu de la loi du 28 juin 1833, et sur les Écoles de filles, en vertu des ordonnances de 1816 et de 1828, que cette loi n'a pas abrogées, en ce qui concerne ces dernières Écoles.

Décision relative aux fonctions étrangères à celles que les instituteurs ont à remplir comme instituteurs, aux rétributions payées par les élèves, et aux retenues du vingtième.

27 Décembre 1833.

Le Conseil royal de l'Instruction publique,

Consulté sur les questions suivantes, savoir :

1° Lorsque l'instituteur primaire exerce en même temps les fonctions de clerc-chantre, clerc-sonneur, ou autres, les communes qui, à raison de ces fonctions, allouent à l'instituteur un traitement quelconque, sont-elles fondées à comprendre dans ce traitement celui qu'elles doivent à l'instituteur aux termes de la loi, ou bien à refuser tout traitement à l'instituteur qui ne veut pas remplir les fonctions ci-dessus énoncées?

2° Y a-t-il lieu de déterminer un taux uniforme et invariable pour la rétribution des Écoles primaires?

3° Sur quoi sera assise la retenue du vingtième qui doit être prélevée sur les traitements des instituteurs?

Est d'avis :

1° Qu'on ne peut imposer aux instituteurs primaires des charges étrangères à leurs fonctions d'instituteurs; que, s'ils acceptent d'autres fonctions, ce qu'ils reçoivent à d'autres titres ne doit diminuer en rien le traitement légal d'instituteur;

2° Quant aux taux des rétributions qui doivent être payées par les élèves, qu'elles sont nécessairemenent variables d'un lieu à l'autre et dans le même lieu, par des circonstances hors de toute prévision;

3° En ce qui touche la retenue du vingtième, qu'elle devra être faite sur le traitement fixe que la commune aura affecté aux fonctions d'instituteur, et qu'elle sera exigible à partir du 1ᵉʳ janvier 1834.

Avis relatif aux maîtres de pension tenant École primaire. — 31 déc. 1833.

31 Décembre 1833.

Le Conseil royal de l'Instruction publique,

Vu la demande formée par le sieur Milet, maître de pension à Seillans (Var), et en même temps instituteur primaire, à l'effet d'obtenir un secours en cette dernière qualité,

Est d'avis que, dans ce cas, il n'y a lieu à aucune allocation sur les fonds de l'instruction primaire.

Avis relatif à la réunion d'une École primaire supérieure et d'une École élémentaire. 31 déc. 1833.

31 Décembre 1833.

Le Conseil royal de l'Instruction publique,

Vu la lettre par laquelle M. le Préfet de la Corrèze annonce que le Conseil municipal de Brives a chargé de la direction de l'École primaire supérieure l'instituteur communal, et demande si cette mesure peut être momentanément maintenue,

Est d'avis que la réunion des deux sections sous un seul instituteur ne peut avoir lieu qu'autant que cet instituteur serait pourvu du brevet du degré supérieur, et qu'on ne doit pas regarder comme équivalent de ce brevet l'ancien brevet du premier degré.

31 déc. 1833.   **Avis relatif à la participation des ministres protestants aux Comités supérieurs et aux Comités locaux.**

31 Décembre 1833.

Le Conseil royal de l'Instruction publique,

Consulté sur la question de savoir si un ministre protestant, pasteur dans plusieurs communes appartenant à des arrondissements de sous-préfectures qui dépendent de divers départements, peut et doit faire partie, tant des Comités supérieurs que des Comités locaux, non seulement des communes qu'il dessert, mais encore de celles où il existe un certain nombre de ses coreligionnaires qui, sans avoir d'église distincte, reçoivent ses soins spirituels;

Considérant que le ministre protestant jugé apte à exercer les fonctions du culte dans les différentes communes dont il s'agit, doit être réputé également propre à s'occuper des intérêts et des besoins de l'instruction primaire dans ces mêmes communes,

Est d'avis que l'affirmative ne souffre aucun doute.

---

3 janvier 1834.   **Avis relatif aux élèves des Écoles normales primaires nés en 1813 et atteints par la loi de recrutement.**

3 Janvier 1834.

Le Conseil royal de l'Instruction publique,

Consulté sur la question de savoir :

1° Si, conformément à l'arrêté du Conseil royal du 14 septembre 1832, il y a lieu de nommer une Commission spéciale chargée d'examiner les élèves des Écoles normales primaires atteints par la loi de recrutement, ou si les Commissions chargées des examens d'entrée et de sortie de ces mêmes élèves peuvent aussi faire l'examen prescrit par l'arrêté précité ;

2° Si les élèves-maîtres nouvellement admis à l'École normale primaire sont dans l'obligation de subir l'examen spécial comme ceux qui ont déjà passé une année dans l'établissement, ou s'il suffit de joindre à leur engagement décennal le procès-verbal de leur admission à l'École;

Considérant qu'avant l'arrêté du 14 septembre 1832, les élèves-maîtres étaient admis aux Écoles normales primaires d'après des

7.

examens individuels ou d'après des concours, dont les formes et les conditions n'étaient pas définitivement réglées;

Que l'arrêté du 14 septembre 1832 a eu pour but de remédier aux inconvénients d'admissions faites trop facilement;

Mais que maintenant existent et le règlement général du 14 décembre 1832, qui a établi des conditions assez sévères, et la loi du 28 juin 1833, d'après laquelle des Commissions spéciales d'examen, nommées par le Ministre même, chargées d'examiner les aspirants aux brevets de capacité, doivent aussi examiner les aspirants aux Écoles normales primaires,

Est d'avis :

Que les Commissions spéciales instituées par l'arrêté du 14 septembre ne sont plus nécessaires; et, quant aux examens mêmes, qu'il faut distinguer s'il s'agit d'élèves-maîtres admis avant la loi du 28 juin, ou d'élèves-maîtres admis depuis cette loi;

Que ces derniers n'ayant pu être admis qu'à la suite d'examens faits par les Commissions de surveillance créées en vertu de cette loi, ils n'ont pas besoin de subir un nouvel examen pour contracter l'engagement décennal et obtenir la dispense, en sorte qu'il leur suffit de joindre un extrait du procès-verbal d'admission à leur engagement décennal;

Que, pour les autres élèves, l'arrêté du 14 septembre 1832 doit encore recevoir son exécution, en ce sens, qu'un examen spécial doit avoir lieu; mais cet examen peut et doit être fait par les Commissions d'instruction primaire créées en vertu de la loi.

Avis relatif à l'institution des instituteurs.

7 janvier 1834.

7 Janvier 1834.

Le Conseil royal de l'Instruction publique

Est d'avis qu'il y a lieu de surseoir à l'institution du sieur Jolly (Joseph), comme instituteur primaire de la commune de Lanques, canton de Chaumont (Haute-Marne), jusqu'à nouvelle délibération du Conseil municipal, par les motifs suivants :

Le Conseil municipal ne présente le sieur Jolly que pour un nouveau « bail de trois ans »; mais une pareille limitation de temps est contraire à la loi, qui ne parle aucunement de fonctions temporaires, et qui exige institution par le Ministre et installation avec serment : ce qui, dans l'espèce, implique des fonctions inamovibles, sauf le cas où il y aurait faute et jugement.

10 janvier 1834. **Décision relative aux conditions exigées d'un chef d'établissement d'instruction secondaire, qui veut annexer une École primaire à son établissement.**

10 Janvier 1834.

Le Conseil royal de l'Instruction publique,

Vu les décisions du 15 octobre et du 8 novembre 1833,

A arrêté ce qui suit :

1° Les chefs d'établissements d'instruction secondaire qui veulent annexer une École primaire à leur principale École ne sont tenus de se munir personnellement du brevet de capacité que lorsqu'ils n'ont point de maître spécial muni de ce brevet, et reconnu instituteur primaire;

2° S'ils n'ont point de maître spécial dûment breveté, et remplissant toutes les conditions prescrites aux instituteurs primaires, ils doivent subir l'examen et remplir personnellement toutes ces conditions.

---

10 janvier 1834. **Avis relatif aux conditions à remplir par les instituteurs communaux ou élèves-maîtres qui demandent à contracter l'engagement décennal.**

10 Janvier 1834.

Le Conseil royal de l'Instruction publique

Est d'avis que les dispositions suivantes soient observées à l'égard des instituteurs communaux ou élèves-maîtres qui demandent à contracter l'engagement décennal :

Pour les instituteurs que la loi du 28 juin a trouvés en possession de leur état, il leur suffit de produire leur brevet et leur autorisation.

Pour les instituteurs nommés depuis la loi, l'engagement décennal n'est valable qu'après institution.

En ce qui concerne les élèves-maîtres qui sont encore à l'École normale :

S'ils ont été admis avant la loi, ils doivent avoir subi un examen spécial devant la Commission d'instruction primaire ;

S'ils ont été admis depuis la loi, ils n'ont pas besoin de cet examen spécial.

Quant aux élèves-maîtres qui ont quitté l'École, il faut qu'ils soient placés comme instituteurs communaux, ou, s'ils sont d'abord employés comme sous-maîtres :

1° Que ce soit avec le consentement formel du Recteur ;

2° Que la nécessité d'un sous-maître pour telle ou telle École soit bien et dûment reconnue.

Ordonnance relative aux bâtiments affectés à l'École normale primaire de l'Académie de Paris. 11 janvier 1834.

11 Janvier 1834[1].

Les bâtiments de la vénerie, situés rue Saint-Pierre, à Versailles, qui ont été mis, par ordonnance du 7 septembre 1831, comme dépendant de la dotation de la couronne, à la disposition du département de l'Instruction publique, pour servir d'emplacement à l'École normale primaire de l'Académie de Paris, et que la loi du 2 mars 1832 a distraits de cette dotation pour les faire passer dans le domaine de l'État, sont et demeurent définitivement affectés, tels qu'ils se composent, à la même destination.

Avis relatif à la surveillance des Écoles de filles par les nouveaux Comités. 14 janvier 1834.

14 Janvier 1834.

Le Conseil royal de l'Instruction publique,

Sur la question de savoir à qui doit être attribuée la surveillance des Écoles primaires de filles,

Est d'avis qu'il soit répondu ce qui suit :

Les anciens Comités ne subsistent plus ni pour les Écoles de garçons ni pour les Écoles de filles. Ils sont remplacés pour toutes les Écoles par les nouveaux Comités ; seulement, ces nouveaux Comités appliquent aux Écoles de garçons la loi du 28 juin et toutes les dispositions qui l'ont suivie, et aux Écoles de filles les ordonnances de 1816 et de 1828, et les instructions ministérielles qui se rapportent à ces ordonnances.

1. Cette ordonnance, qui ne visait pas l'avis du département des finances, fut confirmée à la date du 19 *avril* 1834.

Décision relative aux congés des instituteurs communaux.

21 Janvier 1834.

Le Conseil royal de l'Instruction publique,

Vu les observations présentées par M. l'Inspecteur général chargé de l'administration de l'Académie de Paris, sur l'exécution de la mesure qui attribue aux Recteurs la délivrance des congés aux instituteurs communaux,

Décide : 1° qu'une absence de 24 heures pourra être autorisée par le maire, président du Comité local ;

2° Qu'un congé qui n'excédera pas 8 jours pourra être accordé par le président du Comité d'arrondissement, sur l'avis du maire de la commune où exerce l'instituteur ;

3° Qu'au delà de ce terme, le Recteur seul pourra accorder un congé, conformément à la décision du 29 novembre 1833.

Avis relatif aux cas où les délégués ont droit d'assister aux séances des Comités.

21 Janvier 1834.

Le Conseil royal de l'Instruction publique,

Vu la lettre en date du 11 janvier courant, par laquelle M. le Préfet du département du Nord transmet les observations de M. le Sous-Préfet de Douai, tendant à faire assister les délégués des Comités d'instruction primaire à toutes les délibérations desdits Comités,

Déclare persister dans l'avis qu'il a émis à ce sujet, dans sa séance du 13 décembre 1833, et duquel il résulte que les délégués des Comités ont seulement droit d'assister aux séances où il est question des Écoles dont ils ont l'inspection. Cette interprétation de l'article 22, § 1er, de la loi du 28 juin, est d'autant plus fondée, que, lorsque ladite loi a voulu attribuer un droit plus étendu, elle a clairement exprimé son intention en donnant le titre de membre du Comité, article 19, dernier paragraphe.

Avis relatif au payement de la rétribution scolaire dans les Écoles chrétiennes. 24 janvier 1834.

24 Janvier 1834.

Le Conseil royal de l'Instruction publique
Est d'avis que les frères doivent donner, au commencement de chaque mois, l'état général des élèves qui auront fréquenté leur École pendant le mois précédent. Cet état est remis au maire; le maire dresse en conséquence la liste des enfants qui ne doivent pas payer la rétribution, et la liste des enfants qui doivent y être soumis.

Avis relatif au traitement des instituteurs. 28 janvier 1834.

28 Janvier 1834.

Le Conseil royal de l'Instruction publique,
Vu la lettre en date du 6 janvier courant, par laquelle M. le Préfet du département des Basses-Pyrénées expose que le Conseil municipal de Pau a voté, en faveur des deux instituteurs chargés, l'un de l'enseignement supérieur, l'autre de l'enseignement élémentaire, des traitements fixes qui excèdent le minimum légal, mais en réservant la perception à son profit de la rétribution mensuelle payable par les élèves des deux Écoles primaires, et demande si cette délibération du Conseil municipal peut être approuvée;
Considérant que plusieurs villes ont pris le parti d'accorder aux instituteurs un traitement fixe équivalant au minimum du traitement légal et au produit présumé de la rétribution mensuelle, et que cette disposition, qui a pour objet d'assurer un sort convenable aux instituteurs publics, rentre dans les intentions de la loi,
Estime que la délibération du Conseil municipal de Pau, en ce qui touche la fixation du traitement des instituteurs primaires, peut subsister sans difficulté.

Avis relatif aux obligations des communes. 28 janvier 1834.

28 Janvier 1834.

Le Conseil royal de l'Instruction publique,
Vu la demande adressée par le sieur Maisonneuve, directeur d'une École mutuelle à Portets (Gironde), à l'effet d'obtenir une dis-

position, législative qui règle le nombre des Écoles dans la proportion des populations ;

Attendu que la loi n'a obligé chaque commune qu'à établir une seule École publique, mais qu'elle a permis l'établissement d'Écoles privées sans aucune limitation de nombre,

Est d'avis :

Qu'il n'y a lieu de donner suite à la demande du sieur Maisonneuve.

Avis relatif au certificat de moralité.

28 Janvier 1834.

Le Conseil royal de l'Instruction publique,

Vu la lettre de M. le Recteur de l'Académie de Rennes, en date du 20 janvier courant, et les pièces y jointes, desquelles il résulte que M. le maire de Bréhat, arrondissement de Saint-Brieuc (Côtes-du-Nord), requis par le sieur Jayet, dit frère Théophile, qui avait été autorisé, en 1829, à diriger une École primaire dans cette commune, et qui l'a dirigée en effet depuis cette époque, de lui délivrer un certificat de moralité tel qu'il est prescrit par l'article 4 de la loi du 28 juin 1833, s'est refusé à délivrer le certificat dans la forme légale, alléguant pour motif de son refus que ledit sieur Jayet ne s'est point présenté devant lui à son arrivée dans la commune ;

Considérant que le sieur Jayet a eu tort de ne pas se présenter devant le maire de Bréhat à l'époque où il s'est établi comme instituteur, mais que cette circonstance ne peut être considérée comme un motif suffisant de refuser le certificat de moralité ; que M. le maire n'a pu ignorer que le sieur Jayet tenait l'École primaire, la seule qui existât dans la commune ; qu'il devait mander l'instituteur pour lui faire représenter son autorisation, et visiter de temps à autre l'École conformément à la législation existante,

Est d'avis que si le sieur Jayet peut indiquer trois conseillers municipaux qui attestent sa conduite et son aptitude morale à l'enseignement dans les termes de la loi, M. le maire de Bréhat ne peut lui refuser le certificat qu'il réclame aux termes de l'article 4 de ladite loi.

Avis relatif à la rétribution à payer dans les Écoles primaires supérieures et aux brevets dont les maîtres de ces Écoles doivent être pourvus.

31 Janvier 1834.

Le Conseil royal de l'Instruction publique,

Vu la lettre du 8 janvier courant, par laquelle M. le président du tribunal civil de Saint-Dié (Vosges), vice-président du Comité d'arrondissement pour l'instruction primaire, expose les difficultés qui se sont élevées au sujet de l'École primaire supérieure établie dans cette ville en dehors du Collège, sur ce que l'autorité académique exige :

1° Que parmi les élèves qui suivent les cours de cette École, ceux qui sont logés au Collège soient assujettis à la rétribution ;

2° Que le principal qui surveille l'École et les régents chargés de l'enseignement soient munis du brevet de capacité pour le degré supérieur,

Est d'avis des résolutions suivantes :

Sur le premier point concernant la rétribution :

1° Les élèves externes qui ne suivent que l'École primaire ne doivent pas la rétribution ;

2° Les élèves internes formant un pensionnat dans une École primaire ne doivent pas la rétribution ;

3° Les élèves externes suivant à la fois les cours d'un Collège, institution ou pension, et les cours d'une École primaire, doivent la rétribution ;

4° Les élèves internes formant un pensionnat dans un Collège, ou dans une institution ou pension, doivent la rétribution, soit qu'ils reçoivent l'instruction secondaire, soit qu'ils ne reçoivent que l'instruction primaire dans l'École secondaire ou en dehors de cette École;

Sur le deuxième point, concernant l'organisation de l'École :

Il n'est pas nécessaire que tous les régents chargés de l'enseignement dans l'École primaire supérieure soient munis du brevet de capacité. Il suffit que l'un d'eux ou tout autre maître soit le chef spécial de l'École, et, comme tel, remplisse toutes les conditions imposées par la loi aux instituteurs primaires.

4 février 1834.   **Avis relatif aux brevets de capacité : visa et légalisation du Recteur[1].**

4 Février 1834.

Le Conseil royal de l'Instruction publique,

Vu la lettre en date du 22 janvier courant, par laquelle M. le Recteur de Toulouse expose la nécessité de faire légaliser, sur les brevets de capacité, les signatures des membres de la Commission d'examen qui a délivré le brevet, ainsi que cela a lieu pour l'Académie de Paris,

Est d'avis qu'il convient d'étendre cette mesure à toutes les Académies, et de prescrire, en conséquence, l'obligation de soumettre les brevets au visa et à la légalisation du Recteur, afin qu'ils puissent servir aux candidats hors du ressort de la Commission d'examen.

---

25 février 1834.   **Avis relatif à la présentation des instituteurs primaires.**

25 Février 1834.

Le Conseil royal de l'Instruction publique,

Vu la lettre de M. le Préfet de Lot-et-Garonne, en date du 10 février courant, sur la question de savoir si le Comité communal ne pourrait pas, de lui-même et sans avoir été préalablement consulté par le Conseil municipal, donner son avis sur tel candidat aux fonctions d'instituteur qui s'adresse à ce Comité,

Est d'avis de la résolution suivante :

Le vœu de la loi est que la nomination d'un instituteur communal par le Comité d'arrondissement soit précédée de l'avis du Comité local et de la présentation du Conseil municipal. Mais il n'importe pas que le Comité donne son avis avant ou après provocation de la part du Conseil municipal. Il suffit que le Conseil municipal ne fasse la présentation qu'accompagnée de l'avis du Comité local. Dès lors, le Comité supérieur est éclairé par les deux avis, suivant le vœu de la loi.

---

1. Consulter la circulaire du 21 *avril* 1834 sur l'application de la mesure (*Circulaires et Instructions officielles relatives à l'Instruction publique*, Tome II, page 228).

Avis relatif aux instituteurs communaux en exercice avant la loi du 28 juin. 25 février 1834.

25 Février 1834.

Le Conseil royal de l'Instruction publique,

Vu la lettre du 6 février courant, par laquelle M. le Préfet de la Manche, après avoir exposé combien peu d'instituteurs en exercice avant la loi du 28 juin possèdent les connaissances exigées par l'article 1er de cette loi pour être déclarés aptes à exercer les fonctions d'instituteurs, demande si leurs Écoles doivent être considérées comme Écoles communales, lorsqu'ils reçoivent quelques subventions des Conseils municipaux, et si, dans cette supposition, ils sont tous appelés, quelle que soit leur capacité, à jouir des avantages attachés au titre d'instituteur communal,

Est d'avis qu'il soit répondu ce qu'il suit :

Les Comités, tout en reconnaissant la possession d'état des instituteurs communaux qui exerçaient en cette qualité avant la loi, sont autorisés à examiner si ces instituteurs ne donnent pas lieu au reproche d'incapacité, et, dans ce cas, l'échange de l'ancien titre contre un nouveau doit être ajourné; ou même, si l'instituteur ne s'est pas rendu capable, après un certain délai, de remplir ses fonctions conformément à la loi du 28 juin 1833, le Comité pourra lui appliquer les dispositions de l'article 23. En adoptant cette marche, il n'y a aucune raison de refuser le traitement de 200 francs et tous les avantages résultant de la loi aux instituteurs soumis à de telles épreuves. Il est, d'ailleurs, très important que la loi reçoive son exécution le plus tôt possible.

Avis relatif à la liberté sur le choix des méthodes dans les Écoles privées 25 février 1834. et dans les Écoles publiques.

25 Février 1834.

Le Conseil royal de l'Instruction publique,

Sur la question de savoir quel est, à l'égard des méthodes, le droit des Comités local et supérieur, et si les instituteurs sont maîtres de suivre telle méthode qu'ils croient bonne pour la portion de l'enseignement qui leur est confié,

Est d'avis,

En ce qui touche les Écoles privées, que les instituteurs doivent avoir pleine et entière liberté sur le choix des méthodes, d'après le principe de la liberté d'enseignement reconnu par la loi ;

Mais qu'il en doit être autrement pour les Écoles communales, à l'égard desquelles les Comités ont droit d'exiger l'observation des règlements prescrits par l'autorité centrale, et de provoquer des réformes et des améliorations.

---

25 février 1834.

Avis relatif aux Écoles primaires tenues par des sœurs.

25 Février 1834.

Le Conseil royal de l'Instruction publique,

Vu la lettre en date du 7 février courant, par laquelle M. le Préfet de la Haute-Vienne expose les inconvénients résultant de l'établissement des Écoles primaires ouvertes dans les divers hospices du département, et dirigées par des sœurs attachées à ces hospices,

Est d'avis qu'il soit répondu à M. le Préfet ainsi qu'il suit,

Aux termes de la décision royale du 6 janvier 1830, les Écoles primaires tenues par des sœurs sont sous la juridiction immédiate des Préfets, sauf le recours au Ministre de l'Instruction publique. Mais les Préfets doivent prendre l'avis des Comités actuels, dans toutes les occasions où ils devaient consulter les anciens Comités.

---

28 février 1834.

Avis relatif aux brevets délivrés par collation.

28 Février 1834.

Le Conseil royal de l'Instruction publique,

Vu la demande formée par M. l'abbé Sigaud, maître de pension à la Mure (Isère), à l'effet d'être dispensé de l'examen exigé pour obtenir le brevet de capacité des chefs d'institution et maîtres de pension, qui sollicitent l'autorisation d'annexer à leur établissement une École primaire dont les externes ne soient pas soumis au payement de la rétribution,

Est d'avis qu'il ne peut être fait d'exception à la règle générale, qui est fondée sur les motifs les plus puissants. La loi sur l'instruction primaire souffrirait de continuelles atteintes, si l'on ne tenait pas à ce que toute École primaire, attachée à une École secondaire, eût son chef spécial, soit le chef même de l'établissement, soit tout autre maître, muni du brevet de capacité exigé de tout instituteur primaire; ce brevet suppose un examen préalable dans les formes prescrites par la loi, et ne peut être donné par collation.

Avis relatif à la surveillance des Écoles normales primaires.

28 février 1834.

28 Février 1834.

Le Conseil royal de l'Instruction publique,

Vu la lettre de M. le Recteur de l'Académie de Rennes, en date du 19 de ce mois, sur la question de savoir si les Comités d'instruction primaire seraient fondés à contester à l'administration académique la surveillance qui lui est attribuée sur les Écoles normales primaires avant la loi du 28 juin 1833, en alléguant les dispositions de cette loi, d'après lesquelles il n'aurait pas été établi, pour lesdites Écoles normales primaires, un autre mode de surveillance que pour les simples Écoles primaires,

Est d'avis qu'il soit répondu à cette question de la manière suivante :

La loi du 28 juin 1833 a laissé toute latitude à l'administration centrale, à l'égard des Écoles normales primaires. Nulle part elle n'en attribue la surveillance aux Comités; bien moins encore leur défère-t-elle l'administration de ces Écoles, le choix des maîtres, la direction des études. Ce qui est dit des Écoles primaires aux articles 21 et 22, qui règlent les attributions des Comités, ne saurait s'entendre des Écoles normales, dont il est parlé dans l'article 11.

Avis relatif à l'établissement des Écoles primaires supérieures et à la gratuité dans les Écoles primaires élémentaires.

28 février 1834.

28 Février 1834.

Le Conseil royal de l'Instruction publique,

Vu la lettre du Préfet du département de Seine-et-Marne, en date du 7 février courant, et les deux délibérations du Conseil municipal de Meaux, l'une qui conclut à considérer l'École des frères comme École primaire élémentaire communale, mais entièrement gratuite, et destinée aux seuls enfants des familles indigentes; l'autre relative à l'établissement d'une École primaire supérieure, tout à fait en dehors du Collège communal,

Est d'avis des résolutions suivantes :

Rien ne s'oppose à ce que la délibération relative à l'École primaire supérieure soit approuvée. Il est souvent convenable et utile d'annexer l'École primaire supérieure au Collège communal; mais cela n'est point nécessaire, et la loi n'impose à cet égard aucune obligation.

L'autre délibération, qui interdit l'entrée de l'École primaire élémentaire communale aux enfants de parents aisés, ne saurait être approuvée. La loi admet et appelle aux Écoles primaires communales tous les enfants, les pauvres gratuitement, les riches moyennant une rétribution. Réduire les parents aisés à envoyer leurs enfants seulement aux Écoles privées, en les excluant de l'École communale, ce serait attenter aux droits des pères de famille. Il est possible et juste de faire admettre d'abord et par préférence tous les enfants reconnus indigents ; mais une fois cette condition remplie, on ne peut interdire l'entrée de l'École aux enfants aisés, sauf à éviter l'encombrement que l'autorité locale doit prévenir et empêcher dans tous les cas.

---

7 mars 1834. **Décision relative aux incompatibilités des fonctions de maire avec les fonctions d'instituteur primaire. Rectification d'un arrêté précédent.**

7 Mars 1834.

Le Conseil royal de l'Instruction publique,

Vu l'avis inséré au procès-verbal du 8 novembre 1833, d'après lequel étaient regardées comme compatibles les fonctions d'instituteur et celles de maire, dans le cas où plusieurs communes seraient réunies pour l'établissement d'une seule École primaire ;

Attendu que la loi du 21 mars 1831 déclare formellement et sans distinction l'incompatibilité de ces deux sortes de fonctions,

Arrête que l'avis ci-dessus énoncé est et demeure réformé en ce qu'il présente de contraire à la loi précitée.

---

7 mars 1834. **Avis relatif aux candidats présentés pour des places d'instituteurs communaux.**

7 Mars 1834.

Le Conseil royal de l'Instruction publique,

Vu les lettres de MM. les Préfets de la Sarthe et d'Indre-et-Loire, en date des 14 et 15 février dernier, et la lettre de M. le Recteur de

Cahors, en date du 11 du même mois, contenant diverses questions relatives :

1° Aux autorisations provisoires qui peuvent, dans certains cas, être délivrées aux candidats présentés pour des places d'instituteurs communaux ;

2° Aux instituteurs communaux qui étaient en exercice à l'époque de la publication de la loi du 28 juin 1833,

Est d'avis des résolutions suivantes :

Sur le premier point :

Les Comités d'arrondissement chargés par la loi du 28 juin 1833 de nommer les instituteurs communaux pourront délivrer des autorisations provisoires à l'effet de tenir une École primaire élémentaire, sous la condition que le candidat, ainsi autorisé, se mettra en état d'obtenir une nomination définitive dans un délai qui ne pourra excéder une année.

La délibération du Comité sera aussitôt envoyée au Recteur de l'Académie. Huit jours après cet envoi, l'instituteur provisoire pourra être installé dans ses fonctions ; et à dater du jour de son installation, il aura droit au logement et au traitement dus à l'instituteur communal, conformément aux articles 12 et suivants de la loi précitée.

Si à l'expiration du délai fixé par le Comité d'arrondissement, l'instituteur provisoire n'a point obtenu de nomination définitive, le Comité lui retirera l'autorisation provisoire et nommera définitivement un autre instituteur.

L'autorisation provisoire, non plus que la nomination définitive, ne peut avoir lieu que sur la présentation du Conseil municipal, après avis du Comité communal, et sous les conditions d'âge et de moralité exigées par l'article 4 de ladite loi.

L'autorisation provisoire ne rend pas celui qui n'a encore que ce titre apte à obtenir la dispense du service militaire. L'engagement décennal ne peut produire cet effet qu'autant que l'instituteur a une nomination définitive du Comité et l'institution du Ministre.

Sur le second point :

L'instituteur communal qui exerçait régulièrement à l'époque de la publication de la loi du 28 juin, et qui recevait de la commune le logement et un traitement, doit être maintenu dans ses fonctions, et jouir des avantages que la loi y attache, sauf révocation, interdiction ou démission.

L'instituteur à qui la commune accordait une subvention, quoiqu'il n'eût pas obtenu d'autorisation spéciale, ne peut être considéré comme ayant acquis un droit réel ni au titre d'instituteur communal, ni aux avantages que la loi attache à ce titre. Il ne peut continuer à exercer ses fonctions et à toucher un traitement qu'en vertu d'une nomination définitive ou d'une autorisation provisoire émanée du Comité d'arrondissement, et à la charge, dans le dernier cas, de se mettre en règle, sous le plus bref délai, pour obtenir une nomination définitive.

---

11 mars 1834.   **Avis relatif à la participation des desservants dans les Comités locaux.**

11 Mars 1834.

Le Conseil royal de l'Instruction publique,

Vu la lettre en date du 21 février dernier, par laquelle M. le Recteur de Toulouse soumet la question suivante :

Dans une commune où le desservant n'a le titre ni de vicaire ni de succursaliste, et qui n'est dans la division paroissiale que l'annexe d'une commune voisine, est-ce le curé de cette commune ou le desservant de la paroisse qui doit faire partie du Comité local?

Considérant que la loi, article 17, appelle au Comité local le curé ou pasteur, qu'elle veut une surveillance journalière, continuelle; qu'ainsi elle a dû entendre par « curé ou pasteur » le ministre de la religion qui peut exercer une telle surveillance;

Par ces motifs :

Estime que dans le cas dont il s'agit, c'est le desservant qui doit faire partie du Comité local.

---

11 mars 1834. **Avis relatif aux Comités supérieurs formés par un certain nombre de cantons.**

11 Mars 1834.

Le Conseil royal de l'Instruction publique,

Consulté sur la question de savoir si les divers Comités que la loi permet de former dans les arrondissements pour lesquels cette subdivision a été jugée nécessaire jouissent de tous les droits attachés au titre de Comité d'arrondissement,

Est d'avis que tous les Comités supérieurs formés pour un certain nombre de cantons, ou même pour un seul, ont toutes les attributions que la loi donne aux Comités d'arrondissement.

Avis relatif à la rétribution mensuelle.

14 Mars 1834.

Le Conseil royal de l'Instruction publique,

Vu la lettre en date du 19 février dernier, par laquelle M. le Préfet de. . . . . demande si la rétribution perçue au profit de l'enseignement primaire ne pourrait pas être convertie en une rétribution annuelle, payable par douzième et exigible pour toute l'année;

Considérant que plusieurs villes ont attribué à leurs instituteurs un traitement fixe équivalant au minimum légal et au produit présumé de la rétribution mensuelle, et que ce mode a été autorisé, mais que la proposition de M. le Préfet tendrait à imposer la rétribution pour le temps même où les enfants ne viendraient point aux Écoles,

Est d'avis qu'on ne peut changer la nature même de la rétribution, que la loi a considérée comme prix de l'instruction réellement reçue.

Avis relatif à la direction d'une École de garçons par une institutrice.

18 Mars 1834.

Le Conseil royal de l'Instruction publique,

Vu la lettre en date du 5 mars courant, par laquelle le secrétaire du Comité d'instruction primaire de l'arrondissement de. . . . . . demande si une femme peut exercer les fonctions d'instituteur communal et jouir, à ce titre, de l'indemnité de logement et du traitement fixe, lorsque, d'ailleurs, cet état de choses est conforme aux vœux des habitants,

Est d'avis que l'intérêt de l'instruction primaire doit être consulté avant tout dans les occasions de cette nature. La loi veut sans doute pour chaque commune un instituteur communal; mais jusqu'à ce que le nombre des sujets soit suffisant, il est convenable de laisser subsister l'état actuel dans la commune de. . . . .

---

21 mars 1834. Instruction du Ministre de l'Instruction publique, relative à la juridiction disciplinaire instituée par la loi du 28 juin 1833 pour les Écoles primaires.

21 Mars 1834.

Monsieur le Recteur, la juridiction disciplinaire à laquelle la loi du 28 juin 1833 soumet les Écoles primaires porte un double caractère de modération dans les peines et de simplicité dans la procédure. Il en devait être ainsi, et l'exécution de la loi sous ce rapport paraît assez facile.

Néanmoins, certains cas particuliers ont donné lieu à d'utiles observations. D'un autre côté, on a élevé des doutes sur l'étendue ou sur les formes de cette juridiction, et il importe de ne laisser aucune incertitude sur une matière qui, intéressant un très grand nombre de justiciables, touche de près à l'amélioration et à la dignité de l'instruction primaire.

Et d'abord, en ce qui concerne l'étendue de la juridiction, il faut bien reconnaître, et il faut répéter aux Comités que leur droit d'inspection embrasse toutes les Écoles, et privées et publiques ; que le principe de la liberté d'enseignement, largement appliqué aux Écoles privées, loin d'être une raison de diminuer la surveillance de l'autorité, a été, au contraire, un motif pour rendre cette surveillance plus active et plus zélée : la confiance de la loi et la sécurité des familles sont à ce prix. On ne saurait en douter, si l'on rapproche les dispositions des articles 7 et 24 ; 21, §§ 1 et 5 ; 22, §§ 1 et 3 ; 23, § 1.

Il y a seulement une distinction à faire, pour les conséquences de ce droit général, entre les Écoles privées et les Écoles publiques. A l'égard de celles-ci, l'action des Comités va plus loin qu'à l'égard des Écoles privées. Ainsi, l'instituteur communal et l'instituteur privé peuvent également être suspendus par le maire, en cas d'urgence et sur la plainte du Comité local (art. 21, § 1, et art. 25) ; pour l'un comme pour l'autre, le Comité d'arrondissement, auquel le maire a rendu compte de la suspension par lui prononcée, a le pouvoir de confirmer ou d'annuler la décision du maire ; mais là s'arrête la juridiction du Comité supérieur vis-à-vis de l'instituteur privé. Un jugement qui entraînerait pour cet instituteur la perte de son état est réservé aux tribunaux (art. 7), tandis que pour l'instituteur communal le Comité peut aller en avant et prononcer la révocation (art. 23).

Il appartient, en outre, aux Comités supérieurs de poursuivre devant les tribunaux, dans les cas prévus par les articles 7 et 24, l'application de la peine d'interdiction à temps ou à toujours, soit aux instituteurs privés, soit aux instituteurs publics.

Quant aux formes suivant lesquelles la juridiction des Comités doit être exercée, les principes fondamentaux qui assurent tout à la fois la répression des délits et le droit de la défense ont été posés depuis longtemps pour les instituteurs primaires, comme pour les autres membres de l'instruction publique ; il reste à les appliquer dans les termes et dans les limites de la loi du 28 juin.

Deux règles surtout doivent être observées :

La première veut que nul ne soit condamné qu'il n'ait été entendu ;

La seconde, que toute accusation soit éclaircie à charge ou à décharge.

Premièrement, la raison et l'équité demandent que nul ne soit exposé à subir aucune peine sans qu'il ait été suffisamment averti de l'inculpation dont il est l'objet, et qu'il ait été mis à portée de se défendre par tous les moyens qui sont

8.

en son pouvoir. A cet effet, il est nécessaire que, du moment où une inculpation paraît prendre quelque consistance, tous ceux qui ont mission de maintenir l'ordre et la discipline, depuis le président du Comité local, qui surveille immédiatement l'instituteur de la commune, jusqu'au Recteur, qui gouverne toute l'Académie, se fassent une loi inviolable, chacun dans sa sphère, de spécifier par écrit tous les griefs sur lesquels l'homme inculpé devra fournir ses réponses.

De cette manière, tout se réduira en faits. On citera des actes d'insubordination, de négligence habituelle, d'inconduite ou d'immoralité; des propos coupables publiquement tenus, des devoirs d'état obstinément violés. Sur ces propos, ces actes, ces violations de devoirs, clairement articulés, le prévenu saura ce qu'il peut dire pour sa justification, ce qu'il est contraint d'avouer, ce qu'il est fondé à repousser comme faux et calomnieux, ou comme invraisemblable et même impossible, en raison de telles ou telles circonstances.

Alors, dès le commencement de l'affaire, avant que le scandale ait pu se propager, on verra le plus souvent la vérité se faire jour, soit au soutien de l'accusation, soit dans le sens de la défense.

Dans le premier cas, on est à peu près sûr de parvenir à la conviction du coupable; et, si le délit acquiert de la publicité, du moins le mal de cette publicité est compensé par l'avantage d'une punition exemplaire, ou par l'avantage non moins grand d'une démission volontaire et définitive.

Dans le second cas, tout s'efface, tout rentre dans l'ordre accoutumé, et l'avenir reste à celui qui a su expliquer et justifier le passé.

La seconde règle n'est pas moins conforme à ce que demandent l'équité naturelle et un honorable esprit de corps. Toute plainte sérieuse doit être examinée, toute imputation doit être vérifiée. Il importe également, soit de faire taire promptement l'accusation en donnant lieu à la manifestation de l'innocence de l'instituteur inculpé, soit de prouver, si les faits sont établis, que le corps enseignant ne tolère dans son sein aucun vice constaté, n'y laisse impuni aucun tort reconnu.

Quelques mots achèveront de montrer la marche que les Comités doivent suivre dans l'instruction et le jugement des affaires de ce genre:

Une plainte s'élève.

Le Comité local, surveillant quotidien de la conduite et de l'enseignement de l'instituteur, commence par lui donner les avertissements convenables; et l'on doit espérer que le plus souvent, rappelé au sentiment de ses devoirs, sensible d'ailleurs à son intérêt personnel, cet instituteur ne se hasardera pas à mépriser les exhortations paternelles du premier magistrat de la commune, du ministre de la religion ou des honorables citoyens désignés par le Conseil de l'arrondissement.

Si ces premiers moyens d'amendement sont inutiles, le Comité local rédige une délibération où les griefs sont explicitement énoncés; et, comme cette délibération a pour objet de consigner les réclamations ou les plaintes, et non pas de les juger, le Comité n'est pas tenu d'entendre l'instituteur. Il prend l'avis de la majorité des membres présents à la séance, et envoie sa délibération au Comité d'arrondissement. Il y a dès lors plainte formelle.

Une fois saisi de la plainte du Comité communal, ou même agissant d'office lorsque le Comité communal n'a point adressé de plainte, le Comité supérieur prend possession de l'affaire et suit ou complète l'instruction. Il charge un de ses membres ordinaires ou un de ses délégués de rassembler tous les renseignements qu'il est possible de se procurer, de vive voix ou par écrit, soit auprès des autorités locales, soit auprès des pères de famille les plus dignes de créance. Muni de tous ces documents, le commissaire fait son rapport, et le Comité dresse un résumé des faits sur lesquels il lui paraît qu'il y a lieu d'entendre l'instituteur. C'est en quelque sorte l'acte d'accusation qui doit être communiqué à l'inculpé et devenir la matière du jugement.

Ce résumé est notifié à l'instituteur, avec l'indication du jour et de l'heure où il devra comparaître en personne devant le Comité d'arrondissement, pour y faire valoir ses moyens de défense, si mieux il n'aime envoyer un mémoire justificatif. Il n'est pas besoin de dire que l'inculpé peut cumuler ces deux moyens et déposer un mémoire tout en se présentant au Comité. On devra se souvenir que toute délibération, et à plus forte raison celle qui a lieu en matière de juridiction, exige la présence de cinq membres au moins (art. 20 de la loi). Au-dessous de ce nombre le jugement sera frappé de nullité.

Si l'inculpé comparaît, on dresse procès-verbal de l'interrogatoire que le président du Comité lui fait subir ; ses réponses sont consignées au fur et à mesure. L'interrogatoire terminé, lecture du tout lui est faite ; il est invité à signer ; s'il s'y refuse, cette circonstance est mentionnée : dans tous les cas le président et le secrétaire signent ; l'inculpé se retire, et le Comité statue sur l'affaire à la majorité des voix, soit en déclarant que les inculpations ne sont pas fondées, ou qu'il n'y a, quant à présent, preuve suffisante de culpabilité ; soit en prononçant, si l'instituteur est trouvé coupable, ou la réprimande ou la suspension avec ou sans privation de traitement pendant un temps plus ou moins long qui ne peut excéder un mois, ou enfin la révocation, si le fait lui paraît mériter cette dernière peine.

En cas d'acquittement, l'instituteur reçoit aussitôt avis de la délibération.

Si une peine quelconque est prononcée, extrait de la décision du Comité est notifié dans les vingt-quatre heures à l'instituteur condamné.

En cas de suspension, le Comité doit expliquer s'il y aura ou non privation de tout ou partie du traitement. Du reste, au Comité seul appartient le droit de prononcer une privation de ce genre. Le maire peut bien, d'après l'article 24, suspendre un instituteur, mais il ne peut pas attacher à cette suspension une privation quelconque de traitement.

Dans ce même cas de suspension, le Comité d'arrondissement charge le Comité local de pourvoir à ce que les élèves ne soient pas privés d'instruction, et tout ou partie du traitement devenu disponible pour le temps que doit durer la suspension est employé à cette fin.

S'il s'agit d'une révocation, l'extrait de la délibération est accompagné d'un avertissement portant que la loi donne à l'instituteur la faculté de se pourvoir devant le Ministre de l'Instruction publique, et qu'elle lui accorde, pour former son pourvoi, le délai d'un mois, à partir de la notification du jugement. Cette notification est faite par le maire de la commune, qui en dresse procès-verbal. L'instituteur doit être averti en même temps que, nonobstant la faculté qu'il a de se pourvoir, la décision du Comité est exécutoire par provision.

Si l'instituteur a fait défaut, il peut se représenter et demander au Comité de l'entendre, au jour qui lui serait désigné. S'il se laissait juger une seconde fois par défaut, il ne serait plus recevable à paraître devant le Comité, et il ne lui resterait plus que la faculté de se pourvoir devant le Ministre en Conseil royal.

Il est bien entendu qu'en toute circonstance le Comité d'arrondissement informe le Recteur de sa décision finale, et lui envoie, pour être déposé aux archives de l'Académie, un extrait authentique de cette décision. Vous m'en transmettrez sur-le-champ une copie, ainsi que je vous l'ai déjà recommandé par ma circulaire du 9 décembre.

Je me borne aujourd'hui, Monsieur le Recteur, à mettre sous vos yeux le principe et les réflexions qui précèdent. A mesure que la loi recevra une exécution plus étendue, il pourra se présenter d'autres cas qui demanderont de nouvelles explications. Je m'empresserai, avec l'assistance du Conseil royal, d'éclaircir vos doutes et de résoudre toutes les difficultés. Mais je ne finirai pas cette première instruction spéciale sur la juridiction sans vous recommander une observation importante : c'est qu'il faut principalement s'attacher à prévenir les fautes, et que, par conséquent, les instituteurs doivent être souvent avertis, conseillés, exhortés, soit par vous-même, soit par vos inspecteurs, soit par les membres des Comités, soit enfin par tous ceux qui, avant vous et sous votre haute surveillance, s'efforcent de répandre le bienfait de l'instruction primaire.

Recevez, etc.

Signé : GUIZOT.

Avis relatif à la correspondance directe des instituteurs avec les Comités locaux. 25 mars 1834.

25 Mars 1834.

Le Conseil royal de l'Instruction publique,

Vu la lettre en date du 8 mars courant, par laquelle le secrétaire du Comité d'arrondissement de. . . . . annonce que ce Comité a décidé qu'il ne pourrait prendre en considération les demandes des instituteurs qui s'adresseraient directement à ce Comité, et qu'il leur serait écrit préalablement de porter leurs réclamations devant les Comités locaux,

Est d'avis que la disposition suivante soit adoptée pour toutes les Académies :

Hors le cas où les instituteurs auraient à élever quelques réclamations contre le Comité local, ils doivent adresser leurs demandes à ce Comité, qui les transmettra, avec son avis, au Comité supérieur.

Avis relatif à la présidence des Comités par le Préfet. 25 mars 1834.

25 Mars 1834.

Le Conseil royal de l'Instruction publique,

Consulté sur la question de savoir dans quel cas le Préfet peut être remplacé pour la présidence du Comité d'arrondissement,

Est d'avis que le Préfet présent au chef-lieu et pouvant se rendre au Comité ne doit pas être remplacé pour la présidence, laquelle appartient alors au vice-président nommé par le Comité ;

Que le Préfet, empêché pour un certain temps, par congé ou par maladie, peut être remplacé au Comité par le conseiller de la préfecture qui exerce, dans le cas dont il s'agit, toutes les attributions du Préfet.

_____

25 mars 1834.   **Avis relatif au recouvrement de la rétribution mensuelle.**

25 Mars 1834.

Le Conseil royal de l'Instruction publique,

Consulté sur les questions suivantes :

1° Les élèves d'une École primaire communale, dont la rétribution mensuelle a été fixée par le Conseil municipal, sont-ils tous tenus de payer cette rétribution nonobstant toute convention particulière entre l'instituteur et les familles ?

2° Quelles sont les mesures à prendre pour le recouvrement de la rétribution des élèves dont les parents sont domiciliés dans des communes éloignées du siège de l'École primaire, et placées hors des limites du territoire où existe le receveur municipal ?

Est d'avis :

1° Que la loi du 28 juin 1833 (article 14) et l'ordonnance du 16 juillet suivant (article 1), ayant établi une rétribution mensuelle dont le taux doit être réglé chaque année, les conventions particulières cessent, à moins que l'instituteur ne les renouvelle expressément avec tel ou tel père de famille ;

2° Que les parents non domiciliés dans le ressort de la perception doivent avoir un correspondant ou un fondé de pouvoir à qui le percepteur puisse s'adresser.

_____

25 mars 1834. **Avis relatif au choix du candidat instituteur par les Comités d'arrondissements.**

25 Mars 1834.

Le Conseil royal de l'Instruction publique,

Vu la lettre de M. le Recteur de. . . . ., en date du 4 mars courant, relative à la nomination de l'instituteur primaire de la commune de. . . . .., arrondissement de. . . . . ., et les pièces qui s'y trouvent jointes, desquelles il résulte :

Que le Comité communal a été d'avis de présenter deux candidats ;

Que le Conseil municipal a été d'avis de présenter un de ces deux candidats ;

Que le Comité d'arrondissement a refusé de nommer le candidat présenté par le Conseil municipal et a nommé l'autre candidat,

Émet l'avis suivant :

Le Comité d'arrondissement a eu le droit de refuser, en alléguant des motifs suffisants, le candidat présenté par le Conseil municipal, et d'exiger, non que le Conseil présentât plusieurs candidats à la fois, mais qu'il présentât un autre candidat. Le Conseil municipal doit donc être mis en demeure de présenter un autre candidat ; et, à défaut de cette présentation, le Comité d'arrondissement aura le droit de nommer le candidat non présenté par le Conseil municipal.

Avis relatif aux certificats de bonnes vie et mœurs délivrés par le maire.   25 mars 1834.

25 Mars 1834.

Le Conseil royal de l'Instruction publique,

Vu la lettre de M. le Préfet de. . . . ., en date du 5 mars, et les pièces qui s'y trouvent jointes, desquelles il résulte que le sieur. . . ., instituteur primaire à. . . . ., ayant l'intention d'ouvrir une École primaire privée à. . . . ., n'a pu obtenir du maire de la commune de. . . . . le certificat de bonnes vie et mœurs exigé par la loi ;

Considérant que le sieur. . . . . produit un certificat signé de trente-neuf habitants de cette commune, et un autre certificat signé de plusieurs conseillers municipaux, attestant sa moralité et sa capacité pour les fonctions d'instituteur primaire,

Est d'avis que le maire qui refuse le certificat, lorsque trois conseillers municipaux se présentent pour attester la moralité de l'instituteur primaire qui le réclame, doit alléguer les motifs de son refus. Dans le cas où ce fonctionnaire persisterait à ne point accorder de certificat et à ne pas déduire les motifs de son refus, le Comité doit prendre des renseignements, et si la moralité est suffisamment établie, il peut passer outre à la nomination de l'instituteur, sur l'avis du Comité communal et sur la présentation du Conseil municipal.

Avis relatif à la réunion de plusieurs communes pour une École.

1ᵉʳ Avril 1834.

Le Conseil royal de l'Instruction publique,

Vu la lettre en date du 22 mars dernier, par laquelle M. le Préfet de. . . . . expose que les communes de. . . . . et de. . . . . ont exprimé le vœu de se réunir à celle de. . . . ., qui possède une École primaire dirigée par un instituteur rétribué depuis plusieurs années, et qui en 1832 a reçu le titre d'instituteur communal par une délibération du Conseil municipal, et soumet à cette occasion la question de savoir si les autres communes réunies sont fondées à présenter, ainsi qu'elles en ont l'intention, un autre instituteur?

Est d'avis que, si l'instituteur de la commune de. . . . . avait le titre d'instituteur communal, il ne peut être dépossédé que par jugement ou par démission; que trois Conseils municipaux n'ont pas plus qu'un seul, le droit de porter atteinte à l'état d'un instituteur, s'il n'y a de la part de celui-ci une faute qui motive la révocation;

Qu'en se réunissant à une commune qui a un instituteur public en fonctions, les autres communes se soumettent à reconnaître l'instituteur de cette commune, jusqu'à ce qu'il y ait jugement ou démission.

————————

Avis relatif à la délivrance des certificats de bonnes vie et mœurs.

8 Avril 1834.

Le Conseil royal de l'Instruction publique,

Vu la lettre de M. le Recteur de l'Académie de. . . . ., en date du 17 mars dernier, et les pièces qui s'y trouvent jointes, lesquelles présentent les questions suivantes :

1° Le maire, que l'article 4 de la loi du 28 juin 1833 a chargé de délivrer à tout aspirant à la profession d'instituteur le certificat de moralité sur l'attestation de trois conseillers municipaux, peut-il émettre son avis particulier ou doit-il se borner à recevoir et à constater le témoignage des trois conseillers?

2° L'allégation par le maire de faits qui lui paraissent de nature à motiver son refus de délivrer le certificat de moralité suffit-elle pour empêcher que le postulant ne puisse tenir École?

3° La condamnation qui a été prononcée contre un instituteur pour fait d'ouverture clandestine le prive-t-elle, dans la suite, du droit de tenir École en se conformant aux dispositions de la loi?

Est d'avis, sur la première question :.

Que la loi n'a pas voulu laisser au maire seul à prononcer sur la moralité des candidats, puisqu'elle exige l'attestation de trois conseillers municipaux; que, d'un autre côté, elle n'a certainement pas entendu réduire le maire à ne faire qu'enregistrer l'attestation de trois conseillers municipaux; elle n'a pas voulu non plus que le maire fût obligé de joindre à cette attestation son suffrage personnel quand il croirait devoir le refuser; elle lui a laissé toute liberté à cet égard, en sorte que, dans le cas où trois conseillers municipaux attestent la moralité d'un candidat, il appartient au maire ou d'exprimer son propre suffrage d'une manière formelle, en même temps qu'il constate l'attestation des conseillers municipaux, ou de se borner à constater cette attestation; ou enfin, si sa conscience le lui commande, d'exprimer une opinion personnelle défavorable au candidat;

Sur la deuxième question :

Qu'il appartient au Conseil municipal de la commune où il s'agit de nommer un instituteur, et au Comité d'arrondissement dont ressort cette commune, d'examiner, le premier, s'il doit présenter, le second, s'il doit nommer le candidat auquel a été délivré un certificat de moralité conçu d'une manière désavantageuse;

Sur la troisième question :

Que la négative a déjà été décidée.

Avis relatif aux autorisations provisoires.

15 avril 1834.

15 Avril 1834.

Le Conseil royal de l'Instruction publique,

Vu la lettre de M. le Recteur de. . . . ., en date du 3 avril 1834, par laquelle ce fonctionnaire demande si des militaires en congé définitif, pourvus de brevets de capacité pour l'instruction primaire, mais n'ayant pas eu de résidence notoire dans des communes de France durant les trois dernières années, peuvent, à défaut de certificat de moralité que leur position ne leur permet pas d'obtenir de l'autorité municipale, produire, pour être autorisés à tenir École, des certificats qui leur auraient été délivrés par le Conseil d'administration des corps dont ils ont fait partie;

Considérant que la loi exige des certificats de moralité délivrés par les maires sur l'attestation de trois conseillers municipaux,

Est d'avis qu'on ne saurait considérer aucune autre attestation comme équivalente à celle que la loi a déclarée nécessaire; que, dans le cas dont il s'agit, il ne pourrait y avoir lieu qu'à des autorisations provisoires, et qu'il appartient aux conseillers municipaux et aux Comités d'arrondissement de juger s'il convient, aux premiers de présenter, aux seconds d'autoriser provisoirement les anciens militaires qui se trouvent dans les circonstances ci-dessus énoncées.

---

15 avril 1834.   **Avis relatif à la nomination des instituteurs communaux dans les Écoles fondées par legs.**

15 Avril 1834.

Le Conseil royal de l'Instruction publique,

Vu la lettre de M. le Recteur de. . . . ., en date du 5 avril courant, et la réclamation qui s'y trouve jointe, élevée par le sieur. . ., instituteur communal à. . . . ., contre le refus de payement d'un legs fait en faveur de l'instituteur communal de cette commune par feu M. . . . ., en l'année 1782, lequel refus est fondé sur ce que l'héritier dudit M. . . . . a le droit, d'après le testament, de nommer l'instituteur concurremment avec le curé,

Émet l'avis suivant :

Quelque impérative que pût être la clause qui donnait à l'héritier le droit de concourir à la désignation ou nomination de l'instituteur, dès qu'il s'agit d'un instituteur communal, il y a nécessité de se conformer aux dispositions de la loi du 28 juin 1833, concernant la nomination des instituteurs communaux. Aux termes des articles 21 et 22, cette nomination appartient au Comité d'arrondissement, sur la présentation du Conseil municipal; les clauses d'un acte privé quelconque ne sauraient prévaloir contre les lois : il suit de là, conformément à ce qui a déjà été décidé dans un cas semblable, que le droit de désignation, de nomination, conféré par un donateur ou testateur, se résout en un droit de présentation.

Dans l'espèce, rien n'empêche l'héritier de faire de son côté la présentation de tel candidat qu'il jugera digne de son suffrage. M. le curé fera également la présentation. Le Comité local donnera son avis. Le Conseil municipal présentera ou les deux candidats ou un seul au Comité d'arrondissement, qui en délibérera.

---

25 Avril 1834[1].

Le Conseil royal de l'Instruction publique,

Vu la loi du 28 juin 1833, relative à l'instruction primaire;

Sur le rapport du conseiller chargé de ce qui concerne les Écoles primaires;

Arrête ce qui suit :

TITRE Ier.

Des études.

ARTICLE 1er. — Dans toute École primaire élémentaire, l'enseignement public comprendra nécessairement :

L'instruction morale et religieuse,

La lecture,

L'écriture,

Les éléments du calcul,

Les éléments de la langue française,

Et le système légal des poids et mesures.

Des notions de géographie et d'histoire, et surtout de la géographie et de l'histoire de la France, pourront en outre y être données aux élèves les plus avancés.

Le dessin linéaire et le chant pourront également y être enseignés.

ART. 2. — Pour être admis dans une École élémentaire, il faudra être âgé de six ans au moins, et de treize ans au plus. Toutefois, dans les communes où il n'existerait point de salles d'asile ou premières Écoles de l'enfance, le Comité local pourra autoriser l'admission d'enfants âgés de moins de six ans. L'admission d'enfants âgés de plus de treize ans pourra de même être autorisée dans les communes où il n'y aurait point de classes d'adultes.

ART. 3. — Toute École élémentaire sera partagée en trois divisions principales, à raison de l'âge des élèves et des objets d'enseignement dont ils seront occupés.

ART. 4. — Dans toutes les divisions, l'instruction morale et religieuse tiendra le premier rang. Des prières commenceront et termineront toutes les classes. Des versets de l'Écriture sainte seront

1. Voir ci-après la circulaire du 8 août 1834.

appris tous les jours. Tous les samedis, l'évangile du dimanche suivant sera récité. Les dimanches et fêtes conservées, les élèves seront conduits aux offices divins. Les livres de lecture courante, les exemples d'écriture, les discours et les exhortations de l'instituteur tendront constamment à faire pénétrer dans l'âme des élèves les sentiments et les principes qui sont la sauvegarde des bonnes mœurs, et qui sont propres à inspirer la crainte et l'amour de Dieu.

Lorsque les Écoles seront fréquentées par des enfants appartenant à divers cultes reconnus par la loi, il sera pris des mesures particulières pour que tous les élèves puissent recevoir l'instruction religieuse que leurs parents voudront leur faire donner.

Art. 5. — Les enfants de l'âge de six à huit ans formeront la première division. Indépendamment de lectures pieuses faites à haute voix, ils seront particulièrement exercés à la récitation des prières. On leur enseignera, en même temps, la lecture, l'écriture et les premières notions du calcul verbal.

Art. 6. — Les enfants de huit à dix ans formeront la deuxième division. L'instruction morale et religieuse consistera dans l'étude de l'histoire sainte, ancien et nouveau Testament. Les enfants continueront les exercices de la lecture, de l'écriture et du calcul verbal. On leur enseignera le calcul par écrit et la grammaire française.

Art. 7. — Une troisième division se composera des enfants de dix ans et au-dessus, jusqu'à leur sortie de l'école. Ils étudieront spécialement la doctrine chrétienne. Ils continueront les exercices de lecture, d'écriture, de calcul et de langue française; ils recevront en outre des notions élémentaires de géographie et d'histoire générale, et surtout de la géographie et de l'histoire de la France; l'enseignement du chant et du dessin linéaire, lorsqu'il aura lieu, sera donné de préférence dans cette division.

Art. 8. — Les diverses connaissances énumérées dans les précédents articles seront enseignées aux différentes divisions, d'une manière graduelle, conformément au tableau ci-après :

	1re Division.	2e Division.	3e Division.
Instruction morale et religieuse.	Prières et lectures pieuses.	Histoire sainte.	Doctrine chrétienne.
Lecture	Cet exercice comprendra successivement l'alphabet et le syllabaire, la lecture courante, la lecture des manuscrits et du latin.		
Écriture.	Cet exercice aura lieu successivement sur l'ardoise, sur le tableau noir et sur le papier, en fin et en gros, dans les trois genres d'écriture, bâtarde, ronde et cursive.		

	1re DIVISION.	2e DIVISION.	3e DIVISION.
CALCUL	Calcul verbal.	Numération écrite, et les quatre premières règles de l'arithmétique.	Fractions ordinaires et fractions décimales; système légal des poids et mesures.
LANGUE FRANÇAISE . .	Prononciation correcte. — Exercices de mémoire.	Grammaire française. — Dictées pour l'orthographe.	Règles de la syntaxe. Analyse grammaticale et logique. Compositions.
GÉOGRAPHIE ET HISTOIRE. . . . . DESSIN LINÉAIRE. . . . CHANT.	»	»	Géographie et histoire générale. Géographie et histoire de France. Dessin linéaire. Chant.

ART. 9. — Les livres dont l'usage aura été autorisé pour les Écoles primaires seront seuls admis dans ces Écoles.

Le maître veillera à ce que les élèves de la même division aient tous les mêmes livres.

ART. 10. — Les deuxième et troisième divisions composeront une fois par semaine; les places seront données dans le courant de la semaine, et les listes des places seront représentées chaque fois qu'un membre des Comités ou un inspecteur viendra visiter l'École.

ART. 11. — Dans toute division, il y aura tous les jours, excepté le dimanche et le jeudi, deux classes, de trois heures chacune; le matin, de 8 heures à 11 heures; le soir, de 1 heure à 4 heures.

ART. 12. — Il y aura dans toute École au moins un grand tableau noir, sur lequel les élèves s'exerceront à écrire, à calculer ou à dessiner.

Sur une portion de mur appropriée à cet effet, ou sur des tableaux mobiles, seront tracées les mesures usuelles, la table de multiplication, la carte de France, la topographie du canton.

ART. 13. — Il y aura pour les Écoles de chaque arrondissement une répartition de leçons et d'exercices qui sera faite par le Comité supérieur et soumise à l'approbation du Conseil royal.

ART. 14. — Tous les élèves seront tenus de suivre toutes les parties de l'enseignement de leurs divisions respectives.

ART. 15. — Pour toutes les leçons d'instruction morale et religieuse, de langue française, d'arithmétique, de géométrie et d'histoire, les élèves de la troisième division feront des extraits qu'ils remettront à l'instituteur, et que celui-ci communiquera au Comité local.

ART. 16. — Tous les samedis, les élèves réciteront ce qu'ils auront appris dans la semaine. Le maître se fera aider par un certain nombre d'élèves qu'il aura désignés, et qui feront répéter chacun cinq ou six autres élèves.

ART. 17. — Tous les mois, l'instituteur remettra au Comité local un résumé sur l'état de l'instruction dans l'École pendant le dernier mois.

ART. 18. — Il y aura, deux fois par an, un examen général en présence des membres du Comité local, auquel le Comité d'arrondissement pourra adjoindre un de ses membres ou un délégué. A la suite de cet examen, il sera dressé une liste où les noms de tous les élèves seront inscrits par ordre de mérite, et qui restera affichée dans la salle de l'école. Le jugement des examinateurs, sur chaque École, sera communiqué au Comité d'arrondissement.

Ces mêmes examens serviront à déterminer quels sont ceux des élèves qui doivent passer dans une division supérieure, et ceux qui qui doivent être retenus dans la même division.

Nul élève ne sera admis dans une division supérieure s'il n'a prouvé, par le résultat d'un examen subi devant le Comité local, qu'il possède suffisamment tout ce qui est enseigné dans la division inférieure.

ART. 19. — D'après le résultat du second examen, qui aura lieu à la fin de chaque année scolaire, il sera dressé une liste particulière des élèves qui termineront leurs cours d'études primaires, et il sera délivré à chacun d'eux un certificat, sur lequel le jugement des examinateurs, pour chaque objet d'enseignement, sera indiqué par l'un de ces mots *très bien, bien, assez bien* ou *mal.*

TITRE II.

De la discipline.

ART. 20. — Nul élève ne sera admis s'il ne justifie qu'il a eu la petite vérole ou qu'il a été vacciné.

ART. 21. — Les élèves admis recevront du président du Comité communal une carte qui désignera l'École à laquelle ils appartiennent, et ils seront tenus de représenter cette carte en arrivant à l'École.

ART. 22. — Le Comité local veillera à ce que l'instituteur ne reçoive pas un plus grand nombre d'enfants que n'en comportent les dimensions de la salle d'école, à raison d'un carré d'environ huit décimètres de côté pour chaque élève.

ART. 23. — Le maître tiendra des listes journalières de présence, qu'il déposera, tous les mois, au Comité local à l'appui du résumé qu'il est tenu de fournir aux termes de l'article 17.

ART. 24. — Si un élève manque de se rendre à la classe, le maître en prendra note, et il en donnera avis aux parents le plus tôt qu'il sera possible.

ART. 25. — L'instituteur tiendra un registre où la conduite et le travail des élèves seront exactement notés, et qui sera communiqué au Comité local, aux membres et aux délégués du Comité d'arrondissement.

ART. 26. — La table du maître sera placée sur une estrade assez élevée pour qu'il puisse voir facilement tous les élèves.

ART. 27. — Les livres, les cahiers et les modèles qui resteront déposés à l'École devront être mis en place, et les plumes ou les crayons taillés avant l'entrée des élèves.

ART. 28. — Les récompenses seront un ou plusieurs bons points, un billet de satisfaction, une place au banc d'honneur et des prix à la fin de l'année, si la commune a alloué des fonds, ou s'il existe d'autres ressources pour cet objet.

ART. 29. — Les élèves ne pourront jamais être frappés.

Les seules punitions dont l'emploi est autorisé sont les suivantes :

Un ou plusieurs mauvais points ;

La réprimande ;

La restitution d'un ou de plusieurs billets de satisfaction ;

La privation de tout ou partie des récréations, avec une tâche extraordinaire ;

La mise à genoux pendant une partie de la classe ou de la récréation ;

L'obligation de porter un écriteau désignant la nature de la faute ;

Le renvoi provisoire de l'École.

ART. 30. — Lorsque la présence d'un élève sera reconnue dangereuse, il pourra être exclu de l'École, ou même de toutes les Écoles du ressort du Comité d'arrondissement.

L'exclusion de l'École ne pourra être prononcée que par le Comité local, et l'élève ainsi exclu ne pourra être admis de nouveau que sur l'avis favorable de ce même Comité.

Le Comité d'arrondissement pourra seul prononcer l'exclusion de toutes les Écoles de son ressort, et une nouvelle délibération dudit Comité sera nécessaire pour que l'élève ainsi exclu puisse fréquenter de nouveau une de ces Écoles.

ART. 31. — Les classes auront lieu toute l'année, excepté les jours de congé et le temps des vacances.

Les jours de congé seront les dimanches, les jeudis et les jours de fêtes conservées ;

Le premier jour de l'an ;

Les jours de fêtes nationales ;

Le jour de la fête du Roi ;

Les jeudi, vendredi et samedi saints ;

Les lundis de Pâques et de la Pentecôte.

Lorsque dans la semaine il se rencontrera un jour férié autre que le jeudi, le jeudi redeviendra un jour de travail ordinaire.

ART. 32. — Les vacances seront réglées par chaque Comité d'arrondissement pour toutes les Écoles de son ressort. Il pourra les diviser en plusieurs parties pour les communes rurales, selon les principaux travaux de la campagne, mais sans que la totalité excède six semaines.

ART. 33. — Les dispositions qui précèdent seront communes aux Écoles de garçons et aux Écoles de filles.

Les filles seront, en outre, exercées aux travaux de leur sexe.

ART. 34. — Lorsqu'il n'existera pas d'Écoles distinctes pour les enfants des deux sexes, le Comité local prendra les mesures nécessaires pour qu'ils soient séparés dans tous les exercices, et pour éviter qu'ils entrent et sortent en même temps.

---

27 avril 1834. Instruction du Ministre de l'Instruction publique, relative aux obligations imposées aux communes en ce qui concerne l'instruction primaire.

27 Avril 1834.

Monsieur le Préfet [1], au moment où les Conseils municipaux vont se réunir pour arrêter le budget des recettes et dépenses communales en 1835, je crois devoir vous rappeler les obligations qui sont imposées aux communes pour assurer l'exécution de la loi du 28 juin 1833 sur l'instruction primaire. Ces obligations sont nettement tracées par l'ordonnance royale du 16 juillet dernier ; les Conseils municipaux sont appelés à délibérer dans leur session annuelle du mois de mai :

1º Sur la création d'Écoles primaires communales, élémentaires et supérieures, dans les communes qui en sont dépourvues ;

2º Sur l'entretien des Écoles primaires existantes, c'est-à-dire sur les dépenses auxquelles elles doivent donner lieu et sur les moyens de pourvoir à ces dépenses ;

3º Sur le taux de la rétribution mensuelle qui doit être payée par les élèves non gratuits.

Il est à désirer que des principes uniformes président, autant qu'il se pourra, aux délibérations que les Conseils municipaux ont à prendre sur chacun de ces objets. Je vous prie de leur donner connaissance des explications ci-après, qui ont pour but de fixer ces principes.

1. Consulter la circulaire du 28 *avril* 1834 aux Recteurs (*Circulaires et Instructions officielles relatives à l'Instruction publique*, Tome II, p. 245).

Création d'Écoles primaires communales. — Sur plusieurs points de la France il y a encore un grand nombre de communes dépourvues d'Écoles primaires. Il est indispensable que des mesures y soient promptement adoptées pour faire cesser cet état de dénûment en fait d'instruction. Les Conseils municipaux de ces communes doivent être invités à faire choix, dans leur session de mai, de deux ou trois candidats pourvus du brevet de capacité et du certificat de moralité exigés par la loi du 28 juin. Ils présenteront ces candidats au Comité de l'arrondissement, qui est investi du droit de nommer les instituteurs communaux. Vous leur ferez remarquer que le traitement de leur instituteur et les frais de location de leur maison d'école se trouvent assurés au moyen de l'imposition établie d'office sur la commune, à défaut de revenus ordinaires et de vote du Conseil municipal, ainsi qu'au moyen des subventions qui seront fournies, s'il y a lieu, soit par le département, soit par l'État.

Dans la vue de faciliter aux Conseils municipaux le choix des candidats aux fonctions d'instituteur communal, j'invite M. le Recteur de l'Académie, par une circulaire de ce jour, dont je vous envoie copie[1], à dresser la liste des aspirants aux fonctions d'instituteur, auxquels des brevets de capacité ont été délivrés, et qui se trouvent sans emploi. M. le Recteur vous enverra cette liste, afin que vous la transmettiez à MM. les Sous-Préfets, aux présidents des Comités supérieurs qui ne siègent pas aux chefs-lieux de sous-préfecture, et aux maires des communes qui n'ont pas d'École.

Création d'Écoles primaires supérieures. — Il s'en faut encore beaucoup que l'article 10 de la loi du 28 juin ait reçu son exécution dans toutes les communes qui sont tenues d'entretenir une École primaire supérieure. Les retards doivent être attribués sans doute à ce qu'il n'existait, antérieurement au 1er janvier dernier, qu'un petit nombre de personnes ayant le brevet de capacité pour l'instruction primaire supérieure. Dans leur session du mois de mars, les Commissions d'examen ont délivré quelques brevets de ce degré, et la même difficulté ne s'opposera plus désormais à ce que des Écoles primaires supérieures soient ouvertes dans toutes les communes qui sont obligées d'en entretenir. Je vous recommande d'appeler spécialement sur cet objet l'attention des Conseils municipaux de ces communes. Les avantages de l'instruction primaire supérieure sont trop réels, la nécessité de cette instruction, surtout pour les populations nombreuses, est trop bien sentie pour qu'il y ait lieu de craindre des lenteurs volontaires de la part de ces Conseils.

Réunion de communes. — Les Conseils municipaux des communes qui n'ont pas d'École communale, et qui ne sont pas réunies à d'autres communes pour l'entretien de cette École, doivent être invités à examiner s'il n'y aurait pas lieu de se réunir pour cet objet. On m'a plusieurs fois témoigné le désir que la réunion des communes pour l'entretien des Écoles communales fût opérée d'office. On se fondait sur l'extrême difficulté soit de concilier les exigences opposées des Conseils municipaux à cet égard, soit de faire renoncer à leurs prétentions quelques communes d'une population évidemment trop faible, mais qui néanmoins persistent à vouloir une École spéciale, parce qu'elles savent que la presque totalité de la dépense sera acquittée sur les fonds du département ou de l'État. Je dois d'abord vous faire remarquer que l'article 9 de la loi ne donne

1. Voir ce document, qui porte la date du 28 *avril*, aux *Circulaires et Instructions officielles relatives à l'Instruction publique*, Tome II, page 245.

pas à l'administration le droit d'opérer d'office les réunions de cette nature. Il est, d'ailleurs, évident que des réunions forcées seraient préjudiciables à l'éducation populaire. Les communes réunies malgré leur opposition refuseraient probablement d'envoyer leurs enfants à l'École; et une mesure, prise dans la vue de procurer à ceux-ci le bienfait de l'instruction, aurait, en définitive, un résultat tout contraire. Il convient donc de s'en tenir à l'exécution de l'article 2 de l'ordonnance royale du 16 juillet, qui exige le consentement des Conseils municipaux pour que des réunions puissent être opérées. Mais il convient aussi, Monsieur le Préfet, que vous usiez de tous les moyens possibles d'influence et de persuasion auprès des Conseils municipaux des communes que vous jugeriez susceptibles d'être réunies; il sera utile que vous adressiez à ce sujet de fréquents avertissements aux maires de ces communes, et que MM. les Sous-Préfets en agissent de même dans leurs arrondissements respectifs. Je ne doute pas que MM. les membres des Comités supérieurs ne vous prêtent avec empressement leur concours dans le même but. Il y va de l'intérêt du département, puisque la subvention qu'il aura à fournir, pour compléter le payement des dépenses des Écoles communales, sera plus ou moins forte, selon le nombre de ces réunions.

Nombre d'Écoles publiques. — Les Conseils municipaux de quelques communes, ayant une population considérable et divisée en plusieurs hameaux, ont pensé qu'il leur suffisait, pour remplir le vœu de la loi, de créer une seule École publique. Il ne faut pas oublier que la loi veut procurer l'instruction primaire à tous les enfants de chaque commune ou réunion de communes. L'absence d'École privées et le nombre plus ou moins grand des enfants indigents sont des circonstances qui doivent être prises en considération. Il en est de même du fractionnement de la population en plusieurs hameaux, de la distance qui sépare ces hameaux du chef-lieu de la commune, et de la difficulté des communications. Ces différents faits vous offriront un texte fécond d'observations propres à déterminer l'établissement d'autant d'Écoles publiques que peuvent en réclamer les besoins de diverses communes. Vous ferez remarquer aux Conseils municipaux que la loi ne limite pas le nombre des Écoles communales; que, pour le fixer, ils doivent étudier la disposition des localités et les nécessités qui en résultent; qu'en tout état de cause l'imposition qu'ils auront à fournir ne sera jamais supérieure à trois centimes additionnels, que le département et l'État donneront le surplus.

Dépenses des Écoles communales. — Les dépenses des Écoles communales sont de deux natures, les unes ordinaires et obligatoires, les autres extraordinaires.

Les dépenses ordinaires et obligatoires sont celles que mentionne l'article 12 de la loi du 28 juin. Elles ont pour objet : 1° de fournir à l'instituteur, par la voie la plus économique, celle de la location, si la commune ne possède point de maison d'école, un local convenablement disposé tant pour lui servir d'habitation que pour recevoir des élèves; 2° de payer à l'instituteur un traitement fixe, dont le minimum est fixé à 200 francs pour une École primaire élémentaire, et à 400 francs pour une École primaire supérieure.

Les dépenses extraordinaires de l'instruction primaire sont toutes celles qui, ayant pour objet ce service, ne se trouvent pas énoncées dans l'article précité, telles que :

Les frais de construction, d'acquisition et de réparation de maisons d'école;

9.

Les portions du traitement des instituteurs qui excèdent le minimum, et que la commune ne peut acquitter ni avec ses revenus ordinaires, ni avec le produit de l'imposition de trois centimes additionnels, autorisée par la loi du 28 juin, et au payement desquelles elle ne peut pourvoir qu'en votant une imposition extraordinaire en sus de ces trois centimes, et dans les formes légales;

Les dépenses pour frais d'organisation et entretien de salles d'asile et de classes d'adultes;

Les allocations pour distribution de livres, de récompenses et d'encouragements aux élèves;

Les indemnités allouées aux instituteurs pour les mettre à même de fréquenter pendant trois ou quatre mois les cours de l'École normale primaire, etc.

L'article 13 de la loi indique de quelle manière il doit être pourvu au payement des dépenses ordinaires et obligatoires. Il place au nombre des ressources communales l'imposition de trois centimes additionnels au principal des contributions foncière, personnelle et mobilière. Dans le cas d'insuffisance de cette imposition pour acquitter les dépenses portées à l'article 12, le département ou l'État sont tenus de fournir le complément.

Les Conseils municipaux peuvent voter, pour les dépenses de l'instruction primaire, des impositions supérieures à trois centimes additionnels. — On a pensé, dans plusieurs départements, que la loi du 28 juin interdisait aux Conseils municipaux la faculté de voter une imposition supérieure à trois centimes additionnels, pour les dépenses quelconques de l'instruction primaire. Cette opinion n'a point de fondement : c'est pour les dépenses ordinaires seulement, pour celles qui font l'objet de l'article 12, que la limite de trois centimes ne doit pas être franchie. Elle peut l'être pour toutes les autres dépenses que la loi n'a pas rendues obligatoires chaque année : celles-ci restent dans le droit commun. L'administration ne peut faire établir d'office des impositions pour les acquitter. Ces impositions doivent être votées, comme toutes celles qui ont pour objet des dépenses extraordinaires, par les Conseils municipaux, avec l'adjonction des plus fort imposés; elles ont, en outre, besoin d'être autorisées par ordonnance royale, sur le rapport de M. le Ministre de l'Intérieur, tandis que l'imposition de trois centimes étant autorisée par la loi ne doit pas l'être par ordonnance royale, qu'elle n'a pas besoin du concours des plus fort imposés, et qu'à défaut de vote de la part du Conseil municipal, elle peut être établie d'office par ordonnance royale.

Les Conseils municipaux qu'anime un zèle louable pour les progrès de l'instruction primaire ne doivent donc pas être arrêtés, comme quelques-uns l'ont été en 1833, par la crainte de violer la loi, en votant une imposition supérieure à trois centimes additionnels.

Au surplus, la distinction qu'il m'a paru nécessaire d'établir entre les dépenses ordinaires et les dépenses extraordinaires, est toute dans l'intérêt des communes : il me suffira d'un exemple pour le démontrer.

Une commune dont le principal des contributions foncière, personnelle et mobilière s'élève à 5 000 francs, votait tous les ans une imposition de 11 centimes pour les dépenses de l'instruction primaire, savoir :

Frais de location de la maison d'école. . . . . 50 fr.
Traitement fixe de l'instituteur. . . . . . . 500 fr.
550 fr.

Cette commune veut maintenir au même taux le traitement de son instituteur. Elle n'aura plus à voter qu'une imposition de 9 centimes. En effet, les dépenses obligatoires se composent :

Des frais de location de la maison d'école. . . .	50 fr.
Du minimum du traitement fixe de l'instituteur. .	200 fr.
Total.	250 fr.

La commune ne doit fournir pour acquitter cette dépense que jusqu'à concurrence de trois centimes additionnels. . . 150 fr.

Reste à la charge du département et de l'État. . 100 fr.

Quant à la portion du traitement de l'instituteur qui excède le minimum, et qui s'élève à 300 francs, c'est-à-dire à 6 centimes additionnels, elle doit être acquittée en entier par la commune, car elle est une dépense extraordinaire. Ainsi, par l'effet des dispositions de la loi, sur la dépense que cette commune faisait pour son instruction primaire, et qui s'élevait à 550 francs (11 centimes additionnels), elle n'aura plus à payer à l'avenir que 450 francs (9 centimes).

DÉPENSES ORDINAIRES.

Location de maisons d'école. — MM. les maires ne se sont pas tous conformés aux instructions que MM. les Préfets ont dû leur donner, sur mon invitation, au sujet de la location des maisons d'école. Ils ont, du reste, rencontré assez souvent des difficultés, que je m'empresse de reconnaître. Dans certaines localités on ne trouve pas de bâtiment convenablement disposé pour la tenue de l'École; dans d'autres l'instituteur reçoit depuis longues années ses élèves dans une pièce de la maison dont il est propriétaire ou locataire. Les embarras qu'ont éprouvés à ce sujet les autorités locales doivent leur faire sentir combien il importe qu'elles se mettent promptement en mesure de rendre la commune propriétaire d'une maison d'école. En attendant qu'elle puisse le devenir, je vous prie, Monsieur le Préfet, de redoubler d'instances auprès de MM. les maires, afin qu'ils louent le local qui leur paraîtra le plus convenable pour la tenue de l'École. Si la salle dans laquelle l'instituteur reçoit aujourd'hui les élèves est la plus propre à cette destination, ou s'il en est le propriétaire, la commune doit lui accorder, pour lui assurer la complète jouissance des avantages déterminés par la loi, une indemnité de logement. Les Conseils municipaux pourront aussi traiter, moyennant une indemnité de logement, avec l'instituteur qui se chargerait de procurer le local nécessaire pour la tenue de l'École. Mais vous sentirez, comme moi, qu'il serait bien préférable que la location du bâtiment fût faite au nom de la commune, pour éviter que l'instituteur, dirigé par des motifs d'économie, ne fasse choix d'un local dont le prix de location serait plus faible que l'indemnité qu'il aurait reçue, et qui ne serait pas, d'ailleurs, le plus convenable de la commune.

Traitement de l'instituteur. — C'est au Conseil municipal qu'appartient le droit de fixer le traitement de l'instituteur. Il serait à désirer que cette fixation fût stable et permanente, et que le sort d'une classe de fonctionnaires si utiles ne fût pas en quelque sorte remis tous les ans en question. Vous aurez soin, Monsieur le Préfet, de le faire remarquer aux Conseils municipaux, et de les inviter à ne jamais opérer, sans les plus graves motifs, des réductions sur le traitement alloué aux instituteurs.

Toutes les fois qu'une commune, avec ses revenus ordinaires, ou en ajoutant le produit de l'imposition de trois centimes additionnels à la partie de ses revenus ordinaires qu'elle affecte à cette destination, peut acquitter le traitement de son instituteur, cette dépense doit être classée parmi les dépenses ordinaires.

Mais lorsque la commune accorde à son instituteur un traitement supérieur au minimum, et que, pour en compléter le payement, elle est obligée de dépasser la limite de trois centimes additionnels, toute la portion de ce traitement qui excède le produit de ces trois centimes et des revenus ordinaires de la commune affectés à cette destination est une dépense extraordinaire. Il est très important de bien établir cette distinction, afin de connaître avec quelles ressources il doit être pourvu au payement des dépenses de l'instruction primaire.

Moyen de pourvoir aux dépenses ordinaires. — Vous savez, Monsieur le Préfet, que les ressources affectées aux dépenses ordinaires de l'instruction primaire sont :

1° Le produit des fondations, legs et donations ;
2° Les revenus ordinaires ;
3° L'imposition de trois centimes additionnels ;
4° Les subventions du département et de l'État.

Je vous ai déjà invité à dresser un état du produit des fondations, legs et donations applicables à l'instruction primaire dans chaque commune, et vous devez aujourd'hui connaître parfaitement l'importance de ces ressources.

L'examen des projets de budget, qu'il convient que vous vous fassiez adresser avant le 1er juin, vous fera connaître le montant des revenus ordinaires des communes qu'elles peuvent affecter aux dépenses de l'instruction primaire. Il est, d'ailleurs, peu probable qu'un Conseil municipal qui trouverait dans les revenus ordinaires de la commune les moyens d'acquitter ces dépenses vote une imposition pour cet objet.

A défaut de fondations et de revenus ordinaires de la commune pour acquitter les dépenses ordinaires de l'instruction primaire, il doit y être pourvu au moyen d'une imposition votée par le Conseil municipal, ou, à défaut de vote de ce Conseil, établie par ordonnance royale. Cette imposition ne peut excéder trois centimes additionnels au principal des contributions foncière, personnelle et mobilière. En 1833, un grand nombre de communes n'ont pas voté cette imposition, et elle a dû être établie d'office. La cause peut en être attribuée principalement au peu de temps qui s'est écoulé entre la promulgation de la loi du 28 juin, de l'ordonnance du 16 juillet, et la session du mois d'août, comme aussi à ce que les Conseils n'avaient pas une connaissance parfaite des mesures qu'ils avaient à prendre pour assurer l'exécution de la nouvelle loi. De semblables motifs ne sauraient se reproduire en 1834. Au surplus, je vous adresse un cadre de délibération qui présente tous les cas qui peuvent se rencontrer, en ce qui concerne les dépenses ordinaires des Écoles, et de plus les dépenses relatives à la partie du traitement de l'instituteur qui doit être classée parmi les dépenses extraordinaires. Je vous prie de le faire imprimer en nombre suffisant d'exemplaires pour que vous puissiez en envoyer à tous les maires, en leur recommandant de vous adresser les délibérations des Conseils municipaux aussitôt qu'elles auront été prises. La dépense de l'impression étant faite dans un intérêt communal, la somme nécessaire à son acquittement sera prélevée sur le fonds des cotisations municipales pour frais de cette nature. Vous vous trouverez ainsi à même de préparer, avant la réunion du Conseil général, le tableau des dépenses auxquelles donnera lieu, en 1835, l'entretien des Écoles primaires communales, conformément aux instructions que je vous adresserai ultérieurement. Ce tableau sera destiné à faire connaître les subventions qu'auront à fournir le département et l'État.

Dépenses des communes réunies. — Vous aurez soin d'inviter MM. les maires des communes dont j'ai autorisé la réunion pour l'entretien d'une École primaire communale à préparer de concert, préalablement à la délibération du Conseil municipal, l'état et la répartition des dépenses de cette École. D'après les bases posées par l'article 2 de l'ordonnance du 16 juillet, cette répartition doit être faite, à défaut de conventions contraires de la part des Conseils municipaux, proportionnellement au montant des contributions foncière, personnelle et mobilière des communes réunies.

Le concours des plus fort imposés n'est pas nécessaire pour le vote de l'imposition de trois centimes additionnels. — Je vous ai dit que le concours des plus fort imposés n'était pas nécessaire pour le vote de l'imposition de trois centimes additionnels. En effet, la loi ne l'exige point; et comme la nécessité de la dépense ne saurait être contestée, puisqu'elle est prescrite par cette loi, elle n'a pas absolument besoin d'être constatée avec autant de solennité que doit l'être celle des dépenses extraordinaires en général. Néanmoins les plus fort imposés peuvent avoir quelque intérêt à vérifier si la commune ne pourrait pas acquitter les dépenses ordinaires de l'instruction primaire avec ses revenus ordinaires, et sans recourir à une imposition. Aussi est-il à désirer qu'ils prennent part à la délibération, qu'ils fassent connaître leur avis; mais leur présence n'est que facultative; et les délibérations auxquelles ils n'auraient pas assisté n'en doivent pas moins être considérées comme valables.

Les communes qui n'ont pas d'instituteur n'en doivent pas moins voter les sommes nécessaires pour acquitter les dépenses de l'instruction primaire que la loi met à leur charge. — On vous demandera peut-être, Monsieur le Préfet, si une commune qui n'a pas d'instituteur doit voter une imposition pour acquitter le traitement affecté à cette place. Il est indispensable que tous les Conseils municipaux indistinctement se mettent en mesure, dans la session du mois de mai, d'acquitter en 1835 les dépenses que les communes sont tenues de faire pour l'instruction primaire.

Dès le mois de mai 1834, les Conseils municipaux ne peuvent pas savoir si toute l'année 1835 s'écoulera sans qu'ils trouvent un instituteur pour leur commune. Il faut que les moyens de payer le traitement de l'instituteur soient réalisés avant qu'on le choisisse. L'établissement de l'imposition est le meilleur moyen d'exciter les Conseils municipaux à faire ce choix; et, si on devait attendre qu'il fût fait pour assurer le payement de l'instituteur, il serait à craindre qu'on ne fît jamais de choix, pour n'avoir jamais de traitement à payer.

D'ailleurs, Monsieur le Préfet, ces communes, qui jusqu'à présent sont restées sans instituteur, ne possèdent pas de maison d'école. Si, faute d'instituteur, le produit de l'imposition restait sans emploi, il serait placé au Trésor royal, au profit de la commune, et formerait, avec le produit de l'imposition de 1834, et, s'il y avait lieu, avec celui des impositions des années suivantes, ainsi qu'avec les intérêts composés de ces placements successifs, le noyau du capital avec lequel la commune ferait construire une maison d'école lorsqu'il lui serait possible de se procurer un instituteur. C'est ainsi qu'elle réaliserait insensiblement et presque sans s'en apercevoir les sommes nécessaires pour devenir propriétaire d'une maison d'école, tandis que, si elle voulait pourvoir à cette dépense lorsqu'elle aurait un instituteur, elle devrait s'assujettir pendant cinq ou six ans à des impositions de 15 à 20 centimes additionnels.

Telles sont les considérations d'après lesquelles il me paraît de toute nécessité que tous les Conseils municipaux réalisent, dans leur session de mai 1834, les moyens d'acquitter les dépenses ordinaires de l'instruction primaire en 1835.

Dépenses extraordinaires.

Frais d'acquisition, construction de maisons d'école. — Les frais d'acquisition, construction et réparation de maisons d'école figurent au premier rang parmi les dépenses extraordinaires de l'instruction primaire. L'article 3 de l'ordonnance royale du 16 juillet 1833 accorde aux communes un délai de six ans pour se mettre en état d'acheter ou de faire construire des maisons d'école ; l'intérêt bien entendu de l'enseignement populaire exige que ce délai ne soit pas dépassé. Je vous invite, Monsieur le Préfet, à recommander aux maires des communes qui ne possèdent pas de maison d'école d'appeler fréquemment l'attention des Conseils municipaux sur cet objet, et de ne pas laisser passer une seule des quatre réunions annuelles sans les en entretenir. Ils feront dresser des devis des constructions à faire et les soumettront aux Conseils, en leur proposant de voter, avec l'adjonction des plus fort imposés et à défaut de revenus ordinaires ou d'économies communales, une imposition pour acquitter partie de cette dépense. Je m'empresserai d'accorder à ces communes, sur les fonds mis à ma disposition dans le budget général de l'État, des subventions qui seront proportionnées à leurs besoins et aux sacrifices qu'elles se seront imposés. J'espère que le Conseil général allouera tous les ans quelques fonds pour cet objet, soit sur les revenus ordinaires départementaux, soit sur le produit des deux centimes qu'il est autorisé à voter pour l'instruction primaire.

Maisons d'école communes aux enfants des deux sexes. — Dans toutes les constructions ou appropriations de maisons d'école qui auront lieu, surtout pour les communes d'une faible population, je vous prie de veiller à ce que la classe dans laquelle seront reçus les élèves soit divisée en deux parties distinctes, l'une pour les garçons, l'autre pour les filles, conformément aux modèles que je vous ai adressés ; ce sera le meilleur moyen de faire participer les enfants de chaque commune aux bienfaits de l'instruction primaire sans multiplier ses charges. Vous ne donnerez votre approbation aux devis qui ne seront pas ainsi dressés que lorsque la commune prendra l'engagement d'entretenir une École particulière pour les filles.

Réparations aux maisons d'école. — Dans beaucoup de communes les maisons d'école ont besoin d'être agrandies, réparées, mieux appropriées à leur destination. Les Comités supérieurs seront incessamment appelés à vous donner des indications à ce sujet. Vous voudrez bien inviter les maires à faire voter par les Conseils municipaux les sommes nécessaires pour ces travaux. Sur votre proposition, des secours seront accordés à ces communes sur les fonds de l'État, et vous veillerez, lorsqu'il y aura lieu, à ce que, par l'effet de cette nouvelle appropriation, les enfants des deux sexes puissent être reçus dans la même salle sans avoir rien de commun entre eux.

Impositions votées en sus des trois centimes additionnels pour élever le traitement de l'instituteur au delà du minimum. — La loi, en fixant à 200 francs le minimum du traitement de l'instituteur du degré élémentaire, a eu principalement en vue les communes pauvres et d'une faible population; mais il convient que les communes riches, ainsi que celles dont la population présente une certaine importance, ne s'arrêtent pas à ce minimum, et que les Conseils municipaux votent, au besoin, l'imposition nécessaire pour que le traitement de l'instituteur puisse le mettre à l'abri du besoin et le faire vivre avec cette dignité qui ne doit jamais l'abandonner dans l'exercice de ses modestes et utiles fonctions.

Le modèle de délibération que je vous adresse indique de quelle manière devront être votées les impositions qui auraient pour objet d'élever le traitement des instituteurs au delà du minimum.

Allocations pour distributions de livres, de récompenses et d'encouragements aux élèves. — Des distributions de livres et d'objets d'enseignement, donnés à titre de récompense et d'encouragement aux élèves qui se font distinguer par leur bonne conduite et leurs progrès, et faites avec quelque appareil, soit à la fin, soit dans le courant de l'année, ou à l'occasion de la fête du Roi, produiraient certainement d'excellents résultats. Elles stimuleraient le zèle des élèves, mettraient en lumière ceux qui sont nés avec d'heureuses dispositions, tiendraient en haleine les autres et feraient faire de rapides progrès à l'instruction, en même temps qu'elles contribueraient à l'améliorer. Je vous prie d'appeler sur cet objet l'attention des Conseils municipaux : une allocation modique suffirait pour cet objet. Le bien qu'on pourrait produire avec une faible somme de 12 ou 15 francs est incalculable.

Salles d'asile et classes d'adultes. — Vous appellerez l'attention des Conseils municipaux des villes et des principales communes sur l'utilité des salles d'asile et des classes d'adultes, et vous les inviterez à voter les fonds nécessaires pour l'organisation et l'entretien de ces établissements. Je vais faire parvenir à chaque Comité supérieur un exemplaire du Manuel des fondateurs et directeurs des salles d'asile. Il sera mis à la disposition des maires et membres des Conseils municipaux qui voudraient en prendre connaissance. Les avantages de ces établissements, où les soins empressés et continuels dont sont entourés les jeunes enfants doivent exercer une si grande influence sur le développement de leurs facultés morales, intellectuelles et physiques, sont trop évidents pour que je ne sois pas persuadé que les Conseils municipaux voteront quelques fonds pour en doter leur commune. J'aime aussi à penser qu'après avoir assuré aux enfants de l'âge de 5 à 15 ans les moyens de recevoir l'instruction primaire, ils ne reculeront pas devant quelques légers sacrifices qui auraient pour résultat de faire jouir les adultes du bienfait de cette instruction. Je m'empresserai de venir au secours des communes qui seraient hors d'état de couvrir entièrement cette double dépense, et je me ferai un devoir d'appuyer auprès de M. le Ministre de l'Intérieur les demandes de subvention qu'elles pourraient lui adresser pour être aidées à organiser et à entretenir des salles d'asile.

Indemnités accordées aux instituteurs pour les mettre à même de suivre pendant quelques mois les cours de l'École normale primaire. — On s'est plaint de ce que plusieurs des instituteurs que la loi du 28 juin a trouvés en exercice ne possèdent ni l'aptitude ni la capacité nécessaire pour donner un bon enseignement. Quelques Comités supérieurs ont même pensé qu'ils pourraient révoquer des instituteurs parce qu'ils n'étaient pourvus que d'un brevet du troisième degré. C'était l'effet d'un zèle louable sans doute, mais qui n'a pas tenu assez de compte de la situation de l'instruction primaire et des prescriptions de la loi. Tout instituteur que la loi a trouvé en fonctions, et qui avait été autorisé à les exercer, a droit de continuer à les remplir, à moins qu'il ne se mette dans le cas prévu par l'article 22 de la loi du 28 juin, qui n'a pas frappé d'exclusion les instituteurs porteurs d'un brevet de tel ou tel degré. Les Comités, à leur tour, peuvent faire ajourner l'institution des maîtres peu capables, et leur assigner un délai pour qu'ils se mettent en état de mieux remplir les fonctions de l'enseignement. En réglant les budgets des Écoles normales primaires, j'ai eu soin d'y comprendre des sommes qui seront allouées à titre d'indemnité aux instituteurs qui, durant les trois ou quatre mois d'été pendant lesquels les Écoles des communes rurales sont moins fréquentées, viendraient suivre les cours de ces Écoles. Mais les sommes qu'il m'a été possible de prélever pour cet objet, soit sur les fonds départementaux, soit sur ceux de l'État, sont encore bien insuffisantes, et il serait à désirer que les Conseils municipaux accordassent à ceux de leurs anciens instituteurs qu'ils désirent conserver quelques secours, pour les mettre à même d'aller puiser dans les Écoles normales des leçons et des exemples dont leurs élèves ne tarderaient pas à profiter. Une somme de 100 francs suffit pour entretenir l'instituteur à l'École pendant trois mois. J'espère que beaucoup de Conseils municipaux ne reculeront pas devant une aussi faible dépense, qui, d'ailleurs, ne doit pas se renouveler tous les ans.

Je n'étendrai pas davantage cette nomenclature des dépenses extraordinaires de l'instruction primaire. Le zèle des membres des Conseils municipaux, des Comités locaux, des Comités supérieurs, de l'autorité administrative et de toutes les personnes amies de l'éducation populaire, y suppléera facilement. Toutes les fois qu'il ne pourra être pourvu au payement de ces dépenses extraordinaires qu'au moyen d'impositions, celles-ci devront être votées par les Conseils municipaux, avec l'adjonction des plus fort imposés, et être autorisées par ordonnance du Roi, sur le rapport de M. le Ministre de l'Intérieur. Vous aurez soin seulement, en adressant à mon collègue l'état des impositions à établir pour cet objet, de m'en envoyer une copie.

Mode d'inscription des recettes et dépenses relatives à l'instruction primaire dans les budgets des communes. — Il me reste à vous faire connaître de quelle manière doivent être inscrites dans les budgets des communes les dépenses de l'instruction primaire et les ressources qui serviront à les acquitter.

Les impositions pour dépenses extraordinaires seront portées dans le chapitre des recettes extraordinaires sous ce titre : « Impositions pour dépenses extraordinaires de l'instruction primaire. »

On portera dans le chapitre des recettes extraordinaires le détail des diverses dépenses au payement desquelles il doit être pourvu avec le produit de ces impositions. Dans le nombre de ces dépenses devra se trouver le complément de traitement aux instituteurs, provenant du produit d'une imposition votée en sus de celle de trois centimes additionnels autorisée par l'article 13 de la loi du 28 juin 1833.

Les deux articles ci-après seront portés dans le chapitre des recettes ordinaires :

« Imposition votée jusqu'à concurrence de trois centimes additionnels pour les dépenses ordinaires de l'instruction primaire.

« Subvention du département et de l'État pour les dépenses ordinaires de l'instruction primaire. »

Enfin on inscrira dans le chapitre des dépenses ordinaires :

« Les frais de location des maisons d'école;

« Le traitement de l'instituteur », en ayant soin de ne pas y comprendre la portion de ce traitement qui, devant être acquittée avec le produit d'une imposition votée en sus de trois centimes additionnels, doit être portée au chapitre des dépenses extraordinaires.

Je vous prie, Monsieur le Préfet, de veiller avec soin à ce que les articles de recette et de dépense que je viens de vous indiquer soient compris dans les cadres du budget communal que vous ferez imprimer à l'avenir.

Fixation de la rétribution mensuelle. — La fixation de la rétribution mensuelle que doit recevoir l'instituteur est aussi l'un des objets dont les Conseils municipaux doivent s'occuper dans leur session du mois de mai. Il importe que le taux de cette rétribution, de même que celui du traitement fixe de l'instituteur, subissent aussi peu de variations annuelles que cela sera possible. Dans leur session du mois d'août, plusieurs Conseils municipaux ont négligé de fixer le taux de la rétribution pour 1834. Ils auront à réparer cette omission dans leur prochaine session de mai. Dans d'autres communes, qui jusqu'à présent n'avaient accordé aucun traitement fixe à leurs instituteurs, ou qui ne leur avaient accordé qu'un traitement inférieur à 200 francs, on a réduit à un taux beaucoup trop faible la rétribution mensuelle, dans l'unique vue de reprendre, par l'abaissement de cette rétribution, l'augmentation de dépense que doit occasionner à la commune la nécessité de payer un traitement fixe dont le minimum est de 200 francs. C'est une manière détournée d'éluder la loi, en privant l'instituteur d'une partie des avantages qu'elle lui assure. Je vous prie, Monsieur le Préfet, de vous faire rendre compte des taux auxquels la rétribution mensuelle des instituteurs a été fixée, tant pour 1833 que pour 1834, de celles qu'ils recevaient antérieurement à 1833; et lorsque vous remarquerez des diminutions que rien ne saurait justifier, d'inviter les Conseils municipaux à procéder à une nouvelle fixation de la rétribution mensuelle. Vous renouvelleriez, au besoin, vos invitations, jusqu'à ce que ces Conseils se fussent arrêtés à une fixation en harmonie avec la quotité du traitement fixe de l'instituteur et avec le degré d'aisance des habitants. Vous pourrez consulter avec fruit les Comités locaux et les Comités supérieurs; je leur adresserai très incessamment des instructions à ce sujet.

Nécessité de veiller à ce que l'instituteur reçoive intégralement le traitement fixe qui lui a été accordé. — Je ne dois pas négliger cette occasion de vous signaler un autre moyen plus répréhensible que l'on m'assure avoir été pratiqué dans quelques communes rurales pour éluder la loi. On prétend que des maires et des membres de Conseils municipaux qui se sont trouvés forcés d'accorder un traitement fixe à leurs instituteurs leur ont imposé, en les menaçant, s'ils n'y consentaient pas, de leur faire retirer ou de ne pas leur confier les fonctions d'instituteur, l'obligation de reverser entre leurs mains une portion de ce traitement, qui servirait à des dépenses communales occultes. Si un instituteur avait la faiblesse de céder à de pareilles injonctions, il se rendrait coupable de l'une de ces fautes graves qui, aux termes de l'article 23 de la loi du 28 juin, peuvent faire prononcer sa révocation. Il deviendrait ainsi indigne de remplir les fonctions d'instituteur communal, et il ne devrait plus espérer d'être employé en cette qualité. L'administration doit protéger les instituteurs contre de

telles menaces, et leur devoir est de les porter immédiatement à sa connaissance. Je suis persuadé, Monsieur le Préfet, que vous n'hésiterez pas à signaler
à l'autorité supérieure le maire qui se serait permis de faire des propositions
et des menaces de cette nature. MM. les membres des Comités locaux et des
Comités supérieurs doivent vous seconder dans la surveillance que je vous
prie d'exercer à ce sujet.

Recouvrement de la rétribution mensuelle. — On a craint que le recouvrement des rôles de la rétribution mensuelle ne donnât lieu, dans quelques communes, à des difficultés qui pourraient être préjudiciables à l'instituteur et à
l'instruction primaire : il serait possible, a-t-on dit, que des parents, contra-
riés de se voir obligés de verser le montant de cette rétribution dans la caisse
des percepteurs, et par conséquent exposés à des poursuites, faute de payement
immédiat, retirassent leurs enfants de l'École pour les laisser sans instruction,
ou qu'ils leur fissent parcourir de grandes distances, en les envoyant tous les
jours dans une ville voisine pourvue d'Écoles entièrement gratuites. Il a existé
jusqu'à présent une très grande variété dans les usages locaux, quant au payement
des frais de l'instruction primaire par les familles, au mode et aux époques de
ce payement. Il n'est pas facile sans doute de rompre des habitudes anciennes,
surtout lorsque des considérations d'intérêt privé viennent s'y joindre. Il peut
donc y avoir des obstacles réels au prompt rétablissement d'un mode nouveau
et uniforme pour le recouvrement de la rétribution mensuelle. Il est du devoir
de l'administration de tenir compte de ces obstacles, et d'examiner les circonstances diverses qui pourraient rendre quelques ménagements nécessaires
du moins pour un temps. Mais il ne faut pas perdre de vue les intentions qui
ont porté le législateur à charger les agents du Trésor de percevoir la rétribution : il a voulu par là soustraire l'instituteur aux embarras, aux lenteurs, aux
tracasseries que cette perception lui faisait souvent éprouver, et qui ne pouvaient que nuire à la dignité de sa profession ; il s'est proposé de l'assimiler
entièrement aux fonctionnaires publics, ou plutôt de le classer parmi eux, et de
relever ainsi un état qu'il importe de faire rechercher par les hommes les plus
estimables. Il y a lieu d'observer, d'ailleurs, que l'instituteur, dégagé du pénible
soin de recouvrer sa rétribution mensuelle, peut se livrer plus exclusivement
à ses fonctions. Les dispositions adoptées à cet égard auront même, par la suite,
l'avantage de ne laisser exister que des relations de bienveillance entre lui et
les familles. Vous voyez, Monsieur le Préfet, combien de motifs se réunissent
pour réclamer l'exécution régulière de l'article 14 de la loi du 28 juin. Si vous
reconnaissiez, dans les communes de votre département, la nécessité de
quelques exceptions, il conviendrait de ne les admettre que comme temporaires. Vos actes, vos conseils, votre influence, doivent tendre à placer les
instituteurs primaires, en ce qui concerne leurs émoluments éventuels, dans la
position que la loi a voulu leur assurer.

État des élèves indigents qui doivent être reçus dans les Écoles élémentaires. —
Il entre aussi dans les attributions du Conseil municipal de dresser l'état des
élèves qui devront être reçus gratuitement à l'École primaire élémentaire, et
de déterminer, lorsqu'il le juge convenable, le nombre de places gratuites qui
pourront être mises au concours pour l'École primaire supérieure. Mais c'est
dans sa session du mois d'août que le Conseil municipal doit s'occuper de ces
deux objets. Si je vous en entretiens aujourd'hui, c'est principalement parce
que beaucoup de Conseils municipaux n'ont pas rempli les obligations qui leur
sont imposées à cet égard, ensuite parce que ceux qui ont voulu les remplir

ont donné à la loi une interprétation contraire à ses prescriptions, qui sont cependant bien explicites.

Quelques Conseils municipaux, au lieu de dresser comme ils devaient le faire la liste de tous les enfants qui doivent être reçus gratuitement à l'École primaire élémentaire, parce que leurs parents sont indigents, se sont bornés à imposer à l'instituteur l'obligation de recevoir gratuitement un nombre déterminé d'enfants. Ils se sont fondés tantôt sur ce que l'admission de tous les indigents rendrait la classe trop nombreuse, tantôt sur ce qu'il était parfaitement inutile que les enfants dont les parents sont dans telle ou telle position reçussent l'instruction primaire. Ce n'est pas là ce que veut la loi : elle exige impérieusement que *tous* les enfants indigents reçoivent gratuitement l'instruction primaire. Cette obligation est imposée par l'article 14, § 3, et l'article 21, § 2, charge le Comité communal de s'assurer qu'elle a été remplie. Veuillez bien, Monsieur le Préfet, inviter les Conseils municipaux qui n'auraient pas dressé l'état des enfants indigents dans la session du mois d'août dernier, à réparer cette omission dans la prochaine session de mai, et recommander à ceux qui ont donné une fausse interprétation à la loi de se conformer strictement aux obligations qu'elle leur impose. Des instructions à ce sujet vont être données aux Comités d'instruction primaire. Ils vous seconderont dans l'accomplissement de cette tâche.

Nombre de places gratuites dans les Écoles primaires supérieures. — Les communications que j'ai reçues ne m'ont fait remarquer que dans une seule localité une fausse application de la disposition relative aux places gratuites à créer dans les Écoles primaires supérieures. Un Conseil municipal a décidé qu'il y aurait un élève gratuit pour dix élèves payants. Le nombre des places gratuites doit être déterminé d'une manière absolue, et non d'une manière relative. Il convient, dans l'intérêt de l'enseignement, que le nombre des élèves gratuits soit fixé avant l'époque de la reprise annuelle des cours. Il est évident, en effet, que l'élève gratuit qui, par l'effet de l'augmentation progressive du nombre des élèves payants, serait admis à l'École dans le courant de l'année, ne pourrait pas suivre des cours commencés depuis plusieurs mois. Veuillez bien, Monsieur le Préfet, inviter les Conseils municipaux à rectifier les délibérations dans lesquelles le nombre des places gratuites créées aux Écoles primaires supérieures n'aurait pas été fixé d'une manière absolue.

Dans le courant du mois de mai prochain, je vous adresserai les modèles des états sur lesquels vous résumerez les délibérations des Conseils municipaux, et vous établirez le montant des dépenses auxquelles donnera lieu l'entretien des Écoles primaires communales en 1835. Je vous prie d'inviter MM. les Sous-Préfets à se faire remettre exactement les délibérations qu'auront prises à ce sujet les Conseils municipaux dans leur session de mai, à les vérifier sans délai, et à faire régulariser et compléter celles qui ne seraient pas conformes à la loi et aux règlements. Je vous adresse, à cet effet, pour chacun d'eux, un exemplaire de la présente instruction. Je suis persuadé que les retards forcés qu'a éprouvés, dans quelques départements, l'exécution des mesures que j'avais prescrites pour assurer l'entretien des Écoles primaires en 1834 ne se reproduiront pas, et que je recueillerai dans cette circonstance de nouvelles preuves de l'active coopération des autorités administratives et de leur zèle éclairé pour la propagation et l'amélioration de l'enseignement populaire.

Recevez, etc.

Signé : GUIZOT.

Décision relative à l'autorité des Commissions d'examen.

2 Mai 1834.

Le Conseil royal de l'Instruction publique,

Vu la lettre, en date du 18 avril dernier, par laquelle M. le Recteur de.......... fait connaître que le sieur.........., ajourné par la Commission d'examen de......, qui n'avait pas jugé ce candidat en état d'obtenir le brevet de capacité, s'est présenté devant la Commission de...... et a obtenu de cette Commission le brevet qu'il sollicitait, demande si, dans cette circonstance, le brevet est valable, ou bien si le sieur.... doit être astreint à se présenter de nouveau devant la première Commission ;

Considérant qu'aucune disposition de la loi du 28 juin 1833 sur l'instruction primaire n'interdit aux candidats la faculté d'être examinés, pour le brevet de capacité, dans un département autre que celui où ils ont leur domicile légal,

Décide :

Que l'on ne peut apporter aucune atteinte à l'exercice du pouvoir donné par la loi aux Commissions d'examen.

Avis relatif au recouvrement de la rétribution scolaire dans les Écoles congréganistes de filles.

13 Mai 1834.

Le Conseil royal de l'Instruction publique,

Vu la lettre en date du 28 avril dernier, par laquelle M. le Préfet de......... demande si la rétribution qui est exigée des familles aisées dans l'établissement d'instruction primaire de la commune de........, dirigé par les sœurs de la Présentation de la Vierge, ne pourrait, d'après le vœu de ces institutrices, être soumise au même mode de recouvrement que celle des Écoles primaires communales,

Est d'avis qu'on n'est pas autorisé, quant à présent, à appliquer cette disposition de la loi aux institutrices.

Avis relatif à la rétribution scolaire.

16 Mai 1834.

Le Conseil royal de l'Instruction publique,

Consulté sur la question de savoir si la rétribution mensuelle fixée par le Conseil municipal peut être exigée par l'instituteur, pour le mois entier d'un élève qui n'a fréquenté l'École que pendant une partie de ce mois,

Est d'avis que, à moins de convention particulière avec les parents, la rétribution est due pour le mois entier.

Avis relatif à des cours d'instruction primaire tenus par un curé.

20 Mai 1834.

Le Conseil royal de l'Instruction publique,

Vu la lettre en date du 10 mai courant, par laquelle M. le Recteur de....., après avoir exposé que M. le curé de........., se fondant sur l'ordonnance du 17 février 1821, veut donner l'instruction primaire à deux ou trois enfants, demande si, dans ce cas, le curé ne doit point se pourvoir du brevet de capacité,

Est d'avis que l'ordonnance de 1821 ne concerne que l'instruction secondaire, et ne saurait être appliquée à l'instruction primaire;

Qu'un curé donnant à deux ou trois enfants l'instruction primaire n'est pas censé tenir une École;

Qu'un curé voulant tenir une École primaire doit remplir toutes les formalités prescrites par la loi du 28 juin 1833.

Avis relatif à la nomination d'office des instituteurs.

27 Mai 1834.

Le Conseil royal de l'Instruction publique,

Vu la lettre de M. le Recteur de l'Académie de Limoges, en date du 17 mai courant, de laquelle il résulte que le Conseil municipal de la commune de Saint-Laurent-sur-Gorre (Haute-Vienne) se refuse à présenter aucun candidat pour remplir les fonctions d'instituteur, et qu'aucun habitant ne veut accepter les fonctions de membre du Comité local,

Est d'avis que le Comité d'arrondissement, après avoir mis le Conseil municipal en demeure de présenter un instituteur, et après avoir pris l'avis du maire et du curé, doit faire une nomination d'office.

Circulaire du Ministre de l'Instruction publique, relative à l'envoi de livres élémentaires pour les élèves indigents des Écoles primaires communales. 2 juin 1834.

2 Juin 1834.

Monsieur le Recteur, l'Administration de l'Instruction publique a fait, à diverses reprises[1], et notamment depuis l'année 1831 jusqu'en 1834, des envois de livres élémentaires destinés à être distribués dans les Écoles. Ces envois ont eu lieu dans les proportions suivantes, savoir :

En 1831 :

Alphabet ou premier Livre de Lecture.	500 000 exempl.
Petit Catéchisme.	100 000

En 1832 :

Histoire de la Bible par Boissard.	10 000
Instruction pour les Israélites.	5 000
Alphabet ou premier Livre de Lecture.	200 000
Collection de Tableaux de Lecture.	5 000
Petit Catéchisme historique	50 000
Robinson dans son île.	6 000
Petite Arithmétique raisonnée.	25 000

En 1833 :

Alphabet ou premier Livre de Lecture.	300 000
Petit Catéchisme historique	100 000
Petite Arithmétique raisonnée.	30 000
Collection de Tableaux de Lecture.	5 000
Histoire de la Bible.	10 000
Instruction pour les Israélites.	5 000

Je suis disposé à prélever en 1834, sur le crédit ouvert dans le budget de cet exercice pour l'encouragement de l'instruction primaire, des fonds qui seront employés en achats de livres consacrés à la même destination, et qui consisteront surtout en *Alphabet, Livre d'Instruction morale et religieuse, Petite Arithmétique de Vernier, Catéchisme historique, Lectures tirées de la Bible, Manuel de Grammaire, d'Histoire et de Géographie*. Toutefois, avant de prendre une

---

1. Consulter à ce sujet la circulaire d'envoi en date du 13 *décembre* 1833, (*Circulaires et Instructions officielles relatives à l'Instruction publique*, Tome II, page 203).

détermination positive à cet égard, j'ai besoin de connaître avec précision le nombre des ouvrages compris dans les envois des trois années précédentes, qui ont été répartis dans les Écoles, le nombre de ceux qui sont restés en dépôt, enfin les causes qui en ont empêché l'emploi, soit que ces causes proviennent de la routine des instituteurs, des préjugés ou de la parcimonie des familles, soit qu'elles doivent être attribuées à quelques circonstances particulières, dont il est utile, dans tous les cas, que je sois informé.

Je vous invite, Monsieur le Recteur, à recueillir avec soin ces divers renseignements, et à me faire connaître, aussi approximativement qu'il se pourra, le nombre d'exemplaires de ces livres qui, restés sans emploi dans chaque département, se trouveraient dans les bureaux des Préfets, des Sous-Préfets, des mairies ou des Comités. Vous vous concerterez à cet effet avec les autorités administratives qui ont dû concourir à la distribution des livres élémentaires. Vous me transmettrez, en outre, leur avis et le vôtre sur le besoin que les Écoles primaires peuvent avoir, en 1834, des sept ouvrages ci-dessus mentionnés, ainsi que sur le nombre d'exemplaires qu'il serait jugé nécessaire de leur en envoyer ; vous ne perdrez pas de vue, en établissant ce nombre, qu'il ne doit s'appliquer qu'aux élèves indigents, les seuls auxquels il y ait lieu de fournir des livres gratuitement.

Je vous recommande de vous occuper immédiatement de l'objet de la présente lettre. Je désire que votre réponse à ce sujet ne soit différée que le moins qu'il vous sera possible.

Recevez, etc.

Signé : GUIZOT.

---

13 juin 1834.   ## Avis relatif à la présence du maire et de l'adjoint dans les Comités.

13 Juin 1834.

Le Conseil royal de l'Instruction publique,

Vu la lettre de M. le Préfet de........., en date du 28 mai dernier, par laquelle ce magistrat, après avoir exposé que l'article 17 de la loi du 28 juin 1833 et l'article 1er de l'ordonnance du 8 novembre suivant donnent à l'adjoint le droit de présider les Comités locaux d'instruction primaire, en l'absence du maire, demande s'il ne conviendrait pas de permettre à l'adjoint d'assister aux séances en présence du maire, et, dans ce cas, quelle serait l'espèce de participation que les adjoints prendraient aux délibérations du Comité,

Est d'avis que la loi n'appelle auxdits Comités que le maire ou l'adjoint, et non pas le maire et l'adjoint simultanément.

Instruction du Ministre de l'Instruction publique, relative au budget des dépenses de 24 juin 1834. **l'instruction primaire mises à la charge des départements.**

24 Juin 1834.

Monsieur le Préfet[1], le Conseil général de votre département va se réunir. Il aura à voter, conformément aux dispositions de l'article 13 de la loi du 28 juin 1833, les sommes que cette loi met à la charge du département, à l'effet de pourvoir aux dépenses reconnues nécessaires à l'instruction primaire. J'ai quelques explications à vous donner sur la manière de constater le montant de ces dépenses et d'en établir le budget.

Dépenses de l'instruction primaire à la charge du département. — Les dépenses reconnues nécessaires à l'instruction primaire que la loi met à la charge des départements, et auxquelles ils doivent pourvoir avec leurs revenus ordinaires, et, en cas d'insuffisance de ces revenus, au moyen d'une imposition établie jusqu'à concurrence de 2 centimes additionnels au principal des contributions foncière, personnelle et mobilière, sont :

1° Le complément des dépenses ordinaires des Écoles primaires communales, lorsque les ressources que la loi met à la disposition des communes sont insuffisantes ;

2° Les dépenses des Écoles normales primaires ;

3° Les dépenses des Comités supérieurs et des Commissions d'examen ;

4° La fourniture de registres et d'imprimés pour la caisse d'épargne et de prévoyance établie en faveur des instituteurs primaires communaux.

Complément des dépenses ordinaires des Écoles primaires communales. — Les tableaux des dépenses des Écoles primaires communales que vous avez déjà rédigés, et dont le résultat est inscrit sur le tableau n° 9 du rapport que j'ai présenté le 15 avril au Roi, et le tableau que, par ma lettre du 23 de ce mois, je vous invite à rédiger pour 1835, vous mettront à même de faire connaître au Conseil général la portion de ces dépenses qui doit échoir à la charge du département. Mais, dans quelques départements, plusieurs communes resteront probablement dépourvues d'instituteurs en 1835. Je viens d'adresser à MM. les Recteurs une circulaire, dont je vous envoie copie, par laquelle je les invite à vous remettre l'état nominatif des instituteurs primaires communaux en fonction au 1er juillet prochain. Cet état, dont vous aurez à remplir les dernières colonnes, vous fera connaître les sommes à fournir, à titre de complément, aux communes aujourd'hui pourvues d'Écoles. Je n'ai pas besoin de vous faire observer qu'à ces sommes il conviendra d'ajouter celles que vous jugerez nécessaires pour les communes qui n'ont pas encore d'École publique, et dans lesquelles il pourra en être établi avant la fin de 1835.

---

1. Consulter la circulaire du 27 *avril* 1834, ci-dessus, page 123, et celle du 23 *juin* 1834 sur la rédaction matérielle des états (*Circulaires et Instructions officielles relatives à l'Instruction publique*, Tome II, page 254).
Voir les circulaires du 31 *juillet* 1834 aux Préfets et aux Recteurs pour le règlement transitoire du service des dépenses de l'instruction primaire en 1834 (*Ibid.*, Tome II, pages 276, 284).

Dépenses des Écoles normales primaires. — Le budget des dépenses de l'École normale primaire pour 1834, dont je vous ai envoyé une copie, ainsi que les détails consignés dans les tableaux n°s 11 et 14 annexés à mon rapport précité, vous feront connaître les dépenses que le département aura à supporter pour cet objet. J'ai, d'ailleurs, invité MM. les Recteurs, par la lettre dont je vous envoie copie, à faire dresser immédiatement le budget de l'École normale primaire pour 1835, et à vous l'adresser avant la prochaine réunion du Conseil général. Vous serez ainsi parfaitement en mesure de faire à ce Conseil des propositions au sujet de l'allocation qu'il aura à voter pour cet objet.

Dans le cas où votre département serait réuni à un autre pour l'entretien de l'École normale primaire, vous ne perdrez pas de vue que les dépenses ordinaires de cette École, autres que celles des bourses, doivent, conformément aux dispositions de l'article 21 de l'ordonnance du 16 juillet 1833, être réparties entre tous les départements réunis, dans la proportion de la population, du nombre des communes et du montant des contributions foncière, personnelle et mobilière.

Dépenses des Comités supérieurs et des Commissions d'examen. — Les dépenses des Comités supérieurs et des Commissions d'examen ont dû aussi être mises à la charge des fonds départementaux. Ces dépenses consistent dans la fourniture d'impressions, de papier, encre, plumes, etc., à faire à ces assemblées; et de plus : 1° pour les Comités supérieurs, dans les indemnités à accorder pour les travaux extraordinaires et urgents qu'ils seraient dans la nécessité de confier à des employés temporaires; 2° pour les Commissions d'examen, dans les indemnités à accorder aux Inspecteurs d'Académie, pour qu'ils se transportent dans les chefs-lieux de département à l'effet d'y présider les deux réunions ordinaires annuelles desdites Commissions.

Ces deux articles de dépense sont portés dans les tableaux n°s 13 et 14, annexés à mon rapport précité. Ils ont été calculés d'après les bases ci-après : 200 francs par Comité supérieur, lorsqu'il n'y en a qu'un par arrondissement, et 100 francs par Comité, lorsqu'il en existe plusieurs dans le même arrondissement; 200 francs par Commission d'examen, lorsqu'il n'en existe qu'une par département, et 100 francs par Commission, lorsqu'il en existe plusieurs dans le même département. Au surplus, ces sommes ne sont que de simples prévisions. Je peux les augmenter, si la nécessité m'en est démontrée, de même que si ces sommes n'étaient pas entièrement employées, la portion restée libre devrait faire retour aux fonds départementaux.

Fourniture de registres et d'imprimés pour la caisse d'épargne. — La dépense pour fourniture de registres et d'imprimés à la caisse d'épargne et de prévoyance établie en faveur des instituteurs primaires communaux ne me semble pas devoir s'élever à plus de 300 francs. C'est aussi, du reste, une simple prévision, qui ne se réalisera que lorsque cette caisse sera effectivement organisée.

Rédaction du budget des dépenses de l'instruction primaire à la charge du département. — Je me suis concerté avec M. le Ministre de l'Intérieur, au sujet du mode d'ordonnancement des dépenses affectées à l'instruction primaire. Cette dépense avait été portée en partie pour 1834 dans les budgets des dépenses départementales; et c'est pour ce motif que j'ai donné mon adhésion à ce que les ordonnances de délégation pour ce service fussent délivrées par mon collègue. Mais il a été reconnu, en même temps, que cet ordonnancement devait avoir lieu à l'avenir par mes soins, et il a été décidé, en conséquence, qu'il

10.

serait dressé un budget spécial pour les dépenses de l'instruction primaire acquittées avec les fonds départementaux, de même que l'on rédige un budget spécial pour les dépenses cadastrales. Je vous adresse le modèle de ce budget.

Les fonds que les départements peuvent affecter aux dépenses de l'instruction primaire sont de deux sortes : le produit des centimes facultatifs et celui des centimes votés en exécution de l'article 13 de la loi du 28 juin 1833.

M. le Ministre de l'Intérieur et moi nous avons décidé que, lorsque le Conseil général pourrait affecter une portion des 5 centimes facultatifs aux dépenses de l'instruction primaire, cette portion serait exprimée en nombre rond de centimes ou de dixièmes de centimes, et qu'on porterait, dans les budgets respectifs des dépenses départementales et de l'instruction primaire, la somme applicable à chacun de ces services. Ainsi, dans le cas où sur les 5 centimes facultatifs, les Conseils généraux pourraient appliquer neuf dixièmes de centime à l'instruction primaire, on portera les sommes afférentes à cette fraction de centime dans le budget de l'instruction primaire, et on ne comprendra dans celui des dépenses départementales que les sommes afférentes à 4 centimes et un dixième. C'est d'après ces bases qu'est dressé le modèle de budget que je vous envoie.

Après avoir établi le montant des dépenses ordinaires obligatoires, et l'avoir comparé aux ressources du département, vous inscrirez dans le chapitre 1er de la IIe partie, soit la totalité de ces dépenses, soit la portion qui doit être acquittée par le département. Il convient de faire un seul total de toutes ces dépenses, afin de prévenir les retards qui pourraient avoir lieu dans le payement de quelques-unes d'entre elles, si le montant n'en avait pas été bien apprécié.

Vous inscrirez également dans le chapitre 1er de la Ire partie, d'abord la portion des centimes facultatifs qui pourra être affectée aux dépenses de l'instruction primaire, ensuite, l'imposition que vous jugerez convenable de proposer au Conseil de voter, conformément aux dispositions de l'article 13 de la loi du 28 juin.

Je dois vous faire observer, à cette occasion, qu'il ne faut pas confondre les centimes facultatifs avec les centimes dont l'imposition est autorisée par la loi précitée; que l'affectation de 1 ou de 2 centimes facultatifs aux dépenses de l'instruction primaire ne dispense pas d'établir, s'il y a lieu, l'imposition de 2 centimes additionnels. En effet, d'après l'esprit, comme d'après le texte de l'article 13, ces 2 centimes doivent être imposés en cas d'insuffisance des ressources ordinaires; et, comme les 5 centimes facultatifs font partie de ces ressources ordinaires, on doit, si cela est nécessaire, les établir intégralement, et, s'ils ne suffisent pas, recourir aussi à l'imposition de 2 centimes additionnels.

Dépenses extraordinaires. — Les Conseils généraux des départements où l'on pourra acquitter les dépenses ordinaires de l'instruction primaire, sans épuiser le produit des 2 centimes additionnels, seront libres d'affecter la partie disponible de ces 2 centimes, ou des 5 centimes facultatifs, aux dépenses extraordinaires de l'instruction primaire; mais je vous prie de leur faire observer qu'ils ne peuvent voter aucune dépense de cette dernière nature, avant d'avoir assuré le service des dépenses ordinaires.

Vous examinerez, Monsieur le Préfet, les divers articles de dépenses extraordinaires que j'ai énumérés dans le chapitre II de la IIe partie du budget, et vous inscrirez, en regard de chacun de ces articles, le chiffre des propositions que vous croirez devoir présenter au Conseil général ; si quelque dépense extraordinaire que je n'ai pas prévue pouvait intéresser le département, vous l'ajouteriez à ce chapitre.

Parmi ces dépenses extraordinaires se trouvent celles qui se rapportent à l'École normale. Les autres ont pour objet les subventions aux communes pour construction, réparation et acquisition de maisons d'école ; les dons à la caisse d'épargne établie en faveur des instituteurs primaires communaux ; les encouragements pour l'instruction des filles ; les subventions pour l'établissement et l'entretien de classes d'adultes et de salles d'asile ; les subventions à des Écoles spécialement désignées, telles que celles où les élèves-maîtres de l'École normale primaire vont s'exercer aux fonctions de l'enseignement ; les encouragements, prix et récompenses à décerner aux instituteurs et à ceux de leurs élèves qui se distinguent, etc., etc. L'utilité de ces dépenses ne saurait être contestée, et il est à désirer que, si le département a des ressources suffisantes, le Conseil général en affecte une partie aux divers besoins que le pays peut éprouver, sous ce rapport.

Dépenses de l'instruction primaire en 1834. — La réunion des Conseils généraux en 1833 a eu lieu à une époque trop rapprochée de la promulgation de la loi du 28 juin, pour qu'il fût possible de leur faire des propositions bien exactes sur les charges que cette loi impose à chaque département. Aussi est-il arrivé que, dans quarante-et-un départements, les sommes votées par les Conseils généraux sont supérieures aux besoins, tandis que, dans trente départements, elles sont insuffisantes. Les quinze autres départements ont satisfait complètement aux prescriptions de la loi, en votant, indépendamment de la partie de leurs revenus ordinaires qu'ils ont pu affecter à l'instruction primaire, l'imposition autorisée par l'article 13. Le tableau n° 13, annexé à mon rapport au Roi, fait connaître la position dans laquelle se trouve, à cet égard, chaque département.

Excédent des sommes votées pour les dépenses de l'instruction primaire en 1834, sur les besoins de ce service. — Si votre département est au nombre de ceux dans lesquels les sommes votées par le Conseil général sont supérieures au montant des dépenses ordinaires de l'instruction primaire, et, si ce Conseil n'a pas indiqué la destination qu'il voulait donner à cet excédent de vote, vous voudrez bien l'inviter à délibérer sur cet objet.

Il pourra ou affecter cet excédent à accorder des subventions aux communes, pour acquisition, construction ou réparations de maisons d'école, comme l'indique le tableau n° 12, annexé à mon rapport précité, ou l'appliquer au payement des dépenses de 1835. Dans ce dernier cas, vous auriez soin d'indiquer, dans la Iʳᵉ partie du budget, la portion des sommes votées en 1834 qui serait destinée à payer des dépenses de 1835.

Insuffisance du vote pour les dépenses de 1834. — Quant aux départements dans lesquels le produit du vote du Conseil général est inférieur au montant des dépenses ordinaires, je n'ai usé de la faculté de les faire imposer d'office qu'à l'égard de ceux qui s'étaient référés à ce que l'administration jugerait convenable de faire à ce sujet, ou pour lesquels MM. les Préfets m'en avaient adressé formellement la proposition. J'ai pensé que l'insuffisance de leur vote pouvait être attribuée à ce qu'ils n'avaient pas une connaissance bien précise des charges que devait supporter pour cet objet le département ; et j'ai, d'ailleurs, espéré que ces Conseils s'empresseraient de voter dans leur session de 1834 le complément des sommes nécessaires pour acquitter ces charges.

Moyen de suppléer à l'insuffisance de ce vote. — Si votre département se trouve dans cette catégorie, vous aurez soin de donner connaissance au Conseil général du déficit que présente le vote de 1833, et de l'inviter à voter les sommes nécessaires pour le couvrir. Si le Conseil n'avait pas voté en 1833 l'imposition des 2 centimes autorisés par la loi du 28 juin, ou s'il n'en avait voté qu'une partie, il pourrait, ou voter cette imposition, ou en compléter le montant, indépendamment de l'imposition à laquelle il serait dans le cas de recourir pour 1835, laquelle imposition doit rester entièrement distincte de celle qui s'appliquerait aux dépenses de 1834; mais il serait préférable, si une portion des centimes facultatifs de 1834 restait disponible, qu'elle fût employée à compléter le payement des dépenses de cet exercice, parce qu'alors on ne serait pas dans la nécessité d'ajourner en 1835 le payement du complément de traitement des instituteurs.

Les sommes votées pour cet objet par les Conseils généraux, avec l'indication de leur origine et les dépenses auxquelles elles sont destinées à pourvoir, seront inscrites dans le chapitre II du titre des recettes et dans le chapitre III du titre des dépenses.

Nécessité de cette mesure. — Le Conseil général sentira, je l'espère, combien il importe que je veille exactement à ce que chaque département acquitte toutes les charges que lui impose la loi. Si je prélevais sur les fonds de l'État la somme nécessaire pour suppléer à l'insuffisance des sommes votées dans quelques départements, ceux qui n'ont pas hésité à remplir toutes les obligations que la loi leur impose pourraient à juste titre se plaindre d'avoir été victimes de leur exactitude à se conformer aux prescriptions qu'elle renferme. Ce serait, d'ailleurs, un très mauvais précédent à offrir aux Conseils généraux, qui seraient autorisés à croire qu'ils peuvent ne voter qu'une partie des dépenses que la loi met à leur charge, et que le surplus sera acquitté sur les fonds de l'État affectés à l'instruction primaire; fonds qui sont cependant bien modiques, comparativement aux besoins auxquels ils doivent satisfaire. Ils ne s'élèvent, en effet, qu'à 1 600 000 francs, et lorsqu'on a prélevé sur cette somme celle de 700 000 francs, qui, aux termes de la loi, doit concourir avec les fonds départementaux à compléter le payement des dépenses ordinaires de l'instruction primaire, il ne reste plus que 900 000 francs à distribuer aux communes, pour les encourager à construire et à acheter des maisons d'école. Je dois, par conséquent, tenir la main à ce que cette somme ne soit pas détournée de sa destination.

J'aime à croire que le Conseil général se rendra à l'évidence de ces raisons, qu'il s'empressera de voter les sommes nécessaires pour suppléer, s'il y a lieu, à l'insuffisance des votes de 1833, et que je ne serai pas dans la pénible nécessité de faire établir, comme la loi m'en donne le droit, une imposition d'office pour assurer le service des dépenses de l'instruction primaire, tant pour 1834 que pour 1835. Les membres du Conseil général qui viennent de recevoir de leurs concitoyens la mission d'étudier les besoins du pays, et d'appliquer les ressources du département à y satisfaire, savent que l'amélioration et la propagation de l'instruction primaire figurent au premier rang parmi ces besoins; qu'elles sont vivement désirées par tous les hommes éclairés; que c'est l'un des meilleurs moyens, d'une part, d'amener, dans l'industrie agricole et manufacturière, les perfectionnements qu'elle réclame; d'autre part, d'améliorer la situation morale des populations, et, en gravant profondément dans leur esprit l'idée du devoir, de les éloigner des idées comme des passions anarchiques. Les Chambres, par leur empressement à voter les sommes réclamées pour l'instruction primaire, ont prouvé qu'elles étaient pénétrées de l'importance de ces vérités, et je suis persuadé que le Conseil général de votre département, animé des mêmes vues, apportera le même zèle à en assurer la prompte et efficace application.

Je vous prie de placer sous les yeux du Conseil général l'exemplaire du rapport au Roi sur l'exécution de la loi sur l'instruction primaire, que je vous ai adressé. Le compte de l'emploi des fonds votés par les Conseils généraux pour ce service sera, à l'avenir, compris dans le rapport que je présenterai tous les ans à Sa Majesté. Un compte spécial des sommes votées pour chaque département sera aussi soumis tous les ans au Conseil général, afin qu'il l'examine et qu'il s'assure que la plus sévère économie a présidé à l'emploi de ces sommes.

Vous m'adresserez, le 1er août prochain, le budget des dépenses de l'instruction primaire que la loi du 28 juin met à la charge des départements, en double expédition, avec la délibération que ce Conseil aura prise au sujet de l'instruction primaire, le budget de l'École normale que doit vous envoyer M. le Recteur, et les observations du Conseil général sur ce budget. Ces observations seront, de ma part, l'objet d'un examen attentif. Je vous renverrai ces deux budgets, après les avoir approuvés. Vous aurez soin aussi de me faire connaître le nombre de centimes facultatifs qu'aura votés le Conseil général tant pour les dépenses départementales, que pour les dépenses spéciales de l'enseignement primaire.

Recevez, etc.

Signé : GUIZOT.

---

24 juin 1834.   **Circulaire du Ministre de l'Instruction publique, relative au budget des dépenses des Écoles normales pour 1855.**

24 Juin 1834.

Monsieur le Recteur, les Conseils généraux des départements sont convoqués pour le 12 juillet prochain, et il convient de s'occuper immédiatement de la rédaction de l'état des dépenses auxquelles donnera lieu en 1835 l'entretien de l'École normale primaire, qui doit leur être présenté. Je vous invite, en conséquence, à convoquer sans délai les Commissions de surveillance de ces Écoles, afin qu'elles préparent ce travail. Je vous envoie, pour chacune d'elles, un exemplaire de la présente circulaire et les cadres sur lesquels elles doivent dresser le projet de budget de ces Écoles.

Je dois vous donner quelques explications sur les divers articles de recette et de dépense dont se compose le budget de ces établissements.

Dépenses ordinaires. — Les traitements du directeur, des maîtres adjoints et des maîtres d'étude ou surveillants doivent être réglés par moi sur la proposition de la Commission de surveillance de l'École normale primaire, et après avoir pris l'avis du Conseil académique et du Conseil royal. Il en est de même des gages du portier. Quant aux gages des autres domestiques, tels que le cuisinier ou ceux qui seraient particulièrement attachés au service de la personne des élèves-maîtres, il m'appartient de les régler de la même manière; mais ils doivent être prélevés sur le produit des bourses. La même marche doit être suivie à l'égard des honoraires du médecin. Cette distinction n'a pas été constamment observée dans la rédaction des budgets de 1834.

L'article 5 s'applique aux frais de location du bâtiment où l'École est placée. J'ai déjà fait remarquer combien il importe que cet établissement se trouve dans un local qui soit la propriété du département, ou de la commune siège de l'École normale. Dans le cas où l'une des Écoles normales de votre Académie serait placée dans un bâtiment loué, vous voudrez bien vous concerter avec M. le Préfet, auquel j'ai, d'ailleurs, déjà écrit à ce sujet, afin qu'il propose au Conseil général d'allouer les fonds nécessaires pour que l'École puisse être placée dans un local appartenant au département. Il est urgent surtout qu'il en soit ainsi pour les Écoles établies dans les chefs-lieux d'Académie.

Les articles 6 et 7 concernent l'entretien et la conservation des bâtiments et l'entretien du mobilier.

Les articles 8, 9 et 10 sont relatifs aux achats de livres pour l'usage journalier des élèves, à l'entretien des instruments et aux frais des manipulations chimiques, enfin à d'autres menues dépenses, telles que fourniture de papier, plumes, encre, etc., tant pour les élèves-maîtres que pour la Commission de surveillance et pour le directeur de l'École. Je dois vous faire observer, à cette occasion, que pour faciliter l'accès de l'École aux personnes qui veulent se livrer à l'état peu lucratif d'instituteur primaire dans les communes rurales, il convient que tous ces objets, de même que l'enseignement, leur soient fournis gratuitement.

L'article 11 s'applique aux dépenses des bourses. J'insiste pour que ce service soit organisé à partir de 1835, s'il ne l'est déjà en 1834, dans toutes les Écoles normales primaires, comme l'est le service analogue dans les Collèges royaux. Il faut que le boni qui peut être réalisé sur le produit des bourses profite non au directeur de l'École, mais à l'établissement lui-même; qu'il soit placé en son nom au Trésor royal, où qu'il serve à acheter des rentes sur l'État.

La fixation du prix des bourses n'a pas été faite avec une exactitude parfaite. Cela provient de ce que les Commissions de surveillance ignoraient quelles sont les dépenses auxquelles il doit être pourvu avec le produit de ces bourses. Il convient de les appeler à prendre une délibération spéciale sur cet objet. Les détails portés à l'article 11 du titre des dépenses font connaître celles qui doivent être acquittées avec le produit des bourses. Ce produit ne doit servir ni à payer les traitements du directeur et des maîtres adjoints, ou les frais de location et d'entretien du bâtiment dans lequel l'École est placée, ni à solder les frais d'achat des livres et des autres objets nécessaires à l'enseignement. Toutes ces dépenses doivent être acquittées avec les fonds départementaux et avec la subvention que j'allouerai sur les fonds de l'État. Il convient, en conséquence, que le prix de la bourse soit établi de nouveau en prenant pour base le montant probable des dépenses qu'elle doit servir à acquitter, et en ayant égard aux variations qui peuvent survenir dans le prix des denrées. Vous aurez soin de faire observer à la Commission de surveillance que les vacances qu'elle jugerait convenable d'accorder aux élèves-maîtres ne sont pas obligatoires, que ces élèves peuvent, s'ils le veulent, rester à l'École, et qu'elle doit prendre cette circonstance en considération lorsqu'elle fixera le prix de la bourse. Vous aurez soin d'adresser à M. le Préfet, ainsi qu'à moi, une copie de la délibération que prendra à ce sujet la Commission de surveillance. Vous accompagnerez cet envoi de vos observations.

Je vous ai déjà fait remarquer combien il importe que les Écoles normales primaires cessent d'être des externats. Je vous recommande de nouveau de prendre, de concert avec MM. les Préfets, les mesures nécessaires pour faire convertir en internats, à partir de l'année prochaine, celles qui ne le sont pas encore.

Les articles 12 et 13 concernent les indemnités à payer aux élèves-maîtres, et les frais de chauffage et d'éclairage des externats.

L'article 14 s'applique aux dépenses imprévues, dont le chiffre ne saurait, dans aucun cas, être bien élevé, puisque la Commission conserve toujours la faculté de me demander l'ouverture de crédits supplémentaires.

Dépenses extraordinaires. — Je passe aux dépenses extraordinaires. Les achats de livres pour la bibliothèque et les achats d'instruments d'arpentage, de mathématiques, de physique, etc., constituent une dépense extraordinaire, qui pourra se reproduire encore pendant quelques années. Dans la note que la Commission de surveillance devra annexer au budget à l'appui de ses demandes, elle fera connaître les besoins que l'École éprouve sous ce rapport, et l'emploi auquel sont destinés les fonds qu'elle réclamera pour cet objet.

Les articles 3 et 4 sont relatifs aux dépenses qu'il y aurait lieu de faire, soit pour acheter le mobilier nécessaire au service de l'internat, soit pour les acquisitions, constructions et réparations extraordinaires de bâtiments. L'objet de ces dépenses devra être détaillé dans la note que la Commission de surveillance produira à l'appui de son projet de budget.

Je vous prie de recommander spécialement à l'attention de la Commission de surveillance les dépenses portées à l'article 5 qui concernent les indemnités à accorder aux instituteurs en exercice, afin de leur donner les moyens de fréquenter pendant deux ou trois mois les cours de l'École normale, pour qu'ils se mettent en état de mieux remplir les fonctions de l'enseignement. La nécessité et les avantages d'une telle dépense n'ont pas besoin d'être démontrés. Vous aurez soin de faire connaître à la Commission de surveillance la somme qu'il vous semblerait convenable de réclamer pour cet objet de chacun des Conseils généraux des départements réunis pour l'entretien de l'École.

Dans quelques départements, on a cru devoir comprendre dans le budget de l'École normale primaire les dépenses des Écoles primaires dans lesquelles les élèves-maîtres vont s'exercer aux fonctions de l'enseignement. Il en est résulté une confusion qu'il importe de prévenir. Les dépenses de l'École normale, qui est destinée à former des instituteurs pour tout le département, ont été mises par la loi à la charge des fonds départementaux. Les dépenses des Écoles primaires, qui sont destinées à donner de l'instruction aux enfants de chaque commune, ont été mises par la loi à la charge de la commune dans laquelle elles sont établies. Il est évident que, si on comprend ces dernières dépenses dans le budget de l'École normale, on décharge la commune d'une dépense qui la concerne pour la faire peser sur tout le département; on fait plus pour les villes, dont les revenus sont ordinairement si élevés que pour les communes rurales dont les ressources sont si modiques. Il y aurait, dans cette manière d'opérer, oubli complet de l'esprit de la loi et violation des règles qu'elle prescrit. Ainsi, les dépenses des Écoles primaires dans lesquelles les élèves-maîtres vont s'exercer aux fonctions de l'enseignement doivent être mises à la charge des communes où elles sont établies, ou, pour mieux dire, c'est dans les Écoles primaires qu'entretiennent les communes que ces élèves-maîtres doivent aller se livrer à cet exercice. Cette règle doit être rigoureusement observée dans tous les départements qui ne peuvent suffire aux dépenses de l'instruction primaire en s'imposant les 2 centimes additionnels autorisés par la loi du 28 juin. Quant aux départements qui n'ont pas besoin de recourir en entier à cette imposition, rien ne s'oppose à ce qu'ils conservent des Écoles primaires spéciales pour l'enseignement de leurs élèves-maîtres, pourvu que les Conseils généraux votent les fonds nécessaires pour cette dépense, qui, dans aucun cas, ne devra figurer au budget de l'École normale.

Recettes ordinaires. — Les ressources avec lesquelles doivent être acquittées les dépenses ordinaires de l'École normale se composent des rentes appartenant à l'École, des allocations accordées sur les fonds du département et de l'État pour couvrir ces dépenses et celles des bourses, des subventions qui auront été allouées par la ville où l'École est placée, des compléments de bourses à payer par les familles des élèves, du montant de la pension des élèves libres et de celle des maîtres admis à la table commune. Je maintiendrai en 1835 les subventions accordées en 1834 pour contribution au traitement du directeur et des maîtres adjoints, et pour bourses universitaires. Le surplus de la dépense, déduction faite des divers articles de recettes que je viens d'énumérer, devra être prélevé sur les fonds départementaux, et, en conséquence, demandé au Conseil général.

Recettes extraordinaires. — S'il y a lieu à faire des dépenses extraordinaires, soit pour l'acquisition du mobilier nécessaire pour convertir l'École en internat, soit pour acquisition, construction et réparation de bâtiments, je pourrai prélever sur les fonds de l'État, pour contribuer à cette dépense, une subvention qui serait proportionnée aux ressources du département, et qui pourrait s'élever du quart au cinquième de la dépense totale.

Le surplus des dépenses extraordinaires, déduction faite de l'excédent de recettes de l'année précédente et des subventions votées par les communes, devra être prélevé sur les fonds départementaux, et, en conséquence, demandé au Conseil général.

Vous ferez observer à M. le président de la Commission de surveillance que, pour connaître exactement le montant des subventions votées par les communes, tant pour les dépenses ordinaires de l'École normale que pour la création des bourses et l'entretien des instituteurs à cette École, il devra en demander l'état à M. le Préfet.

Vous lui recommanderez aussi de faire remplir exactement tous les détails portés à la première page du budget, et surtout ceux qui sont relatifs au nombre de bourses à créer par chaque département. Ce nombre devra être proportionnellement plus considérable pour les départements qui n'ont pas assez d'instituteurs pour les Écoles que les communes doivent entretenir, que pour ceux dont toutes les communes ont des Écoles. Dans les premiers, il faut non seulement pourvoir aux vacances annuelles, mais encore former des instituteurs pour les communes qui en manquent. Dans les autres, il n'y a qu'à pourvoir aux vacances annuelles, qui peuvent être évaluées à 1 sur 30. Mais les instituteurs ne sortiront pas tous de l'École normale, et les cours de cet établissement doivent durer deux ans. Le nombre des élèves-maîtres de cette École doit donc s'élever, en règle générale, au moins au vingtième du nombre total des Écoles que les communes doivent entretenir.

Aussitôt que le budget sera rédigé, il vous sera envoyé en triple expédition et soumis immédiatement au Conseil académique.

L'une de ces expéditions, accompagnée de la délibération de la Commission de surveillance, relative à la fixation du prix de la bourse, des notes dressées par cette Commission pour motiver les divers articles de recette et de dépense, et des observations du Conseil académique et des vôtres, sera envoyée, avant le 12 juillet, à M. le Préfet, pour être présentée au Conseil général. Les deux autres expéditions me seront envoyées accompagnées des mêmes pièces.

Vous sentirez combien il importe que les budgets des Écoles normales primaires soient remis à MM. les Préfets avant la prochaine session des Conseils généraux. Je vous prie de me donner l'assurance, en m'accusant la réception de cette lettre, que vous avez fait toutes les dispositions nécessaires pour qu'ils leur parviennent en temps utile.

Recevez, etc.

Signé : GUIZOT.

1er juillet 1834.

Avis relatif aux instituteurs adjoints ou sous-maîtres qui tiennent une classe séparée.

1er Juillet 1834.

Le Conseil royal de l'Instruction publique,

Vu la lettre en date du 18 juin dernier, par laquelle M. le Recteur de......, après avoir exposé qu'il existe à...... deux classes tenues par deux frères de l'Instruction chrétienne, aux mêmes heures et dans des locaux séparés; que cependant un seul de ces frères est breveté, et que le second frère lui est adjoint en qualité de sous-maître, demande si le second frère ne doit pas être également breveté,

Est d'avis que deux classes tenues dans des locaux séparés et aux mêmes heures forment deux Écoles distinctes, qui doivent avoir l'une et l'autre un instituteur remplissant toutes les formalités prescrites par la loi.

4 juillet 1834.

Avis relatif aux brevets de capacité antérieurs à la loi du 28 juin 1833[1].

4 Juillet 1834.

Le Conseil royal de l'Instruction publique,

Vu la lettre en date du 19 juin dernier, par laquelle M. le Préfet de...... demande si un candidat examiné avant la loi du 28 juin 1833, et n'ayant pas reçu depuis cette époque le brevet de capacité

---

1. Consulter, pour la délivrance des brevets, la circulaire du 21 *avril* 1834 (*Circulaires et Instructions officielles relatives à l'Instruction publique*, Tome II, page 228).

correspondant à cet examen, peut, à défaut de brevet, présenter le procès-verbal de son examen pour être admis à exercer les fonctions d'instituteur primaire,

Estime qu'il y a lieu de considérer le procès-verbal comme titre valable lorsque la date de l'examen est dûment établie, et que ledit procès-verbal constate que l'examen a été jugé suffisant pour faire obtenir le brevet.

Avis relatif à l'application de la loi du 28 juin 1833 aux Écoles de filles.   4 juillet 1834.

4 Juillet 1834.

Le Conseil royal de l'Instruction publique,

Vu la lettre de M. le Recteur de........ en date du 23 juin dernier, relative à quelques difficultés qui se sont élevées entre l'administration académique et le Comité supérieur de........, au sujet de la nomination des institutrices primaires,

Persiste dans l'avis qu'il a précédemment exprimé à cet égard : la loi du 28 juin 1833 n'est point applicable aux Écoles de filles, ni aux institutrices. L'ancienne législation subsiste à l'égard de ces Écoles, sauf aux Comités actuels à faire ce que cette législation attribuait aux anciens Comités.

Avis relatif à la rétribution mensuelle.   8 juillet 1834.

8 Juillet 1834.

Le Conseil royal de l'Instruction publique,

Vu la lettre en date du 19 juin dernier, par laquelle M. le Préfet de........ demande à partir de quelle époque la rétribution mensuelle qui doit être payée à l'instituteur communal, et dont le taux est fixé par les Conseils municipaux dans leur session du mois de mai, devient obligatoire,

Est d'avis que, comme toutes les allocations des budgets, celle qui concerne l'instituteur communal doit recevoir son exécution à partir du 1er janvier de l'année suivante.

---

18 juillet 1834. **Avis relatif aux cas où il peut être accordé, sur les fonds généraux affectés à l'instruction primaire, des secours ou des encouragements aux instituteurs.**

18 Juillet 1834.

Le Conseil royal de l'Instruction publique,

Considérant que les fonds généraux affectés à l'instruction primaire sont loin de suffire à tous les besoins de cette instruction ; que la loi assure désormais aux instituteurs communaux un sort convenable, et que, dans tous les cas, les fonds de l'État ne doivent contribuer qu'à défaut de ressources locales ;

Est d'avis : 1° en ce qui concerne les instituteurs communaux, que, à moins de circonstances extraordinaires et sauf des exceptions très rares, une allocation ne doit être faite, soit à titre de secours aux instituteurs hors de service, soit à titre d'encouragement aux instituteurs en activité, qu'après que le Comité d'arrondissement et le Recteur auront reconnu et constaté ce que chaque commune peut faire et ce qu'elle fait effectivement en faveur de l'instituteur qui lui a consacré ou qui lui consacre encore ses services ;

2° En ce qui concerne les instituteurs privés, que, aux termes de l'ordonnance du 16 juillet 1833, article 19, ces instituteurs ne peuvent recevoir aucune allocation sur les fonds généraux affectés à l'instruction primaire, qu'à titre d'encouragements et de récompenses, et non à titre de secours.

---

5 août 1834. **En quel cas les élèves d'une École primaire annexée à un établissement d'instruction secondaire sont-ils tenus de payer la rétribution universitaire.**

5 Août 1834.

Le Conseil royal de l'Instruction publique,

Consulté sur la question de savoir si un maître de pension a le droit d'annexer à son établissement une École primaire dont les élèves ne soient pas soumis à la rétribution universitaire,

Est d'avis qu'un maître de pension muni d'un brevet de capacité, et autorisé en conséquence à joindre une École primaire à son établissement, ne doit pas la rétribution universitaire pour les élèves externes qui ne reçoivent que l'instruction primaire ; mais que la rétribution est due pour tous les élèves sans distinction, si le chef de l'établissement secondaire n'est pas muni du brevet de capacité, ou s'il n'a pas un maître spécial muni dudit brevet de capacité.

Avis relatif aux cas où une École primaire communale de garçons peut être confiée à une femme.

8 Août 1834.

Le Conseil royal de l'Instruction publique,

Vu la lettre datée de juillet 1834, par laquelle M. le Recteur de........ demande :

1° Que, dans une commune qui n'aurait qu'une seule École communale, le Conseil municipal ne puisse présenter une institutrice, mais soit tenu de présenter un instituteur pour diriger cette École ;

2° Que, lorsqu'il n'y aura qu'une École communale de garçons et une École privée de filles, le Conseil municipal puisse être autorisé par le Comité d'arrondissement, d'après l'avis du Comité local, à confier à cette dernière École les filles indigentes, moyennant une indemnité, ce qui permettrait de considérer l'École des filles comme ayant un caractère d'École communale, et conséquemment d'appliquer le principe de la séparation des deux sexes,

Est d'avis :

1° Qu'il serait à désirer que le Conseil municipal présentât toujours un instituteur, mais qu'en attendant la nomination de celui-ci, l'instruction primaire pourra être confiée à une institutrice dûment autorisée ;

2° Que rien n'empêche une commune d'accorder à une École privée une indemnité telle que celle dont il est question ; mais qu'il ne résulterait pas de cette circonstance un titre d'École publique, et qu'ainsi on ne pourrait pas empêcher les parents d'envoyer leurs filles à l'instituteur communal.

Avis portant que le maire n'a pas le droit de retenir le certificat délivré par divers conseillers municipaux à un candidat qui demande à exercer les fonctions d'instituteur primaire.

8 Août 1834.

Le Conseil royal de l'Instruction publique,

Vu la lettre de M. le Préfet de........., en date du 23 juillet dernier, relative au sieur.........., instituteur primaire à.........., révoqué de ses fonctions pour motifs graves, et même poursuivi plusieurs fois en police correctionnelle, lequel se plaint de ce que M. le maire

de.......... lui refuse le certificat qui lui est nécessaire pour parvenir
à exercer les fonctions d'instituteur, et même lui rètient celui qui
lui a été délivré par huit conseillers municipaux,

Est d'avis que le maire n'a pas le droit de retenir le certificat délivré par divers conseillers au sieur.......... ; mais qu'il est loisible à
ce magistrat de se borner à certifier la signature desdits conseillers,
ou même d'exprimer formellement sur ledit certificat son opinion
personnelle concernant le sieur..........

---

8 août 1834.   **Circulaire du Ministre de l'Instruction publique, relative au règlement des études**
et des exercices pour les Ecoles primaires.

8 Août 1834.

Monsieur le Recteur,..... Il importe que toute École primaire ait son règlement, qui fixe la durée des classes, les heures d'entrée et de sortie des élèves
pour les différentes saisons de l'année, l'ordre des travaux de chaque séance,
les jours de congé, enfin le temps des vacances..... Chaque Comité d'arrondissement devra s'occuper d'un projet de règlement général, dont il provoquera l'application aux Écoles du ressort, en tenant compte des faits et des
usages particuliers aux différentes communes, et en demandant toujours sur ce
point l'avis des Comités locaux.

Dans quelques Académies cette mesure a reçu un commencement d'exécution, et plusieurs des projets qui m'ont été présentés renferment des dispositions utiles; mais, pour diriger ce travail avec plus de certitude, et pour éviter
ainsi tout retard, il m'a paru nécessaire d'arrêter en Conseil royal, pour les
Écoles primaires élémentaires, un statut contenant des règles générales, que
les Comités fussent à même de consulter au besoin, et qui pût, suivant les circonstances, leur servir de modèle, sans toutefois qu'ils se crussent astreints à
s'y conformer lorsque l'appréciation des circonstances locales, dont ils sont les
juges compétents, leur suggérerait d'autres vues.

Tel est le statut dont je vous adresse quelques exemplaires [1]. Il contient,
comme vous le verrez, Monsieur le Recteur, des principes généraux dont l'application peut produire de bons résultats. Mais, je vous le répète, il ne faut pas
en considérer les dispositions comme arrêtées d'une manière absolue. C'est
seulement la base sur laquelle il convient d'établir les règlements spéciaux de
chaque ressort ou de chaque École, lesquels peuvent varier suivant les localités ; et l'on a évité à dessein d'y faire entrer plus de détail, afin de laisser à la
prudence et au zèle des Comités le soin de proposer ultérieurement toutes les
mesures additionnelles ou toutes les modifications qui leur paraîtraient conformes à l'intérêt de l'instruction primaire.

Je ne doute pas que les honorables membres qui composent ces Comités ne
se fassent un devoir de rassembler le plus tôt possible tous les documents dont
ils auront besoin, de prendre pour chaque commune l'avis du Comité local, et
de me transmettre, après un mûr examen, le résultat de leurs recherches et de

---

1. Ce statut porte la date du 25 avril 1834; voir ci-dessus page 123.

leurs méditations. La discussion des divers projets dans le Conseil académique et une dernière revision en Conseil royal achèveront de donner aux Écoles de votre Académie tous les moyens de propager un bon et solide enseignement.

Vous recevrez sous peu, pour les Écoles primaires supérieures, un statut analogue à celui que vous trouverez ci-joint.

Je vous en envoie un nombre d'exemplaires suffisant pour qu'il puisse en être adressé à tous les Comités d'arrondissement de votre ressort.

Recevez, etc.

Signé : GUIZOT.

Avis relatif à un instituteur primaire communal légalement autorisé à exercer provisoirement ses fonctions.   22 août 1834.

22 Août 1834.

Le Conseil royal de l'Instruction publique,

Consulté sur la question de savoir si un instituteur communal exerçant à titre provisoire a droit, depuis l'époque de son exercice en cette qualité, à tous les avantages attachés au titre d'instituteur primaire communal,

Est d'avis que l'instituteur primaire communal qui exerce en vertu d'une autorisation provisoire délivrée par l'autorité compétente a droit au traitement et aux autres avantages de la place, dès le moment où il est entré en fonctions.

Circulaire du Ministre de l'Instruction publique, relative à la session de septembre des Commissions d'instruction primaire pour l'examen des aspirants au brevet de capacité, et pour les examens d'entrée et de sortie des élèves des Écoles normales primaires.   23 août 1834.

23 Août 1834.

Monsieur le Recteur, aux termes de l'article 4 du règlement du 19 juillet 1833, les Commissions d'instruction primaire doivent se rassembler dans les cinq premiers jours du mois de septembre, pour procéder à l'examen des aspirants aux brevets de capacité. Ces mêmes Commissions sont chargées, par l'article 25 de la loi du 28 juin 1833, de faire les examens d'entrée et de sortie des élèves de l'École normale primaire. Il importe que ces deux opérations aient lieu à la même époque, afin de ne pas trop multiplier les réunions des Commissions d'examen. J'ai décidé, en conséquence, que l'année scolaire 1833-1834 finirait, pour les élèves de l'École normale, le 6 septembre prochain, et que les cours de l'année scolaire 1834-1835 commenceraient le 6 octobre suivant. Dans cet intervalle d'un mois, les maîtres et leurs élèves pourront prendre quelque repos; mais, ainsi que je vous l'ai fait plusieurs fois observer, les vacances ne sont que facultatives : aucun élève ne peut être contraint de quitter l'École pendant leur durée, et il convient que vous vous concertiez avec la Commission de surveillance pour qu'un maître soit toujours à l'École, afin de faire un cours aux élèves qui ne voudront pas rentrer dans leur famille.

Examen de sortie des élèves des Écoles normales primaires. — Les élèves-maîtres qui auront complété leur deuxième année devront subir le même examen que les aspirants aux brevets de capacité. Je vous envoie, sous le nº 1, le modèle de la liste par ordre de mérite des élèves reconnus dignes de recevoir le brevet de capacité d'instituteur. Cette liste fera en même temps connaître la manière dont ils auront subi leur examen sur chacun des objets de l'enseignement qu'ils ont reçu.

Examen des élèves de première année. — Il importe que les élèves-maîtres qui ont suivi le cours de première année justifient qu'ils sont en état de suivre le cours de deuxième année. Ils devront par conséquent subir, à la même époque, un examen sur les divers objets de l'enseignement qu'ils ont reçu. C'est à la suite de cet examen, et après que la Commission d'instruction primaire aura pris connaissance des notes recueillies dans le courant de l'année sur la conduite, l'application, l'aptitude et les progrès de chaque élève, que l'on décidera quels sont ceux qui doivent être admis à passer en deuxième année. Les élèves-maîtres qui ne seraient pas jugés capables de suivre les cours de deuxième année seront exclus de l'École. Néanmoins, s'il existait en leur faveur quelque circonstance particulière, la Commission de surveillance de l'École devrait me le faire connaître, et, sur votre avis, je pourrais les autoriser à redoubler le cours de première année. M. le Préfet aurait à examiner s'il doit continuer à ceux des élèves qui, se trouvant dans cette catégorie, seraient boursiers du département, la bourse ou portion de bourse dont ils jouissent. Les Conseils municipaux devraient être aussi invités à faire connaître leurs intentions à l'égard de ceux de leurs boursiers que j'aurais autorisés à redoubler le cours de première année. Je vous envoie, sous le nº 2, le modèle de la liste par ordre de mérite des élèves-maîtres de première année, avec indication de la manière dont ils ont subi leur examen, et de ceux qui doivent être admis à passer en deuxième année.

Examens d'entrée à l'École normale primaire. — Les examens d'entrée à l'École normale auront aussi lieu pendant cette session du mois de septembre. Je vous prie d'en informer par lettre spéciale les aspirants qui se seraient fait inscrire au secrétariat de l'Académie, et de vous concerter avec MM. les Préfets, pour que l'annonce des jours pendant lesquels aura lieu l'examen reçoive la plus grande publicité. Aussitôt que les projets de budgets de 1835 des Écoles normales primaires et les délibérations des Conseils généraux sur les dépenses de l'instruction primaire m'auront été remis, je réglerai définitivement le nombre des bourses dont les besoins du service rendront l'établissement nécessaire en 1835, et s'il y avait lieu à augmenter le nombre de celles qui existent aujourd'hui, je vous en informerais immédiatement. Je vous envoie, sous le nº 3, le modèle de la liste par ordre de mérite des élèves admis à l'École normale, avec indication de la manière dont ils ont subi leur examen. Les jeunes gens qui ne

---

1. Il n'y a pas lieu de reproduire cette liste ni celles dont il est question ci-dessous.

demandent pas de bourse, et qui offrent de payer leur pension, devront subir aussi cet examen. Il importe, en effet, qu'ils prouvent leur aptitude à suivre les cours de l'École.

Lorsque plusieurs départements seront réunis pour l'entretien de l'École normale primaire, les examens des aspirants des départements dans lesquels il n'y aura pas d'École normale seront faits par les Commissions d'instruction primaire établies au chef-lieu de chacun de ces départements.

Réunion des Commissions d'instruction primaire et de surveillance de l'École normale primaire pour procéder à ces examens. — La loi attribue aux Commissions d'instruction primaire le droit de faire les examens d'entrée et de sortie des élèves de l'École normale. Il convient qu'elles soient aussi chargées d'examiner quels sont les élèves qui doivent être admis à suivre le cours de deuxième année. La Commission de surveillance de l'École devra être invitée à assister à cet examen. La Commission d'instruction primaire remarquera sans doute combien d'utiles renseignements elle peut trouver auprès des membres de la Commission de surveillance, qui donnent tous les jours leurs soins à l'École normale primaire, en ce qui concerne tant l'administration et la discipline que l'enseignement, et qui examinent fréquemment les notes recueillies sur la conduite, le caractère et le travail de chaque élève, et celle-ci sans doute saisira avec empressement cette occasion de prouver que la surveillance qu'elle exerce sur l'École a contribué à hâter les progrès des élèves.

Un exemplaire de chacun des tableaux nos 1, 2 et 3 sera remis à MM. les Préfets des départements du ressort académique, afin qu'ils connaissent la manière dont les élèves boursiers du département ont subi leur examen, et qu'ils soient à même de distribuer les bourses départementales aux aspirants qui en auront été jugés les plus dignes. Vous voudrez bien vous concerter préalablement à ce sujet avec eux.

Examen des aspirants aux brevets de capacité. — Indépendamment des élèves de l'École normale primaire, la Commission d'instruction primaire aura aussi à examiner les aspirants aux brevets de capacité pour l'instruction primaire élémentaire et supérieure, en se conformant aux dispositions du règlement du 19 juillet 1833. Lorsque ces examens seront terminés, vous m'adresserez sur les feuilles ci-jointes la liste par ordre de mérite des jeunes gens auxquels auront été délivrés des brevets de capacité, en y joignant vos observations sur les espérances que le nombre plus ou moins grand des aspirants et le degré de leur capacité vous feront concevoir pour l'amélioration et la propagation de l'instruction primaire dans chaque département.

Je vous prie de faire les dispositions nécessaires pour que toutes ces pièces arrivent au Ministère dans le plus bref délai, et au plus tard avant le 20 septembre, afin que j'aie le temps de vous faire parvenir les observations auxquelles leur examen pourrait donner lieu avant le 6 octobre, jour de l'ouverture de la prochaine année scolaire.

Si un nombre suffisant de membres de la Commission d'instruction primaire ne se présentait pas pour prendre part aux travaux de cette Commission, j'autorise MM. les Inspecteurs ainsi que vous à pourvoir provisoirement au remplacement des membres absents : vous auriez soin de m'en rendre compte dans le plus bref délai.

Je vous adresse des exemplaires de cette lettre pour les Commissions de surveillance de votre ressort, pour les Commissions d'instruction primaire établies dans les villes sièges d'une École normale, et pour les Inspecteurs de votre Académie.

Recevez, etc.

Signé : GUIZOT.

---

26 août 1834. **Décision relative aux formes à suivre par un instituteur primaire qui veut se pourvoir contre un arrêté de révocation.**

26 Août 1834.

Le Conseil royal de l'Instruction publique,

Vu la lettre de M. le Recteur de l'Académie de........., en date du 30 juillet dernier, par laquelle ce fonctionnaire signale comme un oubli fâcheux dans la procédure relative au sieur........., instituteur primaire à........., que le Comité a révoqué de ses fonctions, le défaut de communication à ce Comité du pourvoi formé par le sieur....., contre la décision du Comité,

Arrête que les instituteurs qui voudront se pourvoir contre un arrêté de révocation, devront, en même temps qu'ils adresseront leur pourvoi au Ministre, en donner avis au Comité supérieur qui aura prononcé la révocation.

---

5 sept. 1834. **Avis portant que la place d'instituteur communal ne peut être mise au concours qu'avec le consentement du Conseil municipal.**

5 Septembre 1834.

Le Conseil royal de l'Instruction publique,

Vu la lettre de M. le Préfet de........., en date du 7 juin dernier, relative à la proposition faite par le Comité d'arrondissement de....., de mettre au concours la place d'instituteur communal entre les divers instituteurs subventionnés, afin d'éviter les mauvais choix de la part de certains Conseils municipaux,

Est d'avis qu'on ne peut imposer le concours, à moins qu'il ne soit demandé par les Conseils municipaux ; qu'on ne peut les contraindre d'y recourir, s'ils préfèrent s'en tenir à leur droit de présentation pure et simple.

11.

Avis relatif au droit de la minorité dans les Comités supérieurs d'instruction primaire.

30 sept. 1834.

30 Septembre 1834.

Le Conseil royal de l'Instruction publique,

Consulté sur la question suivante :

La minorité d'un Comité supérieur d'instruction primaire n'a-t-elle pas le droit de faire consigner son avis et ses observations dans le procès-verbal de la délibération ?

Est d'avis de l'affirmative.

Avis relatif à la juridiction des Comités quant à la démission donnée par un instituteur prévenu d'une faute grave.

30 sept. 1834.

30 Septembre 1834.

Le Conseil royal de l'Instruction publique,

Vu la délibération du Comité d'instruction primaire de l'arrondissement de........, d'après laquelle le sieur........., prévenu d'attentat aux mœurs, a été suspendu de ses fonctions, jusqu'au 6 août suivant, jour auquel il a été tenu de comparaître devant ledit Comité, pour y présenter ses moyens de défense ;

Vu la délibération du même Comité, en date du 7 août dernier, par laquelle le Comité, attendu que le sieur........ a donné sa démission de ses fonctions d'instituteur primaire, a été d'avis qu'il n'y avait lieu à statuer sur l'accusation portée contre cet instituteur ;

Considérant que la démission donnée par un instituteur prévenu d'une faute grave ne fait pas cesser la juridiction du Comité, et qu'il importe que justice soit faite,

Est d'avis que l'affaire doit être remise en délibération au Comité de........, qui prononcera ce que de droit.

Avis relatif au brevet de capacité.

3 octobre 1834

3 Octobre 1834.

Le Conseil royal de l'Instruction publique,

Vu la lettre de M. le Recteur de l'Académie de........, en date du

13 septembre dernier, au sujet de la réclamation du sieur........, instituteur primaire à........, contre une délibération du Comité supérieur de l'arrondissement de........, par laquelle il lui est enjoint de se présenter devant la Commission d'examen pour obtenir un nouveau brevet de capacité ;

Vu la nouvelle délibération du 20 août dernier, par laquelle le même Comité persiste dans la décision qu'il a prise à l'égard du sieur........,

Est d'avis que, dans aucun cas, un instituteur déjà muni d'un brevet ne peut être contraint à se pourvoir d'un autre brevet ; mais que le Comité, aux termes de la circulaire du 13 décembre 1833, doit avertir l'instituteur qu'il juge trop peu instruit de travailler à perfectionner son instruction ; lui assigner un délai de trois ou six mois ; et, après ce délai, s'assurer, par lui-même ou par ses délégués, si l'instituteur a mis à profit l'avertissement qui lui a été donné. Dans le cas où ledit instituteur, n'ayant pas tenu compte de cet avertissement, aurait, par là même, encouru le reproche de négligence habituelle, le Comité devrait le mander devant lui et statuer ce que de droit.

---

3 octobre 1834.   **Avis relatif aux fournitures de classe.**

3 Octobre 1834.

Le Conseil royal de l'Instruction publique,

Consulté sur la question de savoir si l'admission gratuite dans une École primaire communale dispense les parents de fournir les crayons, ardoises, plumes, livres, etc., dont la dépense est évaluée à 40 centimes par mois ;

Considérant qu'on ne saurait laisser cette dépense à la charge des instituteurs communaux, sans les priver d'une partie considérable des avantages que la loi a voulu leur assurer,

Est d'avis, qu'à l'exception des livres qui peuvent être fournis gratuitement aux indigents, il y a lieu de laisser à la charge des parents la fourniture des autres objets, tels que crayons, papier, plumes, ardoises, etc.

Décision relative aux brevets de capacité.

10 Octobre 1834.

Le Conseil royal de l'Instruction publique,

Vu la lettre de M. le Recteur de l'Académie de......, en date du 29 septembre dernier, par laquelle ce fonctionnaire, après avoir exposé que la Commission d'examen de........ a délivré des brevets de capacité provisoires, demande que lesdits brevets soient accordés,

Décide que, quoiqu'il ait paru nécessaire, dans les premiers temps qui ont suivi la publication de la loi du 28 juin 1833, de concéder aux Comités la faculté d'accorder des autorisations provisoires de tenir école, lorsqu'il ne se présenterait aucun candidat remplissant toutes les conditions prescrites, on ne saurait admettre des brevets de capacité provisoires, attendu que si la capacité a été reconnue, elle emporte le droit de délivrance d'un brevet définitif; et que dans le cas contraire, il y aurait erreur et contradiction à la reconnaître même provisoirement.

Instruction du Ministre de l'Instruction publique aux Directeurs des Écoles normales primaires, relative à leurs fonctions et à leurs devoirs[1].

11 Octobre 1834.

Monsieur le Directeur, dès que la loi du 28 juin 1833 a été rendue, je me suis empressé de faire bien connaître à tous les instituteurs primaires du Royaume la position qu'elle leur fait et les devoirs qu'elle leur impose. Maintenant la loi est en vigueur ; le zèle des Conseils généraux, des Conseils municipaux, de toute l'administration, répond à la sollicitude législative : partout les Écoles s'organisent, se multiplient, et l'influence des instituteurs primaires deviendra l'une des plus générales et des plus actives auxquelles soit soumise la société.

Or, le succès de l'instruction élémentaire, plus peut-être que de toute autre partie de l'instruction publique, dépend du maître qui la donne ; c'est dans les Écoles normales que se prépare l'avenir des Écoles primaires ; et j'éprouve, Monsieur, le besoin de m'adresser directement à vous pour vous dire avec précision ce que je pense de vos fonctions, de vos devoirs, pour les mettre sous vos yeux dans toute leur étendue, et vous donner les avertissements qui vous aideront à les remplir.

---

1. Voir la circulaire du 23 *août* 1834 sur la discipline et les études dans les Écoles normales (*Circulaires et Instructions officielles relatives à l'Instruction publique*, Tome II, page 299).

La loi du 28 juin a assuré la liberté de l'enseignement primaire ; mais, en lui donnant pour garantie la concurrence des Écoles privées, elle a voulu que les Écoles publiques, instituées au nom de l'État, fussent assujetties à des règles générales et animées d'un même esprit. Je dois donc à vos travaux, Monsieur, l'attention la plus vigilante, et je vous dois également ces communications franches, ces directions assidues, qui peuvent seules vous mettre en mesure de faire prévaloir, dans l'établissement confié à votre zèle, la pensée qui doit constamment présider à l'instruction du peuple.

La tenue et la durée des Écoles dépendent essentiellement d'une bonne administration. Vous ne sauriez apporter trop de vigilance dans les soins souvent minutieux que vous impose cette partie de vos devoirs. D'ailleurs, la bonne gestion des intérêts matériels est l'un des moyens les plus assurés de vous concilier la bienveillance des diverses autorités avec lesquelles vous êtes nécessairement en rapport, et surtout des autorités municipales dont la confiance vous est indispensable. Quelque pures que soient les intentions, rien ne supplée, dans un chef d'école, à l'esprit d'ordre : c'est par là surtout qu'il captive l'estime des pères de famille, à qui l'ordre dans les affaires paraît, à juste titre, inséparable des bons principes et de la sagesse de l'enseignement. Les Écoles normales doivent être administrées avec une régularité qui atteste et garantisse le bon ordre moral auquel elles sont soumises.

Leur administration a lieu tantôt par voie de régie, tantôt en vertu d'un forfait conclu avec le directeur. Quoi qu'on puisse penser du mérite de ces deux systèmes, je n'entends exclure absolument ni l'un ni l'autre ; mais ils ont chacun des périls, sur lesquels j'appelle toute votre attention.

Là où le directeur s'est chargé à forfait de la gestion matérielle de l'École, sa position est délicate. Au dehors comme au dedans de l'École, auprès du public comme auprès des élèves, il peut encourir quelque soupçon d'intérêt et de trafic ; et si, par malheur, quelques actes de lésine viennent convertir en accusations positives ces bruits vagues et irréfléchis, il court le risque de perdre cette considération, cette autorité morale sans lesquelles il ne saurait faire le bien.

Dans le système de régie, c'est de l'écueil contraire qu'il faut se préserver. Tout homme que ne retient point la considération de ses dépenses personnelles se laisse aisément induire à porter, dans l'administration dont il est chargé, une libéralité, un luxe propres à la rehausser et à le rehausser lui-même aux yeux du public. Ainsi, dans quelques Écoles normales, on a imité le régime intérieur des Collèges ; on a voulu y introduire les mêmes uniformes, le même nombre de domestiques, la même variété d'aliments ; on a exempté les élèves-maîtres de ces soins matériels qui doivent naturellement peser sur eux. Les instituteurs primaires perdraient ainsi, dans les établissements mêmes où ils seraient formés, les habitudes de simplicité, de frugalité et de travail personnel qui doivent être celles de leur vie ; on leur créerait des besoins qui plus tard ne seraient point satisfaits, et l'on fomenterait en eux ce dégoût de toute situation modeste, cette soif excessive de bien-être matériel qui tourmente, de nos jours, la destinée de tant d'hommes, en corrompant leur caractère.

Je vous recommande, Monsieur, d'éviter soigneusement ces deux écueils. Si votre École normale est en régie, que votre surveillance de toutes les dépenses n'en soit ni moins active ni moins scrupuleuse ; maintenez-y une simplicité sévère. Si l'entreprise vous est confiée à forfait, écartez de vous avec le plus grand soin toute idée de spéculation ; que rien ne manque, soit à la nourriture des élèves-maîtres, soit à tout le régime de l'établissement, et que personne ne puisse élever le moindre doute sur la moralité et la bienveillance de votre administration.

L'enseignement, dans les Écoles normales primaires, a été réglé par des programmes qui en déterminent les objets et les formes. Vous veillerez à ce que ces programmes soient scrupuleusement observés. Dans plusieurs Écoles, on s'est montré enclin à les dépasser pour étendre sans mesure, et un peu au hasard, les objets de l'enseignement. Sans doute quelque latitude doit être admise à cet égard, en raison de la diversité des circonstances locales ; les limites de l'enseignement peuvent ne pas être les mêmes dans l'École normale d'une grande ville et dans celle d'un département où la population est plus dispersée. Cependant n'oublions jamais que le but des Écoles normales est de former des maîtres d'école, et surtout des maîtres d'école de village : toutes leurs connaissances doivent être solides, pratiques, susceptibles de se transmettre sous la forme d'un enseignement immédiatement utile aux hommes que leur laborieuse condition prive du loisir nécessaire pour la réflexion et l'étude. Une instruction variée et étendue, mais vague et superficielle, rend presque toujours ceux qui l'ont reçue impropres aux fonctions modestes auxquelles ils sont destinés. Ainsi, on ne sait pas lire avec les inflexions de voix convenables, on n'écrit pas correctement, on fait des fautes de grammaire et d'orthographe, et cependant on s'occupe de recherches subtiles et presque savantes sur le mécanisme et la philosophie des langues. Ailleurs, parce que des notions d'agriculture ont été admises dans l'enseignement des Écoles normales, on essaye de les convertir en un véritable cours d'histoire naturelle ; ou bien, parce qu'il convient que les instituteurs sachent rédiger les actes de l'état civil et soient au courant des principales fonctions des autorités municipales, on prétend leur enseigner le droit civil et administratif. Ce sont là des aberrations aussi contraires au vœu de la loi qu'au réel et légitime intérêt des instituteurs et du peuple. Je vous recommande expressément de les prévenir si on essayait de les introduire, de m'en rendre compte et de les faire cesser si elles avaient déjà pénétré dans votre établissement.

Parmi les objets de l'enseignement, il en est un qui réclame de moi une mention particulière ; ou plutôt c'est la loi elle-même qui, en le plaçant en tête de tous les autres, l'a commis plus spécialement à notre zèle : je veux parler de l'instruction morale et religieuse. Votre action à cet égard doit être tantôt directe, tantôt indirecte. Si, par votre caractère et vos exemples, vous êtes parvenu à obtenir dans l'École toute l'autorité dont je souhaite de vous voir revêtu, les leçons morales que vous donnerez seront accueillies avec déférence ; elles seront quelque chose de plus qu'un enseignement pour l'esprit des élèves-maîtres ; elles agiront sur leurs sentiments et sur leurs dispositions intérieures ; elles suppléeront à l'insuffisance de la première éducation, si incomplète, et souvent si vicieuse dans l'état de nos mœurs et de nos lumières. Ne négligez, Monsieur, aucun moyen d'exercer cette salutaire influence ; faites-y servir les conversations particulières aussi bien que les leçons générales ; que ce soit pour vous une pensée constante, une action de tous les moments. Il faut absolument que l'instruction populaire ne s'adresse pas à l'intelligence seule ; il faut qu'elle embrasse l'âme tout entière, et qu'elle éveille surtout cette conscience morale qui doit s'élever et se fortifier à mesure que l'esprit se développe. C'est assez vous dire, Monsieur, quelle importance doit avoir à vos yeux l'instruction religieuse proprement dite. Les instituteurs qui seront appelés à y prendre, dans les Écoles primaires, une part active, doivent y être bien préparés, et la recevoir eux-mêmes, dans les Écoles normales, d'une manière solide et efficace. Ne vous contentez donc point de la régularité des formes et des apparences : il ne suffit pas que certaines observances soient maintenues, que certaines heures soient consacrées à l'instruction religieuse; il faut pouvoir compter sur sa réalité et son efficacité. Je vous invite à me faire exactement connaître ce qui se passe à cet égard dans votre établissement. De concert avec MM. les évêques et les ministres des cultes, je ne négligerai rien pour que le but soit atteint. Vous y contribuerez puissamment vous-même en prenant un soin constant pour qu'aucune des préventions malheureusement trop communes encore ne s'élève entre vous et ceux qui sont plus spécialement chargés de la dispensation des choses saintes : que votre conduite, que votre langage, ne fournissent, à cet égard, aucun prétexte soit au préjugé, soit à la défiance. Vous assurerez ainsi à nos établissements cette bienveillance des familles qui nous est si nécessaire, et vous inspirerez à un grand nombre de gens de bien cette sécurité sur notre avenir moral que les événements ont quelquefois ébranlée, même chez les hommes les plus éclairés.

Pour accomplir toute cette tâche, pour procurer, soit à l'enseignement en général, soit à l'instruction morale et religieuse en particulier, toute leur efficacité, une condition est de rigueur : c'est l'exactitude de la discipline. La discipline ne suffit point pour donner la moralité ni la science ; mais elle seule met les âmes dans la disposition nécessaire pour les recevoir. La discipline inspire le goût et l'habitude de l'ordre, dont elle offre le spectacle ; elle prépare les maîtres à maintenir à leur tour la subordination et la régularité parmi leurs élèves ; et c'est en raison de la vigueur ou du relâchement de la discipline que la jeunesse puise dans les Écoles, ou ce mépris de toute règle qui la rend plus tard rétive au frein des lois, ou cette déférence pour l'autorité légitime qui, dans un État libre, relève la dignité du citoyen.

Si votre École normale est organisée en internat, toutes les conditions d'une bonne discipline sont faciles à obtenir. Si vous n'administrez qu'un externat, les difficultés sont plus grandes, et c'est la principale cause de l'infériorité de cette seconde classe d'établissements. Cependant, gardez-vous bien, même dans ce cas, de rester étranger à la conduite des élèves-maîtres, et de croire que, les leçons une fois données dans l'intérieur de la maison, votre tâche est accomplie. Appliquez-vous, au contraire, à connaître les habitudes, les relations des élèves au dehors ; concertez-vous avec les diverses autorités de la ville pour être toujours informé de tout événement qui pourrait intéresser leur moralité ou leur sort. Visitez-les quelquefois vous-même dans leur domicile, ou faites-les visiter par les maîtres adjoints. Par une vigilance et une bienveillance assidues, vous acquerrez sur eux, même au dehors de l'École, une influence salutaire, et vous atténuerez les inconvénients de l'externat.

Vous le voyez, Monsieur, j'attends beaucoup de vous, car vous avez beaucoup à faire. Vos fonctions ne se bornent ni aux soins administratifs, ni aux travaux de l'enseignement proprement dit : une mission plus étendue vous est confiée ; il faut que votre conduite, votre caractère, soient dans une constante harmonie avec la tâche à laquelle vous vous êtes consacré ; tous vos moments sont en quelque sorte remplis par un même devoir ; il n'y a, pour ainsi dire, point de vie privée pour vous; l'État vous demande plus que le tribut de votre intelligence et de vos connaissances ; c'est l'homme même, l'homme tout entier qu'il réclame, qu'il dévoue à une œuvre sévère de patience, de persévérance et de vertu. Concevez-en bien, Monsieur, toute la difficulté en même temps que toute la grandeur. Depuis longtemps l'enseignement primaire universel était dans les vœux de la France ; mais jamais la tentative de le fonder n'avait été faite d'une manière sérieuse, suivie, et avec des moyens proportionnés à l'étendue de l'entreprise. Plus le temps marche, plus j'acquiers la conviction que nous réussirons dans ce patriotique dessein ; mais il faut accepter dans leur rigueur toutes les conditions qui peuvent seules en assurer le succès ; il ne faut méconnaître ni les obstacles, ni les périls qui y sont attachés, ni même les inquiétudes et les doutes qui subsistent encore dans quelques esprits. C'est un devoir de plus pour l'administration, pour moi surtout, d'apporter une extrême sollicitude dans le choix des hommes, dans la surveillance de leur conduite, de la marche générale des Écoles, de la direction et des résultats de l'enseignement. Vous partagez en une certaine mesure, Monsieur, les devoirs et la responsabilité que le gouvernement du Roi s'est imposés envers la société tout entière. Vous ne sauriez, par trop de soins et de sacrifices, par un dévouement trop absolu, par une attention trop sévère sur vous-même, le seconder dans ses efforts pour l'amélioration véritable de la condition du peuple, et pour les progrès de cette raison, de cette moralité publique qui assurent seules le repos et la liberté des nations.

Je vous invite, Monsieur, à m'accuser réception de cette lettre, et à me donner, en même temps, sur l'état et les besoins de l'École normale que vous dirigez, tous les détails qui pourraient me mettre en mesure d'y apporter les améliorations désirables.

Recevez, etc.

Signé : GUIZOT.

Avis relatif à la retenue à exercer sur le traitement des instituteurs communaux, laïques ou congréganistes.

17 octobre 1834.

17 Octobre 1834.

Le Conseil royal de l'Instruction publique,

Consulté sur la question de savoir si les Frères des Écoles chrétiennes, rétribués par les communes, doivent, ainsi que les autres instituteurs primaires communaux, subir la retenue pour le compte des caisses d'épargne établies au profit desdits instituteurs ;

Considérant que la loi prescrit la retenue pour tout instituteur communal,

Est d'avis que la retenue doit avoir également lieu pour les frères qui sont instituteurs primaires au même titre que les autres instituteurs communaux.

Avis relatif à l'exigibilité des notions de géographie et d'histoire pour les examens du brevet élémentaire.

17 Octobre 1834.

Le Conseil royal de l'Instruction publique,

Consulté sur la question de savoir si les premières notions de géographie et d'histoire non mentionnées dans la loi, mais dans le règlement, sont obligatoires pour les candidats qui se présentent à l'examen de capacité du degré inférieur,

Est d'avis que ces notions sont obligatoires et comme faisant partie de l'instruction religieuse, qui suppose nécessairement quelques connaissances dans ce genre, et comme étant exigées par l'autorité que la loi fondamentale de l'Université charge de faire tous les règlements d'études, et qui a fait celui du 19 juillet 1833, pour assurer la pleine exécution de la loi du 28 juin précédent.

———

Décision relative aux brevets de capacité.

4 Novembre 1834.

Le Conseil royal de l'Instruction publique,

Vu la loi du 28 juin 1833 sur l'instruction primaire, et le règlement du 19 juillet concernant les brevets de capacité et les Commissions d'examen,

Arrête ce qui suit :

ARTICLE 1er. — Le candidat qui, à la suite d'un examen, n'aura pas été admis, ne pourra se présenter devant la même Commission ou devant une autre qu'après un intervalle de six mois.

ART. 2. — Tout candidat qui se présentera devant une Commission d'instruction primaire pour subir l'examen de capacité sera tenu de déclarer si c'est pour la première fois qu'il se présente à cette épreuve ; et, dans le cas où il l'aurait déjà subie, de dire à quelle époque et devant quelle Commission.

Sa déclaration sera inscrite au procès-verbal et signée de lui.

Dans le cas de fausse déclaration de la part du candidat, le brevet qu'il aurait obtenu sera considéré comme non-avenu et ne pourra lui conférer aucun droit dans l'instruction primaire.

ART. 3. — Lorsqu'une Commission aura ajourné un candidat, elle en informera aussitôt le Recteur, qui donnera avis de cet ajournement aux autres Commissions existant dans le ressort de l'Académie, et aux Recteurs des Académies voisines. Chaque Recteur en instruira les Commissions établies dans le ressort académique.

Avis relatif à un instituteur communal breveté reconnu incapable. 2 déc. 1834.

2 Décembre 1834.

Le Conseil royal de l'Instruction publique,

Vu la lettre de M. le Recteur de......., en date du 11 novembre 1834, sur la marche à suivre par les Comités supérieurs, pour constater le défaut de connaissance suffisante d'un instituteur primaire communal ou privé, que le Comité local trouverait trop peu capable, quoique l'instituteur fût muni d'un brevet de capacité,

Émet l'avis suivant :

Le brevet régulièrement délivré est une présomption légale de capacité.

Si, malgré le brevet et la présomption légale qui en résulte, il arrive que, dans les inspections de l'École, on s'aperçoit que l'instituteur manque réellement des connaissances nécessaires à l'exercice régulier et complet de ses fonctions, le Comité, sur le rapport qui lui est fait en conséquence, accorde à cet instituteur, conformément à la circulaire du 13 décembre 1833, un délai de trois ou de six mois.

Au bout de ce temps, une nouvelle inspection constate s'il a profité du délai accordé pour acquérir les connaissances requises ; dans le cas contraire, il est fait un nouveau rapport au Comité, qui statue en vertu de l'article 23 de la loi sur l'instruction primaire.

Avis portant qu'un instituteur communal ne peut pas tenir en même temps une École privée. 2 déc. 1834.

2 Décembre 1834.

Le Conseil royal de l'Instruction publique,

Vu la lettre de M. le Recteur d'Académie de........, en date du 27 novembre dernier, ensemble la lettre de M. le Sous-Préfet de...., du 13 du même mois, sur la question de savoir si un instituteur primaire communal peut être, en même temps, instituteur primaire privé ;

- Considérant qu'en laissant aux instituteurs communaux la faculté d'avoir une classe privée, il y aurait perpétuelle opposition de l'intérêt public et de l'intérêt particulier, et que la discipline et le bon ordre souffriraient nécessairement de cette coexistence sous un même chef de deux Écoles de même nature, l'une publique et l'autre privée,

Estime que l'instituteur primaire communal ne peut pas tenir, en même temps, une École primaire privée.

Avis relatif à un instituteur interdit de ses fonctions.

5 Décembre 1834.

Le Conseil royal de l'Instruction publique,

Vu la lettre de M. le Procureur du Roi près le tribunal civil de..., en date du........, par laquelle ce magistrat, après avoir exposé que le sieur.........., instituteur communal à........, a été interdit pour deux ans de l'exercice de ses fonctions, par jugement de ce tribunal rendu le........, informe que ledit sieur......... a, depuis, adressé au Comité de l'arrondissement de......... un long mémoire, qui n'a pas toutefois été publié, où il se répand en injures grossières contre ses juges, et demande si l'instituteur interdit est encore soumis, conformément à l'article 7 de la loi du 28 juin 1833, à la juridiction du tribunal pour les faits dont il s'est rendu coupable depuis son interdiction à temps,

Est d'avis de ce qui suit :

Un instituteur primaire communal, interdit de ses fonctions pour deux ans, pourra les reprendre au bout de ces deux ans, sans avoir besoin de nouvelles formalités. Il est donc resté revêtu de son titre d'instituteur primaire ; et, dès lors, s'il vient à commettre de nouvelles fautes pendant ces deux années, il doit être soumis aux poursuites et aux peines prescrites par la loi du 28 juin contre les instituteurs primaires.

Avis relatif à un instituteur quittant son poste sans autorisation.

5 Décembre 1834.

Le Conseil royal de l'Instruction publique,

Vu la lettre de M. le Recteur de l'Académie de........, en date du 13 novembre dernier, relative aux mesures à prendre contre tout instituteur primaire communal qui abandonnerait son poste sans autorisation, pour aller s'établir dans une autre localité,

Est d'avis des résolutions suivantes :

Ou l'instituteur communal qui a déserté son École avait obtenu la dispense du service militaire, ou cet instituteur n'était point sujet à la loi du recrutement.

Dans le premier cas, l'instituteur doit être signalé sur-le-champ au Préfet du département et au Ministre de la Guerre, comme ayant perdu son droit à la dispense du service militaire.

Dans le second, l'instituteur est soumis, comme tout autre fonctionnaire de l'Université, aux peines prononcées par les décrets du 17 mars 1808 et du 15 novembre 1811, contre l'abandon des fonctions sans lettre d'exeat.

Avis portant que dans une commune divisée en plusieurs hameaux le curé ou desservant du hameau où est située l'École communale doit être le membre de droit du Comité local. 5 déc. 1834.

5 Décembre 1834.

Le Conseil royal de l'Instruction publique,

Vu la lettre de M. le Recteur de........, en date du 19 novembre dernier, sur la question de savoir lequel des curés ou desservants doit faire partie du Comité local dans une commune divisée en plusieurs hameaux;

Est d'avis que le curé ou desservant du hameau où est située l'École communale doit être le membre de droit du Comité local.

Décision relative aux Commissions d'instruction primaire. 16 déc. 1834.

16 Décembre 1834.

Le Conseil royal de l'Instruction publique,

Vu la lettre de M. le Préfet de........, en date du 14 novembre 1834, et la délibération de la Commission de surveillance de l'École normale primaire de.......;

Vu le statut du 14 décembre 1832, concernant les Écoles normales primaires;

Vu l'article 25 de la loi du 28 juin 1833;

Considérant que, postérieurement au statut du 14 décembre 1832, la loi a établi des Commissions d'instruction primaire qu'elle a chargées de faire les examens d'entrée et de sortie des élèves des Écoles normales primaires, et qu'il convient de suivre le même mode pour les examens dont l'objet est de reconnaître, à la fin de chaque année d'études, ceux des élèves-maîtres qui sont en état de passer aux cours de l'année suivante,

Arrête ce qui suit :

ARTICLE 1er. — Les Commissions d'instruction primaire, instituées par la loi du 28 juin, pour faire les examens d'entrée et de sortie des élèves-maîtres des Écoles normales primaires, sont également chargées de faire les examens de fin d'année, à l'effet de déterminer ceux des élèves-maîtres qui doivent être admis aux cours de la deuxième ou de la troisième année.

ART. 2. — Les membres des Commissions de surveillance ont le droit d'assister auxdits examens et de communiquer aux Commissions d'instruction primaire leurs observations sur la conduite et sur le travail habituel des élèves-maîtres.

---

16 déc. 1834.

Décision relative à la révocation provisoire d'un instituteur communal par un Comité supérieur.

16 Décembre 1834.

Le Conseil royal de l'Instruction publique,

Vu la lettre en date du 1er du présent mois, de M. l'Inspecteur général chargé de l'administration de l'Académie de Paris ;

Consulté sur les points suivants :

1° En cas de révocation d'un instituteur communal par le Comité supérieur, comment doit être entendue la disposition de l'article 23 de la loi du 28 juin, qui déclare exécutoire par provision la décision révocatoire du Comité ?

2° Pendant le délai d'un mois accordé à l'instituteur révoqué pour former son pourvoi, et pendant le temps qui s'écoule jusqu'au jugement du pourvoi, quelle est la position de l'instituteur par rapport au traitement et au logement dont il jouissait avant sa révocation ? Perd-il à la fois, et dans tous les cas de révocation, l'exercice de ses fonctions et tous les avantages qui y étaient attachés ? L'autorité municipale peut-elle légalement lui intimer, aussitôt après la notification de l'arrêté de révocation, l'ordre de vider les lieux et de rendre les clefs de l'École dans les vingt-quatre heures ?

Arrête ce qui suit :

Sur le premier point :

L'instituteur révoqué soit pour négligence habituelle, soit pour faute grave, doit aussitôt cesser tout enseignement dans l'École communale, du jour où la décision qui le révoque lui a été notifiée, sauf au Comité supérieur à pourvoir à ce que les cours de ladite École ne soient pas interrompus, et ce par une autorisation provisoire donnée, soit à un élève-maître tiré de l'École normale ou de l'École modèle la plus voisine, soit à un aide-instituteur, soit à tout autre individu reconnu capable ;

Sur le second point :

Pendant tout le temps qui s'écoule jusqu'à ce qu'il y ait jugement définitif, l'instituteur révoqué doit, comme dans le cas de suspension, continuer à jouir de son logement et de son traitement, s'il n'en a pas été expressément privé par la décision du Comité.

Si le Comité a décidé que l'instituteur révoqué cesserait aussitôt de jouir du logement et du traitement, l'un et l'autre de ces avantages demeurent à la disposition de l'autorité municipale pour être alloués, s'il y a lieu, en tout ou en partie, au maître remplaçant, conformément au dernier paragraphe de l'article 23.

Dans tous les cas où l'instituteur révoqué fait connaître qu'il entend se pourvoir contre la décision qui le révoque, il ne peut être procédé ni à une présentation, ni à une nomination définitive d'un nouvel instituteur, jusqu'à ce que le pourvoi ait été jugé.

Décision relative à la retenue pour le fonds de retraite à laquelle doit être soumis le traitement des Inspecteurs des Écoles primaires. 19 déc. 1834.

19 Décembre 1834.

Le Conseil royal de l'Instruction publique,

Vu le rapport qui lui a été présenté, relativement à la question de savoir si les traitements des Inspecteurs des Écoles primaires doivent être soumis aux retenues pour le fonds de retraite,

Arrête ce qui suit :

ARTICLE 1er. — Les traitements des Inspecteurs des Écoles primaires sont passibles des retenues ci-après, au profit du fonds de retraite :

1° Retenue de 5 pour 100 ou vingtième du traitement ;

2° Retenue du premier mois de traitement ;

3° Retenue du premier mois de chaque augmentation de traitement.

ART. 2. — Le montant de ces retenues, au fur et à mesure qu'elles s'effectueront, sera ordonnancé au nom du caissier de la Caisse des Dépôts et Consignations, et porté au crédit du fonds de retraite des fonctionnaires et employés de l'Université.

Avis relatif au brevet des sœurs institutrices.

26 Décembre 1834.

Le Conseil royal de l'Instruction publique,

Vu la lettre en date du 25 novembre dernier, par laquelle M. le Recteur de l'Académie de...., après avoir exposé que des religieuses appartenant à la congrégation de la Providence, établie à...., lesquelles exercent les fonctions d'institutrices primaires à...., ont refusé de remplir les formalités prescrites par la législation qui régit les Écoles des filles, soumet les questions suivantes :

1° Les sœurs institutrices sont-elles tenues de se pourvoir de brevets de capacité après examen, et d'une autorisation du Recteur?

2° Ou bien, le brevet de capacité doit-il être délivré par le Recteur, sur le vu des lettres d'obédience desdites sœurs?

3° Enfin, leurs Écoles doivent-elles être soumises à la surveillance des Comités d'arrondissement?

Vu la décision royale du 6 janvier 1830, les ordonnances du 3 avril 1820 et du 31 octobre 1821, les circulaires du 3 juin 1819 et du 27 septembre 1820[1],

Est d'avis de ce qui suit :

Les sœurs institutrices ne peuvent se dispenser d'obtenir des brevets de capacité ; mais ces brevets doivent leur être expédiés sur la présentation de leurs lettres d'obédience.

Ces brevets doivent être ensuite déposés entre les mains des supérieures de leur congrégation.

Ces brevets de capacité ne suffisent pas aux sœurs pour tenir école; il leur faut une autorisation délivrée par le Préfet.

Les Écoles primaires de filles sont, comme les Écoles de garçons, soumises à l'inspection des Comités.

1. Voir cette circulaire dans les *Circulaires et Instructions officielles relatives à l'Instruction publique*, Tome Ier, page 388.

Avis relatif à l'érection d'une École primaire en École du degré supérieur. 26 déc. 1834.

26 Décembre 1834.

Le Conseil royal de l'Instruction publique,

Vu la délibération du Conseil municipal de...., en date du...., par laquelle ce Conseil a été d'avis :

1° D'ériger en École du degré supérieur une des Écoles primaires de cette ville ; 2° d'ouvrir un concours pour le choix de l'instituteur qui devra diriger cette École, en y appelant le titulaire actuel, après, toutefois, qu'il se serait muni du brevet de capacité pour l'enseignement supérieur ;

Vu la délibération du Comité supérieur de l'arrondissement de...., en date du...., par laquelle ce Comité a été d'avis que, dans le cas où l'instituteur actuel serait pourvu du brevet de capacité du degré supérieur, le concours ne devait point avoir lieu, ledit instituteur lui paraissant devoir être appelé de plein droit à diriger la nouvelle École ;

Vu la lettre de M. le Procureur du Roi près le tribunal civil de...., par laquelle ce magistrat en sa qualité de vice-président du Comité supérieur, et au nom des membres qui n'ont point partagé l'avis de la majorité sur l'affaire dont il s'agit, soumet au Conseil royal de l'Instruction publique la question suivante : « Lorsqu'une commune élève au degré supérieur une École élémentaire, et que l'instituteur qui la dirigeait s'est pourvu du brevet de capacité de ce degré, ce brevet lui confère-t-il le droit d'être appelé à la direction de la nouvelle École, en sorte que le Conseil municipal ne puisse, dans cette circonstance, ouvrir un concours pour le choix de l'instituteur ? »

Est d'avis de ce qui suit :

Le Conseil municipal a été parfaitement libre de décider que l'École primaire annexée au Collège, au lieu de rester École élémentaire, serait désormais constituée en École supérieure, et que, pour s'éclairer sur le choix des candidats à présenter pour la direction de la nouvelle École, un concours serait ouvert.

L'instituteur primaire élémentaire n'a point à se plaindre, dès qu'on l'admet au concours : il n'avait pas de droit acquis pour la nomination à l'École supérieure.

Mais, outre l'École supérieure qui sera annexée au Collège, la ville ne peut se dispenser d'établir une ou plusieurs Écoles primaires élémentaires, et l'instituteur primaire dont il est question aura tout droit d'être nommé à l'une de ces Écoles élémentaires communales, s'il n'obtient pas l'École supérieure.

---

26 déc. 1834.   **Avis relatif à un militaire voulant être instituteur.**

26 Décembre 1834.

Le Conseil royal de l'Instruction publique,

Vu les diverses pièces relatives à la nomination du sieur...., sous-lieutenant en solde de congé, à la place d'instituteur communal des communes réunies de...., par le Comité supérieur de l'arrondissement de....;

Sur la question de savoir si les attestations des chefs de corps, auxquels le candidat aurait appartenu, ne pourraient pas remplacer le certificat de moralité qui doit être délivré par les maires, aux termes de l'article 4 de la loi du 28 juin, et que le candidat ne peut se procurer, attendu que sa position antérieure ne lui permet pas d'avoir sa résidence dans aucune commune;

Attendu que la loi n'a pas fait de distinction, et qu'elle exige de tout aspirant aux fonctions d'instituteur des certificats de moralité délivrés par des maires de communes,

Est d'avis qu'un ancien militaire en congé, qui ne peut actuellement remplir cette condition, doit attendre qu'il se soit écoulé un intervalle de trois années pour obtenir les certificats exigés par la loi; et, qu'en attendant, s'il offre d'ailleurs toutes les conditions nécessaires, il peut être autorisé provisoirement par le Comité à tenir une École avec l'approbation du Recteur.

---

26 déc. 1834.   **Avis relatif au logement d'un instituteur.**

26 Décembre 1834.

Le Conseil royal de l'Instruction publique,

Vu la lettre de M. le Recteur de...., en date du...., relative à une délibération du Comité d'arrondissement, par laquelle ce Comité propose que les communes puissent louer pour neuf ans des locaux qui seraient affectés à l'École primaire communale et au logement de l'instituteur;

Considérant que, d'une part, la loi a prescrit aux communes de

12.

fournir un local convenablement disposé, et que, d'autre part, l'ordonnance du 16 juillet 1833, voulant que les communes se procurent, le plus tôt possible, un tel local, avec certitude d'en faire jouir à toujours l'instituteur communal, a, par une disposition formelle de l'article 3, limité à six années la durée des baux qu'elles pourraient passer relativement aux maisons d'école ; qu'accorder un plus long délai, ce serait reculer l'époque où la commune pourra devenir propriétaire d'un local pour son École primaire,

Est d'avis que la demande du Comité ne peut être accueillie.

Ordonnance classant à différents chapitres du budget de 1835 les sommes allouées pour encouragements à l'instruction primaire[1].

29 janvier 1835.

29 Janvier 1835.

Louis-Philippe, etc. ;

Sur le rapport de notre Ministre secrétaire d'État au département de l'Instruction publique ;

Vu l'article 15 de la loi du 28 juin 1833, sur l'instruction primaire ;

Vu la loi du 23 juin 1834, portant fixation des dépenses de l'exercice 1835 ;

Vu notre ordonnance du 10 janvier courant, qui ouvre à notre Ministre secrétaire d'État au département de l'Instruction publique un crédit de 460 000 francs, pour l'emploi de la portion des centimes facultatifs affectés par les Conseils généraux aux dépenses de l'instruction primaire ;

Vu notre ordonnance du même jour, qui lui ouvre un autre crédit de 300 000 francs, pour l'emploi des produits spéciaux centralisés au Trésor et affectés aux dépenses des Écoles normales primaires ;

Considérant que le crédit alloué pour encouragement à l'instruction primaire a été réuni au budget de 1835, dans un même chapitre, avec les deux centimes votés par les Conseils généraux, en exécution de la loi du 28 juin 1833, et que ces deux crédits, qui sont imputés sur des fonds différents, doivent former deux chapitres distincts ;

---

1. Consulter au sujet de la préparation du budget de 1836 les circulaires des 20 avril, 23 juillet, 22 août, 28 septembre 1835 (Circulaires et Instructions officielles relatives à l'Instruction publique, Tome II, pages 339, 351, 376, 388) ; consulter au sujet de la pension des élèves-maîtres des Écoles normales les circulaires des 20 avril et 14 septembre 1835 (Ibid., pages 339, 385).

Qu'il importe de classer également au budget de 1835 les crédits ouverts par nos deux ordonnances du 10 janvier courant,

Nous avons ordonné et ordonnons ce qui suit :

ARTICLE 1er. — Le crédit de trois millions alloué au budget du Ministère de l'Instruction publique, exercice 1835, pour dépenses de l'instruction primaire, sera retiré du chapitre 6 de ce budget, et formera un chapitre spécial, chapitre 6 *bis*.

Le crédit de 460 000 francs, ouvert par notre ordonnance du 10 janvier courant, sera classé chapitre 6 *ter*.

Le crédit de 300 000 francs, ouvert par notre ordonnance du même jour, sera classé chapitre 6, n° 4.

ART. 2. — Nos Ministres secrétaires d'État aux départements de l'Instruction publique et des Finances sont chargés, chacun en ce qui le concerne, de l'exécution de la présente ordonnance.

---

24 février 1835.

Décision relative aux retenues des instituteurs communaux, membres de congrégations religieuses.

24 Février 1835.

Le Conseil royal de l'Instruction publique,

Vu les articles 12, 14 et 15 de la loi du 28 juin 1833 ; vu les lettres du Préfet du Loiret, en date du 8 octobre 1834 ; du Préfet de la Seine, en date du 17 du même mois ; du Préfet de l'Oise, en date du 6 janvier 1835 ; du supérieur général des Frères des Écoles chrétiennes de Saint-Yon, en date du 15 octobre 1834 ; et du supérieur général de la Congrégation de l'Instruction chrétienne, en date du 9 décembre de la même année ;

Vu la décision du Conseil en date du 10 octobre 1834 ;

Considérant que la loi prescrit une retenue annuelle sur le traitement fixe de tout instituteur communal, mais que sous ladite dénomination de traitement fixe ne doit pas être comprise l'indemnité permanente que le Conseil municipal pourrait allouer en compensation de la rétribution mensuelle, et pour assurer l'entière gratuité de l'enseignement,

Arrête ce qui suit :

ARTICLE 1er. — La retenue prescrite par l'article 15 de la loi du 28 juin 1833 aura lieu sur les traitements fixes des instituteurs communaux, qui seraient membres de congrégations religieuses, comme sur les traitements fixes de tous autres instituteurs communaux.

ART. 2. — Dans le cas où le Conseil municipal aurait réuni en une seule somme les deux subventions que la loi autorise, sous les dénominations de traitement fixe et de rétribution mensuelle, la retenue n'aurait pas lieu sur la portion de traitement que le Conseil aurait déclaré représenter le produit de la rétribution mensuelle.

ART. 3. — A l'égard des Frères des Écoles chrétiennes et des autres congrégations religieuses légalement autorisées pour l'instruction primaire, la retenue sera faite en faveur du chef de l'École.

Ordonnance établissant dans chaque département un Inspecteur spécial de l'instruction primaire [1].

26 février 1835.

26 Février 1835.

LOUIS-PHILIPPE, etc.,

Sur le rapport, etc.,

Notre Conseil de l'Instruction publique entendu;

Vu la loi du 28 juin 1833, sur l'instruction primaire;

Vu notre ordonnance du 16 juillet de la même année;

Vu la loi de finances du 23 mai 1834;

Nous avons ordonné et ordonnons ce qui suit:

ARTICLE 1er. — Il y aura dans chaque département un Inspecteur spécial de l'instruction primaire.

ART. 2. — La surveillance de l'Inspecteur s'exercera sur tous les établissements d'instruction primaire, y compris les salles d'asile et les classes d'adultes, et conformément aux instructions qui lui seront transmises par le Recteur de l'Académie et le Préfet du département, d'après les ordres de notre Ministre secrétaire d'État de l'Instruction publique.

ART. 3. — Les Inspecteurs de l'instruction primaire seront nommés par notre Ministre de l'Instruction publique, notre Conseil royal entendu [2].

---

1. Consulter les circulaires des 27 *novembre* 1834 (*Circulaires et Instructions officielles relatives à l'Instruction publique*, Tome II, page 315) et 13 *août* 1835 (ci-après, page 192).

2. « Monsieur le Recteur, je suis informé qu'un certain nombre de personnes s'attribuent depuis quelque temps la mission de parcourir les départements, dans la vue d'y établir des sociétés d'émulation pour la propagation de l'instruction primaire au moyen de conférences d'instituteurs.

« Je crois devoir vous prévenir que ces personnes n'ont reçu de moi ni autorisation ni instructions qui aient pu leur conférer un caractère officiel. Je vous recommande donc de surveiller particulièrement les actes de ces voyageurs, et de me faire

Art. 4. — A l'avenir et sauf la première nomination, nul ne pourra être nommé Inspecteur de l'instruction primaire, s'il n'a rempli des fonctions dans les Collèges royaux ou communaux, ou s'il n'a servi avec distinction dans l'instruction primaire, pendant au moins cinq années consécutives, ou s'il n'a été, pendant le même nombre d'années, membre de l'un des Comités institués conformément à l'article 18 de la loi du 28 juin 1833.

---

27 février 1835.   **Règlement relatif aux inspections des Écoles primaires.**

27 Février 1835.

Le Conseil royal de l'Instruction publique,

Vu la loi du 28 juin 1833, sur l'instruction primaire, et l'ordonnance royale du 16 juillet de la même année ;

Vu les statuts des 14 décembre 1832, 19 juillet 1833 et 25 avril 1834 ;

Vu l'ordonnance royale du 26 février 1835 ;

Sur le rapport du conseiller chargé de ce qui concerne l'instruction primaire,

Arrête ce qui suit :

Article 1er. — Dans chaque département, l'Inspecteur de l'instruction primaire dressera tous les ans, d'après les renseignements qui lui seront fournis par le Recteur de l'Académie et par le Préfet du département, ou qu'il aura recueillis lui-même, le tableau des Écoles de son ressort qui devront être de sa part l'objet d'une visite prompte et spéciale.

Ce tableau sera soumis au Recteur et au Préfet.

L'Inspecteur se rendra au moins une fois par an dans chaque chef-lieu d'arrondissement et dans les chefs-lieux de canton, où

connaître ce qu'ils vous paraîtraient avoir de nuisible, soit pour l'enseignement en lui-même, soit pour la direction morale des instituteurs.

« Je crois inutile de vous rappeler ici, Monsieur le Recteur, que toute mesure de l'administration départementale qui pourrait avoir pour but de réunir les instituteurs à l'effet de perfectionner leurs méthodes et de leur assurer le complément d'instruction que réclament les devoirs de leur état ne manquerait pas d'obtenir mon approbation. Je vous prie donc de vous occuper de cet objet, et de seconder, au moins de tous vos efforts, l'impulsion que les autorités municipales ou administratives voudraient donner à cette partie du service.

« Vous aurez soin de me tenir au courant des dispositions dont vous aurez pris l'initiative ou que vous aurez encouragées à cet effet. » (*Circulaire du 14 octobre 1834.*)

une subdivision du Comité d'arrondissement aurait été autorisée. Il demandera, conformément à l'article 20 de la loi du 28 juin 1833, une convocation extraordinaire du Comité. Une conférence s'y établira sur le dernier état de situation de toutes les Écoles primaires du ressort; d'après les indications du Comité et tous autres renseignements, l'Inspecteur visitera spécialement les points où sa présence paraîtra nécessaire.

ART. 2. — Dans toutes les Écoles qu'il visitera, l'Inspecteur portera son attention :

1° Sur l'état matériel et la tenue générale de l'établissement:

2° Sur le caractère moral de l'École:

3° Sur l'enseignement et les méthodes.

Il assistera aux leçons et interrogera les élèves.

ART. 3. — Il examinera spécialement quels livres élémentaires sont en usage ou manquent dans les diverses Écoles, quel nombre d'exemplaires y serait nécessaire pour satisfaire au besoin des élèves pauvres, et comment a été opérée la distribution des livres antérieurement envoyés par le Ministre de l'Instruction publique.

Il s'assurera qu'il n'est fait usage dans les Ecoles publiques que des ouvrages autorisés par le Conseil royal, et que les livres employés dans les Écoles privées ne contiennent rien de contraire à la morale.

ART. 4. — Dans les communes qui, aux termes de l'article 10 de la loi du 28 juin 1833, doivent avoir une École primaire supérieure, l'Inspecteur s'assurera par lui-même si une École de ce degré est effectivement établie, et si tous les cours qui la constituent sont régulièrement organisés.

Il fera chaque année, sur chacune de ces Écoles, un rapport spécial, qu'il adressera au Recteur et au Préfet.

ART. 5. — L'Inspecteur visitera fréquemment l'École normale primaire du département; il s'assurera que les élèves de chaque année suivent régulièrement les cours auxquels ils sont tenus d'après le programme approuvé par le Conseil royal; il surveillera spécialement la bibliothèque et adressera chaque année au Recteur et au Préfet un rapport sur l'état de l'École.

Il notera chaque année, sur un état particulier, combien d'élèves sont déjà sortis de l'École, quel brevet de capacité, élémentaire ou supérieur, ils ont obtenu, combien d'entre eux ont été placés en qualité d'instituteurs communaux, combien attendent encore de l'emploi, et il transmettra au Recteur et au Préfet la liste de ces derniers élèves, afin de hâter et de diriger convenablement leur placement.

ART. 6. — L'Inspecteur de l'instruction primaire fera nécessairement partie de la Commission d'examen établie en vertu de l'article 25 de la loi du 28 juin 1833, et il y remplira les fonctions de secrétaire.

Il assistera également aux examens d'entrée et de sortie et de fin d'année des élèves-maîtres de l'École normale primaire du département.

Les opérations de la Commission terminées, l'Inspecteur transmettra sans délai au Recteur de l'Académie, avec le procès-verbal des séances, un rapport spécial sur les résultats des examens.

ART. 7. — L'Inspecteur donnera une attention particulière aux conférences d'instituteurs qui auront été dûment autorisées. Il assistera quelquefois à ces réunions ; et dans le rapport général, dont il sera parlé ci-après, il rendra compte de leurs travaux.

ART. 8. — Il donnera son avis motivé sur toutes les propositions de secours et d'encouragements de tout genre, en faveur de l'instruction primaire, et constatera le résultat des allocations accordées.

Il fera un rapport spécial sur les instituteurs qui lui paraîtront avoir mérité des médailles et autres distinctions ou encouragements.

ART. 9. — Dans les huit premiers jours du mois d'octobre de chaque année, l'Inspecteur adressera au Recteur et au Préfet un rapport sur tout ce qui concerne l'instruction primaire dans le département, et notamment sur les points spécifiés par le présent statut ; le Recteur et le Préfet y joindront leurs observations, et le transmettront au Ministre de l'Instruction publique. Ce rapport et ces observations seront lus en Conseil royal dans le courant du mois de novembre.

---

3 avril 1835. **Décision portant qu'à l'avenir les Comités d'arrondissement seront consultés sur les demandes des principaux des Collèges communaux, des chefs d'institution et des maîtres de pension, ayant pour objet d'obtenir l'autorisation de tenir une classe primaire dont les élèves externes ne payeront pas la rétribution.**

3 Avril 1835.

Le Conseil royal de l'Instruction publique,

Vu le rapport qui lui a été présenté sur les principaux des Collèges communaux, les chefs d'institution et les maîtres de pension qui, aux termes de l'article 7 du règlement du 27 novembre 1834, peuvent être autorisés à avoir une classe primaire séparée des classes latines, et dont les élèves externes ne sont point passibles de la rétribution,

Arrête :

A partir de l'année scolaire 1835-36, les Comités d'arrondissement seront consultés sur les demandes ayant pour objet l'autorisation dont il s'agit ; les Recteurs joindront les avis des Comités à l'état des chefs d'école qu'ils proposeront d'autoriser.

Les propositions des Recteurs devront être envoyées au Ministre avant le 15 juillet de chaque année.

Les demandes tardivement formées ne seront admises que jusqu'au 1er mars.

Arrêté supprimant et interdisant pour l'avenir les classes dites payantes tenues par des instituteurs primaires communaux de la ville de Paris. 26 juin 1835.

26 Juin 1835.

Le Conseil royal de l'Instruction publique,

Vu la délibération en date du 2 décembre 1834, portant que l'instituteur primaire communal ne peut pas tenir une École primaire privée ;

Vu le statut général du 25 avril 1834, sur les Écoles primaires communales ;

Vu le règlement proposé pour les Écoles mutuelles communales de la ville de Paris, par le Comité central d'instruction primaire, faisant fonctions de Comité d'arrondissement ;

Adoptant les motifs et les dispositions dudit règlement,

Arrête ce qui suit :

ARTICLE 1er. — Les classes dites *payantes*, qui ont été tenues jusqu'à présent par des instituteurs primaires communaux de la ville de Paris, sont supprimées ; elles sont interdites à l'avenir.

ART. 2. — Chaque instituteur communal fera chaque jour aux moniteurs de son École une classe spéciale de deux heures ;

A cet effet, les heures des différentes classes seront ainsi fixées :

De sept heures et demie à huit heures, préparation de la classe pour les moniteurs généraux ;

De huit heures à dix heures, classe des moniteurs ;

De dix heures à une heure, classe du matin des élèves ;

De une heure à deux heures, récréation ;

De deux heures à cinq heures, classe de l'après-midi des élèves.

ART. 3. — Il-y aura classe le jeudi matin ; cette classe sera précédée par une classe de moniteurs, conformément à l'article 2, et les heures distribuées entre les divers enseignements par le Comité de chaque arrondissement municipal, d'après les instructions du Comité central.

ART. 4. — Les dispositions qui précèdent sont applicables aux Écoles mutuelles communales de filles comme aux Écoles mutuelles communales de garçons.

ART. 5. — M. l'Inspecteur général, chargé de l'administration de l'Académie de Paris, notifiera à qui de droit le présent arrêté, et les Inspecteurs spéciaux de l'instruction primaire en surveilleront l'exécution.

---

9 juin 1835.

Catalogue des livres qui devront composer les Bibliothèques des Écoles normales primaires.

Procès-verbaux des **9 Juin, 30 Juin** *et* **7 Juillet 1835.**

Le Conseil royal de l'Instruction publique

Arrête ainsi qu'il suit le catalogue des livres qui devront composer les bibliothèques des Écoles normales primaires :

Instruction morale et religieuse.

La Bible, traduction de Sacy.
Le Nouveau Testament, traduction de Sacy.
Abrégé de l'Histoire de l'Ancien Testament, avec explications, par Mésenguy, 10 vol. in-12.
Imitation de Jésus-Christ.
Catéchisme de Montpellier.
L'Ouvrage des six jours, par Duguet.
Mœurs des Israélites et des Chrétiens, par Fleury.
De l'Existence de Dieu, par Fénelon.
Doctrine chrétienne, par Lhomond.
Histoire de la Religion, par Lhomond.
Choix de Sermons de Bossuet.
Des Devoirs des hommes, par Silvio Pellico.
Premières et secondes Lectures françaises, par Wilm, 2 vol. in-12.
Simon de Nantua et ses Œuvres posthumes, par L. de Jussieu, 1 vol. in-12.
Hymnes du premier âge ou *Cantiques en prose,* imités de l'anglais.

Lecture.

Méthode de Dupont.
    — de Maître.
    — de Meissas et Michelot.
    — de Lavaud.
Cahiers lithographiés de Selves.
    —   — de Levrault.
    —   — de Montizon.
Alphabet et premier Livre de Lecture, et tableaux correspondants.

Écriture.

Méthode de Castairs.
— de Werdet.
— de Taupier.
— de Lavaud.

Langue française.

Grammaire de Lhomond.
— de Guéroult.
— de Noël et Chapsal.
— de Meissas et Michelot.
— de Lorain.
Grammaire générale, par Sacy.
Synonymes français, par Guizot.
Dictionnaire de l'Académie (édition de 1835).
Vocabulaire de Wailly.
Choix d'Oraisons funèbres, de Bossuet, Fléchier, etc.
Œuvres choisies de Fénelon, 6 vol. in-8°.
Esprit de Nicole, 1 vol. in-12.
Fables de La Fontaine.
Boileau (édition d'Amar).
Caractères de La Bruyère.
Petit Carême de Massillon.
Histoire de Charles XII.
Morceaux choisis de Buffon.
Poème de la Religion, suivi de *Polyeucte*, d'*Athalie*, d'*Esther* et de *Mérope*.

Arithmétique, Géométrie et Applications.

Arithmétique de Bezout.
— de Vernier.
Géométrie de Vernier.
— de Legendre.
— de Bergery.
Géométrie pratique de Desnanot.
Dessin linéaire de Francœur.
— — de Lamotte.
— — de Boniface.
— — de Bouillon.
Arpentage et Levé de Plans, par Lamotte.
Tableaux d'Arpentage, par Caubet de Rouen.
Table de Logarithmes, par Callet.

Histoire et Géographie.

Histoire Ancienne de Rollin.
Discours sur l'Histoire universelle, par Bossuet.
Cahiers d'Histoire universelle, par Dumont et Gaillardin.
Abrégé de l'Histoire de France, par Ragon.
Précis de l'Histoire de France, par Caïx et Poirson.
Atlas historique et géographique de Kruse, publié par MM. Lebas et Ansart.
Globe aérophyse de Weyling.

Les trois grandes cartes d'Engelmann, collées sur toile } *Mappemonde, Europe, France.*

Grandes cartes muettes de Levrault.
— — de Meissas et Michelot.

Géographie de Balby.
Géographie de la France, par Lespin.
—   —   par Delapalme.
—   —   par Loriol.
Cours de Géographie de Letronne.
Atlas de Selves.
  —   d'Ansart.
  —   de Meissas et Michelot.

Éléments de Sciences physiques et Applications.

Physique de Péclet.
Chimie de Péclet.
Histoire naturelle, par Delafosse.
Éléments de Technologie, par Francœur.
Géométrie et Mécanique appliquées, par Dupin.
Dessin industriel de Normand.
La Minéralogie populaire, par Brard.
Maître Pierre : *Industrie.*
  —   *Physique.*
  —   *Mécanique.*
  —   *Astronomie.*
Histoire naturelle des Plantes, par Delapalme.
Histoire abrégée des principales Inventions et Découvertes, par Roux-Ferrand.
Alphabet des Arts et Métiers.
Calendrier du bon Cultivateur, par Dombasle.

Musique et Chant.

Méthode de Choron.
  —   de Wilhem.
  —   de Stœpel.
Traité élémentaire et Tableaux, de Quicherat.
Chant de la Table de Pythagore, par Cany de Toulouse.
Chant du Décalogue, par Cany de Toulouse.

Pédagogie.

(Méthodes d'enseignement et principes d'éducation.)

De l'Éducation des Enfants, par Locke.
De l'Éducation des Filles, par Fénelon.
De l'Éducation progressive, par Mme Necker de Saussure.
Entretien sur l'Éducation, par Mœder.
Cours normal des Instituteurs, par de Gérando.
  —   —   par Mlle Sauvan.
Manuel de l'Instituteur primaire ou *Principes généraux de Pédagogie,* par Matter.
Le Visiteur des Écoles, par Matter.
Exposé analytique des Méthodes de l'abbé Gaultier, par L. de Jussieu.
Instruction sur une bonne Méthode d'Enseignement primaire, par Levrault.
Lettres sur l'Éducation religieuse, par Deluc.
Rapport sur l'état de l'Instruction primaire en Allemagne, par V. Cousin.
Rapport au Roi sur l'Instruction primaire en France, par M. le Ministre de l'Instruction publique (1834).
Journal des Salles d'Asile.
Guide des Écoles primaires.

Code de l'Instruction primaire.
Manuel général de l'Instruction primaire.
L'Instituteur, Journal des Écoles primaires.

Le catalogue ci-dessus fut transmis aux Recteurs le 20 *février* 1836, avec les indications complémentaires ci-après :

Liste de livres d'instruction morale et religieuse à l'usage des élèves-maitres protestants dans les Écoles normales primaires.

POUR FACILITER LA LECTURE DE LA BIBLE. — *Introduction à la lecture des Livres saints,* par Cellerier fils. — *Ancien Testament,* 1 vol. in-8º.
Manuel pour faciliter la lecture de l'Ecriture sainte, trad. de l'allemand de Auber; petit vol. in-12.

HISTOIRE SAINTE ET DE L'ÉGLISE. — *La Bible de la jeunesse,* ouvrage cathol., trad. de l'allemand, à l'usage des protestants, par Pellegrin, pasteur des vallées du Piémont, et imprimée à Liège; 2 vol. gros in-12.
La Biographie sacrée, par M. Coquerel; 4 vol. in-8º.

INSTRUCTION RELIGIEUSE. — *Instruction chrétienne,* de Vernet.

APOLOGÉTIQUE. — *Preuves de la divinité de la Religion chrétienne,* trad. de l'anglais de Paley; 2 vol. in-8º.
Essai sur la divine autorité du Nouveau Testament, trad. de l'anglais de Royle; in-12.
Essai sur le plan du fondateur de la Religion chrétienne, trad. de l'allemand de Reinhard; in-8º.

LIVRES DE PIÉTÉ. — *Liturgie de famille,* rédigée par M. Livade, publiée à Lausanne, et réimprimée à Valence.
Sermons de Cellerier; quatre différents recùeils formant 8 vol.
Vues sur le Protestantisme, par Vincent.

Arrêté relatif aux examens des aspirants aux brevets de capacité dans le département de la Seine.

21 juillet 1835.

21 Juillet 1835.

Le Conseil royal de l'Instruction publique,

Vu la loi du 28 juin 1833 sur l'instruction primaire ;

Vu le statut du 19 juillet de la même année, concernant les examens des aspirants aux brevets de capacité;

Vu la lettre adressée par le Préfet de la Seine à l'Inspecteur chargé de l'administration de l'Académie de Paris, et la délibération du Comité central jointe à ladite lettre, ensemble la lettre dudit Inspecteur général,

Arrête ce qui suit :

ARTICLE 1er. — Les examens des aspirants aux brevets de capacité dans le département de la Seine seront annoncés quinze jours d'avance par un arrêté publié et affiché, qui indiquera le lieu, les jours et les heures où les examens auront lieu.

ART. 2. — Des places distinctes seront réservées pour les membres du Comité central et des divers Comités locaux de la ville de Paris.

ART. 3. — Après la clôture de chaque session d'examen, l'Inspecteur général chargé de l'administration de l'Académie de Paris, auquel la Commission doit adresser une liste par ordre de mérite de tous les candidats qui ont été reçus, enverra au Comité central un duplicata de cette liste.

ART. 4. — Désormais, une série de numéros sera jointe aux noms des candidats reçus et inscrits sur la liste dont il est question dans l'article précédent.

Le numéro 10 sera donné aux candidats qui auront satisfait complètement à toutes les parties de l'examen.

Des numéros inférieurs, depuis 9 jusqu'à 1, seront donnés aux autres candidats, selon qu'ils auront répondu d'une manière plus ou moins satisfaisante.

---

4 août 1835.   **Arrêté divisant les Inspecteurs de l'instruction primaire en trois classes, et fixant le traitement affecté à chaque classe.**

4 Août 1835.

Nous, Ministre secrétaire d'État au département de l'Instruction publique, Grand-Maître de l'Université de France;

Vu la loi du 28 juin 1833, sur l'instruction primaire;

Vu l'ordonnance du Roi du 26 février 1835, qui institue un Inspecteur spécial de l'instruction primaire dans chaque département;

Vu le règlement du 27 dudit mois de février, concernant les attributions et les devoirs des Inspecteurs spéciaux de l'instruction primaire, ensemble l'arrêté du 19 décembre 1834, qui détermine les retenues auxquelles seront soumis les traitements de ces fonctionnaires;

Vu la loi de finances du 23 mai 1834, qui alloue pour lesdits traitements une somme de 140 000 francs, et de plus une somme de 100 000 francs pour frais de tournées;

Vu l'avis du Conseil royal de l'Instruction publique,

Avons arrêté et arrêtons ce qui suit :

ARTICLE 1er. — Les Inspecteurs de l'instruction primaire seront divisés en trois classes. Ils résideront au chef-lieu du département.

ART. 2. — Les Inspecteurs de la *première classe* seront placés dans les départements ci-après :

Bouches-du-Rhône.	Pas-de-Calais.	Seine.
Gironde.	Rhin (Bas-).	Seine-Inférieure.
Nord.	Rhône.	Seine-et-Oise.

Les Inspecteurs de la *deuxième classe* seront placés dans les départements ci-après :

Calvados.	Hérault.	Maine-et-Loire.
Côte-d'Or.	Ille-et-Vilaine.	Manche.
Doubs.	Isère.	Meurthe.
Gard.	Loire-Inférieure.	Moselle.
Garonne (Haute-).	Loiret.	Somme.

Les Inspecteurs de la *troisième classe* seront placés dans les départements ci-après :

Ain.	Eure.	Orne.
Aisne.	Eure-et-Loir.	Puy-de-Dôme.
Allier.	Finistère.	Pyrénées (Basses-).
Alpes (Basses-).	Gers.	Pyrénées (Hautes-).
Alpes (Hautes-).	Indre.	Pyrénées-Orientales.
Ardèche.	Indre-et-Loire.	Rhin (Haut-).
Ardennes.	Jura.	Saône (Haute-).
Ariège.	Landes.	Saône-et-Loire.
Aube.	Loir-et-Cher.	Sarthe.
Aude.	Loire.	Seine-et-Marne.
Aveyron.	Loire (Haute-).	Deux-Sèvres.
Cantal.	Lot.	Tarn.
Charente.	Lot-et-Garonne.	Tarn-et-Garonne.
Charente-Inférieure.	Lozère.	Var.
Cher.	Marne.	Vaucluse.
Corrèze.	Marne (Haute-).	Vendée.
Corse.	Mayenne.	Vienne.
Côtes-du-Nord.	Meuse.	Vienne (Haute-).
Creuse.	Morbihan.	Vosges.
Dordogne.	Nièvre.	Yonne.
Drôme.	Oise.	

ART. 3. — Les traitements des Inspecteurs de l'instruction primaire seront ainsi réglés :

$$1^{re} \text{ classe} \ldots \ldots \ldots \ldots \ldots 2\,000 \text{ francs.}$$
$$2^e \text{ classe} \ldots \ldots \ldots \ldots \ldots 1\,800 \quad —$$
$$3^e \text{ classe} \ldots \ldots \ldots \ldots \ldots 1\,500 \quad —$$

Art. 4. — Il sera, en outre, alloué aux Inspecteurs des frais de tournées proportionnels au nombre des Écoles et des communes qui seront visitées dans le cours de l'année, au nombre de journées qu'ils auront employées à cette visite hors de leur résidence et à la difficulté des communications.

En attendant le règlement définitif de ces frais pour toute l'année, les Inspecteurs recevront tous les mois, cumulativement avec leur traitement fixe, un acompte sur ces frais de tournées, qui est réglé pour l'année entière, conformément à l'état qui restera annexé au présent arrêté.

Art. 5. — La somme de 30 000 francs, restant de celle de 100 000 francs, allouée au budget de l'État pour frais de tournées, servira à compléter les indemnités et à accorder des gratifications à ceux des Inspecteurs qui se seront fait remarquer par le zèle et l'aptitude qu'ils auront apportés dans l'exercice de leurs fonctions.

---

13 août 1835.

Instruction du Ministre de l'Instruction publique, relative aux attributions et fonctions des Inspecteurs des Écoles primaires.

13 Août 1835.

Monsieur l'Inspecteur [1], le Roi, par son ordonnance du 26 février dernier, a institué et défini sommairement les fonctions qui vous sont conférées ; et le Conseil royal de l'Instruction publique, par un statut du 27 du même mois, auquel j'ai donné mon approbation, a réglé d'une manière plus explicite l'exercice de ces fonctions.

M. le Recteur de l'Académie à laquelle vous appartenez est chargé de vous communiquer ces deux actes, qui sont votre règle fondamentale.

Mais, au moment de votre entrée en fonctions, j'ai besoin de vous faire connaître, avec précision et dans toute son étendue, la mission qui vous est confiée, et tout ce que j'attends de vos efforts.

La loi du 28 juin 1833 a désigné les autorités appelées à concourir à son exécution. Toutes ces autorités, les Recteurs, les Préfets, les Comités, ont reçu de moi des instructions détaillées, qui les ont dirigées dans leur marche. Je n'ai qu'à me louer de leur bon esprit et de leur zèle, et d'importants résultats ont déjà prouvé l'efficacité de leurs travaux. Cependant, au moment même où la loi a été rendue, tous les hommes éclairés ont pressenti que l'action de ces diverses autorités ne suffirait pas pour atteindre le but que la loi se proposait. La propagation et la surveillance de l'instruction primaire est une tâche à la fois très vaste et surchargée d'une infinité de détails minutieux : il faut agir partout

1. Consulter la circulaire du 27 *novembre* 1834 sur la constitution du personnel de l'inspection primaire (*Circulaires et Instructions officielles relatives à l'Instruction publique*, Tome II, page 315). Consulter également les circulaires du 13 *août* 1835 aux Recteurs et aux Préfets (*Ibid.*, Tome II, pages 372, 373).

et regarder partout de très près ; ni les Recteurs, ni les Préfets, ni les Comités ne peuvent suffire à un tel travail.

Placés à la tête d'une circonscription très étendue, les Recteurs ne sauraient donner, aux nombreuses Écoles primaires qu'elle contient, cette attention spéciale et précise dont elles ont besoin ; ils ne sauraient visiter fréquemment les Écoles, entrer inopinément dans celles des campagnes comme dans celles des villes, et y ranimer sans cesse par leur présence la règle et la vie. Ils sont contraints de se borner à des instructions générales, à une correspondance lointaine ; ils administrent l'instruction primaire, ils ne sauraient la vivifier réellement.

L'instruction secondaire et les grands établissements qui s'y rattachent sont, d'ailleurs, l'objet essentiel de l'attention de MM. les Recteurs : c'est là le résultat presque inévitable de la nature de leurs propres études et du système général d'instruction publique pour lequel ils ont été originairement institués. Leur autorité et leur surveillance supérieures sont indispensables à l'instruction primaire ; mais on ne doit ni demander ni attendre qu'ils s'y consacrent tout entiers.

Quant à MM. les Préfets, ils ont déjà rendu et ils seront constamment appelés à rendre à l'instruction primaire les plus importants services ; elle se lie étroitement à l'administration publique ; elle prend place dans les budgets de toutes les communes ; elle a, dans chaque département, son budget particulier, que le Préfet doit présenter, chaque année, au Conseil général ; elle donne lieu fréquemment à des travaux publics, qui se rattachent à l'ensemble de l'administration. Le concours actif et bienveillant des Préfets est donc essentiel, non seulement à l'institution première, mais à la prospérité permanente des Écoles. Mais en même temps il est évident que MM. les Préfets, occupés avant tout des soins de l'administration générale, étrangers aux études spéciales qu'exige l'instruction primaire, ne sauraient la diriger.

L'intervention des Comités dans les Écoles est plus directe et plus rapprochée : ils influeront puissamment, partout où ils le voudront, sur leur bonne tenue et leur prospérité. Cependant on ne saurait espérer non plus qu'ils y suffisent : réunis seulement à des intervalles éloignés pour se livrer à des travaux qui sortent du cercle de leurs occupations journalières, les notables qui en font partie ne peuvent porter, dans la surveillance de l'instruction primaire, ni cette activité constante et réglée qui n'appartient qu'à l'administration permanente, ni cette connaissance intime du sujet qu'on n'acquiert qu'en s'y dévouant spécialement et par profession. Si les Comités n'existaient pas ou s'ils négligeaient de remplir les fonctions que la loi leur attribue, l'instruction primaire aurait beaucoup à en souffrir : car elle demeurerait beaucoup trop étrangère aux notables de chaque localité, c'est-à-dire au public, dont l'influence ne pénétrerait plus suffisamment dans les Écoles ; mais on se tromperait grandement si l'on croyait que cette influence peut suffire : il faut à l'instruction primaire l'action d'une autorité spéciale, vouée par état à la faire prospérer.

La loi du 28 juin n'est en exécution que depuis deux ans, et déjà l'expérience a démontré la vérité des considérations que je viens de vous indiquer. Recteurs, Préfets, Comités, tous ont apporté dans l'application de la loi, non seulement la bonne volonté et le soin qu'on sera toujours en droit d'attendre d'eux, mais encore cette ardeur qui s'attache naturellement à toute grande amélioration nouvelle et approuvée du public ; cependant, plus j'ai suivi de près et attentivement observé leur action et ses résultats, plus j'ai reconnu qu'elle était loin de suffire, et que ce serait se payer d'apparences que de croire qu'on peut faire, avec ces moyens, je ne dis pas tout le bien possible, mais seulement tout le bien nécessaire.

J'ai reconnu en même temps, et tous les administrateurs éclairés ont acquis la même conviction, que, malgré leur égale bonne volonté et leur empressement à agir de bon accord, le concours de ces diverses autorités à la direction de l'instruction primaire donnait lieu quelquefois à des tâtonnements, à des frottements fâcheux, qu'il manquait entre elles un lien permanent, un moyen prompt et facile de s'informer réciproquement, de se concerter et d'exercer, chacune dans sa sphère, les attributions qui leur sont propres, en les faisant toutes converger, sans perte de temps ni d'efforts, vers le but commun.

Combler toutes ces lacunes, faire dans l'intérêt de l'instruction primaire ce que ne peut faire ni l'une ni l'autre des diverses autorités qui s'en occupent, servir de lien entre ces autorités, faciliter leurs relations, prévenir les conflits d'attributions et l'inertie ou les embarras qui en résultent, tel est, Monsieur l'Inspecteur, le caractère propre de votre mission. D'autres pouvoirs s'exerceront concurremment avec le vôtre dans le département qui vous est confié; le vôtre seul est spécial et entièrement adonné à une seule attribution. M. le Recteur, M. le Préfet, MM. les membres des Comités, se doivent en grande partie à d'autres soins; vous seul, dans le département, vous êtes l'homme de l'instruction primaire seule. Vous n'avez point d'autres affaires que les siennes, sa prospérité fera toute votre gloire. C'est assez dire que vous lui appartenez tout entier; et que rien de ce qui l'intéresse ne doit vous demeurer étranger.

Votre première obligation sera donc de prêter aux diverses autorités qui prennent part à l'administration de l'instruction primaire, une assistance toujours dévouée. Quels que soient les travaux dans lesquels vous pourrez les seconder, tenez-les à honneur et prenez-y le même intérêt qu'à vos propres attributions. Je ne saurais énumérer ici d'avance tous ces travaux, et, après la recommandation générale que je vous adresse, j'espère qu'une telle énumération n'est point nécessaire. Cependant, je crois devoir vous indiquer quelques-uns des objets sur lesquels je vous invite spécialement à mettre à la disposition de MM. les Recteurs, de MM. les Préfets et des Comités votre zèle et votre travail.

Le 31 juillet 1834, j'ai annoncé à MM. les Préfets que MM. les Inspecteurs des Écoles primaires concourraient à la préparation des tableaux relatifs aux dépenses ordinaires des Écoles primaires communales, tableaux dressés jusqu'à présent par les soins réunis de ces magistrats et de MM. les Recteurs. Le 20 avril dernier, j'ai donné à MM. les Recteurs le même avis. Les recherches que les bureaux des préfectures ont à faire pour cet objet absorbent souvent le temps que réclament aussi des affaires non moins urgentes, et cette complication peut nuire à l'exactitude du travail. D'un autre côté, le personnel des bureaux des Académies est trop peu considérable pour que les Recteurs demeurent chargés de la partie de ces tableaux qui leur est confiée. Nul ne pourra mieux que vous rédiger ce travail, qui sera désormais placé dans vos attributions. Le registre du personnel des instituteurs, que vous devez tenir, les nominations, révocations et mutations récentes, dont il vous sera donné connaissance, vos inspections, l'examen des délibérations des Conseils municipaux, ainsi que des budgets des communes, qui vous seront communiqués dans les bureaux de la préfecture, vous fourniront les éléments nécessaires pour dresser avec exactitude ce tableau, dont les cadres vous seront remis, et qui fera connaître le nom des instituteurs en exercice au 1er janvier de chaque année, leur traitement, les frais de location des maisons d'école, ou les indemnités de logement

13.

accordées aux instituteurs, enfin le montant des fonds communaux, départementaux et de l'État affectés au payement de ces dépenses.

Vous soumettrez ce tableau à la vérification de M. le Préfet, qui doit me l'adresser dans les quinze premiers jours du mois de janvier.

Vous suivrez la même marche à l'égard de l'état des changements survenus pendant chaque trimestre parmi les instituteurs. Cet état sera rédigé par vous et remis à M. le Préfet, qui me le transmettra dans les quinze jours qui suivront l'expiration du trimestre.

Vous vous ferez remettre les budgets des dépenses des Comités d'arrondissement et des Commissions d'instruction primaire, et vous les transmettrez avec vos observations à MM. les Recteurs.

Le service de l'instruction primaire exige un certain nombre d'imprimés, qui sont distribués en petite quantité dans les départements. Pour diminuer les dépenses que chaque département aurait à supporter si MM. les Préfets étaient obligés de faire préparer ces imprimés, j'ai décidé qu'ils seraient fournis à chaque département par l'Imprimerie royale, sauf remboursement sur les fonds votés par le Conseil général. Ces imprimés seront adressés aux Inspecteurs, qui en feront la répartition entre les fonctionnaires auxquels ils seront nécessaires.

Un règlement sur la comptabilité des dépenses de l'instruction primaire, dans lequel sera déterminée la part que les Inspecteurs des Écoles primaires devront prendre à ces travaux, sera très incessamment adressé à MM. les Recteurs et à MM. les Préfets.

Un statut que je prépare réglera de même les devoirs de MM. les Inspecteurs des Écoles primaires, relativement aux caisses d'épargne qui seront établies.

J'en viens maintenant aux fonctions qui vous sont propres, et dans lesquelles vous serez appelé, non plus à concourir avec d'autres autorités, mais à agir par vous-même et seul, sous la direction du Recteur et du Préfet.

Votre premier soin doit être, ainsi que le prescrit l'article 1er du statut du 27 février, de dresser chaque année le tableau des Écoles de votre ressort, qui devront être de votre part l'objet d'une visite spéciale. Ce serait mal comprendre le but de cette disposition que d'y chercher une excuse préparée à la négligence, une autorisation de choisir, parmi les Écoles soumises à votre inspection, celles qui vous promettraient un plus prompt succès et moins de fatigue. Gardez-vous bien même d'en conclure qu'il vous suffira de visiter les établissements les plus importants, tels que les Écoles des chefs-lieux d'arrondissement et de canton. En principe, toutes les Écoles du département ont droit à votre visite annuelle ; mais cette visite ne doit pas être une pure formalité, une course rapide et vaine ; et l'article 1er du statut a voulu pourvoir au cas, malheureusement trop fréquent, où l'étendue de votre ressort vous mettrait dans l'impossibilité d'en inspecter réellement et sérieusement chaque année toutes les Écoles. Dans le choix que vous serez appelé à faire, sans doute les Écoles des villes trouveront leur place, mais je n'hésite pas à appeler spécialement sur les Écoles des campagnes toute votre sollicitude. Placées au milieu d'une population plus active, plus près des Comités qui les régissent, sous la conduite de maîtres plus expérimentés, encouragées et animées par la concurrence, les Écoles des villes trouvent dans leur situation seule des causes efficaces de prospérité : il vous sera facile, d'ailleurs, de les visiter accidentellement, et lorsque des motifs variés vous attireront dans les lieux où elles sont situées. Mais les établissements qui doivent surtout être de votre part l'objet d'une surveillance persévérante et systématiquement organisée, ce sont les Écoles que la loi du 28 juin a fait naître dans les campagnes, loin des ressources de la civilisation et sous la direction de maîtres moins éprouvés ; c'est là surtout que vos visites sont nécessaires et seront vraiment efficaces. En voyant que ni la distance, ni la rigueur des saisons, ni la difficulté des chemins, ni l'obscurité de son nom ne vous empêchent de vous intéresser vivement à elle, et de lui apporter le bienfait de l'instruction qui lui manque, cette population, naturellement laborieuse, tempérante et sensée, se pénétrera pour vous d'une véritable reconnaissance, s'accoutumera à mettre elle-même beaucoup d'importance à vos travaux, et ne tardera pas à vous prêter, pour la prospérité des Écoles rurales, son appui modeste, mais sérieux.

Pour dresser le tableau des Écoles que vous aurez à visiter spécialement, vous aurez soin de vous concerter d'avance avec M. le Recteur et M. le Préfet, afin qu'aucune de celles qui leur paraîtraient mériter une attention particulière ne soit omise sur ce tableau ; vous consulterez chaque année le rapport de votre inspection précédente ; et, pour l'inspection prochaine qui doit commencer vos travaux, j'aurai soin que M. le Recteur de l'Académie vous remette le rapport des inspecteurs qui ont été extraordinairement chargés, en 1833, de visiter les Écoles de votre département. Vous trouverez dans les bureaux de la préfecture les états que les Comités ont dû dresser de la situation des Écoles primaires en 1834. Vous étudierez avec soin les observations consignées dans ces divers tableaux, et, d'après l'état des Écoles à cette époque, il vous sera facile de connaître celles qui exigent aujourd'hui votre première visite. Les rapports des Comités transmis par vous à M. le Recteur, et dont vous aurez pris aussi préalablement connaissance, serviront de même à fixer votre détermination. Enfin, l'article 15 de l'ordonnance du 16 juillet 1833 m'ayant chargé de faire dresser tous les ans un état des communes qui ne possèdent point de maisons d'école et de celles qui n'en ont pas en nombre suffisant, ou de convenablement disposées, cet état a été rédigé au commencement de 1834 par les soins des Comités d'arrondissement ; il est déposé à la préfecture : vous ne négligerez pas d'en prendre communication avant votre départ, afin de pouvoir plus sûrement rédiger vous-même un semblable état pour 1835, d'après la série de questions et le modèle que je vous ferai remettre à cet effet ; vous y consignerez, après votre inspection, le résultat de vos visites locales et les renseignements recueillis par vous près des Comités.

Pour réunir tous les éléments qu'exigera la rédaction de cet état, il sera nécessaire que vous visitiez toutes les communes de votre département, même celles où il n'existe pas encore d'instituteur ; vous les placerez dans votre itinéraire de la manière que vous jugerez la plus convenable pour vous mettre promptement en mesure de constater, à cet égard, l'état des choses et d'assurer l'exécution de la loi.

Quant à l'époque à laquelle votre inspection doit avoir lieu, je ne saurais vous donner à cet égard aucune règle générale et précise : sans doute il serait désirable que toutes les époques de l'année offrissent à l'Inspecteur des Écoles également peuplées, et qu'elles ne fussent désertes que pendant les vacances déterminées par les statuts ; c'est le vœu de la loi, c'est le droit des communes qui assurent un traitement annuel à l'instituteur, et vous ne sauriez trop employer votre influence à combattre, sur ce point, les mauvaises habitudes des familles. Mais avant qu'elles aient enfin ouvert les yeux sur leurs véritables intérêts, longtemps encore dans les campagnes le retour des travaux rustiques disputera les enfants aux travaux de l'École, et peut-être y a-t-il ici, dans la situation même des classes laborieuses, une difficulté qu'on ne saurait espérer de surmonter absolument. Quoi qu'il en soit, dans l'état actuel des choses, l'automne et l'hiver sont la vraie saison des Écoles, et vous ne pourrez guère visiter avec fruit pendant le printemps, et surtout pendant l'été, que les Écoles urbaines, moins exposées que les autres à ces émigrations fâcheuses.

Il ne conviendrait pas non plus de prendre pour époque de votre départ le moment même où la cessation des travaux champêtres donne aux enfants le premier signal de la rentrée des classes : pour juger l'enseignement des maîtres et les progrès des élèves, il faut attendre que plusieurs semaines d'exercice régulier aient permis à l'instituteur de mettre en jeu sa méthode, et renouvelé chez les enfants cette aptitude, et pour ainsi dire cette souplesse intellectuelle qu'émoussent aisément six mois de travaux rudes et grossiers.

Autant que l'on peut déterminer d'avance, et d'une façon générale, une limite subordonnée à tant de circonstances particulières, je suis enclin à penser que, pour les Écoles rurales, c'est vers le milieu du mois de novembre que devront commencer d'ordinaire les fatigues de votre inspection. Quant aux Écoles urbaines, il vous sera beaucoup plus facile de choisir dans tout le cours de l'année le moment convenable pour les visiter. Je m'en rapporterai du reste à cet égard, aux renseignements que vous recueillerez vous-même dans votre département, et aux conseils que vous donneront les diverses autorités.

Quand vous aurez ainsi dressé le tableau des Écoles que doit atteindre votre visite annuelle, et déterminé l'époque de votre départ, quand vous aurez reçu, de M. le Recteur et de M. le Préfet, des instructions particulières sur les questions que leur correspondance habituelle n'aurait pas suffisamment éclaircies, quand votre itinéraire enfin sera revêtu de leur approbation, vous en donnerez connaissance aux Comités dont vous devrez parcourir la circonscription, et aux maires des communes que vous devrez visiter. Peut-être votre apparition inattendue dans une École vous offrirait-elle un moyen plus sûr d'en bien apprécier la situation, et lorsque vous aurez de justes sujets de défiance sur la conduite du maître et sur la tenue de son École, vous ferez bien de vous y présenter à l'improviste, ou de vous concerter avec les autorités locales pour qu'elles tiennent secret l'avis que vous leur aurez donné de votre prochaine arrivée. Mais, en général, les communications que vous aurez, dans le cours de votre inspection, soit avec les Comités, soit avec les maires et les Conseils municipaux, sont trop précieuses pour que vous couriez le risque d'en être privé en ne les trouvant pas réunis à jour fixe. Vous échapperez aisément aux pièges que pourraient vous tendre quelques instituteurs en préparant d'avance leurs élèves à surprendre votre suffrage ; un œil exercé n'est pas dupe de ces petites représentations d'apparat. La présence des membres du Conseil municipal, ou du Comité local, ou du Comité d'arrondissement, qui souvent vous accompagneront dans l'École, en donnant plus de solennité à votre inspection, vous mettra aussi à couvert de toute espèce de fraude de la part du maître, ou vous en seriez promptement averti par leur propre étonnement. Je ne doute pas, d'ailleurs, que vous ne preniez les précautions propres à vous garantir de toute surprise, en vous faisant remettre, par exemple, l'état nominatif des élèves qui fréquentent l'École, et en vous assurant qu'on n'y a pas appelé ce jour-là des enfants qui n'en font plus partie pour faire briller leur savoir, ni exclu de l'examen ceux dont on aurait voulu dissimuler la faiblesse.

Aux termes de l'article 1er du statut du 27 février, vos premières relations, dans le cours de votre inspection, seront avec les Comités. Je ne saurais vous trop recommander de prendre soin que vos communications avec eux ne soient pas à leurs yeux une pure et vaine formalité. Appliquez-vous à les convaincre de l'importance que l'administration supérieure attache à leur intervention ; et, pour y réussir, recueillez avec soin et ne laissez jamais tomber dans l'oubli les renseignements qu'ils vous fourniront. Rien ne blesse et ne décourage plus les hommes notables qui, dans chaque localité, prêtent à l'administration leur libre concours, que de la voir traiter avec légèreté les faits locaux dont ils l'informent. Vous vous appliquerez en même temps à tenir les Comités au courant des idées générales d'après lesquelles se dirige l'administration supérieure : c'est surtout à cet égard que les Comités locaux sont sujets à se tromper ; le désir même du perfectionnement les égare souvent ; vivant dans un horizon resserré, et manquant de termes de comparaison, ils se laissent aisément séduire par les promesses de progrès que répand une charlatanerie frivole, et tombent ainsi dans des tentatives d'innovation souvent malheureuses. C'est en faisant pénétrer dans les Comités les vues de l'administration que vous les prémunirez contre ce péril, et que, sans faire violence aux circonstances locales, vous maintiendrez, dans le régime de l'instruction primaire, l'unité et la régularité qui feront sa force.

Vous rencontrerez presque toujours dans chaque Comité un ou deux membres qui se seront plus soigneusement occupés des Écoles, et y porteront un zèle particulier. Il n'est guère de petite ville, de population un peu agglomérée, qui n'offre quelques hommes de cette trempe ; mais ils se découragent souvent, soit à cause de la froideur de leurs alentours, soit à cause de l'indifférence de l'administration supérieure. Recherchez avec soin de tels hommes, honorez leur zèle, demandez-leur de vous accompagner dans les Écoles, ne négligez rien pour les convaincre de la reconnaissance que leur porte l'administration. Ce serait de sa part un tort grave de ne pas savoir attirer et grouper autour d'elle, dans chaque localité, les hommes d'une bonne volonté active et désintéressée ; rien ne peut suppléer le mouvement qu'ils répandent autour d'eux et la force qu'ils procurent à l'administration, lorsqu'elle prend soin elle-même de les encourager et de les soutenir.

Indépendamment des Comités, vous aurez à traiter, dans toutes les communes que vous visiterez, avec les autorités civiles et religieuses qui interviennent dans les Écoles, avec les maires, les Conseils municipaux, les curés ou les pasteurs. Vos bonnes relations avec ces diverses personnes sont de la plus haute importance pour la prospérité de l'instruction primaire ; ne craignez pas d'entrer avec elles dans de longues conversations sur l'état et les intérêts de la commune ; recueillez tous les renseignements qu'elles voudront vous fournir ; donnez-leur, sur les diverses démarches qu'elles peuvent avoir à faire dans l'intérêt de leur École, toutes les explications, toutes les directions dont elles ont besoin ; faites appel à l'esprit de famille, aux intérêts et aux sentiments de la vie domestique : ce sont là, dans le modeste horizon de l'activité communale, les mobiles à la fois les plus puissants et les plus moraux qu'on puisse mettre en jeu.

Je vous recommande spécialement d'entretenir avec les curés et les pasteurs les meilleures relations. Appliquez-vous à leur bien persuader que ce n'est point par pure convenance et pour étaler un vain respect que la loi du 28 juin a inscrit l'instruction morale et religieuse en tête des objets de l'instruction primaire ; c'est sérieusement et sincèrement que nous poursuivrons le but indiqué par ces paroles, et que nous travaillerons, dans les limites de notre pouvoir, à rétablir dans l'âme des enfants l'autorité de la religion. Croyez bien qu'en donnant à ses ministres cette confiance, et en la confirmant par toutes les habitudes de votre conduite et de votre langage, vous vous assurerez presque partout, pour les progrès de l'éducation populaire, le plus utile appui.

J'inviterai MM. les Préfets à donner les ordres nécessaires pour la convocation des Conseils municipaux dans toutes les communes que vous devrez visiter.

Quant à l'inspection que vous avez à faire dans l'intérieur même des Écoles, je ne puis vous donner que des instructions très générales et déjà contenues dans les articles 2 et 3 du statut du 27 février ; ce sera à vous de juger, dans chaque localité, comment vous devez vous y prendre, quelles questions vous devez faire pour bien connaître et apprécier la tenue de l'École, le mérite des méthodes du maître, et le degré d'instruction des élèves. Je vous invite seulement à ne jamais vous contenter d'un examen superficiel et fait en courant ; non seulement vous n'en recueilleriez pour l'administration que des notions inexactes et trompeuses, mais vous compromettriez auprès des assistants votre caractère et votre influence. Rien ne discrédite plus l'autorité que les apparences de la légèreté et de la précipitation : car tout le monde se flatte alors de lui cacher ce qu'elle a besoin de connaître, ou d'éluder ce qu'elle aura prescrit.

Je vous recommande, dans vos relations avec les maîtres, au sein même de l'École, de ne rien faire et de ne rien dire qui puisse altérer le respect ou la confiance que leur portent les élèves. Nourrir et développer ces sentiments doit être le but principal de l'éducation et de tous ceux qui y concourent. Recueillez sur les maîtres tous les renseignements, donnez-leur à eux-mêmes en particulier tous les avertissements qui vous paraîtront nécessaires ; mais qu'à votre sortie de l'École le maître ne se sente jamais affaibli ou déchu dans l'esprit de ses élèves et de leurs parents.

Les résultats de votre inspection annuelle seront consignés dans des tableaux, dont je vous ferai remettre les cadres. Les faits statistiques relatifs aux communes et aux Écoles que vous n'aurez pu visiter y seront inscrits d'après les renseignements que vous vous ferez adresser par les Comités locaux. Une colonne spéciale sera ouverte, dans le tableau de la situation des Écoles, pour recevoir vos observations sur la capacité, l'aptitude, le zèle et la conduite morale des instituteurs. Je vous recommande de la remplir avec soin, au fur et à mesure que vous aurez visité chaque École, et avant que les impressions que vous aurez reçues aient pu s'altérer ou s'effacer.

L'état de situation des Écoles primaires, divisé en autant de cahiers qu'il y a de Comités d'arrondissement dans le département, sera remis en quadruple expédition dans le mois de janvier à chacun de ces Comités, qui y consignera ses observations et en enverra une expédition au Recteur, au Préfet et au Ministre. La quatrième restera déposée dans ses archives.

Quant aux observations générales qui auraient pour objet de me faire connaître la situation de l'instruction primaire dans l'ensemble du département, ses besoins divers, les difficultés qui retardent sa propagation sur tel ou tel point du territoire, les moyens de l'améliorer, enfin, tous les faits qui ne pourraient trouver place dans le cadre de l'état de situation, vous les consignerez dans le rapport annuel qui vous est prescrit par l'article 9 du statut du 27 février, et que vous devez envoyer au Recteur et au Préfet, qui me le transmettront avec leurs observations.

Après les Écoles primaires communales qui sont le principal objet de votre mission, divers établissements d'instruction primaire, et notamment les Écoles normales primaires, les Écoles primaires supérieures, les salles d'asile et les Écoles d'adultes doivent aussi vous occuper.

Sur les deux premières classes d'établissements j'ai peu de chose à ajouter aux prescriptions des articles 4 et 5 du statut du 27 février. Je vous recommande seulement, en ce qui concerne les Écoles primaires supérieures, de ne rien négliger pour en presser la fondation dans les communes où elle doit avoir lieu. Ces établissements sont destinés à satisfaire aux besoins d'éducation d'une population nombreuse et importante, pour qui la simple instruction primaire est insuffisante et l'instruction classique inutile. En vous prescrivant chaque année, sur chaque École primaire supérieure, un rapport spécial et détaillé, le statut du 27 février vous indique quelle importance s'attache à ces établissements. Quand j'aurai recueilli, sur les essais déjà tentés en ce genre, de plus amples renseignements, je vous adresserai, à ce sujet, des instructions particulières.

Vous ne sauriez prêter à l'École normale primaire de votre département une trop constante attention, ni en suivre de trop près les travaux : entretenez avec son directeur des relations aussi intimes qu'il vous sera possible ; de vous et de lui dépend la destinée de l'instruction primaire dans le département ; vous serez chargé de suivre et de diriger, dans chaque localité, les maîtres qu'il aura formés au sein de l'École. Votre bonne intelligence, l'unité de vos vues, l'harmonie de vos influences, sont indispensables pour assurer votre succès et le sien. Votre situation vous appelle l'un et l'autre à contracter ensemble une véritable fraternité de pensées et d'efforts. Qu'elle soit réelle et animée par un profond sentiment de vos devoirs communs : votre tâche à l'un et à l'autre en sera bien plus facile, et votre action bien plus efficace.

Lorsque vous aurez à communiquer des instructions au directeur de l'École normale, lorsque vous croirez devoir lui donner des conseils ou lui adresser des observations sur la marche de son établissement, faites-le avec tous les ménagements que demande votre position respective. Si vous remarquiez qu'il n'eût pas déféré à vos conseils ou à vos observations, vous réclameriez l'intervention du Recteur ou du Préfet, selon qu'il s'agirait de l'enseignement ou de quelque fait administratif dépendant de l'administration générale.

Les salles d'asile et les Écoles d'adultes commencent à se multiplier ; cependant ce ne sont pas encore des établissements assez nombreux ni assez régulièrement organisés pour que je puisse vous adresser dès ce moment, à leur sujet, toutes les instructions nécessaires ; elles vous parviendront plus tard.

Les Écoles privées sont aussi placées sous votre inspection : sans exercer sur elles une surveillance aussi habituelle que sur les Écoles communales, vous ne devez cependant pas négliger de les visiter de temps en temps, surtout dans les villes où elles sont nombreuses et importantes. Dans ces visites vous ne ferez pas de l'enseignement et des méthodes l'objet particulier de votre attention ; il est naturel que les Écoles privées exercent à cet égard toute la liberté qui leur appartient ; mais vous porterez, sur la tenue et l'état moral de ces Écoles, un regard attentif : c'est le pressant intérêt des familles et le devoir de l'autorité publique. Les maîtres qui les dirigent ont, d'ailleurs, à remplir des obligations légales dont vous devez constater l'accomplissement.

Les renseignements que vous recueillerez sur les Écoles privées seront aussi consignés dans les états de situation de l'instruction primaire.

Il me reste à vous entretenir de quelques fonctions particulières qui vous sont également confiées, et qui, bien qu'elles ne concernent pas l'inspection des Écoles, n'en sont pas moins, pour l'instruction primaire en général, de la plus haute importance.

La première est votre participation aux travaux de la Commission établie en vertu de l'article 25 de la loi du 28 juin 1833, et qui est chargée de l'examen de tous les aspirants aux brevets de capacité, ainsi que des examens d'entrée et de sortie et de fin d'année des élèves-maîtres des Écoles normales primaires du département.

Des travaux de ces Commissions dépend peut-être, presque autant que de toute autre cause, l'avenir de l'instruction primaire : le vice de la plupart des examens parmi nous, c'est de dégénérer en une formalité peu sérieuse, où la complaisance de l'examinateur couvre la faiblesse du candidat. On s'accoutume ainsi, d'une part, à nuire à la société en déclarant capables ceux qui ne le sont point ; d'autre part, à traiter légèrement les prescriptions légales et à les convertir en une sorte de mensonge officiel, ce qui est un mal moral au moins aussi grave. J'espère que les Commissions d'instruction primaire ne tomberont point dans un tel vice ; vous êtes spécialement appelé à y veiller : les examens dont elles sont chargées doivent être sérieux et réellement propres à constater la capacité des candidats. N'oubliez jamais, Monsieur, et rappelez constamment aux membres des Commissions au sein desquelles vous aurez l'honneur de siéger, que, munis de leur brevet de capacité, les instituteurs admis par elles pourront aller se présenter partout, et obtenir de la confiance des communes le soin de donner l'éducation primaire à des générations qui n'en recevront point d'autre.

Quant à l'étendue de l'exigence qu'il convient d'apporter dans ces examens, elle est réglée par les dispositions mêmes de la loi qui détermine les objets de l'instruction primaire, élémentaire et supérieure. Souvent les candidats essayent de faire beaucoup valoir des connaissances en apparence assez variées ; ne vous laissez jamais prendre à ce piège ; exigez toujours, comme condition absolue de l'admission, une instruction solide sur les matières qui constituent vraiment l'instruction primaire. Sans doute, il convient de tenir compte aux candidats des connaissances qu'ils peuvent posséder au delà de ce cercle ; mais ces connaissances ne doivent jamais servir à couvrir la légèreté de leur savoir dans l'intérieur même du cercle légal.

Je ne saurais trop vous recommander de donner au rapport spécial que vous aurez à m'adresser à chaque session, sur les opérations des Commissions d'examen, votre plus scrupuleuse attention.

L'article 7 du statut du 27 février vous charge encore d'assister, aussi souvent que vous le pourrez, aux conférences d'instituteurs qui auront été dûment autorisées dans votre département ; je me propose, à mesure que ces conférences se multiplieront, de recueillir à leur sujet tous les renseignements de quelque importance, et de vous adresser ensuite, sur leur tenue et sur la manière dont il convient de les régler, des instructions particulières. En attendant, vous veillerez à ce que de telles réunions ne soient jamais détournées de leur objet : il pourrait se faire que, soit par des prétentions chimériques, soit dans des vues moins excusables encore, on essayât dans quelques lieux d'y faire pénétrer des questions qui doivent en être absolument bannies. L'instruction primaire serait non seulement compromise, mais pervertie, le jour où les passions politiques essayeraient d'y porter la main. Elle est essentiellement, comme la religion, étrangère à toute intention de ce genre, et uniquement dévouée au développement de la moralité individuelle et au maintien de l'ordre social.

En vous appelant à donner votre avis motivé sur toutes les propositions de secours et d'encouragements de tout genre en faveur de l'instruction primaire, et à constater le résultat des allocations accordées, l'article 8 du statut du 27 février vous impose un travail minutieux, mais d'une grande utilité. Trop souvent les encouragements et les secours sont accordés un peu au hasard, et livrés ensuite à un hasard nouveau, celui de l'exécution. Il est indispensable que l'administration, en les accordant, sache bien ce qu'elle fait, et qu'après les avoir accordés elle sache encore si ce qu'elle a voulu faire se fait réellement. Ne craignez, en pareille matière, ni l'exactitude des investigations ni la prolixité des détails ; vous resterez probablement toujours au-dessous de ce qu'exigerait la nécessité.

Je pourrais, Monsieur l'Inspecteur, donner aux instructions que je vous adresse beaucoup plus de développement ; mais elles sont déjà fort étendues, et j'aime mieux, quant aux conséquences des principes qui y sont posés, m'en rapporter à votre sagacité et à votre zèle. J'appelle, en finissant, toute votre attention sur l'idée qui me préoccupe constamment moi-même. Vous êtes chargé, autant et peut-être plus que personne, de réaliser les promesses de la loi du 28 juin 1833 : car c'est à vous d'en suivre l'application dans chaque cas particulier et jusqu'au moment définitif où elle s'accomplit. Ne perdez jamais de vue que, dans cette grande tentative pour fonder universellement et effectivement l'éducation populaire, le succès dépend essentiellement de la moralité des maîtres et de la discipline des Écoles. Ramenez sans cesse sur ces deux conditions votre sollicitude et vos efforts. Qu'elles s'accomplissent de plus en plus ; que le sentiment du devoir et l'habitude de l'ordre soient incessamment en progrès dans nos Écoles ; que leur bonne renommée s'affermisse et pénètre au sein de toutes les familles. La prospérité de l'instruction primaire est à ce prix, aussi bien que son utilité.

Recevez, etc.

Signé : Guizot.

---

14 août 1835. **Arrêté relatif à l'obligation imposée aux instituteurs primaires nommés antérieurement à la loi du 28 juin 1833, et en vertu de cette loi, d'indiquer sur leurs tableaux ou enseignes les Écoles qu'ils tiennent et la nature ou le degré de leur enseignement.**

14 Août 1835.

Le Conseil royal de l'Instruction publique,

Vu la lettre adressée à M. le Ministre de l'Instruction publique, le 23 juillet dernier, par le Comité central d'instruction primaire de Paris, ensemble le projet de règlement proposé par le Comité, concernant les tableaux ou enseignes par lesquels les instituteurs primaires indiquent les Écoles qu'ils tiennent et la nature ou le degré de leur enseignement,

Arrête :

Article 1er. — Les tableaux ou enseignes des instituteurs primaires, munis d'un brevet de capacité antérieur à la loi du 28 juin 1833, devront porter l'une des trois inscriptions suivantes :

École primaire du premier degré ;
École primaire du deuxième degré ;
École primaire du troisième degré.

Art. 2. — Les tableaux où enseignes des instituteurs primaires, munis d'un brevet de capacité, délivré en vertu de la loi précitée, porteront, selon le degré du brevet, l'une des deux inscriptions suivantes :

École primaire élémentaire ;
École primaire supérieure.

Art. 3. — Les instituteurs pourront énoncer, en outre, dans leurs tableaux ou enseignes, les divers objets d'enseignement que comprendra le brevet de capacité dont ils sont pourvus, et aussi les développements qu'ils auraient été autorisés à donner, conformément au quatrième paragraphe de l'article 1er de ladite loi.

Arrêté fixant à seize ans l'âge d'admission des candidats pour les bourses des Écoles normales primaires, et portant que l'engagement décennal des élèves-maîtres de ces Écoles est contracté d'une manière générale pour toute la France, et non pour le service d'un département en particulier. 2 octobre 1835.

2 Octobre 1835.

Le Conseil royal de l'Instruction publique,

Vu la lettre du 28 août dernier, par laquelle M. le Recteur de l'Académie de Grenoble signale dans l'arrêté du Préfet de l'Isère, relatif à l'admission des candidats aux bourses départementales pour l'École normale primaire, la disposition qui exige que ces candidats soient âgés de dix-huit ans au moins ;

Vu ledit arrêté contenant une autre disposition, de laquelle il résulte que les élèves-maîtres admis comme boursiers départementaux à l'École normale de l'Isère devront s'engager à servir en qualité d'instituteurs communaux pendant dix ans au moins dans le département même de l'Isère ;

Vu la loi du 28 juin 1833, qui n'exige pour tenir une École primaire que l'âge de dix-huit ans, et le statut du 14 décembre 1832, qui fixe à seize ans le *minimum* de l'âge des candidats aux bourses des Écoles normales primaires ;

Vu la loi du 21 mars de ladite année 1832, d'après laquelle l'engagement de se vouer à la carrière de l'enseignement n'admet aucune restriction de lieu ;

Vu l'article 12 du statut précité du 14 décembre 1832, qui porte, en termes généraux, que nul n'est admis comme boursier s'il ne prend

l'engagement de *servir dans l'instruction publique comme instituteur communal,*

Arrête :

Article 1er — L'âge de seize ans est celui qu'il convient d'exiger
des candidats pour l'admission aux Écoles normales primaires.

Art. 2. — L'engagement décennal des élèves-maîtres ne peut être
borné au service d'un département en particulier; il doit être contracté d'une manière générale et pour toute la France.

---

26 octobre 1835.   **Instruction du Ministre de l'Instruction publique, relative à l'inspection
des Écoles primaires.**

26 Octobre 1835.

Monsieur le Recteur [1], je vous adresse les séries de questions que MM. les
Inspecteurs de l'instruction primaire auront à résoudre en faisant la visite des
Écoles, laquelle, d'après les dispositions de ma circulaire du 13 août dernier,
doit commencer vers le milieu du mois de novembre.

Aux termes de cette circulaire, avant d'entreprendre leur tournée, MM. les
Inspecteurs devront en dresser un itinéraire, qui comprendra toutes les communes dans lesquelles ils croiront pouvoir se rendre pendant la durée de l'année
scolaire.

Rédaction du projet d'itinéraire. — Ce projet d'itinéraire, dont je joins ici le
modèle, indiquera le jour, et même, autant qu'il sera possible, l'heure où l'Inspecteur arrivera dans chaque commune. Les communes seront placées dans
un ordre tel que les voies les plus courtes de communication soient toujours
suivies, et que l'Inspecteur visite, s'il se peut, trois à quatre communes chaque
jour, lorsqu'elles n'auront pas plusieurs Écoles.

Le jeudi de chaque semaine devra, comme les autres jours, être consacré à
la visite des Écoles, qui ne sera interrompue que les dimanches et les jours de

---

1. « Monsieur le .   , je suis informé que certains individus, se donnant le titre
d'Inspecteurs, se sont montrés dans quelques localités dans le but de répandre des
livres d'enseignement.

« Ces agents, non contents d'abuser de la crédulité des instituteurs, auxquels ils
persuadent d'acquérir les ouvrages qu'ils débitent, ont encore recours à la menace
et à la violence pour les leur faire acheter. Ils font croire, en effet, aux instituteurs
que, s'ils ne prennent pas les méthodes qu'ils colportent, ils seront inquiétés dans
l'exercice de leurs fonctions, et même qu'on fera fermer leur École.

Déjà trois de ces individus, qui s'étaient montrés dans le ressort de l'Académie de
Metz, ont été poursuivis et condamnés à un emprisonnement comme coupables d'escroquerie. Je vous prie, Monsieur le   , dans le cas où des manœuvres du genre
de celles que je viens de vous signaler seraient pratiquées dans quelques communes
de votre   , de veiller à ce qu'elles soient déjouées; vous aurez soin de prémunir
les instituteurs du ressort contre les tentatives de cette nature, et vous leur recommanderez, le cas échéant, de les porter à la connaissance de l'autorité. » (*Circulaire
du 6 novembre 1835 aux Recteurs et aux Préfets.*)

fêtes conservées. MM. les Inspecteurs se conformeront à cette disposition en dressant leur projet d'itinéraire.

Approbation de ce projet. — Lorsque la rédaction de ce projet sera terminée, MM. les Inspecteurs des Écoles primaires le remettront en triple expédition à MM. les Préfets. Ces magistrats vous le transmettront, avec les observations qu'ils croiront devoir y joindre. Vous l'arrêterez définitivement, et vous en enverrez une expédition à chacun de MM. les Préfets, et une autre aux Inspecteurs; la troisième restera dans vos bureaux, afin que vous ne soyez jamais exposé à ignorer en quels lieux se trouvent ces fonctionnaires.

Aussitôt que MM. les Inspecteurs des Écoles primaires auront reçu l'itinéraire ainsi approuvé et les instructions particulières que vous et MM. les Préfets auriez à leur donner, ils se tiendront prêts à commencer leur tournée le jour qui aura été fixé.

Avis à donner au maire de l'arrivée de l'Inspecteur de la commune. — Ils préviendront MM. les maires, au moins huit jours à l'avance, de l'époque de leur arrivée dans la commune, et ils les inviteront à convoquer pour ce moment le Comité local, et à prendre des mesures pour que les élèves soient présents dans les Écoles communales lorsqu'elles devront être visitées. A cet effet, ils feront connaître à l'avance, et aussi exactement qu'il se pourra, l'heure de leur visite, afin que, dans le cas où elle aurait lieu un jour, ou à une heure où l'École ne se tient pas habituellement, l'instituteur puisse réunir les élèves pour le moment de cette visite. Ils feront, en un mot, les dispositions nécessaires pour apporter dans leur inspection toute la célérité compatible avec les soins qu'exige l'importance de leur mission.

Je n'ajouterai rien aux instructions que contient ma circulaire du 13 août au sujet de l'inspection des Écoles. Les résultats en seront portés au fur et à mesure que cette inspection sera faite, sur les séries de questions dont le modèle est joint à cette lettre. J'invite MM. les Préfets à les faire imprimer et à en mettre un nombre suffisant d'exemplaires à la disposition de MM. les Inspecteurs.

Si des plaintes étaient formées contre la moralité, la conduite ou le zèle d'un instituteur, et que ces plaintes présentassent quelque gravité, l'Inspecteur devrait en donner immédiatement connaissance au Comité d'arrondissement, et sans attendre l'envoi de l'état de situation des Écoles qui n'aura lieu qu'à la fin de sa tournée.

Rétribution mensuelle et liste des élèves indigents qui doivent être reçus gratuitement à l'école communale. — Les observations qui me sont parvenues des divers points de la France me donnent lieu de craindre que quelques Conseils municipaux, dans la vue de reprendre à l'instituteur communal une partie du traitement fixe que la commune est obligée de lui payer, n'aient réduit outre mesure le taux de la rétribution mensuelle, et n'aient porté sur la liste des élèves indigents, qui doivent être reçus gratuitement à l'École, des enfants dont les parents ont évidemment le moyen d'acquitter cette rétribution. Dans le cas où des instituteurs formeraient des plaintes de cette nature, MM. les Inspecteurs devront adresser à ce sujet des observations au maire et au Conseil municipal, s'ils ont occasion de demander sa réunion. Ils consigneront le résultat de leur vérification à cet égard dans le rapport qu'ils feront sur la situation de l'instruction primaire. La circulaire que j'ai adressée à MM. les Préfets le 27 avril 1834 contient des instructions sur cet objet.

Obligation de se rendre dans les communes qui n'ont pas encore d'École. —
MM. les Inspecteurs devront aussi se transporter dans les communes qui n'ont
pas encore d'École communale, et s'enquérir auprès du maire et du Conseil
municipal des motifs qui se sont jusqu'à présent opposés à ce que cette École
fût établie. Si la commune n'a qu'une faible population, ils examineront si elle
ne pourrait pas être réunie à une commune voisine, pour l'entretien de l'École
publique, et, dans ce cas, ils inviteront le Conseil municipal à en faire la demande. Si, au contraire, aucune réunion de cette nature n'était possible, ou si la
population de la commune avait une certaine importance, ils désigneraient au
Conseil municipal les personnes pourvues de brevets de capacité qu'ils sauraient
être sans emploi, et ils l'inviteraient à faire un choix entre elles et à présenter
celle qu'il aurait choisie à la nomination du Comité d'arrondissement.

*Documents à fournir pour l'établissement de l'indemnité qui doit être accordée
aux Inspecteurs pour frais de tournée.* — MM. les Inspecteurs doivent recevoir
une indemnité pour frais de tournée, calculée sur le nombre de communes et
d'Écoles qu'ils auront visitées, et sur le nombre de journées qu'ils auront passées hors de leur résidence. Pour qu'on puisse établir exactement ces nombres,
il convient que MM. les Inspecteurs inscrivent dans la colonne réservée à cet
effet sur leur itinéraire, au moment de leur arrivée dans chaque commune, le
jour où ils s'y sont effectivement transportés. Cet itinéraire, ainsi complété,
sera conservé avec soin. Au moyen des indications qu'il présentera, ces fonctionnaires pourront rédiger l'état du nombre des communes et des Écoles qu'ils
auront visitées, et du nombre de jours qu'ils auront employés à cette opération,
et, de votre côté, vous aurez soin de vérifier l'exactitude de cet état, dont je vous
adresserai ultérieurement le modèle avec celui de l'état de situation des Écoles
primaires communales.

*État de situation des communes sous le rapport de la propriété des maisons
d'École.* — Aux termes de ma circulaire du 43 août dernier, MM. les Inspecteurs de l'instruction primaire devront aussi recueillir, en faisant la visite des
Écoles, les matériaux nécessaires pour dresser le tableau de la situation des
communes sous le rapport de la propriété des maisons d'école, tableau dont la
rédaction est prescrite par l'article 45 de l'ordonnance du 16 juillet 1833. Je
vous adresse un exemplaire de la lettre que j'ai écrite à ce sujet à MM. les Préfets. J'annonce à ces magistrats que les nombreuses demandes de secours qui
ont été formées en 1835 par les communes, et les modifications apportées par
la loi des recettes de 1836 dans la fixation des charges imposées aux communes
et aux départements pour les dépenses des Écoles primaires communales pendant cet exercice, réduiront considérablement la portion des fonds mis à ma
disposition qui pourra être consacrée à aider les communes dans leurs projets
d'acquisition, construction, réparation et achat de mobilier des maisons d'école
et à la distribution des secours aux anciens instituteurs. Je vous prie, en conséquence, Monsieur le Recteur, de ne m'adresser aucune demande de secours
pour les dépenses extraordinaires, autres que celles que je viens d'énumérer,
et de vous abstenir surtout d'appuyer les demandes que pourraient faire pour
cet objet les communes riches, enfin de ne faire aucune démarche pour provoquer des demandes de cette nature qu'il me serait probablement impossible
d'accueillir en 1836.

Vous aurez soin, en demandant à MM. les Inspecteurs des Écoles primaires
leur projet d'itinéraire, de les inviter à lire attentivement, avant de se mettre

en tournée, la loi du 28 juin 1833, l'ordonnance du 16 juillet suivant, et toutes les instructions ministérielles contenues, soit dans mon rapport au Roi sur l'exécution de cette loi, soit dans le manuel général de l'instruction primaire; vous leur recommanderez notamment celle du 26 août 1833, relative à l'inspection générale qui fut exécutée à cette époque, et celle du 27 novembre dernier, relative à la rédaction de l'état de situation des Écoles primaires au 15 décembre 1834. Vous me ferez connaître l'époque à laquelle chacun de MM. les Inspecteurs de votre ressort doit commencer sa tournée et le nombre d'Écoles et de communes qu'il doit visiter.

Je vous prie de m'accuser réception de cette lettre, dont vous remettrez un exemplaire à chacun de MM. les Inspecteurs de votre ressort.

Recevez, etc.

Signé : GUIZOT.

Instruction du Ministre de l'Instruction publique, relative à l'inspection des Écoles primaires.

26 octobre 1835.

26 Octobre 1835.

Monsieur le Préfet, je viens de charger MM. les Recteurs de donner l'ordre à MM. les Inspecteurs de l'instruction primaire de commencer la visite des Écoles pour l'année scolaire 1835-1836 vers le milieu du mois de novembre. Je vous adresse un exemplaire de la lettre que je leur ai écrite à ce sujet.

Situation des communes sous le rapport de la propriété des maisons d'école. — L'article 15 de l'ordonnance du 16 juillet 1833 m'impose l'obligation de faire dresser tous les ans un état des communes qui ne possèdent point de maison d'école, de celles qui n'en ont pas un nombre suffisant, à raison de leur population, et enfin de celles qui n'en ont pas de convenablement disposées. J'ai annoncé à MM. les Inspecteurs, par ma circulaire du 13 août dernier, qu'ils seraient chargés de recueillir les matériaux nécessaires pour la rédaction de cet état. Ils devront s'occuper de ce travail en faisant la visite des Écoles.

Je vous adresse à cet effet une série de questions auxquelles MM. les Inspecteurs devront répondre lors de leur passage dans chaque commune. Leurs réponses seront résumées sur un tableau, qu'ils dresseront à la fin de leur tournée et dont je vous enverrai ultérieurement le modèle. Je vous prie de faire imprimer cette série de questions ainsi que celles annexées sous les nos 1, 2, 3 et 4 à la lettre que j'écris à MM. les Recteurs. Vous en mettrez un nombre suffisant d'exemplaires à la disposition de M. l'Inspecteur de votre département. Les frais d'impression de ces cinq séries de questions seront prélevées sur les fonds affectés par le Conseil général aux dépenses de l'instruction primaire. Vous aurez soin de m'en faire connaître le montant.

D'après les instructions que je vous ai données le 13 août dernier, vous devez avoir autorisé MM. les maires à convoquer le Conseil municipal toutes les fois que l'Inspecteur des Écoles primaires leur en fera la demande. Ce fonctionnaire se trouvera ainsi en mesure d'inviter les Conseils municipaux des communes qui sont encore sans École communale à faire choix de l'instituteur qu'ils devront présenter à la nomination du Comité d'arrondissement, et d'appeler l'attention de ces Conseils dans les communes qui ne possèdent pas de maison d'école, ou qui n'ont que des maisons d'école en mauvais état ou trop petites, sur la nécessité d'achever ou de faire construire des bâtiments pour les affecter à cet usage, de réparer ou d'agrandir ceux qu'elles possèdent. Je vous envoie, à cet effet, un exemplaire du traité sur la construction des maisons d'école, que je vous prie de remettre à M. l'Inspecteur de votre département. Vous lui recommanderez en même temps de lire attentivement la lettre que je vous écrivis le 3 décembre 1833 en vous faisant l'envoi de cet ouvrage, ainsi que celle que je vous avais écrite le 30 novembre précédent au sujet de la rédaction de l'état de situation des communes sous le rapport de la propriété des maisons d'école. M. l'Inspecteur trouvera aussi dans ma circulaire du 27 avril 1834 des instructions sur les dépenses relatives aux constructions, acquisitions et réparations de maison d'école. Veuillez bien l'inviter à en surveiller l'exécution, surtout en ce qui concerne les maisons d'école communes aux enfants des deux sexes.

Mobilier de classe. — Je désire que M. l'Inspecteur s'occupe aussi, en faisant la visite des Écoles, de la situation du mobilier de classe. Je vous prie de lui donner connaissance des instructions que contient à ce sujet ma circulaire du 20 avril dernier. Il devra surtout veiller à ce que la commune ne fasse pas acquitter par l'instituteur une dépense que la loi a mise à sa charge.

Vérification de l'emploi des secours accordés depuis 1832. — M. l'Inspecteur devra vérifier, en faisant sa tournée, si les secours qui ont été accordés depuis 1832 aux communes pour acquisition, construction et réparations de maisons d'école et pour achat de mobilier ont été intégralement affectés à leur destination. Il aura soin de faire mention des résultats de sa vérification à cet égard dans le rapport qu'il fera sur sa tournée annuelle. Vous voudrez bien, à cet effet, lui laisser prendre dans vos bureaux la liste des secours qui ont été accordés pour cet objet. Il pourra, d'ailleurs, examiner dans les comptes des receveurs municipaux, qui sont déposés dans les archives de votre préfecture, si on a fait emploi des allocations qui ont été accordées.

Nécessité de restreindre les demandes de secours en 1836. — Je crois devoir vous donner ici quelques instructions sur les demandes de secours pour acquisition, construction, réparations de maisons d'école et achat de mobilier que les communes pourraient former en 1836.

Les Écoles nouvellement établies, dont le nombre devient chaque jour plus considérable, en augmentant les subventions que je dois fournir aux communes pour l'entretien de ces Écoles, diminuent d'autant la partie des fonds mis à ma disposition qui était distribuée en secours pour acquisition, construction, réparations de maisons d'école et achat de mobilier. D'un autre côté, les demandes de cette nature se sont tellement multipliées en 1835, que je ne pourrai satisfaire à toutes ces demandes avec les fonds dont je peux disposer pour cet exercice, et que je serai forcé de prélever sur les fonds de 1836 une partie des allocations reconnues nécessaires.

La loi du budget des recettes de 1836, en modifiant la proportion dans laquelle les communes et les départements doivent contribuer au payement des dépenses ordinaires de l'instruction primaire, va aussi augmenter les prélèvements à faire pour cet objet sur les fonds de l'État et réduire considérablement la partie de ces fonds qui pourra être distribuée en secours aux communes pour acquisition, construction et réparations de maisons d'école et achat de mobilier. Je prévois

que cette réduction pourra s'élever jusqu'à 500 000 francs, et que les secours
que je pourrai accorder aux communes ne dépasseront pas de 300 000
à 400 000 francs, sur lesquels il faudra même prélever les sommes nécessaires
pour payer les allocations accordées par suite des demandes formées en 1835,
et que l'insuffisance des fonds de cet exercice ne me permettra pas de faire
acquitter avec ces fonds. Dans cet état de choses, je vous prie, Monsieur le
Préfet, de recommander à M. l'Inspecteur des Écoles primaires de se borner à
constater les dépenses à faire pour rendre toutes les communes propriétaires
de maisons d'école, pour réparer ou agrandir au besoin celles qu'elles possèdent, pour leur procurer le mobilier de classe dont elles sont dépourvues, mais
sans leur faire aucune promesse de secours, sans prendre avec elles des engagements, qu'il me serait peut-être impossible de tenir. Vous aurez soin, de votre
côté, de ne me transmettre aucune demande de secours pour des dépenses extraordinaires de l'instruction primaire autres que celles qui ont pour objet les acquisitions, constructions et réparations de maisons d'école et les achats de
mobilier, et surtout de ne pas appuyer les demandes que pourraient faire pour
cet objet des communes riches en revenus municipaux.

Nouvelles bases adoptées pour la distribution des secours à partir de 1836. —
Aussitôt que j'aurai pu établir avec plus d'exactitude la partie des fonds de
l'État, mis à ma disposition pour 1836, qui pourra être distribuée en secours
aux communes, je vous ferai connaître le montant de l'allocation qui sera accordée pour cet objet à votre département. Jusqu'à présent ces distributions
n'ont pu être faites dans la proportion des besoins. Elles ont eu lieu selon le
plus ou moins d'empressement que mettaient les communes et les Préfets à
former des demandes de secours. Aussi est-il arrivé que des départements pour
lesquels, malgré ma recommandation, il ne m'est parvenu, depuis 1832, aucune
demande, ou pour lesquels il ne m'est parvenu qu'un très petit nombre de demandes, n'ont reçu aucune allocation ou n'ont obtenu que des allocations de
peu d'importance ; tandis que d'autres départements plus zélés ont reçu des
allocations qui, dans un espace de quatre ans, s'élèvent pour quelques-uns jusqu'à 150 000 francs. Malheureusement les départements pour lesquels il ne
m'est arrivé qu'un petit nombre de demandes sont ceux dans lesquels l'instruction primaire est dans un état peu florissant, et où elle doit, par conséquent, être
le plus encouragée. Je suis dans l'intention de faire à l'avenir les répartitions
de secours entre les départements proportionnellement : 1° aux dépenses que
les communes du département auraient à faire pour devenir propriétaires de
maisons d'école convenablement disposées ; 2° aux allocations que les Conseils
généraux auront votées pour cet objet en sus des centimes spécialement affectés
par la loi aux dépenses de l'instruction primaire, car de tels sacrifices méritent
d'être encouragés et récompensés. C'est d'après ces bases que sera faite la répartition des secours à allouer sur les fonds de l'État de 1836. Je vous en enverrai une copie dans le mois de janvier prochain.

Approbation du projet d'itinéraire. — Vous remarquerez, Monsieur le Préfet,
que dans ma lettre à MM. les Recteurs, je charge l'Inspecteur des Écoles primaires de vous remettre le projet d'itinéraire. Vous voudrez bien l'examiner et
le transmettre ensuite à M. le Recteur, avec les observations que vous croirez
devoir y joindre ; ce fonctionnaire l'arrêtera, et il vous en enverra une expédition. Vous adresserez, de votre côté, à M. l'Inspecteur les instructions particulières que vous auriez à lui donner pour les affaires spéciales relatives à l'in-

struction primaire dont vous désireriez qu'il s'occupât. Vous aurez soin, en examinant le projet d'itinéraire, de prendre les mesures nécessaires afin que M. l'Inspecteur se trouve libre pour les époques où vous seriez dans l'intention de le faire coopérer à des travaux relatifs aux dépenses de l'instruction primaire. Vous aurez soin de lui faire connaître d'avance ces époques.

Je donnerai ultérieurement des ordres pour qu'une copie de l'état de situation des Écoles primaires de votre département et des autres résultats de l'inspection de ces Écoles vous soit remise tous les ans.

Je vous prie de m'accuser réception de cette lettre, dont vous remettrez un exemplaire à M. l'Inspecteur de l'instruction primaire.

Recevez, etc.

Signé : GUIZOT.

---

6 nov. 1835.   **Circulaire du Ministre de l'Instruction publique, relative à l'admission gratuite des enfants trouvés et des orphelins dans les Écoles primaires publiques.**

6 Novembre 1835.

Monsieur le Préfet, il existe dans plusieurs communes de votre département un certain nombre d'enfants trouvés et orphelins, qui y ont été placés par les hospices. Il importe de fournir à ces enfants, si dignes d'intérêt, les moyens de recevoir l'instruction primaire élémentaire.

Je vous prie donc, Monsieur le Préfet, d'inviter les maires des communes où seraient placés des orphelins ou des enfants trouvés, à prendre les mesures nécessaires pour que ces enfants soient admis gratuitement à l'École publique, conformément au paragraphe 3 de l'article 14 de la loi du 28 juin 1833, et pour qu'en outre ils participent à la distribution des livres élémentaires destinés aux élèves indigents. Je désire que vous me fassiez part du résultat des dispositions que vous aurez prescrites à cet effet.

Recevez, etc.

Signé : GUIZOT.

---

12 nov. 1835. **Instruction du Ministre de l'Instruction publique, relative à l'enseignement religieux des élèves appartenant à un culte reconnu par l'État autre que celui de la religion catholique.**

12 Novembre 1835.

Monsieur le Recteur, quand la loi du 28 juin 1833 a déclaré, article 1er : « L'instruction primaire élémentaire comprend nécessairement l'instruction morale et religieuse », et article 2 : « Le vœu des pères de famille sera toujours « consulté et suivi en ce qui concerne la participation de leurs enfants à l'in-« struction religieuse »; elle a voulu assurer pour tous les enfants et dans toutes les Écoles, d'une part, la réalité de l'instruction religieuse, de l'autre, sa liberté.

Mais, lorsqu'il s'agit de croyances religieuses en minorité dans le pays, il est plus difficile d'accomplir effectivement ce double vœu de la loi, et de ga-

14.

rantir partout aux enfants des familles qui professent ces croyances l'instruction religieuse qui leur est nécessaire et la pleine liberté à laquelle ils ont droit. Quelques mesures spéciales et une surveillance constante sont indispensables pour atteindre à ce but. Elles sont l'objet des instructions que je vous adresse aujourd'hui.

Considérées sous les rapports religieux, les Écoles primaires peuvent être ou mixtes, c'est-à-dire réunissant des enfants de diverses croyances, ou particulièrement affectées à l'un des cultes reconnus par l'État, comme l'autorise l'article 9 de la loi du 28 juin.

Quant à ces dernières Écoles, je vous ai déjà indiqué, Monsieur le Recteur, dans mes instructions du 24 juillet 1833, la conduite que vous avez à tenir. Il ne faut point les multiplier inutilement, et lorsqu'elles ne sont pas clairement réclamées par le vœu des diverses parties de la population ; mais il faut aussi veiller à ce qu'elles ne soient pas injustement refusées là où elles sont nécessaires. Plus d'une fois des Conseils municipaux, soit par des préventions passionnées, soit pour échapper à un surcroît de dépenses, ont repoussé l'établissement d'Écoles spécialement affectées à un culte autre que celui qui dominait dans leur sein, quoique cet établissement fût vivement sollicité par la minorité de la population et pût seul satisfaire à ses besoins religieux. Partout où vous rencontrerez de tels obstacles, vous ferez tous vos efforts, de concert avec l'administration générale, pour amener les Conseils municipaux à des dispositions plus justes et plus libérales. Si vous reconnaissiez que l'augmentation de la dépense est la seule raison pour laquelle ils s'opposent à l'institution d'Écoles distinctes, vous auriez soin de m'en informer, et je prendrais, pour lever cet obstacle, en venant au secours des communes, les mesures qui seraient en mon pouvoir.

Partout où des Écoles particulières à tel ou tel culte sont ou seront établies, vous veillerez à ce qu'elles reçoivent la même protection et les mêmes bienfaits que les autres ; et vous donnerez toutes les facilités désirables pour que l'instruction religieuse y soit régulièrement organisée, et pour qu'elles puissent être visitées et inspectées par des personnes de la croyance religieuse à laquelle elles appartiennent.

Les Écoles mixtes sont les plus nombreuses, et aussi celles où il est le plus difficile d'assurer, pour les familles de croyances diverses, la réalité et la liberté de l'instruction religieuse. On a quelquefois pensé que, pour y réussir, il suffisait de substituer aux leçons et aux pratiques spéciales de chaque culte des leçons et des pratiques susceptibles en apparence de s'appliquer à tous les cultes. De telles mesures ne répondraient au vœu réel ni des familles ni de la loi ; elles tendraient à bannir des Écoles l'enseignement religieux positif et efficace, pour mettre à sa place un enseignement vague et abstrait. Ce que veut la Charte, c'est que chacun professe sa religion avec une égale liberté et obtienne pour son culte la même protection ; ce que veut la loi du 28 juin, c'est que les enfants reçoivent dans les Écoles l'instruction religieuse prescrite par le culte de leurs familles. Il faut atteindre ce but, et non l'éluder par des prescriptions qui porteraient une égale atteinte à la réalité de l'instruction religieuse et à sa liberté.

Vous aurez donc soin, Monsieur le Recteur, dans toutes les Écoles primaires où se rencontreront des enfants, quelque petit qu'en soit le nombre, qui professent un culte différent de celui de l'instituteur et de la majorité des élèves :

1° Que dans aucun cas ils ne soient contraints de participer à l'enseignement religieux, ni aux actes du culte de la majorité ;

2º Que les parents de ces enfants soient toujours admis et invités à leur faire donner par un ministre de leur religion, ou par un laïque régulièrement désigné à cet effet, l'instruction religieuse qui leur convient ;

3º. Qu'aux jours et heures de la semaine déterminés par le ministre ou les parents, d'accord avec le Comité de surveillance, ces enfants soient conduits de l'École au temple ou dans tout autre édifice religieux, afin d'y assister aux instructions et aux actes du culte dans lequel ils sont élevés.

Vous appellerez sur l'exacte observation de ces mesures l'attention de MM. les Inspecteurs des Écoles primaires, et vous leur prescrirez de vous en rendre un compte spécial, ainsi que des obstacles qui pourraient les entraver.

Vous recommanderez la même vigilance aux Comités d'instruction primaire, soit locaux, soit d'arrondissement.

Si la réalité et la liberté de l'instruction religieuse des enfants doivent être ainsi assurées dans toutes les Écoles et pour toutes les croyances, à plus forte raison doit-on prendre les mêmes soins pour l'instruction religieuse des instituteurs eux-mêmes, qui seront un jour placés à la tête de ces Écoles. Aussi le règlement général du 14 décembre 1832, concernant les Écoles normales primaires, porte-t-il expressément (titre Ier, article 1er) : « L'instruction religieuse « est donnée aux élèves-maîtres, suivant la religion qu'ils professent, par les « ministres des divers cultes reconnus par la loi. » Des mesures ont déjà été prises pour que cette prescription ne demeurât point vaine : dans les Écoles normales primaires de Nîmes, Bordeaux, Mende, Strasbourg, Colmar, Montauban et Versailles, des ministres protestants ont été nominativement désignés pour diriger l'instruction religieuse des élèves-maîtres de leur communion, et une indemnité leur a été attribuée à cet effet. La même mesure sera incessamment appliquée aux Écoles normales primaires de Caen, Nantes et Toulouse ; et je prendrai soin que les Consistoires et les ministres des communions protestantes dans toute la France sachent bien quelles sont les Écoles normales primaires où est ainsi organisé l'enseignement religieux qui leur convient, afin que les élèves-maîtres de ces communions, libres ou boursiers, soient placés de préférence dans ces établissements.

J'ordonnerai également que, dans les Écoles normales primaires ainsi désignées, la bibliothèque contienne toujours les ouvrages les plus essentiels pour l'instruction religieuse des élèves-maîtres des diverses communions : quelques-uns de ces ouvrages sont déjà indiqués sur le catalogue de plusieurs de ces bibliothèques ; je compléterai ces indications lorsque j'aurai recueilli tous les renseignements nécessaires à ce sujet.

Dans les autres Écoles normales, où le nombre des élèves-maîtres appartenant à un culte autre que celui de la majorité n'est pas assez considérable pour qu'un enseignement religieux à leur usage y soit spécialement institué, vous veillerez du moins, Monsieur le Recteur, à ce que la liberté religieuse de ces élèves-maîtres soit scrupuleusement respectée, et à ce que rien ne les empêche de recevoir d'un ministre de leur communion l'instruction religieuse dont ils ont besoin.

Quant aux Collèges, soit royaux, soit communaux, je n'ai pas besoin de vous rappeler, Monsieur le Recteur, que les mêmes maximes d'instruction et de liberté religieuses y doivent être appliquées. Déjà dans plusieurs Collèges royaux, notamment dans ceux de Strasbourg, Nîmes, Tournon, et dans le Collège Louis-le-Grand, à Paris, des aumôniers en titre, et jouissant d'un traitement fixe, ont été institués pour donner aux élèves des communions protestantes l'enseignement religieux. Je me propose d'étendre cette mesure à quelques autres Collèges, qui seront ainsi spécialement indiqués aux Français de ces communions comme leur offrant, sous le rapport religieux, tous les moyens d'éducation qu'ils peuvent désirer. Les Collèges de Rouen, de Nantes, de Bordeaux et de Toulouse sont, quant à présent, ceux auxquels cette mesure paraît le plus convenablement applicable. Dans les autres Collèges royaux, toutes les fois qu'il se trouvera des élèves appartenant à l'un des cultes reconnus par la loi, et s'il existe dans la ville une église de ce culte, vous ferez en sorte, en vous concertant avec le Consistoire et avec les parents, qu'un des pasteurs soit appelé pour donner à ces élèves l'instruction religieuse, et que toutes les facilités nécessaires lui soient assurées pour cette instruction et pour les pratiques de son culte.

Toutes les fois que le nombre des élèves ainsi confiés aux soins d'un pasteur s'élèvera à dix, une indemnité lui sera allouée.

Quel que soit le nombre des élèves, aucun pasteur ne sera admis à donner dans un Collège l'instruction religieuse sans que j'en aie été préalablement informé, et sans que je lui aie donné mon approbation.

Je ne puis mettre d'office à la charge des villes une dépense extraordinaire ; mais je vous recommande d'employer tous vos soins afin que les mesures ci-dessus indiquées pour les Collèges royaux reçoivent, s'il y a lieu, dans les Collèges communaux leur pleine exécution. Je n'ignore pas, Monsieur le Recteur, que, par suite de préventions longtemps fondées sur de puissants motifs, l'instruction religieuse est encore, même pour de bons citoyens, l'objet de quelque méfiance ; mais, grâce à des institutions fortes et vraies, et sous un Gouvernement sincère, cette méfiance se dissipera de jour en jour. L'instruction religieuse, comme la religion elle-même, ne peut avoir désormais d'autre dessein ni d'autre effet que de faire pénétrer dans toutes les classes de la population, et jusqu'au fond des âmes, ces instincts d'ordre, ces goûts honnêtes, ces habitudes de respect moral et de paix intérieure qui sont le gage le plus sûr de la tranquillité sociale comme de la dignité individuelle. C'est donc un devoir, pour les dépositaires de l'éducation nationale, de donner à l'instruction religieuse, ainsi conçue et dirigée, le développement et l'appui qui assureront son efficacité.

Vous examinerez, quels sont dans votre Académie les établissements auxquels peuvent s'appliquer, en tout ou en partie, les instructions que je viens de vous donner, et vous me proposerez les mesures nécessaires pour en procurer l'exécution.

Recevez, etc.

Signé : GUIZOT.

Arrêté relatif aux conditions d'après lesquelles un instituteur pourra être autorisé à tenir une classe d'adultes. 22 déc. 1835.

22 Décembre 1835.

Le Conseil royal de l'Instruction publique,

Vu les lettres de plusieurs Recteurs, et notamment celle du Recteur de Lyon, en date du 5 du présent mois ;

Vu les lettres de M. l'archevêque administrateur du diocèse de Lyon et de M. le Garde des Sceaux, en date des 13 et 14 novembre et du 2 décembre 1835,

Vu les ordonnances du 29 février 1816 et du 21 avril 1828;

Vu la loi du 28 juin 1833;

Considérant que la législation sur les Écoles primaires ne peut être exactement appliquée aux classes d'adultes, et que ces sortes de classes demandent des précautions particulières dans l'intérêt des mœurs et du bon ordre,

Arrête :

ARTICLE 1er. — Aucun instituteur primaire, soit communal, soit privé, ne peut recevoir des élèves adultes sans une autorisation spéciale.

ART. 2. — L'autorisation de recevoir des élèves adultes sera accordée par le Conseil royal, sur la demande de l'instituteur et sur l'avis motivé du Comité d'arrondissement, transmis par le Recteur de l'Académie.

ART. 3. — En aucun cas, un instituteur ne pourra être autorisé à tenir une classe de filles adultes.

Un instituteur quelconque, public ou privé, marié ou célibataire, ne pourra jamais admettre dans la même classe des élèves adultes des deux sexes.

ART. 4. — Le Comité d'arrondissement devra fixer par un règlement spécial, après avis du Comité communal, les heures d'entrée et de sortie des élèves adultes de l'un et l'autre sexe, de manière que les filles soient admises le matin, et que les garçons soient admis le soir.

---

22 déc. 1835. **Arrêté relatif au cas dans lequel les enfants des deux sexes pourront être admis simultanément dans la même École.**

22 Décembre 1835.

Le Conseil royal de l'Instruction publique,

Vu les lettres de plusieurs Recteurs et notamment celle du Recteur de l'Académie de Lyon, en date du 5 du présent mois;

Vu les lettres de M. l'archevêque administrateur du diocèse de Lyon, et de M. le Garde des Sceaux, en date des 13 et 14 novembre et du 2 décembre 1835;

Vu les ordonnances du 29 février 1816 et du 21 avril 1828;

Vu la loi du 28 juin 1833;

Vu les décisions du Conseil des 13 août et 13 décembre 1833 et celle du 8 août 1834 ;

Modifiant cette dernière décision, deuxième paragraphe,

Arrête :

ARTICLE 1er. — Quand il n'y aura dans une commune qu'une seule École publique, les enfants des deux sexes pourront être admis simultanément dans ladite École, avec les précautions prescrites en pareil cas.

ART. 2. — S'il y a École communale de garçons et École communale de filles, le principe de la séparation des enfants des deux sexes sera exactement observé.

Est réputée École communale toute École recevant une subvention annuelle quelconque, soit en logement, soit en traitement, ou une indemnité de la commune où elle est établie.

Arrêté relatif aux conditions auxquelles des instituteurs communaux du premier degré pourront être autorisés à quitter momentanément leur École pour entrer dans une École normale primaire en qualité de boursiers. 29 déc. 1835.

29 Décembre 1835.

Le Conseil royal de l'Instruction publique,

Vu les lettres de M. le secrétaire du Comité d'instruction primaire de l'arrondissement de La Rochelle, du 15 octobre dernier, et de M. le Préfet de la Charente-Inférieure, du 5 décembre suivant ;

Vu la loi du 28 juin 1833 et le statut général du 14 décembre 1832, concernant les Écoles normales primaires,

Arrête :

Des instituteurs communaux ayant obtenu le brevet de capacité du degré élémentaire pourront être autorisés à quitter momentanément leur École pour entrer dans une École normale en qualité de boursiers, et y perfectionner leur instruction, aux conditions suivantes :

1° Ils devront justifier, ou qu'ils n'ont point contracté l'engagement décennal pour être dispensés du service militaire, ou qu'ils ont accompli cet engagement ;

2° Ils seront tenus de se faire remplacer à leurs frais et périls, durant le temps de leur séjour à l'École normale, par des maîtres munis des brevets et certificats qu'exige la loi du 28 juin, présentés par le Conseil municipal, nommés par le Comité d'arrondissement et agréés par le Ministre, sur l'avis du Recteur.

Dans le cas où l'instituteur remplaçant viendrait à quitter l'École où il exerce à ce titre, l'instituteur admis comme boursier sera tenu de se retirer de l'École normale et de retourner à son École communale ;

3° Ils doivent être âgés de trente-cinq ans au plus.

Ils seront soumis à tous les règlements de l'École, soit pour les études, soit pour la discipline.

---

5 janvier 1836. **Avis portant que la théorie des fractions ordinaires fait nécessairement partie de l'enseignement primaire et, par conséquent, des examens que subissent ceux qui se destinent à l'enseignement.**

5 Janvier 1836.

Le Conseil royal de l'Instruction publique,

Vu le rapport de MM. les Inspecteurs des Écoles primaires du département de la Seine sur le résultat des épreuves subies par les aspirants au brevet de capacité devant la Commission d'examen dans le courant de décembre dernier, rapport dans lequel on signale une difficulté qui s'est élevée, au sein de la Commission, sur la question de savoir si la théorie des fractions ordinaires faisait ou non partie du programme des matières d'examen pour l'enseignement élémentaire,

Est d'avis :

Que la théorie des fractions ordinaires fait nécessairement partie de l'enseignement primaire, et par conséquent des examens que subissent ceux qui se destinent à l'enseignement.

---

5 janvier 1836. **Avis sur la question de savoir : 1° si un Comité supérieur a le droit, en cas de motifs graves, de révoquer les membres de Comités locaux qui sont à sa nomination ; 2° quels sont les moyens d'action ou de coercition du Comité supérieur à l'égard des Comités communaux ; 3° si le Comité supérieur peut ordonner l'apport des registres d'un Comité local de son ressort.**

5 Janvier 1836.

Le Conseil royal de l'Instruction publique,

Vu la délibération du Comité d'instruction primaire de Bouxwiller (Bas-Rhin), du 12 novembre, relative à des sujets de plainte que lui auraient donnés quelques membres du Comité local de cette ville et le Comité local lui-même, et dans laquelle sont présentées les questions suivantes :

1° Le Comité supérieur a-t-il le droit, en cas de refus d'obéissance, de négligence, ou d'autres motifs graves, de révoquer les membres des Comités locaux qui sont à sa nomination ?

2° Quels sont les moyens d'action ou de coercition du Comité supérieur à l'égard des Comités communaux ?

3° Le Comité supérieur peut-il ordonner l'apport des registres d'un Comité local de son ressort ?

Estime,

Sur la première question :

Que les droits respectifs et réciproques des Comités locaux et du Comité d'arrondissement ont été définis par la loi du 28 juin 1833 ; que les droits du Comité d'arrondissement à l'égard des Comités locaux se bornent : 1° à désigner dans chaque Comité local un ou plusieurs habitants notables pour faire partie du Comité local et pour exercer à ce titre des fonctions qui doivent durer trois ans (art. 21) ; 2° à provoquer, s'il y a lieu, la dissolution d'un Comité local par le Ministre, et le remplacement du Comité dissous par un Comité spécial, où personne n'est compris de droit (art. 17, § 5) ; mais que de cela même il suit que la loi n'a point donné au Comité d'arrondissement le droit de révoquer les notables par lui désignés comme membres d'un Comité local, droit qui enlèverait évidemment à ce dernier Comité toute liberté d'action, et l'annulerait au profit du Comité d'arrondissement ;

Sur la deuxième question :

Qu'il résulte des mêmes principes qu'un Comité d'arrondissement ne peut exercer aucun droit de coercition sur les Comités locaux ; qu'il doit, en cas de négligence de la part d'un Comité local, l'inviter à remplir les fonctions qui lui sont déférées par la loi (art. 17, 20 et suivants) ; qu'il doit même le mettre en demeure et, s'il y a lieu, provoquer sa dissolution ;

Sur la troisième question :

Que le Comité supérieur peut demander à consulter les registres d'un Comité local, mais qu'il ne peut en ordonner l'apport.

　　　　Avis relatif au traitement minimum des instituteurs.

5 Janvier 1836.

Le Conseil royal de l'Instruction publique,

Ouï le rapport sur la demande du sieur............, instituteur de la commune de........, tendant à ce que les accords intervenus entre lui et ladite commune, le 15 septembre 1827, reçoivent leur exécution, nonobstant les dispositions de la loi du 28 juin 1833;

Vu la délibération prise ledit jour, 15 septembre 1827, par la commune de........ pour régler les conditions auxquelles le sieur......., instituteur autorisé pour cette commune, y remplirait ses fonctions, et portant, entre autres choses, que le sieur........ recevra pour chaque enfant qui sera envoyé à l'École, et par semaine, dix centimes;

Qu'il recevra, en outre, de la caisse municipale, à titre de supplément à la rétribution des élèves, la somme de 470 francs par année, payable par trimestre;

Vu la lettre de M. le Préfet du département de........, en date du......, par laquelle ce fonctionnaire transmet ladite délibération et demande qu'il soit statué sur la question de savoir si les avantages accordés par des communes à des instituteurs, par des traités faits antérieurement à la promulgation de la loi du 28 juin 1833, ont été abrogés par cette loi, ou si ces instituteurs doivent rester en possession des avantages qui résultent desdits traités;

Considérant que l'intention générale de la loi a été de fixer, en l'améliorant, le sort des instituteurs; qu'on ne peut donc pas vouloir appliquer la loi dans un sens suivant lequel cette condition serait empirée; que la règle générale portée par la loi (art. 12) et par l'ordonnance du 16 juillet (art. 1er) n'a pour objet que de déterminer le *minimum* du traitement fixe des instituteurs, et ne fait point obstacle à ce que des conventions plus favorables, soit antérieures, soit postérieures à la loi, reçoivent leur exécution;

Qu'au contraire, la loi ayant laissé toute latitude de dépasser le *minimum*, on doit respecter les traités qui assurent un sort meilleur aux instituteurs,

Est d'avis:

Que le traité régulièrement intervenu le 15 septembre 1827 entre le sieur....... et la commune de....... doit recevoir son exécution.

Avis relatif aux conditions d'après lesquelles un instituteur privé peut recevoir 8 janvier 1836. **dans son École des enfants des deux sexes.**

8 Janvier 1836.

Le Conseil royal de l'Instruction publique,

Vu la lettre de M. le Recteur de l'Académie de Nancy, du 22 décembre dernier, relative à la question de savoir si, dans une commune où il existe des Écoles primaires spéciales pour chaque sexe, la réunion des filles et des garçons peut être tolérée dans une École privée, et, dans le cas où cette réunion devrait être interdite, quelles peines seraient infligées à la contravention, et quelle autorité devrait appliquer cette peine,

Est d'avis d'adopter les dispositions suivantes :

D'après une décision du 15 mai 1835, l'existence même d'un instituteur communal et d'une institutrice communale n'empêche pas qu'un instituteur privé n'ait le droit de réunir dans son École les enfants du sexe féminin que les pères de famille veulent envoyer à son École.

Mais l'usage de ce droit demande, de la part des autorités préposées à l'instruction primaire, des précautions indispensables dans l'intérêt des bonnes mœurs et de l'ordre public, et ces précautions doivent être prises à l'égard de toutes les Écoles, soit publiques, soit privées.

Pour les Écoles publiques, la loi dit expressément qu'il sera fourni à l'instituteur communal un local convenablement disposé, tant pour lui servir d'habitation que pour recevoir les élèves ; et l'autorité supérieure n'a pas hésité à conclure de ces expressions de la loi que, dans le cas où les enfants des deux sexes seraient admis ensemble dans une École communale, une séparation matérielle et permanente devrait être établie entre les garçons et les filles. Il en doit être de même pour les Écoles privées, et l'ordonnance du 16 juillet 1833, article 18, impose au maire de la commune l'obligation formelle de s'assurer de cette parfaite convenance du local à l'École.

De tout cela il suit que, si les précautions nécessaires avaient été négligées, ou si, malgré ces précautions, l'admission des enfants des deux sexes dans une même École publique ou privée donnait lieu à quelques abus ou désordres, ce serait pour le Comité local un juste sujet de plainte, et pour le Comité d'arrondissement, et pour le ministère public une cause légitime de poursuites, conformément aux dispositions de l'article 7 de la loi.

12 janvier 1836. **Arrêté portant qu'il sera créé des instituteurs communaux remplaçants, pour les Écoles de garçons dans la ville de Paris.**

12 Janvier 1836.

Le Conseil royal de l'Instruction publique,

Vu la délibération du Comité central d'instruction primaire de Paris, en date du 10 juin 1835;

Sans approuver les divers motifs exposés par le Comité;

Considérant que, dans une ville telle que Paris, l'importance des Écoles communales et le nombre considérable d'élèves que chacune d'elles renferme ne permettent pas de laisser vaquer, même momentanément, lesdites Écoles, et que cependant l'absence momentanée de quelques-uns des instituteurs peut avoir des motifs légitimes,

Arrête:

ARTICLE 1er. — Il sera pourvu à la nomination d'instituteurs communaux remplaçants, pour les Écoles de garçons dans la ville de Paris.

ART. 2. — Les instituteurs remplaçants seront au nombre de trois. Ils devront être présentés, nommés, institués et assermentés de la même manière que les instituteurs communaux en titre, selon le mode établi par les lois.

Ils seront toujours à la disposition de l'autorité compétente.

ART. 3. — Un traitement fixe leur sera accordé par le Conseil municipal, sans préjudice d'un traitement variable auquel ils auront droit pour chaque jour de service effectif.

ART. 4. — De semblables dispositions seront prises pour assurer le service des Écoles communales de filles dans la ville de Paris.

Les institutrices remplaçantes devront être brevetées et autorisées conformément aux ordonnances de 1816 et de 1828 qui régissent encore les Écoles de filles.

ART. 5. — Lorsqu'il y aura une demande tendant au remplacement momentané d'un instituteur ou d'une institutrice, le Comité local donnera son avis sur les motifs de la demande. Le Comité central, ou une Commission déléguée par le Comité, en délibérera, et sa décision sera soumise à l'approbation du Recteur de l'Académie.

Arrêté relatif aux certificats à délivrer aux enfants qui auront terminé leurs cours d'études primaires dans le département de Seine-et-Oise. 19 février 1836.

19 Février 1836.

Le Conseil royal de l'Instruction publique,

Vu la lettre de M. le Préfet du département de Seine-et-Oise, du 23 janvier dernier, dans laquelle il fait connaître que le Comité d'arrondissement de Versailles a présenté un projet de certificat destiné aux jeunes gens qui sortiront des Écoles primaires;

Vu l'article 19 du statut du 25 avril 1834, sur les Écoles primaires,

Arrête les dispositions suivantes, qui seront applicables dans tout le département de Seine-et-Oise :

Les enfants qui auront terminé leurs cours d'études primaires subiront un examen devant les membres du Comité local en présence d'un membre ou d'un délégué du Comité supérieur; et, à la suite de cet examen, il sera délivré à chacun d'eux un certificat signé du président, du secrétaire et de l'instituteur, qui contiendra une note pour chaque objet d'enseignement.

Ce certificat sera détaché d'un registre à souche, qui sera conservé dans les archives de la commune. Il sera rédigé dans la forme suivante :

INSTRUCTION PRIMAIRE.

Département d........   Commune d.......

CERTIFICAT délivré sur examen au sieur (*nom, prénoms, profession ou qualité*), né à.........   le.........

Le sieur.......   est resté à l'école depuis le........   jusqu'au........

Instruction morale et religieuse.

> NOTA. — En même temps qu'on rendra compte de la manière dont l'élève aura profité du cours d'instruction morale et religieuse, on fera connaître s'il a fait ou non sa première communion.

Lecture.
Écriture.
Calcul.
Dessin linéaire.
Histoire et géographie.
Système légal des poids et mesures.

Commune d.....   , le.....   48   .

Signatures : le *Président*, le *Secrétaire*, l'*Instituteur*, l'*Impétrant*.

23 février 1836. **Avis relatif aux conditions exigées des étrangers qui veulent tenir des Écoles en France.**

23 Février 1836.

Le Conseil royal de l'Instruction publique,

Ouï le rapport sur une lettre de M. le secrétaire de la Commission pour la direction de l'École gratuite anglaise de Paris, ayant pour objet d'obtenir que cette École, destinée aux enfants pauvres de familles anglaises, ne soit pas soumise aux lois françaises relatives à l'enseignement;

Considérant que la loi sur l'instruction primaire est, à certains égards, et notamment pour ce qui concerne les certificats de moralité et la déclaration à faire au maire de la commune et le choix du local, une loi de police et de sûreté, qui, aux termes de l'article 3 du Code civil, oblige tous ceux qui habitent le territoire; qu'ainsi, sans aucun doute, les étrangers qui veulent tenir des Écoles sont, comme les Français mêmes, obligés de se conformer à la loi en tout ce qui leur est applicable,

Est d'avis qu'il n'y a pas lieu d'accueillir cette demande.

---

23 février 1836. **Avis relatif à la nomination provisoire d'un instituteur par les Comités d'instruction primaire.**

23 Février 1836.

Le Conseil royal de l'Instruction publique,

Vu la lettre de M. le Recteur de l'Académie de Clermont, du 1er février courant, de laquelle il résulte que le Comité supérieur de........ ayant à statuer sur la présentation faite par les communes de........ et de,....... de deux instituteurs communaux, les SS^rs..... remplissant toutes les conditions exigées par la loi, n'a toutefois accordé à ces candidats qu'une nomination provisoire,

Est d'avis que les Comités ne peuvent nommer provisoirement et pour un temps limité que dans des circonstances tout à fait exceptionnelles; qu'ils ne peuvent restreindre à un temps limité les pouvoirs d'un candidat remplissant toutes les conditions de la loi et présenté par le Conseil municipal, la loi ayant voulu des fonctionnaires publics, nommés pour un temps indéfini, sauf démission ou jugement.

Avis portant que la décision du 27 octobre 1835, relative aux instituteurs pri- 23 février 1836.
maires qui quittent leur poste sans lettre d'exeat, est maintenue.

23 Février 1836.

Le Conseil royal de l'Instruction publique,

Vu la décision prise le 27 octobre 1835, portant qu'un instituteur qui a quitté son poste sans lettre d'exeat ne peut être nommé ni institué valablement; et que, si une nouvelle nomination venait à être surprise à un Comité d'arrondissement, dans l'ignorance de la faute commise par l'instituteur, l'institution devrait être refusée;

Vu les observations proposées par le Sous-Préfet de........ dans sa lettre du........ tendant à présenter les formalités exigées des instituteurs comme longues, pénibles et décourageantes pour eux, en ce qu'elles rendent difficiles des mutations souvent désirables, tant dans l'intérêt des communes que dans celui des instituteurs;

Considérant qu'il ne peut être admis que les instituteurs communaux, devenus, d'après la loi du 28 juin 1833, fonctionnaires publics, puissent, sans autorisation du Ministre qui les institue, changer à leur gré le poste où il les a placés contre tout autre poste qui leur conviendrait, et, par suite, contraindre en quelque sorte le Ministre à leur donner autant d'arrêtés d'institution qu'ils voudraient parcourir de communes diverses;

Que l'entrave à la libre mutation des instituteurs résulte implicitement et nécessairement de la qualité de fonctionnaires publics conférée par une nomination du chef même de l'Instruction publique; que celui qui institue peut seul délier de l'obligation spéciale qui résulte de son institution,

Est d'avis qu'il y a lieu, sans s'arrêter aux objections présentées par le Sous-Préfet de........, de maintenir la décision du 27 octobre 1835.

Avis relatif aux formalités imposées aux instituteurs ambulants. 26 février 1836.

26 Février 1836.

Le Conseil royal de l'Instruction publique,

Vu la lettre de M. le Recteur de l'Académie de Rennes, en date du 25 janvier dernier, dans laquelle ce fonctionnaire fait connaître qu'il résulte d'un rapport qui lui a été adressé par M. le président du Comité de l'arrondissement de........, que des plaintes nombreuses lui sont portées contre des instituteurs ambulants qui, sans brevet et sans autorisation, parcourent les communes et vont dans les maisons particulières donner l'enseignement aux enfants;

Considérant qu'on ne saurait proscrire d'une manière générale et absolue cette manière de donner l'instruction primaire; qu'elle a existé de tout temps; qu'elle est encore et qu'elle sera longtemps nécessaire dans plusieurs cantons de la France, où les habitations sont très dispersées et les communes très pauvres;

Que, s'il est impossible de supprimer tout à fait ce mode d'enseignement, il importe cependant de le régulariser, d'en prévenir et d'en réprimer les abus,

Est d'avis :

1° Que les instituteurs ambulants devront se pourvoir de livrets délivrés par les Recteurs, et faire viser ces livrets par le maire et par le curé ou pasteur, soit en arrivant dans une commune, soit en en sortant;

2° Que les autorités locales devront veiller à ce que des individus, sans mœurs et sans capacité, ne surprennent point la confiance des parents;

3° Qu'il sera exigé de chaque instituteur ambulant un certificat de capacité et un certificat de moralité délivré conformément à l'article 4 de la loi du 28 juin;

4° Que toutefois ces formalités ne peuvent être imposées qu'aux instituteurs qui, parcourant les communes, réunissent dans une même maison les enfants de diverses familles.

---

26 février 1836. Décision portant que les élèves des Écoles primaires de l'Académie de Douai, désignés sous le nom de logeurs, doivent être assimilés aux pensionnaires.

26 Février 1836.

Le Conseil royal de l'Instruction publique,

Vu la lettre de M. le Recteur de l'Académie de Douai, en date du 25 janvier dernier, dans laquelle ce fonctionnaire fait connaître qu'il existe, dans la plupart des Écoles primaires du ressort de l'Académie de Douai, et notamment dans l'arrondissement d'Avesnes, une portion d'élèves désignés sous le nom de *logeurs*, lesquels sont admis à domicile et reçoivent de l'instituteur, pendant deux ou trois mois de l'année, moyennant une légère rétribution, le logement et la soupe, et se fournissent eux-mêmes les autres aliments qui leur sont nécessaires;

Vu la délibération du Comité supérieur d'Avesnes, en date du 18 janvier dernier, ayant pour objet d'obtenir qu'il soit pris une décision à cet égard;

Considérant que, dès qu'il y a réunion et cohabitation de plusieurs enfants dans une même demeure, il est indispensable de vérifier le local et de s'assurer que les dortoirs ou les chambres qui en tiennent lieu sont convenablement disposés; qu'il suffit, pour cela, aux instituteurs primaires d'obtenir l'autorisation d'avoir des pensionnaires, ce qui ne demande ni de longs délais ni aucune dépense,

Décide que les élèves désignés sous le nom de logeurs doivent être assimilés aux pensionnaires.

Avis portant que tout culte reconnu par l'État doit être représenté dans tout Comité d'arrondissement dans la circonscription duquel exerceraient un ou plusieurs ministres de ce culte. 8 mars 1836.

8 Mars 1836.

Le Conseil royal de l'Instruction publique,

Vu la lettre de M........, pasteur protestant à........;

Consulté sur le point de savoir comment doit être exécuté le paragraphe 5 de l'article 19 de la loi du 28 juin 1833,

Est d'avis:

1° Qu'aux termes de cet article, tout culte reconnu par l'État doit être représenté dans tout Comité d'arrondissement dans la circonscription duquel exerceraient un ou plusieurs ministres de ce culte;

2° Que le culte qui n'a pas de ministre exerçant dans la circonscription d'un Comité supérieur n'a pas lieu de demander à être représenté dans ce Comité.

Avis sur les demandes de secours formées par les institutrices primaires. 18 mars 1836.

18 Mars 1836.

Le Conseil royal de l'Instruction publique,

Vu la lettre du 8 mars courant, par laquelle M. le Préfet du département d........, après avoir fait connaître l'impossibilité où il se trouve de satisfaire aux nombreuses demandes de secours qui lui sont faites par les maires, en faveur des institutrices primaires des communes de ce département, demande que la position de ces institutrices soit améliorée,

Est d'avis que les institutrices peuvent participer, comme les instituteurs, aux fonds mis à la disposition de l'État, lorsqu'elles font l'office d'instituteurs communaux, mais aux mêmes conditions; qu'à cet effet il convient que la nécessité d'un secours soit constatée par délibération du Conseil municipal, et qu'il soit fait une proposition spéciale pour chaque École, sur l'avis du Comité d'arrondissement.

---

22 mars 1836.   **Arrêté contenant des dispositions réglementaires sur les classes d'adultes.**

22 Mars 1836.

Le Conseil royal de l'Instruction publique,

Vu la loi du 28 juin 1833, concernant l'instruction primaire;

Vu les divers projets de règlement proposés pour la direction et la surveillance des Écoles d'adultes;

Sur le rapport du conseiller chargé de ce qui concerne l'instruction primaire,

Arrête :

I. — De l'établissement des Classes d'adultes.

ARTICLE Ier. — Tout instituteur primaire, ou toute autre personne munie d'un brevet de capacité et d'un certificat de moralité, est apte à tenir une classe d'adultes, moyennant l'autorisation préalable du Recteur de l'Académie.

La demande de l'autorisation devra être appuyée :

1o D'un avis motivé du Comité local ;

2o D'une délibération du Comité d'arrondissement;

3o D'un plan du local visé et certifié par le maire de la commune;

4o D'un programme des leçons qui seront données dans ladite classe.

ART. 2. — Tous les trois mois, le Recteur adressera au Ministre de l'Instruction publique un tableau des autorisations qu'il aura délivrées.

15.

II. — De l'enseignement et de la discipline dans les Classes d'adultes.

ART. 3. — L'instruction dans les classes d'adultes ne pourra porter que sur les matières comprises dans les deuxième et troisième paragraphes de l'article 1er de la loi sur l'instruction primaire, ou sur les développements industriels qui auront été autorisés conformément au quatrième paragraphe dudit article. selon les besoins et les ressources des localités.

ART. 4. — Chaque Comité local déterminera les jours de travail et de vacances, et les heures d'entrée et de sortie.

ART. 5. — L'âge d'admission dans les classes d'adultes est fixé à quinze ans au moins pour les garçons, et à douze ans au moins pour les filles.

Chaque Comité local sera juge des exceptions qui pourront être faites à cette règle.

ART. 6. — Il ne sera permis, sous aucun prétexte, de réunir dans une même classe des adultes des deux sexes.

ART. 7. — Le maître tiendra un registre d'inscription des élèves qui suivront la classe, d'après un modèle qui lui sera remis par le Comité d'arrondissement.

ART. 8. — Chaque Comité local dressera un projet de règlement d'études et de discipline, qui sera soumis à l'examen du Comité d'arrondissement et à l'approbation du Recteur en Conseil académique.

Décision relative au choix du membre du Comité destiné à exercer les fonctions du ministère public. 25 mars 1836.

25 Mars 1836.

Le Conseil royal de l'Instruction publique,

Vu la lettre de M. le Recteur de l'Académie de Bourges, en date du 15 mars courant, dans laquelle ce fonctionnaire expose combien il serait utile de confier à un membre de chaque Comité d'arrondissement l'exercice des fonctions du ministère public, de manière à assurer l'instruction et le jugement des affaires dont le Comité doit connaître, aux termes de l'article 23 de la loi du 28 juin 1833,

Décide que les fonctions du ministère public près de chaque Comité d'arrondissement peuvent être confiées, pour chaque année, par le président du Comité à tel membre qu'il jugera devoir en charger.

29 mars 1836. **Arrêté fixant le programme de l'enseignement du chant que doivent subir les aspirants au brevet de capacité pour l'instruction primaire supérieure[1].**

29 Mars 1836.

Le Conseil royal de l'Instruction publique,

Vu le troisième paragraphe de l'article 1er de la loi du 28 juin 1833 ;

Vu l'article 9 du statut du 25 avril 1834 ;

Sur le rapport d'un de ses membres,

Arrête :

ARTICLE 1er. — Les aspirants au brevet de capacité pour l'instruction primaire supérieure subiront un examen de chant théorique et pratique.

ART. 2. — Les examinateurs se conformeront, pour la position des questions, aux règles prescrites dans le programme ci-annexé.

ART. 3. — Les aspirants au brevet de capacité du degré élémentaire, qui seront examinés sur le chant, ne répondront que sur la première partie du programme.

PROGRAMME POUR LES EXAMENS DU CHANT.

Les élèves-maîtres des Écoles normales primaires et les aspirants aux brevets de capacité pour les deux degrés de l'instruction primaire seront examinés sur le RYTHME, ou la *mesure musicale* et ses divisions ; sur l'INTONATION ; sur la TONALITÉ, ou la constitution des *tons* et des *modes* de la musique ; sur l'ÉCRITURE MUSICALE, et sur le PLAIN-CHANT, d'après la série des questions de théorie, et les exercices d'application sommairement indiqués dans les cinq paragraphes spéciaux de ce programme.

1. Transmis par circulaire du 28 *avril* 1836, dont nous reproduisons ci-dessous un extrait :

« ..... Les trois années pendant lesquelles, d'après les dispositions transitoires du règlement du 19 juillet 1833, le brevet de capacité pour l'instruction primaire supérieure a pu être accordé aux candidats qui n'avaient pas satisfait à la partie de l'examen relative au chant étant sur le point d'expirer, il est indispensable qu'il y ait désormais par chaque Commission au moins un membre à qui cette partie du programme soit assez familière pour qu'il puisse diriger efficacement les épreuves. Je vous prie de vous assurer si les Commissions de votre Académie sont composées de manière à ce que cette condition essentielle se trouve remplie. Dans le cas où il en serait autrement, soit pour toutes ces Commissions, soit pour quelques-unes d'entre elles, vous voudrez bien me désigner promptement les personnes qui vous paraîtront pouvoir y être adjointes utilement sous ce rapport. Ces adjonctions auront d'abord pour effet d'augmenter le nombre de membres fixé par l'article 3 du règlement du 19 juillet précité ; mais il conviendra de rentrer, aussitôt que possible, dans la limite prescrite. Les vacances successives qui auront lieu dans le personnel de chaque Commission en fourniront le moyen. »

Indépendamment de cet examen théorique, ils seront tenus de chanter à livre ouvert un ou plusieurs morceaux de musique et de plain-chant, choisis par MM. les examinateurs.

PREMIÈRE PARTIE.

EXAMEN DES ASPIRANTS AU BREVET DE CAPACITÉ POUR L'INSTRUCTION PRIMAIRE ÉLÉMENTAIRE.

EXAMEN THÉORIQUE ET EXERCICES D'APPLICATION.

§ 1er.

Questions et exercices sur le RYTHME, *ou la* mesure musicale *et ses divisions, et sur les parties de l'enseignement élémentaire qui s'y rapportent.*

1° Quels sont, dans la musique écrite, les signes de la *durée* et de l'*interruption* des sons ? — Nommez et écrivez les figures des *notes* et des *silences* dans leur ordre de durée décroissante et relative?

2° Battez la mesure à quatre temps ; — à deux temps ; — à trois temps ; — à un temps.

3° Qu'entend-on par le *mouvement* d'un morceau de musique, et combien distingue-t-on de *mouvements principaux* ? — Énoncez et écrivez les mots italiens et français qui indiquent les mouvements principaux, et placez à côté quelques-uns des mots qui annoncent des *mouvements intermédiaires* entre chacun de ces mouvements principaux.

4° Qu'est-ce qui distingue les *mesures simples*, les *mesures composées* et les *mesures dérivées*?

5° Par quels chiffres ou par quelles lettres indique-t-on les *mesures simples* à quatre temps, à deux temps et à trois temps?

Lorsqu'une mesure, *composée* ou *dérivée*, est indiquée par une fraction ou par un nombre fractionnaire, comme $\frac{2}{4}$ $\frac{3}{4}$ $\frac{12}{8}$, etc., que signifie chacun de ces chiffres ?

6° Énoncez les trois règles d'après lesquelles on peut reconnaître immédiatement à combien de temps il faut battre une mesure quelconque.

Faites l'application de ces trois règles aux mesures suivantes :

$$4 \quad 2 \quad 3 \quad \frac{2}{1} \quad \frac{6}{4} \quad \frac{3}{2} \quad \frac{2}{4} \quad \frac{6}{8} \quad \frac{3}{4} \quad \frac{3}{8} \quad \frac{12}{8} \quad \text{etc.}$$

7° Quelle différence fractionnaire existe-t-il entre les six croches du 6/8 et les six croches *triolets* du 2/4 ?

8° Quelle différence rythmique ou métrique y a-t-il entre les mesures dites à *temps bref C* 2 et 3, ou leurs subdivisions, et les mesures dites à *temps longs* :

$$\frac{12}{8} \quad \frac{6}{8} \quad \frac{9}{8}?$$

9° Prononcez, en mesure et sans musique écrite, des successions diatoniques de notes groupées symétriquement, comme serait la mesure suivante à 4 temps :

blanche,	noire,	noire,	(répétée trois fois en prononçant do, ré, mi, etc.
do	*ré*	*mi*	*fa, etc.*

où cette autre mesure :

noire,	blanche,	croche,	croche	(également répétée trois fois.
do	ré	mi	fa	sol, etc.

N. B. Les exercices de cette espèce peuvent être fort variés, en formant chacune des mesures de diverses combinaisons des figures de notes ou de silences comme :

| Noire, blanche, noire | Blanche, noire et deux croches | Blanche avec emploi de la noire pointée | etc.

soit à 2 temps, soit à 3 temps, avec où sans triolets.

10° Faire la *lecture rythmique* d'un fragment de musique offrant un mélange des diverses valeurs de notes et de silences analysées précédemment.

§ II.

Questions et exercices sur L'INTONATION MUSICALE *et sur les parties de l'enseignement élémentaire qui s'y rapportent.*

Analyse et intonation des intervalles élémentaires du chant.

1° Qu'est-ce qu'un *son* en général, et qu'est-ce qu'un *son musical* en particulier ?
Dites les sept syllabes usitées pour nommer les sons musicaux ? — Qu'est-ce que *solfier, vocaliser* et *chanter* ? — Qu'est-ce qu'un *intervalle* musical ?
Quels sont les deux intervalles élémentaires dont se composent tous les autres intervalles musicaux ? — Combien la *gamme diatonique* comprend-elle de *tons* et de *demi-tons* ? Quelle est la position respective de ces tons et demi-tons ? — Quelle différence caractéristique existe-t-il entre la *gamme chromatique* et la gamme diatonique ?

2° Tracer une *portée*, dessiner les trois *clefs*, prouver la nécessité de ces trois clefs pour indiquer la position respective des diverses voix d'hommes, de femmes ou d'enfants, et pour déterminer le degré réel de l'élévation de ces voix dans l'échelle générale des sons musicaux ; en un mot, indiquer le *diapason* ou l'étendue naturelle de ces différentes voix.

3° Nommez les *lignes* et les *interlignes* de la portée avec *clef de sol* ? — Solfiez la gamme diatonique et l'accord parfait, en touchant les positions des notes, soit sur la portée, soit sur la *main droite*, dont les cinq doigts seront étendus et placés de manière à représenter les cinq lignes de la portée.

4° Nommez successivement les intervalles de *seconde*, de *tierce*, etc., et dites quelles sont, sur la portée, les positions respectives de deux notes qui forment une *seconde*, une *tierce*, etc.

5° Qu'entend-on par *progression* en parlant d'intervalles musicaux ? — Solfier sur une portée sans notes, ou sur la main, tout ou partie d'une progression de *seconde*, de *tierce*, etc. Solfier, à vue ou de mémoire, une progression quelconque en mesure à 4 temps, avec valeurs symétriques de 2 blanches ou d'une blanche et de deux noires, etc., dans chaque mesure.

6° Quelle différence d'élévation y a-t-il entre le *majeur* et le *mineur* d'un même intervalle.

7° Nommez et écrivez en notes naturelles, ou en notes bémolisées ou diésées, deux sons qui forment une *seconde majeure*. — Citez un début de chant qui soit une seconde majeure, et, au moyen de ce type d'intervalle, entonnez la seconde majeure d'un son quelconque.

8° Nommez et écrivez en notes naturelles, bémolisées ou diésées, deux sons qui forment une *seconde mineure*. — Citez un début de chant qui soit une seconde mineure, et, au moyen de ce type d'intervalle, entonnez la seconde mineure d'un son quelconque.

9° Solfier, à vue ou de mémoire, un chant ou un fragment de chant qui offre des successions de *secondes*.

10° Combien la *tierce majeure* comprend-elle de tons ? — Quelles sont les trois seules notes de la gamme dont la tierce est majeure ? Nommez et écrivez deux notes qui forment une *tierce majeure*. — Citez un début de chant qui soit une tierce majeure, et, au moyen de ce type d'intervalle, entonnez la tierce majeure d'un son quelconque.

11° Combien la *tierce mineure* comprend-elle de tons et de demi-tons ? — Nommez et écrivez deux sons qui forment une tierce mineure. — Citez un début de chant qui soit une *tierce mineure*, et entonnez ensuite la tierce mineure d'un son quelconque.

12° Solfier, à vue ou de mémoire, un chant ou un fragment de chant qui offre des successions de *tierces*.

Adresser des questions semblables sur les variétés de *quartes*, de *quintes*, de *sixtes*, de *septièmes*, et d'*octaves*.

Lecture courante musicale et exécution vocale.

13° Qu'est-ce que la *mélodie*, et qu'est-ce que l'*harmonie* ?

14° Qu'appelle-t-on *choristes* ? — Qu'est-ce qu'un *chef d'attaque* ? — Quel est le chanteur que l'on nomme *coryphée* ?

15° Par quels mots et par quels signes indique-t-on sur la copie ou sur la gravure les principales nuances de goût et d'expression ?

16° Tracez et dites la signification de certains signes usuels de l'écriture musicale, tels que *reprises*, *renvois*, *da capo*, *guidons*, *point d'arrêt*, et *point d'orgue*.

17° Qu'est-ce que *filer* un son ? — Qu'entend-on par *attaquer* un son, et comment faut-il l'attaquer ?

18° Par rapport au degré d'intensité à donner aux sons, quelle est la règle la plus générale de la bonne exécution vocale ? — Quels sont les avis à donner relativement à la position de la tête, à l'ouverture de la bouche, à l'aspect de la face et au maintien de l'exécutant ?

19° En quoi la bonne *prononciation* consiste-t-elle ? — Qu'est-ce que l'*articulation*, et comment doit-on articuler en raison du lieu où l'on chante ?

20° Qu'est-ce qu'une note *syncopée*, et comment reconnaît-on la syncope ?

21° Qu'est-ce que des notes *coulées* ? Quelle est la règle d'exécution de ces notes ? Donnez-en un exemple.

22° Qu'est-ce que le *détaché* ou *staccato* ? Quelles sont les deux manières dont le staccato est indiqué ? Donnez un exemple de l'exécution propre à chacune de ces deux manières.

23° En quoi le port-de-voix ou *portamento* consiste-t-il, et quand peut-on le pratiquer ? — Quelle différence d'exécution doit-on apporter entre le *portamento* ascendant et le *portamento* descendant ? Est-il de bon goût d'employer sans réserve le port-de-voix ?

24° Qu'est-ce que l'*appoggiatura*? Quelles sont les règles de son exécution? Donnez un exemple de son emploi dans le chant.

25° Quelle différence d'exécution faut-il observer entre la *petite note* employée pour le port-de-voix ou pour l'*appogiatura*?

§ III.

Questions et exercices sur la TONALITÉ *ou la constitution des tons et des modes de la musique, et sur les signes qui s'y rapportent.*

Dièse, Bémol, Bécarre.

1° Quel est, dans l'écriture musicale, l'effet des signes : *dièse, double-dièse, bémol, double-bémol* et *bécarre*? — Tracez ces signes.

2° Qu'entend-on par notes *diésées, bémolisées* et *naturelles*? — Dans le passage chromatique *ut, ut-dièse, ré*, l'*ut*-dièse est-il plus près du *ré* que de l'*ut*? — Et dans le passage *ré, ré-bémol, ut*, le *ré*-bémol est-il plus près de l'*ut* que du *ré*-naturel?

Tonique et Ton. — Dièses et Bémols constitutifs ou accidentels. — Transposition.

3° Quelle note appelle-t-on la *tonique* dans une gamme ou dans un chant composé avec les notes de cette gamme? — Pourquoi dit-on qu'un morceau de musique est en *ut*, en *fa*, en *ré*?

4° Solfiez la gamme d'*ut* et dites un chant qui soit tiré de cette gamme. — Solfiez la gamme de *fa* et transposez ce même chant en fa.

5° Qu'est-ce que des *dièses* ou des *bémols constitutifs*, et où les place-t-on dans la musique écrite? — Qu'est-ce que *armer* une *clef* et comment les signes de l'*armure* agissent-ils sur les notes de la pièce de musique?

6° Qu'est-ce que des dièses ou des bémols *accidentels*, et quel en est l'effet momentané?

Ordre générateur des Dièses et des Bémols constitutifs.

7° Dans quel ordre *générateur* et différent, les dièses et les bémols constitutifs se présentent-ils à la clef?

8° Nommez les dièses constitutifs dans leur ordre générateur *fa ut sol, etc.* Nommez également les bémols constitutifs dans leur ordre générateur *si mi la, etc.*

9° Écrivez plusieurs gammes en les disposant perpendiculairement les unes sous les autres de manière à prouver la nécessité des dièses ou des bémols constitutifs pour qu'elles soient toutes identiques avec leur type général :

	1 ton		1		1/2		1		1		1		1/2	
ut	——	ré	——	mi	——	fa	——	sol	.	la	——	si	——	ut.
ou 1		2		3		4		5		6		7		8

Notes tonales et notes modales. Mode majeur et mode mineur. Variantes de la gamme en mode mineur.

10° Quelles sont, dans une gamme, les trois notes dites *tonales* et invariables parce qu'elles déterminent le *ton*? — Quelles sont les trois notes dites *modales* et variables parce qu'elles caractérisent le *mode*?

11° Qu'est-ce qui caractérise le *mode majeur* ou *mineur* d'un ton quelconque ?

12° Écrivez la gamme ascendante et descendante en *mode mineur* et dites, au fur et à mesure, pourquoi telle note sera invariable et pourquoi telle autre sera variable ? — Solfiez la gamme mineure en faisant entendre ses variantes, pour les notes 3, 6 et 7 ?

Différence d'armure entre le majeur et le mineur d'un même ton.

13° En quoi consiste la *différence d'armure* du majeur au mineur d'un même ton ?

14° Quand il n'y a qu'un dièse pour le mode majeur, qu'y a-t-il pour le mode mineur ? — Quand il y a deux dièses au majeur, qu'y a-t-il au mineur, etc. ?

Tons et modes relatifs.

15° Qu'est-ce que des *modes relatifs*, et donnez plusieurs exemples de ces modes ?

16° Quel est l'intervalle qui sépare les toniques de deux tons et modes *relatifs* ?

Tons et modes déterminés par l'armure de la clef et par la note finale de la mélodie ou de la basse d'accompagnement.

17° Le dernier dièse d'une gamme majeure étant la 7e note de cette gamme, quel est le *ton*, mode majeur, quand la clef est armée d'un dièse, de 2 dièses, de 3 dièses, etc. ?

18° Le dernier bémol d'une gamme majeure étant la 4e note de cette gamme, ou, ce qui est la même chose, la tonique étant l'avant-dernier bémol d'un *ton* qui a plus d'un bémol à la clef, quel est le *ton*, mode majeur, quand la clef est armée d'un bémol, de deux bémols, de trois bémols, etc. ?

19° Les deux *tons* ou *modes relatifs* ayant la même armure, quelle est la note qui, dans les premières mesures, peut annoncer le *mode mineur* ?

20° Tracez une portée ; armez la clef d'un certain nombre de dièses ou de bémols, et dites dans quels cas le ton pourra être en *majeur* ou en *mineur* avec cette armure.

21° Quelle est la règle générale qui peut servir à faire connaître le *ton* et le *mode* d'un morceau de musique, d'après la *note finale* de la mélodie ou de la basse d'accompagnement ?

Armure de la clef déterminée par le choix du ton et du mode.

22° Quels sont les *dièses* ou les *bémols constitutifs* en *ré* majeur, en *si* mineur, en *mi bémol* majeur, en *fa* mineur, etc. ?

Tons et modes enharmoniques.

23° Qu'est-ce qu'une *transition enharmonique* ? Nommez deux notes enharmoniques. Combien y a-t-il de dièses en *ut dièse* majeur, et combien de bémols dans le ton enharmonique *ré bémol* majeur ? Quel est le total des signes de l'armure de deux tons enharmoniques comme *ut dièse* et *ré bémol* ? Donnez d'autres exemples du même total.

Tons et modes incertains.

24° Dans quels cas le *ton* et le *mode* d'une mélodie peuvent-ils être *incertains?*

RÉSUMÉ DU PARAGRAPHE III.

25° Tout ce qui vient d'être demandé avec détail dans le § 3 peut être résumé par une série de questions qui s'enchaînent sur les faits de la tonalité, etc.

Quelle est l'armure en *ut majeur?*

R. Il n'y a pas d'armure; c'est-à-dire qu'il n'y a ni dièse ni bémol à la clef.

Quelle est l'armure en *ut mineur?*

R. Trois bémols.

Quel est le *ton relatif* d'ut mineur?

R. *Mi bémol* majeur.

Combien y a-t-il de bémols de plus en *mi bémol mineur?*

R. Trois bémols de plus; total six.

Quel est le *ton enharmonique* de mi bémol mineur?

R. *Ré dièse* mineur.

Combien y a-t-il de dièses en *ré dièse mineur?*

R. Six dièses.

Pourquoi?

R. 1° Parce que *mi bémol* mineur ayant six bémols, et le total des signes de l'armure des *tons enharmoniques* étant douze, il ne peut y avoir que six dièses en *ré dièse mineur,* enharmonique de *mi bémol* mineur; 2° parce qu'en *ré* naturel majeur, il y a deux dièses, plus sept dièses à ajouter quand la tonique est diésée; total *neuf dièses en ré dièse majeur,* moins trois dièses pour passer du majeur au mineur: donc il reste *six dièses seulement pour le mode mineur de ré dièse.*

Quelle est la tonique majeure *relative* de ré dièse, mode mineur?

R. C'est *fa dièse* avec armure de six dièses.

Quelle est l'armure en *fa dièse* mineur?

R. Trois dièses seulement, puisqu'il faut retrancher trois dièses de l'armure du mode majeur.

Quel est le mode majeur qui n'a que trois dièses à la clef?

R. *La* majeur.

Quelle est l'armure en *la* mode mineur?

R. Il n'y a pas d'armure.

Quel est le relatif mode majeur?

R. *Ut* mode majeur, TON d'où nous sommes partis.

§ IV.

ÉCRITURE MUSICALE.

Les questions et les exercices précédents sur le *rythme,* l'*intonation* et la *tonalité* ayant dû obtenir des réponses satisfaisantes, l'examen complémentaire qui reste à faire sur l'ÉCRITURE MUSICALE peut se réduire à ce qui suit:

1° Faire copier et transposer dans tel ou tel TON trois ou quatre lignes de musique;

2° Déterminer les valeurs des notes et des silences de quelques mesures dictées sans intonations musicales ;

3° Faire dire le nom des notes vocalisées en mesure, ce qui est une application du précédent examen sur l'intonation des intervalles ;

4° Terminer par la dictée suivie d'un chant simple de quelques mesures.

§ V.

PLAIN-CHANT.

Questions spéciales sur le plain-chant et sur les signes de la notation de ce chant.

1° Qu'est-ce que le *plain-chant* ?
De combien de lignes la portée du plain-chant est-elle formée ?

2° Tracez les principales *figures de notes* du plain-chant et faites connaître celles qui sont communes au plain-chant et à la musique.

3° Quels sont les autres signes communs à la musique et au plain-chant ?

4° Quelles sont les *deux clefs* dont on se sert dans le plain-chant et tracez-les ?

5° Le *dièse* et le *bémol* sont-ils employés dans le plain-chant ?

6° De quelle manière le plain-chant doit-il être chanté ?

7° Combien y a-t-il de *tons* ou *modes* dans le plain-chant ?

8° Quelles sont les deux notes qui font distinguer le *ton* d'une pièce de plain-chant ?

EXAMEN PRATIQUE.

Après avoir constaté la capacité des aspirants dans la partie théorique, on devra s'assurer qu'ils peuvent *déchiffrer* la musique et le plain-chant. A cet effet, on leur fera solfier à vue, à une voix ou en parties, des chants, des solféges ou des chœurs d'une difficulté moyenne, composés, autant que possible séance tenante, par MM. les examinateurs, ou choisis dans des solféges ou recueils de musique peu connus. Pour le plain-chant, on puisera des exemples dans les *Antiphonaires*, les *Graduels* et autres livres d'*offices notés*.

SECONDE PARTIE.

EXAMEN DES ASPIRANTS AU BREVET DE CAPACITÉ DE L'INSTRUCTION PRIMAIRE SUPÉRIEURE.

EXAMEN THÉORIQUE ET EXERCICES D'APPLICATION.

Indépendamment des matières qui font l'objet de l'examen des aspirants au brevet de capacité pour l'instruction élémentaire, ceux des candidats qui désireront obtenir le brevet du degré supérieur seront tenus de satisfaire aux questions suivantes :

RYTHME.

Énoncer toutes les valeurs fractionnaires de notes, entre la ronde et la double croche, par augmentation progressive d'une seule figure de note, comme une ronde ou deux blanches, ou trois blanches en triolets, ou quatre noires, ou cinq noires pour quatre temps, etc.

Donner des exemples du changement d'accentuation musicale, causé par le déplacement du *scandé*.

Battre la mesure à cinq temps et la mesure à un temps, et lire quelques passages écrits avec ces mesures.

INTONATION.

En quoi les intervalles *simples* diffèrent-ils des intervalles *composés* ou *multiples*? Dressez une table des variétés d'un même intervalle, comme : SECONDE *diminuée* ou *mineure*, ou *majeure*, ou *augmentée*, etc.

Dire la différence qu'il y a entre la syncope *régulière* et la syncope *brisée*, et donner des exemples.

TONALITÉ.

Quelle fraction de *ton* existe-t-il entre le *demi-ton chromatique ut ut* dièse et le *demi-ton diatonique ut* dièse *ré*?

Donner quelques développements théoriques sur l'*ordre* générateur des *dièses et des bémols constitutifs*.

Faire connaître l'*origine et la génération des sons de la gamme diatonique;* continuer l'analyse des produits harmoniques des trois notes tonales de chaque *ton* mode majeur, et dévoiler ainsi l'*origine et la génération des sons de la gamme chromatique,* c'est-à-dire de tous les sons qu'il est possible d'employer dans la composition musicale.

Composer des gammes majeures par l'emploi des seules notes harmoniques de chacune des trois notes tonales I-IV-V. *Passer du majeur au mineur de ces* gammes en rendant mineures les tierces tonales.

Donner des développements et des exemples sur les *tons et modes incertains*, sur les *tons et modes analogues*, sur les *modulations* ordinaires et extraordinaires.

ANALYSE MÉLODIQUE DE LA PHRASE MUSICALE.

Sous le rapport de la forme mélodique, qu'entend-on en musique par *phrase* et *période* musicale? Quels sont les éléments constitutifs de la *phrase musicale*? Qu'est-ce que le *rythme*, le *dessin*, la *symétrie*, la *répétition*, l'*imitation* et l'*incise*?

Qu'est-ce qui tient lieu de ponctuation dans la phrase musicale? Qu'entend-on par *prosodier* et *phraser* en chantant?

EXAMEN PRATIQUE.

Voir, page 229, l'examen pratique affecté au *degré élémentaire*, auquel on ajoutera des solfèges et des chants d'une exécution plus difficile.

Décision portant qu'un maître de pension peut être en même temps instituteur communal et fixant les conditions qu'il doit remplir. 5 avril 1836.

5 Avril 1836.

Le Conseil royal de l'Instruction publique,

Vu la lettre de M. le Recteur de l'Académie d........, en date du 16 mars dernier, concernant le sieur........, maître de pension à...., nommé par le Comité de l'arrondissement second instituteur communal de........, ensemble les pièces jointes à cette lettre;

Consulté sur les questions suivantes :

1° Si un maître de pension peut être nommé instituteur communal et conserver en même temps ces deux sortes de fonctions ou de professions;

2° Dans le cas où il serait décidé qu'un maître de pension peut, sans renoncer à ce titre, être nommé instituteur communal, comment doit être exécuté l'article 7 de l'arrêté du 27 novembre 1834, suivant lequel un chef d'École secondaire ne peut avoir une classe primaire dont les élèves externes ne soient passibles de la rétribution du vingtième, qu'après en avoir obtenu l'autorisation spéciale, laquelle autorisation doit être renouvelée pour chaque année,

Estime :

Sur le premier point, que la loi du 28 juin 1833 n'ayant prononcé aucune incompatibilité entre les fonctions d'instituteur communal et la profession de chef d'une École secondaire, rien n'empêche qu'un maître de pension ne soit nommé et institué instituteur primaire communal;

Sur le second point, que le titre d'instituteur communal ne saurait soustraire le chef d'une École secondaire aux obligations qu'impose cette dernière qualité; qu'ainsi le maître de pension nommé instituteur communal devra se pourvoir annuellement de l'autorisation exigée par l'article 7 de l'arrêté précité; que si elle lui est refusée, il devra payer la rétribution pour tous les élèves, même primaires, qui appartiendront réellement à l'École secondaire; que ce sera à lui, dans sa conscience et son honneur, comme aussi aux autorités chargées de l'assiette de la rétribution, dans leur zèle éclairé pour les intérêts du Trésor, de distinguer ceux des externes primaires qui appartiendront, soit à l'École secondaire, soit à l'École primaire communale, distinction qui sera d'ailleurs rendue facile par l'obligation de tenir les deux Écoles dans des locaux séparés.

Circulaire du Ministre de l'Instruction publique relative à l'établissement et à l'organisation des salles d'asile.

9 Avril 1836.

Monsieur le Recteur, après la promulgation de la loi du 28 juin 1833, qui établit sur des bases solides l'instruction primaire, votre attention a été appelée, d'une manière spéciale, par mon prédécesseur, sur les divers genres d'école dont la fondation successive devait rendre cette loi complètement efficace. Vous n'avez pas oublié qu'aux termes de la circulaire du 4 juillet de cette même année 1833, se présentaient en première ligne les Écoles les plus élémentaires de toutes, celles qui sont connues parmi nous sous le nom de *Salles d'Asile*, où sont reçus les petits enfants trop jeunes encore pour fréquenter les Écoles primaires proprement dites, et exposés à toutes sortes de périls de l'âme et du corps pendant que les parents se livrent, loin de leur habitation, à leurs occupations journalières.

Une telle institution, fondée, d'une part, sur un besoin réel et généralement senti, et d'autre part, sur le zèle le plus pur et le plus charitable, devait naturellement réussir en France et s'y propager avec rapidité.

Aussi avons-nous vu une active et généreuse émulation multiplier ces précieux établissements sur tous les points du Royaume, et dans ce moment deux cents au moins sont en pleine activité; beaucoup d'autres doivent bientôt s'ouvrir. Plusieurs Conseils généraux de département, plusieurs communes ont voté des fonds de secours et d'encouragement pour cette excellente œuvre, qui s'est soutenue jusqu'à présent par des souscriptions particulières.

Dans quelques villes, les associations ou les autorités locales ont dressé des projets de règlements et de statuts, où l'on s'est proposé de définir ces sortes d'écoles ou salles d'asile, de donner une direction régulière et constante au zèle et aux sacrifices qui entretiennent les divers établissements, et surtout de tracer une marche sûre pour leur procurer des maîtres ou des maîtresses dignes de la confiance des familles.

J'ai examiné en Conseil royal de l'Instruction publique ces divers projets, et il m'a paru qu'avant d'arrêter un statut définitif, qui servît de règle générale et uniforme pour toutes les institutions de ce genre, il convenait d'envoyer dans toutes les Académies et dans tous les départements, aux Recteurs et aux Préfets, des instructions propres à diriger leurs communs efforts dans cette nouvelle carrière ouverte à leur amour du bien public.

§ 1. *De la nature de ces établissements et de leur objet.* — Les salles d'asile se présentent sous deux aspects différents : ce sont surtout des maisons d'hospitalité ; ce sont aussi des maisons d'éducation.

Il est reconnu que les enfants peuvent y être admis dès l'âge de deux ans, quelquefois même dès l'âge de dix-huit mois ; et, d'un autre côté, les Écoles primaires instituées par la loi du 28 juin s'ouvrant ordinairement aux enfants qui ont accompli leur sixième année, il est naturel de fixer à ce dernier âge la limite la plus reculée pour l'admission dans ces premières Écoles. Dans tous les cas, on ne manquera pas de profiter d'une occasion aussi favorable pour répandre de plus en plus le bienfait de la vaccine. Nul enfant ne devra être admis si les parents ne justifient qu'il a été vacciné ou qu'il a eu la petite vérole, ou s'ils ne consentent à le laisser vacciner dans l'établissement.

Les enfants une fois rassemblés dans leur petite école et mis par cela seul à l'abri d'une foule de dangers physiques et moraux, il importe également que tous leurs instants soient occupés, et que la nature et la durée de leurs diverses occupations soient proportionnées à leur âge.

Ce qu'il faut avant tout, c'est qu'on s'attache à leur faire contracter des habitudes d'ordre, de propreté, de bienveillance mutuelle, qui les préparent à une vie honnête, décente et chrétienne. Leur intelligence, si faible encore, devra être graduellement développée, sans que jamais elle soit fatiguée par une application trop soutenue; et l'on y parviendra en entremêlant leur travail de beaucoup de récréations, en donnant quelquefois au travail même la forme d'un amusement.

L'instruction devra être rigoureusement bornée aux premiers et plus simples éléments de la lecture et de l'écriture, à la connaissance des chiffres ordinaires et de quelques nombres, à quelques courtes prières et à quelques traits des histoires bibliques, qui leur donneront les premières impressions de religion et de morale, à quelques notions tout à fait usuelles d'histoire naturelle. Tout ce qui est au delà de ces simples éléments appartient et doit être réservé aux Écoles primaires, telles que la loi les a expressément définies.

En même temps qu'on agira par ce modeste enseignement sur l'esprit et sur le cœur de ces jeunes enfants, on aura soin d'exercer leurs mains à des ouvrages extrêmement faciles dont l'expérience a aussi prouvé la convenance et l'utilité pour ce premier âge: comme, par exemple, le parfilage des chiffons de soie, le tricot, et principalement le tricot à grosses mailles et à aiguilles de bois, la tapisserie, le filet.

Pendant ces travaux manuels, on les accoutumera par degrés à répéter en chœur des chants moraux et religieux composés tout exprès pour l'enfance.

Quant aux procédés à suivre pour cette première instruction, il est inutile de les déterminer ici d'une manière précise. Des maîtres et des maîtresses qui connaissent bien l'enfance, et qui lui portent du fond du cœur tout l'intérêt qu'elle mérite, sauront trouver dans leur affection même et dans le sentiment de leur devoir les moyens les plus propres à obtenir l'attention et la docilité des enfants. Qu'il suffise de leur rappeler, en deux mots, qu'on devra toujours arriver, par une grande patience et une douceur inaltérable, à assurer l'ordre et le silence dans les moments de travail et à entretenir le mouvement et la gaîté dans les heures de récréation.

§ 2. *Fondation et entretien des établissements.* — Suivant le principe posé dans la loi sur l'instruction primaire, on doit considérer comme établissements publics tous ceux qui sont fondés et entretenus, en tout ou en partie, par les communes, par les départements ou par l'État.

Tout établissement destiné à servir d'asile et d'école à la première enfance doit satisfaire à trois conditions principales :

1° Un local propre à loger les maîtres ou maîtresses et à recevoir les enfants, soit aux heures du travail, soit aux heures de récréation ;

2° Un ameublement approprié aux divers exercices des enfants dans tout le cours de la journée ;

3° Un traitement qui assure une existence convenable aux maîtres et aux maîtresses.

Voilà les dépenses auxquelles il faut nécessairement pourvoir.

Voici les divers genres de ressources dont une heureuse expérience a démontré l'efficacité, et sur lesquelles il est raisonnable de compter pour l'avenir, maintenant que de nombreux succès ont prouvé l'excellence de l'institution.

Les sommes nécessaires pour la construction et l'entretien du local, pour l'acquisition et l'entretien du mobilier et pour le traitement des maîtres ou maîtresses devront être demandées en premier lieu aux Conseils municipaux, soit qu'ils fassent directement les fonds, soit qu'ils concourent avec les bureaux de bienfaisance et les administrations des hospices. Lorsque ces premières subventions seront insuffisantes, on invoquera l'assistance des Conseils généraux des départements, et enfin, puisqu'il s'agit d'établissements qui soulagent le père de famille indigent et l'ouvrier laborieux, en même temps qu'ils instruisent et élèvent l'enfance, on s'adressera aux fonds généraux mis par le budget de l'État à la disposition, soit du Ministre de l'Intérieur, soit du Ministre de l'Instruction publique, chacun pour ce qui le concerne.

Le principe général des salles d'asile sera la gratuité; mais, néanmoins, pour subvenir au traitement, rien n'empêchera que le Conseil municipal n'établisse une rétribution mensuelle qui ne dépassera pas cinquante centimes par enfant et par mois. On pourra donner aux Comités de surveillance le droit d'exempter de toute rétribution un père de famille qui serait dans l'impossibilité absolue de payer un émolument quelconque.

Quant au choix et à la disposition du local, il est à peine besoin de dire que, conformément à ce qui s'est pratiqué jusqu'à présent, les salles destinées aux enfants doivent toujours être situées au rez-de-chaussée, planchéiées ou carrelées, ou airées en salpêtre battu; qu'elles doivent être, en outre, éclairées des deux côtés par des fenêtres qui aient leur base élevée à deux mètres au moins du sol, et qu'une partie des châssis ou vitraux doit être mobile, afin de favoriser la ventilation des classes et des préaux. Il est bien entendu aussi que, lorsqu'il y aura des enfants des deux sexes dans la même salle, il faudra autant que possible les tenir séparés pour le travail et pour les récréations.

Il est à désirer que l'on dispose, à l'une des extrémités de la salle destinée au travail, et en quantité proportionnée au nombre des enfants, une suite de gradins immobiles sur un plan incliné. Au milieu, et sur les deux côtés, on pratiquera des passages au moyen desquels les enfants exécuteront leurs mouvements avec facilité.

Le mobilier doit comprendre, autant que possible :

Des tabliers de toile de diverses tailles;

Des champignons pour les casquettes, les vestes et les tabliers;

Des baquets ou jattes, des sébiles de bois ou des gobelets d'étain, des éponges et des serviettes;

Une fontaine;

Un poêle;

Deux lits de camp sans rideaux;

Une pendule;

Une cloche qui indique tous les mouvements;

Un sifflet ou signal pour les divers exercices de l'intérieur;

Des tableaux et des porte-tableaux;

Des ardoises, des crayons, un chevalet portant la planche noire et les crayons blancs, des boîtes pour enfermer les crayons;

Un boulier compteur, ayant dix rangées de dix boules chacune;

Des images qui représentent des animaux, des plantes, les traits les plus remarquables de l'Ancien et du Nouveau Testament et des portefeuilles pour renfermer les images;

Un cadre ou porte-gravure pour placer l'image qu'on expose aux regards;
Des registres et cahiers de notes;
Une armoire, où seront gardés les registres, les tableaux de lecture, etc.; les matériaux et les produits du travail manuel.

§ 3. *Des autorités préposées aux salles d'asile.* — Un local convenable et un mobilier complet pour l'enseignement et pour les exercices des enfants forment un matériel indispensable ; mais on sent bien que la vie de l'institution n'est point là. Elle est tout entière dans le bon choix des maîtres et des maîtresses, et conséquemment dans un bon système d'autorités chargées de présider à ce choix, chargées aussi de surveiller les divers établissements, sous le rapport de l'administration économique, de la discipline et des études.

Ces autorités sont naturellement les Comités locaux et d'arrondissement, institués par la loi du 28 juin pour prendre soin de tout ce qui intéresse l'instruction primaire. Mais il convient, sous tous les rapports, qu'ils s'associent comme auxiliaires indispensables un certain nombre de dames habituées à s'occuper des besoins de l'enfance, et dont rien ne remplacerait l'admirable dévouement et l'aptitude toute spéciale à exercer une pareille surveillance.

Toutes celles qui forment les diverses Commissions chargées en ce moment des salles d'asile seront invitées à continuer leurs honorables travaux, en qualité de dames inspectrices.

Les dames inspectrices actuellement en exercice et celles qui seront désignées à l'avenir remettront au Comité local les renseignements qu'elles auront recueillis ; elles auront droit d'assister aux séances du Comité avec voix délibérative, lorsqu'il s'agira de l'établissement qu'elles auront visité.

Les travaux des Comités ne se borneront point aux inspections ; ils auront à remplir une mission particulière, dont ils apprécieront toute l'importance. Ils seront chargés d'examiner, avec l'assistance des dames inspectrices, les aspirants aux places de maîtres et de maîtresses.

Ces examens, dont la forme sera ultérieurement réglée, ne porteront pas seulement sur les notions élémentaires qui doivent être données dans les salles d'asile ; ils auront encore pour objet de s'assurer si les candidats possèdent réellement l'art de communiquer avec les enfants, de gagner leur affection et leur confiance, de leur transmettre les idées les mieux adaptées à leur âge, et de les former à de bonnes habitudes morales et religieuses.

Les Comités tiendront un procès-verbal de chacune de leurs séances d'examen. Ils dresseront la liste, par ordre de mérite, des candidats qu'ils auront jugés aptes à diriger une École de l'enfance. Ils enverront ces listes au Préfet du département, au Recteur de l'Académie et au Comité d'arrondissement. Un extrait de ces listes sera délivré par le Recteur à chacun des candidats pour lui servir de titre.

Lorsqu'en effet il y aura lieu à la nomination d'un maître ou d'une maîtresse, le Comité local, également assisté des dames inspectrices, choisira un candidat parmi les personnes inscrites aux listes susmentionnées. La personne choisie entrera provisoirement en fonctions.

Après six mois d'exercice provisoire, le Comité proposera, par une nouvelle délibération, la nomination ou le rejet au Comité d'arrondissement. Celui-ci fera aussitôt connaître au Recteur de l'Académie la détermination qu'il aura prise.

Si cette détermination est favorable, le maître ou la maîtresse, définitivement attaché à la salle d'asile, ne devra plus avoir qu'une seule pensée, celle de se consacrer entièrement aux devoirs que son titre lui impose.

Une première idée de ces devoirs ressort naturellement de tout ce qui précède; ils peuvent se résumer en peu de paroles :

1° Accoutumer les enfants à goûter et à pratiquer pour eux-mêmes, et envers les autres, tout ce qui est bon, tout ce qui est aimable, tout ce qui est honnête, tout ce qui est inspiré par l'amour de Dieu et des hommes;

2° Surveiller l'exactitude des arrivées à l'École, l'ordre des mouvements dans tous les exercices, la régularité des sorties, et, pour que rien n'échappe à cette paternelle sollicitude, former un certain nombre d'aides sous le nom de *moniteurs* ou de *surveillants*;

3° Surveiller particulièrement la nature et la quantité des aliments que les enfants apportent de chez eux, l'état de leurs vêtements et de leurs personnes sous le rapport de la propreté; voir les parents ou tuteurs, et s'entendre avec eux sur tous ces points;

4° Indiquer, au médecin, lors de ses visites, les enfants qui paraissent incommodés, teni note de ses réponses et suivre exactement ses prescriptions;

5° Recevoir les personnes qui ont droit de visiter la maison;

6° Avertir les administrateurs, le Comité local ou les dames inspectrices de tout ce qui peut intéresser le bon ordre.

Les directeurs et directrices viendront à bout d'établir une régularité parfaite dans toutes les parties du service et de se rendre à eux-mêmes un compte exact de toutes choses, en tenant les registres ci-après indiqués, qu'ils représenteront lors des inspections :

1° Un registre matricule, où seront inscrits, sous une même série de numéros, les noms et prénoms des enfants admis, les demeures et professions des parents ou tuteurs, et les conventions relatives aux moyens d'amener et de reconduire les enfants;

2° Un registre des recettes et dépenses;

3° Un registre des inspections;

4° Un registre des notes, contenant les observations du maître lui-même sur tout ce qui touche à l'amélioration morale des enfants et à l'amélioration matérielle de l'établissement.

Les asiles doivent être accessibles tous les jours aux enfants qui, pour des motifs graves, ne pourraient, dans aucun temps de l'année, rester chez leurs parents. Néanmoins, les jours de dimanches et de fêtes conservées, le premier jour de l'an, le jour de la fête du Roi et les autres jours de fêtes nationales, les préaux seuls demeureront ouverts; les classes seront fermées.

Telles sont les dispositions générales, déjà fondées pour la plupart sur une assez longue expérience, qui semblent de nature à garantir la bonne tenue et l'heureux succès des établissements destinés à la première enfance.

Mais il est possible que, dans certaines localités, on désire quelques modifications ou de plus grands détails et des précautions plus minutieuses dans l'intérêt de si jeunes enfants. Je laisse à chaque Comité le soin de proposer les règlements particuliers qu'il jugera convenables. Ces règlements me seront transmis par le Recteur de l'Académie, pour être délibérés en Conseil royal.

Vous voudrez bien, Monsieur le Recteur, donner connaissance des instructions ci-dessus à MM. les Inspecteurs de votre Académie, à MM. les Inspecteurs des Écoles primaires et aux Comités d'arrondissement. Vous les inviterez à s'y conformer aussi exactement que possible pour l'établissement des salles d'asile dans les communes populeuses où il n'en existe pas encore, comme pour l'entretien et pour la direction de celles qui sont déjà établies. Il

16.

sera assigné une place particulière aux salles d'asile dans les *Tableaux de Statistique*, où doivent être consignés les résultats de l'inspection des établissements d'instruction primaire de votre ressort académique.

Recevez, etc.

Signé : PELET DE LA LOZÈRE.

Décision relative aux statuts des caisses d'épargne et de prévoyance établies en faveur des instituteurs primaires communaux. 6 mai 1836.

6 Mai 1836.

Le Conseil royal de l'Instruction publique,

Vu l'article 15 de la loi du 28 juin 1833 sur l'instruction primaire;

Sur la proposition du conseiller chargé des Écoles primaires;

Arrête, ainsi qu'il suit, les statuts des caisses d'épargne et de prévoyance établies en faveur des instituteurs primaires communaux :

ARTICLE 1ᵉʳ. — La caisse d'épargne et de prévoyance établie dans chaque département, en faveur des instituteurs primaires communaux, conformément aux dispositions de l'article 15 de la loi du 28 juin 1833 sur l'instruction primaire, est placée sous la surveillance spéciale d'une Commission composée du Préfet, président, du Recteur de l'Académie ou de son délégué, de trois membres du Conseil général désignés par ce Conseil, d'un membre de chacun des Conseils d'arrondissement désigné par ces Conseils, d'un instituteur primaire communal par arrondissement (cet instituteur sera celui que le Ministre de l'Instruction publique aura désigné comme membre du Comité d'arrondissement, aux termes de l'article 19, § 7, de la loi précitée), de l'Inspecteur des Écoles primaires du département, secrétaire. Le directeur des contributions directes du département remplira, près de la Commission, les fonctions de commissaire liquidateur.

ART. 2. — Les membres de la Commission autres que le Préfet, le Recteur ou son délégué, le directeur des contributions directes et l'Inspecteur des Écoles primaires, seront renouvelés par tiers tous les ans; ils sont indéfiniment rééligibles.

A l'expiration de la première et de la deuxième année, les membres qui devront sortir seront désignés par la voie du sort.

ART. 3. — Les retenues exercées sur le traitement des instituteurs primaires communaux seront inscrites, au fur et à mesure

qu'elles seront effectuées, sur un livret, dont chacun de ces instituteurs sera porteur.

Ce livret sera coté et parafé par l'Inspecteur des Écoles primaires
du département.

Art. 4. — Les comptes courants des sommes placées à la caisse
d'épargne et de prévoyance par les instituteurs primaires communaux, et des dons et legs faits à cette caisse, seront tenus par
l'Inspecteur des Écoles primaires du département, sur un registre,
qui sera coté et parafé par un membre de la Commission de surveillance de la caisse, délégué à cet effet par le Préfet. Tous les dons
et legs faits aux mêmes conditions seront inscrits au même compte
courant.

Art. 5. — Au commencement de chaque semestre, l'Inspecteur
des Écoles primaires présentera à l'approbation de la Commission
de surveillance le projet de répartition entre les comptes courants
ouverts à chaque instituteur et aux divers dons et legs des intérêts
acquis pendant le semestre expiré.

Un état de situation, par instituteur et par dons et legs, des fonds
versés à la caisse d'épargne et de prévoyance, avec les intérêts capitalisés, sera en même temps dressé par la Commission de surveillance.

Une expédition de cet état sera déposée au secrétariat général de
la préfecture, ainsi qu'au secrétariat des sous-préfectures, où chaque
instituteur pourra en prendre communication.

Les résultats de cet état de situation, en ce qui concerne chaque
instituteur, seront portés à la Commission par l'envoi d'un bulletin;
le montant des intérêts capitalisés à son profit sera en même temps
inscrit sur son livret.

Art. 6. — Lorsqu'un instituteur se retirera ou viendra à décéder,
la demande formée, soit par lui, soit par sa veuve ou ses ayants droit,
à l'effet d'obtenir le remboursement des sommes par lui versées à la
caisse d'épargne et de prévoyance, avec les intérêts capitalisés, sera
adressée au Préfet, président de la Commission de surveillance, qui
la communiquera à cette Commission, lors de ses réunions ordinaires. Après que le montant des sommes appartenant à l'instituteur aura été définitivement liquidé, le Préfet en fera opérer le remboursement.

Si l'instituteur ou ses ayants droit se trouvaient dans le besoin,
le Préfet, président, après avoir pris l'avis du commissaire liquidateur, et sur délibération de la Commission de surveillance convoquée
extraordinairement, pourrait leur faire rembourser jusqu'à concurrence des quatre cinquièmes des sommes qui seront jugées leur appartenir.

En ce qui touche des instituteurs communaux appartenant à des congrégations enseignantes, le supérieur général de chaque congrégation pourra être autorisé à retirer à la fin de chaque année le montant des retenues qui auront été faites sur le traitement des différents membres de la congrégation, pour en disposer dans l'intérêt de ladite congrégation.

ART. 7. — Lorsque des dons ou legs auront été faits à une caisse d'épargne et de prévoyance, l'instituteur ou ses ayants droit auront droit, sur les intérêts capitalisés provenant de ces dons et legs, à une part proportionnelle à celle qui leur appartiendra dans le montant total des retenues opérées sur les traitements de tous les instituteurs en fonctions.

Si les dons et legs n'ont été faits qu'en faveur des instituteurs d'un arrondissement, d'un canton, de ceux pourvus de brevets de capacité, soit pour l'instruction élémentaire, soit pour l'instruction primaire supérieure, de ceux d'un âge déterminé, etc., etc..., on prendra pour régler la part proportionnelle qui reviendra à l'instituteur, sur les intérêts capitalisés provenant de ces dons et legs, le montant total des retenues opérées sur le traitement de tous les instituteurs en fonctions de la même catégorie.

ART. 8. — Lorsqu'un instituteur passera d'un département dans un autre, les sommes qui lui appartiendront dans la caisse d'épargne et de prévoyance du département qu'il quittera, et la part proportionnelle qui lui reviendra dans le montant des intérêts capitalisés provenant des dons et legs faits à ladite caisse, seront versées dans celle du département où se rendra l'instituteur.

ART. 9. — Les dispositions des deux articles précédents, relatives aux dons et legs faits à la caisse d'épargne et de prévoyance, ne s'appliquent qu'aux dons et legs faits sans condition.

Si des conditions particulières existaient, elles seraient religieusement observées, en tout ce qui ne serait pas contraire à la loi.

ART. 10. — Un état de situation de la caisse d'épargne et de prévoyance sera présenté, tous les ans, au Conseil général du département.

Les diverses dépenses auxquelles donnera lieu la tenue de la caisse d'épargne et de prévoyance seront une charge du département.

8 mai 1836. **Décision relative à la délivrance des lettres d'exeat aux instituteurs communaux qui désirent changer de commune.**

6 Mai 1836.

Le Conseil royal de l'Instruction publique,

Vu la lettre de M. le Recteur de l'Académie de........, en date du 25 avril dernier, dans laquelle ce fonctionnaire soumet quelques observations relatives aux inconvénients qu'entraîne la formalité des lettres d'*exeat* délivrées par l'administration centrale ;

Sur la question de savoir si les lettres d'*exeat* doivent être délivrées aux instituteurs communaux qui désirent changer de commune, par le Ministre même qui a donné l'institution, ou par le Recteur, que le Ministre aurait délégué à cet effet,

Estime que la lettre d'*exeat* doit nécessairement émaner de l'autorité qui a donné l'institution. Le Ministre doit toujours savoir en quels lieux servent les instituteurs communaux auxquels l'institution ministérielle à assigné un poste spécial comme fonctionnaires publics.

---

13 mai 1836. **Arrêté contenant des dispositions pour l'administration et la surveillance des salles d'asile dans la ville de Paris.**

13 Mai 1836.

Le Conseil royal de l'Instruction publique,

Vu la circulaire de M. le Ministre de l'Instruction publique en date du 9 avril 1836, concernant les salles d'asile entretenues en tout ou en partie par les communes, par les départements ou par l'État ;

Vu la lettre adressée à M. le Ministre par le Comité central de Paris, sur les dispositions à adopter pour l'administration et la surveillance des salles d'asile dans cette ville ;

Vu les observations du Comité des dames charitables qui ont donné leurs soins à la formation et à l'entretien de plusieurs salles d'asile,

Estime :

1° Que les dispositions de la loi du 28 juin 1833 ne sont pas rigoureusement applicables aux salles d'asile, lesquelles sont tout à la fois des établissements de charité et d'instruction ;

2° Qu'il convient, en raison de la nature mixte de ces établissements, d'instituer des autorités spéciales pour leur administration et leur surveillance;

3° Qu'il y a lieu de former, à Paris, une Commission provisoire chargée d'examiner et de choisir les personnes à qui pourra être confiée la direction des salles d'asile, ladite Commission composée ainsi qu'il suit : trois membres du Comité central désignés par le Comité même; trois dames charitables nommées par M. le Ministre; un des Inspecteurs des Écoles primaires du département de la Seine;

4° La Commission provisoire, présidée par M. le Préfet du département, donnera son avis sur tout ce qui concerne l'administration, la surveillance et la discipline des salles d'asile;

5° Dans chaque arrondissement municipal, il sera formé un comité spécial des salles d'asile composé du maire, président, du curé, du juge de paix, et de trois dames inspectrices.

Un des Inspecteurs primaires du département de la Seine aura le droit d'assister aux séances de chacun de ces Comités.

Avis relatif aux salles d'asile non communales dans lesquelles on étudie une partie quelconque des matières de l'instruction primaire.   7 juin 1836.

7 Juin 1836.

Le Conseil royal de l'Instruction publique,

Vu la lettre de M. le Préfet du département d......., en date du 15 avril dernier, dans laquelle ce fonctionnaire, en réponse à la circulaire du 9 du même mois, relative aux salles d'asile créées par les soins et aux frais des communes, dit qu'il en existe d'autres qui ne sont que des établissements privés;

Consulté sur la question de savoir de quels moyens légaux de surveillance l'autorité peut user à l'égard de ces établissements, et si les Comités préposés à l'instruction primaire peuvent les soumettre aux règlements qui régissent les salles d'asile communales ou publiques,

Estime que la loi du 28 juin ne fixe pas de limites d'âge pour ceux qui doivent ou peuvent recevoir l'instruction primaire; qu'elle a laissé aux règlements d'administration publique à statuer sur ce point, comme sur plusieurs autres; que, suivant les dispositions de l'article 17 de l'ordonnance du 16 juillet 1833, toute réunion habituelle d'enfants de différentes familles, qui a pour but l'étude de tout ou partie des objets compris dans l'instruction primaire, étant considérée comme École primaire, est, par cela même, soumise à la juridiction du Ministre de l'Instruction publique et des Comités locaux, sans excepter les salles d'asile ou premières écoles de l'enfance et les classes d'adultes; qu'à cet égard, on ne doit admettre aucune différence entre les établissements privés et les établissements publics, que là où il existe des réunions de petits enfants qui ne reçoivent aucune espèce d'instruction, il appartient sans doute et uniquement à la police de les surveiller dans l'intérêt de la salubrité et de la santé des enfants, mais qu'il est toujours désirable que ces réunions soient également utiles dans l'intérêt de l'instruction et de l'éducation.

---

16 juin 1836.   **Circulaire du Ministre de l'Instruction publique, relative à l'exécution de l'arrêté du 22 mars 1856, concernant les classes d'adultes.**

16 Juin 1836.

Monsieur le Préfet, je vous ai adressé, il y a peu de temps, les instructions délibérées en Conseil royal, concernant les salles d'asile. Après avoir statué sur les établissements destinés à pourvoir aux besoins intellectuels et moraux de la première enfance, il importe de s'occuper de ces autres établissements où des jeunes gens, et même des hommes d'un âge plus avancé, viennent réparer le défaut absolu de toute instruction primaire, perfectionner des notions trop imparfaites, ou acquérir des connaissances spéciales nécessaires pour l'exercice de leurs professions.

C'est sous ces divers points de vue que les classes d'adultes ont été envisagées dans le règlement que j'ai approuvé, et que je vous transmets aujourd'hui.

Il se compose de deux paragraphes.

Dans le premier, sont indiquées les conditions à remplir pour être apte à tenir cette sorte d'école.

La capacité et la moralité sont des garanties nécessaires que doit présenter quiconque aspire à donner un enseignement public. Elles seront constatées pour les directeurs ou les directrices de classes d'adultes dans les formes instituées par la loi du 28 juin 1833 pour les instituteurs primaires. Il est du reste évident que les preuves devront être considérées comme faites sur ces deux points, lorsque ce seront des instituteurs ou des institutrices en exercice qui se proposeront de tenir ces établissements.

Pour l'autorisation, il suffira que le Recteur de chaque Académie, éclairé par les avis des Comités, par le plan du local et par le programme des leçons, donne son assentiment à l'ouverture de la classe d'adultes. On a voulu, en se bornant à ces formalités, favoriser la multiplication de ces classes, dont le besoin se fait sentir de plus en plus, à mesure que les lumières se propagent et que l'industrie et le travail se déploient avec une plus grande énergie. Je serai tenu au courant de ce mouvement de l'instruction pour les adultes, par un tableau sommaire, que le Recteur m'enverra tous les trois mois.

Le second paragraphe a pour objet l'enseignement et la discipline.

L'enseignement sera le même que celui qui a été déterminé par la loi du 28 juin, pour l'instruction primaire. Il s'étendra depuis les éléments de la lecture, que, trop longtemps encore, beaucoup d'individus auront à apprendre, dans un âge déjà avancé, jusqu'aux développements professionnels qui seront réclamés par les besoins des diverses localités. Chaque Comité dressera le programme des cours qui devront être faits dans son ressort.

Quant à la discipline, le règlement s'est borné à prescrire quelques mesures destinées à prévenir différents abus que l'expérience avait signalés sur quelques points du Royaume. Ainsi, il convient que, sous aucun prétexte, les élèves adultes, hommes et femmes, ne soient jamais réunis dans le même local, que l'âge d'admission soit réglé d'après celui où les enfants cessent ordinairement de fréquenter les Écoles primaires; que les élèves de l'École primaire soient toujours séparés des élèves de la classe d'adultes. Si d'autres mesures de discipline sont jugées convenables, il appartiendra de même à chaque Comité de les proposer à l'autorité compétente.

Je vous engage, Monsieur le Préfet, à ne rien négliger pour multiplier ces Écoles, car l'expérience atteste les importants services qu'elles peuvent rendre. Nous en avons pour preuve le succès des Écoles d'adultes de Strasbourg, de Colmar, de Mulhouse, de Valenciennes, de Lyon, de Nimes, d'Avignon, de Nantes, de Versailles, et celui des nombreux établissements de ce genre fondés dans la capitale, dirigés, les uns par des Frères de la Doctrine chrétienne, les autres par une société d'anciens élèves de l'École polytechnique, qui se dévouent, avec un zèle infatigable, à l'instruction de la classe ouvrière.

Vous ne voudrez pas, Monsieur le Préfet, rester en arrière de ces bons exemples, et vous trouverez, j'aime à l'espérer, dans les Conseils généraux et dans les Conseils municipaux, l'assistance dont vous aurez besoin.

Recevez, etc.

Signé : PELET DE LA LOZÈRE.

Décision portant que, lorsque les Conseils académiques devront s'occuper d'affaires concernant l'instruction primaire, l'Inspecteur primaire du chef-lieu de l'Académie assistera à la séance avec voix consultative. 17 juin 1836.

17 Juin 1836.

Le Conseil royal de l'Instruction publique,

Vu les articles 85, 86, 87 et 104 du décret du 17 mars 1808;

Vu l'ordonnance royale du 26 février 1835 et le statut du 27 du même mois;

Sur le rapport de M. le conseiller chargé de ce qui concerne l'instruction primaire;

Considérant que, dans plusieurs circonstances et notamment lorsqu'il s'agit de l'examen des prospectus et des programmes des Écoles, les Conseils académiques peuvent avoir à s'occuper de l'instruction primaire, et, qu'en ce cas, il convient que, dans chaque

Académie, un Inspecteur spécial de l'instruction primaire assiste aux délibérations du Conseil académique,

Arrête :

Lorsqu'il devra être question au Conseil académique d'affaires qui concerneront l'instruction primaire, le Recteur en donnera avis à l'Inspecteur primaire du département du chef-lieu, et cet Inspecteur assistera à la séance, avec voix consultative.

---

17 juin 1836. Décision relative à la perception de la rétribution mensuelle au profit d'une commune qui assure un traitement fixe à l'instituteur public.

17 Juin 1836.

Le Conseil royal de l'Instruction publique,

Vu la lettre du Préfet du département d......., du 7 juin courant, dans laquelle ce fonctionnaire soumet les deux questions suivantes :

1° La rétribution mensuelle peut-elle être perçue au profit d'une commune qui assure un traitement fixe suffisant à l'instituteur public ?

2° En cas d'affirmative, la perception de cette rétribution doit-elle être confiée au receveur municipal de la ville, ou bien au percepteur des contributions directes ?

Décide :

Sur la première question : que la rétribution mensuelle peut être perçue au profit de la commune.

Sur la seconde : que le percepteur des contributions directes doit percevoir la rétribution et en faire le versement à la caisse municipale ; cette caisse se trouvant naturellement substituée à l'instituteur communal, quand la commune a assuré le sort de cet instituteur par un traitement fixe qui comprend le traitement éventuel.

---

17 juin 1836. Arrêté relatif à l'inspection annuelle de l'École normale primaire de Versailles par les Inspecteurs des trois départements qui sont réunis pour l'entretien de cette École.

17 Juin 1836.

Le Conseil royal de l'Instruction publique,

Vu l'ordonnance royale du 26 février 1835 et le statut du 27 du même mois concernant les Inspecteurs spéciaux de l'instruction primaire ;

Sur le rapport du conseiller chargé de ce qui concerne l'instruction primaire;

Considérant que les départements de la Seine et de l'Oise sont réunis au département de Seine-et-Oise pour l'entretien de l'École normale primaire de Versailles,

Arrête :

ARTICLE 1er. — Un des deux Inspecteurs spéciaux de l'instruction primaire du département de la Seine sera délégué chaque année pour visiter, conjointement avec l'Inspecteur primaire de Seine-et-Oise, ou séparément, l'École normale primaire établie à Versailles, et pour assister, avec voix consultative, aux séances de la Commission de surveillance de ladite École.

ART. 2. — L'Inspecteur primaire délégué, comme il est dit ci-dessus, s'assurera particulièrement que les élèves-maîtres appartenant au département de la Seine suivent régulièrement les cours, soit de première, soit de deuxième année, auxquels ils sont tenus ; il adressera son rapport sur la conduite et sur les progrès desdits élèves au Préfet de la Seine et à l'Inspecteur général chargé de l'administration de l'Académie de Paris.

Il se conformera, au surplus, aux dispositions du deuxième paragraphe de l'article 5 du statut précité, dont il lui sera délivré ampliation, ainsi que du règlement spécial de l'École normale primaire de Versailles.

ART. 3. — Les dispositions qui précèdent sont applicables à l'Inspecteur de l'instruction primaire du département de l'Oise pour ce qui concerne les élèves-maîtres qui appartiennent à ce département.

Ordonnance portant règlement pour les Écoles primaires de filles.   23 juin 1836.

23 Juin 1836.

LOUIS-PHILIPPE, etc.,

Vu les ordonnances royales concernant les Écoles primaires de filles, et notamment celles du 29 février 1816, 3 avril 1820, 31 octobre 1824, 8 avril 1824, 21 avril 1828, 6 janvier et 14 février 1830;

Vu la loi du 28 juin 1833 sur l'instruction primaire, ensemble nos ordonnances du 16 juillet et du 8 novembre de la même année, et du 26 février 1835;

Considérant qu'il est nécessaire de coordonner et de modifier sur certains points les dispositions des anciennes ordonnances précitées, en se rapprochant, autant qu'il sera possible, des dispositions de la loi de 1833;

Le Conseil royal de l'Instruction publique entendu ;

Sur le rapport de notre Ministre de l'Instruction publique,

Nous avons ordonné et ordonnons ce qui suit :

TITRE Ier.

De l'instruction primaire dans les Écoles de filles, et de son objet.

ARTICLE 1er. — L'instruction primaire dans les Écoles de filles est élémentaire ou supérieure[1].

L'instruction primaire élémentaire comprend nécessairement l'instruction morale et religieuse, la lecture, l'écriture, les éléments du calcul, les éléments de la langue française, le chant, les travaux d'aiguille et les éléments du dessin linéaire.

L'instruction primaire supérieure comprend, en outre, des notions plus étendues d'arithmétique et de langue française, les éléments de l'histoire et de la géographie en général, et particulièrement de l'histoire et de la géographie de la France.

ART. 2. — Dans les Écoles de l'un et de l'autre degré, sur l'avis du Comité local et du Comité d'arrondissement, l'instruction primaire pourra recevoir, avec l'autorisation du Recteur de l'Académie, les développements qui seront jugés convenables selon les besoins et les ressources des localités.

---

1. *Observations.* — L'ordonnance royale du 23 juin 1836, étant exclusivement relative aux établissements d'instruction primaire, ne modifie en rien les dispositions réglementaires qui régissent les Écoles de filles connues sous le titre de *Pension* ou d'*Institution*. Ces Écoles demeurent, jusqu'à nouvel ordre, sous la dépendance spéciale de MM. les Préfets *.

Afin qu'il n'existe aucune incertitude, soit dans les démarches à entreprendre, soit dans les titres à produire lorsqu'il s'agit d'ouvrir une Pension ou une École primaire de jeunes filles, nous allons tracer la marche à suivre dans l'un et l'autre cas.

Tous les établissements d'instruction de jeunes filles doivent se rattacher à l'un des trois titres suivants : Institution, — Pension, — École primaire.

Pour tenir une *Institution* ou une *Pension*, il faut être âgée de vingt-cinq ans au moins, et s'adresser à M. le Préfet du département, qui accorde les autorisations nécessaires à cet effet.

Pour tenir une *École primaire*, il faut, ainsi que le prescrit l'ordonnance du 23 juin, être âgée de vingt ans au moins, et justifier d'un brevet de capacité délivré par le Recteur de l'Académie. La demande en autorisation doit être adressée, aux termes de l'article 7 de l'ordonnance, au maire de la commune (à Paris, au maire de l'arrondissement), en qualité de président du Comité local. L'autorisation est ensuite délivrée par le Recteur. (*Note de l'Administration de l'Instruction publique.*)

* Pour le département de la Seine, il existe un règlement particulier du 7 mars 1837. Plusieurs Préfets ont ordonné et obtenu que ce même règlement fût mis à exécution dans leurs départements respectifs.

Art. 3. — Les articles 2 et 3 de la loi du 28 juin 1833 sont applicables aux Écoles primaires de filles.

Titre II.

Des Écoles primaires privées.

Art. 4. — Pour avoir le droit de tenir une École primaire de filles, il faudra avoir obtenu :

1° Un brevet de capacité, sauf le cas prévu par l'article 13 de la présente ordonnance ;

2° Une autorisation pour un lieu déterminé.

§ 1er. Du brevet de capacité.

Art. 5. — Il y a deux sortes de brevets de capacité : les uns pour l'instruction primaire élémentaire, les autres pour l'instruction primaire supérieure.

Ces brevets seront délivrés après des épreuves soutenues devant une Commission nommée par notre Ministre de l'Instruction publique, et conformément à un programme déterminé par le Conseil royal.

Art. 6. — Aucune postulante ne sera admise devant la Commission d'examen si elle n'est âgée de vingt ans au moins. Elle sera tenue de présenter : 1° son acte de naissance; si elle est mariée, l'acte de célébration de son mariage; si elle est veuve, l'acte de décès de son mari; 2° un certificat de bonnes vie et mœurs, délivré, sur l'attestation de trois conseillers municipaux, par le maire de la commune ou de chacune des communes où elle aura résidé depuis trois ans.

A Paris, le certificat sera délivré, sur l'attestation de trois notables, par le maire de l'arrondissement municipal ou de chacun des arrondissements municipaux où l'impétrante aura résidé depuis trois ans.

§ 2. De l'autorisation.

Art. 7. — L'autorisation nécessaire pour tenir une École primaire de filles sera délivrée par le Recteur de l'Académie.

Cette autorisation, sauf le cas prévu par l'article 13, sera donnée, après avis du Comité local et du Comité d'arrondissement, sur la présentation du brevet de capacité et d'un certificat attestant la bonne conduite de la postulante depuis l'époque où elle aura obtenu le brevet de capacité.

ART. 8. — L'autorisation de tenir une École primaire ne donne que le droit de recevoir des élèves externes; il faut, pour tenir pensionnat, une autorisation spéciale.

TITRE III.

Des Écoles primaires publiques.

ART. 9. — Nulle École ne pourra prendre le titre d'École primaire communale qu'autant qu'un logement et un traitement convenables auront été assurés à l'institutrice, soit par des fondations, donations ou legs faits en faveur d'établissements publics, soit par délibération du Conseil municipal dûment approuvée.

ART. 10. — Lorsque le Conseil municipal allouera un traitement fixe suffisant, la rétribution mensuelle pourra être perçue au profit de la commune, en compensation des sacrifices qu'elle s'impose.

Seront admises gratuitement dans l'École publique les élèves que le Conseil municipal aura désignées comme ne pouvant payer aucune rétribution.

ART. 11. — Les dispositions des articles 4 et suivants de la présente ordonnance, relatives au brevet de capacité et à l'autorisation, sont applicables aux Écoles primaires publiques.

Toutefois, à l'égard de ces dernières, le Recteur devra se faire remettre, outre les pièces mentionnées en l'article 6, une expédition de la délibération du Conseil municipal qui fixera le sort de l'institutrice.

ART. 12. — Dans les lieux où il existera des Écoles communales distinctes pour les enfants des deux sexes, il ne sera permis à aucun instituteur d'admettre des filles, et à aucune institutrice d'admettre des garçons [1].

TITRE IV.

Des Écoles primaires de filles dirigées par des congrégations religieuses.

ART. 13. — Les institutrices appartenant à une congrégation religieuse dont les statuts, régulièrement approuvés, renfermeraient l'obligation de se livrer à l'éducation de l'enfance, pourront être autorisées par le Recteur à tenir une École primaire élémentaire, sur

---

[1]. Le mélange des deux sexes dans la même École est interdit toutes les fois qu'il y a dans la commune deux Écoles distinctes, tenues l'une par un instituteur, l'autre par une institutrice. (*Note de l'Administration de l'Instruction publique.*)

le vu de leurs lettres d'obédience et sur l'indication, par la supérieure, de la commune où les sœurs seraient appelées.

ART. 14. — L'autorisation de tenir une École primaire supérieure ne pourra être accordée sans que la postulante justifie d'un brevet de capacité du degré supérieur, obtenu dans la forme et aux conditions prescrites par la présente ordonnance.

TITRE V.

Des autorités préposées à l'instruction primaire.

ART. 15. — Les Comités locaux et les Comités d'arrondissements, établis en vertu de la loi du 28 juin 1833 et de l'ordonnance du 8 novembre de la même année, exerceront sur les Écoles primaires de filles les attributions énoncées dans les articles 21, §§ 1, 2, 3, 4 et 5; 22, §§ 1, 2, 3, 4 et 5; 23, §§ 1, 2 et 3 de ladite loi.

ART. 16. — Les Comités feront visiter les Écoles primaires de filles par des délégués pris parmi leurs membres, ou par des dames inspectrices.

ART. 17. — Lorsque les dames inspectrices seront appelées à faire des rapports au Comité, soit local, soit d'arrondissement, concernant les Écoles qu'elles auront visitées, elles assisteront à la séance avec voix délibérative.

ART. 18. — Il y aura dans chaque département une Commission d'instruction primaire, chargée d'examiner les personnes qui aspireront aux brevets de capacité.

Les examens auront lieu publiquement [1].

Des dames inspectrices pourront faire partie desdites Commissions.

Ces Commissions délivreront des certificats d'aptitude, d'après lesquels le Recteur de l'Académie expédiera le brevet de capacité, sous l'autorité du Ministre.

Dispositions transitoires.

ART. 19. — Les institutrices primaires, communales ou privées, actuellement établies en vertu d'autorisations régulièrement obtenues, pourront continuer de tenir leurs Écoles sans avoir besoin d'aucun nouveau titre; elles devront seulement déclarer leur intention au Comité local, d'ici au 1er septembre prochain.

---

1. Cette publicité consiste dans l'assistance de toutes les aspirantes, accompagnées de leurs proches parents. (*Note de l'Administration de l'Instruction publique.*)

Règlement relatif aux examens de capacité des institutrices primaires.

28 Juin 1836.

Le Conseil royal de l'Instruction publique,

Sur le rapport de M. le conseiller chargé de ce qui concerne les Écoles primaires;

Vu la loi du 28 juin 1833, sur l'instruction primaire;

Vu l'ordonnance royale du 23 juin 1836, concernant les Écoles primaires de filles;

Vu le statut du 19 juillet 1833, relatif aux examens de capacité des instituteurs,

Arrête:

ARTICLE 1er. — Toute personne qui voudra obtenir le brevet de capacité nécessaire aux institutrices primaires, devra satisfaire aux questions qui lui seront adressées d'après les programmes suivants:

POUR LE BREVET DE CAPACITÉ DU DEGRÉ ÉLÉMENTAIRE.

Instruction morale et religieuse. — Catéchisme du diocèse et Histoire sainte; Ancien et Nouveau Testament.

Lecture. — Imprimés français et latins; manuscrits ou cahiers lithographiés.

Écriture. — Bâtarde et cursive, en fin et en gros.

Langue française. — Grammaire, orthographe.

Calcul. — Théorie et pratique. Numération, addition, soustraction, multiplication et division, appliquées aux nombres entiers et aux fractions ordinaires et décimales[1]. — Système légal des poids et mesures.

Chant. — D'après le programme spécial arrêté par le Conseil royal.

Travaux d'aiguille et éléments du dessin linéaire.

Exposition des principes d'éducation et des diverses méthodes d'enseignement.

POUR LE BREVET DE CAPACITÉ DU DEGRÉ SUPÉRIEUR.

1º Tout ce qui est compris dans le programme pour le brevet du degré élémentaire.

2º Exposition de la doctrine chrétienne.

3º Notions plus étendues d'arithmétique, de langue et de littérature françaises.

4º Éléments de l'histoire et de la géographie en général, et particulièrement de l'histoire et de la géographie de la France.

---

1. Afin d'arriver successivement, et le plus tôt possible, à l'introduction en France du système des nouveaux poids et mesures, il fut décidé que désormais le calcul décimal serait seul enseigné dans les Écoles, et qu'il serait seulement permis d'exercer les élèves à convertir les anciennes mesures en mesures nouvelles.

La loi d'application ne fut rendue que le 4 juillet 1837 (voir Tome Ier, pages 107 et 166).

ART. 2. — Si la postulante se propose d'enseigner une langue vivante ou la musique instrumentale ou de donner des notions élémentaires de physique, d'histoire naturelle ou de cosmographie, elle sera aussi interrogée sur ces divers points, et il sera fait mention particulière de cette partie de l'examen dans le certificat d'aptitude qui lui sera délivré.

ART. 3. — Chaque postulante sera tenue de rédiger une composition sur un sujet donné et de répondre aux questions qui lui seront adressées sur le même sujet.

Elle devra faire, en outre, une leçon orale d'une demi-heure, sur une des parties du programme correspondant au degré du brevet qu'elle voudra obtenir.

ART. 4. — La Commission d'examen sera composée de cinq membres au moins; elle sera nommée pour trois ans; les membres en seront indéfiniment rééligibles.

La présence de trois membres sera nécessaire pour la validité des examens de capacité du degré élémentaire; cinq membres, au moins, devront être réunis pour l'examen de capacité du degré supérieur. Dans tous les cas, le certificat d'aptitude ne pourra être délivré qu'à la majorité des voix.

ART. 5. — Les Commissions d'examen s'assembleront deux fois par an; elles tiendront séance dans les dix premiers jours de mars et d'août. Les examens seront annoncés trente jours d'avance par un arrêté du Recteur, dûment publié et affiché.

ART. 6. — Le procès-verbal de l'examen sera dressé, séance tenante, d'après un des modèles joints au présent statut; il sera signé par tous les examinateurs et par la récipiendaire. Un duplicata revêtu des mêmes formalités sera transmis au Recteur par le président de la Commission, et restera déposé aux archives.

ART. 7. — Un certificat d'aptitude, conforme à l'un des modèles joints au présent statut, sera immédiatement remis à chacune des postulantes reçues; ce certificat sera également signé par les examinateurs et par la récipiendaire. Celle-ci se pourvoira ensuite auprès du Recteur, pour la délivrance du brevet de capacité [1].

ART. 8. — Après chaque séance de la Commission d'examen, les juges indiqueront leur jugement sur le degré d'instruction et d'aptitude de chaque postulante, par un de ces termes, *très bien, bien,*

---

1. La délivrance du brevet de capacité pouvait être refusée par le Recteur, lorsqu'il reconnaissait que, sur certaines parties de l'examen, l'aspirante avait été trop faible. Dans ce cas, le Recteur faisait connaître à la Commission d'examen le refus de délivrance du brevet et les motifs de ce refus.

assez bien. A la fin de la session, ils dresseront la liste par ordre de mérite de tous les candidats reçus, et une copie de cette liste sera aussitôt envoyée au Recteur et au Préfet.

ART. 9. — L'Inspecteur primaire du département se fera représenter chaque année les procès-verbaux des examens de capacité, et consignera dans un rapport spécial, adressé au Recteur de l'Académie, les observations auxquelles ces procès-verbaux pourraient donner lieu.

Dispositions transitoires.

ART. 10. — Pendant deux ans, le certificat d'aptitude et le brevet de capacité pour l'instruction primaire élémentaire pourront être accordés aux postulantes qui n'auraient pas satisfait à la partie de l'examen relative au chant.

Mention de cette circonstance sera faite sur le certificat d'aptitude et sur le brevet de capacité.

ART. 11. — Les anciennes institutrices qui désireront obtenir un brevet de capacité délivré conformément au présent statut, devront subir un nouvel examen dans les formes ci-dessus prescrites.

1er juillet 1836.

Arrêt de la Cour de Cassation, relatif au certificat de moralité exigé des instituteurs.

1er Juillet 1836.

Le certificat de moralité que doit obtenir du maire celui qui veut ouvrir une École primaire, ne peut être remplacé par un certificat des membres du Conseil municipal (loi du 28 juin 1833, art. 4).

La Cour de Douai avait jugé cette question en sens contraire, par un arrêt du 16 octobre 1835, ainsi motivé :

« Considérant que le but de la loi du 28 juin 1833 a été de restituer à l'instruction publique toute sa liberté; qu'elle n'a posé d'autres conditions aux fonctions d'instituteur qu'une capacité certaine et une moralité constatée; que, dans son article 4, elle dit que le certificat de moralité sera délivré par le maire, sur l'attestation de trois conseillers municipaux ; que le texte de cet article indique suffisamment qu'il ne doit être que le rédacteur du certificat, et qu'il ne peut le refuser; que, s'il en était autrement, il dépendrait du caprice d'un maire de paralyser et de rendre illusoire l'attestation des conseillers municipaux, qui doit, aux termes de la loi, être la base du certificat; qu'il suit de là que le maire de Cambrai n'a pu refuser la délivrance du certificat postulé par Bidault; que, par suite, l'attestation par lui représentée et signée par trois conseillers municipaux satisfait au prescrit de la loi, et suffit pour qu'il ne puisse être considéré comme étant en état de contravention. . . . . . »

Sur le pourvoi du Ministère public, cet arrêt fut cassé, le 20 novembre 1835, par une décision de la Cour de Cassation, rendue en ces termes :

17.

« . . . . . Attendu que, d'après l'article 4 de la loi du 28 juin 1833, la délivrance des certificats de moralité dont doivent être pourvus ceux qui veulent exercer la profession d'instituteur primaire appartient aux maires; qu'en leur attribuant cette fonction, la loi a nécessairement entendu qu'ils s'en acquitteraient en connaissance de cause, sous leur responsabilité, et sauf le recours à l'autorité supérieure compétente; que si, d'après le même article, le certificat ne peut être délivré par eux que sur l'attestation de trois conseillers municipaux, c'est là une garantie de plus, de laquelle on ne saurait induire que le maire soit lié par cette attestation, et que, sur son refus de délivrer le certificat, elle puisse en tenir lieu. . . . . »

L'affaire renvoyée devant la Cour d'Amiens, cette Cour se prononça, comme celle de Douai, par un arrêt en date du 22 février 1836.

Nouveau pourvoi, porté en Chambres réunies. La Cour de Cassation rend l'arrêt suivant :

La Cour,

Vu les articles 4 et 6 de la loi du 28 juin 1833 ;

Attendu que l'article 4 de la loi du 28 juin 1833 exige que ceux qui veulent exercer la profession d'instituteur primaire soient pourvus d'un certificat de moralité ; qu'aux termes du même article, ce certificat doit être délivré, sur l'attestation de trois conseillers municipaux, par le maire de la commune où de chacune des communes où il aura résidé depuis trois ans ; qu'il résulte de cette disposition, que la condition essentielle pour la validité du certificat est que le maire concoure avec les trois conseillers municipaux à certifier la moralité de l'impétrant ; que ce concours obligé du maire est d'autant plus dans l'esprit de la loi, que, par sa position, ce fonctionnaire est meilleur juge que tout autre des faits attestés dans ce certificat ; que l'enseignement primaire de sa commune étant, d'ailleurs, spécialement placé sous sa surveillance, en sa qualité de membre du Comité, sa responsabilité se trouve engagée à ce que le choix de l'instituteur soit à l'abri de tout reproche ; que si, enfin, l'attestation de trois conseillers municipaux est aussi exigée, elle ne l'est pas comme exclusive du témoignage du maire, mais comme une garantie de plus, de laquelle on ne saurait induire que ce fonctionnaire soit lié par cette attestation, et que, sur son refus de délivrer le certificat, elle puisse le remplacer, sauf le recours de l'impétrant, s'il y a lieu, à l'autorité supérieure compétente......,

Casse...........[1].

1. La Cour royale de Paris, à laquelle a été renvoyée l'affaire, a prononcé, conformément à l'arrêt de la Cour de Cassation, ainsi qu'il suit :

La Cour,

Considérant qu'aux termes de l'article 4 de la loi du 28 juin 1833, tout individu qui veut ouvrir une École doit produire un certificat délivré par le maire, sur l'attestation de trois conseillers municipaux ; d'où il suit, qu'avant d'ouvrir son École, il doit justifier de l'accomplissement de toutes les conditions, c'est-à-dire de l'attestation de trois conseillers municipaux et du maire lui-même ; considérant, en fait, que Bidault ne justifie pas d'un certificat délivré par le maire...;

Met l'appellation et ce dont est appel au néant; ordonne que l'École établie par Bidault sera fermée.

5 juillet 1836. **Avis relatif à la question de savoir s'il y a incompatibilité entre les fonctions de maire ou d'adjoint et celles d'instituteur privé tenant École.**

5 Juillet 1836.

Le Conseil royal de l'Instruction publique,

Vu la lettre de M. le Ministre de l'Intérieur, du 29 juin dernier,

Sur la question de savoir s'il y a incompatibilité entre les fonctions de maire ou d'adjoint et celles d'un instituteur privé tenant École;

Vu l'article 6 de la loi du 21 mars 1831 portant que les fonctionnaires et employés des Collèges communaux, et les instituteurs primaires ne peuvent être ni maires ni adjoints,

Est d'avis que la loi du 21 mars 1831 n'a entendu exclure de ces fonctions publiques que les instituteurs primaires communaux, et non les instituteurs primaires privés, attendu que, si elle avait voulu atteindre les chefs d'établissements privés, elle aurait, à plus forte raison, exclu desdites fonctions les chefs d'institution et les maîtres de pension.

---

19 juillet 1836. **Avis portant qu'il n'y a point incompatibilité entre les fonctions d'instituteur et celles de greffier d'une justice de paix.**

19 Juillet 1836.

Le Conseil royal de l'Instruction publique,

Vu la lettre par laquelle le sieur........, instituteur communal à........, après avoir exposé qu'il est sur le point d'acheter la charge de greffier de la justice de paix à........, demande s'il peut cumuler ces nouvelles fonctions avec celles d'instituteur communal;

Considérant que la loi ne prononce point d'incompatibilité entre les fonctions d'instituteur communal et celles de greffier d'une justice de paix,

Estime qu'il n'y a point lieu de prononcer cette incompatibilité, mais que le cumul ne doit être autorisé qu'autant qu'il s'agirait d'une École communale et d'un greffe établis dans la même commune.

Avis qui autorise le desservant d'une commune à accepter le titre d'instituteur 26 juillet 1836.
communal, avec les bénéfices qui y sont attachés, moins la rétribution
mensuelle.

26 Juillet 1836.

Le Conseil royal de l'Instruction publique,

Vu la lettre de M. le Préfet du département d.....:..., en date du 16 juillet courant, relative à la demande formée par le Conseil municipal de la commune de........, à l'effet d'obtenir l'autorisation de conférer au desservant de cette commune le titre d'instituteur communal, avec les bénéfices qui y sont attachés, moins la rétribution mensuelle,

Estime que l'autorisation demandée pour le desservant de........ peut être accordée; seulement, le Comité d'arrondissement et le Comité local devront veiller à ce que les fonctions d'instituteur ne souffrent pas du cumul avec les fonctions curiales.

Circulaire du Ministre de l'Instruction publique, relative à l'admission des Inspecteurs 30 juillet 1836.
des Écoles primaires dans les Conseils académiques.

30 Juillet 1836.

Monsieur le Recteur, dans plusieurs circonstances, et notamment lorsqu'il s'agit de l'examen des prospectus et des programmes des Écoles, les Conseils académiques ont à s'occuper de l'instruction primaire. Il convient, dans ce cas, que l'un des Inspecteurs de l'instruction primaire du ressort assiste aux délibérations du Conseil académique. J'ai décidé, en conséquence, que, lorsqu'on devra traiter dans ce Conseil d'affaires concernant cette partie de l'enseignement public, le Recteur en donnera avis à l'Inspecteur primaire du département du *chef-lieu* du ressort académique, et que cet Inspecteur assistera à la séance du Conseil avec voix consultative.

Je vous prie d'assurer, en ce qui vous concerne, l'exécution de cette disposition.

Recevez, etc.

Signé : PELET DE LA LOZÈRE.

Avis relatif au certificat de moralité. 2 août 1836.

2 Août 1836.

Le Conseil royal de l'Instruction publique,

Vu la lettre en date du 12 juillet dernier, par laquelle M. le maire du quatrième arrondissement de Paris demande une solution à la question ainsi conçue :

« Quand un instituteur laisse écouler un délai entre l'obtention de son dernier certificat de moralité et la déclaration qu'il fait au maire d'un arrondissement de l'intention d'y transférer son établissement, de combien de temps ce délai peut-il être pour qu'il ne soit pas nécessaire de faire constater de nouveau la moralité de l'instituteur ? »

Est d'avis que cette question ne doit pas recevoir de solution générale, les circonstances devant décider chaque question particulière ; que, toutefois, s'il n'existe aucune raison de croire que la conduite de l'instituteur ait été moins régulière, il faut se contenter du dernier certificat obtenu, mais que, dans le cas contraire, il faut en demander un nouveau.

---

2 août 1836. **Avis portant que l'autorisation, même provisoire, de tenir une École, accordée antérieurement à la loi, établit une présomption suffisante de capacité.**

2 Août 1836.

Le Conseil royal de l'Instruction publique,

Vu la lettre en date du 13 juillet dernier, par laquelle M. l'Inspecteur général chargé de l'administration de l'Académie de Paris demande si l'autorisation de tenir une École primaire peut être accordée à un postulant qui, à défaut de brevet de capacité, produit une autorisation provisoire délivrée antérieurement à la loi,

Est d'avis que l'autorisation, même provisoire, accordée avant l'année 1836, établit une présomption suffisante de capacité.

---

5 août 1836. **Avis autorisant les Inspecteurs de l'instruction primaire à porter le costume des membres de l'Université.**

5 Août 1836.

Le Conseil royal de l'Instruction publique,

Vu la proposition de M. le Recteur de l'Académie de....., tendant à autoriser les Inspecteurs d'Écoles primaires à porter le costume des membres de l'Université ;

Vu l'article 128 du décret du 17 mars 1808 ;

Considérant que les Inspecteurs primaires sont membres de l'Université,

Estime qu'ils ont le droit de porter l'habit noir avec une palme brodée en soie bleue sur la partie gauche de la poitrine.

Circulaire du Ministre de l'Instruction publique, relative à l'exécution de l'ordonnance 13 août 1836. du 25 juin 1856, concernant les Écoles de filles.

13 Août 1836.

Monsieur le Recteur, l'organisation des Écoles primaires de filles devait être comprise dans les mesures d'amélioration dont le Gouvernement du Roi s'est fait un devoir de s'occuper à l'égard de toutes les parties de l'instruction publique. Ces Écoles ont été régies, jusqu'à présent, par des ordonnances rendues à des époques trop diverses, et dans des principes trop différents, pour qu'elles offrent un ensemble de dispositions bien coordonnées. Il était nécessaire de faire cesser une confusion qui ne pouvait qu'entraver l'action administrative et retarder des progrès auxquels la Société est si vivement intéressée. En attendant qu'une loi puisse statuer sur des questions dont la solution définitive ne doit pas être hasardée, il fallait au moins poser des règles précises, claires, uniformes, qui pussent faire participer les jeunes filles aux améliorations que reçoit l'instruction primaire. Tel est le but de l'ordonnance du 23 juin, dont je vous envoie plusieurs exemplaires.

L'article 1er énumère les connaissances qui doivent être enseignées dans les Écoles primaires de filles. Cette énumération, développée par le programme qui a été délibéré en Conseil royal, dirigera les études des personnes qui aspirent au brevet de capacité. Elle trace le cercle des obligations imposées aux institutrices. La première de ces obligations est l'instruction morale et religieuse ; elle est prescrite par la loi du 28 juin 1833 pour les Écoles de garçons. Serait-elle moins nécessaire pour les Écoles de filles ?

Le même article reproduit les dispositions de la loi précitée, en ce qui concerne les deux degrés d'instruction primaire. Cette distinction n'était pas moins nécessaire ici. Dans presque toutes les communes rurales l'instruction primaire élémentaire suffira. Il serait, d'ailleurs, difficile d'y trouver assez d'institutrices capables d'aller au delà. Il n'en est pas de même dans les communes populeuses. Là il faut que l'instruction primaire s'étende, pour être en rapport avec le mouvement social. Il est pourvu à cette nécessité par la faculté que donne l'ordonnance d'établir des Écoles primaires supérieures.

L'article 2 vous donne, en outre, le droit d'autoriser, sur l'avis du Comité local et du Comité d'arrondissement, les institutrices de l'un et de l'autre degré à ajouter à leur enseignement les développements qui seront reconnus convenables selon les besoins et les ressources des localités. Ainsi disparaissent tous les inconvénients qui auraient pu résulter d'un niveau trop absolu dans l'instruction primaire. L'autorité ne se réserve que les précautions nécessaires, pour empêcher les essais qui seraient en disproportion avec la capacité réelle des institutrices, et qui pourraient tromper les familles. Vous voudrez bien, Monsieur le Recteur, ne jamais négliger ces précautions ; et, toutes les fois que des demandes vous seront adressées pour extension d'enseignement dans une

École, vous aurez soin de vous assurer qu'il s'agit de connaissances qui sont en harmonie avec le sexe et la position des élèves, et que l'institutrice est en état de les enseigner.

L'article 3 rend applicables aux établissements d'instruction primaire de filles les dispositions des articles 2 et 3 de la loi du 28 juin. Aux termes de l'une de ces dispositions, comme vous le savez, le vœu des pères de famille doit toujours être consulté et suivi, en ce qui concerne la participation de leurs enfants à l'instruction religieuse. Je vous recommande de veiller à ce que cette prescription importante soit scrupuleusement exécutée, et à ce que nulle élève ne soit contrainte de recevoir une instruction religieuse contraire à celle que ses parents voudraient lui faire donner.

Les articles 4, 5, 6 et 7 règlent tout ce qui a rapport au brevet de capacité et à l'autorisation pour un lieu déterminé, dont est tenue de justifier toute personne qui veut tenir un établissement d'instruction primaire de filles.

Les articles 5 et 6 déterminent la nature des brevets de capacité, le mode de leur obtention et les pièces que les postulantes devront produire pour être admises à l'examen. Vous remarquerez, Monsieur le Recteur, que d'après l'article 6, aucune postulante ne peut être examinée, si elle n'est âgée de vingt ans au moins; ce qui abroge les règlements en vertu desquels des dispenses pouvaient être accordées aux personnes non encore parvenues à cet âge. Je vous adresse des exemplaires du règlement arrêté par le Conseil royal concernant les examens de capacité. En les transmettant aux Commissions d'instruction primaire, vous leur recommanderez de veiller à ce que les personnes qui se présentent devant elles remplissent toutes les conditions prescrites par l'article 6.

Vous êtes investi, Monsieur le Recteur, du droit de délivrer les autorisations dont les institutrices primaires ont besoin. C'est là une attribution essentielle que vous exercerez avec l'attention convenable. S'il arrivait que l'avis du Comité local, celui du Comité d'arrondissement et les pièces produites laissassent encore dans votre esprit quelque doute sur la moralité ou sur l'aptitude des postulantes, vous prendrez, soit par vous-même, soit par l'Inspecteur des Écoles primaires, des renseignements particuliers, et vous aurez recours à tous les moyens d'éclairer votre conscience. Vous n'oublierez pas que votre responsabilité se trouvera moralement engagée dans toute décision par laquelle vous aurez autorisé une institutrice.

L'autorisation de tenir une École primaire de filles ne renferme pas le droit de recevoir des élèves pensionnaires. L'article 8 astreint les institutrices à obtenir à cet effet une autorisation spéciale, que je me réserve d'accorder en Conseil royal, selon ce qui a lieu pour les pensionnats primaires de garçons. Toutes les fois qu'il vous sera adressé une demande pour une autorisation de cette nature, vous me la transmettrez, en y joignant le plan géométrique du local où il s'agira d'établir le pensionnat, afin qu'il soit possible de juger si les dispositions en sont convenables, sous le double rapport de la salubrité et de la surveillance. Vous me ferez, en même temps, parvenir les avis du Comité local et du Comité d'arrondissement et votre avis particulier. Vous savez, Monsieur le Recteur, quelle influence les institutrices, dirigeant un pensionnat, exercent sur le caractère et sur les mœurs des jeunes personnes qui leur sont confiées. C'est d'elles surtout qu'il est vrai de dire qu'elles sont substituées à la sollicitude maternelle. Le bonheur des familles dépend des principes qu'elles auront inculqués à leurs élèves. Vous ne sauriez donc préparer avec trop de soin les propositions que vous me ferez à ce sujet; vous examinerez non seulement les qualités personnelles des institutrices, mais encore les relations et les circonstances de famille au milieu desquelles elles se trouvent. Vous ne me désignerez, en un mot, comme dignes d'être autorisées à tenir un pensionnat, que des personnes dont la moralité hautement reconnue et dont la position offriront les plus complètes garanties.

Vous inscrirez sur un registre toutes les autorisations délivrées par vous à des institutrices primaires de filles, et vous m'en adresserez un extrait à la fin de chaque année.

J'ai fait dresser des modèles des autorisations que vous aurez à délivrer, selon qu'il s'agira :

D'un établissement d'instruction primaire élémentaire,

D'un établissement d'instruction primaire supérieure,

D'un établissement d'instruction primaire élémentaire dirigé par les membres d'une congrégation religieuse, vouée à l'éducation de l'enfance.

Le titre III, comprenant les articles 9, 10, 11 et 12, s'applique aux Écoles primaires publiques. Il définit celles que l'on doit considérer comme telles, et autorise les transactions par suite desquelles la commune pourra, en portant à un taux suffisant le traitement fixe des institutrices, percevoir à son profit, la rétribution mensuelle. Il décide, en outre, qu'en échange des sacrifices que la commune s'impose, les institutrices devront admettre gratuitement à l'École les élèves que le Conseil municipal aura désignées comme ne pouvant payer aucune rétribution.

C'est de vous que les institutrices communales devront, comme les autres institutrices, tenir leur autorisation; elles seront assujetties à produire les mêmes pièces. Vous exigerez, en outre, à l'appui des demandes d'autorisation formées par elles ou en leur faveur, une expédition de la délibération prise par le Conseil municipal pour assurer leur sort. Vous devez, Monsieur le Recteur, avoir toujours beaucoup d'égards pour les désignations faites par les communes. S'il arrivait cependant que les personnes qui en seront l'objet laissassent à désirer sous le rapport de la moralité, aucune considération ne devrait vous empêcher de les écarter. Il importe qu'il n'y ait, à cet égard, aucune confusion d'attributions : aux autorités locales appartient le droit de choisir, de présenter les institutrices communales; à vous est réservé le droit de les autoriser, avec la responsabilité qu'entraîne l'exercice de ce droit.

L'article 12 fixe un point important de jurisprudence administrative, qui avait été jusqu'à présent controversé et envisagé de différentes manières. La réunion des enfants des deux sexes dans la même École est interdite dans les lieux où il existera des Écoles communales distinctes pour les garçons et pour les filles. Elle est tolérée dans les communes où il ne sera établi qu'une seule École communale. Je vous prie de recommander aux Comités et aux Inspecteurs des Écoles de veiller attentivement à l'accomplissement de ces prescriptions, auxquelles doivent se conformer les instituteurs privés comme les instituteurs communaux. Dans les communes où des Écoles spéciales pour chaque sexe ne pourront être formées, il doit être pris des mesures pour que les heures d'entrée et de sortie des garçons et des filles ne soient pas les mêmes; pour que les enfants des deux sexes, s'ils sont reçus dans la même salle, soient cependant séparés, enfin pour que, si les localités le permettent, il y ait une entrée distincte pour les garçons et une pour les filles.

Il est à désirer que les communes dont la population présente une certaine importance, établissent des Écoles primaires publiques, spécialement affectées aux enfants de chaque sexe. Je prie MM. les Préfets d'en faire la recommandation à ces communes, ainsi qu'à celles qui, à raison du chiffre élevé de leurs revenus, seraient en état d'entretenir une École de garçons et une École de filles. Les Écoles mixtes continueront d'être régies par la loi du 28 juin 1833.

Le titre IV concerne les Écoles de filles dirigées par des religieuses appartenant à des communautés régulièrement approuvées et vouées à l'éducation. Ces communautés étant spécialement instituées pour donner l'instruction primaire aux enfants, et le droit leur en ayant été virtuellement conféré par l'approbation légale de leurs statuts, il n'y a d'autre condition à exiger des personnes qui en font partie, et qui veulent être autorisées à tenir une École primaire élémentaire, que la production de leurs lettres d'obédience, et l'indication faite par la supérieure de la commune où elles seraient appelées. Il n'en est pas de même pour l'instruction primaire supérieure, qui, n'ayant pas été définie jusqu'à présent, n'a pu être comprise dans les statuts. Les religieuses qui voudront s'y livrer seront tenues, comme les institutrices laïques, de justifier d'un brevet de capacité obtenu dans les formes et aux conditions prescrites par l'ordonnance. Une autorisation spéciale leur est pareillement nécessaire pour la tenue d'un pensionnat primaire.

Les fonctions que les Comités locaux et les Comités d'arrondissement ont remplies jusqu'ici à l'égard des Écoles primaires de garçons, sont rendues, par le titre V, applicables aux Écoles de filles, avec la seule différence que des dames inspectrices prendront part à la visite de ces derniers établissements. Les Comités d'arrondissement, qui nomment les notables appelés à siéger dans les Comités locaux, nommeront de même les dames qu'il conviendra d'adjoindre à ces notables; ils choisiront aussi celles qu'ils devront s'adjoindre, comme ils choisissent des délégués en vertu de l'article 22, § 1er, de la loi du 28 juin. Dans ces différentes désignations, on se conformera aux dispositions qui règlent l'organisation des Comités, relativement aux Écoles spéciales pour chaque culte, aux Écoles où des enfants de différentes communions sont élevés ensemble, enfin aux Écoles entretenues par plusieurs communes réunies.

Il serait superflu d'expliquer les motifs qui ont déterminé cette adjonction des dames inspectrices. Les mères de famille doivent être représentées dans la surveillance des établissements consacrés à l'éducation des jeunes filles. Il y a, dans la direction de ces établissements, beaucoup de faits qui ne peuvent être bien appréciés que par elles; seules aussi elles sont compétentes pour diriger certaines parties de l'enseignement. Enfin la visite fréquente et habituelle des Écoles est une mission qui leur est naturellement dévolue. Les Comités n'appelleront certainement au partage de leurs travaux que les dames qui, dans chaque localité, se distinguent le plus par leurs vertus, par leurs lumières et par leur zèle charitable. Je ne doute pas que, de leur côté, les dames inspectrices ne se montrent pénétrées de l'esprit qui doit les animer dans l'exercice de leurs fonctions. Elles s'assureront que, dans toutes les Écoles placées sous leur surveillance et sous leur patronage, on donne à l'éducation morale et à l'instruction religieuse les soins nécessaires, que l'on s'y applique à inspirer aux élèves de bons principes, et à leur faire contracter l'habitude des vertus modestes. Elles n'hésiteront pas à descendre jusqu'aux plus minutieux détails, afin de savoir avec une entière certitude si les institutrices comprennent toute l'étendue et toute la délicatesse de leurs devoirs et si elles les remplissent consciencieusement. Les rapports que les dames inspectrices feront aux Comités devront vous être transmis, toutes les fois qu'ils présenteront des observations ou des faits de quelque importance.

L'article 48 est relatif aux Commissions chargées d'examiner les aspirantes aux brevets de capacité. Il y avait à opter entre l'établissement d'une seule Commission ou de plusieurs par département. Ce n'est qu'après un mûr examen qu'on s'est arrêté à une seule Commission. Il est vrai que les personnes qui voudront obtenir un brevet de capacité auront à supporter un plus grand déplacement, mais cela n'aura lieu qu'une fois. D'un autre côté, il y aura plus de garanties pour la bonne composition des Commissions et plus de chances que, dans l'examen des postulantes, elles se dégageront de toute influence locale et de toute considération étrangère au bien de l'instruction publique. Vous verrez, Monsieur le Recteur, si pour l'exécution de l'article 18 de l'ordonnance, il y a lieu de créer des Commissions spéciales dans chacun des départements de votre ressort académique, ou s'il ne vaut pas mieux confier l'examen des aspirantes aux fonctions d'institutrices aux Commissions déjà établies pour les instituteurs, dans les chefs-lieux de ces départements, et auxquelles seraient adjointes des dames inspectrices.

J'attendrai votre avis et vos propositions pour prendre à ce sujet une décision. Il sera nécessaire d'ajourner au mois de septembre ou même d'octobre les examens auxquels il sera procédé cette année, pour la première fois, selon le nouveau mode, et qui doivent être annoncés trente jours d'avance.

L'ordonnance du 23 juin ne pouvait pas avoir d'effet rétroactif. L'article 19 porte que les institutrices actuellement établies, en vertu d'une autorisation régulièrement obtenue, pourront continuer de tenir leurs Écoles, sans avoir besoin d'aucun nouveau titre, à la charge par elles de déclarer leur intention au Comité local d'ici au mois de septembre. J'invite MM. les Préfets à leur rappeler cette disposition par l'intermédiaire des maires, en faisant à cet effet insérer un avis dans le Recueil des Actes administratifs. Il convient, dans les premiers temps surtout, de faciliter l'introduction du nouveau régime auquel les Écoles de filles vont être soumises. Là où les formalités prescrites ne pourraient être remplies dans les délais fixés, vous me rendrez compte des difficultés qui se seraient présentées, et, en attendant, pour que le service ne souffre aucun dommage, vous pourrez accorder des autorisations provisoires, toutes les fois que vous aurez des motifs suffisants de confiance dans les personnes préposées à l'éducation des enfants. Il faut se garder, quand on veut multiplier les Écoles, de compromettre l'existence des Écoles déjà établies.

Vous aurez remarqué, Monsieur le Recteur, qu'il n'est pas question, dans l'ordonnance, des sous-maîtresses qui secondent les institutrices dans l'exercice de leurs fonctions : c'est qu'en effet il a paru convenable de laisser toute liberté aux institutrices pour leurs choix. Celles-ci sentiront d'autant plus la nécessité de ne faire que des choix convenables. Elles devront vous fournir l'état des sous-maîtresses qu'elles emploieront, pour que vous puissiez apprécier le soin qu'elles apportent à les choisir.

Je n'ai pas besoin d'ajouter que si quelque demande est formée pour obtenir en faveur des Écoles primaires de filles un secours ou un encouragement, elle devra être accompagnée, comme pour les Écoles primaires de garçons, de l'avis du Comité d'arrondissement, de celui de l'Inspecteur primaire et des autres pièces d'usage.

Vous trouverez ci-joint des exemplaires de l'ordonnance du 23 juin et du statut, rédigé en Conseil, en nombre suffisant pour les Inspecteurs de votre Académie, les Inspecteurs des Écoles primaires, les Comités d'arrondissement et les Commissions d'instruction primaire des chefs-lieux de départements. J'y ai joint pour celles-ci seulement des modèles de procès-verbaux d'examen et de certificats d'aptitude, et pour vous, Monsieur le Recteur, des modèles de brevets du degré élémentaire et du degré supérieur, ainsi que des modèles d'autorisation pour les diverses espèces d'Écoles. Je vous ferai, ainsi qu'aux Commissions, un envoi ultérieur de chacun de ces imprimés, en quantité proportionnée aux besoins du service, d'ici au 1er janvier prochain; je vous prie de m'adresser, aussitôt que possible, les renseignements nécessaires pour déterminer cette quantité.

L'ordonnance du 23 juin exercera, je l'espère, une salutaire influence sur l'instruction primaire des filles. Elle multipliera les Écoles communales, préparera de meilleures institutrices par un examen plus sérieux et fera exercer une surveillance plus active sur les Écoles et sur les institutrices.

Vous êtes appelé, Monsieur le Recteur, à prendre une grande part à ces résultats. La nature de vos fonctions vous met en relation directe avec toutes les autorités préposées à un titre quelconque à cette partie du service public: c'est vous qui êtes chargé de leur fournir tous les éclaircissements dont elles auraient besoin pour l'accomplissement de leur mission et d'imprimer à leurs travaux l'activité désirable. Je ne doute pas que vous ne donniez en cette occasion de nouvelles preuves du zèle éclairé qui vous anime, et qui ne saurait se ralentir, au moment où le cercle de vos honorables occupations s'agrandit.

Je vous invite à me faire connaître, en m'accusant réception de cette lettre, les premières mesures que vous allez prendre, pour donner suite aux instructions qu'elle contient.

Recevez, etc.

Signé: PELET DE LA LOZÈRE.

---

13 août 1836. **Circulaire du Ministre de l'Instruction publique, relative à l'exécution de l'ordonnance du 23 juin 1836, concernant les Écoles de filles.**

13 Août 1836.

Monsieur le Préfet, j'ai l'honneur de vous adresser des exemplaires de la lettre que je viens d'écrire à MM. les Recteurs, en leur envoyant l'ordonnance du 23 juin dernier, relative aux établissements d'instruction primaire de filles. Je n'ai que quelques instructions à y ajouter, sur les dispositions de l'ordonnance qui entrent plus particulièrement dans vos attributions.

Un grand nombre de communes n'ont pas encore d'École spéciale pour les filles. Dans ces localités, les filles ou restent privées de toute instruction ou sont confondues, sans qu'on prenne toujours les précautions convenables, dans la même salle que les garçons, ce qui présente, sous le rapport de la morale, de graves inconvénients. Le titre III de l'ordonnance trace les règles à suivre pour la création d'Écoles communales de filles. C'est à vous, Monsieur le Préfet, qu'il appartient d'inviter les Conseils municipaux à établir ces Écoles dans les communes où l'importance de la population les rendra nécessaires, ainsi que dans celles à qui l'élévation de leurs revenus le permettrait. Les Inspecteurs des Écoles primaires ont été chargés de recueillir des indications à ce sujet dans leurs tournées, dont ils vont vous remettre les résultats. Je vous ai déjà prié d'inviter les Conseils municipaux de ces communes à s'occuper de cet objet important dans la session du mois d'août, dans laquelle ils ont eu à délibérer sur les dépenses des Écoles primaires de garçons. Je ne verrais aucun inconvénient à ce que, dans les communes où l'imposition des trois centimes additionnels est plus que suffisante pour acquitter ces dernières dépenses, cette imposition fût votée intégralement, et que la portion qui resterait libre fût affectée aux Écoles de filles. J'apprendrai aussi avec intérêt que des communes ont voté, en outre de trois centimes, une imposition spécialement destinée aux Écoles de filles. Je vous recommande de faire autoriser immédiatement les impositions qui seraient votées pour cet objet, et qui devront l'être avec adjonction des plus fort imposés. Malgré les charges considérables qui pèsent sur les fonds mis à ma disposition pour les dépenses de l'instruction primaire, je pourrai, sur votre proposition, accorder aux communes qui auront voté pour leur École de filles une imposition en sus de celle de trois centimes additionnels, une subvention qui pourra être égale au montant de cette imposition supplémentaire.

Pour que les communes puissent facilement établir des Écoles de filles, il est à désirer qu'il soit organisé, dans chaque département, une École modèle ou École normale, destinée à former des institutrices. Des essais de cette nature ont déjà été faits dans quelques départements; et des Conseils généraux ont voté des fonds pour l'entretien de ces Écoles. Je vous prie d'appeler l'attention du Conseil général sur cet objet, lors de sa prochaine session.

L'ordonnance du 23 juin place les Écoles de filles sous la surveillance des Comités institués par la loi du 28 juin 1833. Les Comités d'arrondissement dont la présidence vous appartient de droit, ainsi qu'à MM. les Sous-Préfets, doivent avoir une influence immense sur la propagation et l'amélioration de l'instruction primaire pour les filles. Je suis persuadé, Monsieur le Préfet, que vous dirigerez l'attention de ces Comités vers cet objet important, et qu'avec le secours de MM. les Sous-Préfets, vous parviendrez, en peu de temps, à multiplier le nombre des Écoles spécialement affectées aux filles et à améliorer l'enseignement qui y sera donné, en faisant exercer sur ces établissements une surveillance plus active et plus continue que celle à laquelle ils ont été soumis jusqu'à présent. Vous verrez, par la lettre que j'écris à MM. les Recteurs, que pour cette surveillance des dames inspectrices doivent être adjointes aux Comités, et que le choix de ces dames inspectrices est dévolu aux Comités d'arrondissement. Veuillez bien donner des instructions à MM. les Sous-Préfets, afin qu'ils veillent, comme vous, à ce que, sur tous les points du département, ces fonctions soient confiées aux personnes qui sont les plus dignes de les bien remplir, et qui réunissent toutes les qualités que j'ai énumérées dans ma lettre à MM. les Recteurs.

Vous aurez aussi à vous entendre avec M. le Recteur, pour tout ce qui concerne l'organisation de la Commission d'instruction primaire, chargée d'examiner les aspirantes aux brevets de capacité. Je désire que vos propositions, à ce sujet, me parviennent avant le 1er septembre.

L'article 19 porte que les directrices d'établissements d'instruction primaire, qui sont pourvues d'autorisations régulièrement obtenues, pourront continuer de diriger leurs établissements, sans avoir besoin d'aucun nouveau titre, à la charge, par elles, de déclarer leur intention au Comité local, d'ici au 1er septembre prochain. Je vous prie, Monsieur le Préfet, de prendre, aussitôt que vous aurez reçu cette lettre, un arrêté pour enjoindre aux personnes qui tiennent un établissement quelconque d'instruction primaire consacré aux filles de déclarer au maire de la commune de leur résidence, président du Comité local, leur intention de continuer à tenir cet établissement. Elles leur présenteront, en même temps, les titres en vertu desquels elles exercent. Ces déclarations seront reçues par MM. les maires sur un registre qui fera connaître:

1° Les nom et prénoms des directrices d'écoles ;

2° La date de leur brevet de capacité;

3° La nature de ce brevet ;

4° La date de l'autorisation d'exercer.

Une copie de ce registre sera adressée, dans le courant de septembre, à l'Inspecteur des Écoles primaires, qui connaîtra ainsi, d'une manière aussi exacte que possible, tous les établissements de filles sur lesquels devra s'exercer sa surveillance. Ce fonctionnaire vous fera passer une copie du relevé qu'il dressera à ce sujet, et il en enverra des extraits aux Comités d'arrondissement, en ce qui concerne les Écoles de leur ressort.

- Les directrices d'établissements d'instruction de filles, qui ne feront pas de déclaration, et qui seraient cependant en exercice, pourront être inscrites d'office par les maires; elles pourront l'être aussi par l'Inspecteur des Écoles primaires, d'après le résultat des visites qu'il a déjà faites, ou d'après les documents qu'il trouvera dans vos bureaux, ainsi que d'après ceux qui lui seront communiqués par le Recteur de l'Académie. Mais il convient que ces directrices soient averties que celles qui négligeraient de déférer à votre invitation ne pourront désormais prétendre à aucun encouragement de la part de l'administration. MM. les maires devront les en faire prévenir individuellement.

L'ordonnance du 23 juin vient compléter l'organisation de l'instruction primaire. Déjà j'ai apprécié votre zèle pour tout ce qui concerne l'exécution de la loi du 28 juin 1833 ; ce zèle ne restera pas en défaut aujourd'hui qu'il s'agit de propager et d'améliorer l'instruction et l'éducation des filles; et je me plais à croire que, dans cette circonstance, vous acquerrez de nouveaux droits à la reconnaissance de vos administrés.

Je vous prie de m'accuser la réception de cette lettre, dont je vous envoie des exemplaires pour MM. les Sous-Préfets et pour M. l'Inspecteur des Écoles primaires.

Recevez, etc.

Signé : PELET DE LA LOZÈRE.

---

26 août 1836. **Décision portant que, lorsqu'une commune possède des Écoles distinctes pour les enfants des deux sexes, les filles et les garçons ne peuvent être admis dans une même École.**

26 Août 1836.

Le Conseil royal de l'Instruction publique,

Vu la lettre du sieur......, instituteur public à......;

Vu l'article 12 de l'ordonnance du 23 juin 1836, ainsi conçu :

« Dans les lieux où il existera des Écoles communales distinctes pour les enfants des deux sexes, il ne sera permis à aucun instituteur d'admettre des filles et à aucune institutrice d'admettre des garçons »,

Décide que l'ordonnance ne permet pas d'admettre les filles et les garçons dans une même École lorsque la commune possède des Écoles distinctes pour les enfants des deux sexes.

Arrêté sur une question relative à l'admission des enfants des deux sexes dans une même École. 26 août 1836.

26 Août 1836.

Le Conseil royal de l'Instruction publique,

Vu la lettre de M. le président du Comité d'arrondissement de Soissons, en date du 21 juillet dernier;

Vu l'ordonnance du 23 juin 1836 sur les Écoles primaires de filles, et la circulaire du 13 du présent mois;

Consulté sur cette question : « Dans les lieux où il y a un instituteur primaire communal, un instituteur privé a-t-il le droit de recevoir les filles dans son École? En cas d'affirmative, l'instituteur privé aura-t-il encore ce droit, s'il y a dans la commune une institutrice privée? »

Arrête ce qui suit :

Dans les communes qui possèdent un instituteur primaire communal, un instituteur privé a le droit de recevoir des filles et des garçons. Dans les communes qui possèdent un instituteur communal et une institutrice communale ou privée, l'instituteur privé ne peut admettre dans son École les enfants des deux sexes. Dès qu'il y a possibilité de séparation entre les enfants des deux sexes, cette séparation doit avoir lieu. Une École privée, régulièrement établie et surveillée, est réputée offrir les garanties nécessaires; son existence suffit pour ôter à tout instituteur le droit d'admettre les filles concurremment avec les garçons.

Avis relatif à l'exécution de l'article 7 de l'ordonnance du 23 juin 1836 sur les Écoles de filles. 26 août 1836.

26 Août 1836[1].

Le Conseil royal de l'Instruction publique,

Vu la lettre de M. le Préfet de la Seine, en date du 20 du présent mois, concernant l'exécution de l'article 7 de l'ordonnance du 23 juin dernier sur les Écoles primaires de filles,

[1]. Rapprocher de cet avis la lettre en date du 18 *octobre* 1837, adressée par le Ministre à l'Inspecteur général chargé de l'Académie de Paris, et dont voici un extrait :

« Monsieur l'Inspecteur général, j'ai examiné de nouveau, en Conseil royal de l'Instruction publique, la question relative au droit de présentation que s'attribue exclu-

Estime que l'avis du Comité local et celui du Comité d'arrondissement ne sont que des renseignements et ne constituent pas une présentation; que le Recteur, à qui seul est attribué le droit d'accorder l'autorisation, peut et doit s'entourer, d'ailleurs, de toute espèce de documents; qu'à Paris, il importe de laisser au Préfet le soin d'indiquer les besoins des divers arrondissements, de provoquer les avis des Comités, et de présenter, comme il le faisait précédemment, les personnes qu'il jugerait aptes à remplir les fonctions d'institutrices communales.

Le Conseil estime, de plus, que M. le Ministre qui exerce dans l'Académie de Paris les fonctions rectorales, les ayant déléguées, en ce qui concerne les Écoles primaires, à l'Inspecteur général administrateur, lesdites présentations accompagnées des avis précités devront être adressées à ce fonctionnaire, qui délivrera, s'il y a lieu, les autorisations et en rendra compte au Ministre.

sivement le Comité central de la ville de Paris, pour les nominations d'institutrices communales de ladite ville.

« J'ai reconnu, avec le Conseil royal, que la loi du 28 juin, sur laquelle le Comité central appuie ses prétentions, ne régit que les Écoles de garçons, et qu'en conséquence elle n'est point applicable aux Écoles de filles; que l'ordonnance du 23 juin 1836 est, pour ces dernières Écoles, la seule règle à invoquer, et que, aux termes de cette ordonnance, il faut, pour tenir une École primaire de filles, soit publique, soit privée, une autorisation délivrée par le Recteur conformément aux articles 4, 7 et 11. Le 26 août 1836, il a été décidé qu'à Paris le Préfet, après avoir pris l'avis des Comités, présenterait au Recteur les aspirantes qu'il croirait dignes de l'autorisation. Par cette présentation, il a été entendu que le Préfet transmettrait au Recteur les délibérations entières des Comités, sauf à y joindre ses observations et ses propres indications.

« La décision du 26 août ne violant ni loi ni ordonnance, et étant fondée, d'ailleurs, sur des motifs d'utilité publique, doit être maintenue. Vous aurez donc à renvoyer à M. le Préfet du département de la Seine les propositions qui vous ont été adressées directement par le Comité central; vous inviterez ce magistrat à les examiner et à les modifier, s'il y a lieu; dès qu'il vous les aura transmises de nouveau avec ses observations, vous statuerez immédiatement sur les autorisations à accorder, et vous m'en rendrez compte.

« Je regrette vivement que l'interprétation forcée qui a été donnée aux articles 7 et 11 de l'ordonnance du 23 juin 1836 et l'assimilation peu exacte qu'on a faite des institutrices et des instituteurs communaux aient retardé si longtemps la conclusion d'une affaire qui intéresse à un très haut point l'instruction primaire dans la ville de Paris.... »

Arrêté relatif aux instituteurs primaires ambulants dans   26 août 1836.
l'Académie de Grenoble.

26 Août 1836.

Le Conseil royal de l'Instruction publique,

Vu la lettre du 20 juillet dernier, dans laquelle M. le Recteur de l'Académie de Grenoble expose que cette Académie est une de celles où la configuration du sol, la dispersion des habitants, les mœurs du pays et la pauvreté des communes rendent plus nécessaire de tolérer les instituteurs ambulants ;

Vu la délibération du Conseil royal du 26 février précédent, concernant les formalités que doivent remplir ces instituteurs ;

Vu la loi du 28 juin 1833 sur l'instruction primaire ;

Considérant qu'aux termes des articles 9 et 12 de ladite loi, toute commune est tenue, soit par elle-même, soit en se réunissant à une ou plusieurs communes voisines, d'entretenir au moins une École primaire élémentaire, et de fournir à cet effet un logement convenable et un traitement fixe ;

Que cette prescription de la loi à l'égard des communes obligées de se réunir pour l'instruction primaire peut être exécutée de deux manières, ou par l'établissement d'une École permanente dans un point central, à la proximité des diverses communes, ou par l'établissement d'un ou de plusieurs maîtres, qui, suivant des conditions préalablement arrêtées avec lesdites communes, parcourraient successivement chacune des communes réunies ;

Que, dans ce dernier cas comme dans l'autre, l'instituteur doit jouir d'un traitement fixe, assuré par la contribution proportionnelle des communes intéressées, et qu'on n'a pas le droit de les dispenser à cet égard de l'obligation de la loi ;

Considérant aussi que dès lors cet instituteur doit faire toutes les justifications de capacité exigées par la loi, sauf la circonstance où, nul instituteur breveté n'étant momentanément disponible, le Recteur pourrait employer sous sa responsabilité un délégué provisoire,

Arrête ce qui suit :

ARTICLE 1ᵉʳ. — Le Recteur de l'Académie de Grenoble dressera un tableau des communes qui, obligées de se réunir à d'autres communes pour l'instruction primaire, ne pourront être desservies, quant à présent, que par les instituteurs ambulants.

Il fera connaître pour chacune de ces communes : 1° le montant du produit des trois centimes affectés par la loi aux besoins de l'instruction primaire et la portion de ces trois centimes que chaque Conseil municipal aurait votée; 2° le taux de la rétribution mensuelle que chaque Conseil aura déterminé, et le nombre des enfants qu'il aura désigné pour recevoir l'instruction gratuite.

ART. 2. — Dans le cas où pour quelqu'une de ces réunions de communes, il ne se présenterait aucun instituteur breveté, le Recteur pourra, sous sa responsabilité et sur le vu d'un certificat de moralité, charger de l'enseignement primaire un délégué provisoire.

Cette délégation cessera de plein droit lorsque, dans la réunion de communes où elle a eu lieu, un instituteur breveté pourra être présenté et nommé conformément à la loi.

---

16 sept. 1836. **Avis sur la question de savoir s'il y a lieu de refuser l'autorisation de tenir un pensionnat primaire à un instituteur, qui n'est pourvu que du brevet de capacité du troisième degré.**

16 Septembre 1836.

Le Conseil royal de l'Instruction publique,

Vu la lettre de M. le Recteur de l'Académie de......., en date du......., sur la question de savoir s'il y a lieu de refuser l'autorisation de tenir un pensionnat primaire à un instituteur qui n'est pourvu que du brevet de capacité du troisième degré, conformément à ce qui est prescrit à cet égard par l'instruction ministérielle du 22 décembre 1829;

Considérant que les instructions de 1829 ont dû céder aux conséquences du principe général de la liberté d'enseignement,

Estime que tout instituteur, quel que soit le degré de son brevet de capacité, peut être autorisé à tenir un pensionnat primaire, si, d'ailleurs, il en est digne par ses qualités morales.

18.

Avis portant : 1° qu'il appartient aux Conseils municipaux de fixer le taux de la 23 sept. 1836.
rétribution mensuelle pour les Écoles communales de filles ; 2° que les insti-
tutrices primaires, munies de titres anciens, ont le droit d'exercer leur pro-
fession sans être obligées de se pourvoir d'un nouveau titre.

23 Septembre 1836.

Le Conseil royal de l'Instruction publique,

Vu la lettre de M. le Recteur de l'Académie de......., en date
du......., sur la question de savoir :

1° Par qui doit être fixée la rétribution mensuelle pour les Écoles
de filles ;

2° Si d'anciens brevets, délivrés conformément à des ordonnances
antérieures à la loi sur l'instruction primaire, sont des titres suffisants pour obtenir l'autorisation d'exercer la profession d'institutrice primaire,

Est d'avis :

1° Qu'il appartient aux Conseils municipaux qui se déterminent à
établir et à entretenir une École communale de filles de fixer le taux
de la rétribution mensuelle qui devra être payée par les élèves de
ladite École ;

2° Que les institutrices munies de titres anciens ont droit de continuer à tenir leurs Écoles, sans être obligées de se pourvoir d'un
nouveau titre ; mais que celles qui voudraient se procurer ce nouveau
titre ne pourront l'obtenir qu'en se soumettant aux conditions
qu'exige l'ordonnance du 23 juin 1836, et notamment aux examens
prescrits par cette ordonnance et par l'arrêté du Conseil du 28 du
même mois.

Avis portant que les examens subis par les institutrices primaires, et les brevets 30 sept. 1836.
qui leur ont été délivrés antérieurement à l'ordonnance du 23 juin 1836 et à
la circulaire du 13 août 1836, doivent être regardés comme valables.

30 Septembre 1836.

Le Conseil royal de l'Instruction publique,

Vu la lettre de M. le Recteur de l'Académie de......, dans laquelle
ce fonctionnaire demande que les brevets délivrés aux institutrices
primaires depuis le 28 juin dernier jusqu'au 27 août suivant soient
approuvés ;

Estime que les examens faits et les brevets délivrés avant la publication de l'ordonnance du 23 juin 1836 et de la circulaire du 13 août dernier, doivent être regardés comme valables, mais que les examens faits avant cette publication ne peuvent valoir que pour la délivrance de l'ancien brevet.

------

30 sept. 1836. **Avis portant que, dans les villes qui possèdent une École primaire supérieure, les élèves gratuits de l'École élémentaire, reconnus suffisamment instruits, devront quitter ladite École pour y faire place à d'autres élèves.**

30 Septembre 1836.

Le Conseil royal de l'Instruction publique,

Vu la lettre en date du......., par laquelle M. le maire de la ville de...... fait connaître que, conformément à la loi du 28 juin 1833, la ville a fondé une École primaire supérieure; mais que, malgré les efforts du maître qui la dirige, peu d'enfants se présentent aux cours; que presque tous fréquentent les Écoles des Frères de la Doctrine chrétienne; qu'il conviendrait peut-être, pour remédier à cet inconvénient, d'obliger les enfants qui ont terminé leurs études élémentaires à quitter l'École des Frères ou à entrer à l'École supérieure,

Estime qu'on ne peut contraindre aucun élève à passer dans une École primaire supérieure; mais que les élèves gratuits d'une École primaire élémentaire communale qui auront été reconnus suffisamment instruits devront quitter entièrement ladite École primaire élémentaire, pour y faire place à d'autres élèves appelés à suivre cette École.

------

11 octobre 1836. **Arrêté relatif aux élèves-maîtres des Écoles normales primaires, qui, sans en avoir obtenu l'autorisation du Ministre, se présentent aux examens pour le brevet de capacité, avant d'avoir terminé le cours d'études de l'École normale à laquelle ils appartiennent.**

11 Octobre 1836.

Le Conseil royal dé l'Instruction publique,

Vu les observations présentées par la Commission de surveillance de l'École primaire de Nancy, relativement aux inconvénients qui sont résultés de ce que des élèves-maîtres étaient parvenus à se faire admettre à l'examen pour les brevets de capacité, avant d'avoir entièrement terminé leur cours d'études;

Considérant qu'il est nécessaire de donner une sanction aux prescriptions que renferment à cet égard les statuts et règlements,

Arrête :

Tout élève d'une École normale primaire qui, sans en avoir obtenu l'autorisation du Ministre de l'Instruction publique, se sera présenté devant une Commission d'instruction primaire à l'effet de subir l'examen pour un brevet de capacité avant d'avoir achevé le cours d'études de l'École normale à laquelle il appartient, encourra, s'il est boursier, la perte de la bourse dont il jouissait, et, en tout cas, l'exclusion de l'École; si le brevet de capacité lui a été délivré, ce brevet sera considéré comme nul, et ne pourra lui conférer aucun droit à exercer la profession d'instituteur.

Avis relatif au refus par un Maire de délivrer un certificat de moralité à un 11 octobre 1836. **instituteur communal démissionnaire.**

11 Octobre 1836.

Le Conseil royal de l'Instruction publique,

Vu les lettres du sieur Béchet, ex-instituteur communal à Ancy-sur-Moselle, Académie de Metz, en date des 15 mai, 7, 10 et 24 juin, 24 et 31 août, 8 septembre 1836, relativement à la démission par lui donnée de ses fonctions d'instituteur communal, et au refus que fait le maire d'Ancy de lui délivrer un certificat de moralité, ensemble les pièces qui accompagnent lesdites lettres;

Vu le rapport de M. le Recteur de l'Académie de Metz, du 23 juillet dernier;

Vu les articles 4 et 16 de la loi du 28 juin 1833, lesquels, entre autres conditions nécessaires pour tenir une École primaire, soit publique, soit privée, exigent la présentation, au maire de la commune où l'École doit être établie, d'un certificat constatant que l'impétrant est digne par sa moralité de se livrer à l'enseignement, certificat qui doit être délivré, sur l'attestation de trois conseillers municipaux, par le maire de la commune ou de chacune des communes où ledit impétrant aura résidé depuis trois ans;

Considérant, en premier lieu, que le sieur Béchet a donné sa démission des fonctions d'instituteur communal d'Ancy; que, par suite de cette démission, il a été remplacé par un autre instituteur, régulièrement présenté et nommé, et qu'ainsi il ne saurait être question de le réintégrer dans ladite place d'instituteur communal d'Ancy;

En second lieu, que la loi du 28 juin exige, à titre égal, pour la validité du certificat de moralité prescrit par l'article 4, et l'attestation de trois conseillers municipaux, et la libre adhésion du maire chargé de délivrer le certificat;

Que cette jurisprudence, adoptée par le Conseil royal, a été consacrée par un arrêt de la Cour de Cassation du 1er juillet dernier[1], qui décide que l'attestation personnelle du maire, concernant la moralité de l'impétrant, est une condition essentielle pour la validité du certificat prescrit par la loi du 28 juin 1833,

Estime qu'il n'y a lieu d'accueillir les réclamations du sieur Béchet.

---

11 octobre 1836. Arrêté portant que les aspirants au brevet de capacité seront tenus, en outre de ce qui est prescrit par le statut du 19 juillet 1833, de rédiger une composition sur un sujet donné et de faire une leçon orale.

11 Octobre 1836.

Le Conseil royal de l'Instruction publique,

Vu les observations présentées par la Commission de surveillance de l'Ecole normale primaire de Nancy;

Vu le statut du 19 juillet 1833 sur les brevets de capacité et les Commissions d'examen pour l'instruction primaire;

Considérant qu'il n'y a lieu, quant à présent, de rien ajouter aux programmes d'examen des aspirants aux brevets de capacité pour l'instruction primaire, en ce qui concerne les matières dont la connaissance est exigée; mais qu'il convient de prescrire, indépendamment des questions auxquelles les candidats ont à satisfaire, une épreuve qui témoigne de leur aptitude à exprimer leurs idées par écrit et à donner l'enseignement dont ils sont chargés,

Arrête :

En outre de ce qui est prescrit par le statut du 19 juillet 1833, relativement aux examens pour les brevets de capacité, chaque candidat sera tenu de rédiger une composition sur un sujet donné, et de faire une leçon orale sur une des parties du programme correspondant au degré du brevet qu'il voudra obtenir.

La Commission d'examen fixera d'avance, à l'ouverture de la session, le temps que devra durer chacun de ces exercices : ce temps

---

1. Voir cet arrêt, page 258.

ne pourra excéder une demi-heure pour la composition et un quart d'heure pour la leçon.

Avis portant que les Inspecteurs primaires ont caractère suffisant pour repré- 18 octobre 1836. senter aux Maires, et dans les Conseils municipaux qui les admettent à leurs séances, toute espèce de besoins de l'instruction primaire.

18 Octobre 1836.

Le Conseil royal de l'Instruction publique,

Vu la lettre de M. l'Inspecteur des Écoles primaires du département de........, en date du 10 octobre courant, dans laquelle il demande si les Inspecteurs primaires sont autorisés, dans le cours de leurs tournées, à réclamer auprès des Conseils municipaux : 1° des traitements ou des augmentations de traitement en faveur des instituteurs et institutrices; 2° l'allocation de subventions pour les directeurs et les directrices de classes d'adultes et de salles d'asile; 3° enfin la fixation d'un taux de rétribution mensuelle pour la fréquentation de ces établissements,

Estime :

Que les Inspecteurs primaires ont caractère suffisant pour exposer aux maires et dans les Conseils municipaux qui les admettent à leurs séances, toute espèce de besoins de l'instruction primaire tant des filles que des garçons, et pour solliciter, en conséquence, les fonds que ces Conseils peuvent accorder;

Qu'en ce qui touche la fixation de la rétribution mensuelle, les Conseils municipaux peuvent sans doute en déterminer le taux pour les Écoles communales de filles comme pour les Écoles de garçons, mais que la perception en faveur des institutrices ne pourrait pas être soumise aux mêmes formes que pour les instituteurs, attendu que la loi n'a pas encore prononcé à leur égard.

Avis sur la question de savoir si une École privée, dirigée par une insti- 4 nov. 1836. tutrice, peut remplir le vœu de la loi du 28 juin 1833, et dispenser la commune de l'obligation d'avoir un instituteur.

4 Novembre 1836.

Le Conseil royal de l'Instruction publique,

Sur le rapport de M. le conseiller chargé de ce qui concerne l'instruction primaire;

Vu la lettre de M. le Préfet du département d......., en date du 18 octobre dernier, dans laquelle il demande si une École privée, dirigée par une institutrice, peut remplir le vœu de la loi du 28 juin 1833 et dispenser la commune de l'obligation d'avoir un instituteur;

Estime :

1° Qu'une institutrice communale, dûment autorisée, peut, à défaut d'un instituteur public, remplir le vœu de la loi du 28 juin 1833; mais que cet état de choses est essentiellement provisoire, et que la commune doit aviser aux moyens de se procurer le plus promptement que faire se pourra un instituteur, qui se chargera de l'enseignement des garçons;

2° Qu'une École privée, tenue soit par un instituteur soit par une institutrice, ne peut pas dispenser la commune d'établir une École publique.

---

4 nov. 1836. **Avis portant qu'il y a lieu d'accorder des dispenses d'âge qui permettent aux postulantes mariées de se présenter aux examens d'instruction primaire avant vingt ans révolus.**

4 Novembre 1836.

Le Conseil royal de l'Instruction publique,

Sur le rapport de M. le conseiller chargé de ce qui concerne l'instruction primaire;

Vu la délibération du Comité d'instruction primaire de l'arrondissement de..........; dans laquelle ce Comité exprime l'avis que la demande de Mme.........., demeurant à.........., ayant pour objet d'obtenir une dispense d'âge, qui lui permette de se présenter aux examens d'instruction primaire avant vingt ans révolus, soit accueillie;

Vu la lettre de M. l'Inspecteur général chargé de l'administration de l'Académie de Paris et l'avis favorable de M. l'Inspecteur de l'instruction primaire dans le département de........;

Prenant en considération l'état de femme mariée, qui est celui de la postulante,

Est d'avis que la demande d'une dispense d'âge formée par Mme..... doit être accueillie.

Décision relative à l'exécution des mesures prescrites par les articles 24 et 25 du statut du 14 décembre 1832, concernant les Écoles normales primaires.

8 nov. 1836.

8 Novembre 1836.

Le Conseil royal de l'Instruction publique,

Vu les observations de la Commission de surveillance de l'École normale primaire de Limoges, sur le rapport à elle présenté par M. le directeur de ladite École;

Consulté sur la question générale de savoir comment doivent être exécutés les articles 24 et 25 du statut du 14 décembre 1832, concernant les Écoles normales primaires, depuis que la loi du 28 juin 1833 a établi une Commission spéciale d'instruction primaire pour les examens d'entrée et de sortie des élèves-maîtres;

Sur le rapport de M. le conseiller chargé de ce qui concerne l'instruction primaire,

Décide :

Que l'exécution des mesures prescrites par l'article 24 du statut précité appartient désormais à la Commission d'instruction primaire, mais qu'un ou plusieurs membres de la Commission de surveillance doivent, conformément à l'arrêté du 13 août 1833, assister auxdits examens, afin d'y produire les rapports et les notes que cette dernière Commission a recueillis sur chaque candidat pendant la durée du cours normal;

Que le certificat d'aptitude mentionné dans l'article 25 doit continuer à être délivré par la Commission de surveillance, attendu que ce certificat doit porter essentiellement sur la conduite que l'élève a tenue à l'École et sur la méthode d'enseignement dont il connaît le mieux la théorie et la pratique;

Qu'il appartient à l'une et à l'autre Commission de faire connaître leur vœu pour que le Ministre de l'Instruction publique accorde la permission de redoubler une première ou une seconde année du cours normal à certains élèves-maîtres qui auront mérité cette faveur par une conduite excellente et par un travail soutenu;

Que dans le cas où ces élèves-maîtres sont des boursiers du département, le vœu exprimé par ces Commissions doit être accompagné de l'avis favorable du Préfet et transmis au Ministre par le Recteur, qui y joint son avis personnel;

Qu'enfin, et dans tous les cas, de telles demandes doivent être adressées au Ministre, au plus tard dans la première quinzaine de septembre, afin qu'il puisse être statué avant la reprise des cours d'école.

11 nov. 1836. **Avis portant qu'il y a lieu d'accorder des dispenses d'âge aux institutrices primaires qui appartiennent à des congrégations religieuses.**

11 Novembre 1836.

Le Conseil royal de l'Instruction publique,

Sur le rapport de M. le conseiller chargé de ce qui concerne l'instruction primaire ;

Vu la lettre de M. le Recteur de l'Académie de Strasbourg, en date du 27 octobre dernier, dans laquelle ce fonctionnaire, après avoir fait connaître qu'il a refusé l'autorisation d'exercer à plusieurs sœurs de la Providence (institut de Ribauvillé), par le motif qu'elles n'avaient pas vingt ans révolus, demande qu'il soit accordé des dispenses d'âge aux institutrices appartenant à une congrégation religieuse ;

Vu l'article 6 de l'ordonnance du 23 juin dernier ainsi concu : « Aucune postulante ne sera admise devant la Commission d'examen si elle n'est âgée de vingt ans au moins. Elle sera tenue de présenter : 1° son acte de naissance ; si elle est mariée, l'acte de célébration de son mariage ; si elle est veuve, l'acte de décès de son mari ; 2° un certificat de bonnes vie et mœurs, délivré sur l'attestation de trois conseillers municipaux, par le maire de la commune où de chacune des communes où elle aura résidé depuis trois ans » ;

Vu la décision du 4 novembre courant par laquelle il a été d'avis qu'il y avait lieu à une dispense d'âge pour les institutrices mariées,

Est d'avis qu'il y a lieu d'accorder également des dispenses d'âge aux institutrices qui appartiennent à des congrégations religieuses.

---

11 nov. 1836. **Avis portant que, lorsqu'il s'agit d'accorder à un instituteur primaire la faculté de tenir un pensionnat, il n'y a point de distinction à faire entre l'instituteur privé et l'instituteur public.**

11 Novembre 1836.

Le Conseil royal de l'Instruction publique,

Sur le rapport de M. le conseiller chargé de ce qui concerne l'instruction primaire ;

Vu la lettre de M. le Recteur de l'Académie de Rouen, en date du 4 novembre dernier, par laquelle ce fonctionnaire expose que, les demandes de pensionnats primaires par des instituteurs privés se multipliant beaucoup, la surveillance qu'il est nécessaire d'exercer sur ces sortes d'établissements devient de plus en plus difficile ; que ces autorisations devraient être réservées aux seuls instituteurs communaux, qui présentent plus de garanties, et qu'à ce sujet il devrait être apporté quelques modifications aux lois et ordonnances sur l'instruction primaire ;

Considérant que la loi ne contient aucune prohibition relativement aux pensionnats primaires ; que l'intérêt des bonnes mœurs et le sentiment des qualités nécessaires pour la tenue d'un pensionnat ont décidé le Conseil et le Ministre de l'Instruction publique à maintenir la jurisprudence établie à cet égard depuis l'institution de l'Université, et confirmée par l'ordonnance du 21 avril 1828 ; mais qu'on ne peut ni en demander ni en prescrire davantage ; qu'il est impossible de songer à faire de ces autorisations pour pensionnat un privilège des instituteurs communaux, attendu que les instituteurs privés, dans le système de la liberté d'enseignement, qui est consacré par la loi sur l'instruction primaire, sont aussi favorisés que les instituteurs publics ; qu'il n'y a donc pas de motifs sérieux de restreindre la liberté pour les uns quand on la laissera entière pour les autres,

Estime que, lorsqu'il s'agit d'accorder à un instituteur primaire la faculté de tenir un pensionnat, il n'y a point de distinction à faire entre l'instituteur privé et l'instituteur public ; et que, dans tous les cas, il suffit de constater si le postulant possède réellement, non seulement l'instruction requise, mais toutes les qualités morales, le caractère, les sentiments, les principes et la considération qui constituent l'aptitude à tenir un pensionnat.

Décision relative à une modification apportée au modèle des procès-verbaux de l'examen des institutrices primaires. . 15 nov. 1836.

15 Novembre 1836.

Le Conseil royal de l'Instruction publique,

Sur le rapport de M. le conseiller chargé de ce qui concerne l'instruction primaire ;

Vu la lettre de M. le Recteur de l'Académie de Clermont, en date du 2 novembre courant, dans laquelle, signalant une différence qui existe entre l'article *Calcul* du modèle des procès-verbaux de l'examen des institutrices qui lui a été transmis par la circulaire du 13 août dernier, et l'article correspondant du programme arrêté par le Conseil royal le 28 juin dernier, il fait remarquer que, d'après le modèle des procès-verbaux, la Commission d'instruction primaire doit comprendre les proportions, les règles de trois et de société dans les examens pour le brevet de capacité élémentaire, tandis que le programme n'impose pas la condition de répondre sur ces mêmes matières ;

Considérant que, dans les programmes arrêtés par le Conseil royal le 28 juin dernier, on a voulu établir une différence sensible entre les deux examens, aussi bien en ce qui concerne le calcul qu'en ce qui touche les autres objets d'enseignement, et que la théorie des proportions et ses applications aux règles de trois et de société doivent être réservées pour l'examen du degré supérieur,

Décide que le modèle des procès-verbaux doit être réformé sur le point dont il s'agit.

---

15 nov. 1836. **Arrêté portant que, le 15 mars et le 15 août de chaque année, les directeurs des Écoles normales primaires remettront au président de la Commission de surveillance un résumé exact des notes mensuelles consignées sur chaque élève-maître dans le registre tenu en vertu de l'article 22 du statut du 14 décembre 1832.**

15 Novembre 1836.

Le Conseil royal de l'Instruction publique,

Sur le rapport de M. le conseiller chargé de ce qui concerne l'instruction primaire ;

Vu le statut du 14 décembre 1832, concernant les Écoles normales primaires ;

Vu les rapports des Inspecteurs généraux qui ont visité lesdites Écoles en 1835 et 1836 ;

Considérant que, dans quelques-unes de ces Écoles, les registres destinés à faire connaître le caractère, la conduite, le travail et les progrès des élèves-maîtres, n'ont pas toujours été exactement tenus, et qu'il importe cependant au bien du service que tous les renseignements sur les futurs instituteurs soient recueillis avec le plus grand soin ; que des éloges ou des avertissements émanés de l'administration centrale, à la suite et en conséquence des notes qui auront été consignées dans lesdits registres, auront nécessairement une influence utile sur la conduite et sur l'instruction des élèves-maîtres,

Arrête :

Le 15 mars et le 15 août de chaque année, le directeur de l'École normale remettra au président de la Commission de surveillance un résumé exact des notes mensuelles consignées sur chaque élève-maître dans le registre tenu en vertu de l'article 22 du statut du 14 décembre 1832 ; cette copie sera aussitôt transmise au Recteur de l'Académie, qui l'enverra au Ministre avec ses observations.

Mention sera faite, au bas de ladite copie des élèves-maîtres qui auraient encouru l'exclusion de l'École et des motifs de cette exclusion.

Arrêté relatif aux conditions auxquelles seront soumis les instituteurs primaires qui voudront passer d'une commune dans une autre.   15 nov. 1836.

15 Novembre 1836 [1].

Le Conseil royal de l'Instruction publique,

Sur le rapport de M. le conseiller chargé de ce qui concerne l'instruction primaire ;

Vu la lettre de M. le Préfet du département de l'Isère, du 3 no-

---

[1]. Rapprocher cette décision de la lettre ci-après (9 *avril* 1836) à l'Inspecteur général chargé de l'administration de l'Académie de Paris :

« Monsieur l'Inspecteur général, j'ai reçu, avec votre rapport du 9 février dernier, une lettre par laquelle M. le Sous-Préfet de Sainte-Menehould vous consulte sur l'application d'une décision portant qu'un instituteur public ne pourra quitter la commune où il exerce qu'après avoir obtenu du Ministre un exeat dans la forme prescrite par le décret du 17 mars 1808. Vous appelez mon attention sur la perte de temps qu'entraînera l'accomplissement de ces formalités, et vous demandez si, légalement, elles peuvent être exigées des instituteurs primaires.

« En thèse générale, il n'est pas possible d'admettre que les instituteurs communaux, devenus *fonctionnaires publics*, puissent, sans autorisation, changer à leur gré le poste qui leur a été assigné contre tout autre poste qui leur conviendrait davantage. Le premier inconvénient qui résulterait de l'exercice d'une telle faculté serait de forcer le Ministre à donner autant d'arrêtés d'institution qu'un instituteur voudrait parcourir de communes. Il est également évident que si un instituteur pouvait impunément abandonner son poste à l'improviste, pour aller en occuper un autre, l'instruction aurait singulièrement à souffrir de cet état de choses. D'où l'on doit conclure qu'il convient d'apporter certaines entraves à la libre mutation des instituteurs. Ces entraves sont, d'ailleurs, toutes légales, car elles résultent implicitement et même nécessairement de la qualité de *fonctionnaire* conférée par une institution du Chef de l'Instruction publique. Celui qui institue peut seul délier de l'obligation spéciale qui est inhérente au fait de l'institution.

« Au reste, la nécessité de l'obtention d'un exeat peut ne pas donner lieu à des formalités longues et pénibles, comme vous paraissez le craindre. Je me propose d'adresser prochainement aux Recteurs des instructions qui leur permettront d'accorder directement, et dans le plus grand nombre des cas prévus, l'autorisation demandée. Je vous prie d'en informer dès aujourd'hui M. le président du Comité d'arrondissement de Sainte-Menehould. »

vembre courant, dans laquelle il expose que des communes du département se plaignent de ce que leurs instituteurs obtiennent des Comités d'arrondissement de nouvelles nominations pour passer dans d'autres communes; qu'il serait nécessaire de prévenir l'inconvénient de ces mutations trop fréquentes, en n'accordant l'exeat sollicité par un instituteur qu'autant qu'il rapporterait le consentement du maire ou du Comité local de la commune où il exerce, et en l'obligeant à contracter l'engagement de résider et de donner l'enseignement pendant trois ans au moins dans la commune où il serait nommé,

Arrête :

ARTICLE 1er. — A l'avenir la lettre d'exeat ne pourra être délivrée à l'instituteur qui demandera à passer dans une autre commune et l'institution pour la nouvelle École ne sera donnée qu'autant que la demande de mutation sera accompagnée d'un avis du Comité local de la commune à laquelle le postulant appartiendra. L'instituteur devra prévenir de son intention un mois avant de quitter la commune où il exerce.

ART. 2. — Il n'y a pas lieu d'admettre la proposition de soumettre les instituteurs à l'obligation de contracter l'engagement de résider et de donner l'enseignement pendant trois ans dans la commune pour laquelle ils sont nommés.

---

18 nov. 1836. **Avis relatif aux mesures à prendre dans le cas où un instituteur communal serait convaincu d'inconduite et d'immoralité.**

18 Novembre 1836.

Le Conseil royal de l'Instruction publique,

Sur le rapport de M. le conseiller chargé de ce qui concerne l'instruction primaire ;

Vu la lettre en date du 1er novembre présent mois, par laquelle M. le Préfet du département de....... soumet à M. le Ministre de l'Instruction publique les questions ci-après énoncées :

1° Quand un instituteur communal est prévenu d'abord, et ensuite convaincu d'inconduite et d'immoralité, le Comité supérieur peut-il se borner à le révoquer ? ou bien doit-il simplement le traduire devant le tribunal civil ? ou bien ne doit-il pas, premièrement, le révoquer, et secondement le traduire devant le tribunal civil ?

2° L'instituteur communal révoqué pour faute grave est-il capable de tenir une École privée, sans avoir justifié de certificats de moralité?

3° L'instituteur communal révoqué pour cause d'inconduite ou d'immoralité est-il capable de tenir une École privée sans avoir justifié de certificats de moralité?

4° Dans le cas de la négative, est-il apte à obtenir ces certificats avant le délai de trois ans, prescrit par l'article 4 de la loi du 28 juin 1833?

5° S'il n'est point apte à les obtenir, dans le cas où de pareils certificats viendraient à être surpris par lui à l'ignorance ou à la faiblesse de quelques maires et conseillers municipaux, le Comité supérieur n'a-t-il point le droit et le devoir d'annuler ces certificats?

Vu la loi précitée et notamment les articles 7, 23 et 24 de ladite loi;

Considérant que la loi du 28 juin 1833 a soumis les instituteurs primaires à deux juridictions distinctes, celle des Comités chargés de pourvoir au maintien de l'ordre et de la discipline, dans l'intérêt local de telle ou telle commune, et celle des tribunaux ordinaires, chargée d'assurer d'une manière plus étendue et plus sévère le respect de la morale publique, non seulement dans la commune même où le désordre a eu lieu, mais encore dans les autres communes; que, pour accomplir cette double intention, la loi a donné en même temps aux Comités le droit de révoquer un instituteur communal convaincu de négligence habituelle ou de faute grave, et aux tribunaux le droit d'interdire l'exercice même de la profession à l'instituteur, soit public, soit privé, qui serait coupable d'inconduite ou d'immoralité; que ces deux juridictions, ainsi distinguées et par la désignation des fautes qu'elles doivent réprimer et punir, et par la qualité des justiciables qu'elles peuvent atteindre, agissent dans leurs sphères respectives, avec une entière indépendance l'une de l'autre,

Est d'avis, sur les questions proposées, des résolutions suivantes:

Sur la première question:

Dans le cas d'inconduite ou d'immoralité prévu explicitement par les articles 7 et 24 de la loi du 28 juin 1833, et compris dans l'article 23 sous la dénomination générale et indéterminée de fautes graves, le Comité d'arrondissement a deux sortes de droits et de devoirs: en premier lieu, il doit exercer sa propre juridiction, en mandant l'instituteur inculpé, et en le punissant, s'il y a lieu, comme convaincu de faute grave, de la révocation, qui le dépouille de son caractère public, dans l'intérêt de la commune où il a porté le scandale ; en second lieu, il doit déférer l'inculpé au tribunal civil, qui seul est compétent pour déclarer formellement un instituteur coupable d'inconduite ou d'immoralité, et pour lui appliquer en conséquence la peine de l'interdiction ;

Sur la deuxième question :

La révocation[1] prononcée par un Comité fait déchoir l'instituteur révoqué de son titre d'instituteur communal ; mais, quelle que soit la gravité de l'avertissement donné aux pères de famille par la décision du Comité, cette décision seule n'a pas le pouvoir d'ôter à celui qu'elle frappe la faculté d'exercer comme instituteur privé, à la charge par lui de remplir les conditions prescrites par l'article 4 de la loi ;

Sur la troisième et la quatrième question :

L'interdiction, prononcée à toujours ou à temps, annule les certificats de moralité antérieurement obtenus ; mais, dans le cas de l'interdiction à temps, l'instituteur peut obtenir, à l'expiration de ce temps, de nouveaux certificats de moralité, qui pourront, s'il y a lieu, comprendre tout ou partie du temps écoulé depuis la notification du jugement d'interdiction ;

Sur la cinquième question :

Dans le cas où les conditions nécessaires pour les nouveaux certi-

---

1. Au sujet de la situation de l'instituteur révoqué, le Ministre de l'Instruction publique adressait la lettre suivante (14 *avril* 1835) à l'Inspecteur général chargé de l'administration de l'Académie de Paris :

« Monsieur l'Inspecteur général, j'ai pris connaissance de la lettre par laquelle vous me demandez si, dans le cas où un instituteur communal a été révoqué de ses fonctions, il peut continuer d'habiter le local de l'école, pendant le délai d'un mois qui lui est accordé par la loi pour se pourvoir contre la décision du Comité, et jusqu'à jugement du pourvoi, ou s'il peut être contraint de quitter ce local aussitôt après que la décision qui le révoque lui a été notifiée.

« En principe, un instituteur communal qui a encouru la révocation perd les avantages attachés à ce titre, et son traitement sert à indemniser celui qui le supplée. Quant à la jouissance du logement, il faut examiner quel est le motif qui a amené la révocation. Si c'est une faute grave de l'instituteur, un délit contre les mœurs, par exemple, ou des violences qui compromettent la santé des élèves, il est incontestable que le maître qui s'est rendu coupable doit sortir sans délai du logement qu'il occupait dans la maison d'école, et qu'il est même du devoir de l'autorité municipale de lui en intimer l'ordre et de l'y contraindre au besoin. Mais s'il n'a été révoqué que pour cause de négligence habituelle ou d'incapacité, on peut, en attendant que le pourvoi soit jugé, l'autoriser à demeurer dans le local de la commune jusqu'à l'entière solution de l'affaire. Il appartient à la sagesse du maire d'apprécier les circonstances où il devra user de rigueur ou d'indulgence envers l'instituteur. Mais, en tout état de cause, lorsqu'un instituteur révoqué a fait connaître qu'il se pourvoit contre la décision du Comité d'arrondissement, le Conseil municipal ne peut procéder à la présentation d'un autre instituteur, pas plus que le Comité d'arrondissement n'a le droit de pourvoir à une nomination nouvelle, jusqu'à ce qu'il ait été statué sur le pourvoi en Conseil royal de l'Instruction publique. »

ficats n'auraient pas été remplies, les autorités compétentes devraient les rejeter comme nuls et de nulle valeur, et s'il arrivait qu'une nomination eût été surprise au moyen de semblables certificats, l'institution serait refusée.

Avis portant : 1° qu'un élève-maître d'une École normale primaire ne peut être imposé à une commune; 2° qu'un élève-maître ne peut se refuser à exercer comme instituteur primaire dans la commune pour laquelle il a été nommé et institué. 25 nov. 1836.

25 Novembre 1836.

Le Conseil royal de l'Instruction publique,

Sur le rapport de M. le conseiller chargé de ce qui concerne l'instruction primaire ;

Vu la lettre de M. le Recteur de l'Académie de Clermont, du 11 novembre courant ;

Sur la question de savoir :

1° Si les élèves-maîtres d'une École normale primaire peuvent être imposés à telle ou telle commune ;

2° Si ces élèves peuvent être forcés d'accepter leur placement dans la commune qui les demande, et pour laquelle ils sont nommés et institués ;

Sur la première question, est d'avis qu'un élève-maître ne peut être imposé à une commune comme instituteur primaire, attendu la nécessité de la présentation par les Conseils municipaux ;

Sur la deuxième question, que l'élève-maître ne peut se refuser d'exercer comme instituteur primaire dans la commune pour laquelle il a été nommé et institué; qu'en cas de refus, il serait tenu de rembourser le prix de sa pension à l'École normale dont il a suivi le cours, et devrait être signalé au Ministre de la Guerre, s'il avait été dispensé du service militaire à cause de son engagement décennal.

Avis portant que les Comités ont le droit de choisir les dames inspectrices qui doivent visiter les Écoles, mais qu'il appartient au Ministre de nommer les dames qu'il convient d'adjoindre aux Commissions d'examen pour la délivrance des brevets de capacité aux institutrices. 25 nov. 1836.

25 Novembre 1836.

Le Conseil royal de l'Instruction publique,

Sur le rapport de M. le conseiller chargé de ce qui concerne l'instruction primaire ;

Vu la lettre de M. le Recteur de l'Académie de Rennes, du 19 novembre dernier, relative au choix de dames inspectrices qu'il convient d'adjoindre aux Commissions d'examen pour la délivrance des brevets de capacité aux institutrices ;

Vu l'arrêté du Ministre du 11 octobre dernier, qui confère aux Commissions départementales chargées d'examiner les aspirants aux brevets de capacité, le soin de délivrer également les brevets aux institutrices ;

Estime que les Comités ont le droit de choisir les dames inspectrices qui doivent visiter les Écoles et assister ensuite à leurs séances ; mais que, pour les Commissions d'examen, il appartient au Ministre d'en nommer tous les membres, conformément à la loi du 28 juin 1833, et qu'il en doit être ainsi à l'égard des dames inspectrices qui seraient appelées à faire partie de ces Commissions ; que les Recteurs et les Préfets doivent se concerter pour présenter à la nomination du Ministre une liste de dames qui veuillent faire partie des Commissions d'examen, et que lesdites dames peuvent être choisies, soit parmi celles qui auront été désignées par les Comités, soit en dehors.

---

25 nov. 1836. **Avis portant que le certificat de moralité, signé de trois conseillers municipaux, exigé, par la loi sur l'instruction primaire, de ceux qui veulent ouvrir une École, ne peut être remplacé par aucune autre attestation.**

25 Novembre 1836.

Le Conseil royal de l'Instruction publique,

Sur le rapport de M. le conseiller chargé de ce qui concerne l'instruction primaire ;

Vu la lettre de M. le Sous-Préfet de......, du 20 novembre 1836, par laquelle ce fonctionnaire expose que l'ancien instituteur communal de......, désirant ouvrir une École privée dans cette commune, n'a pu obtenir le certificat de moralité signé de trois conseillers municipaux ; mais qu'à défaut de cette pièce exigée par la loi sur l'instruction primaire, le réclamant produit une attestation de moralité signée des notables habitants de la commune ;

Vu l'article 4 de la loi du 28 juin 1833 sur l'instruction primaire ;

Vu les décisions du Conseil royal de l'Instruction publique du 3 août 1834 et du mois de mars 1835 ;

Estime que l'article 4 de la loi du 28 juin 1833 exige, à titre égal, pour la validité du certificat de moralité, l'attestation de trois con-

19.

seillers municipaux et le certificat du maire lui-même, et qu'aucune autre attestation, aucun autre certificat ne peuvent être admis comme satisfaisant aux formalités que la loi a prescrites.

Arrêté qui fixe les conditions universitaires des engagements que doivent contracter, pour obtenir la dispense du service militaire, les élèves des Écoles normales primaires.

13 déc. 1836.

13 Décembre 1836 [1].

Le Conseil royal de l'Instruction publique,

Vu l'article 14 de la loi du 21 mars 1832, sur le recrutement de l'armée ;

Voulant régler d'une manière précise les conditions universitaires des engagements que doivent contracter, pour obtenir la dispense du service militaire, les élèves des Écoles normales primaires,

Arrête ce qui suit :

ARTICLE 1er. — Nul ne peut être admis comme élève dans une École normale primaire, qu'en s'engageant à servir dix années au moins dans le corps enseignant et dans les fonctions qui lui seront assignées.

Les dix années courent du jour de l'entrée à l'École.

ART. 2. — Lorsqu'un élève obtient une bourse entière ou partielle

---

1. Rapprocher ce document de la lettre ci-après (13 *novembre* 1837) adressée par le Ministre à l'Inspecteur général chargé de l'administration de l'Académie de Paris :

« Monsieur l'Inspecteur général, vous m'avez demandé dans quelle position se trouvent, vis-à-vis de l'administration de l'Université, les instituteurs qui, après avoir souscrit un engagement décennal, sont ensuite réformés ou libérés par le sort, et n'ont pas eu dès lors besoin de faire valoir cet engagement et de produire l'acte d'acceptation.

« J'ai examiné cette question, et il m'a paru que l'engagement contracté par un instituteur envers l'Université est un véritable contrat synallagmatique obligatoire pour l'instituteur, en ce que, après comme avant le tirage au sort, il est tenu de remplir les obligations qu'il a souscrites; pour l'Université, en ce qu'elle ne peut se dispenser de garantir à l'instituteur, dans le cas où le tirage au sort lui aurait été défavorable, l'exemption du service militaire.

« Ce principe posé, il semble manifeste que, si un instituteur viole son engagement, cette infraction peut donner ouverture contre lui à une action civile. Les tribunaux refuseraient sans doute difficilement d'accorder, en pareille circonstance, des dommages-intérêts à l'Université, qui se trouverait frustrée de services sur lesquels elle aurait dû compter légitimement.

« Je vous recommande, Monsieur l'Inspecteur général, de provoquer, au besoin, à ce sujet une décision judiciaire. S'il arrivait, en définitive, qu'aucune sanction pénale n'assurât l'exécution des engagements décennaux, il y aurait lieu de recourir à l'intervention du législateur, et je n'hésiterais pas, le cas échéant, à la réclamer. »

dans une École normale primaire, les parents ou le tuteur, avec l'autorisation du conseil de famille, doivent contracter l'obligation de restituer le prix de la bourse dans tous les cas où l'élève se mettrait par son fait dans l'impossibilité de remplir l'engagement de se vouer pendant dix ans au service de l'instruction publique.

Si l'élève est majeur au moment de son admission, ou s'il atteint la majorité durant son séjour à l'École, il s'oblige solidairement avec ses parents à faire, auxdits cas, le remboursement du prix de la bourse dont il aura joui.

ART. 3. — Les obligations ci-dessus énoncées seront contractées dans la même forme que l'obligation de payer la pension ou un supplément de bourse partielle dans les Collèges royaux et communaux.

---

16 déc. 1836. **Avis portant qu'un instituteur communal ne peut être dispensé de verser la retenue du vingtième de son traitement à la caisse d'épargne instituée par la loi; mais que rien ne l'empêche de se créer de nouvelles ressources dans une autre caisse.**

16 Décembre 1836.

Le Conseil royal de l'Instruction publique,

Vu la lettre en date du 6 décembre courant, par laquelle M. le Préfet du département de....., après avoir fait connaître qu'un instituteur communal de....., a demandé au Conseil municipal d'être admis à participer aux bénéfices de la caisse de retraite, établie dans cette ville par les employés salariés sur les fonds communaux, en se soumettant à la retenue du 5 pour 100 imposée à ces employés, demande si un instituteur primaire communal, admis à participer aux charges et aux bénéfices d'une caisse locale de retraite, peut être dispensé de verser à la caisse d'épargne la retenue prescrite par la loi du 28 juin 1833,

Est d'avis qu'un instituteur communal ne peut être dispensé de verser la retenue du vingtième de son traitement à la caisse d'épargne instituée par la loi; mais que rien ne l'empêche de se créer simultanément, dans une autre caisse, de nouvelles ressources pour l'avenir.

Arrêté relatif aux congés qui peuvent être accordés aux instituteurs communaux et aux directrices des Écoles mutuelles de filles dans la ville de Paris. 20 déc. 1836.

20 Décembre 1836.

Le Conseil royal de l'Instruction publique,

Vu le projet de règlement présenté par le Comité central de Paris, concernant les congés qu'il pourrait y avoir lieu d'accorder aux instituteurs communaux et aux directrices des Écoles mutuelles de filles,

Arrête, ainsi qu'il suit, ce règlement :

ARTICLE 1er. — Il ne sera accordé des congés aux instituteurs que pour des motifs graves.

ART. 2. — Toutes les fois qu'une absence ne devra pas durer plus de vingt-quatre heures, elle devra être autorisée par le maire, président du Comité local.

Il confiera la direction de l'École, pendant cette absence, à un instituteur suppléant, qui lui sera désigné par le président du Comité central.

Si l'absence a lieu pour cause de maladie, il devra, en outre, faire constater la maladie par le médecin de l'École.

Il avisera à ce que la classe soit plus spécialement inspectée pendant le temps d'absence, et il donnera avis du tout à l'un des deux Inspecteurs de l'instruction primaire et au président du Comité central.

ART. 3. — Tout congé qui n'excédera pas huit jours devra être accordé par le président du Comité central, après avoir pris l'avis du maire, président du Comité local.

Le Comité central désignera un instituteur suppléant pour remplacer l'instituteur en congé.

Dans tous les cas, il devra en prévenir immédiatement lesdits Inspecteurs primaires, l'Inspecteur général des études chargé de l'administration de l'Académie de Paris, et le président du Comité local. Si le congé a lieu pour cause de maladie, elle devra être constatée par un certificat du médecin de l'École, annexé à l'avis du président du Comité local.

ART. 4. — Tout congé qui excédera huit jours ne pourra être accordé que par l'Inspecteur général chargé de l'administration de l'Académie, après avoir pris l'avis des présidents du Comité local et du Comité central.

L'Inspecteur général en informera aussitôt le président du Comité central et les Inspecteurs de l'instruction primaire.

Le président du Comité central en préviendra le président du Comité local.

Dans le cas d'un congé accordé par l'Inspecteur général, le président du Comité central désignera l'instituteur suppléant qui doit remplacer l'instituteur absent.

ART. 5. — Dans tous les cas, le Comité central décidera, après avoir consulté le Comité local, si le congé doit être accordé avec ou sans privation de traitement en tout ou en partie.

ART. 6. — Le présent règlement est applicable aux directrices des Écoles mutuelles de filles, auxquelles des congés devront être accordés, et au remplacement desquelles il faudra pourvoir pendant leur absence.

---

27 déc. 1836. **Avis portant que la Commission d'instruction primaire est seule juge de l'aptitude des candidats à entrer dans une École normale, et que nul ne peut y être admis sans avoir subi toutes les épreuves devant la Commission.**

27 Décembre 1836.

Le Conseil royal de l'Instruction publique,

Vu la lettre de M. le Procureur du Roi, près le tribunal de..... membre de la Commission d'examen du département de....., relative à l'admission des élèves-maîtres dans l'École normale primaire, par suite de l'examen qu'ils ont subi devant ladite Commission,

Estime : 1° que la Commission d'instruction primaire est seule juge de l'aptitude des candidats à entrer dans une École normale primaire, et que nul ne peut y être admis sans avoir subi devant cette Commission l'épreuve de l'examen individuel ou du concours ; 2° que les candidats déclarés admissibles par la Commission peuvent seuls être admis comme élèves-maîtres.

---

6 janvier 1837. **Avis relatif aux conditions imposées à un militaire retiré du service qui désire ouvrir une École privée.**

6 Janvier 1837.

Le Conseil royal de l'Instruction publique,

Vu la lettre de M. le Recteur de l'Académie de....., en date du

16 décembre dernier, relative à la question de savoir ce qu'il convient de faire dans le cas où un militaire retiré du service demanderait à ouvrir une École privée : si l'on doit se contenter du certificat délivré par le corps, et s'il suffit de l'exhibition de ce certificat pour que le candidat se trouve dans les conditions imposées par l'article 4 de la loi du 28 juin,

Est d'avis que l'instituteur privé n'ayant à remplir d'autre formalité, pour avoir droit de tenir école, que de faire la déclaration de son intention, en produisant un brevet de capacité et un certificat de moralité, doit au moins être rigoureusement tenu à remplir ces deux conditions ; que si l'autorisation provisoire peut être accordée au postulant qui se présente avec l'assentiment du Conseil municipal et des Comités, elle ne saurait avoir lieu pour l'individu que ne connaissent légalement ni les Comités ni le Conseil municipal.

Avis portant que les Comités locaux peuvent fournir des indications aux Comités d'arrondissement en vue du choix des dames inspectrices des salles d'asile, comme de celui des Inspecteurs délégués. 10 janvier 1837.

10 Janvier 1837.

Le Conseil royal de l'Instruction publique,

Vu la lettre de M. l'Inspecteur général chargé de l'administration de l'Académie de Paris, dans laquelle ce fonctionnaire expose que le Comité local de la ville de..... a cru trouver dans les dispositions de la circulaire ministérielle du 9 avril dernier, contenant les instructions sur les salles d'asile, le droit de présenter au Comité supérieur les dames qui seront associées à la surveillance de ces Écoles ; que le Comité supérieur a pensé que les nominations d'inspectrices lui appartenaient sans aucune espèce de candidature, ainsi que les nominations d'Inspecteurs délégués,

Estime que les Comités locaux peuvent, sans aucun doute, éclairer, par des indications officieuses adressées au Comité d'arrondissement, le choix des dames inspectrices comme le choix des délégués ; mais que ces indications ne lient pas le Comité supérieur, qui demeure chargé et qui a droit de faire en définitive le choix des dames inspectrices, après ou sans présentation de la part des Comités locaux.

----

10 janvier 1837. **Arrêté relatif aux examens que devront subir chaque année les élèves des Écoles élémentaires qui désireront entrer dans les Écoles primaires supérieures.**

10 Janvier 1837.

Le Conseil royal de l'Instruction publique,

Vu la délibération du Comité d'instruction primaire de l'arrondissement de....., en date du 5 août 1836, concernant les élèves admissibles aux Écoles primaires supérieures;

Vu la lettre du Recteur de l'Académie, en date du 26 novembre dernier;

Vu la loi du 28 juin 1833, article 14, paragraphe 4,

Arrête :

1° Dans les communes qui possèdent une École primaire supérieure, il y aura, devant qui de droit, soit devant le Comité d'arrondissement, s'il siège dans la commune, soit devant le Comité local, si la commune n'est point le siège du Comité supérieur, et vers la fin de l'année scolaire, un examen général des élèves dans l'École ou dans les Écoles élémentaires de cette commune; et ensuite de cet examen, les élèves âgés de douze ans au moins qui ont été reconnus suffisamment instruits, seront désignés comme pouvant entrer à l'École primaire supérieure;

2° Aucun élève ne peut être contraint à passer dans une École primaire supérieure; mais les élèves gratuits d'une École primaire élémentaire communale qui auront été reconnus suffisamment instruits, devront quitter entièrement ladite École primaire élémentaire, pour y faire place à d'autres élèves appelés à suivre cette École, conformément à la décision du 30 septembre 1836.

---

10 janvier 1837. **Décision portant que le titre d'École normale primaire ne peut pas être donné à un établissement privé.**

10 Janvier 1837.

Le Conseil royal de l'Instruction publique,

Vu la lettre de M. le Préfet du département de..... en date du 27 décembre dernier, dans laquelle il transmet une demande de M....., instituteur primaire supérieur à....., qui sollicite l'autorisation d'ouvrir une École normale primaire privée;

Vu la loi du 28 juin 1833 et l'exposé des motifs de ladite loi,

Décide que le titre d'École normale primaire ne peut pas être donné à un établissement privé, mais que rien n'empêche un instituteur privé remplissant, d'ailleurs, toutes les conditions prescrites par la loi du 28 juin, de consacrer son temps et ses soins à préparer des sujets capables de remplir les fonctions d'instituteur primaire.

Arrêté relatif aux conditions imposées aux instituteurs qui ont perdu leur brevet de capacité, et qui demandent qu'il leur soit délivré un duplicata dudit brevet. 13 janvier 1837.

13 Janvier 1837.

Le Conseil royal de l'Instruction publique,

Vu la lettre de M. le Recteur de l'Académie de....., en date du 9 décembre dernier, concernant plusieurs instituteurs qui ont perdu leurs brevets de capacité, et qui demandent qu'il leur soit délivré des duplicata desdits brevets;

Vu les articles 10 et 12 du statut du 19 juillet 1833,

Arrête :

1° Lorsqu'un instituteur primaire déclarera avoir adiré le brevet de capacité qu'il avait obtenu d'une Commission d'instruction primaire, il devra s'adresser au Recteur de l'Académie dont ressort cette Commission pour obtenir un duplicata de ce même brevet.

2° Le duplicata devra être expédié comme le brevet originaire l'avait été, en vertu du procès-verbal d'examen dressé par la Commission d'instruction primaire ou en vertu du double de ce procès-verbal déposé aux archives de l'Académie.

Dans le premier cas, le duplicata devra être certifié conforme par le président et le secrétaire actuel de la Commission d'examen.

Dans le second cas, le duplicata devra être certifié conforme et signé par le secrétaire de l'Académie.

Dans tous les cas, le duplicata devra être visé par le Recteur de l'Académie.

3° Les noms de tous les examinateurs qui auront signé le procès-verbal d'examen devront être mentionnés sur le duplicata.

L'impétrant devra apposer sa signature sur ladite pièce au moment où elle lui sera remise.

4° Un droit de cinq francs sera versé par l'impétrant à la caisse académique, qui le reversera dans le mois à la caisse d'épargne des instituteurs établie au chef-lieu du département auquel appartient ledit impétrant.

24 janvier 1837. **Avis portant que la disposition de l'article 3 de la loi du 24 mai 1825, concernant les congrégations religieuses de femmes et les établissements dépendant de ces congrégations, doit recevoir son exécution, lorsque des sœurs institutrices demandent à établir des Écoles primaires.**

24 Janvier 1837.

Le Conseil royal de l'Instruction publique,

Vu la lettre de M. le Préfet de Saône-et-Loire, en date du 11 du présent mois, dans laquelle ce magistrat expose que trois sœurs de la congrégation de Saint-Joseph doivent venir à Tournus pour y établir une École primaire, et demande si, avant que le Recteur accorde aux sœurs l'autorisation qui leur est nécessaire, aux termes de l'ordonnance du 23 juin 1836, article 13, il n'y a pas lieu d'appliquer, dans cette circonstance, la disposition de l'article 3 de la loi du 24 mai 1825, concernant les congrégations religieuses de femmes et les établissements dépendant de ces congrégations ;

Vu l'article 3 de la loi précitée, portant : 1° qu'il ne sera formé aucun établissement d'une congrégation religieuse de femmes déjà autorisée, s'il n'a été préalablement informé sur la convenance et les inconvénients de l'établissement, et si on ne produit à l'appui de la demande le consentement de l'évêque diocésain et l'avis du Conseil municipal de la commune où l'établissement devra être formé ; 2° que l'autorisation spéciale de former l'établissement sera accordée par ordonnance du Roi ;

Vu l'article 13 de l'ordonnance du 23 juin 1836, qui donne aux Recteurs le pouvoir d'autoriser les institutrices appartenant à une congrégation religieuse à tenir une École primaire élémentaire sur le vu de leurs lettres d'obédience et sur l'indication, par la supérieure, de la commune où les sœurs seraient appelées ;

Considérant que l'ordonnance du 23 juin 1836 n'a pu déroger aux règles prescrites par la loi du 24 mai 1825 ;

Que l'ordonnance n'a eu d'autre objet, dans l'article 13, que de dispenser, en certains cas, les institutrices appartenant à une congrégation religieuse de la production du brevet de capacité, sous la condition de présenter leurs lettres d'obédience, et que les lettres d'obédience, en vertu desquelles les membres d'une congrégation religieuse vont s'établir dans une commune, ne peuvent être délivrées par la supérieure de ladite congrégation qu'autant que l'établissement où elle envoie ses sœurs a été dûment autorisé ;

Que la loi du 24 mai 1825 ne fait pas de distinction ni d'exception pour les congrégations religieuses enseignantes,

Estime que, dans tous les cas, de nouvel établissement dépendant d'une congrégation enseignante déjà autorisée, l'article 3 de la loi du 24 mai 1825 doit avoir reçu son entière exécution avant que le Recteur de l'Académie puisse donner aux sœurs institutrices l'autorisation dont elles ont besoin pour tenir école.

Avis portant que le nombre des dames inspectrices, appelées à juger les aspirantes aux fonctions d'institutrice, ne doit pas excéder dans les Commissions la proportion de deux à cinq. 24 janvier 1837.

24 Janvier 1837.

Le Conseil royal de l'Instruction publique,

Vu la liste de présentation des dames inspectrices appelées à faire partie des Commissions chargées d'examiner les personnes qui aspirent à exercer les fonctions d'institutrice que M. le Recteur de l'Académie de........... a adressée par lettre du 12 décembre dernier ;

Considérant que les Commissions d'examen pour les personnes qui aspirent aux brevets de capacité, à l'effet d'exercer comme institutrices primaires, doivent être composées de cinq membres au moins, et que des dames inspectrices peuvent faire partie de ces Commissions,

Estime que le nombre des dames ne doit pas excéder la proportion de deux à cinq.

Avis relatif aux legs et dons faits aux fabriques des paroisses en faveur de l'instruction primaire. 10 février 1837.

10 Février 1837.

Le Conseil royal de l'Instruction publique,

Sur le rapport du conseiller chargé de ce qui concerne l'instruction primaire, vu la lettre du 20 septembre 1836, par laquelle M. le Ministre de la Justice et des Cultes, en faisant connaître que les sieur et demoiselle Jamet, frère et sœur, par acte public du 20 juin dernier, ont fait donation à la fabrique de l'église curiale de Courthezon (Vaucluse) d'une maison estimée 4 500 francs et d'un capital de 10 000 francs, produisant intérêts à 5 pour 100, à la charge par l'établissement donataire de faire célébrer chaque année des ser-

vices religieux, et sous la condition, en outre, de fonder une École
gratuite pour les enfants pauvres de la commune, sous la direction
— *autant qu'il sera possible*, porte la donation — des Frères des
Écoles chrétiennes, demande l'avis du Ministre de l'Instruction publique sur cette donation, sous le rapport de l'École à établir dans
ladite commune ;

Vu la réponse du Ministre de l'Instruction publique, en date du
13 octobre 1836, portant qu'il ne voit rien, en ce qui concerne les
intérêts de l'enseignement, qui s'oppose à l'exécution de la donation;

Vu une seconde lettre du Ministre de la Justice et des Cultes, en
date du 3 janvier dernier, transmissive d'une délibération du Comité
de l'Intérieur du Conseil d'État, tendant à ce que, avant qu'il soit
statué sur l'espèce, le Ministre de l'Instruction publique soit consulté sur la question générale qui s'élève à l'occasion de cette donation : à savoir, si les fabriques peuvent, en dehors des services spéciaux qui leur sont confiés par les lois et décrets, invoquer leur
qualité d'établissements publics pour recevoir des donations destinées à la fondation d'Écoles ou de toutes autres entreprises étrangères à leurs attributions ; et subsidiairement, lors même que cette
faculté ne leur serait pas interdite par le but de leur institution, s'il
est d'une bonne administration d'autoriser des établissements publics religieux à élever pour l'instruction primaire une concurrence
qui pourrait souvent nuire au succès des Écoles communales, étant
à craindre que si les fabriques sont une fois reconnues aptes à établir des Écoles, elles n'enlèvent aux communes une grande partie
des donations qui leur seraient faites dans l'intérêt de l'instruction
primaire ;

Considérant qu'en point de droit, les fabriques sont, comme les
hospices, des établissements publics annexes des communes dans
lesquelles ils sont situés, et qu'ainsi ce qui est donné à la fabrique
ne peut pas être considéré comme donné au préjudice de la commune, ou comme enlevé à la commune ;

Que ces établissements publics étant des personnes morales aptes
à recevoir et à posséder sous toutes conditions qui n'ont rien de contraire aux lois ni aux mœurs, et aucune loi n'interdisant aux fabriques de recevoir et de posséder sous la condition de fonder des
Écoles, on ne paraît pas légalement fondé à établir, à leur égard,
d'une manière générale, cette sorte d'incapacité ;

Que, dans certains cas particuliers, l'incapacité pourra être de
fait appliquée par l'exercice du pouvoir laissé au Gouvernement d'autoriser ou de ne pas autoriser l'acceptation des dons et legs faits aux
fabriques et autres établissements publics ; et que cette intervention

discrétionnaire de l'autorité supérieure paraît devoir suffire pour prévenir les inconvénients indiqués dans la délibération du Conseil d'Etat ;

Considérant enfin que, suivant l'esprit de la loi du 28 juin 1833, qui considère, article 13, les fondations, donations ou legs comme une des premières ressources de l'instruction primaire, la faculté d'unir ensemble les intérêts d'un établissement religieux ou charitable et les intérêts de l'éducation populaire, doit être laissée aux donateurs ; et que cela est sans inconvénient pour l'ordre public, attendu que toute École primaire, quelle que soit son origine et sa nature, d'une part, est toujours soumise à la surveillance des autorités instituées par la loi ; d'autre part, contribue nécessairement, d'une manière plus ou moins directe, à l'avantage de la communauté,

Estime :

En premier lieu, que l'institution spéciale des fabriques ne s'oppose point à ce qu'elles soient autorisées à accepter des dons et legs, à la charge de fonder et d'entretenir des Écoles primaires ;

En second lieu, que, dans tous les cas de donations de ce genre, les autorités locales devant veiller à ce que la fabrique donataire accomplisse exactement les intentions du donateur, il convient que le maire, qui est en même temps le premier représentant de la commune et le président du Comité communal, soit autorisé à intervenir dans l'acte d'acceptation concurremment avec l'agent ou le mandataire de la fabrique.

Règlement relatif aux conférences d'instituteurs.

10 février 1837.

10 Février 1837.

Le Conseil royal de l'Instruction publique,

Vu la loi du 28 juin 1833 sur l'instruction primaire ;

Vu les statuts des 19 juillet 1833, 25 avril 1834 et 27 février 1835 ;

Considérant que les conférences entre les instituteurs ont été reconnues favorables au progrès et à l'amélioration de l'instruction primaire ; que leurs utiles résultats ont été constatés par les rapports des Inspecteurs spéciaux, et que plusieurs Conseils généraux de département ont voté des fonds pour indemniser les instituteurs qui se rendent à ces conférences ; qu'il convient d'encourager de pareilles réunions et aussi d'établir quelques règles qui en préviennent les abus ;

Sur le rapport du conseiller chargé de ce qui concerne l'instruction primaire,

Arrête :

TITRE Iᵉʳ.

Des conférences et de leur objet.

ARTICLE 1ᵉʳ. — Les instituteurs primaires d'un ou plusieurs cantons sont autorisés à se réunir, avec l'approbation de l'autorité locale et sous la haute surveillance du Comité d'arrondissement, pour conférer entre eux sur les diverses matières de leur enseignement, sur les procédés et méthodes qu'ils emploient, sur les principes qui doivent diriger l'éducation des enfants et la conduite des maîtres.

Tout autre objet de discussion sera sévèrement banni de ces conférences.

ART. 2. — La réunion ne perdra jamais de vue que l'instruction morale et religieuse est un des principaux objets que la loi recommande aux instituteurs.

ART. 3. — Le Comité supérieur pourra indiquer aux différentes réunions, par l'organe de leurs présidents respectifs, les points sur lesquels l'attention des instituteurs devra être appelée de préférence.

ART. 4. — Chaque instituteur pourra demander à rendre compte de ce qu'il aura lu depuis la dernière séance ; à faire des observations sur les ouvrages récemment publiés qui intéresseront l'instruction primaire ; à lire quelque composition qu'il aura faite concernant la discipline des Écoles ou l'un des objets de l'enseignement.

En toute occasion, les instituteurs s'attacheront avec le plus grand soin à exprimer nettement leurs idées avec simplicité et correction.

ART. 5. — Les instituteurs communaux seront expressément invités à se rendre aux conférences ; tous auront droit d'y assister.

Les instituteurs privés pourront, sur leur demande, être autorisés par le président à assister auxdites conférences.

Pourront également y être admis, avec autorisation du président, les aspirants aux fonctions d'instituteurs qui auraient obtenu leur brevet de capacité.

ART. 6. — Tout membre délégué du Comité supérieur, tout membre du Comité local de la commune où se tiendra la conférence, comme aussi tout membre d'une Commission d'examen ou de surveillance, aura droit, en justifiant de sa qualité, d'assister aux réunions d'instituteurs.

Titre II.

Des époques et de la police dés conférences.

Art. 7. — Les conférences auront lieu une fois par mois dans le semestre d'hiver, et deux fois par mois dans le semestre d'été.

Le jeudi leur sera spécialement affecté.

Art. 8. — Le président sera toujours désigné par le Recteur de l'Académie.

Art. 9. — Dans toute réunion, les instituteurs nommeront, à la majorité absolue des voix, un vice-président, un secrétaire, un caissier et un bibliothécaire, lesquels seront nommés pour un an et pourront être indéfiniment réélus.

Art. 10. — Le président, ou, en son absence, le vice-président, réglera et indiquera l'ordre du jour pour la séance suivante. Il aura la police de l'assemblée, et personne ne pourra y prendre la parole si le président ne la lui a donnée.

Le président correspondra, au nom de la réunion des instituteurs, avec le Comité d'arrondissement, avec l'Inspecteur spécial de l'instruction primaire et avec le Recteur de l'Académie.

Art. 11. — Le secrétaire dressera procès-verbal de chaque séance, et tiendra un registre où les procès-verbaux seront exactement transcrits et signés du président et du secrétaire.

Chaque séance s'ouvrira par la lecture du procès-verbal de la séance précédente.

Un extrait sommaire des procès-verbaux sera adressé tous les trois mois au Comité supérieur.

Art. 12. — Tous les ans, au mois d'octobre, le Recteur, d'après le rapport des divers Comités supérieurs, adressera au Ministre de l'Instruction publique un tableau des instituteurs qui auront fait preuve de zèle et d'assiduité relativement aux conférences.

Art. 13. — Dans le cas où des fonds auraient été alloués, soit par le département, soit par les communes, pour indemnité de déplacement en faveur des instituteurs communaux qui suivront les conférences, ces indemnités seront délivrées, de 3 en 3 mois, seulement à ceux des instituteurs qui n'auront manqué à aucune des réunions du trimestre sans un motif valable et dûment justifié.

Il sera rendu compte au Comité d'arrondissement des absences et des motifs allégués par les absents.

Art. 14. — Les menues dépenses de papier, cartons, plumes et encre seront acquittées soit sur les fonds que les communes ou les départements auront alloués à cet effet, soit au moyen d'une cotisation de la part des instituteurs.

Art. 15. — Au moyen des mêmes ressources ou de toute autre qui proviendrait de donations, fondations ou legs, il sera formé une bibliothèque à l'usage des instituteurs qui suivront exactement les conférences.

Les livres composant la bibliothèque seront inscrits sur un catalogue, qui sera vérifié chaque année. Un double de ce catalogue sera envoyé au Ministre de l'Instruction publique.

Un règlement particulier déterminera sous quelles conditions et dans quel cas les livres devront être achetés et pourront être prêtés.

Art. 16. — Les conférences se tiendront dans la salle de l'École communale du chef-lieu du canton ou dans toute autre salle que l'autorité aurait mise pour cet usage à la disposition des instituteurs.

Art. 17. — S'il y a lieu à l'établissement de quelques cours ou leçons dans lesdites conférences, ces cours ou leçons seront confiés à des maîtres agréés par le Recteur de l'Académie, sur la proposition du président.

Le programme de chaque cours sera dressé par le maître chargé dudit cours, examiné par le Comité d'arrondissement et soumis à l'approbation du Conseil académique.

Art. 18. — Dans les départements où il existe une École normale primaire, et pendant le temps que l'École normale consacrera à des cours spéciaux en faveur des instituteurs en exercice, l'assistance à ces cours pourra remplacer les conférences mentionnées dans le présent statut.

Art. 19. — Le présent statut sera adressé à tous les Recteurs, et transmis à tous les présidents des Comités d'arrondissement. Il servira de règle générale pour les conférences d'instituteurs, sauf les modifications ou additions qui pourront y être faites, sur la proposition des divers Comités d'arrondissement, d'après les convenances et les besoins des localités.

Avis relatif à la question de savoir si des candidats déclarés admissibles à un 21 février 1837.
**concours pour des bourses des Écoles normales primaires peuvent se pré-
senter de droit et sans nouvel examen à un concours suivant.**

21 Février 1837.

Le Conseil royal de l'Instruction publique,

Vu la lettre de M. le Préfet des Côtes-du-Nord, en date du 19 janvier dernier, dans laquelle il demande si des candidats qui, dans un
premier concours pour des bourses d'École normale primaire, ont
été déclarés admissibles, peuvent se présenter de droit et sans
nouvel examen à un concours suivant, et si les nouveaux aspirants
excluent ceux qui avaient été précédemment déclarés admissibles,

Estime que les deux listes d'admissibles peuvent et doivent être
consultées par l'autorité qui a la nomination des boursiers.

Avis portant que les membres d'un Comité de surveillance ne peuvent prendre 21 février 1837.
de délibération par laquelle ils donnent leur démission en masse.

21 Février 1837.

Le Conseil royal de l'Instruction publique,

Vu la lettre de M. le Recteur de l'Académie de........ en date du
4 février courant, dans laquelle ce fonctionnaire expose que le
Comité local de la commune de....... a pris une délibération par
laquelle tous les membres de ce Comité ont donné leur démission,
transmet une délibération du Comité d'arrondissement de........ portant : 1° que la démission des sieurs........ et........ membres désignés par le Comité d'arrondissement pour faire partie du Comité
communal de........ est acceptée; 2° que la démission de MM.........
maire et......., desservant, membres de droit du même Comité, sera
adressée à M. le Ministre de l'Instruction publique pour être par lui
statué ce qu'il appartiendra,

Estime qu'il n'est permis à aucuns fonctionnaires de prendre une
délibération par laquelle ils donnent des démissions en masse, dont
l'effet serait d'empêcher ou de suspendre l'accomplissement d'un service quelconque; que telle est la disposition formelle de l'article 126
du Code pénal; qu'il faut pour la première fois se borner à rappeler
aux membres du Comité local de........ la disposition précitée; que
s'ils persistent, leur délibération sera mise entre les mains de M. le
Procureur du Roi, qui suivra comme de droit.

Règlement des pensions et institutions de filles dans le département
de la Seine.

7 Mars 1837.

Le Conseil royal de l'Instruction publique,

Vu le projet de règlement présenté par M. le Préfet de la Seine,
concernant les maisons d'éducation de filles situées dans le département, et la lettre par laquelle ce magistrat demande, pour le nouveau règlement, l'approbation du Ministre de l'Instruction publique ;

Vu l'ordonnance du 31 octobre 1821, sur les maisons d'éducation
de filles en général ;

Vu le règlement du 13 décembre suivant, concernant lesdites maisons d'éducation du département de la Seine ;

Vu l'ordonnance du 23 juin 1836, sur l'instruction primaire ;

Vu les décrets et ordonnances aux termes desquels le Conseil de
l'Instruction publique doit discuter et arrêter les règlements relatifs
aux Écoles de tous les degrés et aux établissements quelconques
d'instruction,

Arrête :

Le règlement présenté par M. le Préfet de la Seine est et demeure
approuvé dans la forme suivante.

TITRE Iᵉʳ.

Des diverses maisons d'éducation de filles.

ARTICLE 1ᵉʳ. — Les maisons d'éducation de filles situées dans le
département de la Seine, autres que les Écoles primaires, forment
deux ordres distincts d'établissements d'après le degré d'instruction
qu'on y reçoit.

ART. 2. — Les établissements d'ordre inférieur prennent le titre
de *pensions.*

L'enseignement qu'on y donne comprend l'instruction morale et
religieuse, la lecture, l'écriture, la grammaire française, l'arithmétique, jusques et compris les proportions et les règles qui en dépendent, l'histoire de France, la géographie moderne, les notions
élémentaires de physique et d'histoire naturelle applicables aux
principaux usages de la vie, le dessin, la musique, les travaux d'aiguilles, les langues vivantes.

ART. 3. — Les établissements de l'ordre supérieur portent le titre
d'*institutions.*

20.

On y enseigne, outre les connaissances comprises dans le programme des pensions, les éléments et l'histoire de la littérature française, avec des exercices de grammaire et de style, la géographie ancienne, l'histoire ancienne et moderne, les éléments de la cosmographie.

ART. 4. — Conformément à l'article 2 de la loi du 28 juin 1833, le vœu des pères de famille sera toujours consulté et suivi en ce qui concerne la participation de leurs enfants à l'instruction religieuse donnée dans l'établissement.

ART. 5. — Aucune personne ne pourra tenir une maison d'éducation de filles sans y avoir été préalablement autorisée dans les formes prescrites au titre II.

ART. 6. — Il sera placé à la porte de toute maison d'éducation un tableau qui indiquera, conformément à l'autorisation qui aura été obtenue, si l'établissement est une pension ou une institution ; en cas de fausse indication, il pourra y avoir lieu au retrait de l'autorisation.

ART. 7. — Aucune maîtresse de pension ou d'institution ne pourra publier de règlement ni de prospectus relatifs à l'instruction, sans l'avoir communiqué à l'autorité compétente et obtenu son approbation.

TITRE II.

I. — Des maîtresses de pension ou d'institution.

ART. 8. — Aucune personne, fille, mariée ou veuve, ne pourra être maîtresse de pension ni d'institution avant l'âge de vingt-cinq ans accomplis.

ART. 9. — Toute personne ayant l'âge exigé, qui se proposera de tenir une pension ou une institution, adressera au Préfet du département une pétition, qui devra indiquer pour quel genre d'établissement la postulante désire être autorisée.

La pétition, visée par l'une des dames inspectrices de l'arrondissement où demeure la postulante, sera envoyée au Sous-Préfet, ou, dans Paris, au maire de l'arrondissement municipal. Ce magistrat, après avoir recueilli les renseignements nécessaires, transmettra la pétition au Préfet, qui statuera.

ART. 10. — La postulante devra joindre à sa demande les pièces ci-après énoncées :

1° Extrait de son acte de naissance ;

2° Si elle est mariée, extrait de l'acte de célébration de son mariage ;

3° Si elle est veuve, extrait de l'acte de décès de son mari.

Ces différents actes légalisés dans les formes ordinaires ;

4° Un certificat, délivré sur l'attestation de trois témoins, par le maire du lieu ou de chacun des lieux où elle aura résidé pendant les trois dernières années ; ledit certificat constatant que, par sa conduite et par ses qualités morales, elle est apte à diriger une maison d'éducation ;

5° Un diplôme constatant que la postulante possède une instruction suffisante pour tenir ou une pension ou une institution ;

6° Un plan du local, visé par le maire de la commune ou de l'arrondissement municipal ;

7° Le règlement de la discipline et le programme d'études de la pension ou de l'institution.

ART. 11. — Le diplôme mentionné dans l'article précédent sera délivré, sous l'autorité du Ministre de l'Instruction publique, par une Commission d'examen composée de sept personnes, cinq hommes et deux dames, que le Ministre nommera sur la proposition du Préfet.

ART. 12. — La Commission tiendra deux séances par an, l'une au mois de mars, l'autre au mois d'août.

La présence de quatre membres au moins, y compris une des deux dames, sera indispensable pour la validité de l'examen.

Tous les membres présents apposeront leurs signatures sur le procès-verbal d'examen et sur le diplôme qui aura été délivré en conséquence dudit examen.

ART. 13. — Le Préfet de la Seine, après vérification des pièces produites par la postulante, lui délivrera, s'il y a lieu, l'autorisation d'exercer comme maîtresse de pension ou d'institution.

ART. 14. — L'autorisation ainsi délivrée devra être représentée par l'impétrante au maire de la commune ou de l'arrondissement municipal, qui la visera et l'inscrira sur un registre à ce destiné ; cette production et cette inscription devront précéder l'ouverture de l'établissement.

ART. 15. — Lorsqu'une maîtresse de pension ou d'institution dûment autorisée voudra transférer son établissement d'une commune dans une autre ou d'un arrondissement municipal dans un autre arrondissement, elle devra obtenir une nouvelle autorisation du Préfet, et pour cela produire le plan du nouveau local, visé par le maire de la commune ou de l'arrondissement municipal.

II. — *Des sous-maîtresses ou maîtresses d'étude.*

Art. 16. — Aucune personne, fille, mariée ou veuve, ne pourra être sous-maîtresse ou maîtresse d'études dans une pension ou une institution du département de la Seine avant l'âge de seize ans accomplis.

Art. 17. — Les aspirantes au titre de sous-maîtresse ou de maîtresse d'études devront justifier d'un brevet attestant leur instruction morale et religieuse, qu'elles savent parler et écrire correctement la langue française, et qu'elles possèdent à un degré suffisant une au moins des connaissances ci-après dénommées : la calligraphie, l'arithmétique, l'histoire et la géographie, la cosmographie, les éléments de littérature, les notions élémentaires de physique et d'histoire naturelle, les travaux d'aiguille, une langue vivante, le dessin, la musique.

Art. 18. — Le brevet de sous-maîtresse ou de maîtresse d'études sera délivré, après examen, par la Commission désignée en l'article 11 ci-dessus, et il portera, pour chacune des connaissances sur lesquelles la postulante aura été examinée, l'une de ces indications : *très bien, bien, assez bien.*

Art. 19. — A la fin de chaque session, la Commission d'examen dressera la liste, par ordre de mérite, de toutes les postulantes reçues. Cette liste sera envoyée au Préfet de la Seine et au Ministre de l'Instruction publique. Le Préfet en adressera un exemplaire au Comité de l'arrondissement institué par l'article 21 du présent règlement, et à toutes les maîtresses de pension ou d'institution.

Art. 20. — La postulante pourvue d'un brevet de sous-maîtresse ne pourra être autorisée comme maîtresse de pension ou d'institution, qu'après avoir subi un nouvel examen et obtenu le diplôme spécifié dans les articles 10 et 11.

Titre III.

Des autorités préposées à la surveillance des pensions et institutions.

Art. 21. — Il y aura dans chacun des arrondissements de Sceaux et de Saint-Denis, et, à Paris, dans chaque arrondissement municipal, un Comité spécial chargé de surveiller les maisons d'éducation dudit arrondissement.

Art. 22. — Chaque Comité sera composé de cinq membres au

moins, qui seront nommés par le Ministre de l'Instruction publique, sur la proposition du Préfet.

Le Sous-Préfet, dans chaque arrondissement de sous-préfecture ; le maire, dans chacun des arrondissements municipaux de Paris, seront vice-présidents de leurs Comités respectifs ; le Préfet pourra toujours, quand il le jugera à propos, prendre la présidence de ces Comités.

Un des curés ou pasteurs de l'arrondissement, désigné par le Ministre, pourra être membre du Comité spécial.

Des dames inspectrices, au nombre de trois au moins et de huit au plus, feront partie de chaque Comité ; elles seront également nommées par le Ministre, sur la proposition du Préfet.

ART. 23. — Les Comités s'assembleront au moins une fois tous les mois, pour entendre les rapports des dames inspectrices sur les établissements qu'elles auront visités, et pour prendre ou proposer selon les circonstances les mesures convenables. Ils pourront être convoqués extraordinairement sur la demande d'un délégué du Ministre ; ce délégué assistera à la séance avec voix délibérative.

ART. 24. — Tous les ans, au mois d'août, chaque Comité rédigera, d'après les rapports particuliers des dames inspectrices, un rapport général sur les pensions et institutions de son ressort, et en adressera un double au Préfet de la Seine, un autre double à l'Inspecteur général chargé de l'administration de l'Académie de Paris, qui le transmettra, avec ses observations, au Ministre de l'Instruction publique.

ART. 25. — Le Comité provoquera les réformes et les améliorations qu'il jugera nécessaires dans l'intérêt de l'instruction et de l'éducation.

Il pourra aussi, en cas de contraventions aux règlements de la part d'une institutrice, après avoir donné les avertissements convenables, demander à l'autorité compétente le retrait de l'autorisation.

Dispositions transitoires.

ART. 26. — Les personnes munies de diplômes de maîtresse de pension ou d'institution, et exerçant dans le département de la Seine antérieurement à la publication du présent règlement, pourront continuer d'exercer en vertu de leur ancien titre. Si elles désirent obtenir le nouveau diplôme mentionné aux articles 10 et 11, elles devront se présenter devant la Commission d'examen et subir les nouvelles épreuves.

ART. 27. — Les personnes qui ont obtenu des diplômes de sous-maîtresses ou de maîtresses d'études, pourront également ou continuer d'exercer en vertu de leur ancien titre, ou subir le nouvel examen dans le cas où elles voudraient obtenir un brevet délivré conformément aux articles 17 et 18.

Avis relatif au déplacement des instituteurs communaux, frères ou autres, à leur installation, aux examens, à l'engagement décennal.   17 mars 1837.

17 Mars 1837.

Le Conseil royal de l'Instruction publique,

Vu la lettre de M. l'évêque de........ en date du 27 février dernier;

Vu les lettres de M. le Recteur de l'Académie de....... et la lettre de M. le Préfet du département de.......;

Estime qu'il doit être répondu sur les divers points traités par M. l'évêque de....... dans les termes qui suivent :

1° Aucune décision n'a autorisé le déplacement des instituteurs communaux, frères ou autres, sans une lettre d'exeat émanée du Ministre ou du Recteur, par délégation;

2° Nul directeur d'École primaire ne peut être installé dans ses fonctions s'il ne produit l'institution du Ministre;

3° Une ordonnance de 1831 avait soumis les frères à l'examen comme tous les autres aspirants à l'instruction primaire, et la loi surtout ne permet pas de les dispenser de cette formalité essentielle;

4° Tout engagement décennal doit être contracté devant le Conseil de l'Université, conformément à la loi du 21 mars 1832.

Avis relatif aux inspections des Écoles primaires par les membres des Comités locaux.   17 mars 1837.

17 Mars 1837.

Le Conseil royal de l'Instruction publique,

Vu la lettre de M. l'Inspecteur des Écoles primaires du département de....... en date du 6 mars courant, relative aux questions suivantes :

1° Tout membre d'un Comité local a-t-il la faculté de visiter une École primaire, sans délégation préalable du Comité?

2° Le Comité local doit-il se transporter en corps dans les Écoles pour en faire l'inspection ?

3° Le Comité local peut-il déléguer à un ou plusieurs de ses membres le droit de visiter des Écoles ?

Considérant que tous les membres du Comité local doivent être capables de remplir les fonctions de surveillance qui leur sont attribuées,

Estime :

1° Que les membres d'un Comité local ont le droit de visiter les Écoles de la commune sans délégation expresse du Comité ;

2° Que le Comité peut, quand il le juge à propos, se transporter en corps dans les Écoles ;

3° Que le Comité peut également charger un ou plusieurs de ses membres de faire une inspection spéciale dans telle ou telle École primaire.

------

4 avril 1837. Avis relatif aux droits du Comité d'arrondissement et de l'Inspecteur des Écoles primaires, en cas de fautes commises par un instituteur, soit communal, soit privé.

4 Avril 1837.

Le Conseil royal de l'Instruction publique,

Vu la lettre de l'Inspecteur des Écoles primaires de la Meurthe, du 17 mars dernier, présentant les questions suivantes :

1° Un Inspecteur des Écoles primaires, ou le délégué d'un Comité d'arrondissement, peut-il dresser un procès-verbal d'enquête sur la conduite et sur la moralité d'un instituteur privé, pour des faits qui échapperaient à la compétence des tribunaux ?

2° Si un tribunal se déclarait incompétent sous ce rapport, un Comité d'arrondissement aurait-il le droit de se saisir du procès-verbal afin d'infliger, s'il y avait lieu, la réprimande à l'instituteur inculpé ? et quelle serait la peine dans le cas de récidive ?

Est d'avis :

Qu'on ne peut refuser au Comité d'arrondissement le droit de réprimande vis-à-vis de tout instituteur, soit communal, soit privé ; que dès lors tout délégué du Comité, et à plus forte raison l'Inspecteur primaire, qui est le délégué du Ministre, ont le droit de constater les fautes ou les torts qui peuvent mériter le blâme, et qu'un procès-verbal ou une enquête sont les moyens réguliers de constater ces faits ; qu'en cas de récidive de la part d'un instituteur privé, dans les fautes qui ne seraient pas de nature à être poursuivies devant le tribunal civil, le Comité n'aurait toujours que la voie de censure et de réprimande.

Arrêté fixant, par interprétation de l'article 32 du statut du 25 avril 1834, le maximum et le minimum des vacances dans les Écoles primaires.   21 avril 1837.

21 Avril 1837.

Le Conseil royal de l'Instruction publique,

Vu les articles 31 et 32 du statut du 25 avril 1834, concernant les Écoles primaires;

Considérant que ces articles consacrent formellement le principe général, qui, indépendamment d'un certain nombre de jours de congé répartis dans le cours de l'année scolaire, accorde des vacances à toutes les Écoles, dans le double intérêt des instituteurs et des élèves; qu'il fixe à un intervalle de six semaines le maximum du temps que peuvent durer les vacances annuelles; que cet intervalle peut sans doute être diminué suivant les lieux et les circonstances, mais qu'il convient de déterminer un minimum au-dessous duquel ne puissent descendre les règlements locaux,

Arrête ce qui suit :

L'article 32 du statut du 25 avril 1834 doit être entendu et appliqué dans ce sens, que le maximum des vacances annuelles ne devra point excéder six semaines, et que le minimum ne pourra tomber au-dessous de quinze jours.

Avis relatif à la surveillance des Écoles dépendantes d'un hospice.   21 avril 1837.

21 Avril 1837.

Le Conseil royal de l'Instruction publique,

Vu la lettre en date du 18 mars dernier, par laquelle MM. les administrateurs des hospices de la ville de Senlis, après avoir exposé qu'il existe à Senlis un hospice, dit de Saint-Lazare, où l'on reçoit des enfants des deux sexes, demandent si le Comité d'arrondissement doit exercer une surveillance sur ces enfants, et s'il a le droit de les faire inspecter par des membres ou des délégués;

Attendu que la loi soumet toutes les Écoles primaires, sans distinction, à la surveillance des Comités locaux et des Comités d'arrondissement, et qu'il ne peut y avoir d'exception pour les Écoles qui dépendent d'un hospice,

Est d'avis :

Que les Comités de l'arrondissement de Senlis devront s'entendre avec la Commission administrative des hospices de cette ville pour que les diverses surveillances concourent, sans se contrarier, au plus grand bien de l'École établie dans l'hospice de Saint-Lazare.

---

28 avril 1837. **Arrêté relatif à la distribution annuelle des médailles d'encouragement pour l'instruction primaire.**

28 Avril 1837.

Le Conseil royal de l'Instruction publique

Arrête :

ARTICLE 1er. — A l'avenir, les médailles et les mentions honorables seront décernées chaque année, par une délibération du Conseil académique, aux instituteurs et aux institutrices de chacun des départements dont l'Académie se compose, sur les propositions des Comités d'arrondissement et sur le rapport spécial de l'Inspecteur primaire de chaque département.

ART. 2. — Il pourra être accordé par département une médaille d'argent, trois médailles de bronze et six mentions honorables.

ART. 3. — Les listes de mérite dressées par chaque Conseil académique, en exécution des articles précédents, continueront d'être soumises à l'approbation du Ministre, en Conseil royal de l'Instruction publique.

---

19 mai 1837. **Avis relatif au concours entre les élèves des Écoles primaires, et à la juridiction des Comités.**

19 Mai 1837.

Le Conseil royal de l'Instruction publique,

Vu le règlement adopté par le Comité supérieur d'instruction primaire de l'arrondissement de Saint-Quentin, pour les concours des élèves des Écoles communales de cet arrondissement, dans sa séance du 4 mai courant;

Vu également les instructions destinées à diriger MM. les Inspecteurs délégués du Comité supérieur dans l'exercice de leurs fonctions, adoptées par le même Comité dans sa séance du 27 avril dernier,

Estime qu'il y a lieu d'écrire à M. le Recteur de l'Académie d'Amiens : 1° qu'il ne doit pas y avoir de concours entre les élèves des diverses Écoles primaires; 2° que les Comités ont mission de proposer des mesures d'amélioration et de réforme, et non pas de les arrêter; 3° que tous règlements concernant les Écoles de tous les degrés doivent émaner du Conseil royal de l'Instruction publique, sous l'approbation du Ministre secrétaire d'État de ce département.

Décision portant que les candidats, provisoirement autorisés à ouvrir des Écoles communales, devront se mettre en état d'obtenir des nominations définitives dans un délai qui ne pourra excéder une année. — 19 mai 1837.

19 Mai 1837.

Le Conseil royal de l'Instruction publique,

Vu la lettre de M. le Recteur de l'Académie de Caen, en date du 9 mai dernier, dans laquelle il signale les inconvénients qui résultent de la facilité avec laquelle quelques Comités supérieurs d'instruction primaire de son ressort académique, usant du droit qui leur est donné par la décision du 7 mars 1834, accordent et renouvellent même des autorisations provisoires de diriger des Écoles communales à des individus non brevetés;

Vu sa décision du 7 mars 1834, et une décision précédente du 27 août 1833, qui énonce clairement le motif d'après lequel la faculté d'accorder des autorisations provisoires a été donnée aux Comités supérieurs,

Décide qu'aux termes et dans l'esprit de ces décisions, les candidats provisoirement autorisés devront se mettre en état d'obtenir une nomination définitive dans un délai qui ne peut excéder une année; à l'expiration de ce délai, le Comité doit procéder à une nomination définitive, ou de l'instituteur provisoire, s'il la mérite, ou d'un autre instituteur.

26 mai 1837.   **Avis portant que les Écoles communales, quel que soit le nombre des élèves qui les fréquentent, doivent être ouvertes toute l'année, sauf les jours de congé et pendant les vacances.**

26 Mai 1837.

Le Conseil royal de l'Instruction publique,

Vu la lettre de M. le Recteur de l'Académie de....... en date du 16 mai courant, dans laquelle ce fonctionnaire, après avoir fait connaître que, dans plusieurs communes de son ressort académique, quelques Écoles sont entièrement désertes, et que d'autres n'ont que de un à quatre élèves, demande si les instituteurs qui dirigent ces dernières sont tenus de continuer la classe pour un aussi petit nombre,

Estime que, d'après la loi et les règlements, l'École communale doit être ouverte toute l'année, sauf les jours de congé et le temps des vacances.

---

26 mai 1837.   **Avis portant que le maire, le juge de paix, le curé et le Procureur du Roi peuvent être respectivement remplacés, dans les Comités d'instruction primaire, par les fonctionnaires qui, en cas d'absence, ont mission de la loi pour exercer ces diverses attributions.**

26 Mai 1837.

Le Conseil royal de l'Instruction publique,

Vu l'article 19 de la loi du 28 juin 1833, portant que le maire du chef-lieu, le juge de paix, le curé et le Procureur du Roi sont membres des Comités d'arrondissement;

Vu la lettre de M. le Préfet du département de......., dans laquelle, après avoir fait connaître que les séances du Comité supérieur de...... ont manqué plusieurs fois, par suite de l'insuffisance du nombre des membres qui en font partie, il demande si le maire peut être remplacé par son adjoint, le juge de paix par son suppléant, le curé par son vicaire, et le Procureur du Roi par son substitut,

Est d'avis que chacun de ces fonctionnaires peut être remplacé par le fonctionnaire qui, en cas d'absence, a mission de la loi pour exercer toutes ses attributions.

Arrêté portant que, dans toutes les Académies, l'Inspecteur primaire aura droit d'assister, avec voix consultative, aux séances des Commissions de surveillance des Écoles normales. 2 juin 1837.

2 Juin 1837.

Le Conseil royal de l'Instruction publique,

Vu la lettre de M. le Préfet du département de........, en date du......., dans laquelle il demande s'il y a obligation, pour l'Inspecteur des Écoles primaires, d'assister aux séances de la Commission de surveillance de l'École normale, et, dans ce cas, si ce fonctionnaire y aurait voix délibérative ou seulement voix consultative,

Arrête :

Que dans toutes les Académies, l'Inspecteur primaire aura droit d'assister, avec voix consultative, aux séances des Commissions de surveillance des Écoles normales.

Décision autorisant le Préfet du département de Loir-et-Cher à faire, dans son département, l'application du règlement adopté pour les institutions et pensions de filles dans le département de la Seine. 2 juin 1837.

2 Juin 1837.

Le Conseil royal de l'Instruction publique,

Vu la lettre de M. le Préfet du département de Loir-et-Cher, en date du........, dans laquelle il demande que l'on fasse cesser le régime exceptionnel sous lequel se trouvent placées les pensions de demoiselles de son département, et que tout ce qui a rapport à la nomination des maîtresses et sous-maîtresses, et à la surveillance de ces établissements, rentre dans les attributions des fonctionnaires chargés de la direction de l'enseignement,

Décide que M. le Préfet du département de Loir-et-Cher est autorisé à faire dans son département l'application du règlement adopté le 7 mars 1837 pour les institutions et pensions de filles dans le département de la Seine.

---

2 juin 1837. **Avis portant qu'une maîtresse de pension peut annexer à son établissement un externat primaire, sans être pourvue du brevet de capacité exigé des institutrices primaires.**

2 Juin 1837.

Le Conseil royal de l'Instruction publique,

Vu la lettre de M. le Recteur de l'Académie de..... en date du....., dans laquelle il demande si une maîtresse de pension peut annexer à son établissement un externat primaire, sans être pourvue du brevet de capacité exigé des institutrices primaires ;

Attendu que l'enseignement qui se donne dans une pension comprend naturellement plus que l'instruction primaire, mais qu'il comprend aussi l'instruction primaire, et qu'il la comprend avec d'autant plus de raison, que nulle disposition de loi ou d'ordonnance ou de règlement ne détermine à quel âge on pourra admettre les enfants, soit comme internes, soit comme externes dans ces sortes d'établissements ; que rien n'empêche les maîtres même de pension de tenir une classe d'externes primaires ; qu'ils doivent seulement, à moins d'une autorisation formelle qui les en dispense, payer la rétribution du vingtième, pour leurs élèves primaires, comme pour tous leurs autres élèves ;

Attendu que cette rétribution du vingtième n'existe pas pour les maisons d'éducation de filles,

Est d'avis que la faculté de recevoir des élèves primaires doit être, pour ces maisons, sans limite et sans charge aucune.

---

2 juin 1837. **Avis relatif aux indemnités à accorder aux instituteurs privés, à l'admission des enfants indigents et au logement des instituteurs.**

2 Juin 1837.

Le Conseil royal de l'Instruction publique,

Vu la lettre de M........ instituteur primaire à......., dans laquelle il soumet les questions suivantes :

1° Le Conseil municipal d'une commune de 1 600 âmes, où il y a un instituteur communal légalement établi, a-t-il le droit d'accorder un traitement quelconque à un instituteur privé, qui ne reçoit aucun enfant gratuit ?

2° Ce Conseil peut-il accorder une somme à un instituteur privé, soit à titre de secours, soit à titre de récompense, sans que cet instituteur en ait été jugé digne par l'une des autorités préposées à l'instruction primaire?

3° Combien d'enfants gratuits un Conseil municipal peut-il admettre à l'École communale élémentaire, si l'instituteur qui la dirige ne reçoit que le minimum du traitement fixe?

4° Un Conseil municipal peut-il forcer l'instituteur communal à accepter un logement incommode? Qui doit juger de la convenance de ce logement? Ce Conseil doit-il se borner, pour l'indemnité de logement, à ce qui est accordé pour les petites communes rurales, s'il est reconnu que l'instituteur public d'une ville ne peut trouver à ce prix un logement convenable?

Est d'avis :

Sur la première question : qu'un traitement annuel ne peut être accordé qu'à un instituteur communal;

Sur la seconde question : que le Conseil municipal d'une commune peut accorder une simple gratification à un instituteur privé, et que l'avis de l'autorité préposée à l'instruction primaire n'est de rigueur que lorsqu'il s'agit d'une gratification prise sur les fonds de l'État;

Sur la troisième question : qu'aux termes de la loi du 28 juin, tous les enfants vraiment indigents doivent être admis dans les Écoles communales, mais que si le nombre de ces indigents est trop considérable, il y a justice à ce que le Conseil municipal augmente le traitement fixe;

Sur la quatrième question : que c'est le maire qui doit juger de la convenance du local accordé à l'instituteur, et que l'indemnité de logement doit être telle qu'elle puisse servir à payer un logement convenable.

Arrêté relatif : 1° à l'inspection par les Comités d'instruction primaire des Écoles tenues par des institutrices appartenant à des congrégations religieuses ; 2° aux autorisations dont toutes les institutrices doivent être pourvues. 9 juin 1837.

9 Juin 1837.

Le Conseil royal de l'Instruction publique,

Vu la lettre de M. le Préfet du département de......., en date du 26 mai dernier, dans laquelle il soumet la question de savoir si l'on doit appliquer aux Écoles tenues par des institutrices appartenant à des congrégations religieuses l'article 16 de l'ordonnance du 23 juin 1836, qui porte que : « les Comités feront visiter les Écoles primaires de filles par des délégués pris parmi leurs membres ou par des dames inspectrices » ;

Vu également la lettre de Mme la supérieure générale de la communauté de........, dans laquelle elle réclame contre les dispositions qui exigent que les institutrices appartenant à des congrégations religieuses soient autorisées par les Recteurs,

Est d'avis :

1° Que le droit de visite des Comités est clairement établi par les articles 15 et 16 de l'ordonnance du 23 juin ; que les Comités locaux peuvent exercer ce droit, ou par des délégués spéciaux, ou par des dames inspectrices ; que là où les dames inspectrices et les délégués laïques rencontreront des difficultés, il convient que l'inspection soit faite, quant à présent, par des délégués ecclésiastiques ;

2° Que, quant aux autorisations, elles sont nécessaires à toutes les institutrices, aux termes de l'ordonnance précitée, et doivent être accordées aux laïques, après avis des Comités ; aux sœurs, sur le vu de leurs lettres d'obédience.

---

20 juin 1837.   **Avis relatif à la validité de l'examen subi par un candidat au brevet de capacité qui déclare professer un culte non autorisé par la loi.**

20 Juin 1837.

Le Conseil royal de l'Instruction publique,

Vu le rapport de M. le Recteur de l'Académie de........ en date du....... relativement à un candidat au brevet de capacité qui a déclaré professer un culte autre que ceux qui sont reconnus par la loi,

Est d'avis que l'examen aurait dû commencer sur l'instruction morale et religieuse ; que l'instruction morale et religieuse doit être entendue dans le sens de la loi, qui ne reconnaît que les trois cultes catholique, protestant et israélite ; que, dès que le candidat déclarait n'appartenir à aucun de ces cultes, on devait cesser l'examen ; qu'en définitive, ce candidat n'ayant pu satisfaire à cette partie essentielle de l'examen, le brevet ne doit pas lui être délivré.

Circulaire du Ministre de l'Instruction publique, relative à l'emploi de livres auto-   22 juin 1837.
  risés pour les Écoles primaires publiques et privées et les Écoles normales
  primaires.

22 Juin 1837.

Monsieur le Recteur, je vous adresse ci-joint plusieurs exemplaires de la liste des ouvrages dont l'usage a été et demeure autorisé dans les établissements d'instruction primaire. L'arrêté du Conseil royal qui renferme cette liste a été approuvé, conformément à l'article 21 de l'ordonnance du 26 mars 1829. Je vous invite à en donner communication sans délai aux Comités de votre ressort académique.

L'une de leurs attributions les plus importantes consiste à surveiller l'enseignement, et, par conséquent, à examiner quels livres sont mis entre les mains des enfants. Le choix de ces ouvrages ne saurait être abandonné sans direction à la volonté des instituteurs publics, qui, le plus souvent, n'ont ni le temps ni les ressources nécessaires pour se décider en connaissance de cause. Il résulterait, d'ailleurs, d'une liberté sans contrôle cet inconvénient grave, que, dans les Écoles du même ressort, quelquefois dans la même École, la confusion des méthodes et des livres contrarierait tout progrès. Le Conseil royal, en dressant une liste officielle des ouvrages autorisés dans les établissements d'instruction primaire, a eu pour but de fournir aux Comités supérieurs les moyens d'exercer utilement les fonctions dont la loi les a investis et d'établir une salutaire unité dans l'instruction première des enfants d'une même patrie.

Vous remarquerez, Monsieur le Recteur, qu'une certaine latitude est cependant laissée à l'instituteur. Quoiqu'il soit à souhaiter que les Comités parviennent à faire pénétrer les mêmes ouvrages dans toutes les Écoles de leur ressort, il faut nécessairement tenir compte des habitudes prises et des usages reçus. Aussi la liste officielle offre-t-elle un choix d'ouvrages assez variés pour répondre à tous les modes d'enseignement. Les livres dont la réputation est consacrée par le temps se trouvent à côté d'autres publications plus récentes, qui ont aussi leur mérite; et il n'est pas à craindre qu'un ouvrage reconnu utile soit longtemps exclu de nos Écoles primaires. Une nouvelle liste générale sera publiée tous les cinq ans, et, dans l'intervalle, le Conseil royal continuera d'autoriser les nouveaux ouvrages élémentaires qui pourront contribuer aux progrès de l'enseignement. La notification de ces autorisations isolées vous sera faite suivant la forme accoutumée.

Dans la liste générale, on a distingué les ouvrages destinés aux Écoles primaires élémentaires de ceux qui conviennent aux Écoles primaires supérieures. Les Comités d'arrondissement auront soin de maintenir cette distinction et de veiller à ce que les instituteurs du degré inférieur ne cherchent pas à faire sortir leur enseignement des limites convenables, en mettant entre les mains de leurs élèves des livres qui ne seraient pas à leur portée. Loin de contribuer à la prospérité des Écoles, cette confusion ne pourrait qu'entraver la marche des études et nuire à leurs progrès.

La nécessité de se renfermer dans les prescriptions de l'arrêté que je vous envoie est encore plus évidente pour les salles d'asile, qui ne doivent recevoir que les enfants de deux à six ans. Une salle d'asile n'est point une École primaire. La première enfance n'a besoin que d'une surveillance en quelque sorte maternelle. Imposer à de petits enfants un travail intellectuel excessif, et les astreindre à des exercices qui les attendent plus tard, lorsqu'ils entreront aux

Écoles, c'est devancer le temps au détriment de leur santé, et, ce qui est plus grave encore, aux dépens de leur éducation morale. Des soins physiques prodigués à toute heure, de courtes prières qui les accoutument à nourrir leur âme de pensées et d'affections religieuses, une direction morale sagement entendue, du mouvement, de la variété, un enseignement pour les yeux, voilà ce qu'exige la première enfance. Les autorités préposées à la surveillance des salles d'asile de votre ressort ne perdront jamais de vue, Monsieur le Recteur, le but de cette institution de bienfaisance, et s'assureront que les directeurs ou directrices n'emploient que des ouvrages spécialement destinés au premier âge.

Parmi les livres dont l'usage est autorisé dans les Écoles normales primaires, ceux qui traitent des méthodes d'enseignement et des principes d'éducation doivent être l'objet d'une étude approfondie de la part des maîtres chargés de cette partie du cours normal. Il est indispensable qu'ils les analysent avec soin, qu'ils les comparent et les contrôlent les uns par les autres, de manière à en tirer la substance, à s'approprier toutes les idées pratiques qui peuvent y être renfermées et à se former de cet ensemble de faits et de raisonnements un système éclairé d'instruction et d'éducation.

Les observations qui précèdent ne s'appliquent rigoureusement qu'aux instituteurs communaux, sur lesquels l'autorité supérieure ou locale ne doit jamais cesser d'avoir une action puissante.

Quant aux instituteurs privés, les Comités d'arrondissement ou les délégués du pouvoir central n'ont sans doute à leur égard qu'un droit de surveillance générale. Ils n'ont pas à leur prescrire l'adoption de tel ou tel ouvrage, à leur interdire l'usage d'un livre élémentaire quelconque, à moins qu'il ne soit contraire aux bonnes mœurs, au respect dû à la religion ou aux lois du Royaume. Mais, si le principe de la liberté d'enseignement consacré par la loi du 28 juin laisse aux instituteurs privés une grande latitude pour le choix des méthodes et des ouvrages d'éducation, l'autorité supérieure ne saurait renoncer à son droit et manquer à son devoir. Elle doit éclairer et diriger les instituteurs, même privés, par tous les moyens qui sont en son pouvoir. En communiquant aux Comités d'arrondissement la liste des ouvrages adoptés par le Conseil royal pour l'enseignement des Écoles primaires, vous les inviterez, Monsieur le Recteur, à la répandre dans les communes de leur ressort, de manière que les instituteurs privés puissent y puiser les renseignements qui leur seront nécessaires. Il leur importe tout autant qu'aux instituteurs publics de mériter la confiance des familles et de mettre à l'abri leur responsabilité personnelle. L'usage dans une École privée des livres adoptés par le Conseil royal est déjà une présomption en faveur de la bonne tenue de l'École : c'est une première garantie pour les parents et pour les autorités préposées à la surveillance de l'enseignement. J'ai lieu de penser qu'il en sera bientôt des Écoles primaires privées comme des institutions et pensions, où les ouvrages adoptés pour l'enseignement de nos Collèges sont pour la plupart entre les mains des élèves, quoique l'Université ne les impose qu'aux établissements placés sous son autorité immédiate.

En m'accusant réception de l'envoi que je vous fais, je vous prie, Monsieur le Recteur, de me tenir au courant des moyens que vous aurez employés pour remplir mes intentions.

Recevez, etc.

Signé : SALVANDY.

21.

Avis relatif aux formalités à remplir par les institutrices   27 juin 1837.
appartenant à des congrégations religieuses.

27 Juin 1837.

Le Conseil royal de l'Instruction publique,

Vu les lettres du Préfet de Saône-et-Loire, du Recteur de Dijon et du Préfet de la Haute-Marne, en date des 23 mai, 2 et 9 juin 1837, relatives aux formalités nécessaires pour confier des Écoles primaires à des sœurs ;

Vu la loi du 24 mai 1825 sur les congrégations religieuses de femmes et l'instruction du 17 juillet de la même année pour l'application de cette loi ;

Vu l'ordonnance du 23 juin 1836 sur les Écoles primaires de filles et la délibération du Conseil en date du 24 janvier dernier,

Est d'avis que l'article 3 de la loi du 24 mai 1825 est applicable aux cas où il s'agit d'un établissement de nature à constituer un démembrement permanent de la congrégation religieuse, mais que les sœurs d'école ne sont censées former un établissement permanent et par conséquent susceptible d'être préalablement autorisé par une ordonnance royale, que lorsqu'il existe un engagement à perpétuité entre la congrégation qui envoie les sœurs pour tenir école et la commune où elles sont envoyées ; que, dans les autres cas, les sœurs ont seulement besoin de l'autorisation individuelle délivrée par le Recteur de l'Académie dont ressort ladite commune.

Loi relative aux poids et mesures.   4 juillet 1837.

4 Juillet 1837.

LOUIS-PHILIPPE, etc.,

Nous avons proposé, les Chambres ont adopté, Nous avons ordonné et ordonnons ce qui suit :

ARTICLE 1er. — Le décret du 12 février 1812, concernant les poids et mesures, est et demeure abrogé.

ART. 2. — Néanmoins, l'usage des instruments de pesage et de mesurage confectionnés en exécution des articles 2 et 3 du décret précité sera permis jusqu'au 1er janvier 1840.

ART. 3. — A partir du 1er janvier 1840, tous poids et mesures autres que les poids et mesures établis par les lois des 18 germinal

An III et 19 frimaire An VIII [1], constitutives du système métrique décimal, seront interdits sous les peines portées par l'article 479 du Code pénal [2].

ART. 4. — Ceux qui auront des poids et mesures autres que les

1. Nous reproduisons ci-dessous le texte de la loi du **19 frimaire An VIII**, *qui fixe définitivement la valeur du mètre et du kilogramme :*

La Commission du Conseil des Anciens, créée par la loi du 19 brumaire, adoptant les motifs de la déclaration d'urgence qui précède la résolution ci-après, approuve l'acte d'urgence.

(*Suit la teneur de la Déclaration d'urgence et de la Résolution du 18 frimaire.*)

La Commission du Conseil des Cinq-Cents, créée par la loi du 19 brumaire An VIII, délibérant sur la proposition formelle de la Commission consulaire exécutive, contenue dans son message du 4 de ce mois, d'adopter définitivement le mètre et le kilogramme déposés au Corps législatif par l'Institut national des sciences et des arts, et de frapper une médaille qui transmette à la postérité l'opération qui lui sert de base;

Considérant qu'on ne peut trop s'empresser de fixer la valeur du mètre et du kilogramme avec toute la précision que lui assurent les travaux des savants qui l'ont déterminée, et de consacrer l'époque, glorieuse pour la nation française, à laquelle a été consommée une opération aussi vaste et d'un aussi grand intérêt,

Déclare qu'il y a urgence.

La Commission, après avoir déclaré l'urgence, prend la résolution suivante :

ARTICLE 1er. — La fixation provisoire de la longueur du mètre, à trois pieds onze lignes quarante-quatre centièmes, ordonnée par les lois des 1er août 1793 et 18 germinal An III, demeure révoquée et comme non avenue. Ladite longueur, formant la dix-millionième partie de l'arc du méridien terrestre compris entre le pôle nord et l'équateur, est définitivement fixée, dans son rapport avec les anciennes mesures, à trois pieds onze lignes deux cent quatre-vingt-seize millièmes.

ART. 2. — Le mètre et le kilogramme en platine, déposés le 4 messidor dernier au Corps législatif par l'Institut national des sciences et des arts, sont les étalons définitifs des mesures de longueur et de poids dans toute la République. Il en sera remis à la Commission consulaire des copies exactes pour servir à diriger la confection des nouvelles mesures et des nouveaux poids.

ART. 3. — Les autres dispositions de la loi du 18 germinal An III, concernant tout ce qui est relatif au système métrique, ainsi qu'à la nomenclature et à la confection des nouveaux poids et des nouvelles mesures, continueront à être observées.

ART. 4. — Il sera frappé une médaille pour transmettre à la postérité l'époque à laquelle le système métrique a été porté à sa perfection, et l'opération qui lui sert de base. L'inscription, du côté principal de la médaille, sera : *A tous les temps; à tous les peuples;* et dans l'exergue : *République française, An VIII.* Les Consuls de la République sont chargés d'en régler les autres accessoires.

ART. 5. — La présente résolution sera imprimée.

Signé : BOULAY (de la Meurthe), *ex-président;* BÉRENGER, LUDOT, *secrétaires.*

Après une seconde lecture, la Commission du Conseil des Anciens *approuve* la résolution ci-dessus. Le 19 frimaire An VIII de la République française.

Signé : LEBRUN, *président;* CAILLEMER, *secrétaire;* HERWIN, *ex-secrétaire.*

2. Voici un extrait de cet article :

« Art. 479. — Seront punis d'une amende de onze à quinze francs inclusivement :

« 5° Ceux qui auront de faux poids ou de fausses mesures dans leurs magasins, boutiques, ateliers ou maisons de commerce, ou dans les halles, foires ou marchés, sans préjudice des peines qui seront prononcées par les tribunaux de police correc-

poids et mesures ci-dessus reconnus, dans leurs magasins, boutiques, ateliers ou maisons de commerce, ou dans les halles, foires ou marchés, seront punis comme ceux qui les emploieront, conformément à l'article 479 du Code pénal.

ART. 5. — A compter de la même époque, toutes dénominations de poids et mesures autres que celles portées dans le tableau annexé à la présente loi, et établies par la loi du 18 germinal An III, sont interdites dans les actes publics ainsi que dans les affiches et les annonces.

Elles sont également interdites dans les actes sous seing privé, les registres de commerce et autres écritures privées produits en justice.

Les officiers publics contrevenants seront passibles d'une amende de vingt francs, qui sera recouvrée sur contrainte, comme en matière d'enregistrement.

L'amende sera de dix francs pour les autres contrevenants : elle sera perçue pour chaque acte ou écriture sous signature privée ; quant aux registres de commerce, ils ne donneront lieu qu'à une seule amende pour chaque contestation dans laquelle ils seront produits.

ART. 6. — Il est défendu aux juges et arbitres de rendre aucun jugement ou décision en faveur des particuliers sur des actes, registres ou écrits dans lesquels les dénominations interdites par l'article précédent auraient été insérées, avant que les amendes encourues aux termes dudit article aient été payées.

ART. 7. — Les vérificateurs des poids et mesures constateront les contraventions prévues par les lois et règlements concernant le système métrique des poids et mesures.

Ils pourront procéder à la saisie des instruments de pesage et de mesurage dont l'usage est interdit par lesdites lois et règlements.

Leurs procès-verbaux feront foi en justice jusqu'à preuve contraire.

Les vérificateurs prêteront serment devant le tribunal d'arrondissement.

ART. 8. — Une ordonnance royale réglera la manière dont s'effectuera la vérification des poids et mesures.

tionnelle contre ceux qui auraient fait usage de ces faux poids ou de ces fausses mesures ;

« 6° Ceux qui emploieront des poids ou des mesures différents de ceux qui sont établis par les lois en vigueur.

Tableau des Mesures légales (Loi du 18 germinal An III)
annexé à la loi du 4 juillet 1837.

NOMS SYSTÉMATIQUES.	VALEUR [1].	OBSERVATIONS.
Mesures de longueur.		1. Conformément à la disposition de la loi du 18 germinal An III concernant les poids et les mesures de capacité, chacune des mesures décimales de ces deux genres a son double et sa moitié.
Myriamètre	Dix mille mètres.	
Kilomètre	Mille mètres.	
Hectomètre	Cent mètres.	
Décamètre.	Dix mètres.	
Mètre	Unité fondamentale des poids et mesure [2] (dix-millionième partie du quart du méridien terrestre).	2. L'étalon prototype en platine, déposé aux archives le 4 messidor an VII, donne la longueur légale du mètre quand il est à la température zéro.
Décimètre.	Dixième du mètre.	
Centimètre	Centième du mètre.	
Millimètre.	Millième du mètre.	
Mesures agraires.		
Hectare	Cent ares ou dix mille mètres carrés.	
Are.	Cent mètres carrés, carré de dix mètres de côté.	
Centiare.	Centième de l'are ou mètre carré.	
Mesures de capacité pour les liquides et les matières sèches.		
Kilolitre.	Mille litres.	
Hectolitre	Cent litres.	
Décalitre.	Dix litres.	
Litre.	Décimètre cube.	
Décilitre.	Dixième du litre.	
Mesures de solidité.		
Décastère	Dix stères.	
Stère.	Mètre cube.	
Décistère.	Dixième du stère.	
Poids.		
. . . .	Mille kilogrammes, poids du mètre cube d'eau et du tonneau de mer.	
. . . .	Cent kilogrammes, quintal métrique.	
Kilogramme.	Mille grammes (poids dans le vide d'un décimètre cube d'eau distillée à la température de quatre degrés centigrades [3]).	3. L'étalon prototype en platine, déposé aux archives le 4 messidor an VII, donne, dans le vide, le poids légal du kilogramme.
Hectogramme.	Cent grammes.	
Décagramme	Dix grammes.	
Gramme.	Poids d'un centimètre cube d'eau à quatre degrés centigrades.	
Décigramme.	Dixième de gramme.	
Centigramme.	Centième de gramme.	
Milligramme . . . . .,	Millième de gramme.	
Monnaie.		
Franc	Cinq grammes d'argent au titre de neuf dixièmes de fin.	
Décime.	Dixième de franc.	
Centime.	Centième de franc.	

Avis relatif aux conditions auxquelles une École placée dans un hameau peut devenir communale.

4 Juillet 1837.

Le Conseil royal de l'Instruction publique,

Vu la lettre en date du 17 juin dernier, par laquelle M. le Recteur de l'Académie de Douai transmet un rapport de M. l'Inspecteur des Écoles primaires du département du Pas-de-Calais, où il expose que la commune d'Hernicourt, outre l'École communale qu'elle est tenue légalement d'entretenir, vient d'ouvrir une autre École au hameau de Saint-Martin, trop éloigné pour que les enfants puissent venir de là au chef-lieu ; que l'instituteur de ce hameau reçoit un traitement de 150 francs ;

Sur la question de savoir :

1° Si l'instituteur de cette seconde École doit être considéré comme instituteur privé ;

2° Si, dans le cas contraire, la commune est tenue de lui fournir un traitement au moins égal au minimum de 200 francs fixé par l'article 8 de la loi du 28 juin 1833 sur l'instruction primaire ;

3° Si, en supposant que ni la commune ni le département ne soient point tenus à fournir le traitement légal, ledit instituteur doit être régulièrement institué, ou si l'on doit lui imposer, pour continuer ses fonctions, la condition de se faire agréer par l'autorité supérieure comme sous-maître délégué de l'instituteur communal,

Est d'avis de ce qui suit :

Toute commune doit avoir au moins une École primaire publique, aux termes de l'article 9 de la loi du 28 juin 1833, et toute commune peut avoir plusieurs Écoles publiques.

Tout instituteur communal, article 12 de ladite loi, doit recevoir le traitement et le logement déterminés par la loi.

Tout instituteur communal doit être présenté, nommé et institué conformément à la loi (article 21, § 6, et 22, §§ 6 et 7).

Un instituteur communal, dans un hameau, doit être, comme l'instituteur du chef-lieu, présenté, nommé et institué conformément à la loi.

Avis relatif au remboursement des frais de séjour des élèves-maîtres des Écoles normales primaires[1].

11 Juillet 1837.

Le Conseil royal de l'Instruction publique,

Vu la lettre de M. le Préfet du département de......., en date du 30 juin dernier, dans laquelle il demande si les élèves de l'École normale qui la quittent avant d'avoir terminé leurs études et particulièrement ceux de ces élèves qui sont renvoyés par suite d'inaptitude ou d'inconduite, peuvent être poursuivis en remboursement des frais qu'ils ont faits à l'École;

Vu le statut général du 14 décembre 1832, concernant les Écoles normales;

Vu l'arrêté du 13 décembre 1836, portant que le remboursement est dû dans tous les cas où l'élève se met par son fait dans l'impossibilité de remplir l'engagement de se vouer pendant dix ans au service de l'instruction publique,

Est d'avis :

1° Que le statut du 13 septembre 1832 n'oblige au remboursement que les élèves-maîtres qui renoncent volontairement à la carrière de l'instruction publique, soit en quittant le cours normal, soit après la sortie de l'École ;

2° Que ceux qui sont renvoyés pour cause d'inaptitude ne doivent pas être soumis au remboursement, et que ceux qui sont exclus pour cause d'inconduite sont, au contraire, tenus à ce même remboursement.

Avis relatif aux associations pour la direction d'une École.

11 Juillet 1837.

Le Conseil royal de l'Instruction publique,

Consulté sur la question de savoir si deux personnes associées peuvent obtenir chacune un diplôme de maître de pension, pour le même établissement,

Est d'avis que deux personnes ne peuvent être autorisées comme ayant simultanément la direction d'une maison d'éducation.

---

1. Rapprocher ce document de l'avis ci-après du 6 *octobre* 1837, page 336.

Circulaire du Ministre de l'Instruction publique, relative aux médailles d'encourage- 19 juillet 1837.
ment et aux mentions honorables décernées aux instituteurs primaires.

19 Juillet 1837.

Monsieur le Recteur, d'après les précédentes instructions, des médailles d'encouragement et des mentions honorables sont tous les ans décernées, sur votre proposition et celle du Conseil académique, aux instituteurs primaires qui se sont le plus distingués dans l'exercice de leurs fonctions.

Ces récompenses, qui sont éminemment propres à exciter l'émulation entre ces fonctionnaires, n'ont pu être accordées jusqu'à ce jour qu'à un petit nombre d'instituteurs de votre ressort. Le développement donné à l'instruction primaire depuis la loi du 28 juin 1833 ayant considérablement augmenté le personnel des instituteurs, et, d'un autre côté, l'ordonnance de 23 juin 1836 ayant aussi donné à l'instruction des filles un essor nouveau, il m'a paru nécessaire de proportionner au nombre des candidats le nombre des récompenses à distribuer.

J'ai examiné cette question en Conseil royal de l'Instruction publique, et il a été décidé que, d'après les motifs que je viens d'exposer, il pourra être accordé par département une médaille d'argent, trois médailles de bronze et six mentions honorables.

Les Comités d'arrondissement se réuniront extraordinairement dans la dernière quinzaine de juillet pour s'occuper d'une manière spéciale de la désignation des instituteurs de leur ressort qui leur paraîtront dignes de cette honorable distinction. Je vous prie en conséquence, Monsieur le Recteur, de leur adresser dans le plus bref délai des instructions à ce sujet, et de les inviter à résumer leurs propositions dans un tableau conforme au modèle ci-après :

DÉPARTEMENT D....... COMITÉ D'ARRONDISSEMENT D.....

RÉSIDENCE des instituteurs ou des institutrices.	Noms.	Prénoms.	DATE de la dernière nomination.	Années de service.	RENSEIGNEMENTS particuliers.

Aussitôt que les Comités d'arrondissement auront terminé leur travail, MM. les Inspecteurs des Écoles primaires recueilleront ces listes et vous les transmettront collectivement, avec leur rapport, dans la première quinzaine d'août. Vous voudrez bien ensuite, Monsieur le Recteur, appeler le Conseil académique à examiner les divers rapports que vous lui aurez communiqués, à les comparer entre eux et à dresser des propositions définitives. Je désire que vous me mettiez à même de statuer sur leur objet à la fin du mois de septembre.

En décernant des récompenses honorifiques, l'autorité supérieure n'a pas seulement en vue de donner un prix mérité au travail et au dévouement ; elle veut aussi environner la modeste profession des instituteurs primaires de toute la considération qui lui est due. Il importe donc, Monsieur le Recteur, que l'attention la plus scrupuleuse et la plus équitable préside au choix des Comités. En portant à leur connaissance le nouvel arrêté que je vous notifie, vous voudrez bien leur rappeler quels sont les titres principaux que les instituteurs doivent présenter : une conduite irréprochable, des mœurs pures, un respect profond pour les croyances religieuses, une bonne direction donnée aux études, des progrès chez les élèves, la pratique des meilleures méthodes d'enseignement : telles sont les qualités que chaque Comité a pour devoir d'exiger des candidats.

Je compte, Monsieur le Recteur, sur votre zèle et votre activité pour l'exécution des dispositions ci-dessus, à partir de l'exercice courant.

Recevez, etc.

Signé : SALVANDY.

---

21 juillet 1837.

Avis relatif aux Écoles primaires annexées à des Écoles secondaires ecclésiastiques.

21 Juillet 1837.

Le Conseil royal de l'Instruction publique,

Vu la lettre du 13 du présent mois par laquelle M. le Recteur de l'Académie de........ fait connaître qu'une École primaire est annexée à l'École secondaire ecclésiastique de........, et que cette École primaire est dirigée par deux ecclésiastiques qui ne sont point pourvus du brevet de capacité, et qui n'ont pas fait à la mairie la déclaration prescrite par la loi du 28 juin 1833 ;

Considérant que la loi n'a point établi d'incompatibilité entre les fonctions de chef d'une École secondaire ecclésiastique et la direction d'une École primaire privée, mais que nul ne peut tenir une École primaire quelconque, soit isolée, soit annexée à un autre établissement d'instruction, sans avoir rempli les formalités que prescrit ladite loi,

Estime que M. le Recteur doit rappeler au directeur de l'École secondaire ecclésiastique de........ les prescriptions de la loi précitée, concernant l'établissement des Écoles primaires, et veiller à ce que l'École primaire annexée à ladite École secondaire ecclésiastique soit tenue par un chef spécial, pourvu d'un brevet de capacité et d'un certificat de moralité, conformément à l'article 4 de ladite loi.

Avis relatif au maintien des vacances dans les Écoles primaires.   4 août 1837.

4 Août 1837.

Le Conseil royal de l'Instruction publique,

Vu la nouvelle réclamation du Comité central de l'instruction primaire de la ville de Paris, relative à la suppression des vacances dans les Écoles communales des deux sexes, dirigées par des laïques;

Vu la décision, en date du 21 avril dernier, dans laquelle, expliquant l'article 32 du statut du 25 avril 1834, relatif aux vacances annuelles dans les Écoles primaires, il arrête que le maximum de ces vacances ne devra point excéder six semaines, et que le minimum ne pourra tomber au-dessous de 15 jours,

Persiste dans son avis, d'après les motifs déjà exprimés.

Avis relatif aux pensions et institutions de filles du département de la Seine.   8 août 1837.

8 Août 1837.

Le Conseil royal de l'Instruction publique,

Vu le règlement du 7 mars 1837, concernant les pensions et institutions de filles dans le département de la Seine;

Vu la décision du Conseil du 2 juin suivant, relative aux époques où doivent avoir lieu les examens des maîtresses et sous-maîtresses desdites pensions et institutions;

Vu la lettre du 17 juillet dernier, dans laquelle le Préfet de la Seine pose les questions suivantes :

1º Le jury d'examen exigera-t-il des aspirantes au diplôme de maîtresse de pension ou d'institution toutes les connaissances énumérées dans les articles 2 et 3 du règlement du 7 mars, et notamment celles qui se rapportent à la musique, au dessin, aux langues vivantes, aux travaux d'aiguille? Ou bien le Conseil royal n'a-t-il eu pour but que de présenter l'ensemble des connaissances dont l'enseignement est autorisé dans les maisons d'éducation, sans imposer au jury l'obligation d'examiner les candidats sur ces connaissances?

2º Les articles 6 et 25 ayant pour objet le retrait de l'autorisation, qui devra être prononcé par l'autorité compétente, cette compétence continuera-t-elle à être déterminée suivant les règles fixées par l'ordonnance royale du 31 octobre 1821 et visées en tête du nouveau règlement?

3° N'est-ce pas au Préfet de la Seine qu'il appartient de viser les règlements, prospectus et programmes que se proposent de publier les maîtresses d'établissements (art. 7 et 10, § 7)?

4° Les sous-maîtresses ou maîtresses d'études, pourvues d'un brevet de capacité, conformément à l'article 17, ont-elles besoin, pour exercer, d'une autorisation spéciale?

5° L'article 17 ne laisse-t-il pas une latitude trop grande pour les matières d'examen, et n'est-il pas à craindre que, si le nombre des connaissances obligatoires n'est pas plus considérable, l'instruction des maîtresses d'études ne soit insuffisante?

6° Résulte-t-il des termes de l'article 23 que les dames inspectrices auront seules le droit de visiter les pensionnats de demoiselles?

7° Enfin les propositions de réformes ou d'améliorations faites par les Comités, aux termes des articles 23 et 25, doivent-elles être soumises au Préfet de la Seine? Est-ce à ce magistrat qu'il appartient de statuer pour les mesures particulières, et d'en référer au Ministre pour celles qui intéressent l'ensemble du service?

Est d'avis :

Sur la première question :

Que pour les diplômes à produire par les postulantes qui désirent tenir une pension ou une institution, le règlement n'a pas entendu spécifier le genre et le nombre des connaissances que le jury d'examen devra exiger. Il est dit seulement en termes généraux, article 10, § 7, que le diplôme constatera que la postulante possède une instruction suffisante pour tenir une pension ou une institution. Le Conseil a pensé que les pensions et institutions de demoiselles pouvaient être très convenablement dirigées par des dames qui ne réuniraient pas toutes les connaissances énumérées dans les articles 2 et 3 du règlement, mais qui, ne possédant qu'une partie de ces connaissances, feraient preuve d'ailleurs d'un esprit cultivé, d'une intelligence exercée et d'une aptitude évidente à diriger l'éducation des jeunes personnes. C'est ce qu'appréciera le jury spécialement chargé des examens ;

Sur la deuxième question :

Que les pensions et institutions de filles étant maintenant placées sous la haute direction du Ministre de l'Instruction publique, l'autorisation d'exercer pourra être retirée par le Préfet, après les informations nécessaires, mais sauf le recours au Ministre en Conseil royal ;

Sur la troisième question :

Que les règlements et prospectus devront être revêtus de l'approbation du Préfet, qui pourra prendre à cet égard l'avis des Comités, mais qui statuera comme il le jugera convenable. Il transmettra au Ministre de l'Instruction publique une copie conforme des règlements et prospectus qu'il aura approuvés ;

Sur la quatrième question :

Qu'il n'est pas besoin pour les sous-maîtresses d'une autorisation spéciale d'exercer. L'inscription sur la liste par ordre de mérite de toutes les postulantes reçues sera un titre suffisant pour se présenter chez les maîtresses de pension ou d'institution, et pour y être admises ; mais il est bien entendu que la Commission d'examen n'aura admis devant elle que des postulantes qui auront produit leur acte de naissance et les autres pièces propres à établir leur état civil et leur bonne conduite ;

Sur la cinquième question :

Que le brevet de capacité devant (art. 18) énumérer les diverses connaissances sur lesquelles aura porté l'examen avec les indications *très bien*, *bien*, *assez bien*, pour chacune de ces connaissances, les maîtresses de pension ou d'institution pourront toujours s'assurer des connaissances acquises par les sous-maîtresses ;

Sur la sixième question :

Que l'intention du règlement du 7 mars est bien de réserver aux dames inspectrices le droit exclusif de visiter les pensions et les institutions, sauf toutefois l'exception en faveur des membres des Comités qui seront en même temps autorités civiles ou ecclésiastiques (art. 22, §§ 2 et 3) ;

Sur la septième question :

Que les propositions de réformes et d'améliorations que pourront faire les Comités devront être soumises au Préfet de la Seine, qui statuera. Dans le cas où ces propositions intéresseraient l'ensemble du service, il en référera au Ministre de l'Instruction publique.

Avis relatif à l'usage que l'instituteur public doit faire de la maison d'école. 8 août 1837.

8 Août 1837.

Le Conseil royal de l'Instruction publique,

Vu la lettre de M. l'Inspecteur des Écoles primaires du départe-

ment de la Meurthe, dans laquelle il fait connaître qu'un instituteur
occupant une maison d'École communale convenablement disposée,
et propriétaire d'une maison dans cette commune, veut l'habiter, et
recevoir les élèves dans une salle qu'il a fait approprier à cette destination;

Sur la question de savoir si un instituteur peut, de son chef, louer
à son profit une maison d'École communale pour établir son domicile dans une autre maison,

Est d'avis que l'instituteur qui possède une maison particulière
et veut y recevoir ses élèves ne peut être admis à louer à son profit
la maison d'École communale que du consentement exprès du Conseil municipal, et dans des circonstances tout à fait particulières
que le Recteur aura constatées dans un rapport spécial adressé au
Ministre.

25 août 1837. **Avis relatif au cumul des fonctions d'instituteur, de buraliste et de débitant de tabac.**

25 Août 1837.

Le Conseil royal de l'Instruction publique,

Vu la délibération du Comité d'arrondissement de Chaumont
(Haute-Marne), en date du 4 août courant, relative à la question
suivante : « Un instituteur communal recevant un traitement fixe
de 600 francs comme instituteur et chantre, et se faisant de plus
environ 400 francs de mois d'école, peut-il cumuler les fonctions de
buraliste de l'administration des contributions indirectes et de débitant de tabac ? »

Est d'avis que l'instituteur, personnellement, ne peut pas être en
même temps buraliste et débitant de tabac, mais que rien n'empêche
que sa femme ne tienne le bureau de tabac, dans une dépendance
de la maison d'école, pourvu que les lieux soient disposés d'une manière convenable.

25 août 1837. **Avis interprétatif du règlement sur les classes d'adultes.**

25 Août 1837.

Le Conseil royal de l'Instruction publique

Estime que les classes d'adultes pourront, suivant les circonstances, être considérées comme des cours publics, et que l'autori-

sation nécessaire pourra être accordée à des personnes qui, sans avoir précisément les titres mentionnés dans le règlement du 22 mars 1836, offriraient des garanties suffisantes.

Avis relatif aux sociétés d'encouragement pour l'instruction primaire et à la légalité de leur existence.

25 Août 1837.

Le Conseil royal de l'Instruction publique,

Vu le rapport duquel il résulte qu'il existe, depuis plusieurs années, à Sens (Yonne), une association dont l'objet est d'encourager le développement de l'instruction primaire ;

Vu la lettre par laquelle M. le Préfet du département de l'Yonne demande que cette association soit régulièrement autorisée ;

Vu l'avis du Conseil d'État, en date du 25 juillet dernier, portant qu'il n'y a pas lieu de reconnaître ladite société,

Est d'avis que la loi du 28 juin 1833 ne fait nul obstacle à ce qu'il se forme, comme avant la loi, des associations ou sociétés d'encouragement pour l'instruction primaire.

Avis relatif aux connaissances en histoire et en géographie que l'on doit exiger des institutrices du degré élémentaire.

15 Septembre 1837.

Le Conseil royal de l'Instruction publique,

Vu la lettre de M. le Recteur de l'Académie de....... en date du 4 septembre dernier, dans laquelle il fait connaître que l'arrêté du Conseil royal, en date du 28 juin 1836, relatif aux examens des institutrices primaires, ne comprend pas dans l'énumération des connaissances exigées les notions d'histoire et de géographie, tandis qu'elles sont portées sur les cadres imprimés des procès-verbaux adressés aux Commissions d'examen, que ce défaut de concordance a fait naître une difficulté dont il convient de prévenir le retour,

Estime qu'il suffit, pour les institutrices du degré élémentaire, qu'elles aient les notions d'histoire et de géographie qui se rattachent à l'histoire sainte, et qui sont par là même une partie de l'instruction morale et religieuse ;

Que les notions d'histoire et de géographie plus étendues doivent être réservées pour les institutrices qui aspirent au brevet du degré supérieur.

Avis relatif au remboursement des frais de séjour des élèves des Écoles normales [1].

6 Octobre 1837.

Le Conseil royal de l'Instruction publique,

Vu la lettre de M. le Recteur de l'Académie de....... en date du 30 septembre dernier, dans laquelle il fait connaître :

Que dix élèves-maîtres des Écoles normales de son ressort académique, qui n'ont pu être brevetés aux examens, après deux années d'étude, ou qui n'ont pu être admis aux cours de seconde année, ont dû, aux termes des articles 24 et 25 du règlement du 14 décembre 1832, être rayés du tableau de ces Écoles ;

Que la Commission de surveillance....... appelle l'attention sur cet inconvénient, qu'un élève qui aurait une capacité suffisante, pourrait répondre mal à l'examen, dans l'intention de se libérer de ses engagements envers l'État, de se livrer ensuite à une profession qui lui offrirait de plus grands avantages que celle d'instituteur,

Estime qu'il appartient à la Commission de surveillance et à la Commission d'examen d'apprécier à quel point il peut y avoir dissimulation, fraude et mauvaise volonté de la part des élèves-maîtres, lorsqu'ils sont admis à l'examen ; que dans le cas où l'élève-maître serait reconnu en faute sous ce rapport, la décision du 11 juillet cesserait d'être applicable, et les frais de séjour à l'École seraient exigibles.

Arrêté relatif à la création d'Écoles primaires affectées à différents cultes, à Dambach (Bas-Rhin).

7 Octobre 1837.

Le Ministre, etc.,

Vu l'article 9 de la loi du 28 juin 1833 sur l'instruction primaire;

Vu la demande formée par plusieurs habitants israélites de Dambach, département du Bas-Rhin, à l'effet d'obtenir, indépendamment

1. Rapprocher ce document de l'avis ci-dessus du 11 *juillet* 1837, page 328.

de l'École primaire catholique actuelle, l'établissement dans cette commune d'une seconde École publique spécialement affectée aux enfants du culte israélite ;

Vu les délibérations en date des 11 janvier et 27 février 1837, dans lesquelles le Conseil municipal émet un avis contraire sur cette demande ;

Considérant que le nombre des enfants israélites existant dans la commune de Dambach est assez grand pour y nécessiter l'établissement d'une École spéciale ;

Considérant, en outre, que cette commune possède des ressources suffisantes pour l'entretien de deux Écoles publiques,

Sur la proposition de M. le Préfet du Bas-Rhin,

Arrête ce qui suit :

L'établissement de deux Écoles primaires publiques, qui seront spécialement affectées, l'une aux enfants du culte catholique, l'autre aux enfants du culte israélite, est autorisé dans la commune de Dambach (Bas-Rhin).

Arrêté relatif à la suppression d'Écoles primaires affectées à différents cultes à Bislenbach (Bas-Rhin). 7 octobre 1837.

7 Octobre 1837.

Le Ministre, etc.,

Vu la lettre de M. le Préfet du Bas-Rhin en date du 16 septembre dernier, de laquelle il résulte qu'une erreur matérielle s'est glissée dans la rédaction de l'arrêté en date du 27 juillet précédent, portant autorisation, pour la commune de Bislenbach, de supprimer une de ses Écoles primaires publiques spécialement affectées, l'une aux enfants du culte luthérien, l'autre aux enfants du culte calviniste ;

Vu une délibération du Conseil municipal de Bislenbach, en date du 28 novembre 1836, ayant pour objet de solliciter cette suppression ;

Sur la proposition de M. le Préfet du Bas-Rhin,

Arrête ce qui suit :

Article 1er. — L'arrêté précité, en date du 27 juillet 1837, est et demeure rapporté.

Art. 2. — L'arrêté en date du 15 octobre 1834, par lequel la commune de Bislenbach, département du Bas-Rhin, a été autorisée, en vertu de l'article 9 de la loi du 28 juin 1833 sur l'instruction primaire, à établir deux Écoles primaires publiques, spécialement affectées, l'une aux enfants luthériens, l'autre aux enfants calvinistes, est et demeure rapporté.

---

10 octobre 1837. **Avis relatif au nombre et au siège des Commissions d'instruction primaire.**

10 Octobre 1837.

Le Conseil royal de l'Instruction publique,

Vu la lettre de M. le Recteur de l'Académie d'Aix, en date du 15 septembre dernier, dans laquelle il demande :

1° Si l'Académie d'Aix ne se trouve pas dans un cas exceptionnel pour le nombre des Commissions chargées de l'examen des aspirants au brevet de capacité, attendu qu'aucune des trois Écoles normales ne se trouve établie dans le chef-lieu du département ;

2° S'il convient de conserver auprès des Écoles normales des Commissions affectées à l'examen des seuls candidats qui sortent de ces Écoles, ou s'il faut, en ne conservant que la Commission établie au chef-lieu, exposer les élèves-maîtres à des voyages coûteux et à un dérangement nuisible à leurs dernières études,

Estime : 1° qu'il ne doit y avoir qu'une seule Commission d'examen par département ; 2° que les Commissions d'examen pour les brevets de capacité sont plus convenablement placées dans les lieux où sont établies les Écoles normales.

---

13 octobre 1837. **Avis relatif à la radiation des instituteurs du tableau du personnel.**

13 Octobre 1837.

Le Conseil royal de l'Instruction publique,

Vu la lettre, en date du 28 février, adressée par M. le Recteur de l'Académie de......., au sieur......., instituteur communal à......., et dans laquelle ce fonctionnaire annonce à cet instituteur qu'il doit cesser de remplir ses fonctions, attendu qu'il a abandonné son poste sans congé ou lettre d'exeat ;

Attendu qu'un instituteur communal ne peut perdre son titre que par démission dûment acceptée, que par révocation ou par interdiction ; que le sieur......., par la désertion de son poste, s'était mis dans le cas d'être révoqué ; mais qu'il eût fallu que le Comité pro-

22.

nonçât la révocation après avoir appelé l'inculpé à présenter ses moyens de défense ; que le Recteur a excédé ses droits en prononçant la radiation du sieur....... du tableau des instituteurs ; et que, d'un autre côté, le Comité aurait dû s'adresser au Recteur même pour obtenir que sa décision du 28 février fût retirée et annulée,

Est d'avis que le sieur....... n'a pas cessé, aux yeux de la loi, d'être instituteur communal de....... et qu'il doit reprendre ses fonctions, sauf au Comité à suivre contre cet instituteur pour raison de l'abandon de son poste.

Lettre du Ministre de l'Instruction publique à l'Inspecteur général chargé de l'administration de l'Académie de Paris, relative au mode d'enseignement de l'instruction morale et religieuse dans les Écoles primaires. — 10 nov. 1837.

10 Novembre 1837.

Monsieur l'Inspecteur général...., il résulte de votre rapport que le sieur L...., instituteur privé à Paris, donne dans son École l'instruction morale et religieuse d'après le rite de l'abbé Chatel, et qu'il a constamment résisté aux représentations qui lui ont été faites à cet égard.....

Plusieurs questions semblables se sont produites, et je crois devoir vous faire connaître la solution qu'elles m'ont paru susceptibles de recevoir d'une manière générale.

La loi spéciale qui régit l'instruction primaire en France a rendu obligatoire, dans toute École publique ou privée, l'instruction morale et religieuse. Or, par ces mots il est évident que la loi a entendu l'instruction morale et religieuse conforme à l'un des cultes reconnus par l'État, ainsi que le prouve l'ensemble de ses dispositions et notamment les articles 17 et 19 concernant les autorités préposées à la surveillance des Écoles. L'article 2 de la loi ne fait point obstacle à ce principe : il a uniquement pour but d'empêcher que, dans aucun cas, les élèves ne puissent être contraints de participer, contre le vœu de leurs parents, à l'instruction religieuse donnée d'après un culte autre que celui qu'ils professent.

Il y a donc pour tout instituteur, conformément aux termes et à l'esprit de la loi, obligation absolue de donner l'instruction morale et religieuse à leurs élèves en prenant pour base de cet enseignement un culte reconnu par l'État. Il s'ensuit que le prétendu culte de l'abbé Chatel ni tout autre que la Charte n'aurait pas consacré n'est admissible dans les Écoles.

Par tous ces motifs, j'ai décidé qu'il n'y a pas lieu de permettre que, sous aucun prétexte, dans l'intérieur de l'École du sieur L...., l'instruction religieuse soit donnée selon le rite de l'abbé Chatel.

Je vous prie de notifier à M. l'Inspecteur primaire la décision ci-dessus et de l'inviter à se transporter immédiatement dans l'École du sieur L..... Il devrait déférer cet instituteur aux tribunaux, s'il persistait à refuser de professer l'instruction morale et religieuse suivant l'un des cultes reconnus par l'État.

Recevez, etc.

Signé : SALVANDY.

Ordonnance portant création de l'emploi de Sous-Inspecteur de l'instruction primaire.

13 Novembre 1837.

LOUIS-PHILIPPE, etc.,

Vu le décret du 17 mars 1808, portant organisation de l'Université ;

Vu la loi du 28 juin 1833 sur l'instruction primaire ;

Vu nos ordonnances du 16 juillet de la même année et du 26 février 1835 ;

Vu les lois de finances des 23 mai 1834 et 30 juillet 1837 ;

Vu l'avis de notre Conseil royal de l'Instruction publique ;

Sur le rapport de notre Ministre secrétaire d'État au département de l'Instruction publique, nous avons ordonné et ordonnons ce qui suit :

ARTICLE 1er. — Il y aura dans chacun des départements portés sur le tableau joint à la présente ordonnance, outre l'Inspecteur spécial créé pour tout le département par notre ordonnance du 26 février 1835, un ou deux Sous-Inspecteurs, qui seront particulièrement chargés de surveiller l'instruction primaire dans un ou plusieurs des arrondissements de sous-préfecture.

ART. 2. — Les Recteurs des Académies détermineront chaque année, d'après les instructions de notre Ministre secrétaire d'État de l'Instruction publique, les arrondissements que devront visiter les divers fonctionnaires. Toutefois, l'Inspecteur pourra toujours être envoyé, s'il y a lieu, dans tous les arrondissements, soit par le Préfet du département, soit par le Recteur de l'Académie.

ART. 3. — Les dispositions de l'article 2 de notre ordonnance du 26 février 1835 sont applicables aux Sous-Inspecteurs. Ces fonctionnaires devront adresser directement leurs rapports à l'Inspecteur, qui les transmettra, avec ses observations, au Recteur ou au Préfet, suivant la nature des affaires.

ART. 4. — Les Sous-Inspecteurs seront nommés, comme les Inspecteurs, par notre Ministre secrétaire d'État au département de l'Instruction publique, notre Conseil royal entendu.

ART. 5. — A l'avenir et sauf la première nomination, nul ne pourra être nommé Inspecteur ou Sous-Inspecteur de l'instruction primaire, s'il n'est bachelier ès lettres ; s'il n'a, pendant trois ans au moins, rempli des fonctions dans les Collèges royaux ou communaux ou dans les établissements d'instruction primaire ou dans l'un des Comités institués conformément aux articles 17 et 18 de la loi du 28 juin 1833.

Sont seuls exceptés de l'obligation du baccalauréat les instituteurs primaires après cinq ans de service.

Art. 6. — Les Inspecteurs et après eux les Sous-Inspecteurs prendront rang parmi les fonctionnaires de l'instruction publique immédiatement après les agrégés.

Ceux qui sortiront des Collèges royaux ou communaux auront droit à des pensions de retraite et subiront les retenues sur leurs traitements d'inspection au profit des caisses de retraite desdits Collèges, conformément aux règles prescrites par les lois, décrets et ordonnances.

Les autres Inspecteurs et Sous-Inspecteurs verseront leurs retenues aux caisses d'épargne et de prévoyance, établies par l'article 15 de la loi du 28 juin 1833.

État annexé à l'ordonnance du 13 novembre 1837, concernant les Sous-Inspecteurs de l'instruction primaire.

Départements qui auront deux Inspecteurs :

Aisne, Calvados, Pas-de-Calais et Somme.

Départements qui auront un seul Inspecteur :

Ain, Basses-Alpes, Ardèche, Ardennes, Ariège, Aube, Aude, Cantal, Charente, Charente-Inférieure, Corse, Côte-d'Or, Côtes-du-Nord, Dordogne, Doubs, Drôme, Eure, Eure-et-Loir, Finistère, Gard, Haute-Garonne, Gers, Gironde, Hérault, Ille-et-Vilaine, Isère, Jura, Landes, Loiret, Lot-et-Garonne, Maine-et-Loire, Manche, Marne, Haute-Marne, Meurthe, Meuse, Moselle, Nord, Oise, Orne, Puy-de-Dôme, Basses-Pyrénées, Hautes-Pyrénées, Bas-Rhin, Haut-Rhin, Haute-Saône, Saône-et-Loire, Sarthe, Seine-Inférieure, Seine-et-Marne, Seine-et-Oise, Deux-Sèvres, Tarn, Vendée, Vienne, Vosges et Yonne.

Départements qui n'auront point, quant à présent, de Sous-Inspecteurs :

Allier, Hautes-Alpes, Aveyron, Bouches-du-Rhône, Cher, Corrèze, Creuse, Indre, Indre-et-Loire, Loir-et-Cher, Loire, Haute-Loire, Loire-Inférieure, Lot, Lozère, Mayenne, Morbihan, Nièvre, Pyrénées-Orientales, Rhône, Seine, Tarn-et-Garonne, Var, Vaucluse et Haute-Vienne.

Dispositions spéciales aux membres de l'Université, dans le nouveau projet de loi sur les pensions.

14 Novembre 1837.

Le Conseil royal de l'Instruction publique,

Conformément à la proposition du Ministre,

Sur le rapport de M. le conseiller chargé des fonctions de trésorier ;

Consulté sur le titre des dispositions spéciales aux membres de l'Université à insérer dans le nouveau projet de loi sur les pensions de retraite, qui doit être présenté aux Chambres,

Estime que ce titre et le tableau qui y est indiqué doivent être rédigés ainsi qu'il suit :

Dispositions spéciales aux membres de l'Université.

ARTICLE 42. — Les retenues prescrites par les trois premiers paragraphes de l'article 10 de la présente loi ne seront exercées que sur les traitements fixes des membres de l'Université compris dans le tableau n° 3.

ART. 43. — Les membres de l'Université compris dans ce tableau auront droit à la pension après trente ans de services et sans condition d'âge, pourvu qu'ils justifient qu'ils ont exercé pendant dix ans, au moins, dans l'instruction publique, une des fonctions mentionnées audit tableau.

ART. 44. — Les pensions à liquider en vertu de l'article précédent seront réglées à raison des trois cinquièmes de la moyenne des traitements fixes dont les ayants droit auront joui pendant les cinq dernières années.

Chaque année d'exercice au-dessus de trente ans augmentera d'un vingtième de ces traitements la pension, qui ne pourra excéder la moyenne des traitements fixes ni le maximum de 6 000 francs.

ART. 45. — Les pensions accordées, après dix ans d'exercice, aux membres de l'Université qui, par suite d'infirmités graves, contractées pendant l'exercice de leurs fonctions, auront été reconnus hors d'état de les continuer, seront réglées pour chaque année de services au soixantième de la moyenne de leurs traitements des cinq dernières années.

ART. 46. — L'admission à la retraite sera prononcée après délibération du Conseil royal de l'Instruction publique.

Aucune pension ne pourra être liquidée qu'en vertu d'une ordonnance royale rendue sur le rapport du Ministre de ce département, après délibération du Conseil royal, pour en régler le montant.

TABLEAU N° 3.

1° Membres de l'Université.

Membres du Conseil royal de l'Instruction publique.
Inspecteurs généraux.
Recteurs.
Inspecteurs d'Académie.
Professeurs des Facultés.
Proviseurs, censeurs, professeurs, aumôniers, économes, maîtres élémentaires, maîtres d'études des Collèges royaux.
Agrégés.
Secrétaires d'Académie et de Faculté.
Principaux et régents des Collèges communaux.
Inspecteurs et Sous-Inspecteurs des Écoles primaires.
Directeurs des Écoles normales primaires.

Programme des connaissances exigées pour obtenir les diplômes de maîtresses de pension ou d'institution, et le brevet d'aptitude destiné aux maîtresses d'études.   15 nov. 1837.

15 Novembre 1837.

Premier examen.

—

POUR BREVET

D'APTITUDE.

1° Lecture en français et en latin.
2° Écriture.

3° Grammaire française.
 — Dictée sur les difficultés de la langue française ;
 — Rédaction sur un sujet donné ;
 — Analyse grammaticale et logique ;
 — Exposition des principes.

4° Arithmétique.
 — Théorie et pratique ;
 — Numération ;
 — Opérations sur les quatre règles avec les preuves ;
 — Proportions ;
 — Règles de trois ; — Règles de société ;
 — Connaissances des nouvelles mesures.

5° Histoire sainte.
 — Ancien Testament ;
 — Nouveau Testament ;
 — Histoire de l'Église jusqu'à Clovis.

6° Leçon orale sur chacune des parties de l'enseignement.

Le deuxième examen comprend, indépendamment des facultés ci-dessus énoncées :

Deuxième examen.

—

POUR DIPLÔME DE MAÎTRESSE DE PENSION.

- 1° L'histoire de France . . { Faits ; / Dates ; / Esprit et caractère de chaque règne.
- 2° La cosmographie. . . . { Définitions géométriques ; / Étude de la Sphère et des connaissances qui s'y rapportent.
- 3° La géographie moderne. { Physique ; / Politique.
- 4° Les éléments de la physique. . . . .
- 5° Les éléments de l'histoire naturelle. . . . . { Notions applicables aux principaux usages de la vie.

Au troisième examen, indépendamment des connaissances exigées pour le premier et le second, la postulante sera interrogée sur les objets suivants :

Troisième examen.

—

POUR DIPLÔME D'INSTITUTION.

- 1° Littérature . . . . . . { Éléments de Logique et de Rhétorique ; / Connaissance des principales époques littéraires ; / Composition sur un sujet donné.
- 2° Géographie ancienne.
- 3° Histoire ancienne et moderne. . . . . { Faits ; / Dates ; / Esprit et caractère de chaque époque.

Nota. — Les aspirantes pourront consulter les ouvrages adoptés par l'Université.

-----

18 nov. 1837.

Arrêté relatif à l'exécution du règlement du 7 mars 1837, sur les maisons d'éducation destinées aux jeunes demoiselles.

18 Novembre 1837.

Nous, Pair de France, Préfet du département de la Seine ;

Vu le règlement concernant les maisons d'éducation de jeunes demoiselles dans le département de la Seine, approuvé le 7 mars 1837 par M. le Ministre de l'Instruction publique ;

Vu spécialement les articles 9, 13, 14 et 15 dudit règlement, contenant obligation, pour les personnes qui se proposeraient d'ouvrir une pension ou une institution, d'obtenir, indépendamment du diplôme, une autorisation spéciale d'exercer ;

Vu, en ce qui concerne les sous-maîtresses ou maîtresses d'études, les dispositions énoncées au titre II, § 2, du même règlement ;

Vu la décision de M. le Ministre de l'Instruction publique, en date du 22 juin 1837, relative aux époques de réunion de la Commission d'examen ;

Vu une autre décision de M. le Ministre de l'Instruction publique, du 7 octobre suivant, portant :

1° Que l'autorisation spéciale d'exercer exigée par le règlement n'est point nécessaire aux maîtresses d'études pour enseigner dans les maisons d'éducation, sauf à elles à justifier, préalablement à l'examen, de leur état civil et de leur bonne conduite ;

2° Que c'est à nous qu'il appartient d'ordonner les retraits d'autorisations, dans les cas prévus par les articles 6 et 25 du règlement, sauf le recours à exercer auprès du Ministre ;

3° Que c'est également à nous que doivent être soumis les prospectus, règlements, etc., pour être revêtus de l'approbation voulue par l'article 7 ;

4° Enfin, qu'il entre dans nos attributions de prononcer sur les propositions de réformes ou d'améliorations faites par les Comités de surveillance, sous la condition d'en référer à M. le Ministre pour celles de ces propositions qui concerneraient l'ensemble du service ;

Vu notre arrêté en date du 15 novembre courant, par lequel nous avons constitué sur de nouvelles bases le bureau d'indication et de placement des maîtresses d'études existant rue des Marais, n° 13, faubourg Saint-Germain, lequel portera, à compter du 1er janvier 1838, le titre de *Bureau central d'inscription des Maîtresses d'études* ;

Vu le programme approuvé par nous, indiquant les connaissances nécessaires pour les examens à subir ;

Considérant, en ce qui concerne l'autorisation spéciale d'exercer exigée des maîtresses d'établissement, que cette mesure n'aurait qu'un résultat imparfait si elle ne s'étendait aux institutrices actuellement en exercice, aussi bien qu'aux personnes qui formeront par la suite des maisons d'éducation ; mais qu'il ne doit être toutefois porté aucune atteinte aux droits acquis que l'article 26 du règlement a maintenus ;

Considérant, à l'égard des sous-maîtresses ou maîtresses d'études, qu'il convient de régler les rapports qu'elles doivent avoir avec le Bureau central d'inscription ;

Considérant enfin qu'il y a lieu de prescrire les mesures relatives à l'exécution du nouveau règlement,

Arrêtons :

Article 1er. — A compter du 1er janvier 1838, toute personne qui sera dans l'intention de diriger une maison d'éducation de jeunes demoiselles, devra nous adresser directement une demande, à l'effet d'être admise devant la Commission d'examen ; cette demande sera accompagnée des pièces mentionnées à l'article 10 du règlement, sous les nᵒˢ 1ᵒ, 2ᵒ, 3ᵒ et 4ᵒ.

Après l'obtention du diplôme, elle réclamera auprès de nous, par l'intermédiaire du maire de son arrondissement, l'autorisation d'exercer, en faisant les autres justifications énoncées au même article 10.

Lorsque cette autorisation aura été délivrée, les titulaires devront la présenter à la mairie de leur arrondissement, pour être inscrite sur le registre ouvert à cet effet ; cette inscription devra précéder l'ouverture de leur établissement.

Il y aura lieu au renouvellement de l'autorisation chaque fois qu'un établissement formé, soit avant, soit après le règlement du 7 mars 1837, sera transféré, de l'arrondissement où il est, dans un autre arrondissement.

Art. 2. — A l'égard des maîtresses de pension ou d'institution qui se trouveraient *en exercice* à l'époque du 1ᵉʳ janvier prochain, elles devront également demander l'autorisation d'exercer ; mais il leur suffira, pour l'obtenir, de représenter leurs diplômes à la préfecture, ainsi qu'un certificat délivré par le maire de l'arrondissement sur lequel elles sont domiciliées, constatant l'existence de leur établissement.

Sur le vu de ces deux pièces l'autorisation sera délivrée, pour être inscrite dans les mairies où sont situés les établissements des postulantes.

Leur demande devra être faite dans le délai de trois mois, à partir du 1ᵉʳ janvier 1838 : à l'expiration de ce délai, et sur le rapport des Comités de surveillance, il sera fait application, s'il y a lieu, des dispositions de l'article 25 du règlement.

Art. 3. — Toute personne qui se proposera d'exercer les fonctions de sous-maîtresse ou de maîtresse d'études, devra former une demande pour être appelée à subir ses examens.

Cette demande, accompagnée des pièces énoncées en l'article 10 du règlement, sous les nᵒˢ 1ᵒ, 2ᵒ, 3ᵒ et 4ᵒ, visée par l'une des dames inspectrices de l'arrondissement sur lequel est domiciliée la postulante, puis enregistrée au Bureau central d'inscription, sera déposée à la mairie pour nous être transmise.

Art. 4. — Un délai de trois mois est également accordé aux sous-maîtresses ou maîtresses d'études qui, à l'époque du 1ᵉʳ janvier 1838, se trouveraient professer dans une maison d'éducation sans un titre régulier ; passé ce délai, la faculté de se présenter à la Commission d'examen pourra leur être interdite.

Art. 5. — Le brevet d'aptitude, délivré après examen, devra être enregistré au Bureau central d'inscription toutes les fois que la titulaire voudra entrer dans une nouvelle maison d'éducation.

L'inobservation de cette formalité motiverait la suspension ou le retrait du brevet d'aptitude.

Art. 6. — Les dispositions de l'article 25 du règlement, relatives au retrait des autorisations, sont applicables à toute maîtresse de pension ou d'institution, dont les maîtresses ou sous-maîtresses ne seraient pas pourvues de titres, ou qui ne seraient pas en mesure de régulariser leur position au 1er avril 1838.

L'administration ne reconnaîtra de cessions d'établissement qu'autant qu'elles auront lieu de la part d'une personne autorisée à une personne également munie d'autorisation. Dans le cas contraire, l'autorisation en vertu de laquelle on dirige la maison sera immédiatement retirée.

Dispositions transitoires.

Art. 7. — A partir du 1er janvier 1838, les examens à subir par les postulantes auront lieu conformément au programme ci-dessus visé.

Art. 8. — La personne préposée par l'administration municipale au Bureau central d'inscription s'occupera du placement des sous-maîtresses.

Aucune espèce de rétribution ne sera exigée des postulantes, soit pour leur placement, soit pour l'enregistrement de leurs demandes ou de leurs brevets.

Art. 9. — Jusqu'à nouvel ordre, la Commission d'examen tiendra ses séances, comme par le passé, deux fois par semaine, à l'Hôtel-de-Ville.

Art. 10. — Tout prospectus, programme, règlement et publication quelconque que se proposeraient de faire les maîtresses de pension ou d'institution, devront être soumis préalablement à notre approbation.

Art. 11. — Les danses, les représentations théâtrales et les concerts sont formellement interdits dans les distributions de prix.

Art. 12. — Pour faciliter l'inspection des maisons d'éducation disséminées dans un grand nombre de communes, il sera formé, dans les arrondissements de Saint-Denis et de Sceaux, un Comité spécial de surveillance par canton.

Art. 13. — Les propositions de réformes ou d'améliorations que les Comités de surveillance jugeraient à propos de faire, conformément à l'article 25 du règlement, nous seront adressées directement, pour y donner la suite dont elles seront susceptibles.

Arrêté relatif à la création d'Écoles primaires spéciales.

24 Novembre 1837.

Le Conseil royal de l'Instruction publique,

Vu l'article 9 de la loi du 28 juin 1833 ;

Vu l'arrêté en date du 30 septembre 1834, autorisant (art. 2) dans chacune des communes d'Altkirch, de Hegenheim et de Wintzenheim, l'établissement de deux Écoles primaires publiques spécialement affectées, l'une au culte catholique, l'autre au culte israélite ;

Vu la délibération du Conseil municipal de la commune de Hegenheim, en date du 11 décembre 1836 ;

Vu les avis de M. le Préfet du département du Haut-Rhin et de M. le Recteur de l'Académie de Strasbourg,

Arrête ce qui suit :

L'arrêté du 30 septembre 1834, ci-dessus visé, est modifié en ce qui concerne la commune de Hegenheim, où il ne doit plus y avoir d'École publique spécialement affectée aux enfants du culte israélite.

Arrêté relatif à l'établissement d'Écoles primaires spéciales.

12 Décembre 1837.

Le Ministre, etc.,

Vu l'article 9 de la loi du 28 juin 1833 sur l'instruction primaire ;

Vu la demande formée par les habitants israélites de la commune de Scherswiller (Bas-Rhin), à l'effet d'obtenir l'établissement d'une École publique spécialement affectée aux enfants de leur culte ;

Vu les délibérations du Conseil municipal de cette commune, en date des 6 novembre 1836, 9 février et 18 juin 1837, portant rejet de la demande précitée ;

Vu la délibération en date du 2 janvier 1837, par laquelle le Comité supérieur de Schlestadt a émis un avis favorable à ladite demande ;

Vu les avis de M. le Préfet du Bas-Rhin et de M. le Recteur de l'Académie de Strasbourg, tendant à l'établissement de l'École spéciale réclamée par les habitants israélites de Scherswiller ;

Considérant que le nombre des enfants israélites en âge de recevoir l'instruction est assez considérable pour motiver la création de cette École ;

Considérant, en outre, que les ressources de la commune de Scherswiller sont suffisantes pour entretenir une seconde École communale,

Arrête ce qui suit :

Il sera établi dans la commune de Scherswiller (département du Bas-Rhin) deux Écoles primaires publiques, spécialement affectées, l'une aux enfants du culte catholique, l'autre aux enfants du culte israélite.

Rapport et Ordonnance concernant l'organisation des salles d'asile. 22 déc. 1837.

22 Décembre 1837.

1° Rapport au Roi.

Sire,

Les salles d'asile ou écoles du premier âge compteront parmi les institutions les plus utiles et les plus morales de notre époque. L'enfant des classes ouvrières y trouve tous les soins d'une éducation domestique et maternelle. Une instruction religieuse lui inculque tous les bons sentiments et toutes les bonnes habitudes. Son esprit se développe en ne recevant que des notions justes et utiles. C'est l'œuvre de saint Vincent de Paul, continuée jusqu'à l'époque de l'entrée aux Écoles. C'est, il faut le dire, l'éducation même du peuple reprise à ses éléments.

On a remarqué, dans les pays où les salles d'asile datent déjà de plusieurs années, que les enfants, reportant sous le toit paternel leurs habitudes d'ordre, de propreté, de respect, associent à leurs progrès ceux de qui ils auraient dû les recevoir. C'est l'Angleterre, par ses *Infant schools*, qui a fourni le premier modèle de ces établissements; toutefois la France, en les lui empruntant, n'a fait que reprendre à l'étranger une pensée qui était née sur son propre sol. Dès 1800, Mme de Pastoret avait ouvert à Paris une maison hospitalière aux petites filles délaissées. Longtemps avant cette époque, un usage analogue s'établit dans les montagnes des Vosges. Mais ces premiers germes ne s'étaient pas développés.

En 1826, quelques mères de famille, dont le nom sera conservé et béni, résolurent de fonder une œuvre durable, et elles y sont parvenues. Des souscriptions, une quête dans les églises, un secours du Conseil général des hospices, permirent d'ouvrir un premier asile. Un Comité de dames se forma [1] sous la pré-

1. Le Comité était composé à l'origine ainsi qu'il suit :
Mmes la marquise de Pastoret, *présidente;* de Maussion, *vice-présidente;* Jules Mallet, *secrétaire trésorière;* la duchesse de Praslin, *trésorière adjointe;* la princesse de Baufremont (Théodore), *trésorière adjointe;* Gautier; de Champlouis; Anisson-Duperron; la baronne de Varaignes; la comtesse de Ludres; Mailfair; la marquise de Lillers.
En 1830, il comprenait :
Mmes la comtesse de Bondy, *présidente;* la marquise de Pastoret, *présidente honoraire;* la comtesse de Laborde, *vice-présidente;* Jules Mallet, *secrétaire;* Anisson-Duperron; Boutarel; Caussin de Perceval; Danloux-Dumesnil; Delondre; Gauthier-

sidence de Mme la marquise de Pastoret d'abord, plus tard de Mme la comtesse de Bondy, pour étendre et perfectionner l'institution. M. Cochin, maire du douzième arrondissement, alla étudier en Angleterre les bonnes méthodes, et, au retour, il éleva la maison modèle de la rue Saint-Hippolyte, qui a puissamment contribué, par l'émulation qu'elle a excitée et les maîtres qu'elle a fournis, aux rapides progrès de l'institution dans tout le Royaume. Aujourd'hui, 800 asiles sont ouverts; plus de 23 000 enfants y sont élevés. Votre Majesté me permettra d'ajouter que S. A. R. Mme Adélaïde, qui avait accepté le titre de protectrice de l'œuvre, et qui en a rempli les devoirs avec autant de dévouement que de lumières, a puissamment contribué à ce précieux résultat.

Dans le principe, le Comité des dames se trouva chargé de l'administration des salles d'asile, sous la surveillance et la tutelle du Conseil général des hospices. C'était alors une œuvre essentiellement charitable. Cet état de choses fut consacré, le 8 décembre 1829, par un règlement du Préfet de la Seine, qui reçut la sanction du Ministre de l'Intérieur.

Cependant les allocations municipales, que les progrès de l'institution rendirent nécessaires, ne tardèrent pas à lui donner un caractère municipal. En même temps, l'autorité remarqua que les enfants n'étaient pas seulement recueillis et surveillés; ils étaient élevés. Les salles d'asile formaient en réalité le premier degré de l'éducation de l'enfance. Elles devaient passer sous le contrôle de l'administration, dont la mission est de veiller à la direction intellectuelle et morale de l'éducation à tous les âges et dans tout le Royaume. Par une circulaire qui suivit la publication de la loi du 28 juin 1833 [1], le Ministre de l'Instruction publique s'en saisit. Les salles d'asiles étaient considérées comme la base de l'instruction primaire.

Dès ce moment, la comptabilité et l'administration furent réclamées par l'autorité municipale; la surveillance, par les Comités locaux, par le Comité central surtout; la nomination des maîtresses et des maîtres, par les Commissions d'examen. Le Comité des dames, qui avait exercé jusque-là tous les pouvoirs, se les voyait disputés tous à la fois.

Dans cet état de choses, devait naître la pensée d'un pouvoir mixte. En effet, les 9 avril, 13 mai et 1er juillet 1836, intervinrent les délibérations du Conseil royal de l'Instruction publique et les décisions de M. le baron Pelet (de la Lozère), qui prescrivirent successivement la création de Commissions composées de membres du Comité central et du Comité des dames, chargées de *tout ce qui concernait l'administration, la surveillance, la discipline des salles d'asile*. Cette organisation fut loin de réussir à satisfaire les autorités rivales. Les Commissions d'examen se plaignirent d'avoir perdu le droit de prononcer sur la capacité des maîtres; l'autorité municipale, d'être dépouillée de l'administration; le Comité central, de voir ses pouvoirs conférés à quelques-uns de ses membres et partagés avec le Comité des dames; le Comité des dames, d'être dépossédé de fait par une association impraticable et illusoire. Après quelques mois de conflit, le 22 décembre 1836, Mme la comtesse de Bondy informa M. le comte de Rambuteau que les dames, cédant à une douloureuse nécessité, déposaient leurs fonctions.

Depuis lors, Sire, l'autorité est incertaine. Il n'y a point de règles. Les salles

---

Delessert; Guerbois; Moreau; Frédéric Moreau; Moreau; la vicomtesse Portalis; la duchesse de Praslin; la comtesse de Rambuteau; la baronne de Tholosé; la vicomtesse de Vaufreland.

1. Circulaire du 4 *juillet* 1833. (Voir ci-dessus, pages 19 et suiv.)

d'asile de Paris sont privées de la surveillance maternelle dont elles ont besoin. Cet état de choses est contraire aux intérêts des salles existantes et aux progrès de l'institution. Le Comité central le déplore ; la Chambre des Députés s'en est émue. Il importe d'y mettre un terme. C'est le but de l'organisation nouvelle que j'ai l'honneur de proposer à l'approbation de Votre Majesté.

Il m'a paru que les règles établies par la loi sur l'instruction primaire doivent être appliquées, autant que possible, à tous les établissements d'éducation pour l'enfance. Votre Majesté l'a jugé ainsi dans une ordonnance en date du 23 juin 1836 sur les Écoles de filles. Les mêmes règles conviennent aux Écoles du premier âge, où rien ne peut être plus efficace que le mélange de l'autorité municipale et de l'autorité maternelle. L'ordonnance qui devra intervenir ne fera donc que reproduire exactement la loi du 28 juin 1833, avec toutes les modifications exigées par ce qu'il y a de spécial dans l'institution des salles d'asile.

Ainsi l'administration et la comptabilité seraient rendues sans partage à l'autorité municipale. Les Comités locaux, les Comités d'arrondissement, le Comité central, exerceraient tous les droits dont la loi les a investis à l'égard de l'instruction primaire. Comme pour les Écoles des filles, des dames inspectrices seraient chargées, sous leur autorité, de la surveillance journalière des salles d'asile, et de la distribution, entre tous les enfants, des secours de la charité publique ou privée. Enfin, des Commissions d'examen particulières examineraient ceux qui se consacrent à la direction des salles d'asile. Ces Commissions seraient composées de mères de famille. Elles rédigeraient les programmes, veilleraient à la propagation des méthodes et en assureraient la nécessaire uniformité. Les dames trouveront dans le double pouvoir qui leur sera dévolu, de l'inspection et des Commissions d'examen, la part d'action qu'il était nécessaire de leur assurer dans une institution dont M. Cochin dit si bien que le « génie ne se trouve que dans le cœur des mères ». Cette première éducation, en effet, consiste à développer les lumières naturelles, sans effort, et à inculquer de bonne heure les principes de la religion et de la morale. Aussi est-il d'une grande importance que les pasteurs, qui presque partout ont secondé avec zèle cette heureuse innovation, s'y attachent de plus en plus, et portent souvent dans les salles d'asile leurs bienfaisantes instructions. Les sentiments et les principes donnés à la première enfance décident du reste de la vie.

Tel est, Sire, le système auquel je me suis arrêté. Il n'institue pas d'autorités nouvelles, et les autorités existantes restent indépendantes ; elles n'ont rien à s'envier l'une à l'autre. Ce système doit donc réussir. Avant de le proposer, j'ai entendu le Comité central, le Préfet de la Seine, le Comité des dames. Le Conseil royal en a délibéré à plusieurs reprises, et, quoique sa pensée se fût arrêtée d'abord à d'autres procédés, l'ordonnance a reçu son adhésion. Le simple et vaste édifice de l'éducation populaire se trouvera complété ainsi. Sans doute, Sire, il n'était pas d'intérêt plus pressant pour un gouvernement éclairé : mais c'est un devoir que Votre Majesté aura bien rempli.

Le Ministre de l'Instruction publique,

Signé : Salvandy.

2° Ordonnance.

Louis-Philippe, etc.,

Nous avons ordonné et ordonnons ce qui suit :

TITRE Ier.

Des salles d'asile en général.

ARTICLE 1er. — Les salles d'asile, ou écoles du premier âge, sont des établissements charitables où les enfants des deux sexes peuvent être admis, jusqu'à l'âge de six ans accomplis, pour recevoir les soins de surveillance maternelle et de première éducation que leur âge réclame.

Il y aura dans les salles d'asile des exercices qui comprendront nécessairement les premiers principes de l'instruction religieuse et les notions élémentaires de la lecture, de l'écriture, du calcul verbal. On pourra y joindre des chants instructifs et moraux, des travaux d'aiguille et tous les ouvrages de main.

ART. 2. — Les salles d'asile sont ou publiques ou privées.

ART. 3. — Les salles d'asile publiques sont celles que soutiennent, en tout ou en partie, les communes, les départements ou l'État.

ART. 4. — Nulle salle d'asile ne sera considérée comme publique qu'autant qu'un logement et un traitement convenables auront été assurés à la personne chargée de tenir l'établissement, soit par des fondations, donations ou legs, soit par des délibérations du Conseil général ou du Conseil municipal dûment approuvées.

TITRE II.

De la direction des salles d'asile.

ART. 5. — Les salles d'asile peuvent être dirigées par des hommes. Toutefois, une femme y est toujours préposée. Ces adjonctions sont permises dans des circonstances et des limites soigneusement déterminées. L'autorisation du Recteur de l'Académie sera nécessaire ; elle ne sera donnée que sur une demande du Comité local et sur l'avis du Comité de l'arrondissement, de l'Inspecteur des Écoles primaires et du curé ou pasteur du lieu.

ART. 6. — Les directeurs et directrices de salles d'asile prennent le nom de surveillants et de surveillantes.

Les dispositions des articles 5, 6 et 7 de la loi du 28 juin 1833 sont applicables aux surveillants et surveillantes des salles d'asile.

ART. 7. — A l'avenir, on ne pourra être surveillant ou surveillante de salle d'asile à moins d'être âgé de vingt-quatre ans accomplis. Sont exceptés de cette disposition la femme ou la fille, les fils, frères ou neveux du surveillant ou de la surveillante, lesquels pourront être employés, sous son autorité, à l'âge de dix-huit ans accompli. Toute autre exception exige l'autorisation du Recteur.

ART. 8. — Tout candidat aux fonctions de surveillant et de surveillante d'asile, outre les justifications de son âge, devra présenter les pièces suivantes :

1° Un certificat d'aptitude ;

2° Un certificat de moralité ;

3° Une autorisation pour un lieu déterminé.

ART. 9. — Le certificat d'aptitude est délivré, conformément aux dispositions de la loi du 28 juin 1833, après les épreuves soutenues devant les Commissions d'examen spécifiées au titre suivant.

Nul ne sera admis devant la Commission d'examen sans avoir produit, au préalable, son acte de naissance et le certificat de moralité.

ART. 10. — Les certificats de moralité constatent que l'impétrant ou l'impétrante est digne, par sa bonne conduite et sa bonne réputation, de se livrer à l'éducation de l'enfance.

Les certificats de moralité sont délivrés conformément à l'article 6 de l'ordonnance du 23 juin 1836.

Le certificat donné dans la dernière résidence ne pourra avoir plus d'un mois de date.

ART. 11. — Sur le vu et le dépôt de ces pièces, l'autorisation d'exercer dans un lieu déterminé est délivrée par le Recteur de l'Académie, en se conformant aux dispositions des articles 7 et 11 de l'ordonnance du 23 juin 1836.

ART. 12. — Les pièces ci-dessus ne sont pas exigées pour l'autorisation dans les cas prévus par l'article 13 de l'ordonnance du 23 juin 1836.

TITRE III.

Des Commissions d'examen.

ART. 13. — Il y aura dans chaque département une ou plusieurs Commissions de mères de famille chargées d'exercer, en ce qui touche l'examen des candidats aux fonctions de surveillants ou de surveillantes d'asile, les attributions conférées par l'article 25 de la loi du 28 juin 1833 aux Commissions d'examen pour l'instruction primaire.

Ces Commissions délivreront les certificats d'aptitude prescrits par l'article 8 de la présente ordonnance.

Elles en prononceront le retrait dans les cas prévus en l'article 21.

ART. 14. — Les Commissions d'examen seront prises parmi les

dames inspectrices dont il sera parlé au titre suivant. Leur nombre ne pourra être moindre de cinq.

Le Préfet les nomme.

Chaque Commission sera placée sous la présidence d'un membre du Conseil académique ou de la Commission d'examen pour l'instruction primaire. Le président est à la nomination du Recteur, ainsi que le secrétaire. A Paris, il prend séance dans la Commission supérieure dont il est parlé ci-après.

ART. 15. — Les Commissions se réuniront à des époques déterminées par le Recteur ; elles recevront de lui les programmes d'examen et toutes les instructions nécessaires.

ART. 16. — Il sera institué une Commission supérieure d'examen pour les salles d'asile, chargée de rédiger, pour tout le Royaume, le programme des examens d'aptitude, celui de la tenue des salles d'asile, des soins qui y seront donnés et des exercices qui auront lieu.

Ces programmes seront soumis à notre Conseil royal de l'Instruction publique, et devront être approuvés par notre Ministre de l'Instruction publique.

La Commission supérieure des asiles donnera son avis sur les livres qui pourront être considérés comme particulièrement propres aux salles d'asile entre ceux qui sont approuvés par notre Conseil royal pour l'instruction primaire. Dans aucune salle d'asile, à quelque titre et par quelques personnes qu'elle soit tenue, il ne pourra être fait usage de livres autres que ceux qui auront été ainsi déterminés.

La Commission supérieure pourra également, sous l'autorité de notre Ministre, préparer toutes les instructions propres à propager l'institution des salles d'asile, à assurer l'uniformité des méthodes, et à fournir des directrices pour le premier établissement des salles qui seront fondées soit par les particuliers, soit par les communes.

ART. 17. — La Commission supérieure des asiles est composée de dames faisant ou ayant fait partie des Commissions d'examen. Elle est nommée par notre Ministre de l'Instruction publique, et placée sous la présidence d'un membre du Conseil royal de l'Instruction publique qu'il désignera, ainsi que le secrétaire. La Commission supérieure siège au chef-lieu de l'Université.

TITRE IV.

Des autorités préposées aux salles d'asile.

ART. 18. — Les Comités locaux, les Comités d'arrondissement, et, à Paris, le Comité central, exerceront sur les salles d'asile toutes

23.

les attributions de surveillance générale, de contrôle administratif et de pouvoir disciplinaire dont ils sont revêtus par la loi sur l'instruction primaire, sauf les dérogations qui sont contenues aux articles 21 et 22 de la présente ordonnance.

ART. 19. — Des dames inspectrices seront chargées de la visite habituelle et de l'inspection journalière des salles d'asile. Il y aura une dame inspectrice pour chaque établissement. Elles pourront se faire assister par des dames déléguées qu'elles choisiront ; elles feront connaître leur choix au maire, à la diligence de qui les Comités en seront informés.

ART. 20. — Les dames inspectrices seront nommées sur la présentation du maire, président du Comité local, par le Préfet, qui a seul le droit de les révoquer. Les dames déléguées font partie, de droit, des listes de présentation.

ART. 21. — Les dames inspectrices surveillent la direction des salles d'asile, en tout ce qui touche à la santé des enfants, à leurs dispositions morales, à leur éducation religieuse et aux traitements employés à leur égard.

Elles provoquent, auprès des Commissions d'examen, le retrait des brevets d'aptitude de tout surveillant ou de toute surveillante d'asile dont les habitudes, les procédés et le caractère ne seraient pas conformes à l'esprit de l'institution. Les présidents des Comités sont informés, au préalable, de la proposition des dames.

Les dames inspectrices pourront, en cas d'urgence, suspendre provisoirement les surveillants ou surveillantes, en rendant compte sur-le-champ de la suspension et de ses motifs au maire, qui en référera, dans les vingt-quatre heures, le Comité local entendu, au président du Comité d'arrondissement, et, à Paris, au président du Comité central, qui maintient, abroge, limite la suspension.

ART. 22. — Dans tous les cas de négligence habituelle, d'inconduite ou d'incapacité notoire et de fautes graves signalées par les dames inspectrices, le Comité d'arrondissement, et, à Paris, le Comité central, mandera l'inculpé et lui appliquera les peines de droit.

ART. 23. — Les dames inspectrices seront chargées de l'emploi immédiat de toutes les offrandes destinées par les Comités, par les Conseils municipaux et départementaux, par l'administration centrale ou par les particuliers, aux salles d'asile de leur ressort, sauf, à l'égard des deniers publics, l'accomplissement de toutes les formalités prescrites pour la distribution de ces deniers.

ART. 24. — Les dames inspectrices feront, au moins une fois par trimestre, et plus souvent si les circonstances l'exigent, un rapport au Comité local, qui en référera au Comité d'arrondissement, et, à

Paris, au Comité central. Ce rapport comprendra tous les faits et toutes les observations propres à faire apprécier la direction matérielle et morale de chaque salle d'asile et ses résultats de toute nature.

Ce rapport pourra contenir toutes les réclamations qu'elles croiraient devoir élever dans l'intérêt de la discipline, de la religion, de la salubrité, de la bonne administration de l'établissement confié à leurs soins. En cas d'urgence, elles adresseraient directement leurs réclamations aux autorités compétentes.

ART. 25. — Les dames inspectrices, quand elles le jugeront utile, auront la faculté d'assister à la discussion de leur rapport dans les Comités ; elles y auront, en ce cas, voix délibérative.

ART. 26. — Il pourra y avoir des dames inspectrices permanentes rétribuées sur les fonds départementaux ou communaux. Elles porteront le titre de déléguées spéciales pour les salles d'asile. Les déléguées spéciales seront nommées par le Recteur, sur la présentation des Comités d'arrondissement, et, à Paris, par notre Ministre de l'Instruction publique, sur la présentation du Comité central ; elles pourront siéger, avec voix délibérative, dans les Comités et dans les Commissions d'examen.

ART. 27. — Il y aura près la Commission supérieure une inspectrice permanente, rétribuée sur les fonds du Ministère de l'Instruction publique, laquelle portera le titre de déléguée générale pour les salles d'asile, et sera nommée par le Ministre de l'Instruction publique. Elle aura le droit d'assister, avec voix délibérative, à toutes les séances de la Commission supérieure et des autres Commissions d'examen.

ART. 28. — Les salles d'asile sont spécialement soumises à la surveillance des Inspecteurs et des sous-inspecteurs de l'instruction primaire. Les Inspecteurs d'Académie devront les comprendre dans le cours de leurs tournées.

ART. 29. — Dans les cas prévus par les paragraphes 2 et 3 de l'article 21 et par l'article 22, les membres des Comités exercent l'autorité spécifiée auxdits articles et dans les mêmes formes.

TITRE V.

Dispositions transitoires.

ART. 30. — Les personnes qui dirigent actuellement des salles d'asile publiques ou privées, en vertu d'autorisations régulièrement obtenues, pourront continuer à tenir leurs établissements sans avoir besoin d'un nouveau titre, si, d'ici au 1er avril prochain, le retrait de leur autorisation n'a pas été provoqué et obtenu par les Comités ou par les Commissions d'examen.

Arrêté relatif à la fixation du traitement des Inspecteurs et des Sous-Inspecteurs de l'instruction primaire.

29 déc. 1837.

29 Décembre 1837.

Nous, Ministre, etc.;

Vu les ordonnances du 26 février 1835 et du 13 novembre 1837, concernant les Inspecteurs et sous-inspecteurs de l'instruction primaire, et l'arrêté du 4 août 1835 ;

Vu les délibérations des Conseils généraux des départements et les demandes des Préfets et des Recteurs, relatives aux traitements des Inspecteurs et à la création des sous-inspecteurs ;

Vu l'avis du Conseil royal de l'Instruction publique,

Avons arrêté et arrêtons ce qui suit :

ARTICLE 1er. — Le traitement des Inspecteurs de l'instruction primaire du département de la Seine est fixé à 3 000 francs, à partir du 1er janvier 1838.

ART. 2. — Les traitements des Inspecteurs de l'instruction primaire dans les départements autres que celui de la Seine sont fixés ainsi qu'il suit, à partir du 1er janvier 1838 :

1re classe.	2 000 francs.
2e —	1 800 —
3e —	1 600 —

ART. 3. — Sont compris dans la 1re classe les Inspecteurs de l'instruction primaire des départements suivants :

Bouches-du-Rhône.	Gironde.	Rhin (Bas-).
Calvados.	Nord.	Rhône.
Côte-d'Or.	Pas-de-Calais.	Seine-et-Oise.
		Seine-Inférieure.

Sont compris dans la 2e classe les Inspecteurs de l'instruction primaire des départements suivants :

Aisne.	Gard.	Loire-Inférieure.
Corse.	Garonne (Haute-)	Loiret.
Côtes-du-Nord.	Hérault.	Maine-et-Loire.
Doubs.	Ille-et-Vilaine.	Manche.
Eure.	Isère.	Marne.

Meurthe.	Orne.	Saône-et-Loire.
Moselle.	Rhin (Haut-).	Seine-et-Marne.
		Somme.

Sont compris dans la 3ᵉ classe les Inspecteurs de l'instruction primaire des départements suivants :

Ain.	Eure-et-Loir.	Oise.
Allier.	Finistère.	Puy-de-Dôme.
Alpes (Basses-).	Gers.	Pyrénées (Basses-).
Alpes (Hautes-).	Indre.	Pyrénées (Hautes-).
Ardèche.	Indre-et-Loire.	Pyrénées-Orientales.
Ardennes.	Jura.	Saône (Haute-).
Ariège.	Landes.	Sarthe.
Aube.	Loir-et-Cher.	Sèvres (Deux-).
Aude.	Loire.	Tarn.
Aveyron.	Loire (Haute-).	Tarn-et-Garonne.
Cantal.	Lot.	Var.
Charente.	Lot-et-Garonne.	Vaucluse.
Charente-Inférieure.	Lozère.	Vendée.
Cher.	Marne (Haute-).	Vienne.
Corrèze.	Mayenne.	Vienne (Haute-).
Creuse.	Meuse.	Vosges.
Dordogne.	Morbihan.	Yonne.
Drôme.	Nièvre.	

Art. 4. — Les traitements des sous-inspecteurs de l'instruction primaire dans les départements sont fixés à 1 200 francs.

----

5 janvier 1838. **Avis relatif à diverses questions concernant le régime des Écoles primaires (rétribution, gratuité, assiduité, méthode, livres, mobilier, logement, devoirs religieux, mandat de payement).**

5 Janvier 1838.

Le Conseil royal de l'Instruction publique,

Vu les diverses questions relatives au régime des Écoles primaires adressées par le sieur........, instituteur à......., savoir :

1° L'instituteur primaire est-il en droit d'exiger la rétribution du mois entier, nonobstant l'absence de l'élève pendant plusieurs jours ?

2° Peut-on admettre dans l'École le frère d'un élève gratuitement admis par le Conseil municipal, en remplacement de cet élève, lorsque celui-ci est retiré de l'École dans le courant de l'année ?

3° L'instituteur peut-il forcer un élève admis gratuitement à suivre assidûment les cours de l'École ; et, après trois jours d'absence sans motif légitime, le même instituteur peut-il le faire remplacer par un autre ?

4° Peut-on forcer un élève à suivre la méthode mutuelle contre le vœu des parents ?

5° Quels sont les livres qui doivent être admis dans les Écoles ?

6° Peut-on obliger une commune qui n'aurait pas des revenus suffisants pour fournir l'École du mobilier nécessaire, et quelle voie y aurait-il à suivre pour obtenir à cet égard une subvention sur les fonds de l'État ;

7° De quoi doit se composer le logement de l'instituteur ?

8° Un curé ou desservant peut-il obliger un instituteur communal à communier souvent ?

9° Enfin, un instituteur communal peut-il se faire délivrer, par le maire, dans la première quinzaine d'un trimestre, le mandat nécessaire pour toucher le traitement de ce trimestre, et quel moyen doit-il employer pour obtenir cette pièce ?

Est d'avis qu'il y a lieu de décider ce qui suit :

Sur la première question : que la rétribution, étant mensuelle, est due pour le mois tout entier, sans tenir compte de l'absence de plusieurs jours ;

Sur la deuxième : que cette faculté d'admettre le frère d'un élève qui suit gratuitement les exercices de l'École à la place de ce dernier ne saurait être contestée, mais qu'il n'y a pas obligation à cet égard, les exemptions de rétribution étant personnelles ;

Sur la troisième : qu'il n'y a pas de doute que l'instituteur ne soit en droit d'exiger l'assiduité aux exercices de l'École ; que, sous le rapport de la discipline, il n'y a aucune distinction entre les élèves admis gratuitement et les élèves payants ;

Sur la quatrième : que tout élève doit se conformer à la méthode adoptée par l'instituteur ;

Sur la cinquième : que les livres doivent être choisis parmi ceux qui sont autorisés par le Conseil royal ;

Sur la sixième : que l'acquisition du mobilier nécessaire à la tenue d'une École fait partie des obligations que l'article 12 de la loi du 28 juin 1833 impose aux communes ; et que les mêmes voies doivent être suivies dans les demandes de secours sur les fonds de l'État, soit pour la maison d'école, soit pour le mobilier ;

Sur la septième : que la commune doit fournir une salle proportionnée au nombre des élèves que l'instituteur est tenu de recevoir, plus une ou deux chambres d'habitation, outre la cuisine, le tout convenablement disposé ;

Sur la huitième : qu'il n'y a ni autorité, ni puissance au monde qui puisse contraindre à communier souvent, et que la question est au moins très déplacée ;

Sur la neuvième : que si un maire se refuse à délivrer le mandat de payement à l'instituteur communal, dans un délai raisonnable après l'expiration de chaque trimestre, l'instituteur devra s'adresser au Préfet, qui requerra le maire de faire son devoir, et, en cas de refus, délivrera lui-même d'office le mandat en question.

---

12 janvier 1838. Instruction du Ministre de l'Instruction publique, relative à l'exécution de l'ordonnance du 15 novembre 1857 concernant la réorganisation du service de l'inspection primaire.

12 Janvier 1838.

Monsieur le Préfet [1], l'expérience de ces dernières années a démontré la nécessité d'augmenter le nombre des fonctionnaires chargés de l'inspection des Écoles primaires. La plupart des Inspecteurs ont eu jusqu'ici une circonscription trop étendue pour qu'il leur fût possible de visiter chaque année toutes les communes et de se transporter sur tous les points où leur présence est de temps en temps nécessaire.

Pour remédier à cette insuffisance, les Chambres ont, dans leur session de 1836, voté un crédit spécial destiné à compléter l'organisation du service de l'inspection des Écoles primaires, et le Roi, par une ordonnance en date du 13 novembre dernier, a décidé qu'un ou deux sous-inspecteurs seraient nommés dans un certain nombre de départements, dont le tableau est annexé à ladite ordonnance. Il résulte de ce tableau qu'il y aura dans le département dont l'administration vous est confiée..... sous-inspecteur..... de l'instruction primaire.

Cette ordonnance règle les conditions d'aptitude légale qui seront désormais exigées pour les fonctions d'Inspecteur et de sous-inspecteur de l'instruction primaire, ainsi que le rang que ces fonctionnaires devront prendre parmi les membres de l'instruction publique.

Ainsi désormais, et sauf la première nomination, nul ne pourra être nommé Inspecteur ou sous-inspecteur de l'instruction primaire, s'il ne justifie du grade de bachelier ès lettres et s'il n'a pendant trois ans, au moins, rempli des fonctions dans les Collèges royaux et communaux, ou dans les établissements d'instruction primaire, ou dans l'un des Comités institués conformément aux articles 47 et 48 de la loi du 28 juin 1833. Cette disposition, qui sera pour l'avenir une garantie précieuse, aurait eu cependant pour résultat d'écarter de l'inspection de l'instruction primaire d'habiles instituteurs qui auraient négligé de se pourvoir du grade de bachelier, et qui peuvent apporter dans l'exercice de ces fonctions une longue et utile expérience de l'enseignement et de la tenue des Écoles primaires. Une exception à la condition du baccalauréat est faite en faveur de ceux de ces instituteurs qui comptent cinq ans d'exercice.

1. Cette instruction a été également envoyée aux Recteurs.
Consulter, en ce qui concerne les résultats de l'inspection de l'année précédente et les règles à observer, l'instruction du 5 *septembre*, et les circulaires des 15 *septembre* et 4 *octobre* 1837, sur les congrégations enseignantes. (*Circulaires et Instructions officielles relatives à l'Instruction publique*, Tome II, pages 528, 536 et 544.)

L'article 6 porte que les Inspecteurs et, après eux, les sous-inspecteurs prendront rang parmi les fonctionnaires de l'instruction publique immédiatement après les agrégés.

Vous aurez donc soin de convoquer ces fonctionnaires dans toutes les cérémonies publiques où le Corps universitaire est invité. Ils y figureront au rang qui leur est assigné.

L'article 2 de l'ordonnance porte que les Recteurs des Académies détermineront, chaque année, d'après les instructions du Ministre de l'Instruction publique, les arrondissements que devront visiter les Inspecteurs et sous-inspecteurs, et que les premiers pourront toujours être envoyés, s'il y a lieu, dans tous les arrondissements, soit par le Préfet du département, soit par le Recteur de l'Académie.

J'invite M. le Recteur à m'adresser promptement des propositions à ce sujet, après s'être concerté avec vous. Ces propositions devront être combinées de telle sorte que chaque département puisse être inspecté tous les ans en totalité. Un certain nombre d'arrondissements sera assigné à cet effet au sous-inspecteur, et l'Inspecteur se chargera du reste; ce qui ne s'oppose nullement à ce qu'il se rende, si les besoins du service l'exigent, dans les arrondissements confiés au sous-inspecteur. Ce dernier, conformément à l'article 3 de l'ordonnance, devra adresser directement ses rapports à l'Inspecteur, qui les fera parvenir, avec ses observations, soit à vous, soit à M. le Recteur, suivant la nature des affaires.

Enfin, Monsieur le Préfet, l'ordonnance assure l'avenir des Inspecteurs et des sous-inspecteurs de l'instruction primaire, en réservant à ceux d'entre eux qui compteront déjà des services dans l'enseignement les bénéfices des droits qu'ils auront acquis. Ainsi les fonctionnaires qui sortiront des Collèges royaux et communaux auront droit à des pensions de retraite et subiront les retenues sur leur traitement d'Inspecteur au profit des caisses de retraite desdits Collèges, conformément aux règles prescrites par les lois, décrets et ordonnances.

Les autres Inspecteurs et sous-inspecteurs verseront leurs retenues aux caisses d'épargne et de prévoyance établies par l'article 45 de la loi du 28 juin 1833.

Toutefois, comme vous ne pourriez pas toujours connaître exactement la position antérieure des Inspecteurs et sous-inspecteurs nouvellement nommés, et qu'il en pourrait résulter de la confusion dans les sommes qui seraient attribuées, soit aux deux caisses de retraite, soit aux caisses d'épargne et de prévoyance, et que, d'ailleurs, MM. les Préfets doivent se borner à mandater le net à payer aux parties, il conviendra que vous fassiez subir à ces nouveaux fonctionnaires les mêmes retenues que celles qui sont exercées au profit du *fonds de retraite* sur le traitement des Inspecteurs actuellement en exercice.

Ces retenues étant constatées dans votre compte annuel de dépenses, j'en ferai dresser l'état dans mes bureaux, et le montant en sera ordonnancé au profit de la caisse à laquelle ressortira le titulaire, ainsi que cela a lieu pour les autres fonds de retraite.

Vous recevrez incessamment avis de la nomination de....... sous-inspecteur de l'instruction primaire de votre département. J'espère que l'enseignement populaire en recevra une salutaire impulsion, et que nous avancerons de plus en plus vers le but qu'il faut nous proposer, celui de ne plus compter d'enfants qui ne participent à ce grand bienfait public.

Recevez, etc.

Signé : SALVANDY.

2 février 1838. Arrêté prescrivant l'établissement d'un tableau des Écoles primaires dans chaque département, avec indication des traitements affectés à chacune d'elles.

2 Février 1838 [1].

Le Conseil royal de l'Instruction publique,

Vu le rapport de M. le Recteur de l'Académie d'Angers, relatif à une délibération du Comité d'instruction primaire de Laval, ayant pour objet de classer les Écoles primaires de l'arrondissement suivant les avantages présumés que chacune de ces Écoles pourrait offrir, et de donner aux instituteurs communaux un numéro d'ordre basé sur leur ancienneté, leur zèle et leur mérite, afin d'empêcher, par ce moyen, les changements trop fréquents d'instituteurs, et d'assurer d'autant plus l'avancement par ordre de mérite,

Arrête :

ARTICLE 1er. — Il sera dressé dans chaque département un tableau général de toutes les Écoles, arrondissement par arrondissement, avec l'indication : 1° des traitements fixes votés par les communes qui excéderont le minimum de 200 francs ; 2° des traitements éventuels calculés (terme moyen) sur les trois années précédentes.

ART. 2. — Ce tableau sera partagé en quatre catégories, selon que la totalité du traitement s'élèvera au-dessus de 400 francs, de 800 francs, de 1200 francs, de 1500 francs et au delà. Ce même tableau indiquera la population de la commune et le nombre des élèves gratuits de chaque École primaire.

ART. 3. — Le tableau prescrit par l'article précédent sera publié la première semaine du mois d'août, dans le recueil administratif de la préfecture, et réimprimé dans les journaux de l'instruction primaire.

Il sera déposé dans les archives de chaque Comité d'arrondissement, pour y être consulté au besoin par les maires des communes dudit arrondissement.

ART. 4. — Le tableau sera revisé annuellement dans les mêmes formes.

Les Écoles qui, par l'effet de fondations et donations ou par votes nouveaux des communes, auraient acquis une plus grande importance, seront placées dans une catégorie supérieure.

---

1. Consulter, pour les mesures d'ordre à observer, la circulaire du 14 avril 1838. (*Circulaires et Instructions officielles relatives à l'Instruction publique*, Tome II, page 589.)

Arrêté relatif au cours d'études de l'École normale de Chartres.

5 Février 1838.

Le Ministre décide qu'à partir de l'année 1838-1839, le cours d'études de l'École normale de Chartres (Eure-et-Loir) sera de *trois années*.

La première et la seconde seront destinées à l'instruction des élèves-maîtres, la troisième année à les mettre en état d'instruire les enfants dans les Écoles primaires.

Arrêté fixant le programme des examens pour les fonctions de surveillants ou surveillantes de salles d'asile.

6 Février 1838.

Le Conseil royal de l'Instruction publique,

Vu l'article 16 de l'ordonnance du 22 décembre 1837, qui autorise la Commission supérieure des salles d'asile, à proposer au Conseil royal et au Ministre de l'Instruction publique le programme des examens d'aptitude d'après lequel doivent être délivrés les certificats d'aptitude nécessaires pour exercer les fonctions de surveillants ou de surveillantes des salles d'asile ;

Vu le projet de programme dressé par la Commission supérieure, dans la séance du 14 janvier 1838,

Arrête ainsi qu'il suit le programme général des examens d'aptitude :

ARTICLE 1er. — Les Commissions d'examen instituées par l'article 13 de l'ordonnance royale du 22 décembre 1837 devront, par toute espèce de renseignements et d'informations, s'assurer du zèle, de l'activité, de la conduite irréprochable et des principes moraux et religieux des aspirants aux fonctions de surveillants et de surveillantes des salles d'asile.

ART. 2. — Lorsque cette première épreuve aura été favorable aux candidats, les Commissions leur feront subir les deux examens ci-après indiqués :

1° Un examen pratique ; 2° un examen d'instruction.

ART. 3. — L'examen pratique se composera d'un nombre indéterminé d'épreuves, qui auront lieu dans les salles d'asile désignées par la Commission d'examen, en présence de trois personnes au moins, membres ou déléguées des Commissions d'examen.

ART. 4. — L'examen d'instruction aura lieu en présence de cinq membres au moins de la Commission d'examen, qui statueront, après avoir entendu le rapport des personnes déléguées pour l'examen pratique.

L'examen définitif portera sur les matières d'enseignement attribuées aux salles d'asile par le paragraphe 2 de l'article 1er de l'ordonnance royale du 22 décembre 1837.

Les examens auront lieu avec la publicité déterminée par l'ordonnance royale du 23 juin 1836, relative aux Écoles primaires de jeunes filles et par les instructions ultérieures.

---

9 février 1838. **Arrêté relatif à la distribution annuelle des médailles décernées comme récompenses aux instituteurs primaires.**

9 Février 1838.

Le Conseil royal de l'Instruction publique,

Vu la loi du 28 juin 1833 sur l'instruction primaire ;

Vu les arrêtés du 15 juin 1818, du 7 février 1829 et du 28 avril 1837, concernant la distribution annuelle des médailles aux instituteurs primaires qui se distinguent par une excellente tenue de leur École et par les progrès de leurs élèves ;

Considérant qu'un assez grand nombre d'Écoles primaires du degré supérieur soit publiques, soit privées, sont maintenant établies sur différents points du Royaume, et qu'il convient de ne plus faire concourir ensemble, pour ces récompenses honorifiques, les instituteurs de ce degré et les instituteurs du degré élémentaire,

Arrête ce qui suit :

Indépendamment des médailles et mentions honorables qui pourront être données aux instituteurs et institutrices primaires du degré élémentaire, en vertu de l'arrêté du 28 avril 1837, il sera décerné, par département, une médaille d'argent, une médaille de bronze et deux mentions honorables aux instituteurs et institutrices primaires du degré supérieur.

On suivra, pour la distribution de ces récompenses honorifiques, les formes établies par les arrêtés précités.

Arrêté relatif à la distribution annuelle des médailles d'encouragement aux directeurs et directrices de salles d'asile.

9 février 1838.

9 Février 1838.

Le Conseil royal de l'Instruction publique,

Considérant qu'il est à propos de faire participer les surveillants et les surveillantes des salles d'asile à la distribution des récompenses honorifiques accordées aux instituteurs primaires par les arrêtés du 15 juin 1818, du 7 février 1829 et du 28 avril 1837,

Arrête ce qui suit :

ARTICLE 1er. — Il sera distribué dans chaque département du Royaume une médaille en argent et deux médailles en bronze aux surveillants et aux surveillantes qui se seront distingués par leur zèle et leur intelligence et par leur dévouement charitable et religieux dans la direction et la tenue des salles d'asile confiées à leurs soins.

Il pourra, en outre, être accordé dans chaque département quatre mentions honorables.

ART. 2. — Les médailles et les mentions honorables ci-dessus mentionnées seront décernées, chaque année, par une délibération du Conseil académique, aux surveillants et surveillantes des asiles de chacun des départements dont l'Académie se compose.

A cet effet, l'Inspecteur de l'instruction primaire prendra connaissance des rapports faits aux Comités d'arrondissement par les Comités locaux, conformément à l'article 24 de l'ordonnance du 22 décembre 1837, et il adressera, en conséquence, ses propositions au Recteur, qui les présentera à la discussion du Conseil académique.

ART. 3. — Les listes de mérite que le Conseil académique aura dressées en exécution des articles précédents, seront transmises par le Recteur, dans le mois de juillet de chaque année, et soumises à l'approbation du Ministre en Conseil royal.

ART. 4. — La remise des médailles sera faite publiquement par la dame déléguée spéciale pour les salles d'asile, assistée des dames inspectrices et de leurs déléguées, aux surveillants et surveillantes qui auront mérité ces récompenses.

Le nom de l'impétrant sera gravé sur chaque médaille aux frais de l'Université.

Ordonnance relative aux caisses d'épargne et de prévoyance en faveur des instituteurs.

13 Février 1838 [1].

Louis-Philippe, etc.,

Sur le rapport de notre Ministre secrétaire d'État au département de l'Instruction publique ;

Vu l'article 15 de la loi du 28 juin 1833, sur l'instruction primaire ;

Vu le projet de statuts des caisses d'épargne et de prévoyance en faveur des instituteurs primaires communaux, dont cet article prescrit la création ;

Vu les délibérations prises par les Conseils généraux sur ce projet de statuts,

Nous avons ordonné et ordonnons ce qui suit :

Article 1er. — Les statuts dont la teneur suit sont définitivement adoptés pour régir les caisses d'épargne et de prévoyance établies en faveur des instituteurs primaires communaux, en vertu des dispositions de l'article 15 de la loi du 28 juin 1833.

Statuts des caisses d'épargne et de prévoyance établies en faveur des instituteurs primaires communaux.

Article 1er. — La caisse d'épargne et de prévoyance établie dans chaque département en faveur des instituteurs primaires communaux, conformément aux dispositions de l'article 15 de la loi du 28 juin 1833, sur l'instruction primaire, est placée sous la surveillance spéciale d'une Commission composée :

Du Préfet, *président*;

Du Recteur de l'Académie ou de son délégué ;

De trois membres du Conseil général désignés par ce Conseil ;

D'un membre de chacun des Conseils d'arrondissement désigné par ces Conseils ;

D'un instituteur primaire communal par arrondissement, nommé par le Ministre de l'Instruction publique, sur la présentation du Recteur ;

---

1. Consulter, pour l'exécution de l'ordonnance, l'instruction du 29 *mars* 1838 et la circulaire du 24 *avril* 1838. (*Circulaires et Instructions officielles relatives à l'Instruction publique*, Tome II, pages 578 et 596.)

De l'Inspecteur des Écoles primaires du département, *secrétaire*.

Le directeur des contributions directes du département remplira près de la Commission les fonctions de commissaire liquidateur.

ART. 2. — Les membres de la Commission autres que le Préfet, le Recteur ou son délégué, le directeur des contributions directes et l'Inspecteur des Écoles primaires, seront renouvelés tous les trois ans ; ils sont indéfiniment rééligibles.

ART. 3. — Les retenues exercées sur le traitement des instituteurs primaires communaux seront inscrites, au fur et à mesure qu'elles seront effectuées, sur un livret, dont chacun des instituteurs primaires communaux sera porteur.

Ce livret sera coté et parafé par l'Inspecteur des Écoles primaires du département.

ART. 4. — Les comptes courants des sommes placées à la caisse d'épargne et de prévoyance par les instituteurs communaux, et les dons et legs faits à cette caisse, seront tenus par l'Inspecteur des Écoles primaires du département sur un registre, qui sera coté et parafé par un membre de la Commission de surveillance de la caisse délégué à cet effet par le Préfet. Tous les dons et legs faits aux mêmes conditions seront inscrits au même compte courant.

ART. 5. — Au commencement de chaque semestre, l'Inspecteur des Écoles primaires présentera à l'approbation de la Commission de surveillance le projet de répartition entre les comptes courants ouverts à chaque instituteur et aux divers dons et legs des intérêts acquis pendant le semestre expiré.

Un état de situation par instituteur et par dons et legs des fonds versés à la caisse d'épargne et de prévoyance, avec les intérêts capitalisés, sera en même temps dressé par la Commission de surveillance.

Une expédition de cet état sera déposée au secrétariat général de la préfecture, ainsi qu'au secrétariat des sous-préfectures, où chaque instituteur pourra en prendre communication.

Les résultats de cet état de situation, en ce qui concerne chaque instituteur, seront portés à sa connaissance par l'envoi d'un bulletin ; le montant des intérêts capitalisés à son profit sera en même temps inscrit sur son livret.

ART. 6. — Lorsqu'un instituteur se retirera ou viendra à décéder, la demande formée soit par lui, soit par sa veuve ou ses ayants droit, à l'effet d'obtenir le remboursement des sommes par lui versées à la caisse d'épargne et de prévoyance, avec les intérêts capitalisés, sera adressée au Préfet, président de la Commission de surveillance, qui la communiquera à cette Commission lors de ses réunions ordinaires.

Après que le montant des sommes appartenant à l'instituteur aura été définitivement liquidé, le Préfet en fera opérer le remboursement.

Si l'instituteur ou ses ayants droit se trouvaient dans le besoin, le Préfet, président, après avoir pris l'avis du commissaire liquidateur, et sans attendre l'époque de la réunion ordinaire de la Commission de surveillance, pourrait leur faire rembourser jusqu'à concurrence des quatre cinquièmes des sommes qui seraient jugées leur appartenir.

En ce qui touche les instituteurs communaux appartenant à des congrégations enseignantes, le supérieur général de chaque congrégation pourra être autorisé à retirer à la fin de chaque année le montant des retenues qui auront été faites sur le traitement des différents membres de la congrégation, pour en disposer dans l'intérêt de ladite congrégation.

ART. 7. — Lorsque des dons et legs auront été faits à une caisse d'épargne ou de prévoyance, l'instituteur ou ses ayants droit auront droit, sur les intérêts capitalisés provenant de ces dons et legs, à une part proportionnelle à celle qui leur appartiendra dans le montant total des retenues opérées sur les traitements de tous les instituteurs en fonctions.

Si les dons ou legs n'ont été faits qu'en faveur des instituteurs d'un arrondissement, d'un canton, de ceux pourvus de brevets de capacité, soit pour l'instruction primaire élémentaire, soit pour l'instruction primaire supérieure, de ceux d'un âge déterminé, etc., on prendra, pour régler la part proportionnelle qui reviendra à l'instituteur sur les intérêts capitalisés provenant de ces dons ou legs, le montant total des retenues opérées sur le traitement de tous les instituteurs en fonctions de la même catégorie.

ART. 8. — Lorsqu'un instituteur passera d'un département dans un autre, les sommes qui lui appartiendront dans la caisse d'épargne et de prévoyance du département qu'il quittera, et la part proportionnelle qui lui reviendra dans le montant des intérêts capitalisés provenant des dons et des legs faits à ladite caisse, seront versées dans celle du département où se rendra l'instituteur.

ART. 9. — Dans le cas où les dons et legs faits aux caisses d'épargne et de prévoyance renfermeraient quelques conditions particulières, elles seraient religieusement observées en tout ce qui ne serait pas contraire aux lois.

ART. 10. — Un état de situation de la caisse d'épargne et de prévoyance sera présenté tous les ans au Conseil général du département.

Ordonnance réglant le versement à la Caisse des dépôts et consignations   13 février 1838.
des sommes provenant des Caisses d'épargne des instituteurs.

13 Février 1838.

Louis-Philippe, etc.,

Vu l'article 15 de la loi du 28 juin 1833, qui a prescrit la formation des caisses d'épargne et de prévoyance pour les instituteurs primaires communaux ;

Vu notre ordonnance du 26 février 1835, qui a créé des Inspecteurs spéciaux de l'instruction primaire, et celle de ce jour portant approbation des statuts en vertu desquels sont organisées les Commissions de surveillance des caisses d'épargne des instituteurs primaires ;

Vu la loi du 31 mars dernier, qui charge la Caisse des dépôts et consignations de recevoir et administrer les fonds des caisses d'épargne et de prévoyance, autorisées en vertu de la loi du 5 juin 1835, et d'en bonifier l'intérêt à raison de 4 pour 100 par an ;

Considérant que les dispositions de cette dernière loi doivent être appliquées aux caisses d'épargne et de prévoyance des instituteurs primaires communaux ;

Sur le rapport de nos Ministres secrétaires d'État aux départements de l'Instruction publique et des Finances,

Nous avons ordonné et ordonnons ce qui suit :

Article 1er. — La Caisse des dépôts et consignations sera chargée de recevoir et d'administrer, sous la garantie du Trésor public et sous la surveillance de la Commission instituée par l'article 99 de la loi du 28 avril 1816, les fonds provenant des caisses d'épargne des instituteurs communaux, et qui seront placés conformément aux règles établies ci-après.

Le taux auquel sera bonifié l'intérêt des sommes placées par ces caisses sera le même que celui qui a été fixé pour les autres caisses d'épargne par la loi du 31 mars dernier.

Art. 2. — Les receveurs municipaux feront une retenue d'un vingtième sur le montant des traitements fixes qu'ils payeront aux instituteurs. Le montant en sera énoncé sur les mandats de payement ; il sera inscrit par ces comptables sur un livret, dont chaque instituteur sera porteur.

Art. 3. — Lorsque, par suite de conventions faites avec le Conseil municipal, le traitement de l'instituteur aura été réglé de telle sorte qu'une partie de ce traitement remplace la rétribution mensuelle, ce Conseil déterminera la portion du traitement représentant la rétribution, et sur laquelle la retenue du vingtième ne sera pas exercée.

Un mandat spécial sera, d'ailleurs, délivré par le maire, pour le payement de chaque partie du traitement.

Art. 4. — Les receveurs municipaux verseront le montant des retenues dans la caisse du receveur particulier des finances de l'arrondissement, pour le compte du receveur général, en sa qualité de préposé de la Caisse des dépôts et consignations. Les receveurs généraux tiendront le compte général et sommaire de la caisse d'épargne de chaque département.

L'intérêt courra à dater du quinzième jour du mois pendant lequel les versements auront été effectués, et il cessera à partir du quinzième jour du mois pendant lequel les remboursements auront eu lieu.

Art. 5. — Les dons et legs faits aux caisses d'épargne et de prévoyance des instituteurs primaires communaux seront versés dans les caisses des receveurs des finances. Les dispositions de l'article 4 leur seront applicables.

Art. 6. — Dans les dix premiers jours de chaque mois, le receveur général des finances adressera au Préfet le bordereau détaillé des versements faits tant à sa caisse que chez les receveurs particuliers, pour le compte de la caisse d'épargne, et constatés dans sa comptabilité, pendant le mois précédent; les bordereaux seront transmis à l'Inspecteur des Écoles primaires, chargé de la tenue des comptes courants individuels des instituteurs, et du compte des dons et legs faits à la caisse d'épargne. Le même bordereau comprendra distinctement les remboursements dont il sera parlé à l'article 8 ci-après; il comprendra également les recettes et les dépenses provenant des transferts de département à département.

Art. 7. — Au commencement de chaque semestre, le receveur général des finances établira le compte sommaire des intérêts acquis sur les placements faits à la Caisse des dépôts et consignations pour le compte de la caisse d'épargne et de prévoyance dans le semestre précédent.

L'Inspecteur des Écoles primaires vérifiera ce compte et reconnaîtra la conformité du décompte des intérêts avec ceux qu'il aura calculés sur les comptes courants ouverts à chaque instituteur et aux dons et legs faits à la caisse.

Le décompte sera adressé, par les soins du receveur général, à la Caisse des dépôts et consignations. Après qu'il aura été vérifié et approuvé, et lorsque cette caisse aura autorisé l'allocation des intérêts liquidés, ces intérêts seront capitalisés dans chaque compte particulier, valeur au dernier jour du semestre expiré.

24.

L'Inspecteur des Écoles primaires rédigera un bulletin qui établira la situation des fonds appartenant à l'instituteur, en capitaux et intérêts.

Ce bulletin sera remis à l'instituteur par le receveur municipal, qui inscrira en même temps sur le livret le montant des intérêts capitalisés pour le semestre expiré.

ART. 8. — Le remboursement des sommes versées à la caisse d'épargne et de prévoyance, ainsi que des intérêts capitalisés, sera fait aux instituteurs ou à leurs ayants droit, au moyen de mandats délivrés par le Préfet sur le receveur général du département, qui en fera dépense, comme préposé de la Caisse des dépôts, au compte général de la caisse d'épargne des instituteurs, valeur aux dates déterminées par l'article 4.

ART. 9. — Lorsqu'un instituteur passera d'un département dans un autre, la Commission de surveillance fera la liquidation des sommes en capital et intérêts, qui appartiendront à cet instituteur, dans la caisse d'épargne et de prévoyance du département, et le Préfet délivrera pour le payement de cette somme un mandat sur le receveur général.

Cette somme sera transférée par l'entremise de la Caisse des dépôts et consignations dans la caisse du receveur général des finances du département où se rendra l'instituteur.

ART. 10. — Les retenues exercées sur le traitement des instituteurs du département de la Seine seront versées par le trésorier de la ville de Paris, et par les receveurs municipaux des communes rurales, au caissier du Trésor public, pour le compte du receveur central des finances du département de la Seine, qui tiendra le compte sommaire de la caisse d'épargne, fournira les bordereaux mensuels et formera les décomptes généraux semestriels, conformément aux règles tracées par la présente ordonnance.

Les remboursements seront effectués par la Caisse du Trésor, également pour le compte du receveur central, sur lequel les mandats de remboursements seront délivrés.

ART. 11. — Les receveurs généraux et particuliers des finances et le receveur général des finances du département de la Seine ne pourront être mis en relation avec les instituteurs pour les versements et les comptes courants des caisses d'épargne.

ART. 12. — Les receveurs des finances et les receveurs municipaux n'auront droit à aucune rétribution pour la recette et le remboursement des fonds des caisses d'épargne, conformément à ce qui est prescrit par l'article 14 de la loi du 28 juin 1833, pour le recouvrement des rétributions mensuelles dues aux instituteurs.

- Art. 13. — Les fonds qui auront été reçus par le Trésor royal, jusqu'au 31 mars 1838, et provenant des retenues exercées sur les traitements des instituteurs primaires, seront versés à la Caisse des dépôts et consignations, et formeront le premier article de crédit du compte général ouvert par cette Caisse aux caisses d'épargne des instituteurs communaux. La portion de ces fonds afférente à chaque instituteur et à chaque département formera aussi le point de départ des comptes individuels et du compte général de la caisse d'épargne du département.

Art. 14. — La dépense des imprimés nécessaires aux caisses d'épargne et de prévoyance des instituteurs primaires communaux sera imputée sur les ressources mises à la disposition des départements par la loi du 28 juin 1833.

Art. 15. — Nos Ministres secrétaires d'État aux départements de l'Instruction publique et des Finances sont chargés, chacun en ce qui le concerne, de l'exécution de la présente ordonnance.

---

16 février 1838. Arrêté relatif à l'enseignement du dessin dans les Écoles normales primaires.

16 Février 1838.

Le Conseil royal de l'Instruction publique,

Voulant encourager l'étude du dessin linéaire dans les Écoles normales primaires,

Arrête :

Article 1er. — Au mois d'avril prochain, le directeur de chaque École normale primaire proposera pour sujet de composition, aux élèves-maîtres les plus avancés de la dernière année du cours normal, la levée du plan des bâtiments et terrain qu'occupe l'École.

Les plans seront soumis à la Commission d'examen dans le mois d'août suivant, et ceux qui auront été jugés réunir au plus haut degré l'exactitude et la bonne exécution seront adressés au Recteur de l'Académie, après avoir été visés par le président de la Commission de surveillance.

Le Recteur transmettra les trois plans jugés les plus dignes d'être mis sous les yeux du Ministre de l'Instruction publique et du Conseil royal.

Art. 2. — Il sera décerné, aux frais de l'Université, à l'auteur du meilleur plan de chaque École normale, un prix, dont la nature et la valeur seront ultérieurement déterminées, d'après les propositions du Recteur de l'Académie.

Décision relative à la suppression des autorisations provisoires accordées à des instituteurs non brevetés.

20 Mars 1838 [1].

Le Conseil royal de l'Instruction publique;

Vu la lettre de M. le Recteur de l'Académie de Rennes, en date du 23 février dernier, dans laquelle il demande qu'il soit pris des mesures pour remédier aux inconvénients que font naître les autorisations provisoires accordées à des instituteurs non brevetés;

Vu les décisions du 27 août 1833, du 7 mars et du 22 août 1834;

Considérant que depuis la publication de la loi sur l'instruction primaire, cinq années seront bientôt révolues; que les soixante-seize Écoles normales sont en état de fournir désormais à tous les besoins de l'instruction primaire; qu'il n'est plus nécessaire de laisser ni aux Recteurs, ni aux Comités, la faculté d'accorder des autorisations provisoires à des individus non brevetés,

Arrête :

Les décisions du 27 août 1833, du 7 mars et du 22 août 1834 sont et demeurent abrogées.

Ordonnance prorogeant le délai accordé aux communes pour devenir propriétaires de locaux d'Écoles.

25 Mars 1838.

LOUIS-PHILIPPE, etc.,

Vu le rapport du Ministre de l'Instruction publique,

Le délai de six ans, à compter de l'expiration de l'année 1833, qui a été accordé aux communes par l'ordonnance du 16 juillet 1833, pour devenir propriétaires de locaux d'École, est prorogé jusqu'au 1er janvier 1844.

1. Voir ci-après, page 386, la circulaire du 10 *mai* 1838.

3 avril 1838. **Avis relatif au moment auquel les certificats de moralité peuvent être exigés.**

3 Avril 1838.

Le Conseil royal de l'Instruction publique

Est d'avis que les certificats de moralité exigés par la loi au moment où il est question de l'ouverture ou de la direction d'une École, ne peuvent être exigés avant l'examen pour le brevet de capacité de l'instruction primaire.

---

14 avril 1838. **Circulaire du Ministre de l'Instruction publique, relative à l'exécution de l'arrêté du 2 février 1858 portant interdiction d'enseigner les anciennes mesures dans les Écoles primaires[1].**

14 Avril 1838.

Monsieur le Recteur, la loi qui interdit l'usage des anciennes mesures et de leurs subdivisions à partir du 1er janvier 1840 nous impose le devoir de nous préparer à exécuter cette disposition et à la compléter, en cessant, dès à présent, d'enseigner aux élèves des Écoles primaires les nombres complexes relatifs à ces anciennes mesures. On devra se borner aux notions les plus indispensables et réserver à d'autres études le temps consacré jusqu'ici à cette partie de l'arithmétique. En conséquence, j'ai décidé en Conseil royal, le 2 février dernier, que dans toutes les Écoles on enseignera désormais exclusivement le calcul décimal, et qu'on ne s'y occupera des anciennes mesures que pour démontrer leur conversion en mesures nouvelles, en insistant sur la conversion des mesures de surface et de volume.

Je vous recommande de pourvoir à ce que ces dispositions soient exécutées immédiatement dans toute l'étendue de votre ressort académique.

Recevez, etc.

Signé : SALVANDY.

1. Ces instructions furent rappelées aux Recteurs le 1er *décembre* suivant, date à laquelle le Ministre envoyait aux Écoles une collection de poids et mesures. (Voir ci-après, à sa date, la circulaire du 1er *décembre* 1838.)

La circulaire du 28 *décembre* (*Circulaires et Instructions officielles*, Tome II, page 708) recommande d'ouvrir pour les adultes des cours spéciaux sur le système légal des poids et mesures.

Règlement général concernant la tenue des salles d'asile, les soins qui doivent y être donnés aux enfants et les exercices qui doivent y avoir lieu. 24 avril 1838.

24 Avril 1838.

Le Conseil royal de l'Instruction publique,

Vu l'article 16 de l'ordonnance du 22 décembre 1837, par lequel la Commission supérieure des salles d'asile est autorisée à proposer au Conseil royal de l'Instruction publique le programme de la tenue des salles d'asile, des soins qui y seront donnés et des exercices qui y auront lieu ;

Vu le projet de programme dressé par la Commission supérieure, dans sa séance du 19 février 1838,

Arrête, ainsi qu'il suit, le règlement général des salles d'asile :

TITRE Ier.

De la tenue des salles d'asile.

§ 1. Du local.

ARTICLE 1er. — Les salles d'exercice destinées à recevoir les enfants seront situées au rez-de-chaussée, planchéiées ou carrelées, ou airées en asphalte ou en salpêtre battu, et éclairées des deux côtés par des fenêtres qui auront leur base à deux mètres au moins du sol, avec châssis mobile.

ART. 2. — La forme de ces salles sera celle d'un rectangle ou carré long d'au moins 4 mètres de largeur sur 10 mètres de longueur, pour cinquante enfants ; d'au moins 6 mètres de largeur sur 12 mètres de longueur, pour cent enfants, et d'au moins 8 mètres de largeur sur 16 à 20 mètres de longueur, pour deux cents à deux cent cinquante enfants.

Ce dernier nombre ne sera jamais dépassé.

ART. 3. — A l'une des extrémités de la salle seront établies plusieurs rangées de gradins, au nombre de cinq au moins et de dix au plus, disposés de manière que tous les enfants puissent y être assis en même temps ; il y sera pratiqué deux voies, l'une au milieu, l'autre au pourtour, afin de faciliter le classement et les mouvements des élèves et la circulation des maîtres et de leurs aides.

ART. 4. — Des bancs fixés au plancher seront placés dans le reste de la salle avec un espace vide au milieu pour les évolutions.

Devant les bancs seront des cercles peints sur le plancher, des porte-tableaux et des touches; autour de la salle seront suspendus des tableaux de numération ou de caractères alphabétiques, et d'autres tableaux présentant les premiers et plus simples éléments de l'instruction primaire.

ART. 5. — A côté de la salle d'exercices il y aura un préau en partie couvert et en partie découvert, d'une dimension au moins triple de la première salle.

Dans la partie découverte, dont on ménagera l'exposition de la manière la plus favorable à la santé des enfants, seront placés divers objets propres à servir de jeux.

Sous la partie couverte il y aura des bancs qu'on pourra retirer et ranger à volonté.

Indépendamment de la partie couverte du préau, il y aura, autant qu'il sera possible, près de la salle d'exercices, une autre salle spécialement destinée aux repas et servant de chauffoir pendant l'hiver; on y disposera des planches pour recevoir les paniers des enfants, des bancs mobiles, des écuelles et autres ustensiles nécessaires.

ART. 6. — Les lieux d'aisances seront placés de telle sorte que la surveillance en soit très facile.

§ 2. Du mobilier.

ART. 7. — Le mobilier nécessaire aux salles d'asile comprend les objets ci-après énoncés : des champignons pour les casquettes, les vestes ou gilets et les tabliers; des baquets ou jattes, des sébilles de bois ou des gobelets d'étain, des éponges et des serviettes, une fontaine, un poêle, deux lits de camp sans rideaux; une pendule, une clochette à main et une cloche suspendue; un sifflet ou signal pour les divers exercices de l'intérieur; des tableaux, des porte-tableaux et des touches, des ardoises et des crayons, une planche noire sur un chevalet, et des crayons blancs; un boulier compteur ayant dix rangées de dix boules chacune; un ou plusieurs cahiers et portefeuilles d'images, un cadre ou porte-gravure, pour placer l'image qu'on veut exposer aux regards des enfants; une armoire, où seront gardés les registres et les tableaux, ainsi que les matériaux et les produits du travail manuel [1].

1. L'expérience a montré qu'il y avait convenance et utilité à exercer, dès le plus bas âge, les enfants à des travaux manuels, tels que le parfilage des chiffons de soie, le tricot, et surtout le tricot à grosses mailles et à aiguilles de bois, la tapisserie, le filet, etc. Il est bien entendu que ce n'est jamais un objet de spéculation pour les surveillants ou surveillantes. (Note du *Bulletin*.)

§ 3. Du personnel des maîtres et de leurs aides.

Art. 8. — Indépendamment du surveillant ou de la surveillante désignés par les articles 6, 7 et 8 de l'ordonnance du 22 décembre 1837, il y aura toujours, quel que soit le nombre des enfants, une femme de service dans chaque salle d'asile.

Art. 9. — Lorsque le nombre des enfants s'élèvera au-dessus de cent, il devra y avoir, outre la femme de service, au moins deux personnes préposées à la surveillance; elles seront choisies et autorisées par le Recteur de l'Académie, conformément aux règles établies par le titre II de ladite ordonnance.

Art. 10. — Les surveillants ou surveillantes des salles d'asile communales, leurs aides ou autres employés, ne recevront des familles aucun payement ni rétribution, aucun cadeau ni offrande. Leur traitement leur sera remis directement par la caisse de la commune ou par une autre caisse agréée de l'autorité municipale.

§ 4. De l'admission des enfants.

Art. 11. — Seront admis dans les salles d'asile les enfants de l'âge de deux à six ans.

Au-dessous et au-dessus de cet âge, l'admission ne peut avoir lieu que sur l'autorisation formelle de la dame inspectrice de l'établissement.

Art. 12. — Les parents doivent, avant l'admission, présenter au surveillant un certificat de médecin constatant que leur enfant n'est atteint d'aucune maladie contagieuse, qu'il a été vacciné ou qu'il a eu la petite vérole.

Art. 13. — Chaque jour, avant d'amener leurs enfants à l'asile, les parents leur laveront les mains et le visage, les peigneront et auront soin que leurs vêtements ne soient ni décousus, ni troués, ni déchirés.

Art. 14. — Il sera tenu un registre sur lequel seront inscrits jour par jour, sous une même série de numéros, les noms et prénoms des enfants admis, les noms, demeures et professions des parents ou tuteurs, et les conventions relatives aux moyens d'amener ou de reconduire les enfants.

Art. 15. — Les asiles seront accessibles aux enfants tous les jours de la semaine; ils pourront même y être admis les jours fériés, pour des motifs graves, dont la dame inspectrice sera juge. Néanmoins, les jours fériés, les salles d'exercice seront fermées, et les préaux seuls demeureront ouverts, sous la garde de la femme de service ou d'une autre personne agréée par la dame inspectrice.

Art. 16. — Conformément à ce qui se pratique pour les Écoles primaires soit de filles, soit de garçons, l'autorisation de tenir une salle d'asile ne donne que le droit de recevoir des externes : une autorisation spéciale sera nécessaire pour y admettre des enfants à titre de pensionnaires ; cette autorisation spéciale ne pourra être accordée que par délibération du Conseil royal, sur la proposition du Recteur de l'Académie.

§ 5. Du partage des heures de la journée.

Art. 17. — Les salles d'asile seront ouvertes :

Du 1er mars au 1er novembre, depuis sept heures du matin jusqu'à six heures du soir ;

Du 1er novembre au 1er mars, depuis neuf heures du matin jusqu'au coucher du soleil.

Art. 18. — Dans des cas d'urgence, sur lesquels il sera statué par la dame inspectrice, les surveillants devront même recevoir et garder les enfants soit avant, soit après les heures ci-dessus déterminées.

Les conditions particulières auxquelles pourront donner lieu les soins extraordinaires que prendront alors les surveillants et surveillantes, seront également réglées par la dame inspectrice, qui en fera son rapport au Comité local.

Art. 19. — Les exercices d'enseignement ont lieu chaque jour de la semaine, pendant deux heures au moins et quatre heures au plus ; chacun de ces exercices ne dure jamais plus de dix à quinze minutes.

§ 6. De l'inspection journalière.

Art. 20. — Les dames inspectrices ou leurs déléguées exerceront continuellement une surveillance maternelle envers les enfants recueillis dans les salles d'asile ; elles étudieront les dispositions des enfants ; elles dirigeront les surveillants et surveillantes dans l'exécution du plan d'éducation tracé par les règlements et les programmes.

Les visites auront lieu à diverses heures de la journée, de manière à rendre la dame inspectrice témoin des exercices et des récréations ; elles auront notamment pour objet la santé des enfants et les secours immédiats à distribuer aux enfants pauvres de l'asile.

Art. 21. — Un médecin sera attaché à chaque asile ; et devra le visiter au moins une fois par semaine ; il inscrira ses prescriptions sur un registre particulier.

ART. 22. — Dans chaque salle d'asile est déposé un registre, sur lequel la dame inspectrice constatera le nombre des enfants présents, leurs occupations du moment et les observations qu'elle aura faites.

Ce même registre recevra les observations des personnes dénommées aux articles 24, 27 et 28 du présent statut.

ART. 23. — Un tronc sera placé dans chaque asile ; la clef en sera confiée à la dame inspectrice. Les deniers déposés dans ce tronc, ainsi que tous autres fonds qui seraient donnés spécialement pour l'asile, seront administrés au profit de l'établissement, conformément à l'article 23 de l'ordonnance. L'argent sera employé à fournir des vêtements, soupes ou médicaments pour les enfants pauvres, infirmes ou convalescents qui fréquentent l'asile ; il pourra aussi être appliqué aux menues dépenses qui seront jugées nécessaires.

L'indication de l'emploi de ces recettes fera partie du rapport trimestriel que les dames inspectrices feront au Comité local de chaque commune, et, à Paris, au Comité de chaque arrondissement municipal, conformément aux articles 24 et 25 de l'ordonnance.

§ 7. De l'inspection des déléguées spéciales.

ART. 24. — Lorsque des fonds départementaux ou communaux, régulièrement votés, auront assuré le traitement d'une ou de plusieurs dames déléguées, conformément à l'article 26 de l'ordonnance du 22 décembre, le Recteur de l'Académie, après en avoir conféré avec le Préfet de chaque département du ressort académique, fera connaître au Ministre de l'Instruction publique les circonstances qui rendraient nécessaire la nomination de ces déléguées, et il sera procédé à leur nomination comme il est dit à l'article précité.

ART. 25. — Les visites des déléguées spéciales auront pour principal objet, outre le rappel aux règlements, qui appartient à toute personne investie du droit d'inspection :

1° Le détail des dépenses, le bon emploi des fonds que le département ou la ville aura affectés au service des salles d'asile, et généralement le régime économique ;

2° La pratique des méthodes et des exercices adoptés conformément à l'ordonnance ;

3° La surveillance disciplinaire à l'égard des maîtres et maîtresses et de leurs aides.

ART. 26. — La dame déléguée spéciale devra exercer ses fonctions habituellement et sans mandat formel; elle inspectera, suivant la nature et l'étendue de son titre, toutes les salles d'asile du département, de l'arrondissement ou de la commune; elle adressera ses rapports sur chaque asile au maire de la commune, et, à Paris, au Préfet de la Seine, pour ce qui touche le régime économique; aux Comités locaux et d'arrondissement, pour ce qui concerne la discipline et les méthodes.

Elle communiquera ses observations à la dame inspectrice, sur tout ce qui intéressera la santé des enfants et les soins physiques et moraux qui doivent leur être donnés.

§. 8. De la déléguée générale.

Art. 27. — Les fonctions de la dame inspectrice permanente, nommée, en vertu de l'article 27 de l'ordonnance, *déléguée générale pour les salles d'asile*, s'exerceront à l'égard de tous les asiles de France, d'après une mission, soit du président de la Commission supérieure, soit du Ministre même de l'Instruction publique.

Tous les asiles devront être ouverts à la déléguée générale; elle ne pourra rien ordonner ni rien prescrire; mais elle examinera les divers établissements sous tous les rapports, se fera donner, par les surveillants et par les diverses autorités préposées aux asiles, tous les renseignements nécessaires sur chacun de ces établissements, et s'assurera si les règlements sont exactement suivis; elle recueillera ensuite ses observations et adressera à la Commission supérieure d'abord un rapport séparé sur chaque asile; et, en définitive, un rapport général sur tous les établissements que sa mission aura dû comprendre.

Ces divers rapports seront l'objet des délibérations de la Commission supérieure, et, s'il y a lieu, donneront naissance à des dispositions réglementaires, soit pour un ou plusieurs asiles, soit pour tous les asiles du Royaume.

§ 9. Des autres inspections.

Art. 28. — Indépendamment de l'inspection journalière des dames inspectrices et de leurs déléguées, de l'inspection habituelle de la déléguée spéciale et de l'inspection annuelle de la déléguée générale, les salles d'asile seront soumises, conformément aux articles 18 et 28 de l'ordonnance, à l'inspection ordinaire: 1° des Comités locaux d'arrondissement, et à Paris, du Comité central; 2° des Inspecteurs et des sous-inspecteurs de l'instruction primaire; 3° des Inspecteurs d'Académie.

Les Recteurs des Académies et les Inspecteurs généraux de l'Université devront aussi comprendre dans leurs tournées les établissements de cette nature qui mériteront une attention particulière.

Le président et les membres de la Commission supérieure pourront à tout instant exercer dans tous les asiles ce même droit d'inspection, et adresser au Ministre de l'Instruction publique leurs observations sur tous et chacun de ces établissements.

ART. 29. — Aux termes des articles 21, 22 et 29 de l'ordonnance du 22 décembre, les membres des Comités d'arrondissement, et, à Paris, du Comité central, pourront provoquer auprès des Commissions d'examen le retrait du brevet d'aptitude de tout surveillant ou de toute surveillante dont les habitudes, les procédés et le caractère ne seraient pas conformes à l'esprit de l'institution ; ils pourront de même, en cas d'urgence, suspendre provisoirement lesdits surveillants ou surveillantes, en rendant compte sur-le-champ de cette suspension et de leurs motifs au maire de la commune, et, à Paris, au maire de l'arrondissement.

ART. 30. — Toutes les fois que les asiles seront visités par quelqu'un des fonctionnaires dénommés à l'article 20 et suivants du présent statut, les surveillants et surveillantes devront exhiber les registres de l'établissement, et répondre avec la plus grande exactitude aux questions qui leur seront adressées.

ART. 31. — Les surveillants et surveillantes qui contreviendraient aux dispositions de l'article précédent pourront être punis pour cette contravention, conformément aux articles 21, §§ 2 et 3, et 22 de l'ordonnance.

ART. 32. — Les surveillants ou surveillantes à qui le brevet d'aptitude ou l'autorisation auront été retirés, en exécution des articles 18 et 22 de l'ordonnance, pourront se pourvoir devant le Ministre de l'Instruction publique en Conseil royal, conformément à l'article 22 de la loi du 28 juin 1833, §§ 2 et 3.

§ 10. Des visites du public.

ART. 33. — Les surveillants et surveillantes des salles d'asile sont autorisés à recevoir les visites des personnes qui désirent assister à quelques-uns des exercices.

Ils pourront néanmoins se refuser à recevoir ces visites lorsqu'elles leur paraîtront présenter quelque inconvénient pour la bonne tenue de l'asile, et ils devront, dans ce cas, en référer soit à la dame inspectrice, soit à la déléguée spéciale, soit enfin au maire de la commune ou de l'arrondissement municipal.

ART. 34. — Les surveillants et surveillantes, dans leur charitable sollicitude pour les enfants pauvres, se feront un devoir d'inviter les visiteurs à déposer leurs offrandes dans le tronc placé à l'entrée de l'asile.

S'il est fait quelque don à découvert, il sera mentionné à l'instant sur le registre spécial dit *des visiteurs* et sur le registre de la dame inspectrice, en présence du donateur; et l'emploi en sera fait, ou selon la destination qui aurait été indiquée, où, à défaut d'indication particulière, dans les termes de l'article 23 du présent statut.

ART. 35.— Lorsqu'une personne aspirant aux fonctions de surveil lant ou de surveillante désirera suivre habituellement les exercices pratiqués dans une salle d'asile, et les pratiquer elle-même à titre d'essai et d'étude, la dame inspectrice pourra donner l'autorisation d'assister auxdits exercices.

La dame inspectrice pourra retirer ou modifier cette autorisation, selon qu'elle le jugera convenable.

§ 11. De la tenue des registres.

ART. 36. — Il doit être tenu dans chaque salle d'asile cinq re gistres, savoir : 1° le registre matricule prescrit par l'article 14 pour inscrire les admissions; 2° le livre du médecin prescrit par l'article 21; 3° le registre des inspections mentionné dans l'article 22; 4° le registre des visiteurs indiqué dans l'article 34; 5° le livre des recettes et des dépenses.

TITRE II.

Des soins qui doivent être donnés aux enfants.

ART. 37. — Les salles et préaux doivent être nettoyés et balayés tous les matins, une demi-heure avant l'arrivée des enfants.

ART. 38. — A l'heure indiquée pour l'arrivée des enfants, le sur veillant ou la surveillante doit les recevoir, faire sur chacun d'eux l'inspection de propreté, examiner, sous le rapport de la quantité et de la salubrité, les aliments qu'ils apportent, exiger la remise du panier sur les planches disposées à cet effet, et sur tout cela adresser aux parents ou tuteurs les observations convenables.

L'enfant amené dans un état de maladie ne sera pas reçu; il sera, selon les circonstances, ramené par ses parents, ou dirigé aussitôt vers la demeure du médecin.

ART. 39. — Les surveillants et femmes de service, pénétrés de la sainteté du dépôt qui leur est confié dans la personne de ces petits enfants, doivent s'attacher, de cœur et d'âme, à remplir leur mission avec une douceur inaltérable et une patience toute chrétienne.

Les enfants ne doivent jamais être frappés. La dame inspectrice veille avec le plus grand soin à ce qu'il ne soit jamais infligé de punitions trop longues ou trop rudes.

ART. 40. — Le surveillant ou la surveillante doivent toujours être présents aux exercices et aux récréations ; ils doivent se maintenir en possession d'obtenir, à tout instant et au premier signal convenu, un silence immédiat et complet.

ART. 41. — Tous les soins de propreté et d'hygiène nécessaires à la santé des enfants seront immédiatement donnés par les surveillants et les surveillantes ; les enfants qui se trouveraient fatigués ou incommodés seront déposés sur le lit de camp ou dans le logement du surveillant, jusqu'à ce qu'on puisse les rendre à leur famille.

ART. 42. — Les mouvements des enfants et les jeux appropriés à leur âge seront dirigés et surveillés de manière à prévenir toutes disputes et tous accidents fâcheux. Le sol du préau sera toujours garni d'une forte couche de sable.

ART. 43. — Les heures de récréation offrent à des surveillants attentifs et intelligents des occasions continuelles d'instructions et de remontrances relativement à la propreté, à la tenue, à la politesse. Les mille petits incidents de chaque journée peuvent servir de texte à d'utiles leçons, qui ne s'oublieront jamais, et qui porteront dans la suite les plus heureux fruits.

ART. 44. — Le surveillant doit constater chaque jour les absences et les présences, non en faisant subir un appel à des enfants si jeunes, mais en lisant tous les noms inscrits sur le registre matricule et se faisant aider dans ses observations par la femme de service et par quelques-uns des enfants les plus âgés.

ART. 45. — Lorsque, après la dernière heure de classe ou de récréation, les enfants, malgré les représentations les plus instantes faites habituellement aux parents ou tuteurs, ne sont pas immédiatement repris par leurs familles, les surveillants ou surveillantes doivent les retenir, afin qu'ils ne soient pas exposés à se trouver seuls dans les rues, et, en conséquence, continuer leurs soins jusqu'à ce que chaque enfant soit remis en mains sûres.

Si les parents, après avoir été dûment avertis, retombent dans la même négligence, la dame inspectrice pourra autoriser le surveillant à ne plus admettre l'enfant à la salle d'asile.

ART. 46. — En cas d'absences réitérées d'un enfant sans motif connu d'avance, le surveillant s'informera des causes qui auront pu

occasionner ces absences, et en tiendra note pour en instruire la
dame inspectrice.

ART. 47. — Le dimanche et les autres jours fériés, les surveillants et surveillantes devront, si les parents le désirent, réunir
les enfants les plus avancés à la salle d'asile pour les conduire à
l'office divin.

Il conviendra aussi que, dans ces mêmes jours, les surveillants
visitent ceux des élèves qui seraient malades, causent avec les
parents du caractère et de la conduite de leurs enfants, des défauts
et des fautes qui méritent leur attention particulière; s'entretiennent,
avec le maire de la commune et avec les personnes bienfaisantes,
des besoins les plus pressants de certains enfants ou de l'établissement même.

TITRE III.

Des exercices pratiqués dans les salles d'asile.

ART. 48. — Il y a dans les salles d'asile trois sortes d'exercices,
qui ont pour objet le développement physique, moral ou intellectuel
des enfants confiés à ces établissements.

ART. 49. — Les exercices corporels consistent principalement
dans des jeux variés et proportionnés à l'âge des enfants, et dans
les mouvements auxquels donnent lieu les diverses leçons indiquées
par les règlements.

ART. 50. — Les exercices moraux tendront constamment à inspirer aux enfants un profond sentiment d'amour et de reconnaissance
envers Dieu; à leur faire connaître et pratiquer leurs devoirs envers
leurs pères et mères, envers leurs maîtres et tous leurs supérieurs;
à les rendre doux, polis et honnêtes dans leurs relations avec leurs
camarades, et, en général, avec les autres hommes.

Cette instruction morale et religieuse sera donnée, non par de
longues allocutions, mais par de bonnes paroles dites à propos, par
de courtes réflexions mêlées aux récits les plus touchants tirés de
l'Histoire sainte et des autres livres désignés par l'autorité compétente, et surtout par des exemples constants de charité, de patience
et de piété sincère.

ART. 51. — Les exercices d'enseignement seront exactement
renfermés dans les limites de l'instruction la plus élémentaire, telle
qu'elle est déterminée par l'article 1er, § 2, de l'ordonnance du
22 décembre 1837.

ART. 52. — Il sera statué, par des règlements spéciaux pour
les asiles de chaque département, sur le détail de l'emploi de toutes

les heures de la journée et sur la répartition des divers objets d'enseignement.

Les Recteurs recueilleront les programmes qui ont été suivis jusqu'à présent dans les asiles actuellement établis, et, après avoir pris l'avis des Comités d'arrondissement, ils adresseront leurs propositions au Ministre de l'Instruction publique, pour être examinées en Conseil royal.

Arrêté portant établissement de cours d'adultes dans les Écoles de la ville de Paris.

4 mai 1838.

4 Mai 1838.

Le Conseil royal de l'Instruction publique,

Vu la loi du 28 juin 1833;

Vu l'arrêté du 22 mars 1836;

Vu la délibération du Comité central de la ville de Paris,

Arrête ainsi qu'il suit le règlement pour les Écoles communales d'adultes de la ville de Paris, tenues par des instituteurs laïques:

ARTICLE 1er. — La lecture, l'écriture, l'arithmétique, le système légal des poids et mesures, les éléments de grammaire française et d'orthographe, le dessin linéaire, les préceptes d'hygiène et le chant continueront d'être enseignés dans les Écoles communales d'adultes de la ville de Paris tenues par des instituteurs laïques.

ART. 2. — Ces Écoles seront composées de trois divisions au moins, entre lesquelles seront répartis les enseignements ci-dessus mentionnés.

ART. 3. — Chaque division sera confiée à un maître adjoint, sous la direction d'un instituteur primaire breveté, désigné à cet effet par le Comité central.

Les maîtres adjoints ne sont pas tenus d'être brevetés; ils sont choisis par le directeur et doivent être agréés par le Recteur de l'Académie de Paris.

ART. 4. — Le chant continuera à être enseigné, sous la direction et d'après la méthode de M. Wilhem, par les répétiteurs qu'il aura désignés, aux jours et heures indiqués par les règlements.

ART. 5. — Nul élève ne sera admis aux Écoles d'adultes s'il n'a quinze ans accomplis.

---

10 mai 1838.   **Circulaire du Ministre de l'Instruction publique, portant qu'il ne sera plus accordé d'autorisations provisoires aux instituteurs primaires.**

10 Mai 1838.

Monsieur le Recteur, à l'époque où la loi du 28 juin 1833 a été promulguée, le nombre des instituteurs pourvus de brevets était loin de suffire aux besoins de l'instruction. La loi venait stimuler le zèle des communes; elle leur imposait des sacrifices pour l'établissement de nouvelles Écoles; et cependant il n'était pas possible qu'il se formât des maîtres assez promptement pour répondre aux exigences du mouvement qui s'opérait de toutes parts. Dans cet état de choses, il a paru utile que les Comités d'arrondissement, chargés par la loi de nommer les instituteurs communaux, pussent délivrer des autorisations provisoires, pour tenir une École primaire élémentaire, aux maîtres régulièrement présentés qui n'auraient pu encore obtenir un brevet. Il était juste de faire cette concession aux besoins des communes et au vœu des Conseils municipaux. Des décisions officielles ont été prises dans ce sens les 7 août 1833, 7 mars et 22 août 1834.

Les circonstances qui ont fait adopter ces dispositions n'existent plus. Près de cinq années se sont écoulées depuis la promulgation de la loi, et les soixante-seize Écoles normales primaires qui se trouvent aujourd'hui en pleine activité sont en mesure de satisfaire à tout ce qu'exige l'intérêt de l'enseignement. J'ai donc statué, en Conseil royal de l'Instruction publique, que les décisions énoncées ci-dessus sont abrogées, et qu'à l'avenir il ne pourra plus être accordé d'autorisation provisoire d'exercer aux instituteurs. L'article 4 de la loi, dans les conditions qu'il prescrit, doit recevoir son entière exécution.

Je vous prie, Monsieur le Recteur, de porter la présente circulaire à la connaissance des Comités et des instituteurs. Vous aurez soin de vous concerter avec MM. les Préfets des départements du ressort académique pour qu'elle soit insérée, à cet effet, dans le Recueil des Actes de leur administration, etc.

Recevez, etc.

Signé : SALVANDY.

---

15 mai 1838.   **Décision relative aux épreuves de chant exigées des candidats au brevet supérieur de l'enseignement primaire.**

15 Mai 1838.

Le Conseil royal de l'Instruction publique

Décide que, quand les Commissions ont à examiner des candidats qui, pour obtenir le brevet supérieur, doivent subir des épreuves sur le chant, les Commissions peuvent permettre aux candidats qui manqueraient de voix d'y suppléer au moyen de la musique instrumentale, sans préjudice de l'examen théorique sur la matière.

Circulaire du Ministre de l'Instruction publique, relative aux instituteurs publics non brevetés et à leurs traitements.

29 mai 1838.

29 Mai 1838.

Monsieur le Préfet[1], je suis informé que l'article 46 de l'ordonnance du 16 juillet 1833, concernant la déclaration à faire par les instituteurs qui veulent ouvrir une École primaire ne reçoit pas toujours son exécution. On m'assure, en outre, que des individus non brevetés sont mis assez souvent à la tête d'Écoles publiques, et que, nonobstant cette position irrégulière, ils touchent le traitement fixe et jouissent des autres avantages affectés aux instituteurs qui exercent en vertu d'une nomination légale.

Je vous prie de veiller à ce que ces abus ne se reproduisent pas. Vous savez qu'il ne doit plus être accordé d'autorisation provisoire aux instituteurs, et que nul ne peut diriger maintenant une École, soit publique, soit privée, s'il ne remplit toutes les conditions prescrites par l'article 4 de la loi du 28 juin, notamment s'il n'est pourvu d'un brevet de capacité. Cette application stricte de la loi, qui était indispensable depuis que les Écoles normales primaires sont en position de pourvoir aux besoins de l'enseignement, simplifie la question, et il n'existe plus aucun motif pour que des maîtres non brevetés soient admis à diriger des Écoles publiques. Dans le cas où cette contravention continuerait d'avoir lieu, et où le traitement fixe serait encore payé indûment, vous devrez refuser d'approuver les comptes des maires des communes ou des percepteurs qui tendraient à consacrer cette irrégularité. Il conviendra alors que le traitement soit rétabli par le percepteur dans la caisse municipale; s'il n'avait pas été touché, il faudrait qu'il fût mis en réserve.

Recevez, etc.

Signé : Salvandy.

Arrêté relatif aux délais d'ajournement en cas d'échec aux examens de l'enseignement primaire.

8 juin 1838.

8 Juin 1838.

Le Conseil royal de l'Instruction publique,

Vu l'arrêté du 4 novembre 1834, suivant lequel tout candidat qui, à la suite d'un examen de capacité, n'a pas été admis, ne peut se présenter devant la même Commission, ou devant une autre Commission qu'après un intervalle de six mois,

Arrête:

Article 1er. — Les dispositions de l'arrêté du 4 novembre 1834 sont déclarées applicables aux personnes qui aspirent aux fonctions d'institutrices.

1. La même circulaire a été envoyée aux Recteurs.

ART. 2. — Le délai pourra être réduit à trois mois, pour les candidats qui se présenteront aux examens d'aptitude pour les fonctions de surveillants ou de surveillantes de salles d'asile.

---

30 juin 1838.　**Circulaire du Ministre de l'Instruction publique, relative au refus de nomination à opposer aux instituteurs communaux qui auraient quitté leur poste.**

30 Juin 1838.

Monsieur le Recteur, de nouvelles plaintes m'ayant été adressées sur l'inconvénient du fréquent déplacement des instituteurs communaux et sur les interruptions fâcheuses qui en résultent pour le service de l'instruction primaire, j'ai reconnu qu'il est indispensable de remédier à cet abus, qui, s'il n'était pas réprimé, serait de nature à compromettre les intérêts de l'enseignement. Déjà, vous le savez, il a été arrêté qu'aucun maître ne pourrait renoncer à la direction d'une École publique sans avoir obtenu, avant tout, de l'administration de l'Académie une lettre d'*exeat* propre à garantir qu'il a prévenu à temps de son changement l'autorité locale, et que celle-ci se trouve, dès lors, en mesure de le remplacer. Les Comités d'arrondissement ont même été invités à ne procéder, en pareil cas, aux nominations qu'après s'être assurés que cette formalité essentielle avait été remplie. Ces dispositions, quoique soutenues par les pénalités portées dans les décrets des 17 mars 1808 et 15 novembre 1811, ne suffisant pas la plupart du temps pour atteindre le but que l'on s'était proposé, j'ai décidé qu'à l'avenir, lorsqu'un instituteur communal aura abandonné son poste sans s'être muni préalablement de l'exeat, l'*institution* lui sera refusée pour le nouvel emploi qu'il aurait obtenu. Je vous prie, Monsieur le Recteur, de vous concerter avec MM. les Préfets des départements du ressort académique pour qu'il soit donné la plus grande publicité à la présente circulaire, en sorte que nul ne puisse prétexter cause d'ignorance, et que toute mutation, tout déplacement d'instituteur communal, soit désormais invariablement subordonné aux règles qu'elle prescrit.

Ce n'est pas assez de l'adoption de cette mesure pour assurer en tout état de cause le service régulier des Écoles, si, de votre côté, Monsieur le Recteur, vous n'apportez beaucoup de prudence et de circonspection dans la délivrance des lettres d'exeat. Ainsi, il ne doit pas suffire que vous ayez la certitude que les Comités ou les maires des communes n'élèvent aucune réclamation ; il faut encore que vous vérifiiez soigneusement par vous-même, ou par l'entremise de l'Inspecteur primaire, si le changement qu'il s'agit d'effectuer a été préparé d'avance, et si les ménagements que commande l'intérêt de l'École ont été observés. Je compte, à cet égard, sur votre attention vigilante. Je vous invite, au surplus, à me tenir informé en détail, dans les envois que vous me ferez de propositions d'institution, des différents faits qui peuvent me mettre à même d'apprécier exactement la situation de chaque maître porté sur les états.

Recevez, etc.

Signé : SALVANDY.

Arrêté relatif aux Commissions d'examen des salles d'asile.

10 Juillet 1838.

Le Conseil royal de l'Instruction publique,

Vu l'ordonnance du 22 décembre 1837 sur les salles d'asile et le programme des examens d'aptitude, arrêté en Conseil royal le 6 février 1838;

Après avoir pris connaissance des propositions faites par la Commission supérieure des salles d'asile, relativement aux précautions à prendre pour prévenir les suppositions de personnes dans les examens qu'ont à subir les aspirants aux fonctions de surveillants ou de surveillantes des salles d'asile;

Sur le rapport de M. le conseiller, président de ladite Commission supérieure,

Arrête ce qui suit:

ARTICLE 1er. — Il y aura au secrétariat de chaque Commission d'examen un registre coté et parafé par le président de la Commission, sur lequel toute personne aspirant aux fonctions de surveillant ou de surveillante de salles d'asile inscrira ses nom et prénoms, le lieu et la date de sa naissance, le lieu de son domicile et la déclaration qu'elle est dans l'intention de se présenter aux examens prescrits par le programme du 6 février 1838.

ART. 2. — Lorsque l'examen d'instruction sera terminé, s'il y a lieu à la délivrance du certificat d'aptitude, le candidat écrira au bas dudit certificat les mots qui suivent: *le présent certificat a été remis à moi soussigné* (nom et prénoms) *aujourd'hui* (jour, mois et an), et il apposera sa signature, en indiquant son domicile.

ART. 3. — Le président de la Commission compare ce récépissé avec l'inscription mise sur le registre spécial, et s'il reconnaît qu'il y a identité d'écriture, si, d'ailleurs, aucune circonstance ne lui donne lieu de douter de l'identité de la personne, il délivrera le certificat. En cas de doute, il le retiendra, biffera le récépissé et renverra les pièces au Recteur de l'Académie, qui en référera au Ministre.

Arrêté relatif aux examens des Écoles normales primaires.

17 Juillet 1838.

Le Conseil royal de l'Instruction publique,

Considérant que le plus grand nombre des instituteurs qui sont formés dans les Écoles normales primaires doivent sortir de ces Écoles, et en sortent, en effet, avec le brevet de capacité du degré élémentaire; qu'il importe qu'ils puissent acquérir dans les limites de l'enseignement primaire une bonne et solide instruction, en même temps qu'un certain nombre d'élèves-maîtres auront tous les moyens de se préparer à obtenir le brevet du degré supérieur,

Arrête :

ARTICLE 1er. — L'examen que la Commission instituée par l'article 25 de la loi du 28 juin fait subir aux élèves-maîtres à la fin de la première année du cours normal portera sur toutes les matières que doit comprendre l'examen pour le brevet de capacité élémentaire, aux termes du règlement du 19 juillet 1833.

ART. 2. — Il sera dressé à la suite de cet examen deux listes.

Seront inscrits sur la première les élèves qui seront présumés en état d'obtenir à leur sortie de l'École le brevet du degré supérieur; sur la seconde, ceux qui devront se préparer au brevet du degré inférieur.

ART. 3. — La Commission de surveillance aura soin que, dans le programme annuel des études, les cours de l'École normale soient ordonnés de telle sorte, que les élèves-maîtres puissent suivre ceux des cours qui seront le plus adaptés à leur destination respective.

Avis relatif aux engagements décennaux.

20 Juillet 1838.

Le Conseil royal de l'Instruction publique,

Sur la question de savoir si un instituteur qui a contracté l'engagement de servir pendant dix ans dans l'instruction publique peut, après le tirage, se retirer de l'enseignement, lorsque son numéro ne l'appelle pas au service militaire,

Est d'avis que l'instituteur est engagé pour dix ans, quel que soit le résultat du tirage, mais que, dans le cas où son numéro ne l'appelle pas au service militaire, il peut demander son exeat, aux termes de l'article 43 du décret du 17 mars 1808.

Instruction du Ministre de l'Instruction publique, relative à l'exécution de l'ordon- 20 juillet 1838.
nance du 22 décembre 1857 concernant les salles d'asile.

20 Juillet 1838.

Monsieur le Recteur[1], je vous fais passer ci-joint plusieurs exemplaires : 1° d'un livret qui contient l'ordonnance royale du 22 décembre 1837, concernant les salles d'asile, le règlement général adopté en Conseil royal de l'Instruction publique pour la tenue de ces établissements, ainsi que le programme des examens d'aptitude ; 2° du modèle des procès-verbaux d'examen des aspirants aux fonctions de surveillants et de surveillantes ; et 3° enfin, du modèle des autorisations de diriger une salle d'asile.

Le titre Ier de l'ordonnance a pour objet de définir la nature des établissements spéciaux qu'un zèle charitable avait élevés et soutenus, et que l'autorité publique a dû ramener, en les adoptant, à sa juridiction ; il énumère les différents exercices auxquels les enfants des deux sexes devront s'y livrer ; il indique les conditions suivant lesquelles les salles d'asile seront ou publiques ou privées. On ne saurait veiller avec trop de soin à ce que, ainsi qu'il est dit en l'article 51 du règlement général pour la tenue des asiles, les exercices d'enseignement ne dépassent pas les limites de l'instruction la plus élémentaire, telle qu'elle est déterminée par l'article 1er, 2° paragraphe, de l'ordonnance.

Le titre II est relatif aux formalités qu'ont à remplir les aspirants aux fonctions de surveillants et de surveillantes. Aux termes de l'article 5, c'est à vous qu'il appartient de délivrer les autorisations en vertu desquelles les salles d'asile pourront être dirigées par des hommes, lesquels, du reste, devront toujours être assistés d'une femme. Je n'ai pas besoin d'insister auprès de vous sur la nécessité de ne procéder, à cet égard, qu'avec une extrême prudence, afin que ces adjonctions ne puissent entraîner aucun inconvénient. Je n'ai, non plus, aucune recommandation à vous faire au sujet de l'exercice du droit que vous donne l'article 11 (même titre) d'accorder l'autorisation de diriger une salle d'asile dans un lieu déterminé. Je sais trop bien que vous vous entourerez de toutes les lumières propres à éclairer votre religion. Vous trouverez dans le concours de MM. les Inspecteurs et de MM. les sous-inspecteurs les moyens de former votre opinion dans le cas où les avis du Comité local et du Comité d'arrondissement, ainsi que les pièces produites, ne vous paraîtraient pas établir suffisamment l'aptitude des postulants.

Par les articles 13 et 14, titre III, l'ordonnance institue des Commissions chargées d'examiner les surveillants et surveillantes, règle la composition et le mode de nomination de ces Commissions. L'article 14 dispose que le président et le secrétaire de chaque Commission, qui sera placée sous la présidence d'un membre du Conseil académique ou de la Commission d'instruction primaire, sont à votre nomination. Je suis sûr, à l'avance, que votre choix ne portera que sur des personnes parfaitement en état d'imprimer une direction utile aux travaux de la Commission qu'elles présideront.

Vous verrez que l'article 18, titre IV, investit les Comités locaux et les Comités d'arrondissement, à l'égard des salles d'asile, de toutes les attributions que la loi du 28 juin 1833 leur a conférées à l'égard des Écoles primaires ;

---

1. La même circulaire a été adressée aux Préfets.

seulement, ils seront aidés, dans l'accomplissement de leur mission, par des dames inspectrices à la nomination du Préfet. L'ordonnance a cru devoir, dans l'intérêt de l'enfance, conférer à ces dames le droit de suspendre provisoirement les surveillants ou surveillantes d'asile. Mais elles doivent, dans ce cas, rendre compte sur-le-champ de leur décision et des motifs qui les auront guidées au maire de la commune, qui en référera immédiatement, le Comité local entendu, au Comité d'arrondissement.

L'article 26 porte qu'il pourra y avoir des dames inspectrices permanentes rétribuées sur les fonds départementaux ou communaux, que ces dames auront le titre de déléguées spéciales pour les salles d'asile, qu'elles seront nommées par le Recteur, sur la présentation des Comités d'arrondissement. Vous aurez à examiner, Monsieur le Recteur, si les besoins du service sont de nature à réclamer la création de déléguées spéciales dans un ou dans plusieurs des départements qui composent votre ressort académique. Vous voudrez bien vous concerter, à ce sujet, avec MM. les Préfets de ces départements.

Telles sont, Monsieur le Recteur, les principales dispositions à l'exécution desquelles vous êtes appelé à concourir. Vous comprendrez que, presque partout où elles existent, les salles d'asile étant, de la part d'associations charitables, l'objet d'un patronage très louable et très zélé, il convient, il importe même de laisser subsister de l'état actuel des choses tout ce qui sera compatible avec les règles tracées par l'ordonnance du 22 décembre 1837, et de n'arriver que graduellement et sans secousses à l'exécution complète de cette ordonnance. Les mesures à prendre pour l'organisation des nouvelles salles d'asile, comme pour l'amélioration des anciennes, veulent donc être choisies et préparées avec beaucoup de tact et de prudence. Je sais tout ce qu'on peut attendre, sous ce rapport, de votre dévouement éclairé au bien public.

Vous voudrez bien distribuer des exemplaires du livret des salles d'asile aux Comités locaux, aux Comités d'arrondissement, à MM. les Inspecteurs et sous-inspecteurs des Écoles primaires, ainsi qu'aux commissions d'examen qui seront instituées en vertu de l'ordonnance. Vous voudrez bien aussi remettre à ces Commissions des cadres de procès-verbaux d'examen. Je vous ferai incessamment un envoi complémentaire de ces cadres, qui n'ont pas d'abord été tirés en nombre suffisant pour les besoins du service.

Recevez, etc.

Signé : SALVANDY.

---

9 août 1838.　Circulaire du Ministre de l'Instruction publique, recommandant aux Préfets de donner aux Inspecteurs de l'instruction primaire un local pour leurs réunions.

9 Août 1838.

Monsieur le Préfet, l'ordonnance du 13 novembre 1837, en créant les sous-inspecteurs des Écoles primaires, a eu pour but de rendre la surveillance de l'instruction primaire plus réelle et plus efficace, et de compléter ce service en le partageant entre plusieurs fonctionnaires dans les départements où un seul ne pouvait suffire à une tâche trop étendue. Les sous-inspecteurs sont donc chargés des mêmes travaux que les Inspecteurs de l'instruction primaire, et ont, par ce motif, des rapports continuels avec eux. L'expérience a déjà démontré qu'il serait nécessaire que ces fonctionnaires, soit qu'ils aient une même résidence, soit qu'ils habitent des localités différentes, eussent à leur disposition un lieu de réunion où ils pussent conférer ensemble pour les travaux à exécuter en commun, et où fussent déposés les documents qu'ils ont besoin de consulter.

En effet, les instructions ministérielles, les documents officiels relatifs à l'inspection des Écoles primaires antérieurs à la création des sous-inspecteurs, les imprimés pour la rédaction des états de situation, ont été jusqu'à ce jour adressés à l'Inspecteur des Écoles primaires, et restent naturellement déposés entre ses mains. Le sous-inspecteur est donc obligé, pour se procurer ces instructions et les documents dont il a besoin, de faire chez l'Inspecteur des courses fréquentes, qui entraînent une grande perte de temps. D'ailleurs, je le répète, les Inspecteurs et les sous-inspecteurs ont besoin de conférer souvent ensemble, surtout à l'époque de l'année où, les tournées étant terminées, ils doivent s'occuper de la rédaction des divers états de situation; et il est incontestable que, dans un grand nombre de cas, l'expédition des affaires serait plus prompte et plus facile s'ils avaient un lieu de réunion pour leurs travaux de cabinet.

Je vous prie donc, Monsieur le Préfet, d'examiner s'il n'y aurait pas moyen de réserver dans les bureaux de la préfecture un local particulier où l'Inspecteur et le sous-inspecteur des Écoles primaires du département que vous administrez pussent se réunir et travailler. Il est d'autant plus désirable qu'une semblable disposition soit adoptée que les Inspecteurs et les sous-inspecteurs doivent concourir à la rédaction de plusieurs états, tels que les états de mutation, les états des dépenses de l'instruction primaire, etc., dont les éléments ne se trouvent que dans les bureaux de la préfecture.

Je vous prie, Monsieur le Préfet, de me faire connaître sans retard votre avis sur la possibilité de mettre promptement à exécution une mesure dont l'utilité ne saurait être contestée.

Recevez, etc.

Signé : SALVANDY.

Circulaire du Ministre de l'Instruction publique, relative aux études des élèves-maîtres des Écoles normales primaires en vue de l'examen du brevet de capacité.   9 août 1838.

9 Août 1838.

Monsieur le Recteur, il arrive quelquefois qu'à l'expiration de la première année d'études des élèves d'École normale primaire, qui ne possèdent que faiblement les connaissances comprises dans le programme de cette première année, c'est-à-dire les connaissances nécessaires pour l'obtention du brevet de capacité du degré élémentaire, sont cependant admis au cours de deuxième année, lequel est plus spécialement destiné à préparer les candidats au brevet du degré supérieur. La plupart de ces élèves échouent dans les examens pour ce brevet, et sont obligés de se réduire à concourir pour le degré élémentaire, et il en résulte qu'ils ont passé à l'École normale, et presque en pure perte, une deuxième année, qu'ils eussent employée plus utilement à se préparer pour l'instruction élémentaire. D'un autre côté, le but vers lequel ils tendaient, et qu'ils ont manqué, leur a fait concevoir des idées d'ambition qui les laissent mécontents de la position modeste à laquelle ils se voient en définitive réduits. C'est un grave inconvénient, auquel il convient de remédier. Tous les élèves des Écoles normales n'ont pas l'aptitude spéciale nécessaire pour diriger des Écoles primaires supérieures, et même le plus grand nombre des instituteurs formés dans ces établissements sont destinés à diriger des Écoles primaires élémentaires. Il importe donc que les élèves puissent acquérir dans les limites de ce degré une bonne et solide instruction. Il importe aussi qu'en même temps un certain nombre d'élèves-maîtres trouvent à l'École normale primaire tous les moyens de se préparer à obtenir le brevet du degré supérieur.

Pour atteindre ce but, pour remédier aux inconvénients ci-dessus signalés et assurer convenablement les besoins du service de l'instruction primaire, soit élémentaire, soit supérieure, j'ai arrêté en Conseil royal les dispositions suivantes :

1° L'examen que la Commission instituée par l'article 25 de la loi du 28 juin 1833 fait subir aux élèves-maîtres à la fin de la première année du cours normal portera sur toutes les matières que doit comprendre l'examen pour le brevet de capacité élémentaire, aux termes du règlement du 19 juillet 1833.

2° Il sera dressé, à la suite de cet examen, deux listes : seront inscrits sur la première les élèves qui seront présumés en état d'obtenir, à leur sortie de l'École, le brevet du degré supérieur ; sur la seconde, ceux qui devront se préparer au brevet du degré élémentaire.

3° La Commission de surveillance aura soin que, dans le programme annuel des études, les cours de l'École normale soient coordonnés de telle sorte que les élèves-maîtres puissent suivre ceux de ces cours qui seront le plus adaptés à leur destination respective.

Je vous prie, Monsieur le Recteur, d'informer les Commissions d'instruction primaire et les Commissions de surveillance de votre Académie de ces dispositions, afin qu'elles puissent être suivies dans les examens de la prochaine session. Je compte sur votre concours et sur le leur pour réaliser une amélioration qui exercera, je l'espère, une salutaire influence sur l'avenir de l'instruction primaire.

Recevez, etc.

Signé : SALVANDY.

---

9 août 1838.   **Circulaire du Ministre de l'Instruction publique, relative à l'exécution de l'arrêté du 8 juin 1858 concernant l'examen pour le brevet de capacité d'institutrice et de surveillant ou surveillante de salle d'asile.**

9 Août 1838.

Monsieur le Recteur, mon attention a été appelée sur un abus qui se reproduit assez fréquemment.

Il arrive que des aspirantes au brevet de capacité, ayant été ajournées par la Commission d'instruction primaire du département où elles résident, se présentent quelques jours après devant la Commission d'instruction primaire d'un autre département et y obtiennent un brevet.

Pour prévenir le retour de semblables abus, j'ai arrêté le 8 juin dernier, en Conseil royal de l'Instruction publique, les mesures suivantes :

1°. Les dispositions de l'arrêté du 4 novembre 1834, suivant lequel tout candidat qui, à la suite d'un examen de capacité, n'a pas été admis, ne peut se présenter devant la même Commission ou devant une autre Commission qu'après un intervalle de six mois, sont applicables aux personnes qui aspirent aux fonctions d'institutrices.

2° Le délai pourra être réduit à trois mois pour les candidats qui se présenteront aux examens d'aptitude pour les fonctions de surveillants ou de surveillantes de salles d'asile.

Vous voudrez bien, Monsieur le Recteur, notifier ces dispositions aux différentes Commissions de votre ressort académique, en les invitant à s'y conformer avec soin dans l'occasion.

Recevez, etc.

Signé : SALVANDY.

Décision relative à la prolongation du cours des élèves-maîtres de l'École normale d'Avignon.

14 août 1838.

14 Août 1838.

Le Conseil royal de l'Instruction publique,

Sur le rapport de M. le conseiller chargé de l'instruction primaire ;

Vu les observations présentées par M. le Préfet de Vaucluse, par lesquelles il propose d'étendre au delà de deux ans le cours normal des élèves-maîtres de l'École d'Avignon ;

Vu également l'avis de M. le Recteur de l'Académie de Nîmes, sur cette prolongation d'études,

Décide qu'il y a lieu d'autoriser la prolongation du cours normal à Avignon à trois ans au lieu de deux.

Arrêté relatif aux Commissions devant lesquelles les candidats doivent, dans chaque département, subir les examens.

14 août 1838.

14 Août 1838.

Le Conseil royal de l'Instruction publique,

Sur le rapport de M. le conseiller chargé de l'instruction primaire ;

Vu les règlemens concernant les examens pour le baccalauréat ès lettres et l'obligation, imposée aux candidats, de subir leurs examens devant la Faculté ou la Commission des lettres du département où ils ont leur domicile ;

Considérant qu'il y a mêmes raisons pour que les examens de capacité soient subis par les candidats devant la Commission spéciale d'instruction primaire de leur département respectif,

Arrête :

1° Tout individu qui aspire à obtenir un brevet de capacité pour l'instruction primaire devra subir l'examen devant la Commission du département où il a son domicile.

Il en sera de même pour les personnes qui aspireront à obtenir les certificats d'aptitude nécessaires aux institutrices.

2° Tout élève-maître d'une École normale primaire subira l'examen de capacité devant la Commission d'examen du département où est située ladite École normale.

3° Toute disposition contraire est et demeure rapportée.

---

18 août 1838. **Circulaire du Ministre de l'Instruction publique, prescrivant une enquête relativement à l'enseignement de l'agriculture dans les Écoles normales primaires.**

18 Août 1838.

Monsieur le Préfet, des demandes m'ont été adressées de divers points de la France à l'effet d'obtenir que des cours d'agriculture soient organisés dans les Écoles normales primaires. Je suis disposé à seconder autant que possible les vues qui ont inspiré ces demandes. L'agriculture devient chaque jour parmi nous l'objet d'un intérêt plus vif et d'une attention plus générale ; il y aurait des avantages réels à ce que les instituteurs des communes rurales fussent en état non seulement d'enseigner ce premier de tous les arts, en signalant les perfectionnements nouveaux et les bons résultats qu'ils produisent, mais encore de le faire aimer, d'en inspirer le goût aux enfants qui leur sont confiés : ils rempliraient ainsi la double et belle mission de concourir au bien-être matériel de la population par la fécondation du sol, tout en développant son intelligence et en améliorant ses mœurs par l'instruction.

Mais, avant de prendre à ce sujet une décision définitive, je dois examiner si, dans leur état actuel, les Écoles normales primaires peuvent recevoir cette utile adjonction. Pour qu'un enseignement de ce genre soit réellement profitable, il faut réunir la pratique à la théorie ; l'expérience doit révéler aux élèves-maîtres la puissance des moyens dont on leur recommande l'emploi. Des arrangements doivent donc être pris pour que les élèves-maîtres puissent recueillir cette expérience dans une exploitation rurale.

Pour atteindre un but si utile, quelques sacrifices nouveaux seront nécessaires dans beaucoup de localités, et je ne doute pas que le Conseil général de votre département ne se les impose avec empressement, s'il y a lieu. Je vous prie d'appeler sur ce point son attention et d'examiner de concert avec lui :

1° S'il y aurait moyen d'annexer en quelque sorte une exploitation rurale à l'École normale primaire par voie d'acquisition ou de location ;

2° S'il serait facile de trouver dans les villes où ces Écoles sont situées des personnes en état de diriger les cours d'agriculture, et qui voulussent se charger de ce soin.

Dans le cas où vous seriez en mesure de lui donner immédiatement, sur ces divers points, des indications précises, le Conseil général ferait savoir si un cours d'agriculture lui paraîtrait devoir être promptement ouvert, et, dans ce cas, il ajouterait sans doute au budget de l'École normale, sur lequel il doit prononcer dans sa prochaine session, la somme nécessaire pour le traitement de la personne qui serait chargée de ce cours ainsi que pour les autres dépenses qu'entraînerait l'exécution de ce projet.

Je vous prie de me faire part de tout ce que vous aurez fait à ce sujet, et de me donner immédiatement communication du vote du Conseil général.

Recevez, etc.

Signé : Salvandy.

Décision relative aux cours spéciaux des Écoles normales primaires. 24 août 1838.

24 Août 1838.

Le Conseil royal de l'Instruction publique,

Vu la lettre de M. l'Inspecteur des Écoles primaires du département d'Eure-et-Loir, dans laquelle il fait connaître que, sur trente instituteurs communaux appelés à suivre le cours spécial de perfectionnement à l'École normale du département, treize seulement y assistent, et que les autres s'en dispensent, sans faire connaître leurs motifs ou leurs prétextes; que, pour remédier à cet abus, la Commission de surveillance, pensant qu'il convenait d'organiser le mieux possible les cours de l'École, a été d'avis :

1° Que le cours spécial fût obligatoire pour tous ceux qui seraient appelés à en profiter;

2° Qu'il fût soumis à la Commission de surveillance, par le directeur de l'École normale, un programme détaillé, leçon par leçon, des diverses branches d'instruction primaire élémentaire dont se composerait le cours spécial de perfectionnement,

Approuve la seconde disposition présentée par la Commission de surveillance de l'École normale, mais décide que les cours spéciaux, institués dans les Écoles normales en faveur des instituteurs primaires en exercice, quelque utiles que lesdits cours puissent être à ces instituteurs, ne doivent pas être déclarés obligatoires.

Avis relatif aux engagements décennaux.

24 Août 1838.

Le Conseil royal de l'Instruction publique,

Vu le rapport fait par M. l'Inspecteur des Écoles primaires du département de la Moselle, et présentant la question de savoir si un instituteur breveté, sorti d'une École normale où il a reçu son éducation pédagogique à titre de boursier, et qui a, par conséquent, contracté l'engagement de servir pendant dix ans dans l'instruction primaire, peut considérer comme faisant partie de ces dix années celles qu'il aurait passées dans un établissement d'instruction primaire, dirigé par un instituteur privé,

Est d'avis qu'il ne peut compter ces années, à moins qu'il ne prouve qu'il n'a pas été en son pouvoir de se livrer à l'enseignement dans une École publique.

Lettre du Ministre de l'Instruction publique à M. l'Inspecteur général chargé de l'administration de l'Académie de Paris, relative aux droits des Conseils municipaux en ce qui concerne l'adjonction de pensionnats aux Écoles.

30 Août 1838.

Monsieur l'Inspecteur général, dans son rapport hebdomadaire du 10 juin dernier, M. l'Inspecteur des Écoles primaires de la Marne fait connaître que plusieurs instituteurs et institutrices reçoivent des élèves pensionnaires sur la simple autorisation des Conseils municipaux ; et, en faisant remarquer l'illégalité de cette mesure, il demande quels sont les moyens de répression qu'on peut employer.

Il n'est pas douteux que les Conseils municipaux qui donnent de pareilles autorisations n'excèdent les pouvoirs qui leur sont attribués par la loi du 28 juin 1833 sur l'instruction primaire, et ne donnent à cette loi une interprétation vicieuse. Tant qu'il ne s'agit que d'une simple École, soit élémentaire, soit supérieure, les Conseils municipaux exercent un droit de présentation qui leur est dévolu, et le Comité supérieur nomme, s'il y a lieu, sur cette présentation. Mais lorsqu'il s'agit d'annexer un pensionnat à une École primaire, il est nécessaire que le local présente des dispositions d'un genre tout particulier, et que l'instituteur offre des garanties d'aptitude, de moralité, de capacité spéciales. Le Conseil municipal ne peut que donner un avis à cet égard ; le Conseil royal seul est apte à apprécier la valeur des garanties nécessaires, et à délivrer, s'il y a lieu, l'autorisation sollicitée.

Ce n'est point la loi de juin 1833, mais l'ordonnance du 24 avril 1828, dans son article 12, dont les dispositions n'ont point été abrogées, qui résout péremptoirement la question dont il s'agit. Cette ordonnance dit textuellement : « Tout

« instituteur primaire qui désire obtenir la faculté d'avoir des pensionnaires
« doit, à peine d'être poursuivi comme chef d'une École non autorisée, obtenir
« à cet effet une autorisation spéciale du Conseil royal de l'Instruction pu-
« blique. » L'ordonnance du 23 juin 1836, relative aux Écoles de filles, établit
également que l'autorisation de tenir une École primaire ne confère que le
droit de recevoir des externes. Le Conseil royal ne s'est jamais écarté de ce
principe.

L'article 4 de la loi du 28 juin 1833 porte, il est vrai, que tout individu remplissant telles et telles conditions pourra diriger un établissement quelconque
d'instruction ; mais il est évident que cet article se réfère à l'article 1er de la
loi, et que ces mots *tout établissement quelconque* veulent dire ici toute École,
soit élémentaire, soit supérieure.

Je vous prie, Monsieur l'Inspecteur général, d'éclairer et de faire rentrer
dans la limite de leurs devoirs les Conseils municipaux qui, par suite d'une
fausse interprétation de la loi, se sont attribué un droit qu'ils n'ont pas. Je
vous engage aussi à communiquer cette explication aux Comités supérieurs de
votre ressort académique, et je vous recommande expressément de veiller, avec
le plus grand soin, à ce que nul pensionnat primaire ne subsiste, ou ne soit
établi, à l'avenir, sans avoir été bien et valablement autorisé.

Recevez, etc.

Signé : SALVANDY.

Décision relative à la présence des sous-inspecteurs dans les Commissions d'examen.

31 août 1838.

31 Août 1838.

Le Conseil royal de l'Instruction publique,

Vu la lettre de M. le Recteur de l'Académie de Rennes, en date
du 11 août courant, dans laquelle ce fonctionnaire demande si les
sous-inspecteurs font partie des Commissions d'examen, et, dans
ce cas, quels sont les devoirs qu'ils doivent y remplir,

Décide que les sous-inspecteurs ne font pas nécessairement partie
des Commissions d'examen ; mais qu'ils peuvent y être adjoints sur
la proposition du Recteur ; que dans le cas où ils sont adjoints à ces
Commissions, ils y remplissent les mêmes fonctions que les Inspecteurs primaires.

18 sept. 1838.   **Circulaire du Ministre de l'Instruction publique, relative aux exeat accordés**
aux instituteurs.

18 Septembre 1838.

Monsieur le Recteur, jusqu'à présent une marche uniforme n'a pas été suivie
pour la délivrance des exeat aux instituteurs communaux qui désirent changer
de résidence. Quelques Recteurs, investis à cet égard d'une délégation spéciale,
ont accordé des autorisations de ce genre sans m'en rendre préalablement
compte; et quelques autres ont conservé l'habitude de m'adresser la demande
de l'instituteur pour qu'il fût statué.

J'ai jugé nécessaire, Monsieur le Recteur, de prendre une décision générale
à ce sujet. En conséquence, j'autorise MM. les Recteurs à délivrer désormais,
selon l'opportunité des cas, les exeat qui leur seront demandés. J'ai pensé, en
outre, que ces autorisations devront être délivrées dans la forme suivante[1].

Je vous prie, Monsieur le Recteur, de vous conformer à cette décision.

Recevez, etc.

Signé : SALVANDY.

---

23 octobre 1838.   **Avis concernant les Écoles spéciales de commerce.**

23 Octobre 1838.

Le Conseil royal de l'Instruction publique,

Sur le rapport qui lui est présenté, relativement aux Écoles spéciales de commerce;

Vu le décret du 17 mars 1808 et les ordonnances du 1er novembre
1820 et du 1er juin 1822;

Vu l'ordonnance royale du 26 mars 1829;

Vu les arrêtés du Conseil royal des 10 avril et 2 juin 1827 et du
5 avril 1828;

Vu l'arrêté du Conseil en date du 8 décembre 1835;

Considérant qu'aux termes des articles 2 et 3 du décret du 17 mars
1808, aucun établissement quelconque d'instruction ne peut être
formé sans l'autorisation du chef de l'Université, statuant en
Conseil de l'Instruction publique, et que nul ne peut ouvrir d'École
ni enseigner publiquement sans être gradué dans une Faculté; que
ces dispositions ont été reconnues obligatoires et constamment
appliquées par des arrêts de la Cour de cassation; qu'il n'y a été
dérogé par aucune loi postérieure, et que la loi du 28 juin 1833, qui
a déterminé des conditions spéciales d'autorisation et de diplôme

---

1. Voir le modèle à l'*Appendice*.

pour les Écoles primaires, laisse nécessairement subsister pour toutes les autres Écoles les règles précédemment établies pour la garantie de l'État et la sûreté des familles;

Considérant que l'application de ces règles sera surtout assurée par l'intervention des autorités universitaires, auxquelles l'État a confié tous les moyens de surveillance morale et scientifique; qu'en effet, quel que soit le but pratique et professionnel d'une ou de plusieurs Écoles particulières, la direction morale, l'esprit d'ordre et de discipline, sont également indispensables dans ces Écoles, et que les éléments plus ou moins développés des sciences y sont également la base nécessaire de l'instruction;

Considérant que ce principe a été explicitement reconnu par l'ordonnance royale du 26 mars 1829, qui permet (article 19) de conférer le titre de chef d'institution ou de maître de pension à des candidats ne se proposant d'enseigner que les objets d'étude nécessaires aux professions industrielles et manufacturières, et qui, dans ce cas, n'astreint pas les élèves à suivre les classes des Collèges;

Considérant que cette ordonnance et les ordonnances et décrets antérieurs supposaient la nécessité préalable de grades analogues au titre de maître de pension ou d'institution;

Considérant de plus que, dans l'état présent de la législation, l'Université ne prélève pas de perception sur les établissements particuliers, soumis à son autorisation et à sa surveillance; mais que le Conseil royal est seulement consulté sur l'assiette de l'impôt relatif aux études et sur la détermination des établissements auxquels il est applicable, et que ce Conseil est également appelé à accorder des dégrèvements individuels dudit impôt dans les limites d'un crédit annuel, porté à cet effet au budget du Ministère de l'Instruction publique; que cette double faculté s'exerce et doit s'exercer à l'égard des Écoles spéciales, d'après la nature de leur enseignement, et qu'il en peut résulter pour elles, dans certains cas, une exemption complète de tout impôt, sans qu'elles aient besoin pour cela d'être distraites de la surveillance de l'Université,

Estime :

Que les Écoles de commerce et les cours publics de mécanique et de géométrie, applicables aux arts industriels, doivent continuer à être autorisés par le Ministre, Grand-Maître de l'Université, statuant en Conseil de l'Instruction publique;

Que les programmes de ces établissements doivent être communiqués au Conseil et approuvés par le Ministre, et lesdits établissements visités par les Inspecteurs de la section des sciences physiques et mathématiques et de celles des lettres.

Circulaire du Ministre de l'Instruction publique, relative aux élèves des Écoles primaires qui parlent un idiome local.

25 Octobre 1838.

Monsieur le Recteur, les rapports de MM. les Inspecteurs de l'instruction primaire m'ont informé que sur différents points de la France où les habitants des campagnes parlent un idiome particulier, il arrive fréquemment que les enfants qui suivent les Écoles primaires ne comprennent pas les lectures qu'ils font en français.

Cette observation mérite d'éveiller toute votre sollicitude. Il importe de prendre les mesures nécessaires pour que les enfants ne soient pas exposés à trouver dans l'instruction qui leur est offerte des exercices mécaniques auxquels l'esprit ne prend aucune part, et qui les laissent étrangers à l'intelligence de la langue nationale. Les instituteurs primaires doivent donc avoir soin de s'assurer que les élèves ne procèdent pas machinalement dans le travail de la lecture ; vous exigerez qu'ils se fassent rendre compte par les enfants de tout ce qui leur est donné à lire ; il faudrait même, si quelques élèves les y forçaient, comme les rapports me le font craindre, par une ignorance absolue de la langue française, qu'ils exigeassent, en ce cas, une sorte d'analyse verbale ou traduction dans l'idiome local. Mais c'est là un moyen fâcheux qui ne devrait être employé que s'il était jugé indispensable.

Je vous prie, Monsieur le Recteur, d'inviter les Comités d'arrondissement de votre ressort académique à faire des recommandations dans ce sens aux instituteurs soumis à leur juridiction. Je vous prie aussi de donner communication de la présente circulaire à MM. les Inspecteurs des Écoles primaires.

Si ces prescriptions sont adressées plus spécialement aux chefs de quelques-unes des Académies, dans toutes elles rappelleront l'attention de MM. les Inspecteurs de tous les degrés sur la nécessité où sont partout les instituteurs de vérifier si les lectures instructives ou morales que font leurs élèves sont bien comprises par eux, et peuvent conséquemment porter le fruit que l'on doit en attendre, et en même temps de veiller à purger la prononciation et le langage de tout ce qui rappelle les temps où la même instruction et la même langue n'étaient pas communes à tous les Français.

Recevez, etc.

Signé : SALVANDY.

Ordonnance relative aux Comités de la ville de Paris.

26 Octobre 1838.

LOUIS-PHILIPPE, etc.,

Vu la loi du 28 juin 1833, la loi du 20 avril 1834, et notre ordonnance du 8 novembre 1833 ;

Considérant que l'organisation municipale de la ville de Paris, établie par la loi du 20 avril 1834, rend des changements nécessaires dans la composition des Comités locaux de surveillance et du Comité central institué à Paris pour le service de l'instruction primaire, par notre ordonnance du 8 novembre 1833,

Sur le rapport de notre Ministre secrétaire d'État au département de l'Instruction publique, Grand-Maître de l'Université,

Nous avons ordonné et ordonnons ce qui suit :

ARTICLE 1er. — Il y a dans chacun des arrondissements municipaux de la ville de Paris un Comité local chargé de la surveillance des Écoles primaires de l'arrondissement.

Le Comité est composé :

Du maire ou de l'un des adjoints, président, du juge de paix de l'arrondissement ;

Du curé ou du plus ancien des curés de l'arrondissement ;

D'un ministre de chacun des autres cultes reconnus par la loi, qui auraient un temple dans l'arrondissement ;

Des trois membres du Conseil municipal, élus par l'arrondissement ;

De deux habitants notables, désignés par le Comité central.

ART. 2. — Ces Comités sont spécialement chargés d'exercer, à l'égard des salles d'asile, ouvroirs, Écoles ou autres établissements d'instruction primaire, les attributions qui sont ou seraient conférées par les lois et règlements aux Comités locaux de surveillance, et spécialement d'exposer les besoins des Écoles communales de leur ressort, et de les faire connaître au Préfet, qui saisira, suivant le cas, l'Université, le Conseil municipal ou le Comité central ;

D'adresser, deux fois au moins chaque année, au Préfet, pour être transmis à l'Université et au Comité central, le dénombrement des Écoles privées, ouvertes dans le ressort de leur inspection, et d'y joindre des notes sur la manière dont chacune de ces Écoles est tenue et dirigée ;

De faire connaître à l'autorité tous les faits d'insalubrité qui peuvent se produire dans les Écoles, et de provoquer les décisions du Préfet de la Seine et du Préfet de police, à cet effet ;

De dénoncer au Comité central tous les faits d'inconduite et d'immoralité dont les instituteurs publics ou privés peuvent se rendre coupables, et toutes les infractions disciplinaires que pourraient commettre les instituteurs communaux ;

De faire le dénombrement des enfants qui ne reçoivent l'instruction primaire ni à domicile, ni dans les Écoles privées ou publiques, et de s'assurer s'il est pourvu à l'enseignement gratuit de tous les enfants pauvres ;

Enfin de prendre ou de provoquer toutes les mesures propres à

perfectionner ou à étendre l'instruction primaire dans leur arrondissement municipal.

Art. 3. — Indépendamment des Comités locaux formés en exécution de l'article 1er de la présente ordonnance, il sera établi un
Comité spécial pour la surveillance des Écoles de chacun des cultes
non catholiques reconnus par l'État.

Chacun des Comités spéciaux sera placé sous la présidence de
l'un des maires de Paris, désigné par le Préfet de la Seine.

Art. 4. — Le Comité central, formé en exécution de l'article 4 de
notre ordonnance du 5 novembre 1833, exerce sur toutes les Écoles
primaires de la ville de Paris les attributions des Comités d'arrondissement, telles qu'elles sont déterminées par les articles 7, 18, 22,
23, 24 de la loi du 28 juin 1833.

Seront nommés membres de ce Comité :

Le Préfet de la Seine, président;

Notre Procureur près le tribunal de première instance du département de la Seine;

L'Inspecteur général des études, chargé de l'administration de
l'Académie de Paris;

Le plus ancien des maires de Paris;

Le plus ancien des juges de paix;

Le plus ancien des curés;

Lesquels, toutefois, ne pourront appartenir au même arrondissement;

Un ministre de chacun des cultes non catholiques, reconnus par
l'État, désigné par son Consistoire et membre d'un des Comités spéciaux établis par l'article 3 de la présente ordonnance;

Neuf membres du Conseil municipal de Paris, délégués par ledit
Conseil et désignés dans les neuf arrondissements, dont le maire,
le juge de paix et le curé ne siègent pas au Comité;

Un proviseur des Collèges royaux de Paris, désigné par le Ministre
de l'Instruction publique;

Les Inspecteurs des Écoles primaires du département de la Seine;

Un instituteur primaire, désigné par le Ministre de l'Instruction
publique.

Art. 5. — Le certificat de moralité exigé de tout individu qui veut
exercer la profession d'instituteur primaire sera délivré à Paris,
sur l'attestation de trois membres du Comité local, par le maire
de l'arrondissement municipal ou de chacun des arrondissements
municipaux où l'impétrant aura résidé depuis trois ans.

Arrêté relatif aux ouvroirs de jeunes filles du département de la Seine.   30 octobre 1838.

30 Octobre 1838.

Le Conseil, etc.,

Vu la loi du 28 juin 1833 sur l'instruction primaire;

Vu le statut du 25 avril 1834 sur les Écoles primaires élémentaires;

Vu l'ordonnance du 23 juin 1836, concernant les Écoles primaires de filles;

Vu le projet de règlement proposé par le Comité central pour les ouvroirs du département de la Seine,

Arrête ainsi qu'il suit ledit règlement desdits ouvroirs :

ARTICLE 1er. — Les ouvroirs sont des établissements d'instruction primaire dans lesquels les jeunes filles sont particulièrement exercées aux travaux d'aiguille ou à d'autres travaux manuels, en même temps qu'elles reçoivent des leçons d'instruction morale et religieuse, de lecture, d'écriture, de calcul et de dessin linéaire.

ART. 2. — Les ouvroirs sont soumis à la surveillance des autorités préposées à l'instruction primaire par la loi du 28 juin 1833 et l'ordonnance royale du 23 juin 1836.

ART. 3. — Ils seront dirigés par des institutrices régulièrement brevetées. Toutefois, cette direction pourra être confiée provisoirement à des personnes munies d'une autorisation spéciale.

ART. 4. — Il sera établi un programme particulier des épreuves sur lesquelles les directrices d'ouvroirs pourront être brevetées par la Commission d'examen, créée en exécution de l'article 18 de l'ordonnance royale du 23 juin 1836.

ART. 5. — Les personnes, porteurs d'un brevet ou d'une autorisation spéciale, exerceront à titre public ou privé la profession de directrices d'ouvroirs. Elles seront soumises à la juridiction des Comités dans les formes et sous les conditions établies par les articles 4, 7, 8, 9, 10, 11, 12, 13, 15, 16 et 17 de l'ordonnance royale du 23 juin 1836.

Ordonnance relative à la constitution des services civils en Algérie. [Extrait.]   31 octobre 1838.

31 Octobre 1838.

LOUIS-PHILIPPE, etc.,

Vu notre ordonnance du 22 juillet 1834 :

Sur le rapport de notre Ministre secrétaire d'État au département de la Guerre,

Nous avons ordonné et ordonnons ce qui suit :

ARTICLE 1er. — L'administration des services civils en Algérie demeure placée sous l'autorité du Gouverneur général. Il aura sous ses ordres,

1° Un Directeur de l'intérieur ;

2° Un Procureur général ;

3° Un Directeur des finances.

ART. 2. — Le Directeur de l'intérieur a dans ses attributions l'administration générale, provinciale et communale ; les travaux publics, le commerce, l'agriculture, l'instruction publique, les cultes et tous les services que nos précédentes ordonnances et l'article 4 ci-après ne placent pas dans les attributions du Procureur général ou du Directeur des finances.

Il occupe au Conseil d'administration la place et le rang qui y étaient assignés à l'Intendant civil.

Des sous-directeurs administrent sous ses ordres les provinces de Constantine et d'Oran.

. . . .

ART. 10. — Le Gouverneur général nomme à tous les emplois publics auxquels il n'est pas pourvu par nos ordonnances, ou dont notre Ministre secrétaire d'État de la Guerre ne s'est pas réservé la nomination.

1er déc. 1838. **Circulaire du Ministre de l'Instruction publique, relative à l'envoi d'une collection de poids et mesures aux Écoles normales primaires.**

1er Décembre 1838.

Monsieur le Recteur, j'ai décidé en Conseil royal de l'Instruction publique qu'une collection de tous les poids et mesures métriques sera envoyée à chacune des Écoles normales et des Écoles modèles primaires, afin d'y servir à l'instruction des élèves-maîtres.

M. Parent, balancier-mécanicien à Paris, est chargé de confectionner et d'expédier dans un délai qui ne pourra excéder quatre mois, à partir du jour de la commande, lesdites collections, qui seront composées comme ci-après :

Un mètre en bois de choix, garni de boîtes en cuivre et plaques en fer, divisé en centimètres, et un décimètre en millimètres ;

Un double décimètre en buis, divisé en millimètres et garni de plaques en cuivre ;

Une boîte du demi-kilogramme divisé jusqu'au milligramme, poids en cuivre et ajustés modèles ;

Une série du litre en centilitres, mesures en étain, composée du litre, du demi-litre, du double décilitre, du décilitre, du demi-décilitre, du double centilitre et du centilitre (7 mesures) ;

Un double décalitre en bois ferré ;

Un décalitre en bois ferré;

Un litre en bois ferré.

Je vous prie de notifier ma décision à MM. les directeurs des Écoles normales ou modèles situées dans votre ressort académique.

Recevez, etc.

Signé : SALVANDY.

Circulaire du Ministre de l'Instruction publique, relative aux publications de livres et de journaux par des Inspecteurs de l'instruction primaire.   8 déc. 1838.

8 Décembre 1838.

Monsieur le Recteur, je remarque chez MM. les Inspecteurs de l'instruction primaire une disposition à publier des rapports, des livres, des traités, des journaux destinés, soit à rendre compte de la situation du service dans les départements où ils exercent leurs fonctions, soit à propager leurs vues sur les améliorations qui peuvent y être introduites. Cette disposition, quelque honorable que soit son mobile, ne peut être approuvée par l'autorité supérieure. Les Inspecteurs de l'instruction primaire doivent au service important dont ils sont les agents les plus utiles tout leur temps. Eux-mêmes se plaignent en général, avec raison, de ne pouvoir suffire à leur tâche. C'est dans les rapports hebdomadaires ou spéciaux qu'ils adressent à l'autorité que doivent être fidèlement déposées et leurs observations de détails et leurs vues de progrès.

Ces publications ont un autre inconvénient : elles sont offertes aux instituteurs : on dira qu'elles sont imposées, et les méthodes qu'ils propageront dans les Écoles par le seul amour du bien y sembleront distribuées dans un intérêt indigne d'eux. L'autorité, à tous les degrés, doit être au-dessus de semblables soupçons. A ce sujet, je dois vous faire remarquer que dans plusieurs contrées la librairie se plaint de la concurrence illicite qui lui serait faite par quelques instituteurs eux-mêmes, adonnés, assurent-ils, à un véritable commerce de livres, sous prétexte d'en avoir à distribuer aux enfants.

Je vous prie, Monsieur le Recteur, de veiller à ce qu'aucun de ces désordres ne s'introduise ou ne se maintienne dans le ressort de votre Académie. Les intérêts de l'instruction primaire et ceux de l'Université en seraient gravement compromis.

Recevez, etc.

Signé : SALVANDY.

11 déc. 1838.   Circulaire du Ministre de l'Instruction publique, relative à l'examen des membres
de Commissions d'instruction primaire candidats au brevet de capacité.

11 Décembre 1838.

Monsieur le Recteur, des membres d'une Commission d'instruction primaire
se sont présentés, à la dernière session, devant la Commission même dont ils
faisaient partie et ont obtenu un brevet de capacité du degré supérieur.

De semblables opérations sont peu convenables, et il importe qu'un fait de
cette nature ne se reproduise plus à l'avenir. Je vous prie donc, Monsieur le
Recteur, d'informer les Commissions d'instruction primaire de votre ressort
académique qu'un brevet de capacité délivré par une Commission à l'un de ses
membres sera désormais considéré comme nul et non avenu.

Toute personne faisant partie d'une Commission d'instruction primaire, qui
désire obtenir un brevet de capacité, devra demander l'autorisation de se présenter devant la Commission d'un département autre que celui où elle a son
domicile ou sa résidence habituelle.

Recevez, etc.

Signé : SALVANDY.

---

28 déc. 1838.   Arrêté relatif à l'identité des candidats aux brevets d'instruction primaire.

28 Décembre 1838.

Le Conseil, etc.,

Ouï le rapport duquel il résulte que, pendant la dernière session
de 1838, la Commission d'instruction primaire de la Seine, chargée
de déliver les brevets de capacité pour l'enseignement primaire élémentaire et supérieur, a été informée que de nouvelles tentatives
de substitution de personnes étaient faites par quelques candidats
désignés et nommés,

Arrête :

1° Au moment de l'examen des aspirants au brevet de capacité et
au moment de la délivrance de ce brevet, l'identité sera certifiée
par deux notables pris parmi les fonctionnaires publics ou les chefs
d'institution et maîtres de pension ;

2° Les mêmes mesures seront prises au moment des examens et
de la délivrance des certificats d'aptitude pour les salles d'asile.

Avis relatif à l'avancement des instituteurs.

8 Février 1839.

Le Conseil, etc.,

Vu la lettre de M. le Préfet du département des Ardennes en date du 24 janvier dernier, ayant pour objet de demander qu'il soit établi un mode d'avancement pour les instituteurs primaires, d'après lequel les émoluments qui leur sont accordés seraient divisés en quatre catégories : la première catégorie comprendrait les traitements qui atteignent 400 francs ; la deuxième, ceux de 800 francs ; la troisième, ceux de 1 200 francs ; et enfin la quatrième, ceux de 1 500 francs et au-dessus,

Estime qu'il est à désirer que des règles certaines soient établies pour l'avancement des instituteurs, mais qu'une loi serait nécessaire pour concilier cet avancement graduel et certain avec les dispositions de la loi du 28 juin 1833.

Avis relatif aux boursiers de l'État dans les Écoles normales.

19 Février 1839.

Le Conseil, etc.,

Après avoir pris connaissance du rapport qui lui a été présenté sur la question de savoir si le droit de nommer aux bourses créées dans les Écoles normales sur les fonds de l'État doit être exercé par le Ministre de l'Instruction publique, ou si ce droit, ainsi qu'on l'a fait en 1836, sur la proposition du Préfet de l'Yonne, pour l'École normale primaire d'Auxerre, doit continuer d'être délégué à l'autorité départementale,

Est d'avis qu'il n'est point nécessaire aujourd'hui de maintenir la modification exceptionnelle adoptée, il y a trois ans, sur la proposition de M. le Préfet de l'Yonne, relativement à la nomination des boursiers de l'État.

  Arrêté relatif aux congés des instituteurs de Paris.

15 Mars 1839.

Le Conseil, etc.,

Sur le rapport de M. le conseiller chargé de l'instruction primaire dans le département de la Seine;

Vu le projet de règlement proposé par le Comité central de la ville de Paris pour l'instruction primaire;

Vu l'avis de M. l'inspecteur général chargé de l'administration de l'Académie de Paris;

Vu l'article 22 de la loi du 28 juin 1833 d'après lequel les Comités d'arrondissement ont le droit de provoquer les réformes et les améliorations utiles;

Considérant que l'assiduité des instituteurs est un devoir dont ils ne peuvent être dispensés que par des motifs graves;

Que le règlement du 20 décembre 1836 n'a pu recevoir son exécution à cause de la complication des formalités qu'il prescrit, et qu'il est urgent de le modifier,

Arrête :

ARTICLE 1er. — Toute interruption dans l'exercice des fonctions d'un instituteur primaire communal ne peut être autorisée que par un arrêté de congé régulièrement délivré.

ART. 2. — Le congé d'un jour à huit jours peut être accordé par le président du Comité local.

Ampliation de ce congé doit être immédiatement adressée au Préfet, président du Comité central, et à l'administrateur de l'Académie de Paris.

ART. 3. — Le congé de huit jours à un mois peut être accordé par le Préfet, président du Comité central, sur l'avis du Comité local et de l'Inspecteur primaire.

Ampliation en est immédiatement adressée au maire, président du Comité local, et à l'administrateur de l'Académie de Paris.

ART. 4. — Le congé de plus d'un mois ne peut être accordé que par M. l'Inspecteur général des études administrateur de l'Académie de Paris, après avoir consulté le Comité local de l'arrondissement dans lequel réside l'instituteur et le Comité central.

Ampliation est adressée par M. l'Inspecteur général aux Comités qui ont été consultés.

ART. 5. — Les arrêtés de congé doivent toujours indiquer le motif et le temps pour lesquels ces congés sont accordés.

Ils doivent, en outre, rappeler les règlements en vertu desquels ils sont accordés.

Art. 6. — Le présent règlement est applicable aux instituteurs et institutrices, surveillants et surveillantes d'asiles, directeurs et directrices d'ouvroirs, maîtres suppléants ou adjoints et tous maîtres ou instituteurs suppléants ou titulaires des Écoles primaires élémentaires ou supérieures de la ville de Paris.

Délibération du Conseil royal de l'Instruction publique, relative à l'acceptation des donations et legs par la congrégation des Frères des Écoles chrétiennes. 2 avril 1839.

2 Avril 1839.

Le Conseil, etc.,

Sur le rapport de M. le conseiller chargé de l'instruction primaire,

Sur le renvoi qui lui a été fait par M. le Ministre de l'Instruction publique de diverses pièces concernant une donation de 300 000 francs faite par le sieur Charpentier à l'établissement des Frères des Écoles chrétiennes de la ville de Lyon;

Vu les délibérations du Comité de l'Intérieur du Conseil d'État en date du 18 décembre 1829, du 19 février 1835 et du 30 octobre 1838, notamment en ce qui concerne le mode d'acceptation des dons et legs faits aux Frères des Écoles chrétiennes;

Vu le décret organique de l'Université du 17 mars 1808 et spécialement l'article 109 ainsi conçu : « Les Frères des Écoles chrétiennes seront brevetés et encouragés par le Grand-Maître, qui visera leurs statuts intérieurs, les admettra au serment, leur prescrira un habit particulier et fera surveiller leurs Écoles. Les supérieurs de ces congrégations pourront être déclarés membres de l'Université »;

Vu la délibération du Conseil de l'Université, en date du 22 juin 1810, de laquelle il résulte que les statuts des Frères des Écoles chrétiennes, modifiés en plusieurs points dans ladite séance, ont été visés par le Grand-Maître, statuant en Conseil de l'Université;

Vu la lettre du Grand-Maître, en date du 6 août suivant, par laquelle ledit arrêté a été notifié à M. le supérieur général des Frères;

Vu un décret impérial du 22 mai 1815, inséré au *Bulletin des Lois* (6ᵉ série, n° 32), lequel autorise le supérieur des Frères des Écoles chrétiennes établies à Toulouse (Haute-Garonne) à accepter, au nom de l'École qu'il dirige le legs de 1000 francs fait par le sieur Fagès pour l'entretien de ladite École ;

Vu l'ordonnance royale du 20 septembre 1828, laquelle, visant le décret du 17 mars 1808, article 109, qui reconnaît l'institut des Frères des Écoles chrétiennes, autorise le supérieur général des Frères à accepter un legs de 2000 francs et un de 10000 francs en faveur de l'École que des membres de cet institut dirigent à Saint-Germain-en-Laye ;

Vu également une série d'ordonnances royales qui, depuis le 9 avril 1817 jusqu'au 31 octobre 1838, ont autorisé un très grand nombre de legs et donations faits directement aux Frères des Écoles chrétiennes, en désignant, pour effectuer lesdites acceptations, tantôt le supérieur de l'établissement donataire, tantôt le supérieur général de la congrégation des Frères ;

Vu l'article 36 de l'ordonnance royale du 29 février 1816 ainsi conçu : « Toute association religieuse ou charitable telle que celle des Écoles chrétiennes pourra être admise à fournir, à des conditions convenues, des maîtres aux communes qui en demanderont, pourvu que cette association soit autorisée par nous, et que ses règlements et les méthodes qu'elle emploie aient été approuvés par notre Commission de l'Instruction publique » ;

Vu l'article 15 de la loi du 10 mars 1818 conçu en ces termes : « Seront dispensés, considérés comme ayant satisfait à l'appel et comptés numériquement en déduction du contingent à fournir, les jeunes gens désignés par leurs numéros pour faire partie dudit contingent, et qui se trouveront dans un des cas suivants : les élèves de l'École normale et les autres membres de l'Instruction publique qui contracteront devant le Conseil de l'Université l'engagement de se vouer pendant dix ans à ce service. Cette disposition est applicable aux Frères des Écoles chrétiennes » ;

Vu l'ordonnance royale du 8 avril 1824 portant (article 8) : « Les Frères des Écoles chrétiennes de Saint-Yon et des autres congrégations régulièrement formées conserveront leur régime actuel ; ils pourront être appelés par les évêques diocésains dans les communes qui feront les frais de leur établissement » ;

Vu les articles 910 et 937 du Code civil (titre des donations et testaments), lesquels sont ainsi conçus : « Les dispositions entre vifs ou par testaments au profit des hospices, des pauvres d'une commune ou d'établissements d'utilité publique, n'auront leur effet qu'autant qu'elles seront autorisées par une ordonnance royale. Les donations faites au profit d'hospices, des pauvres d'une commune ou d'établissements d'utilité publique, seront acceptées par les administrateurs de ces communes ou établissements, après y avoir été dûment autorisés » ;

Vu les articles 1er et 3 de l'ordonnance du 2 avril 1817 ainsi conçus : ARTICLE 1er. « Conformément à l'article 910 du Code civil et à la loi du 2 janvier 1817, les dispositions entre vifs ou par testament de biens meubles et immeubles au profit des églises, des archevêchés et évêchés, des chapitres des grands et petits séminaires, des cures et des succursales, des fabriques, des pauvres, des hospices, des collèges, des communes, et en général de tout établissement d'utilité publique et de toute association religieuse reconnus par la loi, ne pourront être acceptées qu'après avoir été autorisées par nous, le Conseil d'État entendu, et sur l'avis préalable de nos Préfets et de nos évêques, suivant les divers cas. L'acceptation des dons ou legs en argent ou objets mobiliers n'excédant pas 300 francs sera autorisée par les Préfets. » — ART. 3. « L'acceptation desdits legs ou dons ainsi autorisés sera faite, savoir :.....

« Par les supérieurs des associations religieuses, lorsqu'il s'agira de libéralités faites au profit de ces associations;

« Par les administrateurs de tous les autres établissements d'utilité publique légalement constitués pour tout ce qui sera donné ou légué à ces établissements » ;

Vu les ordonnances royales des 23 juin 1820, 15 décembre 1821, 1er mai et 17 juillet 1822, 11 juin, 17 septembre et 3 décembre 1823, du 10 mars 1825, du 10 juin 1830, qui ont autorisé comme associations charitables en faveur de l'instruction primaire diverses autres sociétés ou congrégations sous le nom de Frères de Saint-Antoine, de la Doctrine chrétienne, de l'Instruction chrétienne, de la Doctrine chrétienne du diocèse de Nancy, de l'Instruction chrétienne du diocèse de Valence, de l'Instruction chrétienne du Saint-Esprit, de l'Instruction chrétienne du diocèse de Viviers, de Saint-Joseph, de Saint-Viateur, et qui ont donné au Conseil royal la faculté de recevoir les legs et dons qui seraient faits en faveur desdites associations, à la charge d'en faire jouir respectivement, soit l'association générale, soit chacune des Écoles tenues par ladite association, conformément aux intentions des donateurs et des testateurs;

Considérant que le décret du 17 mars 1808 a reconnu les Frères des Écoles chrétiennes comme formant une congrégation établie pour le service de l'instruction primaire et les a soumis à faire viser leurs statuts par le Grand-Maître de l'Université;

Qu'en conséquence de cette obligation, lesdits statuts, modifiés dans plusieurs de leurs dispositions, ont été visés par le Grand-Maître, statuant en Conseil de l'Université;

Que depuis cette époque l'institut des Frères des Écoles chrétiennes n'a pas cessé de remplir les conditions prescrites par le décret qui a constitué son existence légale, et qu'il a été mentionné expressément dans plusieurs actes subséquents de l'autorité publique, notamment dans les ordonnances du 29 février 1816, du 8 avril 1824 et du 21 avril 1828, et dans la loi du 10 mars 1818;

Que l'institut ainsi reconnu et autorisé s'est trouvé appelé à l'exercice du droit en vertu duquel tout établissement d'utilité publique régulièrement constitué est apte à posséder comme personne civile et conséquemment à acquérir, soit à titre onéreux, soit à titre gratuit, sauf à obtenir pour chaque acquisition ou donation particulière l'autorisation du Gouvernement dans les formes prescrites;

Que si, postérieurement, diverses ordonnances ont désigné le Conseil royal de l'Instruction publique comme habile à recevoir les dons et legs qui seraient faits à d'autres congrégations ou associations charitables établies depuis 1820, ces mesures, spéciales aux sociétés qu'elles concernent, n'ont pas dérogé au droit attribué aux Frères des Écoles chrétiennes rétablis dès 1808, et qui n'a cessé de leur être appliqué depuis cette époque,

Estime qu'en principe et en fait l'institut des Frères des Écoles chrétiennes, dûment reconnu et autorisé par le décret du 17 mars 1808 comme établissement d'utilité publique, est apte à recevoir toutes donations entre vifs ou testamentaires par l'intermédiaire, soit du supérieur de chaque établissement donataire, soit du supérieur général dudit institut, suivant les circonstances des différentes donations;

Et que, dans l'espèce, le Conseil royal ayant donné son avis préalable, il y a lieu de solliciter une ordonnance royale qui autorise le supérieur des Frères des Écoles chrétiennes de Lyon à accepter la donation de 300000 francs faite par le sieur Charpentier aux Frères de Lyon.

---

23 avril 1839. **Décision relative à la délivrance des brevets d'instruction primaire.**

23 Avril 1839.

Le Conseil royal, etc.,

Sur le rapport de M. le conseiller chargé de ce qui concerne l'instruction primaire;

Vu la lettre de M. l'Inspecteur général chargé de l'administration de l'Académie de Paris, dans laquelle ce fonctionnaire, en transmettant un rapport de l'Inspecteur des Écoles primaires de Seine-et-Marne sur les examens faits par la Commission d'instruction primaire de ce département, appelle l'attention sur la partie de ce rapport relative au sieur Maille, qui a déclaré ne pouvoir répondre sur le système légal des poids et mesures et la conversion des anciennes mesures en nouvelles ;

Vu l'article 25 de la loi du 28 juin 1833 ainsi conçu : « Il y aura dans chaque département une ou plusieurs Commissions d'instruction primaire chargées d'examiner tous les aspirants aux brevets de capacité, soit pour l'instruction primaire élémentaire, soit pour l'instruction primaire supérieure, et qui délivreront lesdits brevets sous l'autorité du Ministre ;

« Ces Commissions seront également chargées de faire les examens d'entrée et de sortie des élèves de l'École normale primaire ; les membres de ces Commissions seront nommés par le Ministre de l'Instruction publique ; les examens auront lieu publiquement à des époques déterminées par le Ministre de l'Instruction publique ».

Attendu que l'article 58 du décret du 17 mars, qui donne au Grand-Maître le droit de refuser la ratification des réceptions prononcées par les facultés et de faire recommencer les examens, est applicable aux réceptions prononcées par les Commissions d'instruction primaire chargées d'examiner les aspirants aux brevets de capacité,

Décide qu'il n'y a pas lieu de délivrer le brevet de capacité au sieur Maille.

Décision portant que la loi ne reconnaît que le certificat de moralité délivré en France.   30 avril 1839.

30 Avril 1839.

Le Conseil, etc.,

Sur le rapport de M. le conseiller chargé des Écoles primaires ;

Vu la lettre de M. le Recteur de l'Académie de Clermont, en date du 16 avril dernier, dans laquelle ce fonctionnaire fait connaître que le sieur Favez, instituteur protestant, né en Suisse, s'étant établi à Thiers comme instituteur primaire, après avoir produit un brevet de capacité délivré en France, et des certificats de bonnes mœurs, délivrés à Genève, il a cru devoir appliquer à cet instituteur la jurisprudence actuelle, qui veut que le porteur d'un brevet ne puisse ouvrir une École primaire qu'après avoir exhibé des certificats de moralité délivrés en France, et par le maire, sur l'attestation de trois conseillers municipaux,

Décide que la loi, en exigeant de tout individu qui veut exercer la profession d'instituteur primaire un certificat de moralité délivré sur l'attestation de trois conseillers municipaux par le maire de la commune, a entendu qu'il s'agissait du maire d'une commune française;

Qu'aucune autre attestation ne peut être l'équivalent du certificat que la loi demande impérieusement; que l'étranger ne peut être mieux traité à cet égard que le Français, qui, ayant demeuré trois ans hors de France, produirait en vain, pour être instituteur, des certificats obtenus dans les autres pays, et que la qualité d'étranger ne peut pas donner plus de valeur à des certificats de ce genre.

---

7 mai 1839.   **Avis portant que le certificat de moralité n'est exigible que lorsqu'il s'agit de tenir une École.**

7 Mai 1839.

Le Conseil, etc.,

Sur le rapport de M. le conseiller chargé des Écoles primaires;

Vu la lettre de M. le Recteur de l'Académie de Dijon, dans laquelle ce fonctionnaire demande si, dans tous les cas, un candidat doit être admis aux épreuves pour l'obtention du brevet de capacité nécessaire à tout instituteur primaire, sans être tenu de produire un certificat de moralité;

Considérant que le brevet de capacité n'est pas un titre suffisant pour tenir une École primaire, et qu'il faut en outre remplir plusieurs formalités prescrites par la loi du 28 juin 1833, que les Commissions d'examen sont établies par la loi pour juger la capacité des candidats, et qu'elles ne doivent se préoccuper d'aucun autre objet,

Estime que, dans aucun cas, on n'a droit d'exiger, avant l'examen, la production d'un certificat de moralité, dont la loi ne parle que lorsqu'il s'agit de tenir une École.

Décision portant que l'instituteur communal, devenu instituteur privé, n'est pas tenu de justifier d'un nouveau certificat de moralité.

7 Mai 1839.

Le Conseil, etc.,

Sur le rapport de M. le conseiller chargé des Écoles primaires;

Vu la lettre de M. le Recteur de l'Académie de Rouen, en date du 9 avril dernier, dans laquelle ce fonctionnaire fait un rapport sur la suite à donner à la réclamation du sieur de la Fenestre, ancien instituteur communal à Villers-Écalles (Seine-Inférieure), qui se plaint du refus à lui fait par le maire de cette commune de sanctionner par sa signature le certificat de bonne conduite délivré à cet instituteur par trois conseillers municipaux,

Décide qu'un instituteur qui cesse ses fonctions publiques parce qu'il a donné sa démission, laquelle a été dûment acceptée, n'a pas besoin de se procurer un nouveau certificat de moralité pour pouvoir tenir une École privée dans la même commune; qu'il lui suffit de faire sa déclaration au maire, lequel lui en délivre récépissé, conformément à l'article 16 de l'ordonnance du 16 juillet 1833; et que le certificat de moralité qu'il avait comme instituteur communal doit lui servir comme instituteur privé, tant que ce certificat n'est pas détruit par une décision du Comité ou du tribunal survenue pour faute grave.

Décision relative aux autorités devant lesquelles un instituteur peut se pourvoir contre un maire.

10 Mai 1839.

Le Conseil, etc.,

Sur le rapport de M. le conseiller chargé des Écoles primaires;

Vu la lettre en date du 18 avril dernier, par laquelle M. le Préfet du département des Basses-Alpes fait connaître que le sieur Génésy, desservant à Montagnac, s'étant adressé au maire de cette commune pour obtenir un certificat de moralité, dont il a besoin pour ouvrir une École privée, ce fonctionnaire lui a refusé cette attestation;

Vu la délibération prise à ce sujet par le Comité d'arrondissement de Digne, et dans laquelle ce Comité, rappelant l'arrêt de la Cour de cassation en date du 1er juillet 1836, exprime le désir de

savoir quelle est l'autorité supérieure compétente devant laquelle
peut se pourvoir un individu à qui le maire refuse un certificat de
moralité;

Vu ledit arrêt de la Cour de cassation, portant que la condition
essentielle pour la validité du certificat est que le maire concoure,
avec les trois conseillers municipaux, à certifier la moralité de
l'impétrant, que le concours obligé du maire est d'autant plus dans
l'esprit de la loi que, par sa position, ce fonctionnaire est meilleur
juge que tout autre des faits attestés dans le certificat; que l'enseignement primaire de la commune étant, d'ailleurs, spécialement
placé sous sa surveillance, en qualité de membre du Comité, sa
responsabilité se trouve engagée à ce que le choix de l'instituteur
soit à l'abri de tout reproche; que si, enfin, l'attestation des trois
conseillers municipaux est aussi exigée, elle ne l'est pas comme exclusive du témoignage du maire, mais comme une garantie de plus, de
laquelle on ne saurait induire que ce fonctionnaire soit lié par cette
attestation, et que, sur son refus de délivrer le certificat, elle puisse
le remplacer, sauf le recours de l'impétrant, s'il y a lieu, à l'autorité
compétente,

Décide que par les mots : L'autorité supérieure compétente, il faut
entendre l'autorité qui, en cas d'abus de pouvoir, a un droit direct
d'avertissement et de blâme vis-à-vis du maire.

---

17 mai 1839.   ### Décision relative aux donations et legs faits aux Frères appartenant à des congrégations enseignantes.

17 Mai 1839.

Le Conseil, etc.,

Sur le rapport de M. le conseiller chargé des Écoles primaires;

Ouï le rapport duquel il résulte que Mlles Sourouille-Cailletière
ont fait donation à la commune de Bretignolles (Vendée), par acte
du 10 septembre 1838, d'une maison estimée 800 francs, sous la
condition que cette maison servira à l'établissement d'une École
primaire dirigée par un ou deux frères d'une congrégation enseignante légalement autorisée, et qu'en cas d'inexécution de cette
condition la donation sera résolue;

Vu la délibération du 24 octobre 1838, par laquelle le Conseil
municipal de Bretignolles demande l'autorisation d'accepter la
donation dont il s'agit;

Vu la délibération du Comité d'arrondissement des Sables, sous
27.

la date du 2 octobre 1838, ayant pour objet d'établir que cette donation ne doit pas être autorisée par le motif qu'elle contient la condition que, si la maison dont il s'agit cessait d'être affectée à une
École dirigée par un ou deux frères d'une congrégation légalement
approuvée, la donation serait résolue de plein droit au profit des
donatrices ou de leurs héritiers, et qu'ainsi la commune pourrait
perdre la valeur de toutes les améliorations qu'elle aurait apportées
à l'immeuble, si elle jugeait à propos de faire choix d'un instituteur
qui ne ferait pas partie d'une congrégation religieuse;

Vu la lettre adressée le 12 octobre dernier à M. le Sous-Préfet
des Sables par M. le Préfet de la Vendée, pour l'inviter à engager
Mlles Sourouille-Cailletière à renoncer à la clause de retour insérée
dans leur donation, ou au moins à restreindre le droit de retour, à
leur profit seul, conformément aux dispositions de l'article 951 du
Code civil;

Vu les articles 951 et 953 du Code civil, ainsi conçus :—

« ART. 951. Le donateur pourra stipuler le droit de retour des objets
« donnés, soit pour le cas du prédécès du donataire seul, soit pour
« le cas du prédécès du donataire et de ses descendants;

« Ce droit ne pourra être stipulé qu'au profit du donateur seul. »

« ART. 953. La donation entre vifs ne pourra être révoquée que
« pour cause d'inexécution des conditions sous lesquelles elle aura
« été faite, pour cause d'ingratitude et pour cause de survenance
« d'enfants. »

Considérant qu'on a mal à propos confondu la donation affectée
d'un droit de retour et la donation révocable pour cause d'inexécution des conditions;

Que, dans l'espèce, il n'y a nulle stipulation d'un droit de retour;
qu'il y a condition opposée à la donation, et clause résolutoire en
cas de violation des conditions;

Que cette dernière clause est parfaitement licite, et peut être exécutée, s'il y a lieu, non seulement au profit des donatrices, mais
encore au profit de leurs héritiers ou ayants cause;

Qu'il n'y a donc rien d'irrégulier dans l'acte de donation du 10 septembre 1838, sous le rapport de la forme de la donation;

Que, quant aux conditions mêmes : 1° l'application exclusive de
l'immeuble donné à une École primaire; 2° la direction de l'École
par un ou deux frères d'une congrégation enseignante, légalement
approuvée, ces conditions sont, au fond, raisonnables et permises;
qu'aucune loi ne les interdit; que la loi du 28 juin 1833 n'en sera
pas moins observée, en ce que les frères instituteurs seront présentés, nommés et institués comme tous les autres instituteurs

communaux, après avoir rempli également les formalités nécessaires du brevet de capacité et du certificat de moralité,

Décide qu'il y a lieu de solliciter une ordonnance royale qui autorise le maire de la commune de Bretignolles (Vendée) à accepter la donation faite à ladite commune par les demoiselles Sourouille-Cailletière.

---

17 mai 1839.

Décision relative à l'admission d'enfants des deux sexes dans une École primaire.

17 Mai 1839.

Le Conseil, etc.,

Sur le rapport de M. le conseiller chargé des Écoles primaires,

Vu la lettre de M. le Recteur de l'Académie d'Aix, en date du 24 avril dernier, dans laquelle ce fonctionnaire demande si un instituteur primaire qui désire admettre des enfants des deux sexes dans son École doit être pourvu de l'autorisation rectorale exigée des institutrices par l'article 7 de l'ordonnance du 23 juin 1836;

Vu l'article 1er de l'arrêté du 13 décembre 1833;

Attendu que la loi du 28 juin 1833 n'a imposé aux communes que l'obligation d'établir une École publique, et n'a rien statué de spécial pour l'instruction des filles; qu'il faut conclure de là que, quand la commune n'aura établi en effet qu'une seule École primaire, cette École devra être ouverte pour les filles comme pour les garçons, sauf les précautions commandées par les bonnes mœurs; que cette conséquence est tellement de droit qu'il n'a jamais été question d'exiger que l'instituteur communal, dans le cas prévu, se munît d'une autorisation particulière pour l'admission des enfants des deux sexes,

Décide qu'une pareille autorisation n'est point nécessaire.

---

4 mai 1839.

Décision relative à la révocation des instituteurs.

24 Mai 1839.

Le Conseil, etc.,

Sur le rapport de M. le conseiller chargé des Écoles primaires,

Vu la délibération du Comité supérieur d'instruction primaire de Commercy, en date du 27 septembre dernier, portant révocation du sieur Thirion, instituteur à Malaumont, comme n'étant pourvu que d'une autorisation provisoire dont l'effet aurait dû cesser par suite de l'arrêté du 2 mars 1838 qui supprime pour l'avenir les autorisations de ce genre ;

Vu la lettre de M. le Recteur de l'Académie de Nancy, du 18 janvier dernier, et toutes les pièces qui s'y trouvent jointes ;

Considérant que ni la circulaire du 9 décembre 1833, ni aucune circulaire ou instruction n'ont pu dispenser le Comité de Commercy de mander devant lui le sieur Thirion avant de prononcer sa révocation ;

Que l'article 23 de la loi du 28 juin, invoqué par le Comité, est formel à cet égard, et que rien n'annonce que cette formalité essentielle ait été remplie ;

Que la délibération du Comité peut d'autant moins subsister, qu'elle porte, ainsi que l'a déjà fait observer la lettre ministérielle du 17 novembre dernier, sur une fausse interprétation d'une circulaire du 10 mai 1838 ;

Que le sieur Thirion était en possession de son état d'instituteur, en vertu d'un titre définitif, qu'il ne pouvait perdre que par démission ou jugement révocatoire,

Arrête :

La décision du 27 septembre 1838, par laquelle le Comité supérieur de Commercy a révoqué le sieur Thirion, est annulée.

Décision relative à l'autorisation nécessaire pour l'ouverture d'un pensionnat. 31 mai 1839.

31 Mai 1839.

Le Conseil, etc.,

Vu les expéditions de l'ordonnance de prise de corps contre le sieur Joseph Constans, en date du 18 décembre 1837, et de l'arrêt de non-lieu rendu le 30 décembre de la même année par la Cour royale de Toulouse dans l'affaire dudit sieur Constans, lequel a été exclu du corps enseignant pour falsification d'un diplôme de bachelier ès lettres, et a ouvert sans autorisation un pensionnat primaire à Graves ;

Attendu qu'il a été plusieurs fois jugé que le faux n'était pas punissable par les tribunaux, lorsqu'il avait été commis sans intention de nuire, et n'avait eu aucun effet dommageable pour des tiers ; mais que cette doctrine ne saurait faire la règle de la jurisprudence universitaire ; que le faux, dans tous les cas, est au moins une simulation et un mensonge, et que c'est assez pour que celui qui l'a commis ne mérite plus la confiance de l'Université; que, d'ailleurs, la production d'un faux diplôme sur la foi duquel un homme obtient l'autorisation de tenir école, et le droit de recevoir sous sa direction des enfants à instruire et à élever, est certainement un acte dommageable pour les familles et pour la société,

Décide qu'il y a lieu de se pourvoir en cassation dans l'intérêt de la loi.

Relativement au pensionnat primaire, attendu que plusieurs lois, et notamment celle du 17 novembre 1794, article 8, ont formellement interdit aux instituteurs primaires de recevoir des élèves en pension, qu'aucune loi n'a levé cette défense, et qu'une ordonnance royale l'a seulement modifiée, en disant que l'autorisation de tenir un pensionnat primaire peut être accordée en Conseil royal,

Décide qu'il y a lieu, dans cet état de la législation, de faire fermer le pensionnat primaire tenu illégalement à Graves par l'abbé Constans.

------

31 mai 1839.   **Avis relatif à la radiation d'un instituteur.**

31 Mai 1839.

Le Conseil, etc.,

Vu l'arrêté en date du 12 décembre 1838, par lequel M. le Recteur de l'Académie de....... a révoqué le sieur N...... de ses fonctions d'instituteur de la commune de........;

Vu la réclamation du sieur N........, en date du 20 avril dernier;

Vu le rapport de M. le Recteur, dans lequel ce fonctionnaire fait connaître les motifs qui l'ont déterminé à appliquer à cet instituteur les dispositions de l'article 44 du décret du 17 mars 1808 et de l'article 69 du décret du 15 novembre 1811,

Estime que les articles précités ne peuvent être appliqués que par le Conseil royal, qui peut seul prononcer la radiation; que le fonctionnaire qui s'absente sans congé doit être puni, mais que cette punition ne peut être prononcée par le Recteur seul;

Qu'il y a donc défaut de pouvoir dans la décision du 12 décembre 1838, qu'elle ne peut être maintenue, et que le sieur N....... doit être traduit devant le Comité d'arrondissement.

Décision annulant un acte d'acceptation d'engagement décennal.   31 mai 1839.

31 Mai 1839.

Le Conseil, etc.,

Vu le rapport de M. le Recteur de l'Académie de......, dans lequel ce fonctionnaire fait connaître qu'il n'a point remis au sieur J...... l'acte d'acceptation de son engagement, délivré par le Conseil le 22 mars dernier ;

Attendu qu'il résulte des explications données par le président du Comité supérieur de......, que le sieur J...... avait, il est vrai, été présenté par le Comité local et le Conseil municipal de...... pour diriger l'École communale, mais que le Comité supérieur a refusé de procéder à sa nomination, parce que l'instituteur nommé précédemment n'était ni démissionnaire, ni révoqué, et continuait d'exercer ses fonctions ; d'où il suit que le sieur J...... n'était donc qu'un instituteur privé,

Décide que l'acte d'acceptation de l'engagement du sieur J...... est annulé.

Avis relatif aux engagements décennaux des élèves boursiers des Écoles normales.   14 juin 1839.

14 Juin 1839.

Le Conseil, etc.,

Vu les observations de M. le Recteur de l'Académie de Grenoble, relatives aux engagements que doivent souscrire les élèves boursiers des Écoles normales primaires,

Est d'avis de ce qui suit :

Aux termes des articles 12, 13 et 14 du statut du 14 décembre 1822, et des instructions ultérieures, les élèves-maîtres jouissant d'une bourse ou portion de bourse, doivent contracter deux sortes d'engagements : 1° l'engagement décennal, qui, dûment accepté par le Conseil royal, entraîne, d'après la loi du 21 mars 1832, la dispense du service militaire ; 2° l'engagement de payer la portion de pension à leur charge et généralement les frais de leur séjour à l'École normale.

Le premier de ces engagements doit être aussitôt soumis à l'acceptation du Conseil royal et renvoyé ensuite au Recteur, qui le tient en réserve pour le moment où l'élève-maître aura occasion d'en faire usage.

Le second engagement n'a pas besoin d'être envoyé au Ministre ni soumis à l'acceptation du Conseil royal; il suffit qu'il reste déposé dans les archives de l'École normale.

Les pensionnaires libres sont admissibles à contracter, comme les boursiers, l'engagement décennal, et cet engagement, comme celui des boursiers, doit être soumis à l'acceptation du Conseil royal, pour opérer la dispense du service militaire ; avec cette différence entre les boursiers et les pensionnaires libres, que, pour ceux-ci, l'engagement décennal est facultatif, et que, pour les autres, il est obligatoire, l'article 12 du règlement déjà cité étant formel à cet égard.

MM. les Recteurs ont été invités à transmettre les engagements décennaux dès le mois de décembre qui précède l'année du tirage ; mais il ne résulte pas de là qu'ils ne doivent les transmettre qu'à cette époque, et non auparavant; ils doivent au contraire les envoyer aussitôt qu'ils ont été contractés, et, au plus tard, au mois de décembre qui précède l'année du tirage.

Enfin la formule adoptée pour les engagements doit être conservée pour les élèves-maîtres qui atteignent leur vingtième année, et, pour les élèves-maîtres plus jeunes, on pourrait prescrire une seconde formule, où seraient supprimés les mots : « Atteint par la loi de recrutement de l'armée. »

---

14 juin 1839. **Avis portant que les Frères des Écoles chrétiennes sont soumis, comme les autres instituteurs, à la condition des lettres d'exeat.**

14 Juin 1839.

Le Conseil, etc.,

Sur le rapport de M. le conseiller chargé des Écoles primaires;

Vu la lettre de M. le Préfet de la Haute-Loire, dans laquelle il transmet les observations de M. l'Inspecteur des Écoles primaires du département sur les inconvénients qui résultent de la facilité avec laquelle les Frères des Écoles chrétiennes abandonnent, sur un ordre de leur supérieur général, les Écoles qu'ils dirigent, sans demander ou sans attendre leur exeat, et sont remplacés, sur un ordre semblable, par d'autres frères, sans que les Conseils municipaux soient consultés sur le choix;

Vu l'arrêté du 27 octobre 1835, portant qu'un instituteur communal qui a quitté son poste sans lettre d'exeat ne peut être ni nommé ni institué valablement pour aucune autre École communale, et que si une nouvelle nomination venait à être surprise à un Comité d'arrondissement, dans l'ignorance de la faute commise par l'instituteur, l'institution devrait être refusée,

Est d'avis qu'il y a lieu d'appliquer aux frères comme aux autres instituteurs la jurisprudence adoptée, et de rappeler à M. le supérieur général des Frères des Écoles chrétiennes les dispositions de l'arrêté du 27 octobre, en l'invitant à s'y conformer avec exactitude.

Arrêté relatif aux examens des brevets de capacité pour l'enseignement primaire élémentaire et supérieur.   18 juin 1839.

18 Juin 1839.

Le Conseil, etc.,

Sur le rapport de M. le conseiller chargé des Écoles primaires;

Vu le règlement du 4 juillet 1833 sur les Commissions d'examen pour l'instruction primaire et l'arrêté du 28 décembre 1838,

Arrête ce qui suit :

1° L'arrêté du 28 décembre 1838, qui prescrit de constater, séance tenante, l'identité des aspirants qui se présentent à l'examen pour le brevet de capacité, sera également appliqué pour l'examen des aspirantes;

2° L'obligation de répondre sur le dessin linéaire, prescrite par l'arrêté du 28 juin 1836, à l'égard des aspirantes au brevet de capacité du degré élémentaire, aura également lieu pour les aspirants au brevet du même degré, à compter du 1er octobre 1840;

3° Les aspirants au brevet de capacité de l'un et de l'autre degré seront tenus, en outre, de réciter de mémoire les 25 articles qui composent la loi du 28 juin 1833 sur l'instruction primaire;

4° MM. les Recteurs des diverses Académies sont chargés de l'exécution du présent arrêté.

Décision portant que l'autorité universitaire est seule compétente pour tout ce qui concerne l'enseignement dans les Écoles primaires.   28 juin 1839.

28 Juin 1839.

Le Conseil, etc.,

Sur le rapport de M. le conseiller chargé des Écoles primaires,

Vu la lettre de M. le Recteur de l'Académie de....., dans laquelle ce fonctionnaire transmet un bulletin périodique publié au nom d'un Comité d'arrondissement, et dans lequel se trouve inséré un arrêté pris par M. le Sous-Préfet comme président du Comité, relativement à l'enseignement du système légal des poids et mesures,

Décide :

1° Que nulle autre autorité que l'autorité universitaire n'est compétente pour statuer sur l'enseignement dans les Écoles primaires, et que, par cette raison seule, l'arrêté de M. le Sous-Préfet doit être déclaré nul et comme non avenu ;

2° Qu'au fond, il ne convient pas d'interdire tout exercice sur les anciennes mesures ; qu'on doit rester dans les termes de la décision du 2 février 1838 et de la circulaire du 14 avril suivant.

---

28 juin 1839.   **Décision relative à l'interdiction des concours entre les Écoles primaires.**

28 Juin 1839.

Le Conseil, etc.,

Sur le rapport de M. le conseiller chargé des Écoles primaires,

Vu la lettre de M. le président de l'Association pour la propagation et l'amélioration de l'instruction primaire dans le canton d......, dans laquelle il réclame contre la décision du Conseil qui a interdit le concours entre les élèves des différentes Écoles primaires du canton ;

Vu les diverses décisions intervenues à ce sujet, notamment celle du 16 février 1838, relative à un semblable concours dans le ressort de l'arrondissement de Saint-Denis (Seine),

Décide, conformément à la jurisprudence adoptée, qu'il n'y a pas lieu d'autoriser le concours demandé.

---

28 juin 1839.   **Décision portant que le verso des actes d'institution des instituteurs portera les principales obligations auxquelles ils sont soumis.**

28 Juin 1839.

Le Conseil, etc.,

Sur le rapport de M. le Conseiller chargé des Écoles primaires,

Vu le rapport de M. le Recteur de l'Académie de Bordeaux, relatif au sieur Lagorce, qui a été cité devant le Comité supérieur de Périgueux, pour avoir quitté, sans exeat, ses fonctions d'instituteur, duquel rapport il résulte que le Comité n'a pas cru devoir donner suite à cette affaire, attendu que le sieur Lagorce ignorait l'obligation qui lui était imposée par les règlements d'obtenir un exeat avant de quitter ses fonctions,

Décide que personne n'est censé ignorer les lois sous l'empire desquelles il exerce sa profession; mais que, pour remédier à l'ignorance de fait qui pourrait exister pour un certain nombre d'instituteurs primaires, il y a lieu de faire imprimer derrière les actes d'institution des instituteurs primaires les principales obligations auxquelles ils sont soumis par les lois et règlements.

Décision relative à l'enseignement du dessin linéaire dans les Écoles normales primaires.   28 juin 1839.

28 Juin 1839.

Le Conseil, etc.,

Sur le rapport de M. le conseiller chargé des Écoles primaires,

Vu la demande de M. le Recteur de l'Académie de Montpellier,

Décide que, dans les Écoles normales primaires, le dessin linéaire à vue précédera toujours le dessin à la règle et au compas.

Décision relative à la direction des Écoles primaires annexées aux Écoles normales, et à la visite de ces Écoles par les Comités.   5 juillet 1839.

5 Juillet 1839.

Le Conseil, etc.,

Sur le rapport de M. le conseiller chargé des Écoles primaires,

Vu la lettre par laquelle M. le Préfet de la Haute-Marne, après avoir rappelé que des Écoles modèles d'application des méthodes d'enseignement mutuel et d'enseignement simultané doivent être adjointes aux Écoles normales du département, demande si ces Écoles seront dirigées par le directeur et les autres maîtres de cette École et soumises à l'inspection du Comité local créé par l'article 17 de la loi du 28 juin 1833,

Décide : 1° qu'il n'y a nul inconvénient à ce que les Comités visitent les Écoles primaires annexées aux Écoles normales, ces Comités sachant très bien qu'ils ont le droit, non de prescrire et de modifier, mais d'observer, de rappeler les règlements et de transmettre leurs observations; 2° qu'il convient que chaque École primaire annexe ait un chef distinct subordonné au directeur de l'École normale, muni de son brevet et de son certificat de moralité, exerçant comme sous-maître, mais sous les conditions générales de capacité et de moralité.

Avis portant que les instituteurs ne sont soumis à l'imposition des portes et fenêtres que pour les lieux qu'ils occupent personnellement.

5 Juillet 1839.

Le Conseil, etc.,

Sur le rapport de M. le conseiller chargé des Écoles primaires,

Vu l'article 5 de la loi du 4 frimaire An VII, ainsi conçu :

« Ne sont pas soumises à la contribution les portes et fenêtres des « bâtiments employés à un service public civil, militaire ou d'in- « struction, ou aux hospices.

« Néanmoins si lesdits bâtiments sont occupés en partie par les « citoyens auxquels la République ne doit point de logement « d'après les lois existantes, lesdits citoyens seront soumis à ladite « contribution à concurrence des parties desdits bâtiments qu'ils « occuperont »;

Vu les instructions du 27 germinal An VII et du 25 frimaire An IX, portant que les portes et fenêtres des établissements publics ne sont point imposables, mais que les personnes qui ont leur loge- ment dans l'intérieur de ces établissements, les professeurs et em- ployés du Muséum d'histoire naturelle, les employés des biblio- thèques publiques, les administrateurs et professeurs des Collèges doivent l'impôt pour les fenêtres du bâtiment qu'ils habitent;

Vu la loi du 26 mars 1831, article 8, et les instructions relatives à cette loi, desquelles il résulte que ne sont point imposables les locaux destinés au logement des élèves dans les Écoles et pension- nats publics; que les dortoirs, salles d'étude, classes et réfectoires sont considérés comme destinés au logement des élèves; que les portes et fenêtres des Collèges et autres maisons d'école doivent être recensées pour la partie des bâtiments servant au logement per- sonnel des proviseurs, censeurs, directeurs, professeurs, instituteurs et autres personnes attachées aux établissements;

Vu la loi du 21 avril 1832, article 27, qui veut que les fonction- naires soient imposés nominativement pour les portes et fenêtres des parties de ces bâtiments servant à leur habitation personnelle;

Vu enfin l'article 12 de la loi du 28 juin 1833, d'après lequel un local convenablement disposé doit être fourni à tout instituteur communal, tant pour lui servir d'habitation que pour recevoir des élèves,

Estime qu'aux termes des lois et instructions précitées, les instituteurs primaires sont imposables pour les portes et fenêtres des lieux qu'ils occupent personnellement dans leurs maisons d'école; mais qu'ils ne doivent être imposés que dans cette limite, nullement pour les portes et fenêtres des salles d'études, des classes et des autres pièces servant aux élèves, non plus que pour les portes et fenêtres des pièces qui seraient affectées au service de la mairie, ou à tout autre service public, dans l'intérieur ou dans la dépendance de la maison d'école.

Décision relative à la durée des fonctions d'un membre remplaçant d'un Comité.

23 juillet 1839.

23 Juillet 1839.

Le Conseil, etc.,

Consulté sur la question de savoir si un notable nommé membre d'un Comité supérieur d'instruction primaire, en remplacement d'un membre décédé ou démissionnaire, doit y siéger seulement pendant le temps qui restait à faire à son prédécesseur, ou s'il y est appelé pour trois ans à partir de sa nomination, sans avoir égard au renouvellement triennal;

Sur le rapport de M. le conseiller chargé des Écoles primaires,

Décide que le membre remplaçant est nommé seulement pour le temps qui restait à faire au membre décédé ou démissionnaire, sauf à être réélu lors du renouvellement triennal.

Décision relative à l'établissement de cours d'agriculture dans les Écoles normales primaires.

2 août 1839.

2 Août 1839.

Le Conseil, etc.,

Sur le rapport de M. le conseiller chargé des Écoles primaires,

Après avoir pris connaissance des délibérations des Conseils généraux des départements relatives à l'organisation de cours d'agriculture dans les Écoles primaires,

Arrête :

Des cours spéciaux d'agriculture ne seront autorisés dans les Écoles normales primaires que sous ces deux conditions : 1° qu'il y aura près de l'École normale une ferme particulièrement destinée à montrer aux élèves-maîtres la pratique des théories qui leur seront enseignées à l'École; 2° qu'un professeur spécial sera chargé dudit cours, avec un traitement convenable payé sur les fonds du département.

---

30 août 1839.

Arrêté portant admission du pourvoi d'un instituteur contre un arrêté de révocation.

30 Août 1839.

Le Conseil, etc.,

Vu la délibération en date du 10 mai dernier, par laquelle le Comité supérieur de l'arrondissement de M....... a révoqué de ses fonctions le sieur R...., instituteur communal, pour cause de négligence ;

Vu le pourvoi formé contre ladite délibération par le sieur R.... ;

Vu la lettre de M. le Recteur de l'Académie, en date du 17 août, de laquelle il résulte que le sieur R.... a été révoqué sans avoir été préalablement appelé et entendu ;

Vu l'article 20 de la loi du 28 juin 1833,

Arrête :

Il y a lieu d'admettre le pourvoi du sieur R...., et d'annuler la décision du Comité supérieur de l'arrondissement de M....... qui a révoqué cet instituteur.

---

4 octobre 1839.

Arrêté relatif à la révocation d'un instituteur.

4 Octobre 1839.

Le Conseil, etc.,

Sur le rapport de M. le conseiller chargé des Écoles primaires,

Vu la délibération en date du 4 juillet dernier, par laquelle le Comité d'arrondissement de M.... a révoqué le sieur L.... de ses fonctions d'instituteur communal de...., pour fautes graves ;

Vu l'expédition en forme du jugement rendu contre ledit sieur L...., le 10 septembre dernier, par le tribunal correctionnel de M.... ;

Vu le pourvoi formé contre la délibération du Comité d'arrondissement de M...., le 11 août dernier, par le sieur L.. .;

Attendu que les faits graves reprochés au sieur L.... sont suffisamment établis,

Arrête :

La révocation prononcée contre cet instituteur par le Comité d'arrondissement de M. .. est maintenue.

Décision relative aux conditions d'admission des élèves dans les Écoles normales primaires.

4 octobre 1839.

4 Octobre 1839.

Le Conseil, etc.,

Sur le rapport de M. le conseiller chargé des Écoles primaires,

Vu la lettre de M. le Recteur de l'Académie d'Orléans, en date du 12 septembre dernier, dans laquelle ce fonctionnaire soumet trois questions adressées par M. le directeur de l'École normale primaire d'Orléans, et relatives à l'admission des candidats qui se présentent aux examens pour la nomination comme élèves-maîtres de l'École normale,

Décide : 1° qu'un élève qui a été admis à la suite d'un concours à entrer à l'École, et qui a renoncé à ce droit, peut se présenter de nouveau à un concours;

2° Qu'un étranger au département pourra se présenter au concours, mais que la condition de servir dans l'instruction primaire ne pourra être limitée au département même qu'autant que cette limitation sera autorisée par le règlement particulier de l'École normale;

3° Que le minimum de l'âge d'admission au concours est fixé à seize ans, et le maximum à vingt-cinq ans accomplis au moment de l'examen.

Avis portant que l'instituteur breveté, qui échoue à un nouvel examen, ne perd pas les droits conférés par son premier titre.

4 octobre 1839.

4 Octobre 1839.

Le Conseil, etc.,

Ouï le rapport sur une demande adressée par le sieur Cobus, instituteur à Brétigny (Seine-et-Oise), pourvu d'un brevet du troisième dégré, obtenu antérieurement à la loi du 28 juin 1833, ladite demande ayant pour objet d'obtenir l'autorisation de se présenter à l'examen devant la Commission d'instruction primaire de Melun pour obtenir un nouveau brevet;

Sur la question de savoir si ce candidat perdrait, dans le cas où il échouerait à ce nouvel examen, la présomption de capacité qui résulte de son ancien titre,

Est d'avis que le sieur Cobus peut être autorisé à se présenter à l'examen, et que, dans le cas où il n'obtiendrait pas un nouveau brevet, son ancien titre lui restera et conservera sa valeur.

---

22 octobre 1839.   **Arrêté relatif à l'enseignement du système métrique décimal.**

22 Octobre 1839.

Le Conseil, etc.,

Sur le rapport de M. le conseiller chargé des Écoles primaires,

Vu la loi du 28 juin 1833, qui place le système légal des poids et mesures parmi les objets d'étude que doit nécessairement comprendre l'instruction primaire;

Vu la loi du 4 juillet 1837, aux termes de laquelle, à partir du 1er janvier 1840, tous les poids et mesures autres que les poids et mesures établis par les lois du 18 germinal An III et 29 frimaire An VIII, constitutives du système métrique décimal, seront interdits sous les peines portées par l'article 479 du Code pénal;

Vu les divers arrêtés qui ont recommandé à plusieurs reprises l'étude du système métrique dans tous les établissements universitaires;

Considérant qu'il importe de familiariser les élèves dans toutes les Écoles du Royaume à la pratique du système métrique, en ne leur mettant sous les yeux que des livres, tableaux ou méthodes traitant exclusivement des nouveaux poids et mesures,

Arrête :

MM. les Inspecteurs de l'instruction primaire et MM. les Inspecteurs des Académies auront soin, dans leur prochaine tournée, de prescrire à tous les instituteurs primaires des villes et des campagnes l'enseignement exclusif du système légal des nouveaux poids et mesures.

Ils inviteront les autorités compétentes à ne plus distribuer aux élèves indigents, pour l'étude du calcul, que des ouvrages qui ne contiennent aucune dénomination d'anciens poids et d'anciennes mesures. Ils feront connaître exactement, dans les rapports qu'ils adresseront soit au Préfet du département, soit au Recteur de l'Académie, les noms des instituteurs qui auront fait preuve de plus de zèle et d'intelligence dans cette partie essentielle de leurs leçons, et qui auront obtenu le plus de succès.

Décision relative aux personnes réhabilitées à la suite de condamnations à des peines infamantes.

13 déc. 1839.

13 Décembre 1839.

Le Conseil, etc.,

Sur le rapport de M. le conseiller chargé des Écoles primaires ;

Vu l'arrêté en date du 19 juin dernier, par lequel le Comité supérieur de...... a nommé le sieur N...... directeur de l'École publique de la commune de...... ;

Vu la lettre de M. le Recteur de l'Académie de......, dans laquelle ce fonctionnaire, en transmettant cet arrêté, avec les pièces à l'appui, fait observer que par arrêt de la Cour d'assises des Hautes-Pyrénées, en date du 8 octobre 1837, le sieur N...... a été condamné, pour crime de vol, à quinze ans de travaux forcés ; qu'il a été réhabilité par ordonnance du Roi, du 5 octobre 1838, et qu'en conséquence le Comité a cru pouvoir le nommer instituteur communal ;

Vu l'arrêté du 26 mars dernier ;

Considérant que la réhabilitation rétablit, à la vérité, le condamné dans le droit commun des citoyens, mais non dans le droit spécial des instituteurs ; que le réhabilité est relevé des incapacités ordinaires, politiques et civiles, mais non de l'incapacité particulière que la loi sur l'instruction primaire attache à l'homme condamné ;

Persistant dans la jurisprudence précédemment adoptée, décide qu'il n'y a pas lieu de donner l'institution au sieur N......

Arrêté relatif à l'inspection des institutions et des pensions de Paris et de la Seine.

17 déc. 1839.

17 Décembre 1839.

Le Conseil, etc.,

Sur la communication faite par M. le Ministre de l'Instruction publique ;

Vu les articles 91 et 93 du décret du 17 mars 1808,

Arrête ce qui suit :

ARTICLE 1er. — Il sera fait une inspection spéciale des institutions et pensions de la ville de Paris et du département de la Seine, à l'effet de constater tout ce qui concerne la salubrité et l'ordre matériel, la discipline et la tenue morale, la direction et le résultat des études.

ART. 2. — Cette inspection sera confiée à MM. les Inspecteurs généraux et à MM. les Inspecteurs de l'Académie de Paris.

---

17 déc. 1839.

Avis relatif aux instituteurs brevetés par une Commission d'examen, et dont la capacité serait remise en question.

17 Décembre 1839.

Le Conseil, etc.,

Sur le rapport de M. le conseiller chargé des Écoles primaires ;

Vu la lettre par laquelle M. le Sous-Préfet d...... demande si les Comités supérieurs d'arrondissement sont compétents pour faire subir un examen aux candidats présentés et pourvus d'ailleurs d'un brevet de capacité régulièrement délivré,

Estime que la Commission d'examen serait annulée de fait si, après sa déclaration de capacité constatée par le brevet qu'elle a délivré, cette même capacité pouvait, à l'égard d'un instituteur en exercice, être remise en question et donner lieu à un nouvel examen devant les Comités d'arrondissement ;

Qu'il appartient seulement aux Comités, lorsqu'ils conçoivent des doutes, et qu'il s'agit de candidats présentés à leur nomination, de chercher à s'assurer à quel point ces candidats possèdent en effet le degré d'instruction attesté par les brevets respectifs.

---

24 déc. 1839.

Avis portant incompatibilité des fonctions de greffier de justice de paix avec celles d'instituteur primaire.

24 Décembre 1839.

Le Conseil, etc.,

Ouï le rapport sur la question de savoir s'il y a incompatibilité entre les fonctions de greffier de justice de paix et celles d'instituteur primaire ;

28.

Considérant que, par la nature de son emploi, le greffier est tenu d'assister constamment le juge de paix, et qu'en conséquence il peut être appelé à chaque instant, pour les actes indispensables de son ministère, soit dans la commune même, soit dans les autres communes du canton ;

Considérant, en outre, que l'article 1er, titre IV, de la loi du 24 vendémiaire An II, qui porte que les instituteurs salariés par la nation ne pourront cumuler avec ces fonctions aucune autre fonction publique, n'a pas cessé d'être en vigueur ; que leurs fonctions n'ont pas changé de nature, et que les instituteurs sont, comme précédemment, employés à un service public,

Est d'avis qu'il y a incompatibilité entre les fonctions de greffier d'une justice de paix et les fonctions d'instituteur primaire communal.

Décision portant annulation d'un brevet de capacité délivré à un élève-maître   24 déc. 1839.
d'École normale, qui n'avait pas achevé son cours d'études.

24 Décembre 1839.

Le Conseil, etc.,

Ouï le rapport duquel il résulte que le sieur V......, ancien élève-maître à l'École normale primaire de......, ayant quitté cet établissement après onze mois de séjour seulement, s'est présenté devant la Commission d'instruction primaire de T......, à la dernière session, et a obtenu un brevet de capacité du degré supérieur ;

Vu les renseignements fournis à ce sujet par M. le Recteur de....;

Considérant que l'arrêté du 11 octobre 1836 prescrit aux élèves des Écoles normales primaires de ne pas se présenter aux examens pour le brevet de capacité avant d'avoir achevé le cours d'études ; que le sieur V......, entré à l'École normale de...... en octobre 1837, l'a quittée en septembre 1838, sans aucun motif légitime, et qu'il s'est présenté devant la Commission d'instruction primaire de T...... sans avoir parlé de sa qualité d'ancien élève de l'École normale ; qu'il est contrevenu aux deux règles d'après lesquelles il devait achever dans cet établissement son cours d'études, et être examiné par la Commission d'examen de......, comme ancien élève de l'École normale primaire de cette ville,

Décide qu'il y a lieu de déclarer nul le brevet de capacité délivré au sieur V...... par la Commission d'instruction primaire de T......

---

20 mars 1840.

Arrêté fixant le programme des épreuves à subir par les institutrices appelées à diriger les ouvroirs.

20 Mars 1840.

Le Conseil, etc.,

Vu le règlement du 30 octobre 1838, concernant les ouvroirs du département de la Seine, et notamment l'article 4, ainsi conçu :

« Il sera établi un programme particulier des épreuves sur les-
« quelles les directrices d'ouvroirs pourront être brevetées par la
« Commission d'examen, créée en exécution de l'article 18 de l'or-
« donnance royale du 23 juin 1836 » ;

Vu le projet de programme proposé par le Comité central d'instruction primaire,

Arrête ainsi qu'il suit le programme des épreuves auxquelles seront soumises les institutrices appelées à diriger les ouvroirs :

ARTICLE 1ᵉʳ. — Le programme comprendra :

Instruction morale et religieuse. Résumé de ces lectures (le livre fermé). Réflexions sur ces lectures.	Lectures à haute voix.	Dans l'Écriture Sainte et dans un autre ouvrage qui aura été choisi par la Commission parmi les livres autorisés.
Lecture.		Sur manuscrits ou cahiers lithographiés.
Écriture et Grammaire. . . .		Dictée (l'écriture et l'orthographe doivent être assez correctes pour la correspondance habituelle avec l'administration locale et avec les commerçants).
Calcul.		Les quatre règles d'arithmétique sur les nombres entiers et sur les fractions décimales. Notions usuelles du système métrique.
Éléments du Dessin linéaire. .		Tracé des lignes nécessaires à la coupe des linges et étoffes.

TRAVAUX D'AIGUILLE.

Couture.

Coupe et façon des différents ouvrages désignés ci-dessous :

Draps. . . . . Taies d'oreiller. . . . Jupons. . . . . Chemises de femme. . Camisoles. . . . . . . Corsets. . . . . Robes. . . . . Manteaux. . . . . . Chemises d'homme. . Gilets. . . . . Pantalons.	Quantité d'étoffe qui doit être employée pour chacun de ces ouvrages selon la largeur des étoffes. (Les réponses devront être exprimées en mesures métriques.)

Différentes sortes de reprises.
Raccommodage des bas.
Feston.
Rivières de points à jour.
Jours et points de dentelle sur batiste, mousseline ou tulle.

Broderie.

Au plumetis. . . . . . .)
En application. . . . . { En coton, fil plat, soie, argent, or, sur toutes
Au passé. . . . . { espèces d'étoffes.
Au crochet. . . . . .)

Tapisserie.

Différents points sur canevas ordinaire, canevas de soie ou sur drap.

ART. 2. — Les examens auront lieu dans les formes déterminées par l'ordonnance du 23 juin 1836, et par les arrêtés et règlements.

Des dames, au nombre de trois au moins, feront nécessairement partie de la Commission d'examen.

ART. 3. — La Commission délivrera des certificats d'aptitude, d'après lesquels le Recteur de l'Académie expédiera le brevet de capacité.

ART. 4. — L'autorisation de diriger un ouvroir sera donnée par le Recteur, sur la production du brevet de capacité et d'un certificat de moralité, et sur la présentation du Préfet du département, après avis du Comité local et du Comité central.

Arrêté relatif aux élèves des cours d'adultes.

20 mars 1840.

20 Mars 1840.

Le Conseil, etc.,

Vu la lettre de M. le Recteur de l'Académie d'Orléans, en date du 10 mars courant;

Vu l'arrêté du 22 mars 1836,

Arrête :

1° Lorsqu'il se présentera, pour être admis aux classes d'adultes, des jeunes gens âgés de moins de quinze ans, ils formeront une division à part, établie dans une salle distincte, et les élèves de cette division devront entrer et sortir un quart d'heure avant ou après les adultes plus avancés en âge;

2° Les Comités locaux ne permettront jamais l'admission aux classes d'adultes d'enfants âgés de moins de douze ans.

Avis relatif au traitement des instituteurs révoqués et réintégrés,

30 Mars 1840.

Le Conseil, etc.,

Vu la lettre par laquelle M. le Recteur de l'Académie de Besançon soumet, au nom de M. le Sous-Préfet de Gray, la question suivante:

« Dans le cas où la décision d'un Comité supérieur, portant révocation d'un instituteur, est annulée, l'instituteur a-t-il droit à la partie de son traitement échue depuis la décision du Comité, laquelle est exécutoire par provision, jusqu'à l'époque où le Ministre statue définitivement? »

Estime que, si l'École a été confiée, pendant l'intérim, à un autre instituteur qui ait touché le traitement, l'instituteur dont la révocation est annulée ne recouvre ses droits que pour l'avenir; si l'École est demeurée vacante, l'instituteur, rétabli dans ses fonctions, doit recouvrer son traitement pour le temps écoulé depuis la révocation.

Arrêté portant création d'un registre d'inscription pour les adjointes de salles d'asile.

31 Mars 1840.

Le Conseil, etc.,

Vu l'ordonnance du 22 décembre 1837;

Vu l'article 9 du statut du 24 avril 1838;

Vu les lettres de M. le Préfet de la Seine, en date du 24 décembre 1839 et du 18 février 1840;

Sur le rapport de M. le conseiller chargé de ce qui concerne l'instruction primaire et les salles d'asile,

Arrête :

Il sera tenu à la préfecture de la Seine un registre spécial où seront inscrites les aspirantes aux fonctions de dames adjointes dans les salles d'asile.

En cas de vacance, la dame inspectrice de l'asile en préviendra aussitôt M. le Préfet, qui transmettra, tant au Comité local qu'au Comité central, la liste des aspirantes inscrites sur ledit registre.

Les Comités donneront leur avis sur le mérite et sur les droits de chacune des aspirantes, et M. le Préfet transmettra les délibérations des deux Comités, avec ses propres observations et propositions à M. le Recteur, qui délivrera, s'il y a lieu, l'autorisation nécessaire.

Avis relatif à l'enseignement des mesures du système métrique. 11 avril 1840.

11 Avril 1840.

Le Conseil, etc.;

Ouï le rapport relatif aux difficultés qui se sont élevées au sein de la Commission d'instruction primaire établie à Cahors, au sujet de la conversion des mesures anciennes en mesures nouvelles,

Estime qu'un instituteur doit faire preuve de la connaissance des anciennes et des nouvelles mesures, conformément à l'arrêté du 18 juillet 1833, bien qu'il ne doive enseigner, dans son École primaire, que les nouvelles mesures, conformément à l'arrêté du 22 octobre 1839.

Arrêté relatif aux congés dans les Écoles normales primaires. 21 avril 1840.

21 Avril 1840.

Le Conseil, etc.,

Sur le rapport de M. le conseiller chargé des Facultés de droit et des Écoles primaires;

Vu le statut concernant les Écoles normales primaires, du 14 décembre 1832;

Vu la circulaire adressée aux Recteurs le 12 décembre 1839, ensemble les réponses des Recteurs, accompagnées des délibérations des Commissions de surveillance et des Conseils académiques,

Arrête :

1° Les classes vaqueront les dimanches et les jours de fêtes conservées.

Il y a de plus les congés suivants :

Le premier jour de l'an;

Le jour de la fête du Roi et des autres fêtes nationales;

Les jeudi, vendredi et samedi saints;

Et l'après-midi de chaque jeudi;

2° Le directeur conduit les élèves-maîtres en promenade, les jours de congé, lorsque le temps le permet; il peut aussi les y envoyer sous la conduite d'un maître adjoint et du maître surveillant; il désigne les lieux et les heures des promenades.

3° Outre les promenades en commun, le directeur peut accorder, une fois par mois, des sorties particulières aux élèves-maîtres qui se distinguent par leur application, par leurs progrès et par une conduite irréprochable.

4° Les sorties particulières ne peuvent être accordées que sur le vu des deux pièces ci-après désignées : 1° une demande d'un parent ou d'un correspondant qui se chargera de prendre l'élève-maître à l'École et de l'y ramener aux heures prescrites; 2° un billet de satisfaction délivré par les maîtres adjoints et par le maître surveillant.

5° Ces sorties auront lieu le premier ou le deuxième jeudi de chaque mois; en été, de trois heures à huit heures; en hiver, de midi à cinq heures.

Pour les promenades et les sorties particulières, les élèves-maîtres devront toujours porter l'uniforme de l'École normale.

6° Les élèves-maîtres ne pourront pas découcher.

---

5 sept. 1840. **Arrêté relatif à l'organisation de la Commission chargée d'examiner les livres destinés à l'enseignement primaire.**

5 Septembre 1840.

Nous, Ministre, etc.,

Vu la décision du 12 août 1831,

Arrêtons ce qui suit :

ARTICLE 1er. — La Commission chargée de l'examen et de la revision des livres destinés à l'enseignement primaire sera, à l'avenir, composé de douze membres, y compris le président et le secrétaire.

ART. 2. — Cette commission sera divisée en cinq sections, qui procéderont à l'examen des différentes catégories d'ouvrages soumis à l'approbation de l'Université, dans l'ordre ci-après, savoir :

PREMIÈRE SECTION.

Instruction morale et religieuse. — Pédagogie. — Lecture. — Écriture.

DEUXIÈME SECTION.

Langue française. — Grammaire.

TROISIÈME SECTION.

Calcul. — Tenue des livres. — Arpentage. — Dessin linéaire. — Musique.

QUATRIÈME SECTION.

Histoire. — Géographie. — Langues vivantes.

CINQUIÈME SECTION.

Histoire naturelle. — Notions de chimie et de physique. — Hygiène.

Art. 3. — Tous les ouvrages à examiner seront renvoyés par nous au président de la Commission, qui fera constater la date de chaque réception, sur un registre tenu par le secrétaire.

Art. 4. — La Commission se réunira le jeudi de chaque semaine. Tous les rapports qui lui seront présentés devront être écrits ; ils seront discutés immédiatement et adoptés, s'il y a lieu, par la Commission, toutes les sections réunies.

Art. 5. — Chaque ouvrage examiné nous sera renvoyé par le président, avec le rapport auquel il aura donné lieu, sous forme d'extraits des procès-verbaux des séances de la Commission.

L'ouvrage et le rapport seront mis sous les yeux du Conseil royal, dans la plus prochaine séance.

Art. 6. — A la fin de chaque trimestre, il nous sera adressé, par le président, un rapport sur les travaux de la Commission, indiquant le nombre des ouvrages envoyés à l'examen, le nombre des rapports lus à la Commission et adoptés, le nombre des rapports qui resteraient à faire.

Art. 7. — Les membres de la Commission seront rétribués selon le nombre des séances auxquelles ils auront assisté et des rapports qu'ils auront faits. Il sera procédé, à la fin de chaque trimestre, à la liquidation de leurs droits acquis.

Art. 8. — La liste des membres de la Commission sera revisée, tous les ans, avant la rentrée des classes.

Loi portant création de sept emplois de sous-inspecteur de l'instruction primaire. 3 février 1841.

3 Février 1841.

Louis-Philippe, etc.,

Vu la loi du 28 juin 1833 sur l'instruction primaire ;

Vu nos ordonnances du 16 juillet de la même année, du 25 février 1835, du 13 novembre 1837 et du 17 décembre 1839 ;

Vu les lois de finances des 23 mai 1834, 20 juillet 1837, 10 août 1839, 16 juillet 1840 ;

Vu l'avis du Conseil royal de l'Instruction publique,

Sur le rapport de notre Ministre secrétaire d'État au département de l'Instruction publique,

Nous avons ordonné et ordonnons ce qui suit :

Article 1er. — Il est créé un emploi de sous - inspecteur de l'instruction primaire dans chacun des départements de la Seine, de l'Allier, du Cher, de l'Indre, d'Indre-et-Loire, de Loir-et-Cher, de la Loire.

---

22 mars 1841.

Loi relative au travail des enfants employés dans les manufactures, usines ou ateliers.

22 Mars 1841.

Louis-Philippe, etc.,

Ordonnons, etc.

Article 1er. — Les enfants ne pourront être employés que sous les conditions déterminées par la présente loi :

1° Dans les manufactures, usines et ateliers à moteur mécanique ou à feu continu, et dans leurs dépendances ;

2° Dans toute fabrique occupant plus de vingt ouvriers réunis en atelier.

Art. 2. — Les enfants devront, pour être admis, avoir au moins huit ans.

De huit à douze ans, ils ne pourront être employés au travail effectif plus de huit heures sur vingt-quatre, divisées par un repos.

De douze à seize ans, ils ne pourront être employés au travail effectif plus de douze heures sur vingt-quatre, divisées par des repos.

Ce travail ne pourra avoir lieu que de cinq heures du matin à neuf heures du soir.

L'âge des enfants sera constaté par un certificat délivré sur papier non timbré et sans frais, par l'officier de l'état civil.

Art. 3. — Tout travail entre neuf heures du soir et cinq heures du matin est considéré comme travail de nuit.

Tout travail de nuit est interdit pour les enfants au-dessous de treize ans.

Si la conséquence du chômage d'un moteur hydraulique ou des réparations urgentes l'exigent, les enfants au-dessus de treize ans pourront travailler la nuit, en comptant deux heures pour trois, entre neuf heures du soir et cinq heures du matin.

Un travail de nuit des enfants ayant plus de treize ans, pareillement supputé, sera toléré, s'il est reconnu indispensable, dans les établissements à feu continu dont la marche ne peut pas être suspendue pendant le cours des vingt-quatre heures.

Art. 4. — Les enfants au-dessous de seize ans ne pourront être employés les dimanches et jours de fêtes reconnus par la loi.

Art. 5. — Nul enfant âgé de moins de douze ans ne pourra être admis qu'autant que ses parents ou tuteur justifieront qu'il fréquente actuellement une des Écoles publiques ou privées existant dans la localité. Tout enfant admis devra, jusqu'à l'âge de douze ans, suivre une École.

Les enfants âgés de plus de douze ans seront dispensés de suivre une École, lorsqu'un certificat, donné par le maire de leur résidence, attestera qu'ils ont reçu l'instruction primaire élémentaire.

Art. 6. — Les maires seront tenus de délivrer au père, à la mère ou au tuteur un livret sur lequel seront portés l'âge, le nom, les prénoms, le lieu de naissance et le domicile de l'enfant, et le temps pendant lequel il aurait suivi l'enseignement primaire.

Les chefs d'établissement inscriront :

1° Sur le livret de chaque enfant, la date de son entrée dans l'établissement et de sa sortie ;

2° Sur un registre spécial, toutes les indications mentionnées au présent article.

Art. 7. — Des règlements d'administration publique pourront :

1° Étendre à des manufactures, usines ou ateliers, autres que ceux qui sont mentionnés dans l'article 1er, l'application des dispositions de la présente loi ;

2° Élever le minimum de l'âge et réduire la durée du travail déterminé dans les articles 2 et 3, à l'égard des genres d'industrie où le labeur des enfants excéderait leurs forces et compromettrait leur santé ;

3° Déterminer les fabriques où, pour cause de danger ou d'insalubrité, les enfants au-dessous de seize ans ne pourront point être employés ;

4° Interdire aux enfants, dans les ateliers où ils sont admis, certains genres de travaux dangereux ou nuisibles ;

5° Statuer sur les travaux indispensables à tolérer de la part des enfants, les dimanches et fêtes, dans les usines à feu continu ;

6° Statuer sur les cas de travail de nuit prévus par l'article 3.

Art. 8. — Des règlements d'administration publique devront :

1° Pourvoir aux mesures nécessaires à l'exécution de la présente loi ;

2° Assurer le maintien des bonnes mœurs et de la décence publique dans les ateliers, usines et manufactures ;

3° Assurer l'instruction primaire et l'enseignement religieux des enfants ;

4° Empêcher, à l'égard des enfants, tout mauvais traitement et tout châtiment abusif;

5° Assurer les conditions de salubrité et de sûreté nécessaires à la vie et à la santé des enfants.

ART. 9. — Les chefs des établissements devront faire afficher dans chaque atelier, avec la présente loi et les règlements d'administration publique qui y sont relatifs, les règlements intérieurs qu'ils seront tenus de faire pour en assurer l'exécution.

ART. 10. — Le Gouvernement établira des inspections pour surveiller et assurer l'exécution de la présente loi. Les inspecteurs pourront, dans chaque établissement, se faire représenter les registres relatifs à l'exécution de la présente loi, les règlements intérieurs, les livrets des enfants et les enfants eux-mêmes; ils pourront se faire accompagner par un médecin commis par le Préfet ou le Sous-Préfet.

ART. 11. — En cas de contravention, les inspecteurs dresseront des procès-verbaux, qui feront foi jusqu'à preuve contraire.

ART. 12. — En cas de contravention à la présente loi ou aux règlements d'administration publique rendus pour son exécution, les propriétaires ou exploitants des établissements seront traduits devant le juge de paix du canton et punis d'une amende de simple police qui ne pourra excéder 15 francs.

Les contraventions qui résulteront, soit de l'admission d'enfants au-dessous de l'âge, soit de l'excès de travail, donneront lieu à autant d'amendes qu'il y aura d'enfants indûment admis ou employés, sans que ces amendes réunies puissent s'élever au-dessus de 200 francs.

S'il y a récidive, les propriétaires ou exploitants des établissements seront traduits devant le tribunal de police correctionnelle et condamnés à une amende de 16 à 100 francs. Dans les cas prévus par le paragraphe 2 du présent article, les amendes réunies ne pourront jamais excéder 500 francs.

Il y aura récidive lorsqu'il aura été rendu contre le contrevenant, dans les douze mois précédents, un premier jugement pour contravention à la présente loi ou aux règlements d'administration publique qu'elle autorise.

Circulaire du Ministre de l'Instruction publique, relative à la rétribution mensuelle 20 juillet 1841.
et à la désignation des élèves gratuits, dans les Écoles primaires communales.

20 Juillet 1841.

Monsieur le Préfet, des plaintes nombreuses se sont élevées, à diverses reprises, contre l'abus qu'ont fait plusieurs Conseils municipaux de l'attribution qui leur a été donnée par la loi du 28 juin 1833, relativement à la fixation du taux de la rétribution mensuelle des instituteurs communaux et à la rédaction de la liste des élèves qui doivent être admis gratuitement dans les Écoles communales élémentaires. Les Conseils généraux, les Préfets et les autorités spécialement préposées à l'instruction primaire, ont souvent émis le vœu que les dispositions de la loi sur ces deux points fussent modifiées. Un paragraphe additionnel, inséré dans l'article 3 de la loi des recettes de 1841, vient de satisfaire à ce vœu. Ce paragraphe est ainsi conçu :

« A l'avenir, les délibérations des Conseils municipaux, relatives au taux de
« la rétribution mensuelle et au nombre d'élèves à recevoir gratuitement dans
« les Écoles primaires, conformément à l'article 14 de la loi du 28 juin 1833,
« ne seront définitives qu'après approbation des Préfets, qui pourront, sur
« l'avis des Comités d'arrondissement, fixer un minimum pour la rétribution
« mensuelle et un maximum pour les admissions gratuites. »

Je vous invite, Monsieur le Préfet, à prendre les mesures nécessaires pour que les instituteurs primaires de votre département puissent, à partir de la prochaine année scolaire, jouir des avantages que cette nouvelle disposition tend à leur assurer.

Il y a lieu de penser, Monsieur le Préfet, que la nécessité de soumettre leurs délibérations à votre approbation rendra les Conseils municipaux plus équitables envers les instituteurs, et qu'elle suffira le plus souvent à prévenir les abus dont on se plaignait avec raison : il est du moins très désirable qu'il en soit ainsi. Pour obtenir ce résultat, vous voudrez bien faire connaître, sans délai, à ces Conseils la disposition législative qui vient d'être adoptée, en leur annonçant l'intention d'user avec modération, mais aussi avec fermeté, du droit qu'elle vous attribue.

Il n'échappera sans doute à personne que cette disposition n'abroge aucunement la législation de 1833, et qu'elle n'est, au contraire, destinée qu'à en assurer l'exécution. L'article 14 de la loi du 28 juin, en faisant intervenir le Conseil municipal entre l'instituteur et les parents des élèves, pour fixer le prix des leçons que ceux-ci reçoivent, et en confiant au même Conseil le soin de dresser la liste des élèves gratuits, n'avait évidemment d'autre but que de procurer à l'instituteur le juste salaire de son travail et de rendre l'instruction primaire accessible à tous les enfants, même à ceux qui ne peuvent la payer. La nouvelle loi a été faite dans des vues tout à fait identiques ; elle a seulement créé un moyen plus certain de les réaliser. Par le droit qui vous appartient aujourd'hui de fixer, au besoin, un minimum de rétribution mensuelle, vous empêcherez que le produit de cette rétribution ne se réduise, dans certaines localités, à une modicité vraiment dérisoire ; de même, en fixant un maximum d'admissions gratuites, vous ferez disparaître de la liste des élèves indigents ceux qui y seraient indûment portés. Dans les deux cas, vous ne ferez que prévenir ou réprimer des abus ; vous garantirez l'exécution libérale et intelligente de la loi du 28 juin.

En même temps, Monsieur le Préfet, vous sentirez la nécessité de rester, à l'égard des instituteurs, dans les limites d'une protection légitime et efficace. Cette protection, si elle était exagérée, pourrait entraver la propagation de l'instruction primaire, et compromettre l'intérêt des instituteurs eux-mêmes. La rétribution mensuelle, portée à un taux trop élevé, détournerait plusieurs pères de famille d'envoyer leurs enfants à l'École, et ferait perdre aux instituteurs, par la diminution du nombre de leurs élèves payants, beaucoup plus qu'ils ne gagneraient par le renchérissement du prix de leurs leçons. Réduire outre mesure la liste des élèves gratuits, ce serait s'exposer à exclure des Écoles une partie des enfants qui les fréquentent; ce serait s'éloigner du but que le Gouvernement se propose, et qui est de généraliser le bienfait de l'instruction primaire.

Vous ne pourrez, Monsieur le Préfet, juger d'après des règles fixes et invariables les conditions faites aux instituteurs par les délibérations des Conseils municipaux. Le montant de la rétribution doit varier selon l'importance et la richesse des communes; il en est de même de la proportion à établir entre le nombre des élèves payants et celui des élèves gratuits. Mais vous trouverez d'utiles éléments d'appréciation dans les renseignements qui vous seront fournis par les Comités d'arrondissement. Ces comités sont généralement composés d'hommes qui connaissent très bien les localités, les ressources des habitants, et le rapport véritable de la population pauvre à la population aisée. Vous aurez donc soin de les consulter, non seulement comme l'exige la loi, lorsque vous aurez à réformer la délibération d'un Conseil municipal, mais encore sur toutes les délibérations qui seront soumises annuellement à votre examen.

Les Conseils municipaux doivent se réunir dans les premiers jours du mois d'août prochain, en session ordinaire, pour préparer le budget de l'exercice 1842. Vous voudrez bien les inviter à délibérer en même temps : 1° sur le montant de la rétribution mensuelle à payer par les élèves de l'École primaire communale; 2° sur la liste des élèves qui devront être admis gratuitement dans cette École.

Les délibérations prises à ce sujet devront être immédiatement envoyées par MM. les maires à MM. les Sous-Préfets, qui les communiqueront aux Comités d'arrondissement, avec invitation de donner leur avis sur les dispositions y énoncées. MM. les Sous-Préfets vous feront ensuite parvenir, avec les délibérations des Conseils municipaux, les avis des Comités d'arrondissement; et vous statuerez, par un arrêté d'approbation collective, sur toutes les délibérations qui ne donneront lieu à aucune observation. Vous prendrez un arrêté spécial à l'égard de chaque délibération de Conseil municipal, que vous ne jugerez pas devoir approuver.

Les arrêtés spéciaux que vous prendrez ainsi devront être motivés. Vous y mentionnerez le nombre des élèves qui fréquentent l'École, le nombre des enfants qui, dans la commune, sont en âge de la fréquenter; le produit présumé de la rétribution, telle que le Conseil municipal voulait la fixer; le produit présumé de cette rétribution, telle que vous l'aurez fixée vous-même; le nombre des familles en état de payer l'instruction donnée à leurs enfants, et le nombre des familles indigentes.

Les délibérations des Conseils municipaux, approuvées ou modifiées par vous, devront être renvoyées à MM. les Sous-Préfets dans la dernière quinzaine de septembre, afin qu'ils aient le temps de notifier votre décision à MM. les maires, avant le 1er octobre, époque à partir de laquelle les rôles de la rétribution mensuelle seront rendus exécutoires.

Quant aux Conseils municipaux qui auront négligé de délibérer sur ces divers points dans leur session du mois d'août, ils seront avertis que, si cette omission n'était pas réparée avant le 10 septembre, le minimum de la rétribution mensuelle et le maximum des admissions gratuites seraient par vous fixés d'office. Vous voudrez bien statuer en conséquence, à l'égard des communes où cet avertissement serait demeuré sans effet.

Je vous adresserai incessamment les cadres d'un état sur lequel vous voudrez bien consigner le résultat des décisions que vous aurez prises. Cet état devra m'être renvoyé le 15 octobre au plus tard.

Je compte, Monsieur le Préfet, sur votre zèle et sur vos lumières pour l'exécution complète de ces mesures, qui, en assurant aux instituteurs une amélioration si convenable, doivent attacher à ces modestes fonctions des hommes vraiment dignes de la confiance des familles.

Recevez, etc.

Signé : VILLEMAIN.

Rapport et Ordonnance relatifs à l'établissement de cours d'instruction primaire supérieure dans vingt-trois Collèges communaux. 21 nov. 1841

21 Novembre 1841.

1° Rapport au Roi.

SIRE,

Dans le rapport général sur l'instruction primaire que j'ai eu récemment l'honneur de soumettre à Votre Majesté, j'ai indiqué les retards qu'éprouve la création des Écoles primaires supérieures, prescrite par la loi du 28 juin 1833 à toutes les communes chefs-lieux de département, et à celles dont la population excède 6 000 âmes. Sur 290 communes auxquelles s'applique cette disposition obligatoire, il n'y en a jusqu'à présent que 161 qui s'y soient conformées. Les causes de cette lenteur l'expliquent, sans la justifier complètement. Elles ont tenu à la nécessité d'assurer d'abord l'instruction primaire élémentaire, à la difficulté fréquente de trouver et d'acquérir plusieurs locaux appropriés aux divers degrés de l'enseignement, enfin et surtout à la modicité des fonds disponibles sur les revenus communaux ordinaires, et à l'insuffisance de l'imposition d'office autorisée par la loi dans les seules limites du minimum de de 400 francs pour le traitement d'un instituteur.

La plupart de ces difficultés peuvent cependant disparaître pour les villes qui déjà possèdent un Collège communal. Il suffit qu'elles annexent à ce Collège quelques cours d'instruction primaire supérieure régulièrement organisés, soit en adjoignant un instituteur de ce degré aux autres fonctionnaires de l'établissement, soit en exigeant qu'un de ces fonctionnaires ait obtenu le diplôme spécial de l'instruction primaire supérieure, sauf à charger les autres régents du Collège de quelques parties d'enseignement : langue française, histoire et géographie, mathématiques, qui sont communes à l'instruction primaire supérieure et à l'instruction secondaire, et qui gagnent à être professées par des maîtres gradués.

La faculté, pour ces villes, d'affecter à ce nouvel usage quelque portion du local déjà fourni par elles produit un allégement de dépense, qui peut se reporter sur le traitement de l'instituteur, et sur la rémunération qu'entraînera le surcroît de travail exigé par les cours annexes. En réclamant sous cette forme l'exécution actuelle de la loi, on la rend donc moins onéreuse et plus facile. On assure, sans charges considérables pour les villes, un enseignement qui, pour être effectif, demande le concours de plusieurs maîtres. On ajoute ou on substitue à des études de langues anciennes, trop souvent stériles quand elles sont incomplètes, un enseignement usuel, sans être illettré, pratique, sans être trop restreint, et qui prépare utilement aux professions industrielles et commerçantes, si nécessaires et si répandues dans notre état social.

Cette modification, Sire, est tellement naturelle, qu'elle s'est déjà produite d'elle-même dans plusieurs villes, dont les ressources n'auraient pas suffi pour créer un nouvel établissement, sous le titre et avec la destination spéciale d'*École primaire supérieure*.

Ce sont ces premiers essais que je propose à Votre Majesté de régulariser, en les étendant, d'une manière uniforme, à d'autres villes, où l'article 10 de la loi du 28 juin n'a reçu aucun commencement d'exécution. Les autorités locales accepteront avec d'autant plus d'empressement ce moyen de satisfaire provisoirement au vœu de la loi que les secours du département et de l'État pourront, s'il en est besoin, et dans une juste proportion, contribuer aux frais d'établissement et d'entretien des cours d'instruction primaire supérieure, ainsi constitués dans le Collège communal. L'expérience a prouvé la possibilité et l'utilité de cette réunion, sous une réserve toutefois, que, d'après l'avis du Conseil royal de l'Instruction publique, j'ai dû spécialement exprimer, dans l'article 3 de l'ordonnance proposée : c'est que l'instituteur primaire chargé d'un des cours annexes, et toute personne prenant part à cet enseignement, soient placés sous l'autorité immédiate du principal, et que l'unité de direction nécessaire à la discipline soit assurée sur tous les points.

Si Votre Majesté daigne approuver ces vues, le degré supérieur d'instruction primaire, que la loi a voulu particulièrement attacher à certaines localités, sera bientôt organisé dans vingt-deux villes, où rien n'était fait encore pour l'établir. Dans d'autres villes plus importantes, je continuerai les efforts commencés pour presser la fondation distincte et complète de l'*École primaire supérieure* que ces villes doivent avoir, me réservant de proposer pour quelques-unes d'entre elles l'adjonction de cet enseignement à leur Collège, lorsqu'il me sera démontré qu'elles ne pourraient suffire à un autre mode. En même temps, je m'occupe, Sire, avec une attention particulière, d'un certain nombre de villes comprises dans les prescriptions de la loi, et où il n'existe encore ni Collège communal, ni École primaire supérieure. Je veillerai à ce que le second de ces établissements, au moins, y soit promptement constitué, dans les proportions que permettent les ressources locales ; et j'espère qu'ainsi les intentions de la loi ne tarderont pas à être entièrement remplies, par des mesures dont la variété sera partout appropriée aux différences de situation et de besoin.

Je suis, etc.

Le Ministre de l'Instruction publique,
Signé : Villemain.

2° Ordonnance.

Louis-Philippe, etc.,

Sur le rapport, etc.,

Vu l'article 10 de la loi du 28 juin 1833, portant que les communes chefs-lieux de département, et celles dont la population excède 6 000 âmes, doivent avoir une École primaire supérieure ;

Considérant que, dans plusieurs villes auxquelles s'applique ledit article, l'établissement spécial et distinct d'une École primaire supérieure n'a pu avoir lieu jusqu'à présent, faute de ressources suffisantes, et que des cours d'instruction primaire, destinés à satisfaire partiellement aux prescriptions de la loi, ont été annexés au Collège communal existant dans chacune desdites villes ;

Considérant que, dans beaucoup d'autres villes que concerne pareillement l'article 10 de la loi du 28 juin 1833, et où il existe aussi des Collèges communaux, nulle disposition n'a été prise pour l'exécution dudit article, et qu'il importe de pourvoir, au moins provisoirement, à cette exécution,

Nous avons ordonné et ordonnons ce qui suit :

ARTICLE 1er. — Des cours d'instruction primaire supérieure seront, d'ici au 1er septembre 1842, annexés aux Collèges communaux des villes d'Aire (Pas-de-Calais), d'Ambert, de Bédarieux, de Bernay, de Béthune, de Carpentras, de Castres, de Châteaudun, de Cherbourg, de Figeac, de Gray, du Havre, de Lunel, de Montargis, de Saint-Amand (Cher), de Saint-Jean-d'Angély, de Tarascon, de Thiers, d'Uzès, de Vienne, de Villefranche (Rhône), de Villeneuve-d'Agen, de Wissembourg.

ART. 2. — Il sera pourvu aux frais d'établissement et d'entretien desdits cours d'instruction primaire supérieure, au moyen de prélèvements opérés sur les revenus ordinaires des communes, et, en cas d'insuffisance des revenus communaux, avec le produit de l'imposition spéciale établie en vertu de l'article 13 de la loi du 28 juin 1833.

Des subventions, allouées sur les fonds des départements ou sur les fonds de l'État, pourront également y être affectées.

ART. 3. — Un instituteur primaire du degré supérieur devra être attaché à chacun des Collèges communaux mentionnés en l'article 1er, à moins que le principal ou un des régents ne soit pourvu du brevet de capacité de ce degré.

Ledit instituteur sera placé sous l'autorité du principal, de même que les régents, lesquels pourront être chargés de plusieurs parties des cours d'instruction primaire supérieure.

ART. 4. — Il sera ultérieurement statué par nous sur la désignation d'autres Collèges communaux du second ordre, auxquels les dispositions ci-dessus énoncées devraient être également appliquées.

Avis relatif à l'application de la peine de la suspension.

7 Janvier 1842.

Le Conseil, etc.,

Consulté sur l'application de l'article 23 de la loi du 28 juin 1833, qui donne aux Comités supérieurs le droit de réprimander, de suspendre pendant un mois, avec ou sans privation de traitement, les instituteurs suivant la gravité des fautes qu'ils peuvent avoir commises,

Estime que les Comités supérieurs peuvent avoir égard aux circonstances atténuantes, et considérant la suspension d'un mois comme le maximum des peines de ce genre, limiter la suspension à un temps moindre.

Avis relatif à la jurisprudence universitaire concernant les élèves-maîtres des Écoles normales primaires.

18 Janvier 1842.

Le Conseil, etc.,

Vu la lettre de M. le Recteur de l'Académie de...... en date du...... dans laquelle ce fonctionnaire adresse au nom de M. le directeur de l'École normale primaire de...... les questions suivantes :

1° Un élève-maître qui a joui pendant son séjour, dans une École normale, d'une demi-bourse fondée par une commune, par le Roi ou par des particuliers, est-il tenu d'en rembourser le prix s'il vient à quitter l'instruction avant dix ans ? En cas d'affirmative, le remboursement aurait-il lieu au profit de l'École normale ?

2° Un élève-maître qui vient à quitter l'instruction, pour raison de santé, est-il tenu au remboursement de la pension dont il a joui ? quelle formalité doit-il remplir pour se faire autoriser à changer de profession ?

3° Un élève-maître peut-il être autorisé à quitter momentanément l'instruction publique pour l'instruction privée, ou doit-il faire ses dix années sans interruption ?

4° Lorsqu'un élève-maître ni ses parents n'ont contracté par écrit l'engagement de rembourser le prix de la bourse, ou lorsque cet acte se trouve égaré, le directeur de l'École normale peut-il néanmoins exercer des poursuites contre l'élève, lorsqu'il a abandonné l'instruction ?

29.

5° Lorsqu'un élève-maître ayant joui d'une bourse fondée par le Conseil général, va exercer les fonctions d'instituteur dans un autre département, est-il tenu d'en rembourser le prix ?

Estime :

Sur la première question : que l'élève-maître est tenu de rembourser le prix de sa pension à l'École, s'il quitte l'instruction avant dix ans, et que ce remboursement se fait au profit de l'École ;

Sur la deuxième question : qu'il n'est point tenu au remboursement de la pension si sa mauvaise santé est dûment constatée, et qu'il doit demander au Ministre d'être relevé de l'engagement qu'il a contracté, s'il veut changer de profession ;

Sur la troisième question : que le Ministre peut l'autoriser à quitter momentanément l'instruction publique pour l'instruction privée ;

Sur la quatrième question : qu'aux termes du règlement du 14 décembre 1832, le directeur de l'École normale primaire est fondé à exercer des poursuites contre l'élève-maître qui abandonne l'instruction primaire ;

Sur la cinquième question : que l'élève-maître est tenu de rembourser le prix de sa bourse si son engagement portait l'obligation de servir dans le département même.

Avis relatif à l'usage que l'instituteur public doit faire du local fourni par la commune.

28 janvier 1842.

28 Janvier 1842.

Le Conseil, etc.,

Consulté sur la question de savoir si un instituteur communal, propriétaire d'une maison dans laquelle il demeure, peut affermer à son profit le logement que la commune doit lui fournir, lorsque ce logement n'est pas assez vaste pour qu'il puisse l'habiter avec ses élèves,

Estime que l'instituteur peut exiger un logement convenablement disposé, mais qu'il n'a pas le droit de louer à son profit le local que lui fournit la commune.

---

28 janvier 1842. Avis relatif aux élèves-maîtres des Écoles normales primaires qui se marient.

28 Janvier 1842.

- Le Conseil, etc.,

Après avoir pris connaissance des questions suivantes, adressées par M. le Recteur de l'Académie de......, savoir :

1° La faculté d'admettre dans une École normale un élève-maître marié résulte-t-elle du silence du règlement ?

2° Un élève-maître, entré célibataire à l'École, peut-il, sans même en donner avis au directeur, se marier pendant les vacances ?

Estime :

Sur la première question : que les Écoles normales primaires ne doivent pas admettre des élèves-maîtres mariés ;

Sur la seconde question : qu'un élève-maître ne peut se marier sans renoncer, par le fait même de son mariage, à faire partie de l'École.

1er février 1842. **Avis relatif aux certificats de moralité.**

1er Février 1842.

Le Conseil, etc.,

Vu la lettre par laquelle M. le Recteur de l'Académie de...... demande si des certificats de bonne conduite délivrés au sieur......, ancien élève de l'École normale primaire de......, par le maire et deux conseillers municipaux de la commune de...... et par le Conseil d'administration du régiment dont il a fait partie jusqu'au 14 novembre 1841, peuvent lui tenir lieu de l'attestation exigée par l'article 4 de la loi du 28 juin 1833,

Estime que la loi du 28 juin, exigeant un certificat du maire ou des maires de la commune ou des communes où l'individu a résidé depuis trois ans, aucun certificat délivré avant les trois dernières années, ou se référant à un temps antérieur à ces trois années, comme aussi aucun certificat délivré par toute autre autorité, ne peut suppléer au certificat que la loi demande.

Décision relative à la rétribution mensuelle due aux instituteurs.

4 Février 1842.

Le Conseil, etc.,

Après avoir pris connaissance des observations qui lui ont été présentées relativement aux difficultés qui se sont élevées entre quelques Conseils municipaux et des instituteurs, au sujet de la rétribution mensuelle due par chaque élève,

Décide :

1° Que la rétribution mensuelle, appartenant à l'instituteur, ne peut lui être ôtée par une commune qu'en vertu d'un arrangement de gré à gré entre lui et le Conseil municipal ;

2° Que l'instituteur peut s'entendre avec les parents pour recevoir d'eux-mêmes soit la rétribution en espèces, soit la valeur en denrées ;

3° Que l'instituteur n'est pas tenu de porter sur la liste qu'il donne au recevéur municipal les noms des parents avec lesquels il a traité directement, n'ayant plus besoin de son ministère pour se faire payer.

Décision relative à l'incapacité légale d'un instituteur.

15 Février 1842.

Le Conseil, etc.,

Vu la lettre de M. le Recteur de l'Académie de......, en date du......, dans laquelle ce fonctionnaire transmet : 1° un mémoire du sieur......, qui a ouvert une École primaire privée sans autorisation dans la commune de......; 2° deux extraits de jugements rendus par le tribunal de police correctionnelle de......, et par la Cour d'assises du département de......, contre ledit sieur......, pour faux en écriture privée ;

Sur la question de savoir si, le jury ayant admis des circonstances atténuantes en faveur du sieur......, et la peine correctionnelle d'emprisonnement ayant été prononcée à la place de la peine afflictive de la réclusion, cet instituteur se trouve dans un des cas d'incapacité prévus par l'article 5 de la loi du 28 juin 1833,

Décide que le sieur...... a encouru une incapacité absolue de tenir une École communale ou privée.

18 février 1842. **Avis portant incompatibilité des fonctions de maire et de celles d'instituteur.**

18 Février 1842.

Le Conseil, etc.,

Vu les observations de M. le Préfet du département de......, relatives à une demande tendant à ce que le sieur......, récemment nommé maire de la commune de......, soit autorisé à continuer de diriger l'École publique de......,

Est d'avis qu'il n'y a pas lieu d'autoriser une pareille exception à l'article 6 de la loi du 21 mars 1831.

---

25 février 1842. **Avis relatif aux peines correctionnelles pour lesquelles la réhabilitation d'un instituteur ne peut avoir lieu.**

25 Février 1842.

Le Conseil, etc.,

Vu le rapport de M. le Recteur de l'Académie de......, en date du......, relatif au sieur......, condamné par la Cour royale de....... à trois mois d'emprisonnement pour banqueroute, et qui, désirant ouvrir une École primaire, demande si, après sa réhabilitation qu'il se propose d'entreprendre, il sera délié de son incapacité légale prévue par l'article 5 de la loi du 28 juin 1833 ;

Considérant qu'aux termes du Code d'instruction criminelle, article 619, la réhabilitation n'a lieu que pour les condamnés à une peine afflictive ou infamante ;

Que, d'après l'article 402, § 2, du Code pénal, la banqueroute simple ne donne lieu qu'à une peine correctionnelle,

Estime :

1° Qu'il n'y a pas lieu à ce que le sieur...... puisse même former une demande en réhabilitation, et qu'il demeure sous le coup de sa condamnation pour banqueroute simple ;

2° Que ledit sieur...... est, en conséquence, dans le cas d'incapacité prévu par l'article 5 de la loi du 28 juin 1833.

Arrêté portant création d'une Caisse d'épargne et de prévoyance en faveur des institutrices de Paris.

28 Février 1842.

Le Conseil, etc.,

Arrête :

Il sera établi une caisse spéciale d'épargne et de prévoyance en faveur des institutrices communales de la ville de Paris.

Cette caisse sera organisée et administrée conformément aux dispositions de l'ordonnance du 13 février 1838, relative à la caisse d'épargne et de prévoyance établie en faveur des instituteurs primaires communaux.

Arrêté relatif à l'admission des enfants dans les Écoles privées.

1er Mars 1842.

Le Conseil, etc.,

Sur la proposition du Ministre, Grand-Maître de l'Université ;

Ouï le rapport du conseiller chargé de l'instruction primaire ;

Vu l'article 76 du décret du 17 mars 1808, et l'article 74 du décret du 15 novembre 1811 ;

Vu la loi du 28 juin 1833 et spécialement l'article 21 de ladite loi, portant que le Comité communal a inspection sur les Écoles publiques ou privées de la commune, et qu'il veille à la salubrité et au maintien de la discipline dans lesdites Écoles ; qu'en cas d'urgence et sur la plainte du Comité communal, le maire peut ordonner provisoirement que l'instituteur sera suspendu de ses fonctions, à la charge de rendre compte dans les vingt-quatre heures au Comité d'arrondissement de cette suspension et des motifs qui l'ont déterminée ;

Vu l'article 22 portant que le Comité d'arrondissement inspecte et au besoin fait inspecter toutes les Écoles primaires de son ressort ;

Vu le statut du 25 avril 1834 sur les Écoles élémentaires communales ; considérant qu'il importe de réunir et de fixer d'une manière uniforme les règles que les Comités ont à suivre pour l'exercice de la surveillance qui leur est assignée sur les Écoles primaires privées,

Arrête ce qui suit :

ARTICLE 1er. — Tout enfant, pour être admis dans une École élémentaire privée, devra être âgé de six ans au moins et de treize ans au plus. Toutefois, dans les communes où il n'existe pas de salle d'asile, le Comité local pourra autoriser l'instituteur à recevoir des enfants âgés de moins de six ans.

ART. 2. — Nul élève ne pourra être admis, s'il n'est dûment constaté qu'il a eu la petite vérole ou qu'il a été vacciné.

Nul élève atteint d'une maladie contagieuse ne pourra être reçu à l'École jusqu'à sa parfaite guérison.

ART. 3. — Lorsqu'une École privée sera fréquentée par les enfants des deux sexes, le Comité communal prendra les mesures nécessaires pour qu'ils soient séparés dans tous les exercices, et pour empêcher qu'ils n'entrent et qu'ils ne sortent simultanément.

ART. 4. — Lorsque le nombre des élèves dépassera quatre-vingts, il devra y avoir un aide-instituteur, maître adjoint ou sous-maître, lequel, s'il n'a pas lui-même un brevet, devra être agréé par le Recteur.

ART. 5. — Le nombre des élèves ne devra pas excéder les proportions du local selon la règle fixée par le statut du 25 avril 1834 ; tous les soins d'ordre et de propreté seront observés dans la disposition de la salle et dans la tenue des élèves.

ART. 6. — L'École pourra être ouverte, en hiver, de huit heures du matin à quatre heures du soir, et l'été, de sept heures du matin à cinq heures du soir.

Deux heures de repos au moins seront laissées aux enfants dans cet intervalle de temps.

ART. 7. — L'École ne pourra être ouverte le dimanche, ni les jours de fêtes, pour les classes ordinaires.

Le Comité local pourra seulement autoriser lesdits jours, hors le temps des offices religieux, une classe extraordinaire à l'usage des adultes.

ART. 8. — Les élèves ne pourront jamais être frappés.

Les seules punitions permises sont les notes défavorables, la réprimande, la privation de tout ou partie des récréations avec une tâche extraordinaire, le renvoi de l'École provisoire ou définitif.

ART. 9. — Les membres des Comités locaux, les membres et les délégués des Comités d'arrondissement, les Inspecteurs et sous-inspecteurs de l'instruction primaire s'assureront, par de fréquentes visites, de l'exacte observation du présent règlement.

ART. 10. — Tout instituteur privé qui contreviendra aux dispositions du présent statut devra être averti par le Comité local, et au besoin par le Comité d'arrondissement.

Dans le cas où ledit instituteur refuserait d'obtempérer aux injonctions du Comité, et persisterait dans des infractions contraires à la salubrité et à la discipline de l'École, il sera, s'il y a lieu, sur la plainte du Recteur, déféré au tribunal civil d'arrondissement.

Art. 11. — Chaque École aura son règlement particulier, dans lequel les dispositions précédentes seront textuellement rappelées. Ce règlement, qui devra être soumis à l'examen du Comité d'arrondissement et approuvé par le Recteur, sera placé dans l'École.

Décision relative aux examens du brevet supérieur et du brevet élémentaire. 29 mars 1842.

29 Mars 1842.

Le Conseil, etc.,

Sur le rapport de M. le conseiller chargé de ce qui concerne l'instruction primaire;

Vu la lettre de M. le Recteur de l'Académie de....., en date du....,

Décide que, lorsqu'un candidat se sera présenté devant une Commission d'instruction primaire pour subir l'examen du brevet de capacité du degré supérieur, et qu'il n'aura pas été jugé digne d'obtenir ce brevet, la Commission ne pourra pas délivrer à ce candidat un brevet de capacité du degré élémentaire sans lui avoir fait subir un examen spécial correspondant à ce dernier brevet.

Avis relatif aux attributions des Commissions de surveillance des Écoles normales. 29 mars 1842.

29 Mars 1842.

Le Conseil, etc.,

Sur le rapport de M. le conseiller chargé de ce qui concerne l'instruction primaire;

Vu la lettre en date du......, dans laquelle M. le Recteur de l'Académie de......, soumet quelques observations relatives aux attributions des Commissions de surveillance des Écoles normales primaires, en ce qui concerne les examens d'entrée et de sortie des élèves-maîtres,

Estime :

1° Que les membres des Commissions de surveillance ont le droit d'assister à tous les examens que font les Commissions d'instruction primaire, et notamment lorsque les candidats sont des élèves aspirants à l'École normale primaire, ou passant d'une année à l'autre, ou sortant de l'École normale;

2° Que, dans tous les cas, les membres de la Commission de surveillance ont voix consultative.

Avis relatif à la rétribution mensuelle dans les Écoles de filles.

5 Avril 1842.

Le Conseil, etc.,

Sur le rapport de M. le conseiller chargé de ce qui concerne l'instruction primaire;

Vu la lettre en date du......, par laquelle M. le Préfet du département de....... demande quelles sont les mesures à prendre pour assurer dans les Écoles de filles le payement de la rétribution mensuelle,

Estime que la loi du 28 juin 1833 n'est pas applicable aux Écoles de filles et aux institutions, quant à l'exécution fiscale, pour le payement de la rétribution mensuelle; mais que, lorsque le Conseil municipal a fixé le taux de la rétribution mensuelle, si les parents ne la payent pas, la commune a action pour exiger ce payement.

Arrêté concernant la cession des maisons d'éducation de demoiselles du département de la Seine.

15 Avril 1842.

Le Conseil, etc.,

Sur le renvoi à lui fait par M. le Ministre, des propositions présentées par le Préfet de la Seine, relativement aux dispositions à prescrire en cas de cession d'un établissement de pension ou d'institution de demoiselles;

Ouï le rapport de M. le conseiller chargé des fonctions de chancelier;

Vu l'article 76 du décret du 17 mars 1808;

Vu les ordonnances royales du 31 octobre 1821 et du 23 juin 1836;

Vu le règlement délibéré en Conseil royal de l'instruction publique sous la date du 7 mars 1837,

Arrête :

Le règlement présenté par M. le Préfet de la Seine est et demeure approuvé, ainsi qu'il suit :

Article 1er. — Toute maîtresse de pension ou d'institution qui voudra céder son établissement, devra préalablement faire déclaration de cette intention soit au maire, soit au Sous-Préfet de l'arrondissement dans lequel se trouve l'établissement, et désigner la personne qui doit la remplacer.

La personne ainsi présentée devra déposer entre les mains du maire ou du Sous-Préfet les pièces exigées par l'article 10 du règlement du 7 mars 1837, savoir :

1º Extrait de son acte de naissance; si elle est mariée, extrait de l'acte de célébration de son mariage; si elle est veuve, extrait de l'acte de décès de son mari;

2º Le diplôme de maîtresse soit de pension, soit d'institution, dont elle est titulaire;

3º Un certificat délivré sur l'attestation de trois témoins, par le maire du lieu ou de chacun des lieux où elle aura résidé pendant les trois dernières années, ledit certificat constatant que par sa conduite et par ses qualités morales elle est apte à diriger une maison d'éducation;

4º Un plan du local.

Art. 2. — Cette déclaration sera inscrite sur un registre spécial, et copie en sera adressée au Préfet du département, avec les pièces à l'appui par le maire ou Sous-Préfet, qui y joindra son avis motivé.

Art. 3. — Sur la production de ces diverses pièces, l'autorisation d'exercer sera délivrée par le Préfet, s'il y a lieu.

Art. 4. — Nul acte de cession, soit en forme authentique, soit sous seing privé, ne pourra avoir d'effet qu'à la suite et en vertu de ladite autorisation.

Art. 5. — Toute personne tenant une pension ou institution de demoiselles en vertu d'une autorisation, qui aurait cédé son établissement soit gratuitement, soit à titre onéreux, sans avoir rempli les formalités ci-dessus prescrites, sera déchue de l'autorisation qu'elle avait obtenue, et l'établissement sera fermé.

Art. 6. — Les personnes qui, sans avoir obtenu l'autorisation exigée par l'article 2 de l'ordonnance du 31 octobre 1821, tiennent aujourd'hui des établissements de cette nature, en vertu de cessions antérieures, devront, dans le délai de six mois, à partir du présent arrêté, se conformer aux dispositions qu'il prescrit.

21 avril 1842. **Ordonnance relative à la création de cours d'instruction primaire supérieure dans neuf Collèges communaux.**

21 Avril 1842.

Louis-Philippe, etc.,

Sur le rapport de notre Ministre secrétaire d'État au département de l'Instruction publique, Grand-Maître de l'Université ;

Vu la loi du 28 juin 1833 et spécialement l'article 10 relatif aux Écoles primaires supérieures ;

Vu notre ordonnance en date du 21 novembre 1841 ;

Vu les délibérations prises par les Conseils municipaux des villes de Carcassonne, Chaumont, Chinon, Gaillac, Mont-de-Marsan, Roanne, Romorantin, Saint-Amand (Nord) et Vesoul, sous la date des 1er, 10, 15, 16, 17, 21 février, 1er et 6 mars 1842 ;

Considérant que les Conseils municipaux des villes précitées, en exprimant le vœu qu'il soit fait application aux Collèges communaux desdites villes de l'ordonnance du 21 novembre 1841, ont immédiatement voté des allocations spéciales, afin d'assurer près de ces Collèges l'établissement annexe de cours primaires du degré supérieur, ou ont pris l'engagement de comprendre la dépense nécessaire à cet effet dans le budget desdits Collèges,

Nous avons ordonné et ordonnons ce qui suit :

Article 1er. — Des cours d'instruction primaire supérieure seront, d'ici au 1er septembre 1842, annexés aux Collèges communaux des villes de Carcassonne, Chaumont, Chinon, Gaillac, Mont-de-Marsan, Roanne, Romorantin, Saint-Amand (Nord) et Vesoul.

Art. 2. — Il sera pourvu aux frais d'établissement et d'entretien desdits cours d'instruction primaire supérieure au moyen des allocations votées à cet effet par les Conseils municipaux des villes ci-dessus désignées, et, en cas d'insuffisance constatée desdites allocations, par des prélèvements sur les fonds départementaux ou sur les fonds de l'État spécialement affectés à l'instruction primaire.

Art. 3. — Un instituteur primaire du degré supérieur devra être attaché à chacun des Collèges communaux mentionnés en l'article 1er, à moins que le principal ou un des régents ne soit pourvu du brevet de capacité de ce degré.

Ledit instituteur sera placé sous l'autorité du principal, de même que les régents, lesquels pourront être chargés de plusieurs parties du cours d'instruction primaire supérieure.

Art. 4. — Les dispositions de notre ordonnance du 21 novembre

1841 cessent, quant à présent, d'être applicables aux villes de Gray, de Villeneuve-d'Agen et du Havre, où il a été récemment satisfait aux prescriptions de la loi par l'établissement spécial et distinct d'Écoles primaires supérieures.

Avis relatif à la présidence des Comités cantonaux.

26 avril 1842.

26 Avril 1842.

Le Conseil, etc.,

Sur le rapport de M. le conseiller chargé de ce qui concerne l'instruction primaire ;

Consulté par M. le Sous-Préfet de......, sur la question de savoir si, en cas d'absence ou d'empêchement du curé, membre de droit du Comité d'arrondissement, son collègue d'un autre canton peut le remplacer dans ses fonctions et prendre part aux délibérations du Comité,

Estime qu'à défaut du plus ancien curé, qui peut se trouver empêché par son âge même, le vœu essentiel de la loi doit être rempli en appelant, dans ce cas, pour le suppléer, le curé le plus ancien après lui dans la même circonscription.

Avis relatif à la suspension des traitements.

31 mai 1842.

31 Mai 1842.

Le Conseil, etc.,

Sur le rapport de M. le conseiller chargé de ce qui concerne l'instruction primaire ;

Vu la lettre de M. le Recteur de l'Académie de......, en date du......, dans laquelle ce fonctionnaire fait connaître que le Comité d'arrondissement de......, en suspendant le sieur....... de ses fonctions d'instituteur de......, a entendu ne le priver que de son traitement fixe, et non lui interdire l'exercice de ses fonctions,

Estime que la loi de 1833 a autorisé la suspension du traitement comme conséquence de la suspension des fonctions ; que l'instituteur peut être condamné à cesser de toucher son traitement pendant qu'il cessera d'exercer, mais qu'il ne peut pas cesser de toucher son traitement et cependant continuer d'exercer ses fonctions ; que la loi, enfin, admet le traitement sans fonctions, mais non pas les fonctions sans traitement.

Avis relatif au retrait du brevet de capacité.

12 Juillet 1842.

Le Conseil, etc.,

Sur le rapport de M. le conseiller chargé de ce qui concerne l'instruction primaire;

Vu le rapport de M. le Recteur de l'Académie de......, en date du......, sur la conduite du sieur......, ancien élève-maître de l'École normale primaire de......, contre lequel des mesures ont été prises pour l'empêcher de profiter du brevet de capacité qu'il a obtenu en 1841,

Estime que, faute d'avoir pu produire le certificat mentionné dans l'article 25 du règlement général du 14 décembre 1832, le sieur...... n'a pas été valablement admis à l'examen pour le brevet de capacité; que ce brevet qui lui a été délivré doit être regardé comme nul; que le sieur...... ne peut conséquemment servir comme instituteur communal, et qu'il doit être tenu de rembourser les frais de séjour à l'École normale primaire de......; que, de plus, il doit être replacé sous le droit commun, quant à l'obligation du service militaire.

Avis relatif aux incompatibilités des Comités cantonaux.

12 Juillet 1842.

Le Conseil, etc.,

Sur le rapport de M. le conseiller chargé de ce qui concerne l'instruction primaire;

Vu l'avis de M. le Recteur de l'Académie de......, relativement à l'association formée avec les compagnies d'agence pour les remplacements militaires par deux instituteurs du département de......;

Sur la question de savoir s'il y a incompatibilité entre ce genre d'occupation et les fonctions d'instituteur,

Estime qu'il n'y a pas lieu de prononcer en termes généraux une incompatibilité que la loi ne prononce pas; qu'il appartient aux Recteurs et aux Comités de juger si tels ou tels instituteurs compromettent leur réputation et négligent leurs devoirs en se mettant en relation avec des compagnies d'agence, et, s'il y a faute de la part des instituteurs, d'exécuter alors l'article 23 de la loi sur l'instruction primaire.

Avis relatif à la délivrance des brevets de capacité.

15 Juillet 1842.

Le Conseil, etc.,

Sur le rapport de M. le conseiller chargé de ce qui concerne l'instruction primaire ;

Vu la lettre de M. le Recteur de l'Académie de......, en date du......, contenant des observations sur la délivrance des brevets de capacité pour l'instruction primaire ;

Vu l'article 25 de la loi du 28 juin 1833 ;

Vu la délibération du 23 août suivant ;

Considérant qu'aux termes du décret de 1808, le Ministre Grand-Maître de l'Université a le droit, sur la proposition des Recteurs, de faire recommencer les examens relatifs aux grades délivrés par les Facultés,

Est d'avis qu'il y a même raison de décider que le Ministre, dans l'intérêt de la discipline et de l'instruction, peut, au besoin, faire recommencer les examens qui ont pour objet les brevets de capacité.

Ordonnance relative à la création de cours d'instruction primaire supérieure dans sept Collèges royaux ou communaux.

7 Août 1842.

LOUIS-PHILIPPE, etc.,

Sur le rapport de notre Ministre secrétaire d'État au département de l'Instruction publique, Grand-Maître de l'Université ;

Vu la loi du 28 juin 1833, et spécialement l'article 10 relatif aux Écoles primaires supérieures ;

Vu nos ordonnances en date du 21 novembre 1841 et du 21 avril 1842 ;

Vu les délibérations prises par les Conseils municipaux des villes de Boulogne, Compiègne, Fontenay-le-Comte, Melun, Le Puy, Riom et Valognes ;

Vu l'avis du Conseil royal de l'Instruction publique ;

Considérant que les Conseils municipaux des villes précitées, en exprimant le vœu qu'il soit fait application aux Collèges communaux desdites villes des dispositions de l'ordonnance du 21 novembre 1841, ont voté des allocations spéciales afin d'assurer l'établissement

près de ces Collèges de cours annexes d'instruction primaire supérieure, et ont pris l'engagement de comprendre la dépense nécessaire à cet effet dans le budget desdits Collèges,

Nous avons ordonné et ordonnons ce qui suit :

ARTICLE 1er. — Des cours d'instruction primaire supérieure seront
annexés au Collège royal du Puy et aux Collèges communaux des
villes de Boulogne, Compiègne, Fontenay-le-Comte, Melun, Riom
et Valognes.

ART. 2. — Il sera pourvu aux frais d'établissement et d'entretien
desdits cours d'instruction primaire supérieure au moyen des allocations votées à cet effet par les Conseils municipaux des villes
ci-dessus désignées, et, en cas d'insuffisance constatée desdites allocations, par des prélèvements sur les fonds départementaux ou sur
les fonds de l'État spécialement affectés à l'instruction primaire.

ART. 3. — Un instituteur primaire du degré supérieur devra être
attaché à chacun des Collèges mentionnés en l'article 1er, à moins
que le chef ou l'un des fonctionnaires de cet établissement ne soit
pourvu d'un brevet de capacité de ce degré.

Ledit instituteur sera placé sous l'autorité du proviseur ou du
principal, de même que les fonctionnaires qui pourront être chargés
d'une partie des cours d'instruction primaire supérieure.

---

9 août 1842. **Avis relatif à l'exemption du service militaire accordée aux Frères de la
Doctrine chrétienne.**

9 Août 1842.

Le Conseil, etc.,

Sur le rapport de M. le conseiller chargé de ce qui concerne l'instruction primaire,

Vu la lettre de M. le supérieur général des Frères de la Doctrine
chrétienne de....., dits Sion-Vaudémont, ayant pour objet d'obtenir
que le bénéfice de l'exemption du service militaire, accordée aux
frères de cet ordre qui exercent en France les fonctions d'instituteur,
soit étendu aux sujets qui pourraient être envoyés dans les États
voisins de la France,

Est d'avis qu'une pareille faveur, qui ne saurait être accordée que
dans des cas extrêmement rares, et nullement pour les pays voisins
de la France, ne peut être réalisée d'une manière générale en faveur
d'un institut quelconque.

Rapport et Ordonnance concernant l'établissement d'Écoles normales primaires d'institutrices.

30 Août 1842.

1° Rapport au Roi.

Sire,

Nulle disposition générale n'a prescrit la création d'Écoles normales pour les institutrices primaires de filles. On conçoit, en effet, qu'une mesure uniforme ne puisse être applicable à cet égard, et que la nécessité même de ces établissements ait été moins sentie, en présence des secours précieux et multipliés qu'assurent à l'instruction élémentaire les corporations religieuses de femmes. Toutefois, d'autres modes réguliers de pourvoir à l'avenir de cette instruction ne devaient pas être négligés; et, sous ce rapport, il convenait de favoriser, avec toutes les garanties de surveillance et de durée, l'existence d'Écoles spéciales destinées à former des institutrices, dans le but sagement déterminé par l'ordonnance du 23 juin 1836.

Déjà, dans cinq départements, le Doubs, le Jura, la Nièvre, l'Orne, les Pyrénées-Orientales, les Conseils généraux, partageant les vues exprimées par l'administration, se sont empressés, par des votes successifs et par diverses mesures, d'assurer ce qui est nécessaire pour le premier établissement et pour l'entretien de semblables Écoles. Deux d'entre elles sont provisoirement constituées; les autres peuvent l'être sous quelques mois; et toutes n'ont besoin que de cette fixité qui encourage les sacrifices, en les rendant plus utiles.

Je ne puis douter que des dispositions analogues ne se manifestent dans d'autres départements; mais je me borne, quant à présent, à proposer à Votre Majesté d'approuver la création d'une École normale primaire d'institutrices de filles dans chacune des villes ci-dénommées :

Argentan, pour le département de l'Orne;

Bagnères, pour le département des Hautes-Pyrénées;

Besançon, pour le département du Doubs;

Lons-le-Saunier, pour le département du Jura;

Nevers, pour le département de la Nièvre.

Tel est l'objet des ordonnances que j'ai l'honneur de soumettre à Votre Majesté.

Je suis, etc.

Le Ministre secrétaire d'État au département
de l'Instruction publique,
Signé : Villemain.

2° Décrets.

I.

Louis-Philippe, etc.,

Sur le rapport, etc.,

Vu notre ordonnance du 23 juin 1836 concernant les Écoles primaires de filles;

Vu la délibération du Conseil général du département de l'Orne, en date du 28 août 1837;

Vu le budget du département de l'Orne pour l'exercice 1842, lequel assure les crédits nécessaires pour les dépenses d'entretien de l'établissement normal d'institutrices annexé à la maison des Dames de l'Éducation chrétienne à Argentan;

Vu l'avis du Conseil royal de l'Instruction publique,

Nous avons ordonné et ordonnons ce qui suit :

ARTICLE 1er. — L'établissement normal préparatoire, placé sous la direction des Dames de l'Éducation chrétienne à Argentan, est érigé en École normale primaire d'institutrices.

II.

LOUIS-PHILIPPE, etc.,

Sur le rapport, etc.,

Vu notre ordonnance du 23 juin 1836, concernant les Écoles primaires de filles;

Vu les délibérations prises par le Conseil général du département des Hautes-Pyrénées dans ses sessions de 1837, de 1838 et de 1839;

Vu le budget du département des Hautes-Pyrénées, pour l'exercice 1842, lequel assure les crédits nécessaires pour les dépenses d'entretien de l'établissement préparatoire d'institutrices dirigé à Bagnères-de-Bigorre par les Dames de Saint-André-de-la-Croix;

Vu l'avis du Conseil royal de l'Instruction publique,

Nous avons ordonné et ordonnons ce qui suit :

ARTICLE 1er. — L'établissement normal préparatoire, dirigé à Bagnères-de-Bigorre par les Dames de Saint-André-de-la-Croix, est érigé en École normale primaire d'institutrices.

III.

LOUIS-PHILIPPE, etc.,

Sur le rapport, etc.,

Vu notre ordonnance du 23 juin 1836, concernant les Écoles primaires de filles;

Vu la délibération prise par le Conseil général du département du Doubs dans sa session de 1839;

Vu la loi de finances du 25 juin 1841, qui a autorisé la perception d'un centime extraordinaire pendant trois ans pour les frais de premier établissement d'une École normale primaire d'institutrices à Besançon;

Vu notre ordonnance du 7 octobre 1841 qui a autorisé l'acquisition d'une maison destinée à ladite École;

30.

Vu le budget du département du Doubs pour l'exercice 1842, lequel assure les crédits nécessaires pour les dépenses d'entretien de l'établissement normal préparatoire d'institutrices qui sera dirigé à Besançon par les Dames de Saint-Vincent-de-Paul,

Vu l'avis du Conseil royal de l'Instruction publique,

Nous avons ordonné et ordonnons ce qui suit :

ARTICLE 1er. — Il est créé à Besançon une École normale primaire d'institutrices, qui sera dirigée par les Dames de Saint-Vincent-de-Paul.

IV.

LOUIS-PHILIPPE, etc.,

Sur le rapport, etc.,

Vu notre ordonnance du 23 juin 1836 concernant les Écoles primaires de filles ;

Vu la délibération du Conseil général du département du Jura, en date du 5 septembre 1841,

Vu l'avis du Conseil royal de l'Instruction publique,

Nous avons ordonné et ordonnons ce qui suit :

ARTICLE 1er. — Il est créé à Lons-le-Saunier une École normale primaire d'institutrices pour le département du Jura, laquelle sera dirigée par une dame laïque.

V.

LOUIS-PHILIPPE, etc.,

Sur le rapport, etc.,

Vu notre ordonnance du 23 juin 1836, concernant les Écoles primaires de filles ;

Vu la délibération du Conseil général du département de la Nièvre, en date du 28 août 1841 ;

Vu le budget du département de la Nièvre pour l'exercice 1842, lequel assure les crédits nécessaires pour les dépenses d'entretien d'un établissement normal préparatoire d'institutrices qui sera dirigé à Nevers par les sœurs de Nevers ;

Vu l'avis du Conseil royal de l'Instruction publique,

Nous avons ordonné et ordonnons ce qui suit :

ART. 1er. — Il est créé à Nevers une École normale primaire d'institutrices pour le département de la Nièvre, laquelle sera dirigée par la communauté religieuse des sœurs de Nevers.

Avis relatif au certificat de moralité produit par un instituteur révoqué.

11 Octobre 1842.

Le Conseil, etc.,

Sur le rapport de M. le conseiller chargé de ce qui concerne l'instruction primaire;

Vu la lettre par laquelle M. le Sous-Préfet de l'arrondissement de....., après avoir fait connaître que le sieur....., instituteur révoqué de la commune de....., se propose d'établir une École privée dans la même localité, en se procurant un certificat de moralité du maire et de quelques conseillers municipaux, ses amis, demande s'il n'est pas dans l'esprit de la loi du 28 juin 1833 que le nouveau certificat de moralité exigé d'un instituteur qui aurait été révoqué pour cause de faute grave ne puisse être délivré qu'après trois ans d'une conduite régulière;

Vu l'article 4 de la loi du 28 juin 1833;

Vu l'arrêté du 7 mai 1839;

Attendu que, dans l'espèce, il y a eu révocation pour faute grave qui inculpe la moralité du sieur.....,

Estime que le certificat de moralité précédemment obtenu par le sieur...... n'a plus de valeur, et qu'un nouveau certificat de moralité lui sera nécessaire pour qu'il puisse être admis à tenir une École soit privée, soit publique.

Avis relatif aux intervalles entre les examens.

14 Octobre 1842.

Le Conseil, etc.,

Sur le rapport de M. le conseiller chargé de ce qui concerne l'instruction primaire;

Vu la lettre en date du....., par laquelle M. le Recteur de l'Académie de...... demande si les candidats qui dans un concours d'admissibilité aux Écoles normales primaires ont été déclarés exclus, peuvent se présenter à un autre examen avant un an d'intervalle,

Est d'avis qu'il suffit d'un intervalle de trois mois entre les deux examens.

Avis relatif au choix des épreuves écrites pour les examens du brevet de capacité.

14 Octobre 1842.

Le Conseil, etc.,

Sur le rapport de M. le conseiller chargé de ce qui concerne l'instruction primaire,

Est d'avis qu'à l'avenir, les épreuves écrites des aspirants et des aspirantes au brevet de capacité devront être envoyées par la Commission d'examen au Recteur de l'Académie.

Avis relatif au traitement d'une institutrice faisant fonctions d'instituteur.

25 Octobre 1842.

Le Conseil, etc.,

Sur le rapport de M. le conseiller chargé de ce qui concerne l'instruction primaire;

Vu la lettre de M. le Recteur de l'Académie de....., en date du....., dans laquelle ce fonctionnaire fait connaître que le Comité d'arrondissement de...... a nommé provisoirement instituteur communal de la commune de...... Mlle......, institutrice brevetée, et que M. le Préfet du département se refuse à faire payer le traitement qu'elle reçoit de sa commune,

Estime que l'institutrice dûment autorisée, qui remplit les fonctions d'instituteur communal, a droit au traitement que celui-ci toucherait; qu'il y a lieu, en conséquence, d'écrire à M. le Préfet du département de...... pour l'inviter à faire payer le traitement dû à la demoiselle...... en qualité d'institutrice communale remplissant les fonctions d'instituteur.

Décision relative aux conditions de capacité à exiger d'une institutrice qui veut recevoir des pensionnaires.

25 Octobre 1842.

Le Conseil, etc.,

Sur le rapport de M. le conseiller chargé de ce qui concerne l'instruction primaire,

Décide que la condition d'un brevet du degré supérieur dont M. l'Inspecteur primaire du département de...... propose de faire une obligation à une institutrice du degré élémentaire, qui demande à recevoir des pensionnaires, ne doit pas être exigée.

---

25 octobre 1842.

Avis relatif à l'adjonction d'office des communes pour l'enseignement primaire.

25 Octobre 1842.

Le Conseil, etc.,

Sur le rapport de M. le conseiller chargé de ce qui concerne l'instruction primaire;

Vu la délibération du Conseil général du département de......, en date du......, dans laquelle ce Conseil émet le vœu qu'une disposition législative intervienne à l'effet d'autoriser l'administration à prononcer d'office l'adjonction des communes pour l'enseignement primaire,

Estime que la loi de 1833 n'exige pas le consentement formel des Conseils municipaux, mais que ce consentement a été prescrit par l'ordonnance du 16 juillet de la même année.

---

30 octobre 1842.

Ordonnance relative à la création de cours d'instruction primaire supérieure annexés à quinze Collèges royaux ou communaux.

30 Octobre 1842.

LOUIS-PHILIPPE, etc.,

Sur le rapport de notre Ministre secrétaire d'État au département de l'Instruction publique;

Vu l'article 10 de la loi du 28 juin 1833, portant que les communes chefs-lieux de département et celles dont la population excède 6 000 âmes doivent avoir une École primaire supérieure;

Vu l'article 4 de notre ordonnance du 21 novembre 1841, portant qu'il sera statué ultérieurement sur la désignation des Collèges communaux auxquels des cours d'instruction primaire supérieure devront être annexés;

Considérant qu'un certain nombre de villes qui possèdent des Collèges communaux, et auxquelles s'applique l'article 10 de la loi du 28 juin 1833, n'ont pu encore satisfaire sous ce rapport aux obligations que la loi leur impose;

Considérant qu'il importe de pourvoir dans le plus bref délai à l'exécution de la loi, et que les Conseils municipaux de plusieurs desdites villes ont demandé l'autorisation d'annexer à leurs Collèges communaux des cours d'instruction primaire supérieure;

Vu l'avis du Conseil royal de l'Instruction publique,

Nous avons ordonné et ordonnons ce qui suit :

ARTICLE 1er. — Des cours d'instruction primaire supérieure seront annexés aux Collèges communaux des villes de :

Saint-Affrique (Aveyron), Rochefort (Charente-Inférieure), Tulle (Corrèze), Beaune (Côte-d'Or), Bergerac (Dordogne), Périgueux (Dordogne), Condom (Gers), Clermont (Hérault), Pézenas (Hérault), Ploërmel (Morbihan), Cosne (Nièvre), Estaires (Nord), Dieppe (Seine-Inférieure), Albi (Tarn), et au Collège royal de Pontivy (Morbihan).

ART. 2. — Il sera pourvu aux frais d'établissement et d'entretien desdits cours d'instruction primaire supérieure au moyen des allocations votées à cet effet par les Conseils municipaux des villes ci-dessus désignées, et, en cas d'insuffisance constatée desdites allocations, par des prélèvements sur les fonds départementaux ou sur les fonds de l'État spécialement affectés à l'instruction primaire.

ART. 3. — Un instituteur primaire du degré supérieur devra être attaché à chacun des Collèges mentionnés en l'article 1er, à moins que le chef ou l'un des fonctionnaires de l'établissement ne soit pourvu d'un brevet de capacité de ce degré.

Ledit instituteur sera placé sous l'autorité du proviseur ou du principal, de même que les fonctionnaires qui pourront être chargés d'une partie des cours d'instruction primaire supérieure.

Avis relatif à la question de savoir si les Inspecteurs peuvent cumuler l'emploi d'inspecteur des archives communales. 8 nov. 1842.

8 Novembre 1842.

Le Conseil, etc.,

Sur le rapport de M. le conseiller chargé de ce qui concerne l'instruction primaire;

Consulté par M. le Recteur de l'Académie de...... sur la question de savoir si les Inspecteurs de l'instruction primaire peuvent être inspecteurs des archives communales,

Est d'avis que ce cumul n'est pas convenable.

15 nov. 1842. **Avis relatif aux instituteurs publics israélites dispensés du service militaire.**

15 Novembre 1842.

Le Conseil, etc.,

Sur le rapport de M. le conseiller chargé de ce qui concerne l'instruction primaire ;

Vu la demande des membres du Consistoire israélite de la circonscription de......, ayant pour objet d'obtenir que les instituteurs primaires israélites brevetés par l'Académie et exerçant leurs fonctions dans une commune où le ministre du culte est salarié par l'État soient assimilés, pour la dispense du service militaire, aux instituteurs communaux,

Estime que les instituteurs israélites sont régis par le droit commun comme tous les autres instituteurs ; que nul instituteur ne peut jouir de la dispense du service militaire qu'autant qu'il est instituteur public.

---

15 nov. 1842.   **Avis portant que le fils du maire peut être instituteur dans la commune administrée par son père.**

15 Novembre 1842.

Le Conseil, etc.,

Sur le rapport de M. le conseiller chargé de ce qui concerne l'instruction primaire ;

Vu la lettre par laquelle M. le Recteur de l'Académie de......, après avoir fait connaître que le Conseil municipal de......, présente en qualité d'instituteur public le sieur......, fils du maire de la commune, demande si les règlements qui ne permettent pas à un conseiller municipal d'exercer les fonctions d'instituteur peuvent être appliqués au fils du maire,

Estime qu'on ne peut étendre au fils du maire la prohibition portée contre le maire ; que le fils d'un maire peut très bien être instituteur public dans la commune dont son père est maire, sauf au père à se récuser dans les délibérations relatives à son fils.

Avis relatif à l'interdiction à temps des instituteurs.

18 Novembre 1842.

Le Conseil, etc.,

Sur le rapport de M. le conseiller chargé de ce qui concerne l'instruction primaire;

Consulté par M. le Procureur du Roi du tribunal civil de...... sur la question de savoir si un instituteur communal interdit pour un mois, en vertu des articles 7 et 24 de la loi du 28 juin 1833, peut, après le mois d'interdiction écoulé, reprendre dans la même commune ses fonctions d'instituteur,

Estime qu'à la différence de l'interdiction perpétuelle, l'interdiction à temps n'ôte pas le droit de tenir l'École communale, après que le temps pendant lequel l'interdiction a eu lieu s'est écoulé. La peine subie, l'instituteur a le droit de reprendre l'exercice de ses fonctions.

Ordonnance relative à l'établissement de cours d'instruction primaire annexés à dix-neuf Collèges communaux.

18 Novembre 1842.

Louis-Philippe, etc.,

Sur le rapport de notre Ministre secrétaire d'État au département de l'Instruction publique;

Vu l'article 10 de la loi du 28 juin 1833, portant que les communes chefs-lieux de département et celles dont la population excède 6 000 âmes doivent avoir une École primaire supérieure;

Vu l'article 4 de notre ordonnance du 21 novembre 1841, portant qu'il sera ultérieurement statué sur la désignation des Collèges communaux auxquels des cours d'instruction primaire supérieure devront être annexés;

Considérant que les Conseils municipaux des villes d'Argentan, Coutances, Draguignan, Guéret, Issoudun, Lisieux, Lunéville, Mende, Rethel, Pont-à-Mousson, Saint-Dié, Vannes, ont, par des votes déjà mis à exécution, assuré des allocations suffisantes pour adjoindre aux Collèges communaux desdites villes un enseignement primaire supérieur; que cette adjonction, provisoirement effectuée près desdits Collèges, n'a eu que de bons résultats, et qu'il importe seulement de la régler d'une manière uniforme et fixe;

Considérant que les villes de Bourg, Marmande, Orthez, Sarlat, Saint-Flour, Saint-Pol-de-Léon et Villefranche, lesquelles n'ont pas encore satisfait à l'obligation résultant pour elles de l'article 10 de la loi du 28 juin 1833, sont dans des conditions qui motivent à leur égard l'application de l'ordonnance du 21 novembre 1841;

Vu l'avis du Conseil royal de l'Instruction publique, en date du 18 novembre 1842,

Nous avons ordonné et ordonnons ce qui suit :

ARTICLE 1er. — Des cours d'instruction primaire supérieure seront annexés aux Collèges communaux des villes de :

Argentan (Orne), Bourg (Ain), Coutances (Manche), Draguignan (Var), Guéret (Creuse), Issoudun (Indre), Lisieux (Calvados), Lunéville (Meurthe), Marmande (Lot-et-Garonne), Mende (Lozère), Orthez (Basses-Pyrénées), Pont-à-Mousson (Meurthe), Rethel (Ardennes), Saint-Dié (Vosges), Saint-Flour (Cantal), Saint-Pol-de-Léon (Finistère), Sarlat (Dordogne), Vannes (Morbihan), Villefranche (Aveyron).

ART. 2. — Il sera pourvu aux frais d'établissement desdits cours d'instruction primaire supérieure au moyen des allocations déjà votées, ou qui devront être votées par les Conseils municipaux des villes ci-dessus désignées; et, en cas d'insuffisance constatée desdites allocations, il pourra y être ajouté un prélèvement sur les fonds départementaux ou sur les fonds de l'État spécialement affectés à l'instruction primaire.

ART. 3. — Un instituteur du degré supérieur devra être attaché à chacun des Collèges mentionnés à l'article 1er, à moins que le chef ou l'un des fonctionnaires de cet établissement ne soit pourvu d'un brevet de capacité de ce degré.

Ledit instituteur demeurera placé sous l'autorité du principal, ainsi que les fonctionnaires qui pourront être chargés d'une partie des cours d'instruction primaire supérieure.

---

29 nov. 1842.   **Avis relatif à la nomination d'un maître de pension aux fonctions d'instituteur.**

29 Novembre 1842.

Le Conseil, etc.,

Sur le rapport de M. le conseiller chargé de ce qui concerne l'instruction primaire;

Vu la lettre de M. le Recteur de l'Académie de......, en date du......, dans laquelle ce fonctionnaire fait connaître que le Conseil

municipal de la commune de......, appelé à se prononcer sur le choix
d'un candidat à la place d'instituteur devenue vacante, a fait choix
d'un maître de pension pourvu d'un brevet de capacité et secondé
par un sous-maître ;

Vu les délibérations du Comité d'instruction primaire de l'arrondissement de......, par lesquelles ce Comité refuse de nouveau le
candidat présenté par le Conseil municipal, et demande qu'il en
soit référé à M. le Ministre de l'Instruction publique,

Estime que le Conseil municipal avait le droit de ne présenter
qu'un seul candidat ou d'en présenter plusieurs ; que, si le candidat
présenté remplit toutes les conditions nécessaires, le Comité doit
l'agréer et le nommer ; que, sans doute, le Comité a toujours le droit
de ne pas nommer le candidat présenté, mais qu'il ne doit user de
ce droit qu'autant qu'il y a des raisons sérieuses qui militent contre
le candidat.

Décision relative à l'incompatibilité des fonctions d'instituteur et de greffier. 9 déc. 1842.

9 Décembre 1842.

Le Conseil, etc.,

Sur le rapport de M. le conseiller chargé de ce qui concerne l'instruction primaire ;

Vu la lettre par laquelle M. le Recteur de l'Académie de...... fait
connaître que le sieur......, instituteur public à......, remplit en
même temps les fonctions de commis greffier de la justice de paix,

Décide qu'il y a incompatibilité entre les fonctions d'instituteur
et celles de commis greffier.

Avis concernant l'exercice des fonctions d'institutrice par une boursière de l'État. 13 déc. 1842.

13 Décembre 1842.

Le Conseil, etc.,

Sur le rapport de M. le conseiller chargé de ce qui concerne l'instruction primaire ;

Vu l'avis de M. le Recteur de l'Académie de...., en date du......,
sur une demande formée par la demoiselle......, ancienne boursière
de l'État dans l'établissement dirigé par Mme......, à......, à l'effet
d'obtenir l'autorisation d'exercer les fonctions d'institutrice dans
une commune d'un autre département,

Est d'avis que la demoiselle...... doit accomplir son engagement dans le département de......, et qu'il n'y a pas lieu, en conséquence, de lui accorder l'autorisation de s'établir en qualité d'institutrice dans un autre département.

Avis relatif aux suspensions de fonctions.

13 Décembre 1842.

Le Conseil, etc.,

Sur le rapport de M. le conseiller chargé de ce qui concerne l'instruction primaire;

Vu la délibération du Comité supérieur d'instruction primaire de......, en date du......, exprimant l'avis que l'autorisation d'exercer les fonctions d'institutrice privée dans cette commune soit retirée à la demoiselle...... par M. le Recteur de l'Académie de......;

Vu la lettre en date du......, par laquelle ce fonctionnaire fait connaître qu'il a pris, aux termes des articles 25 de l'ordonnance du 29 février 1816 et 17 de l'ordonnance du 21 avril 1828, un arrêté à l'effet de retirer ladite autorisation, et demande que cet arrêté soit sanctionné,

Estime qu'il y a lieu de faire observer à M. le Recteur :

1° Que, dans le cas d'urgence, il a le droit, conformément aux décrets de 1808 et de 1811, de suspendre tout fonctionnaire de l'Université inculpé d'une faute grave, et que dans lesdits cas d'urgence, le même droit existe vis-à-vis des instituteurs et des institutrices primaires;

2° Que, dans l'espèce présente, il aurait dû prendre pour règle, non les ordonnances de 1816 et de 1828, mais celle du 23 juin 1836, aux termes de laquelle il appartient aux Recteurs de donner l'autorisation aux institutrices après avoir pris l'avis des Comités; mais qu'en cas de faute grave de la part d'une institutrice, le Recteur doit traduire l'institutrice inculpée devant le Comité d'arrondissement, lequel applique à l'institutrice les formalités et peines prescrites par l'article 23 de la loi du 28 juin 1833.

Ordonnance concernant le prix des bourses et pensions des élèves-maîtres et la comptabilité des Écoles normales primaires.

15 déc. 1842.

15 Décembre 1842.

LOUIS-PHILIPPE, etc.,

Nous avons ordonné et ordonnons ce qui suit :

ARTICLE 1er. — Notre Ministre secrétaire d'État de l'Instruction publique continuera de fixer le prix des bourses et pensions pour chaque École normale primaire, après avoir pris l'avis de la Commission de surveillance de l'École, celui du Préfet et celui du Recteur.

ART. 2. — Le produit des bourses et pensions, après avoir été centralisé au Trésor, sera versé dans la caisse de l'École, sur mandat du Préfet; il servira à payer les frais de nourriture, de blanchissage et d'entretien des habits et du linge; de chauffage, d'éclairage, d'infirmerie, les honoraires du médecin, le salaire du cuisinier et des domestiques.

ART. 3. — Les excédents des recettes sur les dépenses de chaque École normale primaire pourront être annuellement employés en acquisition, soit de meubles, soit de rentes sur l'État inscrites au profit de l'établissement, et en son nom, soit d'immeubles, sauf déduction de la portion de cet excédent que la Commission de surveillance jugerait nécessaire de conserver en caisse pour assurer le service courant de l'École.

ART. 4. — Les délibérations de la Commission de surveillance des Écoles normales primaires, relatives à des acquisitions, aliénations et échanges de propriétés, devront être approuvées par une ordonnance royale.

Toutefois, l'autorisation de notre Ministre de l'Instruction publique sera suffisante, lorsqu'il ne s'agira que d'une valeur n'excédant pas 20 000 francs.

20 déc. 1842. Ordonnance relative à la création d'un cours d'instruction primaire supérieure annexé au Collège de Nevers.

20 Décembre 1842.

Louis-Philippe, etc.,

Sur le rapport de notre Ministre secrétaire d'État au département de l'Instruction publique;

Vu l'article 10 de la loi du 28 juin 1833, portant que les communes chefs-lieux de département et celles dont la population excède 6 000 âmes doivent avoir une École primaire supérieure;

Vu l'article 4 de notre ordonnance du 21 novembre 1841, portant qu'il sera statué ultérieurement sur la désignation des Collèges communaux auxquels des cours d'instruction primaire supérieure devront être annexés;

Considérant qu'un certain nombre de villes qui possèdent des Collèges communaux, et auxquelles s'applique l'article 10 de la loi du 28 juin 1833, n'ont pu encore satisfaire sous ce rapport aux obligations que la loi impose;

Considérant qu'il importe de pourvoir, dans le plus bref délai, à l'exécution de la loi, et que le Conseil municipal de Nevers a demandé l'autorisation d'annexer à son Collège communal des cours d'instruction primaire supérieure;

Vu l'avis du Conseil royal de l'Instruction publique,

Nous avons ordonné et ordonnons ce qui suit :

Article 1er. — Des cours d'instruction primaire supérieure seront annexés au Collège communal de Nevers.

Art. 2. — Il sera pourvu aux frais d'établissement et d'entretien desdits cours d'instruction primaire supérieure au moyen des allocations votées à cet effet par le Conseil municipal de Nevers, et, en cas d'insuffisance constatée desdites allocations, par des prélèvements sur les fonds départementaux ou sur les fonds de l'État spécialement affectés à l'instruction primaire.

Art. 3. — Un instituteur primaire du degré supérieur devra être attaché au Collège, à moins que le chef ou l'un des fonctionnaires de l'établissement ne soit pourvu d'un brevet de capacité de ce degré.

Ledit instituteur sera placé sous l'autorité du proviseur ou du principal, de même que les fonctionnaires qui pourront être chargés d'une partie des cours d'instruction primaire supérieure.

Arrêté relatif à l'établissement d'un service médical dans les Écoles et les salles d'asile de Paris. 20 déc. 1842.

20 Décembre 1842.

Le Conseil, etc.,

Sur le rapport de M. le conseiller chargé de ce qui concerne l'instruction primaire ;

Vu la loi du 28 juin 1833 ;

Vu les ordonnances royales des 23 juin 1836 et 22 décembre 1837 ;

Vu les règlements des 25 avril 1834 et 1er mars 1842,

Arrête :

ARTICLE 1er. — Une surveillance médicale sera établie près des Écoles primaires, des salles d'asile de la ville de Paris, de telle sorte qu'il y ait un médecin pour chaque réunion de deux ou trois de ces établissements.

ART. 2. — Tout médecin attaché aux Écoles primaires et aux salles d'asile visitera au moins une fois par semaine chacun des établissements confiés à ses soins.

ART. 3. — Il examinera chaque élève nouvellement admis. Si un enfant n'a pas été vacciné, ou s'il présente des cicatrices douteuses, cet enfant devra, sur la déclaration du médecin, cesser de fréquenter l'établissement jusqu'à ce qu'il ait été vacciné.

ART. 4. — A chaque visite, le médecin s'assurera particulièrement s'il y a dans les Écoles ou salles d'asile des enfants atteints d'affections contagieuses ; en ce cas, ces enfants devront cesser provisoirement, et jusqu'à entière guérison, d'être admis dans l'établissement.

ART. 5. — Les médecins des Écoles primaires et des salles d'asile devront, dans chacune de leurs visites, répondre par écrit aux diverses questions consignées sur un registre dont le modèle est joint au présent arrêté.

Avis relatif à la gratuité scolaire. 23 déc. 1842.

23 Décembre 1842.

Le Conseil, etc.,

Sur le rapport de M. le conseiller chargé de ce qui concerne l'instruction primaire ;

Après avoir pris connaissance des nouvelles observations de M. le

Préfet du département de......, relatives à la gratuité de l'instruction primaire dans les Écoles communales,

Estime que la loi du 28 juin 1833, tout en disposant que chaque Conseil municipal désignera les élèves gratuits, n'a pas voulu empêcher les communes de rendre l'instruction primaire gratuite pour tous les élèves au moyen d'un traitement fixe convenable, qu'elles assureraient à l'instituteur;

Qu'il importe de rappeler aux Préfets que le principe général de la loi est la non-gratuité de l'instruction primaire; que la gratuité est l'exception; que cette exception ne doit être établie que dans les communes riches; et qu'au surplus il ne peut y avoir à cet égard que des décisions particulières pour chaque commune.

Ordonnance relative à la répartition du service de l'inspection primaire.

30 déc. 1842.

30 Décembre 1842.

LOUIS-PHILIPPE, etc.,

Sur le rapport de notre Ministre secrétaire d'État au département de l'Instruction publique;

Vu la loi du 28 juin 1833 sur l'instruction primaire;

Vu les lois de finances des 23 mai 1834, 20 juillet 1837, 10 août 1839, 16 juillet 1840 et 11 juin 1842;

Vu l'avis du Conseil royal de l'Instruction publique,

Nous avons ordonné et ordonnons ce qui suit :

ARTICLE 1er. — Le service de l'inspection de l'instruction primaire se composera, à partir du 1er janvier 1843, pour le département de la Seine :

De deux Inspecteurs, au traitement de 3 000 francs;

D'un Inspecteur adjoint, au traitement de 2 600 francs;

D'un sous-inspecteur, au traitement de 1 600 francs; et pour les autres départements :

1° De 20 Inspecteurs de première classe, au traitement de 2 000 francs;

2° De 29 Inspecteurs de deuxième classe, au traitement de 1 800 francs;

3° De 36 Inspecteurs de troisième classe, au traitement de 1 600 francs;

4° De 34 sous-inspecteurs de première classe, au traitement de 1 400 francs;

5° De 77 sous-inspecteurs de deuxième classe, au traitement de 1 200 francs.

Art. 2. — La répartition de ces inspections et sous-inspections, entre les divers départements est arrêtée conformément au tableau annexé à la présente ordonnance.

Art. 3. — A l'avenir, ne pourront être promus aux inspections et sous-inspections des classes supérieures que les Inspecteurs ou sous-inspecteurs titulaires d'emplois d'un ordre inférieur.

Répartition des inspections et des sous-inspections.

DÉPARTEMENTS.	NOMBRE des INSPECTEURS.	CLASSE de L'INSPECTION.	NOMBRE DES SOUS-INSPECTEURS.	CLASSE DES SOUS-INSPECTIONS.
Ain	1	3e	1	2e
Aisne	1	1re	2	1re
Allier	1	3e	1	2e
Alpes (Basses-) . . .	1	3e	1	2e
Alpes (Hautes-) . . .	1	3e	1	2e
Ardèche.	1	3e	1	2e
Ardennes	1	2e	1	2e
Ariège.	1	3e	1	2e
Aube.	1	2e	1	2e
Aude.	1	3e	1	2e
Aveyron.	1	2e	1	2e
Bouches-du-Rhône.	1	1re	1	1re
Calvados.	1	1re	2	1re
Cantal.	1	3e	1	2e
Charente	1	3e	1	2e
Charente-Inférieure.	1	2e	1	2e
Cher.	1	3e	1	2e
Corrèze	1	3e	1	2e
Corse	1	1re	1	1re
Côte-d'Or	1	1re	2	Une 1re, une 2e.
Côtes-du-Nord. . . .	1	2e	1	2e
Creuse.	1	3e	1	2e
Dordogne	1	2e	2	2e
Doubs	1	2e	2	2e
Drôme.	1	3e	1	2e
Eure.	1	1re	2	1re
Eure-et-Loir	1	2e	1	2e
Finistère	1	3e	1	2e
Gard.	1	2e	1	2e
Garonne (Haute-). .	1	2e	1	2e
Gers.	1	2e	1	2e
Gironde.	1	1re	2	1re
Hérault	1	2e	1	2e
Ille-et-Vilaine. . . .	1	1re	2	Une 1re, une 2e.
Indre.	1	3e	1	2e
Indre-et-Loire. . . .	1	3e	1	2e

DÉPARTEMENTS.	NOMBRE des INSPECTEURS.	CLASSE de L'INSPECTION.	NOMBRE DES SOUS-INSPECTEURS.	CLASSE DES SOUS-INSPECTIONS.
Isère.........	1	2e	2	2e
Jura..........	1	2e	2	2e
Landes........	1	2e	1	2e
Loir-et-Cher.....	1	3e	1	2e
Loire.........	1	3e	1	2e
Loire (Haute-)....	1	3e	1	2e
Loire-Inférieure...	1	2e	1	2e
Loiret........	1	2e	1	2e
Lot..........	1	3e	1	2e
Lot-et-Garonne...	1	3e	1	2e
Lozère........	1	3e	1	2e
Maine-et-Loire....	1	2e	1	2e
Manche........	1	1re	2	1re
Marne.........	1	1re	2	1re
Marne (Haute-)...	1	2e	1	2e
Mayenne........	1	3e	1	2e
Meurthe........	1	1re	2	1re
Meuse........	1	2e	2	2e
Morbihan......	1	3e	1	2e
Moselle	1	1re	2	1re
Nièvre........	1	3e	1	2u
Nord.........	1	1re	2	1re
Oise.........	1	2e	2	2e
Orne.........	1	2e	1	2e
Pas-de-Calais....	1	1re	2	1re
Puy-de-Dôme....	1	2e	1	2e
Pyrénées (Basses-).	1	2e	2	2e
Pyrénées (Hautes-).	1	2e	1	2e
Pyrénées-Orientales.	1	3e	1	2e
Rhin (Bas-).....	1	1re	2	Une 1re, une 2e.
Rhin (Haut-)....	1	2e	1	2e
Rhône........	1	1re	1	1re
Saône (Haute-)...	1	2e	2	2e
Saône-et-Loire...	1	1re	2	1re
Sarthe........	1	3e	1	2e
Seine	2 insp. et 1 insp. adj.	Classe hors ligne.	1	Classe hors ligne.
Seine-Inférieure...	1	1re	2	1re
Seine-et-Marne...	1	2e	1	2e
Seine-et-Oise....	1	1re	2	1re
Sèvres (Deux-)...	1	3e	1	2e
Somme	1	1re	2	1re
Tarn.........	1	3e	1	2e
Tarn-et-Garonne...	1	3e	1	2e
Var.........	1	3e	1	2e
Vaucluse......	1	3e	1	2e
Vendée........	1	3e	1	2e
Vienne........	1	3e	1	2e
Vienne (Haute-)..	1	3e	1	2e
Vosges........	1	2e	2	2e
Yonne........	1	3e	1	2e

31.

Avis concernant la démission d'un instituteur public obtenue à prix d'argent.   30 déc. 1842.

30 Décembre 1842.

Le Conseil, etc.,

Sur le rapport de M. le conseiller chargé de ce qui concerne l'instruction primaire ;

Vu la lettre en date du......, par laquelle M. le Recteur de l'Académie de...... transmet un arrêté du Comité supérieur de......, portant nomination du sieur E......, en qualité d'instituteur primaire de la commune de......, en remplacement du sieur T......, démissionnaire ;

Attendu qu'il résulte d'un acte passé par-devant notaire que le sieur T...... s'est démis de ses fonctions pour faciliter au sieur E...... le moyen de se faire nommer à sa place et à la charge, par ce dernier, de lui faire une rente annuelle et viagère de 75 francs,

Est d'avis qu'il n'y a pas lieu d'accorder l'institution au sieur E......

Arrêté relatif aux dispositions concernant les pensionnats.   24 janvier 1843.

24 Janvier 1843.

Le Conseil, etc.,

Sur la proposition de M. le Ministre, Grand-Maître de l'Université ;

Vu l'article 10 de la loi du 28 juin 1833 ;

Vu les ordonnances par lesquelles l'adjonction d'Écoles primaires supérieures a été autorisée dans divers Collèges communaux ;

Vu les arrêtés des 8 novembre 1833 et 31 janvier 1834,

Arrête ce qui suit :

ARTICLE 1er. — Les dispositions des règlements concernant les pensionnats primaires sont applicables aux Écoles primaires supérieures annexées à des Collèges royaux ou communaux.

ART. 2. — Les élèves pensionnaires de toute École primaire supérieure annexée, en vertu d'une ordonnance royale, à un Collège royal ou communal seront exempts du payement de la rétribution universitaire.

ART. 3. — Tous les trois mois, il sera dressé par le proviseur ou le principal un état nominatif des élèves pensionnaires ou externes de l'École primaire supérieure annexée au Collège royal ou com-

munal en vertu d'une ordonnance royale. Cet état, certifié par le
maire et visé par le Recteur de l'Académie, à qui un double en sera
remis, servira à établir le contrôle d'après lequel les agents du
Trésor percevront la rétribution universitaire.

ART. 4. — Les élèves des Écoles primaires supérieures annexées
à des Collèges devront être, pour les classes et les études, placés
dans un local distinct de celui qui est occupé par les élèves qui
reçoivent l'instruction secondaire.

---

27 janvier 1843.   ### Décision relative à la juridiction disciplinaire des Comités.

27 Janvier 1843.

Le Conseil, etc.,

Sur le rapport de M. le conseiller chargé de ce qui concerne l'instruction primaire;

Vu la lettre de M. le Recteur de l'Académie de......, en date
du......, dans laquelle ce fonctionnaire demande quelques instructions relatives à la marche qu'il doit suivre et aux ordonnances qu'il
doit prendre pour règle dans une affaire de révocation d'institutrice
privée.

Décide que l'article 15 de l'ordonnance du 23 juin 1836 établit la
juridiction disciplinaire des Comités pour toutes les institutrices
soit communales, soit privées.

---

3 février 1843.   ### Avis relatif à l'approbation des règlements d'études des Écoles supérieures.

3 Février 1843.

Le Conseil, etc.,

Sur le rapport de M. le conseiller chargé de ce qui concerne les
Écoles primaires supérieures;

Consulté sur les questions suivantes :

1° Les règlements d'études des Écoles primaires supérieures doivent-ils être soumis à l'approbation de l'autorité supérieure?

2° Est-ce le principal ou une Commission qui doit prononcer l'admission des élèves dans une École primaire supérieure annexée à un
Collège?

Considérant que les Écoles primaires supérieures annexes font
essentiellement partie des Collèges, et que tout doit y être réglé

comme dans les Collèges, sauf pour les cas réservés d'une manière précise dans l'ordonnance du 21 novembre 1841,

Est d'avis :

1° Que les règlements d'études doivent être soumis à l'approbation de l'autorité supérieure;

2° En ce qui concerne l'admission des élèves, que le principal doit examiner seul s'ils sont en état de suivre les cours.

Ordonnance portant création d'une École normale d'institutrices à Orléans.   12 février 1843.

12 Février 1843.

LOUIS-PHILIPPE, etc.,

Sur le rapport de notre Ministre secrétaire d'État au département de l'Instruction publique, Grand-Maître de l'Université;

Vu notre ordonnance du 23 juin 1836, concernant les Écoles primaires de filles;

Vu la délibération du Conseil général du département du Loiret, tendant à ce qu'il soit créé dans ledit département une École normale d'institutrices laïques, dirigée par des religieuses de la communauté des Filles de la Sagesse;

Vu le budget de ce département pour l'année 1843, lequel assure les crédits nécessaires pour l'entretien dudit établissement;

Vu l'avis de notre Conseil royal de l'Instruction publique,

Nous avons ordonné et ordonnons ce qui suit :

ARTICLE 1er. — Il est créé, à Orléans, une École normale primaire d'institutrices pour le département du Loiret, laquelle sera dirigée par les dames de la communauté religieuse des Filles de la Sagesse.

Avis relatif aux conditions d'examen de capacité.   17 février 1843.

17 Février 1843.

Le Conseil, etc.,

Sur le rapport de M. le conseiller chargé de ce qui concerne l'instruction primaire;

Vu la lettre par laquelle le sieur...... demande à être dispensé de produire un certificat triennal de moralité, pour se présenter aux examens d'instruction primaire, attendu qu'il a constamment voyagé pendant les trois dernières années,

Estime que l'on ne peut pas exiger, pour admettre le sieur......
à l'examen de l'instruction primaire, une formalité qui n'est pas
prescrite par la loi, mais que, s'il obtient le brevet de capacité, il
devra, avant de pouvoir tenir une École, attendre le délai nécessaire
pour se procurer un certificat qui remonte à trois années.

Avis relatif à la création de cours publics dans les pensions et institutions de demoiselles.

21 février 1843.

21 Février 1843.

Le Conseil, etc.,

Sur le rapport de M. le conseiller chargé de ce qui concerne l'instruction primaire,

Est d'avis que les deux règles suivantes soient établies à l'égard
des cours publics qui pourront être confiés à des femmes :

1° Pour obtenir l'autorisation de faire un cours public, qui porte
sur les connaissances comprises dans l'instruction primaire, il
faudra justifier du brevet de capacité du degré supérieur ;

2° Pour obtenir l'autorisation de faire un cours public qui porte
sur les connaissances comprises dans l'instruction donnée par les
pensions et institutions de demoiselles, il faudra justifier du diplôme
de maîtresse d'institution.

Avis relatif à la communication des registres des Comités.

21 février 1843.

21 Février 1843.

Le Conseil, etc.,

Sur le rapport de M. le conseiller chargé de ce qui concerne l'instruction primaire ;

Vu la lettre par laquelle M. le Préfet du département de......, après
avoir fait connaître les difficultés qui se sont élevées à......, relativement à la fixation du lieu dans lequel doit siéger le Comité d'arrondissement, demande si c'est le Sous-Préfet, président de droit de ce
Comité, qui doit en fixer le siège, ou si les séances doivent avoir
lieu dans le local qui aura préalablement été désigné par une délibération du Comité,

Estime :

1° Que M. le Sous-Préfet, comme président de droit du Comité d'arrondissement, est fondé à désigner pour le lieu des séances du Comité une salle de la sous-préfecture;

2° Que, dans tous les cas, la communication des registres du Comité ne peut lui être refusée.

Avis relatif à la compétence des Comités locaux quant à l'extension des pensionnats.

3 mars 1843.

3 Mars 1843.

Le Conseil, etc.,

Sur le rapport de M. le conseiller chargé de ce qui concerne l'instruction primaire;

Vu la demande formée par le sieur......, instituteur à......, à l'effet d'obtenir l'autorisation de donner plus d'extension à son pensionnat primaire et de porter à soixante le nombre de ses pensionnaires;

Attendu que le pensionnat primaire tenu par le pétitionnaire a été légalement autorisé,

Estime que les questions sur le plus ou moins d'extension de ce pensionnat et sur le plus ou moins grand nombre de pensionnaires sont de la compétence du Comité d'arrondissement.

Décision relative aux autorisations d'Écoles de filles ou mixtes demandées par des instituteurs privés.

17 mars 1843.

17 Mars 1843.

Le Conseil, etc.,

Sur le rapport de M. le conseiller chargé de ce qui concerne l'instruction primaire;

Vu le rapport de M. le Recteur de l'Académie de......, en date du......, sur une demande adressée par M......, breveté pour l'instruction primaire, et bachelier ès lettres, à l'effet d'obtenir l'autorisation d'avoir à...... une École primaire privée de filles;

Attendu que l'expérience a démontré les inconvénients de la réunion des enfants des deux sexes dans une même École, sous la direction d'un instituteur; que ces inconvénients seraient au moins aussi graves dans une École toute de jeunes filles confiées à un instituteur; qu'on peut tolérer provisoirement quelques faits de ce genre, mais qu'on ne doit pas les autoriser,

Décide qu'il n'y a pas lieu d'accorder au sieur...... l'autorisation qu'il demande.

Avis relatif à l'instruction gratuite donnée aux enfants trouvés.

17 Mars 1843.

Le Conseil, etc.,

Sur le rapport de M. le conseiller chargé de ce qui concerne l'instruction primaire;

Vu la lettre en date du......, par laquelle M. le Recteur de l'Académie de......, en transmettant un arrêté du Préfet...... qui prescrit l'admission gratuite dans les Écoles communales de tous les enfants trouvés, signale les inconvénients qui pourraient résulter de cette mesure,

Estime qu'aux termes de la loi du 28 juin 1833, qui veut que l'instruction primaire soit donnée à tous les enfants et gratuitement aux enfants indigents, cette instruction doit être, à plus forte raison, donnée gratuitement aux enfants trouvés; que tout enfant, habitant de fait dans une commune, a droit à l'instruction primaire donnée dans l'École communale; que, si les revenus ordinaires et les trois centimes additionnels ne suffisent pas pour couvrir toute la dépense, le département, ou l'État, ou enfin l'administration des hospices, doit y suppléer.

Décision portant que les élèves des Écoles normales ne doivent subir les examens du brevet qu'en fin d'études.

24 Mars 1843.

Le Conseil, etc.,

Sur le rapport de M. le conseiller chargé de ce qui concerne l'instruction primaire;

Vu la délibération du......, par laquelle la Commission de surveillance de l'École normale primaire de...... demande l'autorisation de présenter, pour l'obtention du brevet de capacité du degré élémentaire, six élèves-maîtres de troisième année aux examens qui vont avoir lieu le 3 avril prochain devant la Commission d'instruction primaire du département;

Attendu que les élèves des Écoles normales ne doivent être admis aux examens qu'à la fin du cours complet d'études, lors même qu'ils n'aspirent qu'au brevet de capacité pour l'instruction élémentaire,

Décide qu'il n'y a pas lieu de déroger à cette règle générale.

Avis relatif à l'exigibilité des brevets de capacité pour ouvrir une École. 21 avril 1843.

21 Avril 1843.

Le Conseil, etc.,

Sur le rapport de M. le conseiller chargé de ce qui concerne l'instruction primaire;

Consulté sur la question de savoir si les diplômes de sous-maîtresse ou maîtresse d'études, de maîtresse de pension ou de directrice d'institution, délivrés à la préfecture de...... avant et depuis l'ordonnance royale du 23 juin 1836, confèrent le droit de tenir une École primaire, élémentaire ou supérieure,

Estime que les diplômes ou brevets délivrés pour les fonctions ci-dessus mentionnées ne donnent point le droit de tenir des Écoles primaires, soit élémentaires, soit supérieures; qu'il faut, pour tenir une École primaire, avoir subi l'examen et reçu le brevet de capacité spécialement affecté à l'instruction primaire.

Avis relatif à la compétence des Comités pour les examens d'entrée et de sortie dans les Écoles normales. 25 avril 1843.

25 Avril 1843.

Le Conseil, etc.,

Sur le rapport de M. le conseiller chargé de ce qui concerne l'instruction primaire;

Vu la lettre par laquelle M. le Recteur de l'Académie de......, après avoir fait un rapport sur l'École normale primaire de cette ville, soumet quelques considérations : 1° sur les examens d'entrée; 2° sur les examens de sortie; 3° sur l'enseignement qui doit être donné aux élèves de troisième année,

Estime :

1° Que, pour les examens d'entrée, l'examen préalable par les Comités est une mesure arbitraire qui doit cesser d'être pratiquée, et que l'article 25 de la loi du 28 juin 1833 a fixé précisément le mode proposé par M. le Recteur;

2° Que la même observation s'applique aux examens de sortie, qui doivent être publics, conformément à l'article 25, § 3, de ladite loi;

3° Qu'avant d'arrêter que le cours normal aura désormais trois ans, il convient que le Conseil général du département ait exprimé à cet égard un vœu formel, et décidé si, en cas de cette prolongation du temps d'études, le nombre des élèves-maîtres restera le même, ou si le nombre en sera augmenté de manière que l'École normale continue de fournir chaque année autant d'instituteurs qu'elle en a fourni jusqu'à présent.

---

5 mai 1843.   **Avis relatif au traitement d'un desservant nommé instituteur communal.**

5 Mai 1843.

Le Conseil, etc.,

Sur le rapport de M. le conseiller chargé de ce qui concerne l'instruction primaire;

Vu la lettre en date du......, par laquelle M. le Sous-Préfet de ...... demande si le desservant d'une commune rurale, pourvu d'un brevet de capacité et exerçant les fonctions d'instituteur, a droit au traitement attaché au titre d'instituteur communal,

Estime qu'un curé qui serait nommé et institué en qualité d'instituteur communal, ou même autorisé provisoirement à tenir une École publique, aurait droit au traitement d'instituteur communal, mais qu'il ne suffit pas, pour avoir droit à ce traitement, que le curé tienne une École privée.

---

9 mai 1843.   **Avis relatif à la juridiction applicable aux instituteurs libres.**

9 Mai 1843.

Le Conseil, etc.,

Sur le rapport de M. le conseiller chargé de ce qui concerne l'instruction primaire;

Vu la lettre en date du......, dans laquelle M. le Recteur de l'Académie de...... transmet :

1° La copie d'un jugement rendu par le tribunal correctionnel de ......, qui condamne le sieur......, instituteur privé, à la peine de 5 francs d'amende, comme coupable de violences et de voies de fait sur la personne d'un de ses élèves;

2° La délibération par laquelle le Comité supérieur d'instruction primaire de......, appelé à appliquer au sieur...... une peine disciplinaire, se déclare incompétent par le motif que le prévenu a déjà été condamné par une juridiction supérieure,

Estime que le Comité supérieur s'est trompé quand il a dit, d'une manière générale, que, le tribunal ayant prononcé, le Comité devrait se reconnaître incompétent pour appliquer une peine disciplinaire; que les deux juridictions sont indépendantes l'une de l'autre, et qu'elles peuvent statuer toutes les deux à la fois ou successivement sur le même fait; mais que, dans l'espèce, comme il s'agit d'un instituteur privé, la seule juridiction saisissable était le tribunal civil, aux termes de l'article 7 de la loi de 1833.

Décision relative à la compétence des Comités.   19 mai 1843.

19 Mai 1843.

Le Conseil, etc.,

Sur le rapport de M. le conseiller chargé de ce qui concerne l'instruction primaire;

Vu la délibération du Comité d'instruction primaire de l'arrondissement de......, en date du......, qui condamne par défaut le sieur......, instituteur de la commune de......, à la suspension de ses fonctions, pendant un mois, avec privation de traitement;

Vu la lettre dans laquelle le sieur...... réclame contre la délibération ci-dessus citée, et fait connaître les motifs qui l'ont empêché de se présenter devant le Comité;

Vu l'avis de M. le Recteur de l'Académie de......, consigné dans sa lettre du......;

Attendu qu'aux termes de la loi de 1833, il n'y a pas lieu à pourvoi de la part d'un instituteur, quand il est seulement suspendu de ses fonctions; que le sieur...... condamné par défaut, et précisément pour n'avoir pas comparu au jour indiqué devant le Comité, aurait pu faire tomber cette condamnation en comparaissant,

Décide que le sieur...... doit être entendu par le Comité, qui jugera s'il doit ou non maintenir sa première décision.

Avis relatif aux membres du Comité supérieur.

19 Mai 1843.

Le Conseil, etc.,

Sur le rapport de M. le conseiller chargé de ce qui concerne l'instruction primaire ;

Vu la lettre par laquelle M......, curé-doyen de......, soumet la question de savoir si, en sa qualité de curé-doyen, il ne doit pas faire partie du Comité supérieur d'instruction primaire comme membre de droit, de préférence au curé le plus ancien en exercice ;

Vu l'article 19, § 4, de la loi du 28 juin 1833, ainsi conçu :

« Sont membres des Comités d'arrondissement le curé ou le plus ancien des curés de la circonscription » (ce qui s'entend, comme au § 1er, du chef-lieu de la circonscription),

Estime que la loi a clairement désigné le plus ancien des curés, dans le cas où il en existe plusieurs au chef-lieu, et qu'elle n'a pas dit le doyen des curés ou le curé-doyen ; qu'en effet elle ne devait pas attacher le titre permanent de membre de droit du Comité supérieur à une qualité variable et temporaire telle que celle de doyen ;

Que les évêques ont le droit de nommer curé-doyen celui des curés qu'il leur plaît de choisir comme plus propre à correspondre avec eux, sur ce qui est relatif aux besoins et à la discipline des églises ; mais que ce n'est pas un titre inamovible qu'ils confèrent, que c'est une commission toujours révocable ;

Que la loi n'a pas voulu donner le titre de membre de droit du Comité supérieur au doyen, qui peut changer, mais bien au plus ancien, dont le temps ne fait que confirmer le titre.

Avis relatif à l'incompatibilité des fonctions d'instituteur et de sacristain.

19 Mai 1843.

Le Conseil, etc.,

Sur la proposition de M. le conseiller chargé de ce qui concerne l'instruction primaire ;

Vu le rapport de M. le Recteur de l'Académie de......; en date du ......, relatif au sieur......, instituteur public à......, lequel réclame contre l'exécution d'une délibération du Comité d'arrondissement de......, qui lui interdirait, pour cause d'incapacité, de cumuler les fonctions de sacristain avec celles d'instituteur ;

Vu la délibération du Comité d'instruction primaire de......, en date du......;

Attendu que ce Comité, dans sa délibération, ne prétend pas qu'il y ait incompatibilité de droit entre les fonctions d'instituteur et de sacristain, pas plus qu'entre les fonctions d'instituteur et celles de secrétaire de la mairie; qu'il y a, au contraire, parfaite convenance dans les relations directes de l'instituteur avec le curé d'une part, et le maire d'autre part; que ce qu'il faut, c'est que l'instituteur ne manque pas aux fonctions essentielles qu'il doit remplir vis-à-vis de la jeunesse dont l'instruction lui est confiée;

Que c'est donc une question de fait plutôt qu'une question de droit;

Que, dans l'espèce, M. le Recteur déclare que le sieur...... , quoiqu'il soit sacristain, est un excellent instituteur,

Est d'avis qu'il n'y a pas lieu de lui interdire les fonctions de sacristain.

Arrêté relatif aux visites médicales dans les Écoles de Paris.   19 mai 1843.

19 Mai 1843.

Le Conseil, etc.,

Sur le rapport de M. le conseiller chargé de ce qui concerne l'instruction primaire ;

Vu la loi du 28 juin 1833 ;

Vu l'ordonnance du 8 novembre 1833 ;

Vu l'ordonnance du 22 décembre 1837 ;

Vu les arrêtés des 25 avril et 27 juin 1834, 24 avril 1838 et 20 décembre 1842,

Arrête :

ARTICLE 1er. — Un médecin, nommé par le Préfet, sur une présentation de trois candidats, faite par le maire de l'arrondissement, après avis du Comité local, sera attaché à chaque École communale de garçons et à chaque École communale de filles dans la ville de Paris. Il visitera, une fois par semaine, l'établissement et constatera l'état de la santé des enfants et de la salubrité de l'école.

ART. 2. — D'autres médecins, délégués par le maire de chaque arrondissement, après avis du Comité local, seront chargés des mêmes soins de surveillance à l'égard de deux ou trois Écoles privées de garçons ou de filles.

ART. 3. — Un médecin, nommé par M. le Préfet, sur une présentation de trois candidats, faite par le maire de l'arrondissement, de concert avec les dames inspectrices, sera attaché à chaque salle d'asile communale de la ville de Paris. Il constatera deux fois par semaine l'état de la santé des enfants et de la salubrité de la salle d'asile.

ART. 4. — Tout médecin qui, sans excuse valable, sera resté un mois sans faire la visite des Écoles ou salles d'asile confiées à ses soins, sera réputé démissionnaire et immédiatement remplacé.

ART. 5. — M. le Préfet du département de la Seine et M. l'Inspecteur général chargé de l'administration de l'Académie de Paris sont chargés de l'exécution du présent arrêté.

---

13 juin 1843.

Avis portant que le suppléant d'un ministre du culte ne peut faire partie d'un Comité.

13 Juin 1843.

Le Conseil, etc.,

Vu la lettre de M. le Recteur de l'Académie de......, dans laquelle ce fonctionnaire fait connaître les difficultés qui se sont élevées à......, relativement à l'admission dans les Comités supérieur et local de cette ville, où il n'y a pas de rabbin, de M......, qui n'est pas ministre du culte israélite, et qui en remplit seulement les fonctions, par délégation du Consistoire de...... et sans titre officiel,

Estime que la loi a vu une garantie suffisante dans le titre de ministre d'un des cultes reconnus par l'État; qu'un coreligionnaire, qui n'a pas ce caractère de ministre de son culte, ne peut pas suppléer le ministre, que la loi a seul appelé à faire partie du Comité.

---

4 juillet 1843.

Avis relatif aux examens du brevet de capacité.

4 Juillet 1843.

Le Conseil, etc.,

Consulté sur la question suivante :

Une Commission d'instruction primaire, près laquelle un candidat s'est fait inscrire pour les épreuves relatives au brevet d'instruction primaire supérieure, est-elle en droit, lorsque ce candidat ne lui a pas paru posséder la capacité nécessaire pour ce brevet, de lui refuser ou le brevet élémentaire, ou le concours immédiat pour ce second brevet, alors que des preuves de capacité suffisantes pour l'instruction élémentaire auraient, d'ailleurs, été fournies dans le premier examen ?

Ou, en d'autres termes, le refus du brevet supérieur doit-il entraîner nécessairement le refus du brevet élémentaire?

Estime :

1° Qu'un examen spécial est indispensable pour chacun des brevets de capacité;

2° Que cet examen spécial peut avoir lieu dans la même session.

Décision relative aux candidats aux bourses des Écoles normales.

12 sept. 1843.

12 Septembre 1843.

Le Conseil, etc.,

Vu l'avis de M. le Recteur de l'Académie de......, sur une demande du sieur......, âgé de vingt-six ans, à l'effet d'obtenir l'autorisation d'entrer à l'École normale primaire de......, en qualité d'élève-boursier du département de......,

Décide qu'on ne peut admettre dans une École normale primaire aucun élève-maître âgé de plus de vingt-cinq ans [1].

Avis relatif aux engagements décennaux.

12 sept. 1843.

12 Septembre 1843.

Le Conseil, etc.,

Vu les renseignements fournis par M. le Recteur de l'Académie de......, le 28 août 1843, sur le sieur......, instituteur provisoire à......, qui sollicite, comme faisant partie de la classe de 1843, un congé de M. le Ministre de la Guerre;

Sur la question de savoir si un instituteur qui n'est point breveté, et qui n'exerce qu'à titre provisoire comme instituteur communal, peut, en cet état, contracter l'engagement décennal et obtenir, à ce titre, la dispense du service militaire,

Estime que l'instituteur communal, exerçant à titre provisoire, peut être admis à contracter l'engagement décennal, sauf à être

---

1. Le Conseil, à cette occasion, déclare que c'est par erreur que, dans un arrêté du 29 décembre 1835, il a été dit que des instituteurs communaux, brevetés et en exercice, peuvent être admis, jusqu'à l'âge de trente-cinq ans, à entrer comme boursiers dans une École normale; il faut lire vingt-cinq ans, et non pas trente-cinq ans.

repris pour le service militaire, si, dans le délai d'un an, il n'obtient pas le brevet et une nomination définitive.

---

6 octobre 1843.   **Avis relatif aux années de service des élèves-maîtres.**

6 Octobre 1843.

Le Conseil, etc.,

Sur le rapport de M. le conseiller chargé de ce qui concerne l'instruction primaire;

Vu la lettre de M. le Recteur de l'Académie de......, en date du......, relative à une question qui s'est élevée entre M. le Préfet de......, et l'Inspecteur des Écoles primaires, sur la manière de compter les dix années que les instituteurs sortis d'une École normale primaire doivent consacrer à l'instruction primaire, aux termes de leur engagement,

Estime que les dix années de service ne doivent compter que du jour où l'élève-maître a commencé à servir comme instituteur communal.

---

13 octobre 1843.   **Avis relatif aux pouvoirs des Comités locaux.**

13 Octobre 1843.

Le Conseil, etc.,

Sur le rapport de M. le conseiller chargé de ce qui concerne l'instruction primaire;

Vu la lettre de M. le Préfet de......, en date du... .., relative à une délibération du Comité local de......, portant exclusion, pour cause d'immoralité, d'un élève, non seulement de l'École publique à laquelle il appartenait, mais encore de toutes les autres Écoles de la commune;

Sur la question de savoir si un Comité local est en droit d'interdire à un élève l'entrée de toutes les Écoles de la commune, ou s'il ne peut prononcer l'exclusion de cet enfant que de l'École seulement à laquelle il appartenait au moment de sa faute,

Estime :

1° Que la loi du 28 juin 1833, article 21, réservant au Comité supérieur le droit d'exclure un élève de toutes les Écoles de son ressort, mais donnant au Comité local l'inspection sur toutes les Écoles publiques ou privées de la commune, ce dernier Comité a le droit d'interdire à un élève reconnu vicieux l'entrée de toutes les Écoles de la commune même;

2° Que l'article 30 du statut du 25 avril 1834 a statué sur le cas le plus ordinaire, celui où il suffit de prononcer l'exclusion de l'École même à laquelle appartient l'élève; mais que cette disposition n'a pu détruire le droit plus étendu qui appartient au Comité communal sur toutes les Écoles de la commune.

Avis relatif au droit de présence des Recteurs dans les Comités cantonaux. 20 octobre 1843.

20 Octobre 1843.

Le Conseil, etc.,

Sur le rapport de M. le conseiller chargé de ce qui concerne l'instruction primaire;

Vu la lettre dans laquelle M. le Recteur de l'Académie de...... demande si les Recteurs ont le droit d'assister, quand ils le jugent convenable, aux séances de la Commission de surveillance des Écoles normales, et si, dans ce cas, ils ont la présidence et voix délibérative,

Estime que le Recteur a toujours le droit d'assister, avec voix consultative, aux séances des Commissions placées et agissant sous son autorité; mais que la présidence des Commissions de surveillance étant communément donnée au Préfet ou à d'autres fonctionnaires considérables de l'ordre administratif ou de l'ordre judiciaire, il ne convient pas que le Recteur, en venant assister aux séances de ces Commissions, enlève la présidence au fonctionnaire à qui elle appartient.

Avis portant que les étrangers non naturalisés ne peuvent être membres des Comités cantonaux. 20 octobre 1843.

20 Octobre 1843.

Le Conseil, etc.,

Sur le rapport de M. le conseiller chargé de ce qui concerne l'instruction primaire;

Vu la loi sur l'instruction primaire et notamment le titre IV intitulé : *Des autorités préposées à l'instruction primaire*;

Vu la lettre de M. le Recteur de l'Académie de......, dans laquelle ce fonctionnaire fait connaître les difficultés qui se sont élevées dans une commune entre le desservant et un membre du Comité local non naturalisé, relativement à la surveillance de l'École primaire,

Estime qu'un étranger non naturalisé ne peut être membre d'un Comité d'instruction primaire.

---

17 nov. 1843.

Décision portant que les maîtres de pension ne peuvent prétendre aux médailles d'encouragement.

17 Novembre 1843.

Le Conseil, etc.,

Sur le rapport de M. le conseiller chargé de ce qui concerne l'instruction primaire;

Vu la délibération du Conseil académique de....., en date du........;

Vu l'avis de M. le Recteur de l'Académie de......., en date du........;

Décide qu'un maître de pension, autorisé à tenir en même temps une École primaire, ne peut pas concourir avec les instituteurs pour les récompenses honorifiques affectées à l'instruction primaire.

---

24 nov. 1843.

Avis relatif au privilège, en cas de disjonction, de l'instituteur public dirigeant l'École de deux communes.

24 Novembre 1843.

Le Conseil, etc.,

Sur le rapport de M. le conseiller chargé de ce qui concerne l'instruction primaire;

Vu la lettre de M. le Recteur de......, en date du......, dans laquelle ce fonctionnaire demande si, lorsque la disjonction est prononcée entre deux communes réunies pour l'entretien d'une École, l'instituteur peut rester à la tête d'une des deux Écoles, ou s'il a besoin d'une nomination nouvelle,

Estime qu'il est naturel et juste que l'instituteur, qui était légalement à la tête de l'École servant aux deux communes, demeure, après la disjonction de ces deux communes, chef de l'École qu'il dirigeait.

Rapport et Ordonnance accordant aux communes un délai jusqu'au 1er jan- 26 déc. 1843.
vier 1850 pour devenir propriétaires des locaux affectés aux Écoles
publiques.

26 Décembre 1843.

1° Rapport au Roi.

SIRE,

L'ordonnance du 16 juillet 1833, qui règle l'exécution de la loi du 28 juin de la même année, dispose, article 3, que les baux faits par les communes auxquelles leur position n'aurait pas permis d'acquérir la propriété de locaux d'école ne pourront excéder six années.

Un grand nombre de communes ont rempli l'obligation légale qui leur était imposée, en achetant ou en faisant construire des locaux ; mais il s'en est trouvé d'autres qui, faute de ressources ou par des circonstances particulières, ont été forcées de passer ou de renouveler des baux de location. L'ordonnance du 25 mars 1838 a régularisé cette position, en prorogeant jusqu'au 1er janvier 1844 le délai fixé par l'ordonnance du 16 juillet précitée.

La prorogation dont il s'agit touche à son terme ; et cependant il existe encore des communes qui n'ont pu devenir propriétaires de locaux d'école, soit à cause de l'insuffisance de leurs moyens, soit parce que les dispositions qu'elles comptent prendre n'ont point jusqu'ici reçu leur entière exécution.

En 1840, les communes qui avaient acheté ou fait construire des locaux d'école étaient au nombre de 17 426. Sur 17 768 communes qui n'avaient point alors satisfait à cette obligation, environ 2 500 ont pu, pendant les trois dernières années, remplir le vœu de la loi. Resteraient donc 15 268 communes, qui, aujourd'hui, ne possèdent pas encore de maisons d'école, et qui sont ainsi dans la nécessité de recourir à des locations ; mais, d'un autre côté, par suite de l'expiration du délai qui leur avait été assigné, les Préfets ne sont pas autorisés à approuver les baux qu'il leur est indispensable de passer à cet effet.

Dans ces circonstances, le service de l'instruction primaire pouvant être compromis, j'ai l'honneur de prier Votre Majesté de vouloir bien accorder aux communes retardataires, pour leur donner le temps de remplir l'obligation légale qui leur est prescrite, un nouveau délai de six ans jusqu'au 1er janvier 1850.

Je suis, etc.

> Le *Ministre secrétaire d'État au département*
> *de l'Instruction publique,*
> Signé : VILLEMAIN.

2° Ordonnance.

LOUIS-PHILIPPE, etc.,

Sur le rapport, etc.,

Vu l'article 12 de la loi du 28 juin 1833 sur l'instruction primaire ;
Vu l'article 3 de l'ordonnance du 16 juillet 1833 ;
Vu l'ordonnance du 25 mars 1838,

Nous avons ordonné et ordonnons ce qui suit :

ARTICLE 1er. — Le délai qui a été accordé aux communes, jusqu'au 1er janvier 1844, pour devenir propriétaires de locaux affectés au service des Écoles primaires, est prorogé jusqu'au 1er janvier 1850.

---

26 déc. 1843.

Règlement concernant les maisons d'éducation de filles dans le département du Loiret.

26 Décembre 1843.

Le Conseil, etc.,

Sur le rapport de M. le conseiller chargé de l'instruction primaire;

Vu l'ordonnance du 31 octobre 1821;

Vu l'ordonnance royale du 23 juin 1836;

Vu le règlement du 7 mars 1837 pour les pensions de filles du département de la Seine;

Vu le projet de règlement proposé par M. le Préfet du Loiret pour les maisons d'éducation de filles dans ce département,

Arrête, ainsi qu'il suit, le règlement desdites maisons d'éducation :

TITRE 1er.

Des maisons d'éducation de filles.

ARTICLE 1er. — Les maisons d'éducation de filles situées dans le département du Loiret, autres que les Écoles primaires, prennent le titre de pension, soit qu'on y admette seulement des pensionnaires, soit qu'on y reçoive des pensionnaires et des externes, soit, enfin, qu'on n'y admette que des externes.

ART. 2. — L'enseignement qu'on y donne comprend l'instruction morale et religieuse, la lecture, l'écriture, la grammaire française, l'arithmétique jusques et y compris les proportions et les règles qui en dépendent, l'histoire ancienne et moderne, et particulièrement l'histoire de France, la géographie ancienne et moderne, les notions élémentaires de physique et d'histoire naturelle applicables aux principaux usages de la vie, le dessin, la musique, les travaux d'aiguille, les langues vivantes, les éléments et l'histoire de la littérature, et les principes du goût appliqués aux exercices du style; les éléments de la cosmographie.

ART. 3. — Le vœu des pères de famille sera toujours consulté et suivi en ce qui concerne la participation de leurs enfants à l'instruction religieuse donnée dans l'établissement.

ART. 4. — Aucune personne ne pourra tenir une pension de filles, sans y avoir été préalablement autorisée dans les formes prescrites au titre deuxième.

ART. 5. — Aucune maîtresse de pension ne pourra publier de règlement ni de prospectus relatifs à l'instruction, sans les avoir soumis au Préfet et au Recteur et avoir obtenu leur approbation.

ART. 6. — Les représentations théâtrales, les danses et les concerts sont interdits dans les distributions de prix. Ces distributions de prix ne peuvent avoir lieu qu'en présence des dames inspectrices, des familles des élèves ou de leurs correspondants et des maîtres attachés à l'établissement.

TITRE II.

Des maîtresses et sous-maîtresses de pension.

§ 1er. Des maîtresses de pension.

ART. 7. — Aucune personne, fille, mariée ou veuve, ne pourra être maîtresse de pension avant l'âge de vingt-cinq ans accomplis.

ART. 8. — Toute personne ayant l'âge exigé, qui se proposera de tenir une pension, adressera au Préfet du département une pétition indiquant le lieu où elle désire s'établir. Cette pétition sera remise au Sous-Préfet de l'arrondissement, qui, après avoir recueilli les renseignements nécessaires, la transmettra au Préfet, qui statuera.

ART. 9. — La postulante devra joindre à sa demande les pièces ci-après énoncées :

1° Extrait de son acte de naissance ;

2° Si elle est mariée, extrait de l'acte de célébration de son mariage ;

3° Si elle est veuve, extrait de l'acte de décès de son mari ;

4° Un certificat délivré, sur l'attestation de trois conseillers municipaux, par le maire et le curé ou pasteur du lieu ou de chacun des lieux où elle aura résidé pendant les trois dernières années ; ledit certificat constatant que, par sa conduite et ses qualités morales, elle est apte à diriger une maison d'éducation ;

5° Un diplôme constatant que la postulante possède une instruction suffisante pour tenir une pension ;

6° Un plan du local, visé par le maire de la commune ;

7° Le règlement de discipline et le programme d'études de la pension.

Ce plan et ce règlement devront être envoyés à la préfecture en double expédition : l'une y restera ; l'autre sera adressée par le Préfet à M. le Recteur de l'Académie, pour être déposée à son secrétariat.

ART. 10. — Le diplôme mentionné dans l'article précédent sera délivré, sous l'autorité du Ministre de l'Instruction publique, par la Commission instituée pour examiner les aspirantes institutrices, et conformément au programme annexé au présent règlement.

ART. 11. — La Commission d'examen tiendra deux séances par an, l'une au mois de mars, l'autre au mois d'août.

La présence de quatre membres au moins, y compris une des dames inspectrices des pensions et le ministre du culte, sera indispensable pour la validité de l'examen.

Tous les membres présents apposeront leurs signatures sur le procès-verbal de l'examen et sur le diplôme qui aura été délivré en conséquence dudit examen.

ART. 12. — Le Préfet, après vérification des pièces produites par la postulante, lui délivrera, s'il y a lieu, l'autorisation d'exercer comme maîtresse de pension.

ART. 13. — Avant d'ouvrir son établissement, l'impétrante devra présenter cette autorisation au maire de la commune, qui y apposera son visa, et qui l'inscrira sur un registre à ce destiné.

ART. 14. — Lorsqu'une maîtresse de pension, dûment autorisée, voudra transférer son établissement d'une commune dans une autre du département, ou changer de local dans la commune pour laquelle elle était autorisée, elle devra obtenir une nouvelle autorisation du Préfet, et, pour cela, produire le plan du nouveau local, visé par le maire de la commune.

ART. 15. — La cession d'une pension ne pourra avoir lieu que de la part d'une personne autorisée à une personne également munie d'autorisation ; dans le cas contraire, l'autorisation en vertu de laquelle l'établissement a été formé sera retirée.

§ 2. Des sous-maîtresses et maîtresses d'études.

ART. 16. — Aucune personne, fille ou veuve, ne pourra être sous-maîtresse ou maîtresse d'études dans une pension du département du Loiret, avant l'âge de dix-huit ans accomplis.

ART. 17. — Les aspirantes au titre de sous-maîtresse ou de maîtresse d'études devront justifier d'un brevet attestant qu'elles possèdent l'instruction nécessaire pour remplir les fonctions auxquelles elles se destinent.

ART. 18. — Le brevet de sous-maîtresse ou de maîtresse d'études sera délivré, après examen, par la Commission désignée en l'article 10 ci-dessus, et il portera, pour chacune des connaissances sur lesquelles la postulante aura été examinée, l'une des indications : *très bien, bien, assez bien.*

ART. 19. — Toute postulante ne sera admise à l'examen qu'après avoir produit son acte de naissance et les autres pièces propres à établir son état civil et sa bonne conduite, comme il est dit à l'article 9.

ART. 20. — A la fin de chaque session, la Commission d'examen dressera la liste, par ordre de mérite, de toutes les postulantes reçues. Cette liste sera envoyée au Préfet du département, qui en adressera un exemplaire au Ministre de l'Instruction publique, au Recteur de l'Académie et aux Comités d'arrondissement institués par l'article 25 du présent règlement.

ART. 21. — La postulante, pourvue d'un brevet de sous-maîtresse, ne pourra être autorisée comme maîtresse de pension qu'après avoir subi un nouvel examen et obtenu le diplôme spécifié dans les articles 9 et 10 ci-dessus ; l'autorisation spéciale d'exercer n'est point nécessaire aux maîtresses d'études ; l'inscription sur la liste de toutes les postulantes reçues est un titre suffisant pour se présenter chez les maîtresses de pension et pour y être admises.

ART. 22. — Les filles ou parentes des maîtresses de pension ne pourront être employées comme sous-maîtresses, si elles ne sont munies d'un brevet de capacité et d'une autorisation délivrés suivant le mode déterminé ci-dessus.

ART. 23. — Les maîtresses et sous-maîtresses appartenant à des congrégations religieuses autorisées par le Roi peuvent être dispensées de subir un examen ; le diplôme et l'autorisation d'enseigner peuvent leur être délivrés après l'exhibition de leurs lettres d'obédience.

TITRE III.

Des autorités préposées à la surveillance des pensions.

ART. 24. — Il y aura, dans chaque chef-lieu d'arrondissement de sous-préfecture et dans toutes les communes où se trouvent une ou plusieurs pensions, un Comité spécial chargé de surveiller les maisons d'éducation.

ART. 25. — Chaque Comité sera composé de sept membres au moins, qui seront nommés par le Préfet. La présidence appartient au Préfet, et la vice-présidence au Sous-Préfet pour les chefs-lieux d'arrondissement, et aux maires dans les autres communes. Le curé,

ou un des curés, ou le pasteur de la commune et deux dames inspectrices au moins feront partie du Comité. La visite des pensions sera
faite par une des dames inspectrices, ou par un membre du Comité,
accompagnés, autant qu'il sera possible, d'un ministre du culte pro-
fessé dans l'établissement.

ART. 26. — Les attributions des dames inspectrices et du Comité
seront :

1° De visiter les maisons d'éducation placées sous leur surveillance;

2° De s'assurer de l'exécution des règlements en ce qui concerne
les directrices et les sous-maîtresses;

3° D'examiner si les maisons sont suffisamment vastes pour le
nombre des élèves qui s'y trouvent; si les dispositions intérieures ne
laissent rien à désirer sous le rapport de la salubrité et de la décence;
s'il n'existe pas de voisinage dangereux pour les mœurs ou la santé
des enfants;

4° De s'assurer si les infirmeries sont convenablement tenues, et
si, en cas de maladies contagieuses, des mesures suffisantes sont
prises pour éviter toute communication entre les malades et les
autres personnes de la maison;

5° De constater si la nourriture est suffisante, si les heures
d'études, de repos, de récréation et de repas sont convenablement
réglées; si l'on n'inflige aux élèves aucune punition et si on ne leur
permet aucun jeu qui puissent nuire à leur santé;

6° S'il est donné une bonne direction à l'éducation et à l'instruction des élèves;

7° Si l'on fait pratiquer exactement aux élèves les exercices de
leur religion, en respectant toutefois le vœu des parents en ce qui
concerne la participation de leurs enfants à l'instruction religieuse
donnée dans l'établissement.

ART. 27. — Les Comités s'assembleront tous les mois, pour
entendre les rapports des visites faites conformément à l'article 25
ci-dessus, et pour proposer au Préfet, selon les circonstances, les
mesures convenables. Ils pourront être convoqués extraordinairement par le Préfet ou sur la demande d'un délégué du Ministre. Ce
délégué assistera à la séance avec voix délibérative.

ART. 28. — Tous les ans, au mois d'août, chaque Comité rédigera
un rapport général sur les pensions de son ressort, et en adressera
une expédition au Préfet du département et une autre au Recteur
de l'Académie. Le Recteur et le Préfet transmettront ces rapports,
avec leurs observations, au Ministre de l'Instruction publique.

ART. 29. — Les Comités provoqueront les réformes et les améliorations qu'ils jugeront nécessaires dans l'intérêt de l'éducation et de l'instruction.

Ils pourront aussi, en cas de contravention aux règlements de la part d'une maîtresse de pension, et après avoir donné les avertissements convenables, demander à l'autorité compétente le retrait de l'autorisation. Le retrait sera prononcé, s'il y a lieu, par le Préfet, sauf recours au Ministre de l'Instruction publique, dans le délai de quinze jours.

Dispositions transitoires.

Art. 30. — Les personnes munies de diplômes de maîtresses de pension ou de sous-maîtresses et exerçant dans le département du Loiret antérieurement à la publication du présent règlement pourront continuer d'exercer en vertu de leur ancien titre; si elles désirent obtenir le nouveau diplôme mentionné aux articles 9, 10, 17 et 18 du présent règlement, elles devront se présenter devant la Commission d'examen, et se conformer aux dispositions imposées par le présent règlement.

Dans tous les cas, elles seront tenues d'envoyer au Préfet, en double expédition, dans les quinze jours qui suivront la publication du présent règlement :

1° Le plan descriptif du local dans lequel elles sont établies;

2° Le règlement de discipline et le programme d'études de la pension. Ces pièces resteront en dépôt à la préfecture et au secrétariat de l'Académie, ainsi qu'il est dit à l'article 9 ci-dessus.

Pourront être obligées d'obtenir un nouveau diplôme les maîtresses et sous-maîtresses de pension que les Comités, après plusieurs visites de leurs maisons d'éducation, jugeront incapables de remplir leurs fonctions. A cet effet, les Comités en référeront au Préfet du département.

Programme des connaissances exigées pour le diplôme de maîtresse de pension et le brevet d'aptitude de sous-maîtresse.

1° Sous-Maîtresse.

Première partie.

1. Instruction religieuse.
{ Catéchisme.
Ancien Testament.
Nouveau Testament.
Histoire de l'Église jusqu'à l'édit de Milan, 313.

2. Lecture.
{ Français { imprimés.
manuscrits.
Latin.

3. Écriture.

4. Grammaire française.
{ Dictée sur les difficultés orthographiques de la langue française.
Analyse grammaticale et éléments d'analyse logique.
Rédaction sur un sujet donné.

5. Arithmétique. . . . .
{ Numération.
Opérations sur les quatre règles, avec les preuves.
Nombres entiers, fractionnaires et décimaux.
Système métrique.

6. Exposition des principes d'éducation et des diverses méthodes d'enseignement.

7. Leçon orale.

8. Travaux d'aiguille utiles.

Deuxième partie.

Posséder en outre, à un degré suffisant, au moins une des connaissances suivantes :

1. Lecture intelligente et accentuée de morceaux littéraires.

2. Calligraphie : ronde, bâtarde, cursive, en gros et en fin.

3. Grammaire française et littérature. . . .
{ Dictée sur les difficultés de la langue française.
Analyse grammaticale et logique.
Exposition des principes de la langue.
Composition sur un sujet donné.
Éléments de rhétorique. Connaissance des principales époques littéraires de la France.

4. Arithmétique complète, théorie et pratique, système métrique.

5. Éléments de physique.
6. Éléments d'histoire naturelle. . . . . .
} Notions applicables aux principaux usages de la vie.

7. Cosmographie. Étude de la sphère et des connaissances qui s'y rapportent.

8. Géographie.
{ Physique. . . . . . Notions générales.
Politique. { Ancienne.
Moderne.
} { La France principalement, limites actuelles et aux principales époques de son histoire.

9. Histoire. . .
{ Histoire ancienne.
— romaine.
— du moyen âge.
— moderne.
— de France.
} Principaux événements, résultats, chronologie.

10. Dessin : Tête ombrée d'après un modèle.

11. Musique : Principes théoriques de la musique, chant, dictée musicale.

12. Langues vivantes : Une langue étrangère.

2° MAÎTRESSE DE PENSION.

L'examen comprendra les connaissances énoncées dans la première partie du programme des sous-maîtresses, et en outre :

1. Exposition des principes de la langue française, analyse logique, notions générales sur la littérature française :

2. Arithmétique, proportions, règles de trois et de société ;

3° Géographie moderne, notamment géographie de la France ;

4° Histoire de France ;

5° Principes théoriques de la musique, chant.

Si la postulante se propose d'enseigner une langue vivante ou d'autres connaissances non comprises dans le programme, mais faisant partie de l'enseignement secondaire (Règlement, art. 2), elle sera interrogée sur ces divers points, et mention en sera faite dans le certificat d'aptitude qui lui sera délivré.

Arrêté fixant les conditions d'attribution des congés au personnel de l'enseignement primaire de la ville de Paris.

27 juin 1844.

27 Juin 1844.

Le Comité central,

Vu le règlement du 15 mars 1839 sur les congés à accorder aux directeurs et directrices titulaires, suppléants ou adjoints des établissements primaires communaux de la ville de Paris ;

Vu la lettre en date du 5 juin dernier, par laquelle M. le Préfet de la Seine appelle son attention sur les abus qui sont résultés de demandes trop multipliées et accueillies peut-être avec trop de facilité ;

Considérant qu'il est à propos de remédier à ces abus, notamment en exigeant que les cas de maladie soient régulièrement constatés, et en statuant que le traitement ne sera accordé qu'exceptionnellement, en tout ou en partie, avec le congé,

Arrête :

ARTICLE 1er. — Toute interruption dans l'exercice des fonctions d'un instituteur communal ne peut être autorisée que par un arrêté de congé régulièrement délivré ;

ART. 2. — Le congé d'un jour à huit jours peut être accordé par le président du Comité local. Ampliation de ce congé doit être immédiatement adressée au Préfet, président du Comité central, et à l'administration de l'Académie de Paris ;

ART. 3. — Le congé de huit jours à un mois peut être accordé par le Préfet, président du Comité central, sur l'avis du Comité local et de l'Inspecteur primaire. Ampliation en est immédiatement adressée au maire, président du Comité local, et à l'administration de l'Académie de Paris.

ART. 4. — Le congé de plus d'un mois ne peut être accordé que par M. l'Inspecteur général des études, administrateur de l'Académie de Paris, après avoir consulté le Comité local de l'arrondissement dans lequel résident l'instituteur et le Comité central. Ampliation en est adressée par M. l'Inspecteur général aux Comités qui ont été consultés.

ART. 5. — Les arrêtés de congé doivent toujours indiquer le motif et le temps pour lesquels ces congés sont accordés.

ART. 6. — Toutes les fois qu'un congé sera accordé pour cause de maladie, un certificat du médecin de l'École devra être produit à l'appui de la demande.

ART. 7. — Le Comité central se réserve de faire vérifier l'état de maladie par un médecin par lui délégué à cet effet.

ART. 8. — En principe, le congé est accordé sans traitement. Sur la réclamation de la personne qui l'a obtenu, le traitement pourra lui être rendu, en tout ou en partie, par décision du Comité central, qui même pourra d'office, et sans attendre la réclamation des intéressés, statuer à cet égard.

ART. 9. — Le présent règlement est applicable aux instituteurs et institutrices, surveillants et surveillantes d'asile, directeurs et directrices d'ouvroir, maîtres suppléants ou adjoints, et tous maîtres ou instituteurs, suppléants ou titulaires, des Écoles primaires, élémentaires ou supérieures, de la ville de Paris.

---

7 juillet 1844. **Ordonnance relative aux comptes des économes des Écoles normales primaires.**

7 Juillet 1844.

LOUIS-PHILIPPE, etc.,

Nous avons ordonné et ordonnons ce qui suit :

ARTICLE 1er. — Les comptes des économes des Écoles normales primaires seront définitivement apurés par le Conseil de préfecture pour les Écoles dont les recettes n'excèdent pas 30 000 francs, sauf recours à la Cour des comptes.

Les comptes des économes des Écoles dont les recettes excèdent 30 000 francs seront réglés et apurés par ladite Cour.

ART. 2. — Le Préfet présentera annuellement au Conseil général le compte des recettes et dépenses de l'École normale primaire pendant l'année précédente, avec le projet de budget de l'année suivante.

ART. 3. — Ces dispositions seront exécutées à partir de l'exercice 1845.

Ordonnance relative à la création de bourses dans l'École municipale François Ier.   4 nov. 1844.

4 Novembre 1844.

LOUIS-PHILIPPE, etc.,

Nous avons ordonné et ordonnons ce qui suit :

ARTICLE 1er. — Il est créé dans l'École primaire supérieure de la ville de Paris, dite *École municipale François Ier*, savoir : une bourse entière à 900 francs, deux bourses à trois quarts de 675 francs, et quatre demi-bourses à 450 francs.

ART. 2. — La somme de 4050 francs, nécessaire à l'entretien de ces bourses et portions de bourses, sera prélevée sur les fonds alloués au budget du Ministère de l'Instruction publique, chapitre IX.

ART. 3. — Les élèves boursiers de l'École municipale François Ier seront nommés par le Roi sur la présentation du Ministre secrétaire d'État de l'Instruction publique, après un examen attestant qu'ils possèdent toutes les connaissances enseignées dans les Écoles élémentaires.

ART. 4. — Les promotions aux bourses de degré supérieur auront lieu aussi par ordonnance royale.

ART. 5. — Les bourses royales de l'École municipale François Ier ne pourront être données qu'à des enfants âgés de neuf ans au moins et de douze ans au plus.

ART. 6. — La durée de la jouissance des bourses royales dans l'École municipale François Ier est fixée à cinq ans.

Décision relative à la place des desservants dans les Comités locaux.   10 janvier 1845.

10 Janvier 1845.

Le Conseil, etc.,

Vu la lettre de M......, desservant de la succursale de......, dans laquelle, après avoir exposé que sa paroisse est formée d'une fraction de trois communes, il demande s'il a le droit d'être membre du Comité local de chacune de ces communes,

Décide que M...... doit être membre des Comités locaux des trois communes, si déjà, dans deux de ces communes ou dans l'une d'elles, il n'existe pas un desservant qui occupe les fonctions dont il s'agit.

Avis relatif aux décisions des Comités touchant les révocations.

24 Janvier 1845.

Le Conseil, etc.,

Vu la délibération du Comité d'arrondissement de......, portant révocation du sieur...... de ses fonctions d'instituteur de la commune de......;

Vu le pourvoi du sieur......;

Vu les lettres de M. le Recteur de...... en date des......;

Considérant en droit qu'en cas de révocation prononcée par le Comité, la loi du 28 juin 1833, article 23, permet le pourvoi devant M. le Ministre de l'Instruction publique en Conseil royal, sans ajouter que le pourvoi ne pourra avoir lieu que pour vice de forme et stricte application de la loi;

Considérant que dès lors l'autorité devant laquelle on se pourvoit peut connaître à la fois du fond et de la forme, et qu'elle peut, selon les circonstances, casser ou réformer;

Considérant que le pouvoir de réformer suppose nécessairement le droit, soit de repousser toute peine, soit d'appliquer une peine moins grave que celle de la révocation;

Considérant, en fait, que les reproches mérités par le sieur...... ne sont pas néanmoins de nature à lui faire appliquer la peine disciplinaire la plus grave;

Appréciant l'ensemble des circonstances et tenant compte au sieur...... des excuses et promesses qu'il a faites,

Estime qu'il y a lieu de réformer la décision du Comité d'arrondissement de...... et d'appliquer au sieur...... la peine disciplinaire de la réprimande.

Avis relatif aux institutrices qui ne remplissent pas les conditions de leur mandat.

11 Février 1845.

Le Conseil, etc.,

Vu le rapport de M. le Recteur de......, duquel il résulte que la sœur......, institutrice communale à......, a déclaré ne reconnaître aucune autorité que celle de sa congrégation, et qu'elle ne donne pas indistinctement l'instruction à tous les enfants qui fréquentent l'École qu'elle dirige;

Vu l'article 13 de l'ordonnance du 23 juin 1836 ;

Considérant que les institutrices appartenant à une congrégation religieuse ne peuvent tenir école qu'après en avoir reçu l'autorisation de M. le Recteur de l'Académie; que cette autorisation est essentiellement révocable toutes les fois que l'instituteur ou l'institutrice ne remplit pas les conditions sous lesquelles cette autorisation a dû être délivrée, et dont une des principales est l'observation des règlements universitaires ;

Considérant que la sœur...... ne se conforme pas aux règles prescrites,

Est d'avis qu'il y a lieu de révoquer l'autorisation accordée à la sœur... ., institutrice de la commune de......, si elle persiste dans le refus de se conformer aux prescriptions de la loi.

Avis relatif à la demande formée par des institutrices religieuses, non pourvues du brevet, d'ouvrir un pensionnat. 11 février 1845.

11 Février 1845.

Le Conseil, etc.,

Vu la demande formée par les dames......, membres de la congrégation religieuse de la Compassion, à l'effet d'obtenir l'autorisation d'ouvrir un pensionnat primaire à......;

Vu les articles 12, 14 et 21 de l'ordonnance du 21 avril 1828;

Vu l'article 13 de l'ordonnance du 23 juin 1836,

Considérant que l'autorisation rectorale de tenir école ne peut être accordée qu'aux institutrices appartenant à des congrégations religieuses régulièrement approuvées ;

Que les deux religieuses dont il est question ne sont point dans cette situation,

Est d'avis qu'il n'y a pas lieu d'autoriser les dames...... à tenir un pensionnat primaire.

Avis relatif à la demande d'ouvrir un pensionnat annexé aux Écoles gratuites. 11 février 1845.

11 Février 1845.

Le Conseil, etc.,

Vu la demande en autorisation de tenir un pensionnat primaire formé par le frère......, membre de la congrégation de la Doctrine Chrétienne, instituteur communal à......;

Vu les avis du Comité local et du Comité supérieur;

Vu le rapport de M. le Recteur de......;

Attendu que l'École, dirigée par le frère......, est gratuite, et qu'il a été reconnu en principe qu'un pensionnat ne doit pas être annexé à une École gratuite,

Est d'avis qu'il n'y a pas lieu d'autoriser le frère...... à tenir un pensionnat primaire.

---

11 février 1845.   **Avis relatif aux engagements décennaux des élèves ecclésiastiques.**

11 Février 1845.

Le Conseil, etc.,

Vu la demande formée par M. le supérieur général des Écoles chrétiennes, à l'effet d'obtenir la continuation de l'exemption du service militaire en faveur du sieur...... , de la classe de 1842, qui, après avoir été dispensé du service militaire comme élève ecclésiastique, avait abandonné ses études théologiques pour entrer comme novice dans l'institut des frères;

Sur la question de savoir s'il y a lieu pour M. le Ministre de l'Instruction publique d'intervenir auprès de M. le Ministre de la Guerre en pareille circonstance,

Estime que M. le Ministre de l'Instruction publique ne peut intervenir, s'il le juge convenable, que pour le sursis de départ; que l'exemption du service militaire ne saurait être légalement accordée ni réclamée à titre de bienveillance.

---

28 février 1845. **Avis relatif aux retraites des fonctionnaires des Écoles primaires supérieures.**

28 Février 1845.

Le Conseil, etc.,

Vu la demande des fonctionnaires de l'École spéciale annexée au Collège royal de......, tendant à obtenir l'autorisation de contribuer aux fonds de retraite pour la retenue du vingtième qui serait exercée sur leurs traitements,

Estime que les traitements des fonctionnaires d'une École primaire supérieure ne sont pas de nature à être assujettis à la retenue pour la caisse de retraite des Collèges royaux et communaux.

Décision relative aux engagements décennaux.

18 Mars 1845.

Le Conseil, etc.,

Consulté sur la question de savoir si un instituteur adjoint, autorisé provisoirement par le Recteur à diriger une École primaire, peut être admis à contracter l'engagement décennal,

Décide que l'exemption du service militaire ne peut être accordée qu'aux instituteurs brevetés et légalement institués.

Avis relatif à l'inspection des Comités.

28 Mars 1845.

Le Conseil, etc.,

Vu la lettre de M. le Recteur de......, en date du......, dans laquelle ce fonctionnaire demande des instructions spéciales relativement à la question des classes primaires annexées à des Collèges, institutions ou pensions, et la surveillance de l'enseignement primaire,

Estime :

1º Que l'inspection doit se faire selon la nature de l'École et selon les brevets ou diplômes du chef de l'établissement par les Inspecteurs d'Académie ou par les Inspecteurs primaires ;

2º Que l'autorité des Comités locaux et d'arrondissement demeure toujours réservée en tout ce qui touche l'instruction primaire; que, s'il y a conflit, le Recteur fera son rapport, et le Conseil jugera le conflit élevé soit par les Comités, soit par le Recteur.

Avis relatif à la nomination des instituteurs.

25 Avril 1845.

Le Conseil, etc.,

Sur la question de savoir s'il y a lieu de nommer d'office instituteur communal de....... le sieur......, frère de l'Instruction chrétienne, présenté par le Conseil municipal, et que le Comité d'arrondissement n'a pas accepté,

Estime que la loi donne aux Comités supérieurs la faculté de

nommer ou de ne pas nommer le sujet présenté par le Conseil municipal; que ce droit des Comités est formel et doit être respecté; que
le Conseil municipal de...... doit être invité à présenter de nouveau
un ou plusieurs candidats, parmi lesquels le Comité d'arrondissement choisira conformément à la loi.

---

20 juin 1845.   **Avis relatif à l'enseignement religieux donné dans les Écoles primaires.**

20 Juin 1845.

Le Conseil, etc.,

Vu la lettre de M. le Recteur de l'Académie de......, en date
du......, contenant diverses questions relatives à l'instruction religieuse qui doit être donnée aux élèves des Écoles primaires;

Vu la loi du 28 juin 1833 sur l'instruction primaire,

Est d'avis des résolutions suivantes :

ARTICLE 1er. — Dans aucune École primaire, l'examen sur l'instruction religieuse des élèves professant l'un des cultes reconnus
par l'État ne pourra être fait par un ministre appartenant à un autre
de ces cultes.

ART. 2. — Dans les Écoles où se trouvent des élèves professant
des cultes divers, l'examen qui sera fait sur l'instruction religieuse
par le ministre compétent ne devra avoir lieu qu'en présence des
élèves appartenant au culte que professe le ministre, à moins que
les pères de famille ne consentent formellement à ce que leurs enfants participent à l'instruction religieuse donnée par ce ministre.

---

15 juillet 1845.   **Décision relative à l'âge d'admission des enfants dans les Écoles.**

15 Juillet 1845.

Le Conseil, etc.,

Considérant la différence qui existe dans les règlements qui ont
fixé l'âge d'admission des enfants dans les Écoles élémentaires privées ou publiques et des adultes dans les classes qui leur sont spécialement destinées ;

Vu l'article 1er du règlement du 1er mars 1842 et l'article 2 du statut
du 25 avril 1834,

Décide que la disposition de l'article 2 du statut du 25 avril 1834
sera commune aux Écoles primaires publiques et privées.

33.

Instruction du Ministre de l'Instruction publique, relative à l'inspection des salles d'asile.   2 août 1845.

2 Août 1845.

Monsieur le Recteur, j'ai l'honneur de vous adresser les états de situation des salles d'asile qui doivent être remplis par MM. les Inspecteurs des Écoles primaires dans leurs tournées d'inspection. Je vous demanderai de recommander d'une manière particulière l'exécution de ce travail, auquel j'attache une véritable importance. Personne aujourd'hui ne songe à mettre en doute l'utilité des Écoles de la première enfance; et, quoique cette nouvelle institution n'ait pas encore produit chez nous toutes les conséquences qu'on est en droit d'en attendre, les heureux résultats qui en découlent chaque jour, les bienfaits qu'elle a répandus généreusement sur les classes pauvres, ont fait sentir la nécessité et donné le goût de la propager le plus qu'il sera possible.

Ainsi que je l'écrivais récemment à MM. les Préfets, ces établissements, sous une apparence modeste, présentent un intérêt des plus vifs et des plus permanents : c'est par leur moyen que les communes pourront transformer leurs populations, les instruire, les élever, et remplacer chez elles les mauvais penchants par des principes de saine morale et des habitudes d'honnêteté pratique.

L'Université ne peut manquer de réclamer une pareille tâche et d'en surveiller convenablement l'accomplissement. Je vous demande donc de me donner, en cette occasion, une nouvelle preuve de votre zèle éclairé pour tous les intérêts confiés à vos soins.

L'ordonnance royale du 22 décembre 1837, le règlement général arrêté en Conseil royal de l'Instruction publique le 24 avril 1838, contiennent des instructions complètes sur l'organisation des salles d'asile, sur le but qu'elles doivent atteindre et sur les moyens qu'on doit employer pour arriver à ce but.

MM. les Inspecteurs devront donc se pénétrer tout particulièrement de l'esprit de ces dispositions réglementaires, en réclamer l'application dans tous les établissements qu'ils visiteront, en n'oubliant jamais qu'il s'agit surtout ici d'éducation.

Pour que les salles d'asile conservent leur véritable caractère, pour qu'elles ne dégénèrent pas et ne se transforment pas en maisons de gardeuses d'enfants, il est essentiel que les prescriptions de l'ordonnance royale soient rigoureusement suivies; il est essentiel surtout que la méthode soit rigoureusement appliquée. Sans cela il n'y aurait plus d'unité ; et chaque surveillant, selon son caprice ou sa paresse, soumettrait les enfants à des exercices sans but et sans motifs, ou les abandonnerait complètement à leurs penchants. Leur mission, au contraire, est de détruire chez l'enfant ses premiers instincts lorsqu'ils sont mauvais, ou plutôt de donner une heureuse direction à ces instincts, en détournant son ardeur et son activité sur tout ce qui est bien, sur tout ce qui est bon.

Pour cela, l'application constante de la méthode est ici indispensable, et je vous prie de recommander à MM. les Inspecteurs de s'enquérir avec soin de la manière dont elle est suivie. Qu'ils ne craignent pas d'entrer à cet égard dans des détails minutieux. Loin de les trouver inutiles, je les réclame avec instance ; ils seront pour moi un indice certain que l'asile a été visité comme il doit l'être, c'est-à-dire sérieusement, avec la persuasion de son utilité et de sa valeur réelle.

Toutes les observations faites dans ces visites devront être consignées dans un *rapport spécial*, indépendant du rapport général sur les Écoles d'instruction primaire, sur une feuille ou des feuilles à part.

Je désire que dans ce rapport MM. les Inspecteurs indiquent nominativement les dames inspectrices de chaque asile, afin qu'il me soit possible de connaître toutes les personnes qui veulent bien concourir à cette œuvre importante, et d'entrer, au besoin, en correspondance directe avec elles, au nom et dans l'intérêt de la Commission supérieure.

J'aurai ainsi la faculté de faire pénétrer dans toutes les communes de France où se trouvent des asiles les modifications reconnues utiles par la Commission supérieure dans le régime actuel de ces établissements.

Je désire vivement, Monsieur le Recteur, que vous preniez en considération tout ce que je viens d'avoir l'honneur de vous dire. Une surveillance active de votre part me paraît essentielle. Grâce à ce concours de tous les moments, que je ne mets pas en doute, sur lequel j'ai l'habitude de compter, les salles d'asile produiront tout ce qu'on est en droit d'en attendre ; et les générations à venir, utilement préparées par elles, seront prêtes à fournir sans fatigue et sans efforts à tous les besoins de la patrie.

Recevez, etc.

Signé : SALVANDY.

---

5 août 1845.   ## Décision relative à l'emploi des modèles de calligraphie.

5 Août 1845.

Le Conseil, etc.,

Décide que les exemples de calligraphie ne doivent pas être employés dans les Écoles primaires sans avoir été préalablement soumis à l'approbation des Recteurs.

---

5 août 1845.   ## Circulaire du Préfet de la Seine aux Sous-Préfets et Maires, relative aux distributions de prix dans les pensionnats de demoiselles.

5 Août 1845.

Messieurs, mon attention a été appelée sur la manière dont quelquefois ont lieu les distributions de prix dans certains pensionnats de demoiselles.

Nonobstant l'interdiction formelle prononcée par l'article 11 de mon arrêté du 18 novembre 1837, il paraît que des pièces de théâtre sont représentées par les élèves, et qu'en outre il est donné des concerts, auxquels participent des personnes étrangères, et notamment des artistes.

Cet état de choses offre des inconvénients, dont vous apprécierez, je n'en doute pas, toute la gravité, et il importe d'en prévenir le retour.

Je vous serai donc obligé de vouloir bien, à la réception de la présente lettre, rappeler aux institutrices domiciliées sur votre arrondissement la prescription de mon arrêté, qui est ainsi conçue : « Les danses, les représentations théâtrales « et les concerts sont formellement interdits dans les distributions de prix. »

Vous voudrez bien en même temps insister auprès d'elles pour que, dans ces solennités scolaires, il n'y ait aucune danse, ni aucune pièce de théâtre.

Rien cependant ne s'oppose à ce que des exercices aient lieu de la part des élèves sur les parties de l'enseignement qui font l'objet de leurs études habituelles; mais aucune personne étrangère, et surtout aucun artiste, ne doit prendre part à ces exercices.

Je vous prie instamment de vouloir bien faire aux institutrices les recommandations les plus expresses à cet égard; elles ne sauraient y contrevenir sans s'exposer au blâme de l'administration.

Agréez, etc.

Signé : Cte DE RAMBUTEAU.

Circulaire du Ministre de l'Instruction publique, relative aux conditions de grade exigées pour les Écoles primaires supérieures.   7 août 1845.

7 Août 1845.

Monsieur le Recteur, l'article 10 de la loi du 28 juin 1833 dispose que les chefs-lieux de département et les communes de plus de 6 000 âmes devront, indépendamment d'une École primaire élémentaire, entretenir une École primaire supérieure. Cette obligation est à peu près remplie aujourd'hui dans tout le Royaume.

Sous ce rapport, il a été satisfait à l'un des besoins les plus essentiels de l'époque. Mais j'ai pensé que là ne s'arrêtait pas le devoir de l'administration chargée de veiller à la propagation de l'instruction primaire, et qu'il pourrait être nécessaire, par des motifs particuliers, d'introduire l'enseignement primaire supérieur dans des communes dont le chiffre de la population est au-dessous du chiffre légal.

L'expérience m'a démontré que le nombre des communes qu'il y aurait lieu de comprendre dans cette catégorie exceptionnelle était considérable; mais j'ai reconnu en même temps qu'il ne serait possible à aucune d'elles d'entretenir deux Écoles distinctes.

Pour lever toute difficulté à cet égard, j'ai pris le 4 juillet dernier, en Conseil royal de l'Instruction publique, un arrêté par lequel tout instituteur breveté pour le degré supérieur qui dirige l'École d'une commune de plus de 1 300 âmes peut être autorisé à étendre son enseignement au degré supérieur, à la seule condition qu'il lui sera adjoint par la commune un sous-maître breveté et régulièrement nommé, chargé principalement, sous la surveillance du chef de l'École, de la direction de la classe élémentaire.

Je vous prie, Monsieur le Recteur, de faire part des dispositions précitées aux Comités d'arrondissement de votre ressort académique, et de les inviter à vous adresser le programme d'études de chacune des Écoles qui seront ainsi établies.

Vous me transmettrez ces documents à mesure qu'ils vous seront parvenus.

Il est bien entendu que les directeurs de ces Écoles mixtes continueront à n'être institués que pour la direction d'une École primaire élémentaire.

Recevez, etc.

Signé : SALVANDY.

---

9 août 1845. **Instruction du Ministre de l'Instruction publique, relative aux demandes de secours pour la fondation de salles d'asile et d'asiles-ouvroirs.**

9 Août 1845.

Monsieur le Préfet, je viens appeler votre attention particulière sur les établissements d'éducation de la première enfance.

Les nombreux et incontestables bienfaits répandus sur les classes pauvres par la création des salles d'asile sont tellement évidents, que nul aujourd'hui ne pense à les mettre en doute. Cette heureuse institution, qui promet à notre pays des générations plus saines d'esprit et de corps, plus pénétrées des principes d'ordre et de discipline nécessaires à une époque de liberté et d'activité publiques comme la nôtre, enfin plus instruites, plus capables, mieux armées pour le travail et la conquête du bien-être dont il est la condition, prend chaque jour, dans notre pays, une extension que le Gouvernement du Roi se fait un devoir d'encourager par tous les moyens qui sont à sa disposition.

Depuis que l'ordonnance royale du 22 décembre 1837 est venue régulariser cette importante institution, aucune demande de secours pour la création de salles d'asile n'a été ajournée; toutes celles que vous avez successivement adressées au Ministère de l'Instruction publique ont été favorablement accueillies; et, grâce au double concours de l'État et des communes, qui commencent à apprécier comme ils le méritent les avantages qu'elles doivent à ces établissements, on peut espérer que l'époque n'est pas éloignée où cette institution sera parvenue au degré de développement que les bons esprits appellent de tous leurs vœux et sollicitent de tous leurs efforts.

Je veux aider d'une manière active et continue à son extension, et faire profiter ainsi les classes ouvrières des nombreux bienfaits qu'elles en retirent. Les propositions que vous voudrez bien m'adresser à ce sujet seront donc examinées avec le plus grand soin. Vous trouverez dans le Ministre de l'Instruction publique tout l'appui que vous pourrez souhaiter, et je chercherai toujours à seconder le plus complètement possible un zèle et un concours que je saurai constamment apprécier.

Je vous demande, Monsieur le Préfet, d'appeler sans cesse l'attention des Conseils municipaux sur l'utilité des salles d'asile ; de leur faire sentir la valeur réelle de ces établissements, qui, sous une modeste apparence, présentent un intérêt des plus vifs et des plus permanents. C'est par leur moyen que les communes pourront transformer leurs populations, les instruire, les élever surtout, et remplacer chez elles les mauvais penchants par des principes de saine morale et des habitudes d'honnêteté pratique.

Recherchez donc, Monsieur le Préfet, quelles sont les localités de votre département où pourraient être placées des salles d'asile; que les Conseils municipaux fassent quelques efforts, et je leur viendrai en aide. Appliquez-vous à choisir d'abord plus particulièrement celles de ces localités qui forment des centres d'activité commerciale, où les populations voisines se réunissent plusieurs fois dans l'année à l'occasion de grandes foires ou d'autres circonstances. Ainsi placées, les salles d'asile présenteront le double avantage de répandre leurs bienfaits sur les habitants de la localité et d'agir par l'exemple sur les populations environnantes. En effet, si chaque arrondissement possédait, dans la ville la plus habituellement fréquentée par la partie active de la population, une salle d'asile modèle, construite selon les prescriptions réglementaires, gouvernée par un habile surveillant, il n'est pas permis de douter que cet établissement, offert aux regards d'un public intéressé, ne fût examiné avec soin, que les nombreux services qu'il rendrait ne fussent appréciés à leur juste valeur, et que, rentrés dans leurs foyers, les membres influents de chaque commune ne voulussent faire profiter leur village des bienfaits d'une institution tout à la fois si utile et si simple, et qu'ils auraient vue fonctionner avec succès chez leurs voisins. De là naîtrait une émulation profitable entre les communes d'un même arrondissement, qui seraient ainsi excitées à s'imposer les sacrifices nécessaires à ces fondations.

Lorsque les communes sont de trop peu d'importance pour que des salles d'asile y soient créées, on peut y fonder utilement des asiles-ouvroirs. Dans ces établissements sont recueillies, à certaines heures de la journée, les jeunes filles pauvres de la commune; elles y reçoivent, avec l'instruction morale et religieuse, l'instruction primaire élémentaire et des leçons de travaux manuels, sous la surveillance de directrices nommées par le maire, auquel elles doivent la justification d'un brevet de capacité ou tout au moins d'une autorisation provisoire délivrée par le Recteur. La femme, la sœur ou la fille de l'instituteur primaire sont le plus souvent et le plus utilement choisies pour ces fonctions. Déjà plusieurs départements, parmi lesquels je citerai le Loiret, l'Yonne et la Haute-Saône, possèdent des asiles-ouvroirs, et les Conseils généraux de ces départements, qui ont pu en apprécier les bons résultats, votent depuis plusieurs années des secours pour la fondation de nouveaux établissements de ce genre et l'entretien de ceux qui existent.

J'ai remarqué, en examinant attentivement les demandes de secours qui me sont adressées, que souvent les communes acquièrent des bâtiments tout construits qu'elles approprient ensuite aux besoins de la salle d'asile. Il y a, dans la plupart des cas, économie à procéder ainsi. Cette observation me conduit à vous rappeler, Monsieur le Préfet, qu'il est bien peu de villes en France qui ne renferment quelque ancien monument, dont la conservation importe à son histoire. Ces monuments, en général vastes et spacieux, contenant de grandes pièces, pourraient être très convenablement appropriés pour les salles d'asile, qui deviendraient alors un moyen de conservation pour ces monuments.

Mêler au souvenir des bienfaits d'une première éducation la mémoire des grands faits historiques de l'ancienne France me paraît une chose utile et profitable. On graverait ainsi dans le cœur des jeunes enfants, à un âge dont les impressions restent éternellement puissantes, le respect de la tradition, une espèce de reconnaissance pour les siècles passés, une trace ineffaçable des grandes actions de notre pays, rappelées sans cesse à leur esprit, dans un âge plus avancé, par les monuments mêmes témoins de ces grandes actions. Ces considérations m'engagent à insister près de vous, pour que vous saisissiez toutes les occasions qui pourraient se présenter de consacrer ainsi à un usage journalier des constructions qui souvent sont inoccupées.

Tels sont, Monsieur le Préfet, les différents points sur lesquels je voulais appeler votre attention. Je désire vivement que vous veuilliez bien en apprécier toute l'importance, et que vous me mettiez prochainement en mesure de reconnaître votre empressement à concourir au développement de l'institution des salles d'asile.

La session des Conseils généraux va prochainement s'ouvrir; il sera bon que vous communiquiez au Conseil de votre département les tendances de l'administration supérieure, les motifs qui l'ont guidée, ses vues sur une matière qui touche à tous les intérêts de la société. Je ne doute point qu'il ne s'y associe.

Recevez, etc.

Signé : SALVANDY.

---

22 août 1845.

Avis relatif à l'extension aux départements des règlements concernant les ouvroirs de la Seine.

22 Août 1845.

Le Conseil, etc.,

Vu la lettre de M. le Recteur de l'Académie de......, en date du......, par laquelle ce fonctionnaire demande s'il peut appliquer dans son Académie les arrêtés des 30 octobre 1838 et 20 mars 1840, relatifs aux ouvroirs du département de la Seine,

Estime qu'il n'y a pas de raison pour limiter au département de la Seine l'application des deux arrêtés précités, et que MM. les Recteurs doivent les prendre pour règles dans leurs Académies respectives.

---

26 août 1845.

Avis relatif à la surveillance par les Comités locaux des classes primaires annexées.

26 Août 1845.

Le Conseil, etc.,

Vu la proposition du Comité supérieur de......, tendant à ce que le sieur......, maître de pension à......, qui a annexé une classe primaire à son établissement, soit soumis à la surveillance du Comité local;

Vu le rapport de M. le Recteur de l'Académie de......, en date du......;

Vu la délibération du Conseil royal, en date du 30 mai, même année, relative aux établissements d'instruction secondaire qui ont une classe primaire;

Vu l'arrêté du 8 novembre 1833;

Attendu, conformément à cet arrêté, que tout enseignement primaire doit avoir son maître spécial, dûment breveté, et être soumis à l'inspection des autorités créées par la loi du 28 juin 1833,

Estime que la classe primaire annexée au pensionnat secondaire du sieur...... est, conformément à ladite loi, sous la surveillance du Comité local.

Arrêté du Préfet de la Seine, relatif à l'admission des dames en chambre dans les pensions et institutions de demoiselles[1].

26 août 1845.

26 Août 1845.

Nous, Pair de France, Préfet,

Vu la lettre du 26 juillet dernier, par laquelle M. le Ministre de l'Instruction publique a appelé notre attention sur les inconvénients graves que présente l'existence de dames en chambre dans les pensions et institutions de demoiselles;

Ladite lettre portant, en outre :

1° Qu'il y a lieu d'inviter les institutrices à ne recevoir à demeure

---

[1]. Dans son rapport au Conseil général pour l'année 1844-1845, le Préfet de la Seine écrivait :

« L'admission des dames en chambre dans les pensionnats de demoiselles est depuis longtemps signalée à l'administration, comme donnant lieu à de grands abus. Déjà, j'ai eu l'honneur de vous en entretenir dans mon mémoire du 17 octobre 1842, en vous proposant la création de trois places de déléguées pour l'inspection des maisons d'éducation. Vous avez compris, comme moi, Messieurs, que des femmes seules pouvaient pénétrer dans les détails intimes des établissements de cette nature, en faire une juste appréciation et acquérir, par une persévérance éclairée, la connaissance parfaite de divers intérêts qui se rattachent à la tenue d'un pensionnat.

« Dans le cours de l'année scolaire 1844-1845, la sollicitude de ces dames s'est portée sur ce point important. Elles ont été unanimes pour reconnaître que le séjour de *dames en chambre* était, en général, un obstacle à la bonne tenue des pensionnats. L'une d'elles, frappée de la gravité de deux faits parvenus à sa connaissance, s'est exprimée à ce sujet dans les termes énergiques.

« D'autre part, des rapports non moins explicites avaient été adressés à M. le Ministre de l'Instruction publique, qui, par une lettre du 26 juillet 1845, m'a transmis sur les dames en chambre les observations suivantes :

« Ces dames, qui ne sont point soumises à la règle de la maison, dans laquelle elles « apportent le plus souvent un esprit de dissipation funeste, jouissent d'une liberté « d'action incompatible avec les habitudes tranquilles, modestes, studieuses et mo- « rales d'un pensionnat.

« Elles offrent parfois, soit par elles-mêmes, soit par les personnes qu'elles reçoi- « vent, les plus pernicieux exemples aux jeunes personnes avec lesquelles, malgré les « précautions annoncées, elles se trouvent en contact habituel. »

« En même temps, M. le Ministre m'a invité à renouveler d'une manière formelle, à toutes les maîtresses de pension et d'institution, l'invitation, qu'il pensait leur avoir déjà faite, de ne recevoir à demeure dans leurs établissements personne autre que les maîtresses d'études et les personnes à gages nécessaires à la tenue de la maison. Il insistait, en outre, pour la prompte exécution des mesures qu'il prescrivait, et dont il désirait connaître le résultat.

dans leurs établissements personne autre que les maîtresses d'études, pourvues des brevets d'aptitude et des diplômes exigés par le rè-

« Avant de donner suite à cette mesure, j'ai cru devoir me rendre compte de la situation exacte des pensionnats sous le rapport de l'admission des dames en chambre.

« D'après les renseignements statistiques fournis par les dames déléguées, cette situation est établie comme il suit :

ARRONDISSE-MENTS.	Pensions.	Institutions.	Total.	DAMES EN CHAMBRE				Françaises.	Étrangères.
				Mariées.	Non mariées.	Veuves.	Total.		
1er	9	6	15	20	39	20	79	39	40
2e	1	2	3	2	3	3	8	5	3
3e	1	»	1	»	1	»	1	1	»
4e	»	»	»	»	»	»	»	»	»
5e	1	»	1	»	1	»	1	1	»
6e	2	»	2	»	1	1	2	2	»
7e	»	»	»	»	»	»	»	»	»
8e	3	1	4	1	2	3	6	4	2
9e	»	»	»	»	»	»	»	»	»
10e	1	»	1	1	1	»	2	1	1
11e	2	».	2	»	2	»	2	2	»
12e	1	»	1	»	1	3	4	1	3
Total. . .	21	9	30	24	51	30	105	56	49
Saint-Denis . .	10	1	11	4	8	5	17	11	6
Sceaux	2	»	2	»	1	1	2	1	1
	33	10	43	28	60	36	124	68	56

« Il résulte de cette situation que, sur les 255 pensionnats existant dans le département de la Seine, il n'en est que 43, c'est-à-dire moins du cinquième, qui reçoivent des dames en chambre, au nombre de 124. Je dois ajouter qu'à Paris, les pensionnats du premier arrondissement en renferment 79 sur un total de 105 (environ les quatre cinquièmes), et que 26 dames en chambre seulement se trouvent réparties dans les pensionnats des 11 autres arrondissements. D'ailleurs, la majeure partie de ces dames se trouve concentrée dans sept ou huit maisons d'éducation, qui en reçoivent au maximum 18 et au minimum 4, 3, 2 et 1.

« Il m'a semblé démontré par ces résultats que l'admission des dames en chambre n'était qu'exceptionnelle, et n'était pas, comme on paraissait le croire, inhérente aux conditions d'existence de la majorité des pensionnats. Comme, d'ailleurs, les avantages partiels que pouvaient y trouver quelques institutrices ne sauraient être compensés par les inconvénients graves qui étaient signalés depuis longtemps, j'ai pensé que le moment était arrivé de prendre des mesures à cet égard.

« En conséquence, par un arrêté du 26 août dernier, j'ai prescrit les dispositions convenables pour qu'il n'existât plus, à l'avenir, de dames en chambre dans les pensionnats de demoiselles. Cet arrêté, qui a été approuvé par M. le Ministre de l'Instruction publique, reçoit actuellement son exécution, et n'a donné lieu jusqu'à présent à aucune difficulté. »

glement, ainsi que les personnes à gages nécessaires à la tenue de la maison ;

2° Qu'il doit leur être fixé un bref délai pour renvoyer de leurs maisons toutes les personnes qui y habiteraient, à quelque titre que ce soit, sans être dans les conditions précitées; que, passé ce terme, tout établissement qui sera reconnu être encore en contravention sur ce point sera immédiatement fermé;

Considérant qu'il résulte des rapports qui nous ont été adressés dans le cours de la présente année scolaire, que le séjour des dames en chambre est incompatible avec les habitudes tranquilles, modestes et studieuses des pensionnats de demoiselles ;

Qu'il en est résulté des abus dont il importe de prévenir le retour.

Arrêtons :

ARTICLE 1er. — A compter du 1er octobre prochain, il est formellement interdit aux maîtresses de pensions et d'institutions dans le département de la Seine de recevoir des dames en chambre dans les établissements qu'elles dirigent.

En conséquence, ne seront admises dans ces établissements que des élèves soumises à la règle commune de la maison, des sous-maîtresses régulièrement brevetées, et les personnes à gages nécessaires au service.

ART. 2. — Toutefois, un délai est accordé jusqu'au 1er janvier 1846, en faveur des institutrices qui, par suite d'engagements contractés antérieurement à la promulgation du présent arrêté, se trouveraient avoir chez elles des dames en chambre à l'époque du 1er octobre.

Passé le délai du 1er janvier, aucune pension, aucune institution de demoiselles ne pourra plus admettre ou conserver de dames en chambre.

ART. 3. — Il sera exercé une surveillance spéciale à ce sujet, et tout établissement qui serait reconnu être en contravention sur ce point sera fermé immédiatement.

Arrêté relatif à la formation d'une Commission chargée de préparer un programme d'études pour les Écoles normales primaires. [Extrait.]   2 sept. 1845.

2 Septembre 1845.

Nous, Ministre secrétaire d'État au département de l'Instruction publique, Grand-Maître de l'Université,

Avons arrêté et arrêtons ce qui suit :

Article 1er. — Il est formé une Commission qui sera chargée de préparer un programme général des études dans les Écoles normales primaires d'instituteurs et d'institutrices, qui serait ultérieurement soumis à la délibération du Conseil royal, en comprenant dans cet examen la question de la durée du cours d'études.

. . . .

---

8 sept. 1845.

Ordonnance relative à des dispositions concernant les Comités institués dans la ville de Paris.

8 Septembre 1845.

Louis-Philippe, etc.,

Sur le rapport de notre Ministre secrétaire d'État au département de l'Instruction publique, Grand-Maître de l'Université ;

Vu la loi du 28 juin 1833 sur l'instruction primaire ;

Vu nos ordonnances des 8 novembre 1833, 23 juin 1836 et 22 décembre 1837 ;

Vu, d'autre part, notre ordonnance du 26 octobre 1838,

Nous avons ordonné et ordonnons ce qui suit :

Article 1er. — L'autorité des divers Comités institués dans la ville de Paris en vertu de la loi précitée sur l'instruction primaire s'étend sur les salles d'asile, les ouvroirs, les Écoles des divers degrés, et autres établissements primaires de tout ordre dans les formes et les limites prévues par les lois, statuts, règlements ou ordonnances qui régissent les divers ordres d'enseignement primaire.

Art. 2. — La présidence des Comités spéciaux instituée par l'article 2 de l'ordonnance royale du 8 novembre 1833 appartiendra au maire ou à l'un de ses adjoints.

Art. 3. — Les Comités, soit locaux, soit spéciaux, peuvent faire inspecter les Écoles par des délégués gratuits qu'ils désignent.

Les délégués assistent aux séances desdits Comités avec voix consultative sur toutes les questions et voix délibérative sur celles dont ils font le rapport.

Art. 4. — Les Comités locaux et les Comités spéciaux exercent toutes les attributions conférées aux Comités de cet ordre par la loi du 28 juin 1833, pour les Écoles de garçons et adultes (hommes), avec les modifications établies par notre ordonnance du 23 juin 1836, pour les Écoles de filles, et par notre ordonnance du 22 décembre 1837 pour les salles d'asile.

Lesdits Comités sont appelés notamment à donner leur avis sur tous les candidats aux fonctions d'instituteur dans les Écoles publiques de leur ressort; les candidats sont présentés par le Conseil municipal et nommés après ledit avis, s'il y a lieu, par le Comité central des arrondissements de la ville de Paris, lequel est revêtu exactement des attributions assignées par la loi aux Comités d'arrondissement.

ART. 5. — Les trois notables qui doivent siéger au Comité central d'arrondissement de la ville de Paris, aux termes du paragraphe 7 de l'article 19 de la loi du 28 juin 1833, et qui, à défaut de conseillers d'arrondissement, doivent être choisis de préférence parmi les membres du Conseil général pour les divers arrondissements de ladite ville de Paris, n'étant chargés que d'un service exclusivement municipal, seront désignés par le Conseil municipal de la ville de Paris.

ART. 6. — Les Comités de tous les degrés communiquent avec les diverses autorités uniquement dans l'ordre hiérarchique et par l'organe de leur président.

ART. 7. — Notre ordonnance du 26 octobre 1838 est rapportée.

Ordonnance concernant l'attribution des distinctions honorifiques universitaires.

9 sept. 1845.

9 Septembre 1845.

LOUIS-PHILIPPE, etc.,

Vu le paragraphe 2 du titre IV du décret organique de l'Université, en date du 17 mars 1808, qui institue les titres, rangs et décorations d'officiers d'Académie, officiers de l'Université et titulaires de l'Université ;

Vu l'article 5 de l'ordonnance du 14 novembre 1844, qui a étendu aux maîtres d'études le droit d'admission au titre d'officier d'Académie ;

Vu les arrêtés qui ont appliqué ce droit aux Inspecteurs et sous-inspecteurs de l'instruction primaire ;

Sur le rapport de notre Ministre secrétaire d'État au département de l'Instruction publique, Grand-Maître de l'Université,

Nous avons ordonné et ordonnons ce qui suit :

ARTICLE 1er. — Les titulaires de l'Université, institués par l'article 32 du décret ci-dessus visé, prendront le titre de hauts titulaires de l'Université. Ce titre pourra être conféré à tous ceux qui, par l'effet de leurs fonctions, sont revêtus de droit, aux termes du décret, du titre d'officier de l'Université.

ART. 2. — Le droit d'admission au titre d'officier de l'Université est étendu aux aumôniers des Collèges royaux, aux économes, aux principaux des Collèges communaux et aux Inspecteurs de l'instruction primaire.

ART. 3. — Lesdits Inspecteurs de l'instruction primaire sont de droit officiers d'Académie. Les sous-inspecteurs primaires peuvent être revêtus de ce titre, ainsi que les directeurs des Écoles normales primaires et les instituteurs du degré supérieur ayant au moins dix ans d'exercice.

ART. 4. — Les nominations dans les grades d'officiers d'Académie et d'officiers de l'Université auront lieu deux fois par an, à l'époque des vacances, conformément au décret organique, et à celle des vacances semestrielles ; ces promotions auront lieu sur la présentation des Inspecteurs généraux et des Recteurs. Le tableau des nominations, qui doit être placé sous nos yeux, aux termes du décret, par notre Ministre secrétaire d'État, Grand-Maître de l'Université, sera publié au *Moniteur*.

ART. 5. — Le titre d'officier d'Académie pourra être maintenu à ceux qui en étaient revêtus de droit, en vertu de fonctions qu'ils cessent de remplir. Les officiers de l'Université, en pareil cas, conserveront leur titre de plein droit, s'il n'en est ordonné autrement par une décision spéciale. Le titre de haut titulaire restera attaché à la personne de ceux qui en auront été revêtus de droit. Il appartient, dès à présent, à ceux qui en ont été revêtus en qualité de Ministres de l'Instruction publique et de chefs de l'Université.

---

22 sept. 1845. Circulaire du Ministre de l'Instruction publique, prescrivant qu'il ne doit être établi dans les Écoles de filles aucune distinction entre les élèves indigentes et les élèves payantes.

22 Septembre 1845.

Monsieur le Recteur, les rapports de MM. les Inspecteurs de l'instruction primaire constatent que, dans un assez grand nombre d'Écoles tenues par des religieuses, les élèves indigentes sont séparées avec soin des élèves payantes, et que l'instruction donnée aux premières est loin d'être aussi complète que l'instruction donnée aux secondes. Je crois devoir vous signaler ce désordre, si contraire aux sentiments qui doivent animer des institutrices vraiment chrétiennes. Aux termes du statut du 25 avril 1834 et de la décision du 5 janvier 1838, toute École élémentaire doit être partagée en trois divisions, à raison de l'âge des élèves et des objets de l'enseignement; mais il ne doit y avoir aucune distinction entre les élèves admis gratuitement et les élèves payants. Cette communauté entre les conditions diverses est un des avantages de notre système d'instruction primaire.

Les supérieures des congrégations religieuses comprendront facilement qu'elles ne pourraient maintenir, pour satisfaire à la susceptibilité de quelques familles aisées, la distinction que défendent d'ailleurs les règlements, sans exciter parmi les enfants des diverses conditions tous les sentiments, d'orgueil chez les uns, chez les autres de jalousie ou de révolte, qu'elles doivent, au contraire, s'efforcer constamment de combattre; elles comprendront, en outre, qu'en partageant les élèves selon la position de fortune de leurs familles, elles ne peuvent les diviser ensuite dans chaque catégorie selon leur âge, et qu'elles se privent ainsi pour leur enseignement de l'un des éléments de succès les plus puissants. Vous appellerez donc leur attention, ainsi que celle des Comités d'arrondissement, sur ce point, et vous prescrirez formellement que dans toutes les Écoles publiques cette distinction cesse, à partir de la rentrée des classes. Les Comités devront considérer comme une faute l'inobservation des règlements sous ce rapport, et vous signaler les Écoles où elle se perpétuerait. J'aime à croire qu'il n'y aura pas lieu de prendre d'autres mesures pour faire respecter un principe aussi conforme aux lois de la religion qu'à celles de l'État.

Recevez, etc.

Signé : Salvandy.

Avis relatif aux archives, à la présidence et à la correspondance des Comités supérieurs.

17 octobre 1845.

17 Octobre 1845.

Le Conseil, etc.,

Vu les lettres de M. le Préfet du département d...... et de M. le Recteur de l'Académie d......, relatives à un conflit qui s'est élevé entre le Sous-Préfet de l'arrondissement de...... et le Comité supérieur d'instruction primaire dudit arrondissement, desquelles lettres il résulte :

1° Que le Comité supérieur a décidé, malgré l'opposition du Sous-Préfet, que les archives dudit Comité seraient remises au secrétaire, qui en serait dépositaire;

2° Que le Comité supérieur a élevé des doutes sur la question de savoir si le conseiller d'arrondissement, qui a fait les fonctions de Sous-Préfet en l'absence de ce fonctionnaire, a droit à la présidence dudit Comité;

3° Que le même Comité a soulevé cette autre question :

« Le Comité peut-il charger son secrétaire de diriger la corres-
« pondance relative à l'instruction primaire à l'insu et sans l'ap-
« probation du président ? »

Est d'avis :

Sur le premier point : que les archives du Comité d'instruction
primaire doivent rester déposées à l'hôtel de la sous-préfecture, où
le Comité doit tenir ses séances ;

Sur le deuxième point : que c'est au conseiller d'arrondissement
qui fait les fonctions de Sous-Préfet à présider le Comité en l'absence de ce fonctionnaire ;

Sur le troisième point : qu'il y aurait anarchie à laisser au secrétaire le soin de toute correspondance relative à l'instruction primaire sans en référer au président.

----

17 octobre 1845. **Circulaire du Ministre de l'Instruction publique, relative à l'inspection des Écoles
primaires annexées à des établissements d'instruction secondaire.**

17 Octobre 1845.

Monsieur le Recteur, quelques incertitudes se sont élevées récemment dans
plusieurs Académies sur le droit que peuvent avoir les Inspecteurs des Écoles,
les Comités d'instruction primaire et leurs délégués, de visiter les Écoles primaires ou supérieures annexées à des établissements d'instruction secondaire.
On a paru penser que l'inspection de ces Écoles appartiendrait exclusivement
aux Inspecteurs d'Académie, depuis la suppression de la rétribution universitaire.

Cette dernière mesure n'a pu modifier en aucune façon le caractère des
Écoles annexes. Il y a lieu d'en conclure qu'elles doivent continuer d'être
visitées par les Inspecteurs des Écoles et par les membres des Comités d'instruction primaire. Cela est d'autant plus indispensable qu'il faut leur maintenir, et qu'il est du devoir de l'autorité de s'assurer qu'elles conservent leur
caractère d'instruction primaire.

Il faut, toutefois, se garder de confondre les Écoles annexes avec certaines
classes destinées, dans plusieurs établissements d'instruction secondaire, à
préparer les enfants aux études latines, et dans lesquelles les matières de l'enseignement sont à peu près les mêmes que dans les classes primaires. La distribution peut en être faite sans difficulté. Les Écoles primaires annexes sont
celles que dirigent des maîtres pourvus du brevet de capacité, exigé par la loi
du 28 juin 1833 ; elles relèvent, pour l'inspection, des autorités préposées à la
surveillance de l'instruction primaire. Quant aux classes préparatoires, elles
sont tenues par des maîtres appartenant à l'instruction secondaire. Le droit
d'inspection sur ces Écoles est réservé exclusivement aux Inspecteurs d'Académie.

D'après ce qui précède, Monsieur le Recteur, il vous sera facile de désigner
aux Inspecteurs des Écoles, aux Comités d'instruction primaire et à leurs délé-

gués les Écoles primaires annexes de votre ressort académique, qui sont soumises à leur surveillance, et qu'ils ont mission d'inspecter.

Recevez, etc.

Signé : SALVANDY.

Ordonnance relative aux conditions de nomination aux fonctions d'Inspecteur ou sous-inspecteur primaire.

18 Novembre 1845.

LOUIS-PHILIPPE, etc.,

Sur le rapport de notre Ministre secrétaire d'État au département de l'Instruction publique, Grand-Maître de l'Université,

Nous avons ordonné et ordonnons ce qui suit :

ARTICLE 1er. — Nul n'est Inspecteur primaire s'il n'a été sous-inspecteur. Les directeurs des Écoles normales primaires sont seuls exceptés de cette disposition. Les Inspecteurs et sous-inspecteurs sont nommés par notre Ministre secrétaire d'État au département de l'Instruction publique, Grand-Maître de l'Université.

ART. 2. — Un tiers des emplois vacants dans le corps des sous-inspecteurs primaires sera dévolu aux instituteurs primaires; un tiers, soit à des membres de différents Comités d'instruction primaire, soit à des gradués libres de l'Université; un tiers, aux régents ou principaux des Collèges communaux.

ART. 3. — Les nominations des emplois réservés aux régents et principaux des Collèges communaux auront lieu sur les listes annuelles de présentation des Inspecteurs généraux et des Recteurs.

Les nominations des emplois réservés aux membres des Comités d'instruction primaire auront lieu sur les présentations des Recteurs et des Préfets.

Les nominations des emplois réservés aux instituteurs primaires auront lieu parmi les instituteurs du degré supérieur qui auront été portés sur les listes de présentation annuelle des Recteurs comme méritants, et qui compteront cinq années de service.

Les instituteurs du degré élémentaire qui se feraient recevoir du degré supérieur concourront immédiatement pour les sous-inspections primaires, s'ils remplissent d'ailleurs les autres conditions.

ART. 4. — Quiconque devra être appelé aux fonctions de sous-inspecteur primaire passera préalablement un examen sur les devoirs de l'instituteur, les règlements généraux de l'instruction primaire et la pratique particulière, les méthodes spéciales d'enseignement de ce degré, savoir : salles d'asile, ouvroirs, Écoles élémentaires, Écoles supérieures, Écoles d'adultes des deux degrés, Écoles professionnelles.

Les instituteurs primaires qui devront être promus aux fonctions de sous-inspecteurs passeront ledit examen sur les parties du service de l'instruction primaire auxquelles ils sont restés étrangers dans l'exercice de leurs fonctions.

Art. 5. — Les directeurs des Écoles normales primaires seront pris dans le service de l'inspection primaire et dans les mêmes catégories que les sous-inspecteurs; ils devront au préalable passer le même examen.

Art. 6. — La forme et les conditions de l'examen prévu aux articles précédents seront déterminées par un règlement spécial délibéré en Conseil royal de l'Instruction publique. Il aura lieu soit au chef-lieu de l'Académie, soit au chef-lieu du département dans des délais fixés par l'administration.

---

28 nov. 1845. **Avis relatif aux incompatibilités pour les fonctions de membre de la Commission de surveillance des Écoles normales primaires.**

28 Novembre 1845.

Le Conseil, etc.,

Consulté sur la question de savoir si les fonctions de conseiller de préfecture sont compatibles avec celles de membre de la Commission de surveillance d'une École normale primaire;

Attendu que les conseillers de préfecture, étant appelés à juger les comptes des économes des Écoles normales primaires, ne doivent pas participer à des actes dont ils seraient ensuite les appréciateurs,

Estime qu'il est convenable de ne pas comprendre les conseillers de préfecture dans la liste des membres des Commissions de surveillance des Écoles normales primaires.

34.

Arrêté relatif à la formation d'une Commission chargée de préparer un règlement pour l'examen des candidats à l'inspection primaire. [Extrait.] 6 déc. 1845.

6 Décembre 1845.

Nous, Ministre secrétaire d'État au département de l'Instruction publique, Grand-Maître de l'Université,

Vu l'ordonnance royale du 18 novembre 1845 sur le service de l'Inspection primaire,

Avons arrêté et arrêtons ce qui suit :

Article 1er. — Il est institué une Commission spéciale qui sera chargée de préparer un projet de règlement pour déterminer la forme et les conditions de l'examen exigé, à l'avenir, de tout candidat aux fonctions de sous-inspecteur de l'instruction primaire, conformément aux prescriptions de l'article 4 de l'ordonnance royale du 18 novembre 1845.

Ordonnance relative à l'organisation du Conseil royal de l'Université. 7 déc. 1845.

7 Décembre 1845.

Louis-Philippe, etc.

Vu la loi du 20 mai 1806 et le décret organique du 17 mars 1808 ;

Vu, d'autre part, les ordonnances des 17 février et 15 août 1815, 22 juillet et 1er novembre 1820, 27 février 1821, 1er juin 1822, 26 mars 1829 ;

Sur le rapport de notre Ministre secrétaire d'État au département de l'Instruction publique, Grand-Maître de l'Université,

Nous avons ordonné et ordonnons ce qui suit :

Article 1er. — Le Conseil de l'Université reprend sa constitution, telle qu'elle est établie au décret organique du 17 mars 1808. Il s'appelle Conseil royal de l'Université.

Art. 2. — Le vice-président dudit Conseil joint à ce titre celui de Chancelier de l'Université.

Le conseiller qui exerce, à titre provisoire, les fonctions de chancelier autres que la présidence, sera revêtu du titre vacant de Trésorier de l'Université, et aura droit aux attributions de ce titre qu'exerce en ce moment le conseiller vice-président.

Art. 3. — Le conseiller qui exerce, à titre provisoire, les fonctions de secrétaire du Conseil, sera pourvu définitivement du titre de Secrétaire général du Conseil royal de l'Université.

ART. 4. — Les Inspecteurs généraux des études reprennent le titre d'Inspecteurs généraux de l'Université.

ART. 5. — L'instruction primaire sera représentée directement dans le Conseil royal de l'Université.

ART. 6. — Toutes dispositions et ordonnances contraires à la présente ordonnance et au décret organique sont et demeurent abrogées.

---

7 déc. 1845.

Ordonnance relative à l'organisation des Conseils académiques.

7 Décembre 1845.

LOUIS-PHILIPPE, etc.,

Vu le titre X du décret organique du 17 mars 1808 sur les Conseils académiques,

Vu l'arrêté du Conseil de l'Université en date du 26 mai 1812, la décision du 14 septembre 1830,

Nous avons ordonné et ordonnons ce qui suit :

ARTICLE 1er. — A dater de ce jour, les Conseils académiques ne seront plus sujets au renouvellement annuel établi par l'arrêté ci-dessus visé. Le nombre des membres sera ramené à dix par l'effet des extinctions, en n'y comprenant pas le Recteur et les Inspecteurs d'Académie. Il sera ajouté un membre, soit directeur d'École normale primaire, soit Inspecteur primaire, pour représenter dans les Conseils le service de l'instruction primaire.

---

7 déc. 1845.

Ordonnance fixant le titre et les attributions du chef de l'Académie de Paris.

7 Décembre 1845.

LOUIS-PHILIPPE, etc.,

Sur le rapport de notre Ministre secrétaire d'État au département de l'Instruction publique, Grand-Maître de l'Université,

Nous avons ordonné et ordonnons ce qui suit :

ARTICLE 1er. — L'Inspecteur général chargé de l'administration de l'Académie de Paris aura le titre de Vice-Recteur. Il exercera les attributions qui lui ont été ou lui seraient dévolues par le Grand-Maître de l'Université, Ministre de l'Instruction publique.

Arrêt de la Cour de cassation relatif aux cours d'adultes.   7 février 1846.

7 Février 1846.

Le Conseil royal de l'Instruction publique est investi du droit de faire, sous l'approbation du Ministre de l'Instruction publique, des règlements obligatoires pour la tenue des Écoles (décret du 17 mars 1808, art. 50 et 76).

Le règlement universitaire du 22 mars 1836 a légalement soumis ceux qui veulent ouvrir une classe d'adultes à l'obligation d'en obtenir l'autorisation du Recteur de l'Académie (loi du 28 juin 1833, art. 2, 4, 14 et 21). 1re espèce. — Mais le règlement universitaire du 1er mars 1842 n'est pas légal dans la disposition qui exclut des Écoles primaires les enfants au-dessus de 13 ans, contrairement au principe de la liberté d'enseignement. 2e espèce.

L'instituteur primaire tenant déjà une École, et qui veut en ouvrir une seconde (pour les adultes), doit en faire la déclaration au maire, conformément à l'ordonnance du 16 juillet 1833.

1re espèce. — SARTIGUE.

La Cour,

Attendu que le demandeur a été condamné aux peines de l'article 471, n° 15, du Code pénal, pour avoir ouvert une classe d'adultes sans l'autorisation exigée par l'article 1er du règlement universitaire du 22 mars 1836 ; — qu'il se fonde sur ce que ce règlement n'est pas légal, ce qui conduit à examiner, d'une part, s'il émane d'une autorité qui eût le droit de réglementer en pareille matière, et, d'autre part, si la disposition particulière appliquée au demandeur n'est pas contraire aux lois ;

Attendu : 1° que le décret du 17 mars 1808, qui, en exécution de la loi du 10 mai 1806, a organisé l'Université, porte dans son article 50, que l'Université sera réglée et gouvernée par le Grand-Maître, et dans son article 76, que le Grand-Maître proposera à la discussion du Conseil de l'Université les projets de règlements et de statuts qui pourront être faits pour les Écoles des divers degrés ; — que de la combinaison de ces deux articles, il résulte que la participation du Grand-Maître et du Conseil, chacun suivant la nature du pouvoir qui lui appartient, est exigée pour la régularité des règlements universitaires ; que ce même principe se retrouve après les modifications successives que les ordonnances du 15 août 1815, du 1er novembre 1820, du 1er juin 1822 et du 26 août 1824 ont opérées dans l'ordonnance du 26 mars 1829, dont l'article 21 porte que toutes les délibérations du Conseil royal de l'Instruction publique, à l'exception de celles qui concernent la juridiction disciplinaire, seront soumises à l'approbation du Ministre secrétaire d'État de l'Instruction publique ; — que le règlement du 22 mars 1836, sur les classes d'adultes, a été délibéré par le Conseil royal de l'Instruction publique et approuvé par le Ministre secrétaire d'État, Grand-Maître de l'Université ; — qu'ainsi, il émane d'une autorité compétente ;

Attendu : 2° que la loi du 10 mai 1806 a établi, sous le nom d'Université, un corps exclusivement chargé de l'enseignement et de l'instruction publique dans toute la France ; qu'en exécution de cette loi les articles 54 et 56 du décret du 15 novembre 1811 ne permettent d'ouvrir une École qu'avec l'autorisation du Grand-Maître ; — qu'à la vérité, la loi du 28 juin 1833, modifiant ces principes, a autorisé par son article 4 tout individu âgé de dix-huit ans accomplis et porteur d'un certificat de moralité et d'un brevet de capacité à exercer la profession d'instituteur primaire et à diriger tout établissement quelconque d'instruction primaire; — mais que les dispositions de cette loi sont étrangères aux classes d'adultes; qu'il résulte de leur ensemble, et notamment des articles 2, 14 et 21, qu'elles concernent exclusivement l'instruction primaire des enfants; qu'il est, d'ailleurs, manifeste que l'enseignement à donner aux adultes demande des garanties d'une autre nature que celles qui peuvent être suffisantes pour l'enseignement des enfants; — que dès lors l'article 1er du règlement dont il s'agit, qui soumet l'instituteur à obtenir pour l'ouverture d'une classe d'adultes l'autorisation préalable du Recteur de l'Académie, n'est contraire ni à l'article 4 de la loi du 28 juin 1833, ni aux principes généraux qui régissent l'enseignement,

Rejette, etc......

2e espèce. — BOISSELIER.

La Cour,

Sur le deuxième moyen de cassation : attendu que Boisselier, instituteur privé, n'était pas poursuivi pour avoir tenu une classe d'adultes; qu'il n'est allégué nulle part que les enfants qu'il recevait eussent atteint l'âge de quinze ans fixé, à l'égard des garçons, par le règlement universitaire du 22 mars 1836, pour être admis dans les classes d'adultes; que le fait à lui imputé est d'avoir admis dans son École des enfants âgés de plus de treize ans en contravention à l'article 1er du règlement universitaire du 1er mars 1842;

Attendu que la loi du 28 juin 1833 a rendu libre, sauf les conditions de capacité et de moralité qu'elle exige des instituteurs, l'enseignement primaire des enfants; que les règlements que l'Université est autorisée à faire en vertu du droit de surveillance qui lui appartient ne peuvent porter atteinte aux principes posés par cette loi; — que les dispositions du règlement ci-dessus cité, qui exclut les enfants au-dessus de treize ans des Écoles primaires privées, comme l'article 2 du statut universitaire du 25 avril 1834 les exclut des Écoles communales, en sorte qu'ils se trouvent privés du bienfait de l'enseignement primaire, sont absolument contraires à ce principe; — que si, d'après le statut de 1834, le Comité local dans chaque commune peut autoriser l'admission dans les Écoles communales des enfants de cet âge, aucune disposition de ce genre n'existe dans le règlement sur les Écoles privées, ce qui établit entre ces deux sortes d'Écoles une inégalité incompatible avec les principes consacrés par la loi de 1833; — d'où il suit que l'arrêt attaqué (de la Cour de Dijon), en renvoyant le prévenu des poursuites quant à ce chef, par le motif que le règlement du 1er mars 1842, en la disposition dont il s'agit, n'était pas légalement fait, n'a violé ni l'article 471, n° 15, du Code pénal, ni aucune autre loi;

Rejette ce moyen;

Mais sur le premier moyen de cassation,

Vu la loi du 22 décembre 1789, section III, article 2, les articles 16 et 18 de l'ordonnance du 16 juillet 1833 et l'article 471, n° 15, du Code pénal;

Attendu que l'article 2 de la section II de la loi du 22 décembre 1789, sanctionnée par lettres patentes de janvier 1790, charge les administrations de département, sous l'autorité du Roi, comme chef suprême de l'administration générale du Royaume, de la surveillance de l'éducation publique; — que l'ordonnance du 16 juillet 1833, rendue pour l'exécution de la loi du 28 juin précédent, sur l'instruction primaire, contient des dispositions ayant pour but d'assurer l'exercice de la surveillance qui appartient à l'administration supérieure tant d'après ladite loi du 22 décembre 1789, que d'après le titre IV de la loi du 28 juin 1833; que ces dispositions réglementaires sont parfaitement légales, et qu'elles trouvent dès lors leur sanction dans l'article 471, n° 15, du Code pénal; — que l'article 16 de cette ordonnance prescrit au maire de tenir registre des déclarations à lui faites par l'instituteur privé qui voudra ouvrir une École, et que l'article 18 charge le maire ou un des membres du Comité communal de visiter le local destiné à toute École primaire privée pour en constater la convenance et la salubrité; — que ces dispositions emportent nécessairement l'obligation de la part de l'instituteur privé qui veut ouvrir une École de le déclarer au maire, en lui faisant connaître le local où elle doit être établie; que cette obligation ne cesse pas pour cet instituteur qui tient déjà une école dans la commune, puisque, s'il ne la remplissait pas, la seconde École qu'il ouvrirait pourrait se trouver affranchie de la surveillance à laquelle elle doit être soumise; — qu'ainsi, si la Cour royale a pu décider que Boisselier avait eu le droit d'ouvrir une seconde École sans encourir la peine de l'article 6 de la loi du 28 juin 1833, elle n'a pu décider qu'il avait pu l'ouvrir sans en faire la déclaration au maire; — et qu'en le renvoyant des poursuites du ministère public, elle a formellement violé l'article 471 du Code pénal,

Casse, etc.

Avis relatif aux brevets de capacité délivrés en Algérie. 8 mai 1846.

8 Mai 1846.

Le Conseil, etc.,

Sur la question de savoir si les brevets de capacité délivrés par la Commission d'instruction primaire en Algérie doivent être considérés comme valables pour la France;

Considérant que l'organisation, comme l'administration de l'instruction publique en Algérie, est placée dans une situation exceptionnelle,

Est d'avis qu'il n'y a pas lieu de reconnaître l'équivalence dont il s'agit.

Avis relatif aux autorisations provisoires. 8 mai 1846.

8 Mai 1846.

Le Conseil, etc.,

Vu le rapport constatant que le sieur......, instituteur primaire dans la commune de......, exerçant depuis le 1er septembre 1844, a, par suite de sa négligence et de son incapacité, perdu ses élèves, et que son éloignement est demandé par le Conseil municipal et le Comité local;

Après avoir examiné la question de savoir s'il y a lieu, sans recourir à l'intervention du Comité supérieur, qui refuse de prononcer la révocation, de traiter le sieur...... comme n'ayant pas reçu l'institution définitive, attendu qu'il n'en a pas rempli les formalités,

Est d'avis que le sieur...... doit être traité comme n'ayant point reçu l'institution dont il avait besoin pour exercer, et qu'en conséquence l'autorisation provisoire peut lui être retirée.

---

12 mai 1846.

Règlement pour l'examen des candidats aux emplois de sous-inspecteur de l'instruction primaire et de directeur des Écoles normales primaires.

12 Mai 1846.

ARTICLE 1er. — Il y aura au chef-lieu de chacune des Académies une Commission spéciale chargée d'examiner les candidats aux fonctions désignées dans les articles 1er et 5 de l'ordonnance du 18 novembre 1845.

ART. 2. — Les sessions seront annuelles et auront lieu dans le courant du mois d'octobre.

ART. 3. — La Commission sera nommée par le Ministre, Grand-Maître de l'Université, sur la proposition du Recteur.

ART. 4. — Nul ne pourra se présenter devant la Commission d'examen s'il ne remplit les conditions suivantes :

1° Être âgé de vingt-cinq ans accomplis ;

2° Être inscrit sur la liste d'admissibilité, dressée par le Recteur de l'Académie.

ART. 5. — L'examen aura lieu conformément au programme suivant :

1er EXERCICE.

Un rapport écrit sur une affaire d'école. Il sera accordé deux heures pour cette épreuve.

2e EXERCICE.

CONNAISSANCES THÉORIQUES ET PRATIQUES.

Examen oral sur les matières ci-après :

1° Sur les différents devoirs de l'instituteur ;

2° Sur la direction et la tenue des Écoles et des salles d'asile ;

3° Sur les différents modes et méthodes d'enseignement ;

4° Sur la construction et le mobilier des maisons d'école et des salles d'asile.

CONNAISSANCES ADMINISTRATIVES COMPRENANT :

1° Le travail de l'Inspecteur, relatif aux caisses d'épargne ;

2° Les lois, ordonnances et règlements concernant l'instruction primaire à ses différents degrés.

Ordonnance relative à la création d'une Caisse d'épargne pour
les surveillantes des salles d'asile de la ville de Paris.

9 août 1846.

9 Août 1846.

Louis-Philippe, etc.,

Nous avons ordonné et ordonnons ce qui suit :

Article 1er. — Il sera établi une caisse spéciale d'épargne et de prévoyance en faveur des surveillantes, titulaires et adjointes, des salles d'asile de la ville de Paris.

Art. 2. — Cette caisse sera organisée et administrée conformément aux dispositions de l'ordonnance du 13 février 1838, relative à la caisse d'épargne et de prévoyance établie en faveur des instituteurs primaires communaux.

Circulaire du Ministre de l'Instruction publique, relative au vote de subventions
pour les salles d'asile par les Conseils généraux.

11 sept. 1846.

11 Septembre 1846.

Monsieur le Préfet, l'année dernière, à pareille époque, je vous demandais d'appeler l'attention du Conseil général de votre département sur l'institution des salles d'asile et sur les bienfaits qu'elle assure à toutes les classes de la population, aux classes laborieuses surtout. Je vous recommandais de redoubler d'efforts pour obtenir des témoignages manifestes et efficaces de sollicitude pour ces établissements si moraux et si populaires. Je réclamais des résolutions qui servissent d'avertissement et de secours aux communes. J'attends de votre zèle éclairé de nouvelles et plus pressantes instances.

Les salles d'asile rendent aux familles et à la société des services inappréciables. En recueillant journellement les enfants, aux heures où la famille ne peut les surveiller, sans renoncer à une partie des travaux qui sont sa seule richesse, elles lui promettent, avec plus de liberté, plus d'aisance et plus de sécurité. Elles donnent aux enfants la première éducation, qui a presque toujours manqué à leurs pères. Cette éducation du premier âge assure pour l'avenir à notre pays des générations plus religieuses, plus morales, plus fortes, plus disciplinées, plus instruites, mieux préparées de toutes les manières à la rude condition qui attend la plupart d'entre eux.

Que ne doit-on pas espérer, en effet, de ces générations d'enfants disposés par l'éducation des salles d'asile à l'instruction des Écoles primaires, arrivant ainsi à l'apprentissage d'un métier, après avoir été soumis à une direction sage et prévoyante; après avoir reçu, dans un âge dont les impressions ne s'effacent jamais, des principes certains de religion inculqués depuis la plus tendre enfance? N'y a-t-il pas lieu d'espérer que, devenus des hommes, ils accomplissent un jour consciencieusement et sans efforts tous les devoirs que leur imposeront la société et la famille?

La charité publique consacre chaque année des sommes considérables aux besoins des pauvres. Les secours, distribués par les administrateurs des hospices et par les bureaux de bienfaisance, s'élèvent annuellement à 58 millions. Ne serait-ce pas un immense bienfait que de diminuer cette lourde charge, en détruisant quelques-unes des causes qui produisent le paupérisme ? L'éducation populaire est l'un des moyens les plus puissants de guérir cette plaie de la société. Les enfants élevés dans le respect de la famille n'oseront pas abandonner leurs parents, lorsque la vieillesse ou les infirmités les feront tomber à leur charge. Les hospices recueilleront alors des malades et non des vieillards. Avec l'habitude du travail, l'esprit d'ordre et d'économie qu'il aura puisés à la salle d'asile et à l'École, l'homme fait, pénétré du sentiment de sa dignité personnelle, n'attendra pas de l'État une aumône que l'emploi régulier de son intelligence et de ses forces physiques lui rendra inutile. L'amour maternel enfin, plus développé par l'éducation, aura assez de puissance pour empêcher l'abandon d'un nouveau-né ; la salle d'asile l'aide à accomplir sa sainte mission, elle lui fournit les moyens d'élever son enfant. La propagation de l'institution des salles d'asile est donc de tous points une œuvre bonne et utile. Ces établissements sont appelés, sans nul doute, à diminuer dans l'avenir d'une manière sensible les lourdes charges du budget de la charité publique.

Je ne fais qu'indiquer ici très sommairement les questions d'administration générale auxquelles l'institution vient en aide. Il vous appartient, Monsieur le Préfet, de développer, de soutenir devant le Conseil général de votre département ces premières considérations, avec tous les arguments que vous fourniront sans peine vos lumières et votre expérience. L'appel que j'ai fait l'année dernière n'est point resté sans résultat. Quarante et un Conseils généraux ont voté, pour frais de premier établissement et d'entretien des salles d'asile, des allocations qui s'élèvent ensemble à près de cent mille francs. C'est là un premier effort ; mais ce ne peut être le dernier. Mieux édifiés sur l'importance et l'utilité pratique des salles d'asile, je ne doute pas qu'ils n'augmentent cette année le chiffre du secours mis, dans ce louable but, à la disposition de l'administration départementale. C'est à vous, Monsieur le Préfet, d'éclairer l'opinion, d'exciter l'ardeur du Conseil général de votre département. Je m'en rapporte, à cet égard, au zèle intelligent des magistrats auxquels je m'adresse, et sur lesquels j'ai l'habitude de compter.

Recevez, etc.

Signé : Salvandy.

1er nov. 1846. **Ordonnance relative à l'attribution des distinctions honorifiques universitaires.** [Extrait.]

1er Novembre 1846.

Louis-Philippe, etc.,

Vu les articles 32 et suivants du décret du 17 mars 1808 ;

Vu les ordonnances royales du 14 novembre 1844 et du 9 septembre 1845 ;

Sur le rapport de notre Ministre secrétaire d'État au département de l'Instruction publique, Grand-Maître de l'Université de France,

Nous avons ordonné et ordonnons ce qui suit :

Article 1er. — § 1er. Sont, de droit, officiers de l'Université :

. . . .

Les Inspecteurs supérieurs de l'instruction primaire ;

. . . .

Art. 2. — . . . .

§ 2. Peuvent être nommés officiers d'Académie et successivement officiers de l'Université :

Les secrétaires d'Académie ;

. . . .

Les directeurs des Écoles normales primaires ;

Les maîtres adjoints des Écoles normales primaires, gradués de l'Université.

§ 3. Peuvent être nommés officiers d'Académie, après dix ans d'exercice, et promus, après cinq ans, au titre d'officier de l'Université :

. . . .

Les premiers commis d'Académie ;

. . . .

§ 4. Peuvent être nommés officiers d'Académie, après vingt ans de service :

Les instituteurs du degré élémentaire.

Art. 3. — Les fonctionnaires de l'instruction secondaire et les membres de l'inspection primaire revêtus du titre d'officiers d'Académie peuvent être nommés officiers de l'Université, s'ils remplissent les conditions déterminées en la présente ordonnance.

Art. 4. — Nul ne peut être revêtu des titres universitaires, ni proposé pour ces titres par les Inspecteurs généraux et Recteurs, s'il ne remplit toutes les conditions de grades prescrites par les règlements pour les fonctions dont il est en possession.

A l'avenir, nul ne sera revêtu d'un de ces titres, s'il ne compte cinq ans de service dans l'Université. Nul ne sera promu à un titre supérieur, s'il ne compte cinq ans de service dans le titre inférieur. Il ne peut être dérogé à ces dispositions que par un arrêté individuel et motivé.

Art. 5. — Il sera publié un tableau officiel de la répartition des titres universitaires aux termes du décret organique et des ordonnances, statuts ou décisions qui l'ont complété.

9 nov. 1846.   **Rapport et Ordonnance portant création de deux places d'Inspecteur supérieur de l'instruction primaire.**

9 Novembre 1846.

1° Rapport au Roi.

Sire,

Le développement que prend chaque jour l'instruction primaire et la nécessité d'assurer, d'une manière plus complète et plus efficace, la surveillance des Écoles faisaient sentir depuis longtemps le besoin d'instituer des fonctionnaires dont la mission s'étendît à tout le Royaume, et qui pussent se transporter partout où l'intérêt du service réclamerait leur présence.

Le Gouvernement de Votre Majesté a proposé aux Chambres d'allouer dans ces vues un crédit de 8 000 francs pour rétribuer deux emplois d'Inspecteur supérieur de l'instruction primaire.

Ce crédit a été alloué et figure au chapitre IX du budget des dépenses de l'Instruction publique, pour l'exercice 1847.

J'ai, en conséquence, l'honneur de prier Votre Majesté de vouloir bien approuver le projet d'ordonnance ci-joint, aux termes duquel il est créé deux emplois d'Inspecteur de l'instruction primaire.

Je suis, etc.

Le Ministre de l'Instruction publique,
Grand-Maître de l'Université,
     Signé : Salvandy.

2° Ordonnance.

Louis-Philippe, etc.,

Sur le rapport de notre Ministre secrétaire d'État au département de l'Instruction publique, Grand-Maître de l'Université,

Vu la loi de finances en date du 3 juillet 1846 ;

Nous avons ordonné et ordonnons ce qui suit :

Article 1er. — Il est créé deux places d'Inspecteur supérieur de l'instruction primaire.

Les Inspecteurs supérieurs de l'instruction primaire prendront rang dans la hiérarchie universitaire, immédiatement à la suite des Recteurs, parmi les Inspecteurs d'Académie, dont ils portent le costume.

Ils siègent au chef-lieu de l'Université.

Arrêt de la Cour de cassation relatif au droit de tenir pensionnat.   27 nov. 1846.

27 Novembre 1846.

L'instituteur primaire a besoin d'une autorisation préalable du Ministre de l'Instruction publique pour recevoir dans son établissement des élèves internes ou pensionnaires (décret du 17 mars 1808, art. 2 et 103; loi du 28 juin 1833, art. 4)[1].

L'infraction à cette obligation est passible de la pénalité établie par l'article 56 du décret du 15 novembre 1811, contre tout enseignement non autorisé, c'est-à-dire d'une amende de 100 francs à 3 000 francs.

Ordonnance portant création d'emplois de sous-inspecteurs de l'instruction primaire.   31 déc. 1846.

31 Décembre 1846.

LOUIS-PHILIPPE, etc.,

Sur le rapport de notre Ministre secrétaire d'État au département de l'Instruction publique, Grand-Maître de l'Université de France,

Vu la loi du 28 juin 1833 sur l'instruction primaire ;

Vu·la loi de finances du 3 juillet 1846 ;

Nous avons ordonné et ordonnons ce qui suit :

ARTICLE 1er. — Il est créé un emploi de sous-inspecteur de l'instruction primaire de première classe dans le département de la Seine.

ART. 2. — Dix-neuf emplois de sous-inspecteur de l'instruction primaire de deuxième classe sont créés dans les départements ci-après désignés, savoir :

Ain, Aude, Aveyron, Cantal, Charente-Inférieure, Côtes-du-Nord, Drôme, Gard, Gers, Hérault, Landes, Maine-et-Loire, Haute-Marne, Orne, Puy-de-Dôme, Haut-Rhin, Sarthe, Seine-et-Marne, Yonne.

ART. 3. — L'un des deux emplois de sous-inspecteur de l'instruc-

---

1. En sens inverse, aux termes de la jurisprudence de la Cour de cassation, le chef ou directeur d'un établissement d'instruction (religieuse et industrielle) qui y ajoute une École primaire, à la tête de laquelle il place un instituteur spécial, n'est pas tenu de satisfaire personnellement aux prescriptions de la loi du 28 juin 1833 : c'est à l'instituteur spécial qu'incombe l'obligation de remplir les conditions exigées par la loi.

(Arrêt du Tribunal de Paris du 22 août 1838, confirmé par la Cour royale de Paris, le 9 novembre 1838, et par la Cour de cassation, le 8 février 1839.)

tion primaire dans les départements de la Dordogne, du Doubs, de l'Isère, du Jura, de la Meuse, de l'Oise, des Basses-Pyrénées, de la Haute-Saône et des Vosges, est élevé de la deuxième classe à la première.

Avis relatif à la demande formée pour ouvrir un pensionnat.

12 Janvier 1847.

La Section, etc.,

Vu la demande formée par la congrégation des Sœurs de la Providence de Laon, à l'effet d'obtenir l'autorisation de fonder un établissement de son ordre dans la commune du Catelet, même département ;

Vu les statuts de cette congrégation, dûment approuvés ; vu le procès-verbal d'enquête *de commodo et incommodo* ;

Vu la délibération du Conseil municipal du Catelet ;

Vu les avis de Mgr l'évêque de Soissons et Laon, de M. le Préfet de l'Aisne, du Comité local, du Comité d'arrondissement et de l'Inspecteur primaire du département ;

Vu le rapport de M. le Recteur d'Amiens, en date du 13 octobre dernier ;

Vu la loi du 24 mai 1825 sur les congrégations religieuses de femmes, ensemble l'ordonnance du 23 juin 1836 sur les Écoles élémentaires de filles,

Est d'avis qu'il n'y a pas motif pour l'Université de s'opposer à ce qu'une ordonnance royale intervienne à l'effet d'accorder à la congrégation des sœurs de Laon l'autorisation qu'elle sollicite, mais à la condition que l'établissement du Catelet se conformera aux statuts de la maison principale et aux lois et règlements concernant l'instruction primaire.

Avis relatif à la demande formée pour ouvrir un pensionnat.

12 Janvier 1847.

La Section, etc.,

Vu la demande formée par la congrégation des Sœurs de la Providence de Langres (Haute-Marne), à l'effet d'obtenir l'autorisation de fonder un établissement de son ordre à Lux (Côte-d'Or) ;

Vu, sur cette demande, le rapport de M. le Recteur de Dijon, en date du 4 novembre 1846, duquel il résulte que la congrégation de Langres fournit à l'Académie de Dijon plus de sujets que n'en réclament les besoins de l'enseignement ; que la position faite par le clergé aux institutrices religieuses établit contre les institutrices laïques une concurrence que ces dernières ne peuvent soutenir, et qui les force à abandonner les communes où elles enseignent ; que cet état de choses est nuisible à l'instruction primaire, attendu que les institutrices laïques, ne pouvant exercer qu'après des examens sérieux, sont généralement plus capables d'enseigner que les membres des congrégations religieuses,

Estime qu'il n'y a pas lieu d'accorder à la congrégation des sœurs de Langres l'autorisation de fonder un établissement à Lux (Côte-d'Or).

Avis relatif à la dispense pour les instituteurs de verser à la caisse d'épargne.

12 janvier 1847.

12 Janvier 1847.

La Section, etc.,

Vu les statuts et le règlement d'une association formée entre les instituteurs du département de la Moselle, à l'effet d'assurer des pensions de retraite aux anciens instituteurs et à leurs veuves ;

Vu une demande du président de l'association, tendant à ce que l'Université approuve lesdits statuts et règlement, et dispense tout instituteur, membre de l'œuvre, du versement du vingtième de son traitement à la caisse d'épargne, afin que cette dispense mette l'instituteur en mesure de contribuer à la caisse commune à l'association ;

Vu l'article 15 de la loi du 28 juin 1833, relatif aux caisses d'épargne ;

Vu la décision du Conseil royal, en date du 16 décembre 1836, portant qu'aucun instituteur communal ne peut être dispensé du versement du vingtième de son traitement,

Estime :

1° Que la loi et la jurisprudence universitaire sont formelles en ce qui concerne le versement aux caisses d'épargne du vingtième du traitement des instituteurs de la Moselle ;

2° Que si cependant l'association se continue, il y aura lieu d'examiner la question d'autoriser.

Avis relatif à la demande formée pour ouvrir un pensionnat.

19 Janvier 1847.

La Section, etc.,

Vu le rapport de M. le Recteur de l'Académie de Douai, en date du 21 juillet 1846, duquel il résulte qu'un grand nombre d'institutrices, membres des congrégations de la Providence et de la Sainte-Famille, et établies dans le département du Pas-de-Calais, reçoivent les élèves pensionnaires sans autorisation;

Vu une réclamation desdites institutrices, transmise par Mgr l'évêque d'Arras;

Attendu que les réclamantes s'autorisent à tort du silence de la loi de 1833, système déjà condamné par la jurisprudence des tribunaux et de la Cour de cassation,

Estime :

1° Que les congrégations de la Providence et de la Sainte-Famille, si elles persistent à conserver les pensionnaires, doivent en obtenir l'autorisation selon les règles universitaires;

2° Que les sœurs desdites congrégations doivent être invitées, en conséquence, à se conformer à la règle commune.

Avis relatif à l'incompatibilité des fonctions de sacristain, de secrétaire de mairie et d'instituteur ayant la direction d'un pensionnat.

2 Février 1847.

Le Conseil, etc.,

Vu la demande en autorisation de recevoir des pensionnaires, formée par le sieur......, instituteur communal à......, fonctions auxquelles il joint celles de sacristain et de secrétaire de la mairie;

Vu les avis du Comité d'arrondissement, de l'Inspecteur primaire du département et du Recteur de l'Académie,

Estime que les fonctions de sacristain et de secrétaire de mairie sont incompatibles avec la surveillance et les soins de tous les instants qu'exigent les élèves pensionnaires.

**Circulaire du Ministre de l'Instruction publique, relative à l'inspection
des salles d'asile.**   20 mars 1847.

20 Mars 1847.

Monsieur le Préfet, l'article 20 de l'ordonnance royale du 22 décembre 1837 dit que des dames inspectrices seront chargées de la visite habituelle et de l'inspection journalière des salles d'asile; qu'elles pourront se faire assister par des dames déléguées qu'elles choisiront. L'article 20 ajoute qu'elles seront nommées, sur la présentation du maire, président du Comité local, par le Préfet, qui a seul le droit de les révoquer.

Je viens, Monsieur le Préfet, vous rappeler les termes de l'ordonnance royale de 1837; il importe que ces prescriptions soient régulièrement suivies, et je sais qu'il y a beaucoup de salles d'asile qui n'ont point leurs dames inspectrices. La surveillance de ces établissements en souffre, et les enfants qui y sont admis ne sont pas entourés, comme ils devraient l'être, des soins maternels que réclame leur âge, et dont l'absence leur est funeste.

Je vous prie donc, Monsieur le Préfet, d'engager immédiatement MM. les maires de toutes les communes de votre département pourvues de salles d'asile, à vous adresser une liste de présentation, afin qu'il vous soit possible de vous conformer à l'article 20 de l'ordonnance royale de 1837, que j'ai rappelée plus haut, et qui vous investit du droit de nommer les dames inspectrices.

L'article 13 de la même ordonnance prescrit la formation, au chef-lieu de chaque département, de Commissions spéciales d'examen, qui doivent être composées de dames inspectrices et être nommées par vous, à l'exception du président et du secrétaire, dont la nomination est laissée aux Recteurs. Dès que les dames inspectrices seront choisies, je vous demanderai instamment de créer les Commissions d'examen dont il est question ici. Il importe particulièrement à la bonne administration des salles d'asile que les brevets d'aptitude délivrés aux surveillantes ne soient accordés qu'après des examens subis devant des Commissions spéciales, composées de manière à donner toutes les garanties désirables.

Je vous prie, Monsieur le Préfet, de vouloir bien vous occuper immédiatement de ces nominations, et de me les faire connaître le plus tôt qu'il vous sera possible.

Recevez, etc.

Signé : Salvandy.

**Circulaire du Ministre de l'Instruction publique, relative aux répétitions de catéchisme   30 mars 1847.
données par des personnes pieuses dans les communes rurales.**

30 Mars 1847.

Monsieur le Recteur, dans un certain nombre de communes rurales, l'usage s'est perpétué de réunir quelques enfants sous la direction de personnes pieuses qui leur donnent des répétitions de catéchisme. Quand il est bien constaté que ces répétitions n'ont pas d'autre caractère ni d'autre but, il ne peut pas y avoir lieu de les déférer aux tribunaux. C'est donc à bien se rendre compte de l'objet de ces répétitions et des limites dans lesquelles elles se renferment que votre sollicitude doit s'attacher.

Je vous prie de vouloir bien transmettre à ce sujet des instructions à MM. les Inspecteurs de l'instruction primaire de votre ressort académique.

Recevez, etc.

Signé : SALVANDY.

---

31 mars 1847. **Projet de loi sur l'Instruction primaire.**

31 Mars 1847.

1º Exposé des motifs.

Messieurs, nous avons l'honneur de présenter à vos délibérations, par les ordres du Roi, le projet de loi sur l'instruction primaire qui a été plusieurs fois annoncé à la Chambre. L'an dernier, les principes généraux de cette loi vous furent soumis. Une demande de crédit considérable pour l'amélioration du sort des instituteurs primaires y était annexée. La Commission, dans son rapport, qui ne put pas être discuté, élevait l'allocation demandée de 1 600 000 francs à 2 millions, mais sous la forme d'un crédit spécial, d'un secours accidentel, ne voulant pas statuer d'une façon définitive, tant que la loi même, qui était promise, et le système, dont les bases étaient posées, n'auraient point été placés sous les yeux de la Chambre. Cette fois, Messieurs, nous apportons la loi promise, le système annoncé, et nous avons la douleur de nous borner à indiquer, sans les demander encore, même au budget de l'année prochaine, les ressources nécessaires pour appliquer le système nouveau. Le Gouvernement du Roi s'est imposé la loi de ne pas essayer cette année de porter remède à la situation tout à fait intolérable de la grande majorité des instituteurs de nos villes et surtout de nos campagnes. En fixant pour l'avenir seulement, et pour un avenir indéterminé, des minimum de traitements, très modestes encore, mais enfin plus conformes au but que nos lois se sont proposé, lorsqu'elles ont voulu pour notre pays de l'instruction et des Écoles, nous renvoyons l'application du principe posé aux budgets ultérieurs; nous prévoyons même l'application de ce principe par allocations partielles et successives, de manière à ne pas grever l'État en une seule fois d'un fardeau qui semblerait trop pesant. Nous remettons enfin à des circonstances plus favorables l'exécution de promesses que l'État ne fait pas aux instituteurs, qu'il se fait à lui-même : car vous savez, Messieurs, qu'il y va de ses intérêts les plus chers. Aussi nous sera-t-il permis de le dire, Messieurs, cet ajournement forcé est le plus grand sacrifice et le plus douloureux qui pût nous être imposé par l'état des affaires et des esprits. Il nous appartient plus qu'à personne de savoir quelle est la situation misérable des hommes à qui la sollicitude publique confie la tâche de répandre les lumières de l'instruction primaire au milieu des populations. Nous ne pouvons pas ignorer un résultat de la loi de 1833, qui n'avait été nullement prévu du législateur, contre lequel les Conseils généraux, les Conseils d'arrondissement, les Conseils municipaux protestent, contre lequel protestent plus encore la justice et la raison publique. Ce

résultat est celui-ci : la France possédant aujourd'hui environ 33 000 instituteurs primaires, la moyenne totale des traitements ne s'élève pas à 375 francs,
c'est-à-dire à un taux auquel ne descend la journée de l'ouvrier, ni dans les
contrées les plus misérables, ni pour les travaux les plus grossiers. En décom-
posant cette moyenne, on trouve que 9 276 instituteurs sont placés, par les
avantages de leurs situations ou la munificence des Conseils locaux, au-dessus
des taux que nous proposons de fixer, et, par conséquent, n'appellent aucune
mesure nouvelle. Mais comment ne pas se préoccuper de la position de
23 000 de ces instituteurs pouvant être pères de famille, l'étant souvent, et,
dans l'ordre laïque, ce sont les meilleurs, mais n'ayant qu'un traitement inférieur au minimum de 600 francs proposé par le projet de loi de l'an dernier et
par celui que nous avons l'honneur de vous présenter en ce moment. Si on dé-
compose encore ce chiffre, on verra que, dans le nombre, 7 000 n'arrivent pas
à 500 francs de traitement; 7 501 à 400 francs, et, le croira-t-on? 3 654 à
300 francs. Enfin, Messieurs, quand notre humanité et notre justice ne seraient
pas profondément émues de l'insuffisance de cette rémunération pour un pareil
labeur, de l'indignité d'un tel régime pour les hommes à qui on confie une telle
mission; quand nous ne serions pas touchés des souffrances de tant de serviteurs de la chose publique, épars sur toute la face du Royaume, et qu
s'étonnent de voir les ouvriers de nos villes s'agiter quand le prix de la journée
descend à des taux vers lesquels leurs ambitions les plus hardies ne s'élèvent
pas, nous devrions être frappés des conséquences inévitables d'un semblable
état de choses pour la direction morale de l'enseignement. La situation faite à
ceux qui le distribuent ne peut manquer d'exercer sur cette direction une
influence mauvaise. Il y a là, pour nous, un ordre de devoirs que nous ne saurions négliger, et qui seront compris de tous les esprits sensés; et, en travaillant à accomplir une œuvre tout à la fois aussi politique, aussi libérale, dans
le sens vrai du mot, et aussi utile, nous savons quelles objections exprimées
ou tacites, mais réelles et puissantes, nous feront obstacle, et nous avons hâte
de les aborder de front en commençant.

On nous opposera encore, malgré nos ajournements indéfinis, une objection
dont nous ne sommes que trop vivement touchés nous-mêmes, l'état des finances.
La Chambre remarquera qu'elle reste juge de fixer l'époque et la mesure dans
laquelle la situation présente des instituteurs sera changée : elle ne leur donnera
aujourd'hui qu'une espérance; elle ne fera que poser une règle ultérieure; elle
la posera dans les limites les plus restreintes. L'état des finances a permis,
dans ces dernières années, d'améliorer tous les services indispensables à la société. La situation de la magistrature a été relevée; le clergé inférieur verra
s'améliorer enfin une condition trop peu digne de la sainteté du ministère et de
son utilité. L'instruction doit avoir son tour; l'instituteur primaire est au dernier degré de l'échelle des rétributions assignées par l'État à tous ceux qui le
servent; il serait au dernier degré encore après les améliorations écrites
dans le projet de loi, comme il y est aujourd'hui. Il n'est pas question de
changer ce rapport; mais l'intérêt public n'exige-t-il pas que ce service
nourrisse, comme tous les autres, ceux qui s'y dévouent? N'est-il pas bon
que ces hommes, qui portent dans nos villages une instruction que nous
leur avons donnée, ou qu'ils ont acquise à grands frais, la répandent autour
d'eux, sans avoir à répandre en même temps les expressions d'un malaise
trop réel? Et, à ce sujet, nous irons au fond des objections qu'il nous faut
prévoir.

Le Gouvernement du Roi ne se repent pas d'avoir voulu pour le peuple l'instruction primaire; il croit toujours que rien ne l'honorera plus dans l'histoire que d'avoir poursuivi cette grande œuvre de la loi de 1833 et de l'avoir accompli. Il est convaincu que l'instruction des masses, en contribuant tout ensemble à leur bien-être et à leur dignité morale, contribue puissamment à la prospérité de l'État et à sa stabilité. Il considère que cette instruction, en donnant à tous les hommes des instruments de plus, les élève autant qu'elle les fortifie; qu'elle améliore à la fois leurs habitudes, leurs mœurs, leurs pensées aussi bien que leur langage; qu'elle les dispose à mieux comprendre les conseils de la religion, les prescriptions des lois, l'esprit de nos institutions, et qu'en faisant aimer l'ordre constitutionnel, elle le fait respecter. Mais le Gouvernement du Roi n'aurait pas de telles convictions, il ne s'en honorerait pas, qu'il serait trop tard pour revenir à d'autres directions et à d'autres maximes. La loi de 1833 existe; elle marche, elle nous conduit tous, bon gré mal gré, à son but. Elle a voulu des Écoles; elle en a donné 33 000. Dans peu de temps elle en aura donné une au moins par commune; elle a inscrit 2 millions au budget de l'État pour imprimer à ce mouvement un essor plus rapide, et si les circonstances se refusent aux 2 millions qui seraient nécessaires pour que l'instituteur puisse vivre, ces 2 millions qui font construire partout des Écoles ne seront pas repris, la suppression n'en sera proposée par personne. Il y a donc désormais force majeure : on peut ne pas améliorer le régime existant; on ne pourrait pas l'abolir. Nous demandons, Messieurs, à la sagesse de la Chambre de l'améliorer un jour, de l'améliorer à la fois dans ses conditions matérielles et dans ses conditions morales. Nous lui demandons, d'une part, de vouloir que la loi de 1833 tienne ses promesses envers les 33 000 instituteurs existants, en leur donnant les moyens d'exister, et, d'autre part, qu'elle tienne ses promesses aussi envers la société, en donnant à ce grand corps une constitution selon sa mission.

Ici deux craintes peuvent s'élever : quelques esprits, justement circonspects, appréhendent que l'instituteur, en ayant du pain, ait plus d'indépendance, ne soit plus disposé à entrer en lutte avec le maire, le curé, le Préfet et le Recteur. Nous avons, Messieurs, une tout autre opinion des effets de l'aisance sur les hommes, et, de plus, deux observations sont à faire : la première, c'est que près de 10 000 instituteurs sont aujourd'hui placés au-dessus des minimum qui seraient fixés par la loi, que personne ne voudrait ramener ceux-là à la misère, qu'il faut bien accepter leur aisance relative, qu'il y a dès lors intérêt à faire de cette aisance, par une classification graduée, la récompense régulière et l'ambition légitime du reste des instituteurs; qu'enfin ces instituteurs privilégiés, dont quelques-uns ont un bien-être réel, puisqu'ils atteignent ou dépassent des traitements de 3 000 francs et plus, prouvent par leur exemple que le bien-être n'entraîne pas les hommes dans une mauvaise voie, et qu'il serait faux de croire que les plus malheureux fussent les plus paisibles. La seconde observation est que le chiffre proposé pour les 23 000 instituteurs, qui sont dans un état voisin de l'indigence, ne les place pas dans des conditions d'indépendance qui soient redoutables; qu'avec 600 francs et une famille, le fardeau de la vie reste lourd à porter; qu'ils seront encore les fonctionnaires les plus mal rétribués de France; que leur situation matérielle sera modifiée, mais que les rapports ne le seront pas. Cette préoccupation, dont nous combattons le principe, ne serait donc pas fondée en fait, et ne saurait faire impression sur la Chambre.

D'autres préoccupations font considérer la loi comme contraire aux intérêts d'un certain ordre d'instituteurs primaires, comme partiale pour les instituteurs laïques, au détriment de ceux qu'un apostolat religieux donne à nos cités et à nos campagnes.

Les nombreux esprits qui préfèrent l'enseignement des frères à tout autre, sans s'être jamais demandé si les frères seraient en nombre suffisant, et pourraient jamais y être, pour desservir, non pas même la totalité, mais seulement une partie notable de nos Écoles, sont à l'état de prévention, sinon d'hostilité, à l'égard du projet de loi. Nous nous expliquerons à ce sujet sans réserve.

Nous pourrions nous expliquer sans dire sur les frères notre pensée : nous la dirons. Trois instituts desservent tout le Royaume; dix desservent des circonscriptions déterminées par les ordonnances; ensemble treize. Ils forment une milice de 3 128 frères qui desservent 1 094 Écoles, en regard de 41 457 Écoles laïques. Dans ces limites relativement si restreintes, ils font un bien immense, ils sont généralement excellents; l'institut notamment de la Doctrine chrétienne mérite, à tous les points de vue, un témoignage d'estime et de satisfaction; tous instruisent en général par l'exemple, aussi bien que par la parole : ils ont su prendre toutes les bonnes méthodes, et ils ne propagent que de salutaires maximes. Napoléon les comprit, comme une pierre de son édifice, dans le décret qui fonda l'Université. Le Gouvernement du Roi s'honore de les avoir soutenus dans des jours difficiles, de les avoir associés, d'une main impartiale et bienveillante, à tous les encouragements. Mais ces frères, si humbles, si dévoués, vêtus de bure, étrangers à tous les intérêts de la famille et à toutes les dissipations de la foule, ces frères qui se servent de famille à eux-mêmes, qui ne vont que trois par trois, se chauffant au même foyer, vivant à la même table, mettant en commun leurs aliments grossiers et leurs jeûnes pieux, exigent pour chacun d'eux les 600 francs qu'on s'étonne de nous voir demander, ou, pour mieux dire, simplement prévoir, en faveur du chef de famille qui remplit le même office, là où précisément trois frères, à cause de la modicité des ressources locales, ne pourraient être entretenus. Le nom des frères qu'on invoque sert donc à bien établir la nécessité, la justice et la modicité de la base proposée.

Mais ce n'est pas tout : en fait il y a autre chose que des instituts religieux dans le vaste service de l'instruction primaire; il y a des instituteurs laïques : ils existaient avant la loi de 1833; ils continueront à exister par elle. Leur nombre est de 32 808, et ce nombre n'est pas destiné à diminuer : car 80 Écoles normales primaires dans le Royaume, qui contiennent 3 042 élèves-maîtres, travaillent incessamment, aux frais des départements, à faire des instituteurs laïques; quelques Conseils généraux sont plus ou moins favorables à cet enseignement; aucun n'a proposé d'abolir les Écoles normales; aucun ne le proposera; elles ne seront pas abolies : elles continueront à répandre chaque année 1 000 instituteurs sur la France, et il y a de plus les aspirants libres et laïques, au nombre de plus de 3 000, qui, chaque année, demandent le brevet aux Commissions d'examen, et environ 500 qui l'obtiennent. Ce ne sont point là des tendances de telle ou telle administration, des théories de tel ou tel homme; ce sont des faits, c'est le fait existant, régnant, qui nous domine tous, et à l'égard duquel nous avons à statuer. La question, nous le disons très haut pour écarter, s'il se peut, des préventions dont nous savons la puissance, la question n'est pas de savoir si l'on préférera l'enseignement laïque à celui des frères, si l'on sacrifiera aux 1 000 frères les 32 000 instituteurs laïques, car personne n'en a la puissance; mais s'il est de l'intérêt de la société, du bon ordre dans l'État, de la bonne discipline de l'instruction primaire, de sa bonne direction, que

32 000 instituteurs laïques meurent de faim sans profit même pour les frères qui coûtent 1 800 francs là où l'on s'étonne que la loi demande 600 francs pour un instituteur séculier. Cette question, nous ne l'examinons pas, on le voit, au point de vue de l'humanité et de la justice, simplement au point de vue de la politique.

Eh bien! dans l'opinion du Gouvernement du Roi, un grand intérêt public, un grand intérêt moral, demande qu'une situation vraiment intolérable trouve le plus tôt possible un terme ; que la très grande inégalité qui existe aujourd'hui dans le traitement des instituteurs, puisqu'ils s'étendent sur une échelle de 250 et 300 francs à 4 000 et plus, donne lieu à une classification méthodique, régulière, qui fasse arriver les instituteurs aux situations les plus favorables, non plus par l'effet du hasard, de la protection, de la brigue, mais graduellement, successivement, par suite des services rendus et de la capacité démontrée; que cette nombreuse milice, en conservant son caractère communal, reconnaisse et ressente l'action de l'autorité, y soit subordonnée, et trouve sous ses auspices la justice distributive, la direction bienveillante après laquelle elle-même soupire; qu'enfin le pouvoir responsable sur qui cette Chambre a tant de moyens légitimes et constitutionnels d'action, puisse répondre à vous, Messieurs, au Roi et au pays, des grands intérêts dont l'instruction primaire se compose, savoir : l'éducation de la grande masse de la nation. Les directions qui lui sont imprimées, les études qui lui sont présentées, les moyens de relever ses destinées par le travail, par l'instruction, par le respect des lois, par la morale, en d'autres termes, par la religion, qui est la morale avec sa sanction divine : voilà, Messieurs, le cercle ouvert réellement à vos délibérations par le projet de loi que nous avons l'honneur de vous présenter. Nous oserions dire qu'aucun ne mérite davantage la sollicitude d'une époque réfléchie comme la nôtre, d'une grande assemblée comme celle qui nous fait l'honneur de nous écouter.

Nous ne saurions trop le dire : c'est avec un regret amer que nous ajournons à des circonstances plus favorables l'application des bases nouvelles que nous vous demanderons, Messieurs, de poser dans la loi. Mais, plus nous sommes affligés de ce retard, plus nous avons attaché d'importance à ne pas ajourner la loi même. Nous ne voulons pas qu'à l'époque prochaine, il faut l'espérer, où le budget de l'État sera en situation d'acquitter cette dette publique, on se trouve en présence de la difficulté d'une loi à faire, d'un système à constituer, de sorte que la question se trouvât éternellement captive dans un cercle vicieux, et qu'un jour l'argent fût refusé parce qu'il y aurait une loi à faire, qu'un autre jour la loi fût remise à des temps meilleurs, parce que le temps présent ne permettrait pas de voter l'argent. Ce sera pour le Gouvernement du Roi une compensation à cet ajournement des crédits, d'avoir pu enfin fixer l'attention de tous les pouvoirs sur la constitution actuelle de l'instruction primaire, sur l'état réel de ce grand service, sur le bien qu'il fait, malgré beaucoup d'obstacles et de préventions contraires, sur celui qu'il pourra faire, quand nous aurons consacré dans son organisation les résultats d'une expérience de quatorze années. Cette expérience, Messieurs, nous ne craignons pas de le dire, a été favorable. Elle atteste que le législateur de 1833 a atteint son but de propager, ou, pour mieux dire, de créer l'instruction primaire parmi nous. Mais elle a fait voir aussi que l'organisation était, à bien des égards, incomplète. C'est aux inconvénients qu'elle a révélés que nous voulons porter remède; nous les signalerons sans hésiter partout où ils ont apparu. Nous les résumerons dans ces deux grands vices : le manque de moyens d'exis-

tence dans l'instituteur, le manque de moyens d'action dans l'autorité; et nous
tenterons avec une égale fermeté de changer à ce double point de vue un état
de choses que nous tenons pour mauvais en soi et préjudiciable à l'État.
Il ne nous reste plus qu'à exposer les détails du système sur lequel vous aurez
à statuer.

Ce projet de loi est divisé en cinq titres. Ils traitent de l'organisation des
Écoles communales, des conditions d'exercice applicables aux instituteurs communaux et aux instituteurs privés, de la nomination des instituteurs communaux, du régime des Écoles communales et des Écoles privées, et des pensions
de retraite des instituteurs communaux.

Le titre Ier a pour objet de procurer aux instituteurs communaux un traitement plus en rapport avec les services qu'ils rendent et avec les besoins de
leur famille. Il tend aussi à mettre dans les mains de l'administration les moyens
de vaincre la force d'inertie qu'opposent encore quelques communes à l'exécution de la loi du 28 juin 1833, à assurer, dans un délai déterminé, l'établissement d'Écoles primaires dans les localités qui en ont été dépourvues jusqu'à
présent; enfin à donner des garanties plus complètes de stabilité à l'existence
des Écoles.

D'après la loi du 28 juin 1833, le traitement des instituteurs dont le minimum est fixé à 200 francs, doit être prélevé d'abord sur les ressources ordinaires de la commune, puis, en cas d'insuffisance, sur le produit de 3 centimes
spéciaux que les communes doivent voter à cet effet; en cas d'insuffisance de
ces ressources communales, sur les revenus ordinaires des départements; puis,
en cas d'insuffisance, sur le produit des 2 centimes que la loi impose à cet effet
au budget départemental; enfin, après épuisement de ces diverses ressources,
sur une subvention fournie par l'État. 8 056 communes atteignent le minimum
du traitement fixe avec leurs ressources ordinaires, 6 750 avec les 3 centimes,
9 891 ont besoin de l'assistance des départements, et 6 830 de l'assistance de
l'État.

Au traitement fixe se joint le produit de la rétribution payée par les élèves.
Cette rétribution varie dans les communes rurales depuis le chiffre de 40 centimes par mois jusqu'à celui de 2 francs. Elle est en moyenne de 1 fr. 50 c.;
elle ne produit pas 200 francs dans 8 891 communes. Cependant, quand le
minimum du traitement fixe est atteint par un prélèvement, soit sur les revenus
ordinaires des communes, soit sur les centimes supplémentaires, dont nous
avons indiqué tout à l'heure la composition, l'État n'a plus à intervenir. Il
arrive que la commune n'épuise pas les ressources que la loi lui permet
d'affecter à l'instruction primaire, que le département n'épuise pas non plus
celles dont il peut disposer; mais le minimum du traitement est atteint; l'obligation légale est remplie : l'État n'a plus le droit d'intervenir et d'apporter son
tribut. La loi ne le lui permet que lorsque le traitement fixe ne s'élève pas au
minimum. C'est donc ce minimum fatal qu'il faut élever pour donner aux instituteurs le pain de chaque jour. Mais, Messieurs, élever ce minimum partout
d'une manière uniforme, sans égard à l'importance et à la richesse de la commune, ne serait-ce pas s'imposer souvent une dépense inutile? Dans de certaines communes, en effet, la rétribution scolaire produit plus de 600 francs,
tandis que dans d'autres elle n'atteint pas 200 francs. (Nous avons vu que
8 891 communes sont dans ce cas.) Ne serait-ce pas donner trop d'un côté et
pas assez de l'autre? Trop, pour ceux qui ont déjà le nécessaire, et pas assez
pour ceux qui sont à peu près réduits au traitement fixe? Nous avons été ainsi
amenés à prendre pour base de nos propositions le montant total du traitement

fixe et éventuel des instituteurs, et à vous demander de leur faire garantir par l'État un minimum pour ces ressources réunies. Quel doit être ce minimum? Sera-t-il le même dans toutes les communes, sans égard aux circonstances locales et aux besoins des instituteurs, qui varient selon l'importance des communes et la richesse des populations au milieu desquelles ils sont appelés à vivre? Nous ne l'avons pas pensé. La division des communes en trois classes, dans chacune desquelles le minimum du traitement sera différent, nous a paru commandée par la nature même des choses. En la proposant, nous cédons à une impérieuse nécessité. Cette division est établie par l'article 1er du projet de loi.

La première classe comprend les Écoles des chefs-lieux de département et d'arrondissement;

La deuxième, les Écoles des chefs-lieux de canton et des communes ou sections de communes, dont la population agglomérée excède 1 500 âmes;

La troisième, les Écoles des communes, réunions de communes ou sections de communes, dont la population agglomérée ne s'élève pas au-dessus de 1 500 âmes.

La première classe, à laquelle l'article 2 de notre projet de loi attache un traitement fixe et éventuel garanti par l'État à la somme de 1 200 francs, comprend 959 Écoles. Dans toutes les villes de cette catégorie, le minimum est atteint et souvent dépassé : il n'y aura donc lieu, pour cette catégorie, à aucune augmentation de dépenses.

La deuxième classe, à laquelle nous proposons d'attacher un traitement minimum de 900 francs, comprend 4 529 Écoles, sur lesquelles 3 017 offrent à l'instituteur un traitement inférieur au minimum. Une somme de 154 000 francs sera suffisante pour élever au minimum de 900 francs le traitement fixe et éventuel des instituteurs de cette catégorie.

La troisième classe, à laquelle nous proposons d'attacher un traitement minimum de 600 francs, comprend 27 058 Écoles. C'est la classe la plus nombreuse, et par conséquent celle qui entraîne les sacrifices les plus considérables. Dans 6 805 communes de cette troisième classe, le minimum de 600 francs est déjà atteint ou dépassé. 20 253 communes de cette catégorie, en tout 23 306 communes, seront donc appelées, soit à voter de nouvelles ressources, soit à recueillir des subventions plus fortes des départements et de l'État. Une somme de 4 424 367 francs sera alors nécessaire, ce qui portera la dépense totale de l'instruction primaire, lorsque le principe dont nous proposons l'adoption sera complètement appliqué, à. . . . . 24 851 852 fr.

Cette dépense n'est aujourd'hui que de. . . . . 20 427 485 lesquels sont supportés, ainsi qu'il suit, par les familles, les communes, les départements et l'État, savoir :

Legs et fondations	167 355 fr.
Rétribution mensuelle	9 623 704
Revenus ordinaires des communes.	4 815 764
Impositions.	3 538 686
Centimes départementaux.	1 617 241
Fonds de l'État	664 735
Total.	20 427 485 fr.

L'augmentation, ainsi que je l'ai dit plus haut, atteindra donc un jour le chiffre de 4 424 367 francs.

Cette somme, Messieurs, ne sera pas entièrement demandée à l'État. Avant de recourir à la subvention qu'il devra fournir, les communes et les départements devront avoir employé intégralement les ressources qu'ils sont autorisés à affecter au service de l'instruction primaire, et qui ont été indiquées tout à l'heure. Cet emploi des revenus ordinaires et des centimes spéciaux des communes produira . . . . 760 252 fr.

Les revenus ordinaires et les centimes spéciaux des départements donneront en plus. 1 017 419

D'un autre côté, des mesures administratives concertées entre M. le Ministre des Finances et moi, devant assurer le recouvrement plus régulier de la rétribution scolaire, on peut sans témérité évaluer l'augmentation de ce produit à. 300 000

L'État n'aura donc plus à fournir, d'ici à quelques années, en sus des 664 735 francs qu'il donne déjà, que la somme de. . . 2 346 696

Somme égale. . . . . . 4 424 367 fr.

Après avoir assuré partout l'existence des instituteurs communaux et complété l'œuvre du législateur de 1833, sans sortir des limites que la loi du 28 juin a posées, il y a lieu de prendre les mesures nécessaires pour que ses efforts ne demeurent pas stériles par suite de la négligence de quelques administrations municipales. La loi du 28 juin 1833 impose à toute commune l'obligation d'entretenir une École, soit par elle-même, soit en se réunissant à une ou plusieurs communes voisines. Il y a encore en France un certain nombre de communes qui se sont soustraites à cette obligation, les unes, sous prétexte qu'elles ne trouvent aucun instituteur qui consente à se fixer dans leur sein, les autres en refusant de se réunir à des communes qui leur paraissent trop éloignées, d'autres, enfin, en déclarant qu'elles n'ont aucun moyen de procurer à l'instituteur un local pour y tenir l'école.

En vertu de la loi du 28 juin 1833, ces communes n'ont pas cessé d'être imposées d'office pour le traitement de l'instituteur dans les limites prescrites par l'article 13 de la loi du 28 juin 1833, et par l'article 3 de la loi du 18 juillet 1836. Le produit de ces impositions d'office, mis en réserve depuis treize ans, formera le premier capital à l'aide duquel ces communes devront satisfaire à la loi. Nous proposons d'attribuer au Préfet le droit, soit de les réunir d'office à d'autres communes, pour l'entretien d'une École, soit de prendre d'office, dans un délai de cinq ans, les mesures nécessaires pour qu'une École primaire élémentaire y soit établie par voie de location, d'acquisition ou de construction. En vous proposant cette mesure, nous ne faisons qu'appliquer à l'établissement des Écoles le droit que la loi du 18 juillet 1837, article 45, confère déjà au Préfet pour le cas où l'administration municipale refuse de faire un des actes auxquels elle est obligée : c'est, à vrai dire, non une extension de pouvoir que nous proposons d'accorder aux Préfets, puisque l'obligation existe pour la commune, et que le Préfet a le droit d'agir à défaut de l'administration municipale pour l'accomplissement de ses obligations, mais une constatation légale de ce droit qui le mettra à l'abri de toute attaque.

Désormais les communes, qui ont opposé aux efforts de l'administration une déplorable force d'inertie, seront donc contraintes d'obéir à la loi; elles ne craindront plus, d'ailleurs, de s'imposer une dépense inutile, puisqu'il n'y aura plus bientôt en France un seul instituteur qui ne jouisse au moins d'un revenu de 600 francs, et que partout cette condition sera acceptable comme premier point de départ, dans une carrière où la fortune n'est pas un but. Ainsi sera réalisé dans un avenir prochain le vœu de la loi de 1833 ; ainsi, dans peu d'années, il n'y aura pas une seule commune en France où l'instruction primaire ne soit mise à la portée des familles, même de celles qui sont le moins favorisées de la fortune.

Le titre II du projet de loi relatif aux conditions d'exercice des instituteurs communaux et des instituteurs privés contient quelques prescriptions nouvelles que l'expérience nous a dictées. Il en est une qui concerne les instituteurs privés, et sur laquelle nous croyons devoir appeler plus particulièrement votre attention.

Aux termes de l'article 4 de la loi du 28 juin 1833, tout Français âgé de dix-huit ans accomplis peut exercer la profession d'instituteur, sans autre condition que de présenter préalablement au maire de la commune où il veut tenir école un brevet de capacité obtenu après examen, et un certificat de moralité délivré sur la déclaration de trois conseillers municipaux, et attestant que l'impétrant est digne de se livrer à l'enseignement.

Cette disposition de la loi a le double inconvénient de ne pas défendre assez la société contre les mauvais instituteurs, et les instituteurs contre l'arbitraire des autorités locales : la société, en ce que le certificat de moralité est rarement refusé à des sollicitations pressantes et personnelles, et que des instituteurs qui ne présentent pas assez de garanties peuvent ainsi parvenir à exercer des fonctions qui ne doivent être remplies que par des hommes d'une moralité éprouvée ; les instituteurs, parce qu'il dépend d'un maire de refuser, par des motifs peu plausibles, le certificat de moralité qui lui est demandé, et de fermer ainsi à un candidat, par suite d'une hostilité mal motivée, la carrière de l'enseignement. Nous proposons de supprimer l'obligation imposée aux instituteurs de présenter un certificat de moralité. Mais, comme il importe de remplacer cette garantie insuffisante par une garantie plus réelle, nous proposons de donner au Recteur de l'Académie le droit de s'opposer, dans l'intérêt des mœurs publiques, à l'ouverture d'une École privée. A cet effet, tout instituteur qui voudra ouvrir une École privée sera tenu d'en faire préalablement la déclaration au Comité d'arrondissement, en déposant : 1° son acte de naissance ; 2° son brevet de capacité ; 3° le plan du local où il se propose de tenir école, ledit plan visé et approuvé par le maire de la commune.

Si le Recteur ne forme pas, dans le délai d'un mois, opposition à l'ouverture de l'École, il sera donné acte de sa déclaration au candidat, qui pourra, sans autre formalité, ouvrir son École. Ainsi seront ménagés les droits de l'instituteur sous le rapport de la liberté de l'enseignement, et les droits non moins sacrés de la société. En substituant, toutefois à l'inutile certificat du maire l'utile opposition du Recteur, nous avons cru devoir, d'une part, limiter le droit d'opposition du Recteur, laquelle ne pourra être élevée que dans l'intérêt des mœurs publiques, et, de l'autre, ouvrir contre cette opposition un recours qui n'existe pas aujourd'hui contre le refus arbitraire du maire. Tout instituteur privé pourra appeler de cette opposition devant le Conseil académique. Mais, Messieurs, en rendant plus accessible à tous et plus libre encore la profession d'instituteur privé, nous avons pensé que, dans l'intérêt des familles, qui nous est si cher, ce n'était pas trop d'exiger que celui qui veut diriger une École ait atteint au moins l'âge de la majorité légale, c'est-à-dire la vingt et unième année, et qu'il ait ainsi déjà acquis un peu de l'expérience et de la maturité qu'on ne peut attendre dans un jeune homme de dix-huit ans.

En assurant aux instituteurs communaux une position meilleure, et en abaissant devant les instituteurs privés l'un des obstacles qu'ils rencontrent souvent dans l'exercice de leur profession, la société a le droit d'exiger d'eux qu'ils se consacrent de plus en plus à l'exercice exclusif de cette profession. Nous déclarons donc, par l'article 11 du projet de loi, la profession d'instituteur incompatible avec l'exercice de toute profession commerciale. Quelques personnes auraient désiré que le cumul des fonctions d'instituteur avec d'autres emplois, tel que celui de secrétaire de mairie, chantre ou sacristain, ne pût pas être toléré. Nous n'avons pas cru devoir aller si loin, non parce que nous aurions ainsi privé les instituteurs de quelques ressources accessoires qui peuvent leur être utiles, mais parce que le cumul est souvent à désirer dans un intérêt public facile à apprécier.

L'instituteur communal est quelquefois le seul qui, dans un petit village, soit en état de tenir avec soin les registres de l'état civil; et tout en désirant forcer ce fonctionnaire à consacrer tout son temps au soin de son École, il faut prendre garde de compromettre d'autres intérêts, et que les inconvénients de cette prohibition absolue n'en dépassent les avantages. Il en est de même des autres fonctions dont l'exercice associe l'instituteur au desservant, et établit entre eux des relations qui peuvent avoir les plus utiles résultats. Il ne saurait en être ainsi des professions commerciales, qui ne peuvent être exercées que dans un intérêt privé, et qui trop souvent, dans les campagnes, en mettant cet intérêt privé en opposition avec les devoirs de fonctionnaire, nuisent à la dignité personnelle et à la considération dont il a besoin d'être entouré.

L'article 12, qui prescrit aux instituteurs communaux l'obligation de n'employer dans les Écoles que des ouvrages approuvés par l'Université, ne change rien à l'état actuel des choses. Cette obligation existe aujourd'hui: elle repose sur les décrets constitutifs de l'Université. Il ne s'agit donc même pas de la remettre en vigueur, car elle n'a jamais cessé d'y être; mais, en l'introduisant dans la loi nouvelle, nous faisons de l'infraction dont elle pourrait être l'objet l'une des fautes qui sont punies par la loi du 28 juin 1833, et nous plaçons hors de toute contestation l'exercice d'un droit que, dans l'intérêt des études et du bon ordre, nous désirons conserver au Gouvernement.

Il eût peut-être été à désirer que cette mesure fût étendue aux Écoles privées, dans lesquelles on trouve trop souvent entre les mains des enfants soit des livres mal faits, destinés à fausser leur jugement, soit des livres dangereux au point de vue de la morale, soit des livres dans lesquels l'histoire, indignement tronquée, est présentée aux enfants de manière à leur inspirer des sentiments contraires à ceux qui doivent animer les bons citoyens; mais nous avons considéré, d'une part, que l'obligation imposée sous ce rapport aux instituteurs privés serait difficilement conciliable avec la liberté de l'enseignement; et de l'autre, qu'il pouvait être utile de laisser cette porte ouverte à toutes les tentatives, à toutes les innovations en fait de méthode d'enseignement. Le Gouvernement ne permettra ces innovations dans les Écoles publiques qu'après que l'expérience en aura constaté le bon résultat. Ce sera là un des meilleurs résultats de la concurrence entre les Écoles publiques et les Écoles privées, concurrence qui ne peut tourner qu'au profit de l'enseignement. Il nous a paru toutefois qu'en laissant aux instituteurs privés la liberté de se servir dans leurs Écoles d'ouvrages autorisés ou non par l'Université, il était utile d'armer la société du droit de leur interdire l'emploi de certains livres qui semblent faits en haine d'elle. Ce droit, nous le conférons aux Comités d'arrondissement, qui, par leur composition, présentent toutes les garanties de sagesse et de modération que l'on peut désirer contre l'arbitraire.

L'article 14 est destiné à maintenir les instituteurs dans le sentiment de leur

profession ; en leur interdisant à tous de prendre d'autres titres que celui qui
leur appartient légalement, d'attribuer aux Écoles qu'ils tiennent d'autres désignations que la désignation légale, nous avons l'intention de donner aux instituteurs modestes les moyens de rivaliser dignement avec ceux d'entre eux qui
seraient tentés de chercher dans les ressources du charlatanisme les succès qui
ne doivent être le prix que d'efforts persévérants et consciencieux.

Nous avons exposé plus haut les considérations qui motivent la division des
écoles par classes. D'autres nous ont également déterminé à vous la proposer.
Je le disais l'année dernière, et je ne puis que le répéter : « Il y a aujourd'hui
« un corps uniforme de 30 000 serviteurs de la chose publique, qui ont le double
« caractère tout à fait étranger à l'ensemble et à l'esprit de nos institutions de
« toute nature. D'une part, ils se trouvent répartis sans cause aucune, sans
« raisons puisées dans le mérite ou les services, dans les examens et le con-
« cours, sans même le motif et la garantie d'un choix supérieur et responsable,
« enfin à peu près par l'effet du hasard, dans les situations les plus diverses et
« les plus inégales. D'autre part, ils n'ont aucune espèce d'avenir : c'est là
« leur seule égalité ; la carrière est murée devant eux, ou plutôt, ce n'est pas
« une carrière ; ils doivent rester où la fortune de leur premier pas les a
« conduits ; et, s'ils en sortent, ce n'est que par l'effet de circonstances pure-
« ment fortuites ou de démarches et d'actions personnelles qui peuvent ne valoir
« pas mieux.

« En effet, les instituteurs laïques, c'est-à-dire 31 979 sur 32 806, procèdent
« de deux origines : ils ont obtenu le brevet, ou après avoir passé par l'École
« normale, ou en se présentant librement aux examens. Dans l'une et l'autre
« situation, rien ne les désigne au choix des Conseils municipaux qui ont un
« emploi à remplir ; et quand ils sont parvenus à se faire nommer à un poste
« vacant, les uns quelquefois de plein saut dans les conditions les plus élevées,
« les autres, souvent avec un mérite réel, dans les conditions les plus défavo-
« rables, rien non plus ne désigne naturellement les derniers pour obtenir les
« postes mieux rétribués qui viennent à vaquer près ou loin d'eux. On com-
« prend tous les résultats fâcheux du double caractère que nous venons de
« signaler. L'immobilité du corps entier n'est pas tellement absolue qu'elle
« exclue l'agitation et l'inquiétude, et cependant elle est tellement générale
« qu'elle entretient le découragement, quand ce n'est pas le mécontentement,
« dans des esprits la plupart du temps jeunes et actifs. C'est, de tous points,
« une condition mauvaise ; mauvaise pour la conduite des Écoles, mauvaise
« pour la constitution de cette partie importante du corps enseignant, mauvaise
« pour la société. Le mouvement ascendant est propre à la société française ;
« il est dans ses institutions et dans son génie. Prétendre le supprimer dans
« un corps de 30 ou 40 000 serviteurs de l'État, qui entrent dans la carrière
« entre seize et vingt-huit ans, c'est-à-dire à l'époque la plus animée de la vie,
« c'est une tentative vaine. On risquerait de faire quitter la carrière, après
« quelques années, à un très grand nombre d'instituteurs, qui ensuite trouve-
« raient difficilement un emploi, et seraient un grand embarras pour la société.
« Et ceux qui resteraient attachés à la profession pour laquelle ils ont fait le
« sacrifice de leurs premières années y seraient découragés, agités et mécon-
« tents. On ne sert pas bien dans de telles conditions. Instituer le mouvement
« ascendant et le régulariser, l'établir dans de telles conditions que l'avance-
« ment toujours très restreint soit assuré aux bons services et au mérite, faire
« que chacun ait des perspectives possibles, naturelles et légitimes, bien que
« rares, voilà ce qui nous paraît conforme à tous les intérêts, digne du temps

« où nous sommes, indiqué par l'esprit général de nos mœurs et de nos lois ;
« voilà ce que nous demandons à la loi présente d'établir. »

A cet effet, nous proposons de décider que, pour les emplois de première
et de deuxième classe, les Conseils municipaux devront choisir leurs candidats,
soit parmi les instituteurs qui appartiennent depuis trois ans au moins à la
classe immédiatement inférieure, et qui ont obtenu une des médailles d'encouragement qui se distribuent chaque année, ou deux mentions honorables, soit
parmi les instituteurs privés exerçant dans la commune depuis trois ans au
moins, s'il s'agit d'une École de seconde classe, ou depuis six ans, s'il s'agit
d'une École de première classe. Cette obligation ne pourra être considérée
comme une entrave à la liberté du choix de ces Conseils municipaux, puisque
le nombre des candidats sera toujours assez considérable ; elle assurera aux
instituteurs l'avancement dont ils se seront rendus dignes, et elle sera pour la
population des communes une précieuse garantie, puisqu'elle donnera la certitude de n'avoir à la tête de leurs Écoles que des candidats déjà éprouvés et
favorablement notés.

La loi du 28 juin 1833 n'exige réellement du Conseil municipal que la présentation d'un seul candidat pour chaque place vacante. Des conflits assez
fréquents s'élèvent à ce sujet entre les Conseils municipaux qui présentent et
les Comités d'arrondissement qui nomment. Le candidat unique présenté par le
Conseil municipal, quelquefois repoussé par le Comité d'arrondissement, et
reproduit par le Conseil municipal, devient l'occasion de dissentiments, qui, en
détruisant la bonne harmonie, tournent souvent au préjudice de l'instruction
primaire.

Pour éloigner ces cas fâcheux de dissentiments, nous proposons d'obliger les
Conseils municipaux à présenter deux candidats, et de donner au Ministre de
l'Instruction publique le droit de nommer à la place vacante, lorsque, malgré
cette précaution, un Conseil municipal persistera dans son choix et un Comité
d'arrondissement dans son refus. En faisant intervenir le Ministre de l'Instruction publique pour l'institution des instituteurs communaux, la loi du 28 juin 1833
n'avait pas prévu le cas que je viens de vous signaler. Il serait résulté de cet
état de choses, si le Ministre n'avait pas administrativement résolu la difficulté,
qu'un assez grand nombre de communes se seraient trouvées sans instituteurs.
Vous n'hésiterez pas à sanctionner une disposition qui est dictée par la nature
des choses, et qui a, d'ailleurs, l'avantage d'un fait acquis. Il en sera de même,
je n'en doute pas, de la disposition qui permet au Comité d'arrondissement de
nommer d'office à toute place d'instituteur communal vacante, à défaut de
présentation de candidats par un Conseil municipal dans un délai d'un mois.
Vous adopterez ainsi une disposition qui est le complément nécessaire, obligé,
de celle que j'ai eu l'honneur de vous exposer tout à l'heure, et qui a pour but
de contraindre les communes à se pourvoir d'une maison d'école.

Le titre IV du projet de loi contient un certain nombre de dispositions réglementaires dont l'utilité a été souvent reconnue. Ainsi, l'inspection des Écoles
appartient de droit aux délégués des Comités et aux Inspecteurs : aux premiers,
d'après les termes de la loi du 28 juin 1833, et aux seconds, d'après les termes
du décret du 17 mars 1808, et des ordonnances rendues postérieurement à la
loi de 1833, lesquelles ont, depuis, été sanctionnées tous les ans par les lois
de finances. Il est bon, cependant, de formuler ce droit dans un texte précis,
qui doit servir à fixer, dans de certains cas, la juridiction de l'instruction primaire.

L'article 24 nous paraît une conséquence naturelle de l'article 23 de la loi du

28 juin 1833, lequel donne aux Comités le droit de révoquer, pour négligence habituelle ou faute grave, les instituteurs communaux. Cette disposition a, évidemment, pour objet d'éloigner d'une commune un instituteur qui compromet l'instruction des enfants par sa négligence, ou dont la conduite doit être pour eux d'un fâcheux exemple. Il arrive, cependant, quelquefois, qu'un instituteur révoqué continue de se livrer à l'enseignement comme instituteur privé dans la même commune. Fort de l'appui de quelques conseillers municipaux, il obtient, sans difficulté, un certificat de moralité, et non seulement il brave l'autorité, dont l'amour du bien se trouve ainsi complètement paralysé, mais encore il fait à l'École communale une concurrence ruineuse, et son École privée devient, pour la commune, une cause de divisions et de troubles. Rien n'est plus déplorable, au point de vue de la morale publique, que ce spectacle donné à l'enfance par un instituteur qui a été frappé par un Comité composé des personnes les plus honorables de l'arrondissement, et qui continue sous leurs yeux, en apparence avec impunité, l'exercice de l'enseignement ; nous reconnaissons, toutefois, que, dans quelques circonstances, cet état de choses n'a pas les mêmes inconvénients. Aussi proposons-nous de décider que l'instituteur communal révoqué ne pourra exercer dans la même commune ou dans le même arrondissement qu'avec l'autorisation du Comité d'arrondissement. Cette mesure ne doit pas être considérée comme une aggravation de peine, mais seulement comme la sanction de l'article 23 de la loi du 28 juin 1833.

Aux termes de cet article, l'instituteur communal frappé de révocation, peut se pourvoir devant le Ministre de l'Instruction publique, en Conseil royal, dans le délai d'un mois. Presque tous les instituteurs révoqués usent de cette faculté ; et assez souvent leurs pourvois sont admis par le Conseil royal, après avis des Recteurs des Académies. Mais, je ne puis dissimuler ici qu'un seul degré de juridiction n'offre une garantie suffisante ni à l'instituteur révoqué, ni à la société. Le Comité d'arrondissement, avant de prononcer, se livre à une enquête sur les faits pour lesquels l'instituteur est traduit devant lui. Le Conseil royal de l'Université n'est, en quelque sorte, saisi de la question que sous le rapport de la forme. En effet, son opinion ne peut s'établir que sur les pièces qui ont motivé la détermination du Comité. Il ne peut se livrer par lui-même à une nouvelle instruction de l'affaire ; tout ce qu'il peut faire, c'est d'examiner si les faits admis par le Comité d'arrondissement sont suffisamment constatés, et si le Comité a fait une juste application des peines prévues par la loi. En transportant au Conseil académique le droit de juger en premier ressort les pourvois des instituteurs, on arriverait nécessairement à une appréciation plus approfondie et souvent plus exacte des faits. Le Conseil académique pourrait entendre, lorsqu'il le jugerait nécessaire, l'instituteur révoqué ou ses témoins. Les jugements qu'il rendrait seraient ainsi le plus souvent acceptés par les intéressés, et les affaires qui seraient, en dernier ressort, portées devant le Conseil royal, y arriveraient avec une double instruction, qui en rendrait l'examen plus facile et plus sûr. Cette modification, peu importante d'ailleurs au point de vue de l'organisation générale de l'instruction primaire, est l'objet de l'article 22.

Par le même article, nous proposons de donner au Recteur de l'Académie le droit d'appeler des jugements des Comités ; c'est un devoir nouveau dont nous demandons d'armer l'autorité académique. Sans doute, Messieurs, cette autorité n'y aura pas souvent recours. Il est arrivé cependant plusieurs fois que des Comités, cédant aux sentiments d'une bienveillance mal fondée, ont absous des instituteurs ou leur ont infligé des peines légères, alors que, par leur conduite, ils auraient mérité d'être sévèrement punis. Il importe, dans ce cas, que l'autorité rectorale puisse appeler de ces jugements devant le Conseil académique, et en dernier lieu devant le Conseil royal.

Le complément nécessaire des mesures que nous avons eu l'honneur de vous proposer pour donner à l'instruction primaire une plus forte constitution, c'est la création d'une caisse de retraite pour les instituteurs communaux. Déjà, Messieurs, l'ancien Gouvernement s'était préoccupé de cette nécessité, et une ordonnance royale du 14 février 1830 l'avait reconnue en principe. En 1833, il a été de nouveau question d'accorder aux instituteurs la récompense de leurs longues années de travail; mais on se trouvait alors en présence d'un personnel considérable, qui ne pouvait concourir efficacement à la formation d'une caisse de retraite, et qu'il aurait fallu exclure de toute participation au bénéfice de la nouvelle loi. On se borna à la création des caisses d'épargne et de prévoyance; mais l'insuffisance de cette création n'est que trop facile à démontrer. Depuis treize ans que ces caisses fonctionnent et capitalisent tous les six mois les intérêts du produit de la retenue faite sur les traitements des instituteurs, ceux de ces fonctionnaires qui n'ont que 200 francs de traitement, et il n'y en a qu'un trop grand nombre, ne possèdent encore qu'un capital de 152 fr. 10. Calculez, Messieurs, d'après cette proportion, la somme que ces mêmes instituteurs retireront des caisses d'épargne, lorsque l'âge et les infirmités les éloigneront de leurs fonctions, et vous serez affligés du sort qui attend la plupart de ces hommes si honorables dans leur humble condition.

Il n'est personne de nous, Messieurs, qui n'ait été frappé de l'état de misère où se trouvent en ce moment plongés un grand nombre de vieux instituteurs. Après avoir dépensé en quelques mois la faible somme déposée par eux dans les caisses d'épargne, ils sont pour la plupart réduits littéralement à la mendicité, et je reçois journellement des demandes qu'ils forment à l'effet d'obtenir leur admission dans les hospices ou dans les dépôts. Malheureusement ces maisons ne s'ouvrent, la plupart du temps, qu'aux individus nés dans ces départements, et les pauvres instituteurs jetés par leur mauvaise fortune loin du lieu de leur naissance n'ont pas même la ressource d'aller mourir à l'hôpital. Cet état de choses, Messieurs, n'est pas digne de notre pays; il n'est pas digne de notre époque. La France, c'est un noble principe, doit à ceux qui la servent dignement une récompense proportionnée à leurs services. Cette récompense nous la trouvons dans l'établissement d'une caisse de retraite.

Nous n'ignorons pas, Messieurs, les objections graves qu'a rencontrées, à une autre époque, l'admission des instituteurs à la pension de retraite. Ces objections étaient fondées: car l'État, à qui on imposait alors une charge énorme, succombait, en quelque sorte, sous le poids des obligations du même genre que les circonstances l'avaient forcé de contracter. Aujourd'hui, la situation est loin d'être la même. Les instituteurs se présentent avec une première mise de 3 925 000 francs, produit des fonds déposés dans les caisses d'épargne et de prévoyance, capital considérable qui, placé en rentes sur l'État à 4 pour 100, donnera un revenu de 157 000 francs, auquel s'adjoindra annuellement le produit capitalisé de ladite rente et des retenues annuelles faites sur les traitements des instituteurs jusqu'en 1865, époque à laquelle la caisse commencera à payer des pensions, et à laquelle elle jouira d'un revenu annuel de 3 496 483 francs. Or, cette somme sera plus que suffisante pour servir les pensions de retraite des instituteurs primaires dans les conditions et sous les réserves contenues dans le projet de loi.

Et d'abord, tout le système du projet repose sur ce principe, que nul ne pourra obtenir une pension de retraite, s'il n'a versé annuellement pendant trente ans dans la caisse de retraite le vingtième de son traitement.

Le principe posé, nous n'y faisons d'exception qu'en faveur des instituteurs éloignés prématurément de leurs fonctions, et en faveur des veuves ou orphelins.

Hâtons-nous d'ajouter que, malgré ces exceptions, le fonds de retraite permettra toujours d'accorder aux instituteurs une pension de retraite égale à la moitié du traitement moyen dont ils auront joui pendant leurs cinq dernières années d'exercice, et que la caisse fera encore tous les ans des économies considérables, qui, converties annuellement en rentes sur l'État, en assureront de plus en plus la prospérité. Je n'ai pas à vous exposer ici les calculs rigoureux qui ont été faits à ce sujet dans la supposition des chances les moins favorables, et qui ont été soumis à M. le Ministre des Finances; qu'il me suffise de vous donner la certitude qu'en aucun cas l'État ne sera appelé à secourir la caisse des retraites des instituteurs, et que cette immense amélioration, que les instituteurs appellent de leurs vœux les plus ardents, s'effectuera par le seul fait d'une bonne et sage organisation, sans qu'il en coûte aucun sacrifice au pays.

Telles sont, Messieurs, les dispositions principales du projet de loi que nous avons l'honneur de soumettre à vos méditations. Nous osons espérer qu'elles obtiendront votre approbation, parce qu'elles ont pour but d'assurer partout l'accomplissement d'une œuvre qui sera l'une des gloires de notre Gouvernement et de notre époque.

2° Projet de loi.

LOUIS-PHILIPPE, etc.,

Nous avons ordonné et ordonnons que le projet de loi, dont la teneur suit, sera présenté en notre nom, à la Chambre des Députés, par notre Ministre secrétaire d'État au département de l'Instruction publique, Grand-Maître de l'Université de France, que nous chargeons d'en exposer les motifs et d'en soutenir la discussion.

TITRE Ier.

Organisation des Écoles primaires communales.

ARTICLE 1er. — Les Écoles primaires communales, soit du degré élémentaire, soit du degré supérieur, sont divisées en trois classes, qui comprennent :

La première, les Écoles des chefs-lieux de département et d'arrondissement;

La deuxième, les Écoles des chefs-lieux de canton, et des communes ou des sections de commune, dont la population agglomérée excède 1 500 âmes;

La troisième, les Écoles des communes, des réunions de communes ou des sections de communes, dont la population agglomérée ne s'élève pas au-dessus de 1 500 âmes.

ART. 2. — Le traitement des instituteurs communaux, soit du degré élémentaire, soit du degré supérieur, se compose :

1° Du traitement municipal, dont le minimum est déterminé par l'article 12 de la loi du 28 juin 1833, et qui portera à l'avenir le nom de rétribution municïpale;

2° De la rétribution des familles, ou rétribution scolaire, instituée par l'article 14 de ladite loi.

Le minimum du traitement total, ainsi composé, sera fixé comme il suit :

Instituteurs élémentaires :

3e classe.	600 fr.
2e classe.	900
1re classe.	1 200
Paris	1 500

Instituteurs supérieurs :

3e classe.	900 fr.
2e classe.	1 200
1re classe.	1 500
Paris	2 000

ART. 3. — Si le minimum de traitement déterminé en l'article précédent n'est pas atteint par le montant de la rétribution scolaire ajouté à la rétribution municipale telle qu'elle est fixée par la loi de 1833, ladite rétribution municipale sera élevée jusqu'à ce minimum, au moyen de la partie restée disponible des revenus ordinaires des communes, et, à défaut de ressources sur les revenus ordinaires, au moyen de la partie qui serait restée disponible sur les centimes communaux affectés à l'instruction primaire par la loi de 1833 et par l'article 3 de la loi du 18 juillet 1836.

En cas d'insuffisance, il sera pourvu à cette dépense sur les fonds des départements, dans les limites des articles 13 de la loi du 28 juin 1833, et 3 de la loi du 18 juillet 1836.

En cas d'insuffisance, il sera pourvu au surplus sur les fonds de l'État, conformément audit article 13 de la loi du 28 juin 1833, et dans les termes de l'article dernier de la présente loi.

ART. 4. — Le taux de la rétribution scolaire est annuellement fixé, sur la proposition du Conseil municipal et après avis du Comité d'arrondissement, par le Préfet en Conseil de préfecture.

La liste des élèves, qui seront admis gratuitement dans les Écoles primaires, est approuvée dans la même forme par le Préfet.

ART. 5. — Dans toute commune dont les ressources disponibles sont suffisantes pour satisfaire aux prescriptions de la présente loi sans subvention du département ou de l'État, le Conseil municipal peut rendre l'instruction primaire gratuite, en substituant à la rétribution scolaire un supplément de traitement fixe, qui élève au moins ce traitement au minimum déterminé en l'article 2.

ART. 6. — Des cours spécialement destinés aux adultes, et comprenant, en totalité ou en partie, les matières de l'enseignement primaire, soit du degré élémentaire, soit du degré supérieur, peuvent être ouverts, le soir et le dimanche, dans les Écoles communales, sur la demande du Conseil municipal, ou avec son autorisation.

Le taux de la rétribution à payer par les élèves desdits cours sera fixé conformément au paragraphe 1er de l'article 4 de la présente loi.

Si la classe d'adultes est ouverte sur la demande du Conseil municipal, et si le produit de la rétribution scolaire ne s'élève pas au quart du minimum de traitement déterminé par l'article 2 de la présente loi, le Conseil municipal sera tenu d'élever dans la proportion ci-dessus indiquée le traitement de l'instituteur, et d'allouer, à cet effet, une subvention spéciale sur les ressources disponibles de la commune.

ART. 7. — Les Préfets, sur le rapport des Inspecteurs primaires, peuvent d'office, après avoir pris l'avis des Conseils municipaux et des Comités d'arrondissement, prononcer en Conseil de préfecture la réunion de plusieurs communes pour l'entretien d'une École primaire élémentaire.

Ils fixent, en Conseil de préfecture, la part pour laquelle les communes ainsi réunies contribuent aux dépenses d'entretien de l'École, proportionnellement au montant du principal de leurs impositions directes.

ART. 8. — Dans toute commune ou réunion de communes, où les dispositions de l'article 9 et du paragraphe 1er de l'article 12 de la loi du 28 juin 1833 n'ont pas encore reçu leur exécution, le Préfet, en vertu de l'article 15 de la loi du 18 juillet 1837, prendra d'office, dans un délai de cinq ans, les mesures nécessaires pour que l'École élémentaire communale soit établie, par voie de location, d'acquisition ou de construction, aux frais de la commune ou des communes réunies, dans un local convenablement disposé, tant pour servir d'habitation à l'instituteur que pour recevoir les élèves.

ART. 9. — A l'avenir, tout engagement contracté par les communes ou par les Conseils généraux pour l'instruction publique de tous les degrés, et dûment autorisé, constituera une dépense obligatoire. En conséquence, il y sera pourvu, conformément aux dispositions établies par les lois du 10 mai 1838 et du 18 juillet 1839, relativement à l'inscription d'office des dépenses reconnues obligatoires, à moins que le Ministre de l'Instruction publique n'autorise une dérogation auxdits engagements.

TITRE II.

Conditions d'exercice applicables aux instituteurs communaux et aux instituteurs privés.

ART. 10. — Tout Français âgé de vingt et un ans, et n'ayant encouru aucune des incapacités déterminées par la loi du 28 juin 1833, est en droit d'ouvrir une École privée, sans autre formalité ou condition que d'en faire préalablement la déclaration au Comité d'arrondissement, et d'y déposer :

1° Son acte de naissance ;

2° Son brevet de capacité ;

3° Le plan du local où il se propose de tenir école, ledit plan visé et approuvé par le maire de la commune.

Si, dans un délai d'un mois, le Recteur n'a pas élevé d'opposition devant le Comité d'arrondissement, il est donné acte de la déclaration, et l'École est ouverte.

L'opposition du Recteur ne peut être élevée que dans l'intérêt des mœurs publiques.

Si la partie conteste l'opposition du Recteur, le Comité d'arrondissement

36.

donne son avis, et l'affaire est portée devant le Conseil académique, qui statue dans le délai d'un mois.

Si le maire a refusé l'approbation du plan des lieux voulue par le paragraphe 3 du présent article, il sera statué à cet égard par le Préfet en Conseil de préfecture.

Les jeunes gens, pourvus du brevet de capacité, peuvent être employés dans toute École communale ou privée, à titre de sous-maître, ou à tout autre, quel que soit leur âge.

Art. 11. — L'exercice de la profession d'instituteur primaire est incompatible avec l'exercice de toute profession commerciale.

Art. 12. — Les instituteurs communaux ne peuvent employer dans leurs Écoles que des livres dont l'usage a été autorisé par le Ministre de l'Instruction publique, ou qui ont été approuvés, en fait d'enseignement religieux, soit par l'évêque diocésain, soit par le Consistoire.

Les instituteurs privés, indépendamment des ouvrages ci-dessus, peuvent employer les livres dont l'usage n'aura pas été défendu par une décision spéciale du Comité d'arrondissement. Toute contravention à cette défense sera punie comme il est dit à l'article 22.

Art. 13. — Le chant, compris, aux termes de la loi du 28 juin 1833, dans le programme de l'instruction primaire supérieure, fera également partie de l'enseignement dans toutes les Écoles primaires élémentaires. Des notions de dessin linéaire y seront aussi comprises.

Art. 14. — Les instituteurs, soit communaux, soit privés, ne peuvent prendre d'autres titres que celui qui leur est assigné par la loi, et donner à leurs Écoles d'autre désignation que celle d'Écoles communales ou privées du degré élémentaire ou supérieur.

Art. 15. — Les instituteurs primaires du degré élémentaire ne peuvent recevoir dans leurs Écoles des élèves âgés de moins de six ans et de plus de quatorze ans accomplis.

Dans les communes ou il n'y a ni salles d'asile, ni Écoles primaires supérieures, le Comité d'arrondissement peut autoriser les instituteurs du degré élémentaire à recevoir des élèves de l'âge de cinq à quinze ans accomplis.

Les instituteurs primaires supérieurs ne peuvent recevoir dans leurs Écoles des élèves âgés de moins de treize ans, et de plus de dix-huit ans accomplis.

Des autorisations particulières et individuelles peuvent être accordées par le Comité local de surveillance pour les élèves qui n'ont pas atteint l'âge ci-dessus, ou qui l'ont dépassé.

Nul instituteur ne peut recevoir dans un cours d'adulte des élèves âgés de moins de quinze ans.

TITRE III.

Nomination des instituteurs communaux.

Art. 16. — Lorsqu'il y a lieu de pourvoir à un emploi d'instituteur communal de troisième classe, le Conseil municipal présente deux candidats, qu'il choisit, soit parmi les élèves des Écoles normales, soit parmi tous autres aspirants, pourvus du brevet de capacité. Les instituteurs en fonctions, soit communaux, soit privés, peuvent toujours être compris dans les présentations.

Le Comité d'arrondissement nomme l'un des deux candidats dans les termes de la loi du 28 juin 1833.

Lorsqu'il y a lieu de pourvoir à un emploi d'instituteur communal, soit de deuxième classe, soit de première, le Conseil municipal présente au Comité d'arrondissement deux candidats, qu'il choisit parmi les instituteurs qui appartiennent, depuis trois ans au moins, à la classe immédiatement inférieure, et qui ont obtenu, soit une des médailles d'encouragement qui se distribuent chaque année, soit deux mentions honorables. Il est procédé à la nomination comme il est dit au paragraphe 2 du présent article.

ART. 17. — Les instituteurs privés, qui exercent dans la commune, peuvent également être choisis comme candidats, sous la condition qu'ils soient établis dans la commune depuis trois ans, s'il s'agit d'être appelés à une École communale de seconde classe, ou qu'ils comptent six ans d'exercice, s'il s'agit d'une École de première classe.

ART. 18. — Si, dans un délai d'un mois, le Conseil municipal, dûment mis en demeure, n'a pas fait de présentations, le Comité d'arrondissement nomme directement, dans les conditions voulues, à toute place d'instituteur vacante.

Dans le cas où le Comité d'arrondissement refuse de nommer entre les candidats présentés par le Conseil municipal, le Conseil municipal est immédiatement appelé à en délibérer.

Si le Conseil municipal persiste dans son choix, et si, ensuite, le Comité d'arrondissement persiste dans son refus, il en est référé, par le Recteur de l'Académie, au Ministre de l'Instruction publique, qui nomme.

TITRE IV.

Du régime des Écoles communales et des Écoles privées.

ART. 19. — Les instituteurs communaux ne sont institués à titre définitif, par le Ministre de l'Instruction publique, que lorsqu'ils sont entrés dans leur vingt-cinquième année. Le Ministre les autorise jusque-là à titre provisoire.

Les instituteurs communaux sont soumis aux mêmes autorités et à la même discipline que les membres de l'Université, sans préjudice de la juridiction et de la pénalité instituée par la loi du 28 juin 1833.

ART. 20. — Les Écoles communales et les Écoles privées sont ouvertes en tout temps aux délégués des Comités locaux, des Comités d'arrondissement et du Ministre de l'Instruction publique, sous les peines prévues en l'article 22.

ART. 21. — L'Inspecteur de l'instruction primaire, et, à son défaut, le sous-inspecteur désigné par le Ministre, est membre du Comité d'arrondissement avec voix délibérative.

ART. 22. — Toute contravention commise par un instituteur communal aux dispositions des articles 11, 12, 14, 15 et 20 de la présente loi constitue le cas de faute grave, prévu par l'article 23 de la loi du 28 juin 1833.

Tout instituteur communal suspendu ou révoqué de ses fonctions, en exécution de l'article 23 de la loi du 28 juin 1833, peut, dans le délai de huit jours, appeler du jugement du Comité d'arrondissement devant le Conseil académique, et, en dernier ressort, devant le Conseil royal de l'Université, dans les cas de révocation.

L'Inspecteur primaire du département peut, dans le délai de quinze jours, interjeter appel devant le Conseil académique, avec faculté de pourvoi pour l'instituteur, comme il est dit ci-dessus, en cas de révocation, des jugements prononcés par le Comité d'arrondissement à l'égard des instituteurs communaux.

ART. 23. — En cas de contravention par un instituteur privé aux dispositions des articles 11, 12, 14, 15 et 20 de la présente loi, le Comité d'arrondissement, par une délibération spéciale, adresse audit instituteur privé un avertissement disciplinaire.

Si, dans un délai de trois jours, l'instituteur n'a pas déféré à l'avertissement, il est traduit devant le Conseil académique, qui lui applique, s'il y a lieu, la peine de la réprimande, ou le renvoie devant le tribunal de première instance. Le tribunal prononce une amende de 50 à 200 francs. L'École peut être fermée.

ART. 24. — Tout instituteur communal suspendu ou révoqué ne peut exercer comme instituteur privé dans la même commune, ou dans le même arrondissement, qu'avec l'autorisation du Comité d'arrondissement.

En cas de contravention, l'École est fermée, et le contrevenant est puni des peines prévues en l'article 6 de la loi du 28 juin 1833.

TITRE V.

Pension de retraite des instituteurs communaux.

ART. 25. — Il est fait sur le traitement des instituteurs communaux une retenue du vingtième pour former une caisse de retraite.

ART. 26. — Tout instituteur communal âgé de soixante ans et comptant au moins trente années de service, pendant lesquelles la retenue du vingtième a été exercée sur son traitement et versée à la caisse des retraites, a droit à une pension égale à la moitié du traitement moyen dont il a joui pendant les cinq dernières années de service.

ART. 27. — Les instituteurs communaux que des infirmités contractées dans l'exercice de leurs fonctions rendent incapables de les continuer, peuvent obtenir une pension égale au sixième de leur traitement, lorsqu'ils ont au moins dix années de service. Cette pension s'accroît d'un centième dudit traitement pour chaque année de service au-dessus de dix ans.

ART. 28. — Les veuves des instituteurs décédés en activité de service, ou en possession d'une pension de retraite, peuvent obtenir une pension égale au tiers de celle à laquelle avait droit leur mari, ou dont il jouissait.

Cette pension ne peut leur être accordée qu'autant qu'elles sont mariées depuis plus de cinq ans. Elles cessent d'en jouir si elles contractent un nouveau mariage.

Si les instituteurs ne laissent pas de veuve, mais seulement des orphelins, il peut être accordé à ceux-ci des pensions de secours jusqu'à ce qu'ils aient atteint l'âge de seize ans.

Ces pensions, dont la quotité est fixée relativement à leur nombre, ne peuvent excéder, pour tous les enfants ensemble, la moitié de celle à laquelle leur père avait droit ou dont il jouissait.

ART. 29. — L'admission à la retraite est prononcée par le Ministre de l'Instruction publique; et la pension est liquidée dans les formes adoptées pour les membres de l'Université.

Le titre d'instituteur émérite peut être conféré par le Ministre à tout instituteur communal admis à la retraite après trente ans de services.

ART. 30. — Le temps d'exercice dans l'instruction primaire compte aux instituteurs communaux, pour établir leurs droits à la pension de retraite dans tout autre service public, s'ils ont rempli au moins pendant dix ans les fonctions de l'enseignement, et obtenu un *exeat* régulier, et s'ils produisent un certificat de bons services du Ministre de l'Instruction publique.

ART. 31. — Les instituteurs communaux, en fonctions au moment de la promulgation de la présente loi, et qui étaient âgés de moins de trente ans lorsque la retenue du vingtième a commencé à être exercée sur leur traitement, pourront être admis à jouir du bénéfice de la pension de retraite, pourvu qu'ils remplissent les conditions déterminées en l'article 26.

En conséquence, les fonds appartenant à ces instituteurs, qui se trouvent dans la caisse d'épargne et de prévoyance, seront versés immédiatement à la caisse des dépôts et consignations pour le compte de la caisse des retraites.

ART. 32. — Les instituteurs communaux auxquels sont applicables les dispositions de l'article précédent subiront, en sus de la retenue prescrite par l'article 25, une retenue supplémentaire égale : 1° au vingtième de la différence qui existe entre leur nouveau traitement et celui dont ils jouissaient antérieurement ; 2° au montant des intérêts cumulés que cette retenue aurait produits, si elle avait été exercée annuellement avant la promulgation de la présente loi.

La retenue supplémentaire sera exercée pendant un nombre d'années égal au nombre des années de service antérieures à 1848, sans toutefois pouvoir excéder quatorze ans.

ART. 33. — La caisse d'épargne et de prévoyance, établie par l'article 15 de la loi du 28 juin 1833, est maintenue pour les instituteurs communaux qui étaient âgés de plus de trente ans, lorsque la retenue du vingtième a commencé à être exercée sur leur traitement.

Un crédit sera temporairement ouvert au Ministre de l'Instruction publique pour accorder des secours à ceux de ces instituteurs qui, forcés par l'âge ou les infirmités de quitter l'enseignement, seront dénués de moyens d'existence. Ces secours ne pourront excéder 100 francs pour ceux qui auront plus de trente ans de service, et 50 francs pour ceux qui n'auront que de quinze à trente ans de services.

ART. 34. — Les dispositions des articles 25, 26, 27, 28, 29, 30, 31, 32 et 33 de la présente loi sont applicables aux directeurs d'Écoles normales et aux maîtres adjoints de ces Écoles qui sont pourvus du brevet de capacité pour l'instruction primaire.

Dispositions transitoires.

ART. 35. — Il sera pourvu au surcroît de dépense mis à la charge de l'État par les dispositions de la présente loi, au moyen d'allocations successives, qui seront ultérieurement portées au budget et réparties entre les instituteurs, en commençant par ceux de troisième classe, et en second lieu, par ceux de seconde classe, dont le traitement sera le plus loin des fixations de la présente loi.

Les suppléments d'allocation qui pourront être demandés aux communes et aux départements, en vertu de l'article 3, ne seront exigibles qu'aux mêmes époques et dans les mêmes proportions que les allocations supplémentaires qui seront portées au budget de l'État.

La retenue supplémentaire, prescrite par l'article 32 au profit de la caisse des retraites, sera continuée sur le traitement des instituteurs communaux, jusqu'à l'époque où le minimum dudit traitement aura pu être complété par les annuités successives mentionnées ci-dessus.

Avis relatif à la séparation, dans les Écoles primaires, des enfants appartenant à des cultes différents. 11 mai 1847.

11 Mai 1847.

La Section,

Vu l'arrêté ministériel du 15 octobre 1834, qui a érigé en Écoles communales les Écoles privées catholiques et protestantes de la commune de Müttershalz (Bas-Rhin);

Vu le rapport de M. le Recteur de Strasbourg, en date du 28 janvier 1845, par lequel ce fonctionnaire fait connaître que le Conseil municipal, après s'être conformé à cette décision, a supprimé, de son chef, l'École catholique, qui ne comptait que 42 élèves, pour la réunir à l'École protestante, qui en avait 240;

Vu la proposition de M. le Recteur, tendant à ce que l'autorité supérieure prescrive le retour à l'arrêté du 15 octobre 1834, ensemble les avis conformes du Comité supérieur et de l'Inspecteur primaire;

Vu la délibération du Conseil municipal de Müttershalz en date du 10 août 1846, tendant à ce que : 1° les enfants de l'École mixte soient séparés par culte ; 2° que l'École privée israélite de la même commune soit déclarée École communale ;

Vu, sur cette dernière demande, les avis du Comité supérieur, du Préfet du Bas-Rhin, du Recteur de Strasbourg et de l'Inspecteur des Écoles primaires, ensemble le rapport détaillé de M. le Préfet du 31 décembre 1846 ;

Vu la loi du 28 juin 1833 ;

Considérant que l'arrêté précité du 15 octobre 1834 n'a pas été rapporté, et que M. le Préfet est le meilleur juge des circonstances locales qui peuvent décider la séparation des enfants catholiques et protestants dans la commune de Müttershalz,

Estime :

1° Que le Préfet du Bas-Rhin peut, d'après l'arrêté du 15 octobre 1834, prononcer, s'il le juge convenable, la séparation des enfants réunis dans l'École mixte de Müttershalz ;

2° Qu'il n'y a pas lieu en l'état de déclarer École communale l'École privée israélite de Müttershalz.

---

25 mai 1847. **Décision relative à la nécessité d'être Français ou naturalisé Français pour faire partie d'un Comité.**

25 Mai 1847.

Le Conseil, etc.,

Décide qu'il faut être Français de naissance ou naturalisé Français pour faire partie des Comités institués par loi du 28 juin 1833.

---

28 mai 1847. **Avis relatif aux connaissances exigibles des aspirantes au brevet de capacité.**

28 Mai 1847.

Le Conseil, etc.,

Vu la lettre de M. le Recteur de l'Académie de......, dans laquelle ce fonctionnaire signale le désaccord qui existe entre le règlement annexé à l'ordonnance royale du 23 juin 1836, et le modèle imprimé de procès-verbal relatif à l'examen, lequel procès-verbal met au nombre des connaissances exigibles pour le brevet du degré élémentaire les procédés d'enseignement de la lecture et de l'écriture, ainsi que les premières notions d'histoire et de géographie, tandis qu'il n'est point fait mention de ces matières dans le règlement précité ;

Vu l'article 1er, § 4, de la loi du 28 juin 1833 sur l'instruction primaire ;

Vu l'ordonnance royale du 23 juin 1836 et le règlement y annexé,

Est d'avis qu'il y a lieu de maintenir parmi les connaissances exigibles des aspirantes au brevet de capacité pour l'instruction primaire, même élémentaire, les procédés d'enseignement de la lecture et de l'écriture, et les premières notions d'histoire et de géographie.

Circulaire du Ministre de l'Instruction publique, prescrivant de soumettre à une visite   7 juillet 1847.
médicale les élèves-maîtres avant leur admission dans les Écoles normales pri-
maires.

7 Juillet 1847.

Monsieur le Recteur, le règlement général du 14 décembre 1832, concernant
les Écoles normales primaires, porte, à l'article 11, que nul n'est admis
comme élève-maître dans ces établissements s'il ne produit un certificat de
médecin constatant qu'il n'est sujet à aucune infirmité incompatible avec les
fonctions d'instituteur. .

Il a été reconnu que dans plusieurs Écoles normales un assez grand nombre
de jeunes gens qui ont satisfait à cette condition sont, en réalité, dans un état
de santé trop faible pour pouvoir résister aux fatigues et au travail de la profession à laquelle ils sont destinés.

En présence de ces faits, il est indispensable non seulement d'exiger des candidats aux places d'élèves-maîtres le certificat dont la présentation est prescrite, mais encore de les soumettre, au moment de leur admission à l'École, à
la visite d'un médecin spécialement chargé d'examiner et de déclarer s'il n'y
a rien dans leur constitution qui les rende impropres au service de l'instruction primaire.

Je vous invite, Monsieur le Recteur, à prendre les mesures nécessaires pour
que cette visite spéciale ait lieu dans chacune des Écoles normales primaires de
votre ressort académique, et pour qu'aucun élève-maître ne soit définitivement
admis sans avoir été reconnu apte officiellement, sous le rapport de la santé,
aux fonctions d'instituteur.

Recevez, etc.

Signé : SALVANDY.

Projet de loi sur l'instruction primaire.   20 juillet 1847.

20 Juillet 1847.

1° Rapport présenté, le 20 juillet 1847, à la Chambre des Députés au nom de la
Commission[1] chargée d'étudier le projet de loi sur l'enseignement primaire déposé,
le 31 mars précédent, par le M. Ministre de l'Instruction publique.

En présence d'un projet de loi qui vient demander à l'État et aux communes
de nouveaux sacrifices pour l'instruction primaire, il paraît nécessaire de
constater, avant tout, la situation actuelle de cet enseignement, et les résultats
obtenus jusqu'ici.

Avant la loi de 1833, il est incontestable qu'on n'avait rien fondé de durable
et de complet en France pour l'instruction primaire ; et, tandis qu'elle faisait de
rapides progrès chez d'autres peuples, notamment en Allemagne (pays où, en

1. Cette Commission était composée de MM. PLOUGOULM, le comte DEJEAN, DELE-
BECQUE, LEPELETIER D'AUNAY, TERME, HAVIN, QUENAULT, VERNINAC, PLICHON.

fait de progrès, on marche en silence, mais où l'on marche toujours), chez nous, après de vaines promesses, quelques tentatives à peu près stériles, les Écoles demeuraient stationnaires et languissantes. Les principes vrais, généreux, répandus dans quelques lois de la Révolution, n'avaient rien produit. La Convention avait beaucoup promis, et n'avait rien pu tenir; l'Empire, tout entier à d'autres soins, avait à peine accordé un regard à une institution qui le touchait assez peu. La Restauration a beaucoup fait, beaucoup plus tenté, du moins. Les ordonnances de 1816 et 1828 renferment de très sages dispositions sur l'organisation de l'instruction primaire, et beaucoup de celles qui ont passé dans la loi de 1833. Mais le vice capital de tous ces projets, de toutes ces lois, c'était le défaut de garanties qui assurassent la position et l'avenir des instituteurs; c'était l'absence de toute mesure efficace, pour faire surgir les Écoles du sein des communes : les ressources financières, la volonté et la suite dans l'exécution, ont toujours manqué. La loi de 1833 est arrivée, forte de l'expérience du passé, forte surtout de l'esprit de l'époque et du sentiment national qui l'inspiraient. Elle a imposé aux communes des sacrifices limités, et sans lesquels le succès, à un degré vraiment utile, n'eût jamais été réalisable. En donnant aux instituteurs une position bien modique, bien étroite, sans doute, mais assurée, elle les a tirés de cette dépendance qui dégradait la fonction et la rendait presque stérile. Aussi le succès a été grand, et les résultats rapides et importants. Tout le monde reconnaît que la loi sur l'instruction primaire sera toujours pour le Gouvernement de Juillet un de ses plus beaux titres à la reconnaissance du pays.

Aussitôt après 1830, des ressources plus larges ont été accordées, et, depuis, toujours augmentées [1]. Les communes, surtout dans les parties de la France où les lumières et l'industrie avaient le plus pénétré, ont rivalisé de zèle pour l'établissement de leur École; chaque année le nombre s'en est accru de près de 2 000. Les Écoles publiques, qui n'allaient pas, en 1829, au delà de 15 000, dépassent aujourd'hui 33 000. Un grand nombre ont été agrandies, réparées ou construites; des milliers de livres élémentaires ont été distribués aux enfants indigents. En même temps que les Écoles se multipliaient, l'enseignement s'y améliorait; la routine, cette plaie de toute éducation, disparaissait chaque jour; chaque jour aussi on s'occupait avec plus de soin de former des maîtres capables de donner aux enfants des notions saines, précises, de former leur moral; de les plier à des habitudes d'ordre, de discipline, surtout à l'amour du travail, le premier gardien de toute moralité. Les fruits de l'École primaire seraient, en effet, trop misérables s'ils ne consistaient que dans le savoir si borné que l'enfant doit en retirer. L'influence en serait bien faible sur le reste de sa vie, si la voix du maître, si son exemple, son contact de tous les jours, ne faisaient sur l'élève une impression forte et durable, et ne lui gravaient dans le cœur des principes qui ne s'effacent pas. Or, pour atteindre ce but, il faut des maîtres habiles, et, pour les avoir habiles, il faut savoir les honorer, les récompenser dignement.

1. Les fonds ont été portés successivement par les lois de finances :

Pour 1829 à.	100 000	francs.
1830 à.	300 000	—
1831 à.	700 000	—
1832 à.	1 000 000	—
1833 et années suivantes, à	1 500 000	—
1841 et 1842, à.	2 000 000	—
1843 à.	2 100 000	—
1844, 1845 et 1846, à.	2 100 000	—

Autrement, de quel droit demander beaucoup quand on donne très peu? Compléter l'œuvre de l'excellente loi de 1833, assurer le bien qu'elle a fait, offrir le moyen d'aller au delà, suppléer à quelques lacunes, à quelques imperfections que le temps a signalées, tel est l'objet du projet actuel.

Quoique de notables progrès recommandent aujourd'hui l'instruction primaire à l'intérêt de tous, des préventions existent encore contre elle; on entend douter de son utilité et des bienfaits qu'on lui attribue. Consultez les statistiques criminelles, dit-on, et vous verrez si le crime disparaît là où l'instruction primaire est florissante. C'est très mal poser la question et demander à cette institution ce qu'elle ne pourra jamais donner. Non, jamais l'instruction primaire, pas plus qu'aucune autre puissance préventive, n'aura l'heureux pouvoir de faire disparaître le crime d'un pays. Mais, en agissant constamment sur le cœur des jeunes générations, elle adoucit les mœurs, tempère les natures violentes, grossières, et ainsi prévient, jusqu'à un certain degré, les méfaits qui naissent de l'ignorance et de la brutalité. Tel est le résultat, nous ne dirons pas probable, mais infaillible de cet enseignement, comme de toute culture morale. Elle amende, elle corrige les mauvaises natures, elle prévient le mal; elle développe les bonnes, elle opère le bien. Mais à ce progrès, comme à tout autre, il faut du temps; l'instruction primaire est née d'hier chez nous, et déjà nous lui demandons compte de toute sa puissance, comme si elle eût pu agir sur plusieurs générations! Quoi qu'il en soit, et même après une assez courte épreuve, les statistiques criminelles (contrôle si souvent trompeur, parce qu'il ne montre pas tous les faits qui le modifient), les statistiques donnent encore raison à la cause que nous défendons : le nombre des accusés ayant quelque instruction a diminué; et tout dernièrement, dans la crise que nous venons de traverser, au milieu de ces troubles dont la cherté des grains a été le motif ou le prétexte, on a remarqué plus de violence et d'emportement dans les départements où l'instruction est la moins répandue. Est-ce d'ailleurs aujourd'hui qu'on voudrait défendre encore ce vieux préjugé, tant démenti par les faits : que l'ignorance est la sauvegarde de la simplicité et de toute vertu? Dieu ne nous a pas donné l'intelligence pour l'éteindre ou la tenir assoupie. Cette vérité s'applique à tous les âges, à tous les degrés de la société. Sous quelque forme que se produise cette intelligence de l'homme, travail d'esprit, travail de main, il y a grand avantage à l'avoir exercée, assouplie de bonne heure. Que la lumière morale se développe en même temps que l'intelligence, c'est en cela que consiste la bonne et complète éducation; cela est vrai pour l'enfant de l'École, comme pour l'enfant du Collège.

L'instruction primaire est donc, en soi, une chose excellente; un Gouvernement éclairé, libéral, ne peut la développer avec trop de sollicitude; il doit faire généreusement tous les sacrifices nécessaires à une œuvre aussi utile; le nôtre a rempli ce devoir, il a payé cette dette. Les résultats obtenus sont assez beaux pour nous encourager à ne pas laisser l'œuvre imparfaite, pour ne pas permettre que le progrès s'arrête, que l'institution dépérisse. Une dernière considération, et d'une haute importance, se présente encore. Nous ne pouvons nous dissimuler que de dangereuses doctrines, dont l'immoralité, la barbarie anarchique sont habilement voilées, font de déplorables progrès dans les classes ouvrières. Quel moyen plus sûr, pour annuler le poison, que de répandre la lumière parmi les enfants et parmi ces classes d'adultes, au développement desquelles on doit tant applaudir; que de fortifier la connaissance du devoir, le goût de l'honnêteté dans le travail et dans les plaisirs, le respect des droits d'autrui, comme garantie de son propre droit? N'est-ce pas ainsi qu'on pourra

JUILLET 1847.

se défendre contre cette barbarie d'une nouvelle espèce, qui s'avance en parlant de progrès, de paix, de justice, et qui n'est au fond que le bouleversement de de tout ordre social; qui n'aboutit qu'à la violence et à la spoliation! Sans doute, c'est avant tout dans l'énergie du pouvoir, mais c'est aussi dans l'instruction primaire, qui de bonne heure assainit et moralise, qu'on trouvera une barrière solide contre ces envahissements.

Comme déjà nous l'avons indiqué, le projet qui doit occuper la Chambre a deux objets principaux : 1° améliorer le sort des instituteurs, par l'augmentation du traitement et l'établissement d'une caisse de retraite; 2° constituer d'une manière définitive et complète l'instruction primaire en France, en ne laissant aucune commune dépourvue d'École. A côté de ces deux pensées principales, quelques dispositions supplétives à la loi de 1833.

Nous n'avons point à développer ici de ces principes qui éclairent toute une matière. Plus heureux que dans une autre question qui touche de bien près à la nôtre, nous n'avons point à nous engager dans une lutte passionnée: des vœux à peu près unanimes semblent conspirer au succès du projet actuel. Nous en passerons en revue chaque article; des dispositions assez compliquées, et pas toujours assez étroitement liées entre elles, nous forcent d'adopter cette marche.

Art. 1, 2. Le titre Ier établit une classification entre les instituteurs, système dont on retrouve la trace dans des dispositions antérieures, et qui ne passa point dans la loi de 1833. Il a l'avantage de créer une carrière, avec ses divers échelons, ses encouragements, là où il n'y avait qu'un emploi permanent, stationnaire, à peu près sans avenir et sans espérance.

Cette classification reposant en grande partie sur l'augmentation du traitement, c'est de ce premier point qu'il faut d'abord s'occuper.

Avant la loi de 1833, le traitement fixe ne s'élevait pas, en moyenne, au delà de 160 francs; cette loi l'a fixé à 200 francs, ajoutant l'avantage d'un logement. Il fallait avant tout pourvoir au nécessaire; mais, d'un autre côté, il ne fallait pas surcharger les communes et les décourager dans la voie nouvelle où on les engageait. On comptait aussi sur la rétribution mensuelle, laquelle, il faut le dire, n'a pas réalisé ce qu'on attendait : car on ne doit pas croire que l'instruction primaire ait été reçue partout avec ardeur et enthousiasme. Elle imposait des efforts, des sacrifices; elle soulevait par cela même des résistances. Beaucoup de familles pauvres, au sein desquelles n'a jamais pénétré la moindre lueur d'instruction, sont indifférentes à ce bienfait pour leurs enfants. Les travaux d'été enlèvent, d'ailleurs, aux Écoles près de la moitié des élèves, ce qui a fait penser qu'il y aurait avantage à rendre la rétribution annuelle et payable par mois.

Quoi qu'il en soit, voici, d'après des calculs certains, la position que le traitement fixe et la rétribution mensuelle ont faite aux instituteurs, qui sont au nombre de 33 000. Il y en a plus de 10 000 qui n'atteignent pas à 400 francs, et, sur ce nombre, près du tiers qui descend au-dessous de 300 francs; 10 à 11 000 approchent de 500 francs; 3 à 4 000, de 600 francs. Passé cette limite, c'est-à-dire pour le dernier tiers, le traitement s'élève à 700 francs et au-dessus.

Telle est donc la situation au vrai : pour quelques-uns, l'aisance; pour quelques autres, le nécessaire; cela dépend des localités où le plus souvent le hasard les attache; pour tout le reste, c'est-à-dire pour plus de deux tiers, la misère à divers degrés; la différence va de mal en pis. Cet état est-il supportable? N'est-il pas temps de l'améliorer? Les plus sérieuses considérations d'humanité, de justice, d'intérêt public, n'en font-elles pas une loi? C'est ce que la Commission a examiné avec tout l'intérêt qu'une pareille question mérite. Du reste, cette question n'est pas neuve, il s'en faut bien, il y a longtemps qu'elle est agitée, nous pouvons dire résolue. Qu'on lise les rapports officiels publiés tous les trois ans par le Ministère de l'Instruction publique : tous, sans exception, rendent hommage au zèle des instituteurs, et en même temps ils déplorent l'exiguïté des ressources qui leur sont accordées. Le regret, la plainte, ont commencé avec la loi de 1833. On lit dans le rapport de 1837 le passage suivant, page 16 :

« Il résulte du relevé que j'ai fait faire que le taux moyen du traitement fixe
« des instituteurs ne s'élève, dans toute la France, qu'à 256 francs, et que le
« taux moyen du produit de la rétribution mensuelle ne dépasse pas cette
« même somme. Chaque instituteur devrait, par conséquent, élever sa famille
« avec un revenu total de 542 francs par an : cela peut suffire, à la rigueur,
« dans quelques communes rurales où les denrées sont à bas prix. Mais il faut
« remarquer que dans ce taux moyen se trouvent compris les traitements de
« tous les instituteurs communaux des grandes villes, lesquels sont fixés à
« 1 000 francs, 1 200 francs et 2 000 francs, ce qui réduit d'autant les autres.
« Ainsi, dans sept départements, le taux moyen du traitement fixe et de la rétri-
« bution mensuelle réunis ne s'élève pas à 400 francs, et, dans les villes de
« ces départements, les instituteurs reçoivent des traitements fixes bien supé-
« rieurs au taux moyen, que les instituteurs de campagne ne peuvent par
« conséquent atteindre. Dans le département de la Haute-Marne, par exemple,
« le taux moyen du revenu des instituteurs s'élève à 296 francs, et dans celui
« de la Charente, à 225 francs. Si l'on considère que la rétribution mensuelle
« est toujours fixée à un taux plus élevé dans les villes, on reconnaîtra que
« beaucoup d'instituteurs dans les campagnes sont à peu près réduits au trai-
« tement fixe. Cette différence est encore plus sensible à l'égard des Écoles de
« filles, pour lesquelles le taux moyen des traitements fixes et des rétributions
« mensuelles ne s'élève qu'à 487 francs. Que serait-ce si, pénétrant plus avant
« dans tous ces détails, on avait pu défalquer du taux moyen des rétributions
« mensuelles, calculées pour l'année, les mois pendant lesquels les enfants ne
« fréquentent pas les Écoles, et pendant lesquels, par conséquent, il n'y a pas
« de rétributions mensuelles pour l'instituteur?

« Il y a une lacune réelle dans la loi. De toutes parts de malheureux insti-
« tuteurs élèvent la voix et se plaignent de ne pouvoir subvenir à leur sub-
« sistance avec les faibles émoluments qu'ils retirent de leurs fonctions. Il n'est
« pas juste que les hommes voués à un ordre de travaux utiles et dignes
« d'estime continuent d'être ainsi exposés aux plus dures privations.

« Je recueille tous les faits qui peuvent servir à éclairer et à fixer l'opinion
« sur les moyens de mettre un terme à leurs souffrances.

« Je dois constater, en attendant, que, malgré la difficulté de leur position et
« les obstacles de toute nature qu'ils ont pu rencontrer, la plupart des insti-
« tuteurs se sont montrés dévoués à leurs fonctions, et que, par leur conduite,
« ils ont, en général, bien mérité du pays. »

On pourrait citer des passages équivalents dans tous les rapports officiels. Tous les ans, au sein des Conseils généraux, ce sont les mêmes réflexions, les mêmes regrets. Dans les Chambres législatives, toutes les fois qu'on s'est occupé des instituteurs, deux choses ont été reconnues, savoir : qu'ils méritaient bien du pays par leur dévouement à leurs devoirs, et qu'il était urgent d'améliorer leur sort. Un projet de loi a même été présenté, ayant pour objet spécial et unique une augmentation de traitement ; la session, trop avancée, n'a pas permis qu'il eût un résultat.

Mais, pour opérer cette amélioration reconnue indispensable par tout le le monde, se contentera-t-on d'élever le traitement fixe à 300 francs, en laissant subsister les chances très aléatoires de la rétribution mensuelle ? ou bien, faut-il, avec le projet, établir un *minimum* invariable de 600 francs ?

La Commission n'a pas cru devoir adopter le parti de la subvention de 100 francs, qui lui a été proposé par un de ses membres ; elle n'a pas cru que ce fût là matière à transaction. La subvention coûterait encore à l'État une très forte somme, et ne serait qu'une demi-mesure, qu'un soulagement partiel. Un très grand nombre d'instituteurs ne seraient-ils pas encore dans le besoin ? Un homme, un père de famille, que l'on veut tenir dans une position honorable, peut-il vivre avec un salaire inférieur à 1 fr. 50 c. par jour, à moins de montrer sur lui et sur les siens les tristes marques de sa détresse ? Telle est toujours la question à résoudre, le fait avec lequel il faut compter. Or, la question est trop claire, le fait trop évident, pour qu'on n'ait pas le courage d'accomplir ce qui est juste, ce qui est indispensable, et, sans trop marchander, d'accorder au moins le nécessaire à ceux qui donnent tout leur temps, toute leur vie, à l'instruction de l'enfant du pauvre. Nous n'avons pas besoin d'aller chercher, comme on l'a fait souvent, des rapprochements pénibles, blessants même pour la cause honorable qu'on veut servir ; de parler du cantonnier qui gagne 1 franc par jour, du condamné qui, dans l'expiation de sa peine, coûte à peu près autant à l'État. Nous sommes frappés d'une comparaison qui se présente d'elle-même, et qui prouve bien davantage. Les Frères des Écoles chrétiennes, dont on recherche l'enseignement, dont on connaît la vie simple et économe, que demandent-ils, que reçoivent-ils de toute commune où ils s'établissent ? 600 francs par instituteur ; et ils ne vont jamais que par trois, vivant en commun, ce qui leur permet encore une vie plus facile. Voilà ce qu'on juge nécessaire, pour un célibataire, aux habitudes les plus modestes ; et ce nécessaire, on ne le donnerait pas à un père de famille (car on désire, et avec raison, que l'instituteur ait une famille), ou bien, on le lui donnerait *à peu près*, l'abandonnant, pour le reste, aux chances d'une rétribution que tant de causes diminuent ! Encore une fois, cela n'est pas équitable : des sentiments d'honneur, de dignité, ne permettent pas que l'État traite si misérablement ceux qui le servent ! Mais, dit-on, c'est donner trop d'importance à l'instituteur ; c'est faire de lui un personnage, une autorité rivale en présence du maire et du curé. — Deux mots de réponse suffisent : — Huit mille instituteurs ont au delà de ce qu'on demande pour les autres ; l'inconvénient que l'on craint ne s'est pas fait sentir. Un homme n'aura pas d'importance, parce qu'il cessera de mourir de faim ; seulement il sera moins dépendant, moins humilié ; il aura un peu plus de considération, de bien-être ; c'est ce qu'il faut souhaiter pour l'instituteur. — Mais, dit-on encore, il n'est pas aussi à plaindre qu'on le prétend. Dans beaucoup de localités, l'instituteur est secrétaire de la mairie.

D'abord cet avantage, si modique qu'il soit, tous en jouissent-ils ? Serait-il juste, parce que quelques-uns l'ont obtenu, de priver les autres d'une augmentation de traitement jugée nécessaire ? Qu'il y ait des instituteurs qui soient secrétaires de mairie ou chantres, cela diminue-t-il la misère de ceux qui ne le sont pas ? Et pour ceux même qui le sont, qui ont obtenu cet insigne bonheur, en sont-ils moins malheureux ? Est-ce une aussi mince ressource qui peut être un soulagement réel ? Est-il bien généreux, d'ailleurs, de calculer si rigoureusement avec leur détresse ? et quand il s'agit d'une grande mesure, d'un grand et légitime bienfait à répandre sur tous, d'aller rechercher si, dans cette localité, le pauvre instituteur a su se procurer quelque petit supplément? Et de quelle manière? Par un surcroît de peine. Non, il ne faut pas descendre à ces détails; il ne faut voir qu'une chose, malheureusement trop constante, c'est que la grande masse souffre, qu'elle souffre depuis longtemps, et qu'il est urgent de la soulager. La justice, l'intérêt de l'État, l'avenir de l'institution, le veulent impérieusement. Il est impossible de demander deux choses si contradictoires : le progrès de l'enseignement, qui ne s'obtient que par le zèle et l'habileté des instituteurs, et en même temps le maintien d'une situation qui nécessairement refroidira le zèle, éloignera les maîtres habiles. Il faut opter : il faut se soumettre, ou à voir dépérir une institution nécessaire, et qui est encore loin d'avoir atteint sa perfection, ou bien à lui donner les moyens de se soutenir et de se développer. Ceci n'est point une hypothèse, une prévision plus ou moins vague, c'est une réalité. Il n'est pas rare que des instituteurs abandonnent la carrière au bout de l'engagement décennal, désespérés de se voir enchaînés, pour leur vie, à la condition la plus dure de toutes, celle où le présent est mauvais, et où l'avenir n'est pas meilleur. Et ce sont toujours les plus capables qui s'éloignent : car ils sont les plus courageux à entreprendre une autre carrière.

Quelques-uns se rejettent dans celle qu'ils avaient voulu éviter, aimant mieux être soldats qu'instituteurs. Ces faits n'accusent-ils pas fortement la situation? La Chambre pèsera donc ces considérations. Nous sommes, pour nous, convaincus qu'on prononce ici sur la destinée de l'instruction primaire, et que si l'on ne donne pas aux maîtres une position qui les relève un peu, qui leur assure l'indépendance du nécessaire, qui attire les hommes dévoués, tôt ou tard c'en est fait de cet enseignement. Il y aura toujours des Écoles, et en grand nombre; mais pour tirer de là quelque chose de vraiment utile, l'éducation morale de la classe laborieuse, jamais on n'y arrivera avec des maîtres inhabiles ou découragés. Enfin, si l'on a besoin de se décider par l'intérêt, voici une réflexion qui mérite qu'on s'y arrête. Le nombre des instituteurs est immense, ils sont répandus sur tous les points du Royaume; il n'est pas une commune qui n'ait ou ne doive avoir son École. Que l'on calcule avec combien de familles ces hommes sont en contact; que l'on songe qu'ils ont actuellement dans les mains plus de trois millions d'enfants, et qu'on se demande s'il n'y a pas autant de sagesse que de justice à n'avoir pas contre soi une armée de mécontents, se plaignant toujours, et, malheureusement, ayant raison de se plaindre!

La sécurité, que le projet de loi veut donner aux instituteurs, est devenue elle-même un sujet de critique. Ne craignez-vous pas, a-t-on dit, que l'instituteur, en possession d'un traitement de 600 francs, sûr désormais de ses moyens de vivre, ne se montre moins actif et moins zélé? Quand il espérait augmenter ses ressources par la rétribution mensuelle, il avait intérêt à attirer les élèves, à donner un bon renom à son École, à la soigner de son mieux; cet aiguillon n'existant plus, le maître n'ayant plus à s'inquiéter que son École soit pleine ou vide, il se négligera. Que lui importe, en effet? Ce que ne lui donnera pas la rétribution mensuelle pour compléter ses 600 francs, la commune le lui assurera. Derrière elle, il a pour débiteurs le département et l'État. On ajoute que ce triple intérêt, celui de la commune, du département, de l'État, se trouvera lésé : car, plus la rétribution mensuelle serait forte, moins le supplément à fournir serait élevé. L'insouciance du maître, qui tend à dépeupler l'École, à ne pas faire supporter par les familles le fardeau de la rétribution mensuelle, est donc préjudiciable à tous. Elle l'est surtout au point de vue de l'enseignement ; et ainsi, ce qu'on aurait accordé comme un acte de justice produirait les plus graves inconvénients.

A ces craintes, voici la réponse : D'abord il y a un très grand nombre de communes où la rétribution est toujours à peu près la même, et dans lesquelles, ajoutée au traitement de 200 francs, elle donne de 300 à 500 francs. Ce taux ne varie pas, il n'y a pas d'efforts, de zèle, qui l'augmente ; on n'a pas remarqué que cette invariabilité de salaire diminuât le zèle de l'instituteur ; et comment cela se pourrait-il ? N'a-t-il pas de nombreux surveillants auprès de lui, le Comité local, les Inspecteurs primaires ? Dans tous les cas, la classification établie par le projet et l'avancement par mérite, suffiraient à ranimer l'émulation qu'un traitement fixe pourrait amortir. Quand l'instituteur aura en perspective une localité meilleure, plus agréable, avec un traitement plus fort, et qu'il pourra l'obtenir en se montrant capable et dévoué à ses devoirs, il ne s'endormira pas. C'est ainsi que le système de classement se trouve étroitement lié à celui de l'augmentation du traitement, qu'ils se prêtent appui, et se font valoir l'un l'autre.

La première classe comprend 956 Écoles : le projet demande pour elles 1 200 francs de traitement fixe ; pour la deuxième, qui comprend 4 500 Écoles, il demande 900 francs ; la troisième comprend 28 000 Écoles à peu près, pour lesquelles le minimum est fixé à 600 francs. Or, pour les deux premières classes, ces chiffres sont déjà atteints dans la presque totalité des communes, et, pour compléter ce qui manque, il suffirait, pour la première classe, d'une somme de 3 000 francs ; pour la deuxième, d'une somme de 154 000 francs. Ce n'est pas là que peut être la difficulté : le point important, c'est la fixation du minimum pour la troisième classe, celle qui embrasse la grande majorité des instituteurs.

Ce chiffre, porté au projet, et qui doit être plus ou moins diminué par les retenues destinées au fonds de retraite, donne à l'instituteur 1 fr. 50 c. par jour. Y a-t-il là exagération ? Évidemment non ; 1 fr. 50 c. par jour pour toute une famille ! Le chiffre répond, et vaut mieux que tous les raisonnements. Quelque facile que soit la vie dans une localité quelconque, le salaire à un pareil taux ne dépassera nulle part la limite du nécessaire, et il ne l'atteindra pas partout.

Maintenant, comment sera-t-il pourvu au payement de ce minimum ?

Voici le système du projet qu'il convient de rapprocher de la loi de 1833.

Cette loi ne garantit qu'une chose à l'instituteur, 200 francs par an : c'est la dette de la commune ; pour y satisfaire, elle doit, s'il y a lieu, s'imposer de 3 centimes ; si cette imposition ne suffit pas, le département subvient et s'impose de 2 centimes ; si cette double ressource ne suffit pas, alors commence l'obligation de l'État. Mais, une fois cette somme assurée, l'instituteur entre dans les chances très diverses de la rétribution mensuelle.

Dans le système nouveau, on part aussi de la base fixe du traitement de 200 francs ; puis on constate ce que la rétribution mensuelle y ajoute. Si, par la rétribution, le chiffre de 600 francs n'est pas atteint, la commune d'abord, le département ensuite, puis l'État, doivent y pourvoir, selon l'échelle établie par la loi de 1833. Tout ce que cette loi faisait pour obtenir le traitement fixe de 200 francs, le projet actuel le fait pour le minimum de 600 francs ; mais avec cette différence que, pour compléter le déficit, le taux auquel s'élève la rétribution est le point de départ. Cette rétribution mensuelle offre une moyenne de 1 fr. 20 c. Il y a 3 391 communes dans lesquelles elle ne produit pas

200 francs. Pour combler cette lacune et arriver au traitement fixe de 600 francs, il faudra que les communes qui, dans la situation présente, n'ont pas encore eu besoin d'épuiser leurs 3 centimes extraordinaires, absorbent cette ressource; il en sera de même pour les 2 centimes des départements; et, ces nouveaux sacrifices accomplis, l'État aura encore à fournir 2 346 696 francs, somme importante sans doute, mais qui ne peut paraître un trop lourd fardeau, quand on songe au nombre immense des fonctionnaires sur lesquels elle est répartie, au bien qui doit en naître, au mal qu'elle peut prévenir.

On a objecté dans la Commission que forcer les communes à épuiser leurs centimes extraordinaires, mettre le surcroît de dépense pour l'instruction primaire au rang des dépenses obligatoires, c'est peser beaucoup sur des communes souvent bien pauvres; c'est leur enlever la disposition de quelques fonds qui pourraient procurer des avantages précieux aux habitants; mais on a répondu qu'on ne demande à la commune, ni au département, rien en dehors des prescriptions de la loi de 1833 ; cette loi a posé la limite d'un surcroît d'imposition de 3 et de 2 centimes, pour les besoins de l'instruction primaire : donc rien que de légitime à user de cette ressource, rien d'imprévu ni d'exorbitant. Le sacrifice sera sans doute plus grand ; mais n'est-il pas juste que la commune, qui profite avant tous du bienfait de l'École, supporte, dans le fardeau commun, tout ce qu'elle doit supporter.

La loi de 1833 charge le Conseil municipal de fixer annuellement le taux de la rétribution mensuelle. C'est, en effet, l'autorité le plus en rapport avec les habitants, connaissant le mieux leurs ressources, et très intéressée au succès de l'École. On devait s'attendre à une fixation juste et raisonnable. Il n'en a pas été ainsi. Des Conseils municipaux l'ont beaucoup trop abaissée, afin d'arriver à dédommager la commune de ce qu'elle est obligée de donner en traitement fixe à l'instituteur : calcul inique, et directement contraire à l'esprit de la loi de 1833. C'est là une des grandes causes de la gêne des instituteurs. L'abus a été assez fréquent pour rendre le remède nécessaire.

Le projet présente plus de garanties. Le Conseil municipal ne fixe pas le taux de la rétribution, mais il le propose; il n'eût pas été sage de se priver de ses lumières. Le Comité d'arrondissement donne son avis, et c'est le Préfet, autorité indépendante de tout esprit de localité, qui prononce en Conseil de préfecture. Cette fixation sera, d'ailleurs, aujourd'hui, d'un plus grand intérêt encore. Quand elle n'atteint pas 400 francs, on a vu que la commune, le département, l'État, doivent fournir ce qui manque. C'est donc à l'autorité supérieure du département que cette fixation appartient.

Il a été proposé dans la Commission de donner ce droit au Conseil général. Dans ce système, la proposition était laissée au Conseil municipal; le Comité supérieur, le Comité d'arrondissement donnaient leur avis.

Cet amendement n'a pas été adopté. La majorité a pensé que le Préfet connaissait mieux que le Conseil général les ressources de chaque commune; qu'en cas d'erreur et de réclamation, il y serait plus sûrement et surtout plus promptement fait droit par le Préfet, qui peut, quand il veut, réunir son Conseil de préfecture, que par le Conseil général, dont les sessions sont annuelles et de courte durée.

S'il est nécessaire de fixer équitablement la rétribution mensuelle, il ne l'est pas moins de dresser avec soin la liste des élèves qui doivent jouir du bénéfice de la gratuité. Que l'indigent trouve toujours facile l'accès de l'École; qu'il vienne y chercher les ressources d'intelligence qui, plus tard, lui ouvriront une route moins rude, c'est la pensée généreuse de la loi de 1833. Mais aussi que le bienfait ne devienne pas une faveur abusive, arbitrairement accordée, tel est son vœu, qui n'a pas toujours été accompli. On a vu des maires, des conseillers municipaux, inscrire leurs enfants en tête de ces listes de gratuité. Le projet remédie à cet abus. La même autorité qui fixe le taux de la rétribution doit aussi rester juge des cas d'exemption; ce sont deux mesures corrélatives que le Préfet devra prendre en Conseil de préfecture.

Un membre a demandé qu'en maintenant les dispositions de la loi de 1833, on exigeât seulement que la fixation faite par le Conseil municipal reçût l'approbation du Comité supérieur. Cette proposition n'a pas été adoptée.

Attirer dans les Écoles, par l'avantage de l'instruction gratuite, le plus grand nombre possible d'enfants, et en même temps assurer aux maîtres un sort convenable, tel est sans doute le résultat le plus désirable; et quand une commune est assez riche pour y atteindre, la loi doit lui en offrir les moyens. Ainsi une commune peut, sans rien recevoir du département ni de l'État, tirer de ses propres ressources un traitement de 600 francs pour l'instituteur; il lui sera libre de rendre l'instruction gratuite pour tous, et de supprimer toute rétribution. L'instituteur pourra y perdre; cependant il n'aura point à se plaindre : son travail recevra une rétribution suffisante. Il se doit tout entier à son École, et n'a point à compter ses élèves. Cette faculté ne sera pas un des moindres avantages attachés à l'élévation du traitement fixe.

Il a été proposé de supprimer cet article, comme établissant, pour un petit nombre de localités privilégiées, un système d'instruction gratuite contraire à l'esprit de la loi. La proposition n'a pas été accueillie.

La gratuité est, il est vrai, l'exception, mais l'exception pour tous ceux auxquels leur indigence y donne droit. C'est par là que l'institution atteint réellement son but : aussi, sur trois millions d'enfants qui fréquentent les Écoles, un tiers environ jouit de ce bienfait.

Cette disposition a pour but de donner un nouvel essor aux classes d'adultes, qui, depuis quelques années, ont pris le plus heureux développement. Ces classes sont aujourd'hui au nombre de 6 000, et comptent plus de 100 000 ouvriers, qui, après une journée de pénible travail, viennent chercher l'instruction dont leur enfance a été privée : spectacle honorable et rassurant pour leur pays.

La pauvreté d'un assez grand nombre de communes est, pour l'établissement d'une École, une difficulté qui serait insoluble, si la loi de 1833 ne donnait une faculté d'association qui rend cet établissement possible; cette faculté se trouvait également dans l'ordonnance de 1816. Il semble qu'on eût dû s'empresser d'en profiter; au contraire, beaucoup de communes s'y refusent. C'est là un des obstacles à vaincre, pour donner à l'instruction primaire son libre cours, et la faire pénétrer partout. Cet obstacle tient à trois causes : ignorance, défaut de ressources, mais surtout mauvais esprit de rivalité entre les communes voisines. Le projet donne au Préfet le pouvoir d'opérer la réunion d'office, en prenant l'avis des Inspecteurs primaires, les meilleurs juges des besoins des communes, parce qu'ils étudient les faits par eux-mêmes et sur les lieux. Le Préfet doit aussi s'éclairer auprès des Conseils municipaux et des Comités d'arrondissement, et il prononce en Conseil de préfecture. Avec ces précautions, il n'est pas à craindre que cette association, qui doit être ordonnée avec discrétion et mesure, soit jamais nuisible. Le besoin s'en était fait sentir dans plusieurs localités, et, plus d'une fois, des Conseils généraux l'avaient sollicitée.

Quant à la charge que chaque commune doit supporter dans l'entretien de

37.

l'École, le projet l'établit proportionnellement au montant du principal de ses impositions directes.

La Commission n'a pas pensé que ce fût là une règle assez sûre, les communes réunies ne devant pas avoir toujours un intérêt en rapport avec la somme que produirait une contribution proportionnelle : ce serait donc le Préfet qui, en s'entourant des mêmes lumières, devrait régler la part de chaque commune.

Le sûr moyen pour que la commune s'attache à son École, et ne recule pas devant les sacrifices qui doivent la faire prospérer, c'est qu'elle soit propriétaire du local : le sentiment de la propriété ajoute beaucoup à tous les autres motifs d'intérêt. Il y a là aussi grand avantage pour la santé des enfants : le local ne sera plus, comme il n'arrive que trop souvent, étroit, mal aéré, servant de mairie; quelquefois même, c'est la cuisine et la chambre à coucher de l'instituteur.

De toutes parts, on a donc fait des efforts pour que la commune devint propriétaire. Sur 35 000, il y en a à peu près 24 000 qui ont cet avantage.

La loi de 1833 n'offrait aucun moyen de vaincre à ce sujet la résistance et le mauvais vouloir des Conseils municipaux. Le Préfet ne sera plus arrêté par cet obstacle.

Un délai est accordé aux communes pour se conformer à cette obligation. Ce délai, d'après le projet, était de cinq ans; la Commission propose de le réduire à deux, temps suffisant pour l'accomplissement d'une mesure très utile, qu'il ne faut pas laisser traîner en longueur. Ce délai passé, le Préfet pourra, d'office, louer un local au nom de la commune, acquérir ou bâtir pour elle; inutile d'ajouter qu'il devra toujours préférer la mesure la moins onéreuse, et n'imposer le fardeau d'une acquisition que lorsqu'une location convenable sera reconnue impossible.

Ce qu'aura ordonné le Préfet est à la charge de la commune : il ne fait dans son intérêt que ce qu'elle aurait dû faire elle-même. Mais la sanction financière manquait à l'article; la Commission a ajouté que, dans le cas de cette dépense ainsi ordonnée par le Préfet, les dispositions de l'article 39 de la loi du 8 juillet 1837 seront applicables.

L'article 9 tend à rendre obligatoire et définitif pour l'avenir tout engagement contracté par les communes et les Conseils généraux de l'instruction publique.

Quelquefois des obligations qu'un Conseil municipal ou un Conseil général avait prises ont été abandonnées par les successeurs, uniquement parce que le personnel des assemblées avait changé : dès lors, préjudice pour l'administration universitaire, qui ne peut ni laisser inachevées des entreprises utiles, ni les prendre à sa charge. C'est là un inconvénient sans doute, et il serait désirable qu'on pût y remédier. Mais ne serait-ce pas un plus grand mal que d'entraver la marche des autorités chargées spécialement de veiller aux intérêts de la commune et du département? Convient-il, en outre, d'insérer, dans une loi sur l'instruction primaire, une disposition qui s'étend également à l'instruction secondaire, qui même a, pour cet enseignement, plus d'importance encore? La Commission, frappée de cette double raison, a rejeté l'article.

Le titre II s'occupe des conditions d'exercice applicables aux instituteurs communaux et privés.

Ce titre apporte à la loi de 1833 quelques innovations importantes.

Il recule de trois ans l'époque où l'instituteur peut entrer dans la carrière qui lui impose de si graves devoirs. On ne saurait qu'approuver ce changement.

Un jeune homme de dix-huit ans, après quelques années d'études privées ou de séjour dans une École normale, peut bien avoir acquis l'instruction nécessaire; mais a-t-il, pour gouverner cette foule d'enfants qui se pressent autour de lui, l'autorité calme qui naît de l'expérience et de l'empire sur soi-même? On en peut douter. L'extrême jeunesse, qui garde quelquefois les dehors de l'enfance, n'inspire pas confiance aux parents; elle n'a point la gravité extérieure, qui n'est pas une condition indifférente. On a craint que cette époque ainsi reculée ne fît naître quelque embarras pour l'application de la loi sur le recrutement, qui viendrait frapper ces jeunes gens avant qu'ils fussent déclarés membres de l'Université. Mais il en sera pour eux comme pour les élèves de l'École normale dans l'enseignement secondaire. Ils souscriront l'engagement décennal et se trouveront ainsi à couvert.

L'instituteur devra présenter le plan du local où il veut s'établir. L'autorité s'assurera que le local est sain, bien aéré, assez spacieux, et l'on ne verra plus de malheureux enfants entassés dans une pièce étroite, toujours infectée d'un mauvais air, état si funeste à leur santé, comme au développement de leur intelligence.

Le certificat de moralité prescrit par la loi de 1833 ne figure plus dans le projet. Cette prescription, dont le but était louable, a donné lieu à des difficultés de plus d'un genre. D'abord, l'impossibilité de se le procurer (le candidat n'ayant pas rempli les conditions de résidence nécessaires) a dû faire écarter des sujets très dignes d'ailleurs : car la loi n'établit aucune distinction, il faut l'exécuter dans toute sa rigueur. Mais, abus bien plus grave et bien plus fréquent! qui ne sait avec quelle légèreté ces certificats s'accordent quelquefois à des hommes notoirement indignes? Avec quelle obstination aussi ils se refusent, pour satisfaire une petite inimitié privée! Si le certificat n'est point une garantie, s'il peut devenir un obstacle à l'exercice du droit le plus utile, pourquoi le conserver? Des plaintes trop fréquentes se sont élevées pour qu'on ne dût pas y faire droit.

Cette garantie à peu près illusoire étant écartée, le projet en présente une autre plus sérieuse : c'est le droit d'opposition accordé au Recteur, droit dont il ne peut jamais user que dans l'intérêt des mœurs publiques.

Le Recteur a tous les moyens de s'éclairer sur la moralité du candidat : celui-ci étant obligé de faire sa déclaration préalable au Comité d'arrondissement, le Comité pourra prendre des renseignements, et instruire le Recteur des faits qui doivent amener une opposition. La Commission a pensé que, pour l'admission du candidat, la surveillance ne pouvait être poussée trop loin; qu'ainsi la déclaration ne devait pas être adressée seulement au Comité d'arrondissement, mais aussi au Préfet, au Recteur lui-même et au Comité local. Il n'y a là nulle entrave, nulle tracasserie pour le candidat. S'il est sans reproche, il ne doit pas craindre d'avertir de son entrée dans la carrière; s'il ne l'est pas, on ne peut prendre trop de précautions pour l'écarter : l'obstacle alors ne vient que de lui-même : sa liberté, comme l'intérêt de la morale publique, sont également respectés.

Mais toutes les autorités auxquelles le candidat devra faire sa déclaration n'auront-elles pas le droit de s'opposer à son admission; ou bien, ce droit sera-t-il uniquement réservé au Recteur?

Multiplier le droit d'opposition, ce serait créer trop d'entraves. Le Recteur étant averti de plusieurs côtés, on doit s'en rapporter à son discernement, à sa juste sévérité.

Quelle autorité statuera sur l'opposition du Recteur? D'après le projet, c'est le Conseil académique qui devra prendre l'avis du Comité d'arrondissement. Plusieurs membres de la Commission voulaient réserver la décision à ce Comité; le candidat doit y trouver, a-t-on dit, plus d'indépendance que devant le Conseil académique, nécessairement soumis à l'influence du Recteur. Nonobstant ces raisons, la Commission a maintenu l'article, ne croyant pas qu'il fût convenable d'obliger le chef de l'Académie à venir lutter contre un candidat devant un Comité d'arrondissement.

Le dernier paragraphe de cet article 10, qui donne aux jeunes gens pourvus du brevet de capacité le droit d'être employés comme sous-maîtres, est supprimé. Cependant la position des sous-maîtres mérite beaucoup d'attention, et si, dans l'enseignement secondaire, les maîtres d'études, par leur contact perpétuel avec les élèves, jouent un rôle plus important qu'on n'a voulu le reconnaître, ici les sous-maîtres, appelés à soulager les instituteurs quand la tâche est trop lourde, ont aussi leur influence, et doivent dès lors présenter des garanties. La Commission, en supprimant l'article, n'a pas entendu nier cette importance, mais indiquer seulement que la liberté de l'emploi existe, sous la seule condition du brevet de capacité.

L'article 11 défend à l'instituteur l'exercice de toute profession commerciale.

La misère a quelquefois fait oublier au maître la dignité de sa fonction. On en a vu ouvrir boutique, se faire buralistes, descendre même jusqu'au cabaret. Il faut sans doute les obliger à respecter leur caractère; mais, si l'on veut qu'ils ne sortent pas de leur École, n'est-on pas, en conscience, obligé de leur garantir qu'ils y gagneront le nécessaire?

Quant au secrétariat des mairies, loin de le leur interdire, il est bon de les y appeler : c'est une ressource honnête, une occasion nouvelle d'être utile à la commune, et de se maintenir en bons rapports avec les autorités locales. Les Conseils généraux ont exprimé plus d'une fois le désir de cette communauté d'emploi. Celui de chantre participe aussi de ces avantages, et ne présente nul inconvénient.

Les Conseils généraux, qui portent chaque année plus d'intérêt aux progrès de l'instruction primaire, et dont l'initiative, exercée sur tant de points, a souvent donné une impulsion si utile, ont reconnu depuis longtemps l'importance du choix des livres, et sous le rapport moral, et sous le rapport du mode d'enseignement. Qu'il y ait un grand intérêt à ne mettre dans les mains de l'enfant que des livres où il trouvera, sur tout ce qu'il doit apprendre, des notions justes, clairement exprimées, personne ne le conteste. Une grande quantité de bons ouvrages, faits dans cet esprit, ont été répandus dans les Écoles; et cependant, combien d'autres, où la niaiserie et l'ignorance sont les moindres défauts, pullulent encore de tous côtés, grâce à ce vil et funeste métier de colporteur, qui verse le poison dans les campagnes, et y a déjà fait des maux inguérissables! L'attention de l'autorité ne peut être trop éveillée pour écarter des communes ces livres dangereux, détestable semence d'une corruption précoce. Aussi le projet veut-il très sagement que les instituteurs communaux ne puissent employer que des livres autorisés par le Conseil royal. Ce n'est pas là une entrave à la liberté de l'enseignement. Une Commission spéciale est établie auprès de ce Conseil pour examiner les ouvrages dont l'usage peut être permis; déjà une liste de plus de 500 a été dressée, champ assez vaste ouvert au choix des maîtres. Cette indication éclairée des ouvrages a aussi pour conséquence non moins utile d'éteindre la méthode d'enseignement individuel. Souvent les instituteurs des campagnes sont embarrassés par la diversité des livres de lecture qu'apportent les élèves pauvres, ce qui les force à recourir à cet enseignement routinier, plaie de l'instruction primaire, un des grands obstacles à ses progrès, mais qui heureusement commence à disparaître.

Il y a dix ans, on comptait plus de 12 000 Écoles où l'enseignement était individuel; aujourd'hui, c'est à peine s'il y en a la moitié. Dans 7 000 ou 8 000, l'enseignement mixte est encore pratiqué; mais la méthode de l'enseignement simultané, la seule bonne, et qui tient beaucoup de l'enseignement mutuel, gagne tous les jours; la nouvelle prescription relative aux livres a pour objet d'en hâter la complète adoption.

Cette rigueur salutaire pour le choix des livres n'est point exercée à l'égard des instituteurs privés. On a cru devoir leur laisser plus de liberté, en leur interdisant toutefois l'usage de tout ouvrage défendu par le Comité d'arrondissement. Quelle que soit la surveillance, des abus seront inévitables : un Comité ne peut connaître tout ce qui est mauvais. Mais, dans l'enseignement privé, il était bon aussi de permettre un peu plus d'essor pour des méthodes nouvelles, et la Commission a adopté l'ensemble de l'article.

Le chant, le dessin linéaire, sont, de fait, enseignés depuis plusieurs années; il ne paraît pas, il est vrai, que les progrès y soient bien marqués : aussi une disposition spéciale était nécessaire pour donner plus d'importance à ces notions toujours applicables (le dessin linéaire surtout) dans la carrière de l'ouvrier. C'est ici que, peut-être, on aurait pu ajouter avec avantage les notions agricoles, la gymnastique, dans l'enseignement supérieur.

Quand nous parlons de notions agricoles, nous n'entendons pas ces cours savants, faits sur des livres, à des enfants qui ne retiennent que des mots. Ce qui leur reste gravé dans l'esprit, ce qui peut leur être vraiment utile, c'est ce qu'ils apprennent en présence des objets mêmes : ainsi les fermes-modèles pourraient être un lieu d'excellentes leçons pour les élèves. Là, ils pourraient prendre du goût pour l'agriculture, vers laquelle il devient tous les jours plus nécessaire de rappeler les bras intelligents et laborieux : car on se plaint, et non sans raison, que cette industrie, la plus sûre pourtant et la meilleure de toutes, est délaissée. L'instruction primaire, bien dirigée, offre des ressources contre cette tendance funeste.

Le charlatanisme, qui se glisse partout, n'a pas respecté l'instruction primaire; le modeste titre d'école s'est trouvé bien des fois agrandi en celui d'institut. Outre que ce n'est pas cette enseigne ambitieuse qui attirera le pauvre, la bonne foi des plus riches est trompée : on achète plus cher ce que l'on croit fort au-dessus de la simple École primaire. L'article 14 met sagement un terme à ces tromperies, dans lesquelles l'amour-propre a plus de part encore que la cupidité.

Dans l'École primaire, avant même le développement intellectuel, marche le développement des habitudes morales, l'amour de ce qui est bon et honnête, l'aversion de tout ce qui dégrade. C'est toujours à cela que le maître doit travailler; c'est là son but principal, et, pour l'atteindre, combien n'est-il pas essentiel de conserver l'enfance dans sa pureté! Rien peut-il mieux assurer cette condition indispensable de tout progrès, que la séparation des âges? c'est à quoi l'article 15 a pourvu. L'enfant n'entrera pas dans l'École avant six ans, il n'y restera pas après quatorze. Jusqu'à six ans, il reste dans la salle d'asile; à quatorze, il passe à l'enseignement supérieur, il y restera jusqu'à quinze au moins; il arrive alors aux classes d'adultes. C'est par ces divers degrés que la sollicitude du Gouvernement conduit l'enfant du peuple, préservant sa moralité, exerçant son intelligence, lui ouvrant l'avenir d'un artisan honnête et laborieux.

Le titre III organise les candidatures pour les places d'instituteurs, sujet qui prend aujourd'hui plus d'importance encore par le classement nouveau dont nous avons parlé.

Il faut pourvoir, par année, à 1 800 ou 2 000 places vacantes; 3 500 à 4 000 candidats, tant élèves de l'École normale que candidats libres, se présentent. Ils sont examinés avec soin par des Commissions organisées sur tous les points de la France. Ces Commissions sont aujourd'hui au nombre de 100 environ. Sur le nombre total des candidats, plus de la moitié est refusée.

D'après la loi de 1833, le Conseil municipal ne présentait qu'un seul candidat au Comité d'arrondissement, qui se trouvait ainsi très souvent forcé de l'accepter, sous peine de laisser une École sans maître. C'était ainsi le Conseil municipal qui nommait, en imposant un choix unique. D'après le projet, le Conseil municipal présente deux candidats, entre lesquels le Comité d'arrondissement est libre de choisir. S'il y a refus de présentation de la part du Conseil municipal, son droit passe au Comité d'arrondissement, qui choisit et nomme à la fois. Si ce refus vient du Comité d'arrondissement, et que le Conseil municipal persiste dans sa présentation, le Ministre vide le conflit (art. 18). Ce cas n'était pas prévu par la loi de 1833.

La prospérité de l'instruction primaire, l'extension qu'elle doit prendre, les fruits qu'elle doit porter, tout dépend du choix des maîtres. On ne peut donc s'y montrer trop sévère. Le contrôle, désormais sérieux, du Comité d'arrondissement écartera les faveurs, les protections locales, qui trop souvent s'attachent à la médiocrité.

Quels sont les candidats entre lesquels le Conseil municipal devra choisir? L'ancienne loi laisse à cet égard toute liberté, quelle que soit la place à remplir, quelle que soit son importance, et pour la localité, et pour le nombre des élèves, quels que soient les avantages qu'elle présente; peu importe, le Conseil municipal prend son candidat où il le veut et tel qu'il se présente. Le projet établit des règles en rapport avec les classes instituées par l'article 1er. S'agit-il d'un poste de troisième classe, à 600 francs de traitement fixe? Le Conseil municipal devra choisir, soit parmi les élèves des Écoles normales, soit parmi les aspirants libres, munis du brevet.

S'il craint l'inexpérience de sujets qu'il ne connaît pas, et qui sont étrangers à la commune, il peut choisir parmi les instituteurs communaux ou privés, qui manqueront rarement de s'offrir, s'il s'agit d'une localité quelque peu avantageuse.

Le choix du Conseil municipal est donc, pour la troisième classe, aussi libre qu'il l'était.

S'agit-il d'un poste de première ou de seconde classe, le Conseil municipal doit choisir parmi les instituteurs de la classe immédiatement inférieure, et encore faut-il qu'ils appartiennent à cette classe depuis trois ans au moins, temps nécessaire pour les éprouver et leur donner des titres à l'avancement. On exige encore une autre garantie : c'est que l'instituteur ait obtenu, soit une des médailles d'encouragement qui se distribuent chaque année, soit deux mentions honorables. La Commission n'a pas admis cette seconde condition; elle n'a pas voulu que ces récompenses, qui sont données par l'Université, devinssent un titre à une candidature sur laquelle le Conseil municipal doit avoir la principale influence. La minorité a pensé, au contraire, que, s'il ne fallait pas trop accorder à l'autorité universitaire, il ne fallait pas non plus l'annuler. On a fait remarquer, en outre, que ces médailles et ces mentions ne se donnent qu'en petit nombre; et, enfin, ce qui semblait répondre à toute crainte, que le Comité d'arrondissement présente les candidats pour ces distinctions, et qu'aucune n'est accordée en dehors de ses présentations.

Les instituteurs privés ont les mêmes droits à ces candidatures ; seulement, il faut qu'ils aient exercé trois ans dans la commune où l'emploi de première ou de seconde classe devient vacant ; pour la première, ce stage est porté à six ans.

Les avantages de cette hiérarchie sont évidents. Il est impossible qu'elle ne produise pas une vive émulation entre les instituteurs. Jusqu'ici, en récompense d'une vie bien laborieuse, bien dépourvue de toute aisance, on leur a parlé du bonheur d'être utile et de remplir une aussi belle mission ; et il faut le reconnaître hautement, ce stimulant si honorable a été d'une grande puissance : car tous les rapports officiels constatent un progrès toujours croissant, et pour la bonne tenue des Écoles, et pour l'application des meilleures méthodes.

Que le progrès devienne plus rapide encore, que l'instruction primaire s'élève surtout dans l'enseignement supérieur, qu'elle réponde aux besoins de l'époque, en comblant l'intervalle trop grand qui sépare l'École du Collège : c'est un vœu très général aujourd'hui, et que ce système de classement est destiné à réaliser. Il est certain que les efforts sont toujours proportionnés à l'espérance, que tout zèle s'éteint là où elle n'est plus, et que, soit dans les études préparatoires, soit dans l'exercice de la fonction même, la vue d'une carrière à parcourir doit animer l'instituteur et l'exciter dans le désir de mieux faire, indispensable pour bien faire. Mais, d'un autre côté, c'est cette même émulation, cette ardeur, cette instabilité dans la position, qui effrayent quelques personnes. Vous allez, dit-on, allumer l'ambition au cœur de cet homme modeste qui doit trouver sa récompense, sa considération, dans l'humble devoir qu'il remplit, et n'avoir de pensée, de soins, que pour cette nombreuse famille qui vient l'entourer chaque jour. La commune ne s'attachera plus au maître qui peut à tout moment la quitter, et alors s'évanouit l'élément le plus nécessaire à cette éducation toute paternelle, la confiance et l'affection. Nous ne croyons pas ces craintes fondées. On veut toujours faire de l'instituteur un être à part, on lui demande toutes les vertus, couronnées par la résignation. On lui impose une tâche très lourde, et on lui donne aussi peu que possible ; quand il demande d'être assimilé à tous les autres fonctionnaires, on lui répond par la crainte de le rendre ambitieux ; et, afin d'être sûr de l'avoir toujours modeste, on l'ensevelit dans le village auquel le hasard l'aura pour jamais attaché. Il y a là peu de justice et mauvais calcul. L'instituteur, qui n'est plus le maître d'école d'autrefois, comprend, avec tout le monde, que tout marche aujourd'hui, et tend à s'élever. Au milieu de ce mouvement d'idées, de désirs, lui seul ne restera pas indifférent et immobile. Un classement qui ouvre des chances d'avancement, des récompenses au mérite, est donc très raisonnable. D'après la situation différente des communes, et leur importance si diverse, le classement s'offrait de lui-même, et se trouvait tout établi d'avance. Le traitement de la première classe est atteint par la rétribution mensuelle ; pour compléter celui de la seconde, il faut, nous l'avons dit, une somme peu importante : le système nouveau paraît donc devoir être adopté.

Le titre IV traite du régime des Écoles communales et des Écoles privées.

Ce titre commence par un article important, mais qui n'a pas un trait direct à la matière disciplinaire qui en est l'objet.

Le candidat présenté par le Conseil municipal, admis par le Comité d'arrondissement, ne peut pas immédiatement ouvrir une École ; il lui faut l'institution du Ministre. Cette institution n'a jamais été considérée comme une vaine formalité que l'autorité supérieure fût astreinte à remplir; aucune loi pourtant n'autorisait le Ministre à la suspendre pour un temps plus ou moins long.

L'article 19 lui confère expressément ce droit. D'après cet article, l'institution n'est donnée au candidat que lorsqu'il a atteint sa vingt-cinquième année; jusque-là, elle n'est que provisoire.

Cette suspension a-t-elle pour objet d'amoindrir l'autorité des Comités au profit de celle de l'Université? Telle ne paraît pas être la pensée de l'article. Des Conseils généraux, frappés des inconvénients attachés à la trop grande jeunesse des instituteurs, ont eux-mêmes demandé ce temps d'épreuve. A dix-huit ans, même à vingt et un ans, quelle certitude a-t-on qu'un jeune homme ne faillira pas? L'institution définitive obtenue tout d'abord ne lui inspire-t-elle pas une présomption qui ajoute aux dangers de son âge? Une institution provisoire, qui le tient sous une surveillance plus active, qui lui fait craindre les conséquences de la moindre faute, contribuera à lui donner ces habitudes sévères, cette vie strictement réglée, qui conviennent si bien à l'instituteur. Il y a aussi dans ce temps d'épreuve un gage de sécurité pour les familles.

D'ailleurs, le Ministre, qui doit accorder l'institution, n'impose rien au jeune homme qui l'attend, si ce n'est l'obligation d'une conduite irréprochable. A ce prix, et le temps arrivé, il l'institue aussi volontiers que si la condition de l'âge eût été accomplie en même temps que le choix a été fait.

Malgré ces raisons, qui peuvent avoir leur poids, la Commission a pensé que l'article était à supprimer. Elle y a vu une trop grave atteinte portée au pouvoir des Comités, à la nature même de l'institution, bien plus communale qu'universitaire. C'est par les mêmes raisons qu'elle a écarté la deuxième partie du même article. On ne peut à la fois soumettre l'instituteur et à la pénalité de la loi de 1833, qui est sa loi propre, et à la rigueur des règlements universitaires, qui ne sont pas faits pour lui. Comme il ne jouit pas de tous les avantages accordés aux membres de l'Université, comme sa carrière étroite ne ressemble point à la leur, il n'est pas juste de l'astreindre à la même discipline.

Les règlements universitaires donnent au Grand-Maître le droit de déplacement, pouvoir considérable, mais nécessaire dans l'intérêt des Collèges. Que d'inconvénients peut prévenir un simple changement de résidence! que de difficultés, légères dans leur principe, mais que le temps aggraverait, sont ainsi arrêtées à propos! Si ce pouvoir est utile dans l'enseignement secondaire, pourquoi ne le serait-il pas dans l'enseignement primaire? L'immense étendue du personnel ne le rend-elle pas plus indispensable? Si les instituteurs doivent obtenir une position meilleure, recevoir plus d'avantages de l'État, acquérir ainsi plus d'influence, n'est-il pas nécessaire que l'autorité ait sur eux une action plus directe et plus puissante? La loi de 1833 offre bien des moyens d'action disciplinaire; mais dans l'administration, et surtout quand il faut gouverner un peuple aussi nombreux, tout ne se fait pas par cette voie. Ces raisons ont paru graves, sans doute; cependant la majorité de la Commission a pensé que, mettre ainsi l'instituteur sous l'autorité immédiate de l'Université, sous sa main, toujours à sa disposition, c'était dénaturer l'institution elle-même. L'instituteur est avant tout l'homme, le fonctionnaire de la commune; il lui appartient d'abord par le choix, puis par les liens étroits qui s'établissent entre elle et lui. Affaiblir cette union, c'est frapper l'instruction primaire dans ce qu'elle a de plus intime, de plus local, de plus caractéristique; c'est la faire autre que ce qu'elle est; c'est enlever aux communes leur prédilection naturelle pour leur École, qu'elles aiment comme leur église; c'est les décourager dans les sacrifices qu'elles font volontiers pour ce qui leur appartient. Ces motifs l'ont emporté, et sur cette innovation, l'une des plus remarquables, des plus sérieuses du projet, il a paru qu'il fallait s'en tenir à la loi actuelle, qui, par sa double action disciplinaire et judiciaire, présente assez de garanties pour la bonne tenue des Écoles et la moralité des maîtres.

Les Écoles privées ont quelquefois voulu se soustraire à toute inspection, se prétendant libres du contrôle universitaire, et surtout repoussant l'approche des Inspecteurs primaires; il ne paraît pas possible de leur accorder cette licence.

Des diverses autorités surveillantes, les Comités locaux sont, pour des causes différentes, celle qui a le moins bien répondu à ce qu'on avait espéré. Dans un assez grand nombre de départements, on s'est plaint de leur indifférence, de leur opposition même à l'enseignement primaire. Ainsi beaucoup se dispensent de dresser, comme ils le doivent, le tableau indiquant les enfants que leurs familles n'envoient point aux Écoles, tableau si important pour connaître la situation morale du pays, et vaincre les résistances qui sont encore nombreuses: car il y a bien les deux cinquièmes des enfants qui ne viennent point aux Écoles, même en hiver; on sait quelle différence les deux saisons apportent dans ce nombre : elle est presque de moitié, et l'on ne voit pas que chaque année on gagne beaucoup sur l'incurie des parents.

Les Comités d'arrondissement ont mieux compris leur mission. Mais il est incontestable, et les rapports officiels en font foi, que ce sont les Inspecteurs primaires, chargés d'un devoir spécial, dont rien ne les distrait, qui exercent l'influence la plus efficace.

L'article 21, à raison de l'importance et de l'utilité de leurs fonctions, leur donne entrée au Comité d'arrondissement. Leur expérience de chaque jour peut y apporter des renseignements qu'eux seuls possèdent. Cependant la Commission a été d'avis de supprimer l'article. Ici encore, a-t-on dit, se fait trop sentir la main de l'Université. L'Inspecteur est son agent : il gênerait la liberté du Comité. Rien ne l'empêche de lui faire arriver les documents qu'il croira nécessaires.

Toutes ces dispositions nouvelles, qui ont pour objet le respect de la fonction, le maintien de la discipline, la bonne tenue des Écoles, trouvent leur sanction dans la pénalité de la loi de 1833.

Pour la juridiction qui doit connaître des infractions, un changement est proposé.

D'après la loi de 1833, l'instituteur communal frappé disciplinairement a son recours devant le Ministre, en Conseil royal.

D'après le projet, avant d'arriver à cette haute autorité, il doit déférer au Conseil académique la décision qu'il attaque.

D'abord, c'est établir pour l'appréciation d'un même fait, d'un même intérêt, trois degrés de juridiction, le Comité d'arrondissement, le Conseil académique, le Conseil royal. C'est un luxe de décisions entre lesquelles la contradiction diminue l'autorité. De plus, il n'est pas sans inconvénient, pour des questions relatives à l'enseignement primaire, de soumettre le Comité d'arrondissement au Conseil académique, quoique les autorités qui composent ce dernier Conseil soient hiérarchiquement supérieures à celles qui siègent dans l'autre. C'est encore, a-t-on dit, l'Université qui vient dominer la commune et l'arrondissement; or, si l'on veut le progrès de l'instruction primaire, il ne faut pas blesser l'esprit communal, très jaloux de son indépendance. Cette disposition a en outre le tort de jeter le Conseil académique en dehors de ses attributions ordinaires, en matière de discipline. En effet, ce Conseil instruit les affaires, donne son avis, mais n'inflige pas de peine. Le motif, qui pouvait être celui du projet, de décharger le Conseil royal des réclamations qui viennent l'assiéger, n'est peut-être pas très sérieux. Il ne paraît pas que les recours au Conseil royal soient nombreux et qu'ils puissent l'occuper beaucoup ; et d'ailleurs, quand il s'agit de suspendre ou de briser la carrière d'un fonctionnaire, il convient à l'autorité supérieure d'intervenir : c'est une garantie de plus, et l'on n'en peut trop donner.

L'instituteur communal, qui a encouru la révocation ou la suspension, ne pouvait être déchu du droit d'exercer comme instituteur privé. (On comprend qu'il ne s'agit pas ici de l'interdiction prononcée judiciairement, pour inconduite ou immoralité : dans ce cas, l'incapacité d'enseigner est absolue). Mais on ne pouvait permettre que cet instituteur exerçât dans cette même commune, sous les yeux du Comité qui l'a justement frappé, et qu'il braverait ainsi par sa présence. Il n'aura donc cette faculté que si le Comité lui-même la lui accorde. La contravention amène la clôture de l'École, et la même peine que pour une ouverture d'École illicite.

Le titre V traite de la pension de retraite des instituteurs communaux, bienfait non moins désiré, non moins nécessaire que celui de l'augmentation du traitement, mais, il faut le dire, d'une réalisation plus difficile.

La loi de 1833, qui a réellement fondé l'instruction primaire en France, cette loi, si peu large, si peu généreuse, dit-on, envers les instituteurs, s'est pourtant montrée sage jusque dans cette rigoureuse économie. De trop grands sacrifices imposés d'abord eussent soulevé des préventions, des obstacles, contre une institution encore méconnue et même calomniée. C'est cette même prudence qui n'a pas permis de parler, dès le principe, d'une pension de retraite. Il a fallu s'en tenir à l'établissement d'une caisse d'épargne. Sur le traitement fixe de 200 francs, un vingtième est retenu chaque année, et c'est ce qui forme le pécule, seule ressource de la vieillesse de l'instituteur. Or, s'il est entré dans l'enseignement à vingt ans, et qu'il y reste quarante, au bout de cette longue carrière, à soixante ans d'âge, il trouvera à la caisse d'épargne une somme de 900 francs à peu près, dont les intérêts auront été pourtant religieusement capitalisés tous les six mois, à 4 pour 100 par an. En continuant de vivre avec 80 centimes par jour, il a du pain pour trois ans environ. S'il a le malheur de vivre au delà, il tombe à la merci de la charité publique. Tel est son sort inévitable.

Aujourd'hui que l'instruction primaire est estimée ce qu'elle vaut, on regardera comme une justice d'offrir à ceux qui la donnent une perspective moins désespérante. La certitude de la misère, de la faim, ou l'aumône, au bout de quarante ans de travail ! quel est le cœur, si zélé qu'il soit pour le devoir, que cette pensée ne glacera pas ! Il faut donc, s'il se peut, changer cette situation ; tous les ans, les Conseils généraux en expriment le vœu, et c'est ce que tente le projet, dans une série de dispositions qui paraissent résoudre les plus sérieuses difficultés. Il faut en convenir, la pensée qui a effrayé jusqu'ici, et non sans raison, c'est d'ajouter à la liste déjà si longue des fonctionnaires retraités un nombre si considérable d'éventualités nouvelles. Comment ne pas craindre qu'une partie du fardeau ne retombe sur l'État, ainsi qu'il est trop souvent arrivé pour des caisses qui avaient pourtant annoncé l'intention bien formelle de se suffire, et de ne jamais grever le budget ?

Voici les conditions qui sembleraient devoir assurer à la caisse des instituteurs une meilleure destinée :

L'État ne doit jamais être appelé à fournir aucune subvention : telle est la condition première.

Si l'on veut qu'une caisse de retraites soit solidement établie, il est, avant tout, un point principal : c'est que le capital soit assez élevé pour que, sans qu'on ait jamais besoin de l'entamer, les intérêts satisfassent aux droits des retraités ; et, afin que cette corrélation s'établisse et ne soit jamais troublée, il faut que les sacrifices imposés en retenues aux fonctionnaires soient assez forts, assez prolongés, pour que l'intérêt de ces sommes corresponde au montant de la retraite. Autrement, si le retraité créancier de la caisse vient y prendre plus qu'il n'y a versé comme fonctionnaire débiteur, la caisse sera en déficit. Voilà ce qui a placé les caisses des diverses administrations dans l'état fâcheux où elles se trouvent : c'est l'obligation de payer des retraites pour un temps où elles n'ont pas perçu de retenues. Le projet prévient cette cause de ruine. Pour avoir droit à la retraite, l'instituteur devra compter au moins trente ans de service, et avoir subi trente ans de retenue. Cette retenue réelle, effective, du vingtième de son traitement, assure invariablement le service de la pension de retraites, calculée sur le montant des recettes.

D'après les statuts des diverses caisses, les pensions fixées à la moitié du traitement pour trente ans, s'accroissent d'un vingtième, d'un trentième pour chaque année de service au delà de ce terme. Dans certains cas, elles arrivent aux deux tiers ; dès lors, l'équilibre dont nous avons parlé est rompu ; l'article 26 du projet prévient encore ce résultat funeste, en prescrivant que jamais la retraite ne pourra excéder la moitié du traitement.

Dans plusieurs administrations, la condition des trente ans de service suffit pour le droit à la retraite ; celle de l'âge n'est pas comptée : ainsi, l'employé entré en fonctions à vingt et un ans pourra jouir de sa retraite à cinquante et un. Ici, il n'en sera pas de même. Il faut, outre le temps de service voulu, que l'instituteur ait atteint soixante ans. Or, les instituteurs entrent de vingt à vingt-cinq ans dans la carrière ; ils auront donc versé à la caisse pendant cinq ou dix ans de plus qu'on ne verse dans les autres administrations.

Ajoutons que la retenue aura été constamment de 5 pour 100, tandis que dans beaucoup d'administrations, elle a été souvent de 2 et de 2 1/2 pour 100. Enfin, les trois quarts des instituteurs, ne touchant, durant tout leur exercice, que le minimum du traitement, 600 francs, n'auront, en se retirant, que la moitié de ce traitement qui n'aura pas varié, tandis que dans les autres administrations, le traitement qui sert de base à la fixation de la pension est de beaucoup supérieur à celui de l'employé à son entrée dans la carrière.

La moyenne du traitement fixe des instituteurs soumis actuellement à la retenue, est de 300 francs. D'après l'augmentation portée au projet, la moyenne du traitement soumis à la retenue serait de 800 francs. On ne pourrait pas liquider la pension d'après le dernier traitement, la retenue n'ayant eu lieu, durant de longues années, que sur le premier traitement, inférieur de plus de moitié. Il est évident que la charge à subir ne correspondrait point aux recettes passées. Aussi, pour éviter cette faute, qui, seule, compromettrait l'avenir de la caisse, l'article 32 soumet les instituteurs qui se trouvent dans cette catégorie, à une retenue supplémentaire.

D'après les calculs émanés du Ministère de l'Instruction publique, et qui ont été produits à la Commission, il est démontré que la caisse des instituteurs permettrait d'accorder aux veuves le tiers de la pension accordée aux maris par l'article 28 du projet.

Les pensions d'orphelins, dans les conditions fixées par ce même article, seraient très peu nombreuses. On en a la preuve dans ce qui existe au département des Finances. Sur 24 448 pensions de retraite, ce département ne compte que 464 pensions d'orphelins. Sur un total de 43 704 583 francs, ces pensions ne prennent qu'une somme de 23 144 francs. On peut donc dire avec assurance que cette juste sollicitude pour les enfants laissés sans appui ne coûterait pas un grand sacrifice.

Quant aux pensions à accorder avant l'âge pour cause d'infirmités, elles seront très faibles, très peu nombreuses.

Dans des tableaux qui ont été présentés à la Commission, on a suivi pas à pas, année par année, les opérations de cette caisse. Ces calculs ont été soumis à la vérification de la direction de la dette inscrite, qui en a reconnu l'exactitude.

En voici le résumé :

Ce n'est qu'à partir de 4865 que la caisse des retraites commencera à payer des pensions aux instituteurs parvenus à soixante ans, ou à leurs veuves. A cette époque, la caisse possédera 4 641 096 de rentes. Ses recettes seront alors de beaucoup supérieures à la dépense ; mais elles décroîtront annuellement. En 4865, elles s'élèveront à 3 026 259 francs ; en 4892, elles seront réduites à 845 735 francs. A partir de cette époque, elles s'accroîtront de nouveau. Antérieurement à 4892, l'existence de la caisse se trouvera assurée d'une manière invariable.

Le total des pensions, porté au minimum, est de 4 545 200 francs. En 4887, la caisse aura un revenu plus élevé, qui se composera comme il suit : rentes, 2 959 405 francs ; produit de la retenue annuelle, 4 600 000 francs ; total, 4 559 405 francs.

C'est d'après ces calculs, dont les détails, on le répète, ont été rigoureusement examinés, qu'il est permis d'affirmer que la caisse des instituteurs serait assez fortement constituée pour faire face à toutes les éventualités.

Les raisons pour l'établissement actuel d'une caisse de retraites, les garanties de la solidité de cet établissement, ont paru graves à la Commission ; cependant des objections ont été faites, on a dit :

Les projets de lois successivement présentés depuis plusieurs années reposaient tous sur le principe de l'inscription directe des pensions au Trésor, et devaient, par conséquent, entraîner la suppression de toutes les caisses de retraites aujourd'hui existantes dans les différents Ministères. Ces données ont été admises dans les Commissions, elles ont prévalu même dans la discussion de 4845 ; le moment est-il donc bien choisi pour hasarder une proposition tendant à l'établissement d'une nouvelle caisse spéciale? ne serait-il pas plus convenable d'ajourner la question des retraites des instituteurs au temps où l'on s'occupera du projet général sur les pensions? Les instituteurs viendront y prendre place avec tous les autres serviteurs de l'État, et ils n'auront pas à redouter les mécomptes attachés à toute institution tontinière.

Une autre objection, peut-être plus puissante encore, a été aussi présentée :

La première mise de la caisse des retraites doit consister dans les fonds aujourd'hui existant à la caisse d'épargne, produit des retenues exercées sur le traitement des instituteurs. Ces fonds doivent s'élever, au 4er janvier 4847, à une somme de 4 400 000 francs, qui, placée à 4 pour 400, constitue à la caisse une rente de 476 000 francs. Mais d'abord on n'a pas défalqué de cette somme celle qui appartient à des instituteurs hors de fonctions, et qui ne l'ont pas encore retirée. En second lieu, comment, sans le consentement des propriétaires, la loi permettrait-elle de mettre la main sur ces épargnes, et de leur donner violemment en quelque sorte une autre destination ? Les instituteurs âgés, ayant peu de service, y consentiront-ils ? Si l'assentiment individuel est nécessaire, alors que de complications ; et, en définitive, que d'incertitude sur cette première mise, sur ce premier fonds de la caisse !

Ces considérations ont prévalu dans la Commission, qui s'est attachée surtout à la question d'opportunité. Il lui a paru qu'il ne convenait pas de s'engager dans l'établissement d'une caisse, pour une classe de fonctionnaires aussi nombreuse, lorsque la suppression de toutes les caisses actuellement subsistantes ne peut être éloignée. Mais il lui a paru en même temps que le principe d'une retraite à accorder aux instituteurs devait être dès à présent consacré, en renvoyant à une loi postérieure le soin de régler les conditions d'établissement et d'admission. C'est à peu près le retour à l'article 3 du projet de 1846, mais avec la consécration nette et précise du principe de la retraite. Cette retraite s'étendra-t-elle à la veuve, aux orphelins, aux instituteurs infirmes ? Ces points si importants ont été également réservés par la Commission.

Si le minimum du traitement des instituteurs est agréé par la Chambre dans les termes du projet, quand se réalisera cette amélioration tant attendue ? Dans l'état actuel de nos finances, M. le Ministre de l'Instruction publique n'a pas cru pouvoir indiquer d'époque précise ; il a pensé que, l'engagement une fois écrit dans la loi, on y satisferait aussi promptement que possible, et dès que le permettrait notre situation financière.

M. le Ministre des Finances s'est rendu au sein de la Commission ; elle lui a exprimé son vif désir de voir inscrire au budget de 1849 la somme jugée nécessaire à l'amélioration du sort des instituteurs, ou du moins de fixer l'époque à laquelle ce vœu si légitime pourrait se réaliser. Le Ministre a répondu que, dans un temps si voisin de la crise financière dont nous commençons à peine à nous remettre, et lorsqu'on demande avec tant d'instance des réformes qui doivent diminuer les revenus publics, il ne pouvait prendre l'engagement de porter au budget une nouvelle charge, quelque favorable et digne d'intérêt que fût la cause des instituteurs.

La Commission a reconnu la gravité de ces raisons : elle n'en a persisté qu'avec plus de force dans la conviction que le principe de l'augmentation devait être dès à présent consacré, en exprimant encore une fois que cet acte de justice, depuis si longtemps réclamé par tout le monde, reçût enfin son accomplissement.

2° Projet de loi amendé par la Commission.

TITRE Iᵉʳ.

Organisation des Écoles primaires communales.

ARTICLE 1ᵉʳ. — Les Écoles primaires communales, soit du degré élémentaire, soit du degré supérieur, sont divisées en trois classes, qui comprennent :

La première, les Écoles des chefs-lieux de département, d'arrondissement et des communes dont la population agglomérée excède 6 000 âmes ;

La deuxième, les Écoles des communes ou des sections de communes dont la population agglomérée excède 1 500 âmes ;

La troisième, des Écoles des communes, des réunions de communes ou des sections de communes, dont la population agglomérée ne s'élève pas au-dessus de 1 500 âmes.

ART. 2. — Le traitement des instituteurs communaux, soit du degré élémentaire, soit du degré supérieur, se compose :

1º De la rétribution municipale, dont le minimum est déterminé par l'article 12 de la loi du 28 juin 1833 ;

2º De la rétribution scolaire, instituée par l'article 13 de ladite loi.

Le minimum du traitement total, ainsi composé, sera fixé comme il suit :

Instituteurs élémentaires :

3e classe.	600 fr.
2e classe.	900
1re classe.	1 200
Paris.	1 500

Instituteurs supérieurs :

3e classe.	900 fr.
2e classe.	1 200
1re classe.	1 500
Paris.	2 000

ART. 3. — Si le minimum de traitement déterminé en l'article précédent n'est pas atteint par le montant de la rétribution scolaire ajouté à la rétribution municipale, telle qu'elle est fixée par la loi de 1833, ladite rétribution municipale sera élevée jusqu'à ce minimum au moyen de la partie restée disponible des revenus ordinaires des communes, et, à défaut de ressources sur les revenus ordinaires, au moyen de la partie qui serait restée disponible sur les centimes communaux affectés à l'instruction primaire par la loi annuelle des finances.

En cas d'insuffisance, il sera pourvu à cette dépense sur les fonds des départements, dans les limites des articles 13 de la loi du 28 juin 1833, et 3 de la loi du 18 juillet 1836.

En cas d'insuffisance, il sera pourvu au surplus sur les fonds de l'État, conformément audit article 13 de la loi du 28 juin 1833, et dans les termes de l'article dernier de la présente loi.

ART. 4. — Le taux de la rétribution scolaire est annuellement fixé, sur la proposition du Conseil municipal et après avis du Comité d'arrondissement, par le Préfet en Conseil de préfecture.

La liste des élèves qui seront admis gratuitement dans les Écoles primaires est approuvée dans la même forme par le Préfet.

ART. 5. — Dans toute commune dont les ressources disponibles sont suffisantes pour satisfaire aux prescriptions de la présente loi, sans subvention du département ou de l'État, le Conseil municipal peut, avec l'approbation du Préfet, rendre l'instruction primaire gratuite en substituant à la rétribution scolaire un supplément de traitement fixe, qui élève au moins ce traitement au minimum déterminé en l'article 2.

ART. 6. — Des cours spécialement destinés aux adultes et comprenant, en totalité ou en partie, les matières de l'enseignement primaire, soit du degré élémentaire, soit du degré supérieur, peuvent être ouverts, le soir et le dimanche, dans les Écoles communales, sur la demande du Conseil municipal ou avec son autorisation.

Le taux de la rétribution à payer par les élèves desdits cours sera fixé conformément au paragraphe 1er de l'article 4 de la présente loi.

Si la classe d'adultes est ouverte sur la demande du Conseil municipal, et si le produit de la rétribution scolaire ne s'élève pas au quart du minimum de traitement déterminé par l'article 2 de la présente loi, le Conseil municipal sera tenu d'élever dans la proportion ci-dessus indiquée le traitement de l'instituteur, et d'allouer à cet effet une subvention spéciale sur les ressources disponibles de la commune.

ART. 7. — Les Préfets, sur le rapport des Inspecteurs primaires, peuvent d'office, après avoir pris l'avis des Conseils municipaux et des Comités d'arrondissement, prononcer en Conseil de préfecture la réunion de plusieurs communes pour l'entretien d'une École primaire élémentaire.

Ils fixent, en Conseil de préfecture, la part pour laquelle les communes ainsi réunies contribuent aux dépenses d'entretien de l'École.

ART. 8. — Dans toute commune ou réunion de communes, où les dispositions de l'article 9 du paragraphe 1er de l'article 12 de la loi du 28 juin 1833 n'ont pas encore reçu leur exécution, le Préfet, en vertu de l'article 15 de la loi du 18 juillet 1837, prendra d'office, dans un délai de deux ans, les mesures nécessaires pour que l'École élémentaire communale soit établie, par voie de location, d'acquisition ou de construction, aux frais de la commune ou des communes réunies, dans un local convenablement disposé tant pour servir d'habitation à l'instituteur que pour recevoir les élèves.

TITRE II.

Conditions d'exercice applicables aux instituteurs communaux et aux instituteurs privés.

ART. 9. — Tout Français, âgé de vingt et un ans, et n'ayant encouru aucune des incapacités déterminées par la loi du 28 juin 1833, est en droit d'ouvrir une École privée, sans autre formalité ou condition que d'en faire préalablement la déclaration au Comité d'arrondissement, et d'y déposer :

1° Son acte de naissance ;

2° Son brevet de capacité ;

3° Le plan du local où il se propose de tenir École, ledit plan visé et approuvé par le maire de la commune.

Il sera donné avis de cette déclaration au Préfet, au Recteur et au Comité local.

Si, dans un délai d'un mois, le Recteur n'a pas élevé d'opposition devant le Comité d'arrondissement, il est donné acte de la déclaration, et l'École est ouverte.

L'opposition du Recteur ne peut être élevée que dans l'intérêt des mœurs publiques.

Si la partie conteste l'opposition du Recteur, le Comité d'arrondissement donne son avis, et l'affaire est portée devant le Conseil académique, qui statue dans le délai d'un mois.

Si le maire a refusé l'approbation du plan des lieux, voulue par le paragraphe 3 du présent article, il sera statué à cet égard par le Préfet en Conseil de préfecture.

ART. 10. — L'exercice de la profession d'instituteur primaire est incompatible avec l'exercice de toute profession commerciale.

ART. 11. — Les instituteurs communaux ne peuvent employer dans leurs Écoles que des livres dont l'usage a été autorisé par le Ministre de l'Instruc-

tion publique, ou qui ont été approuvés, en fait d'enseignement religieux, soit
par l'évêque diocésain, soit par le Consistoire.

Les instituteurs privés, indépendamment des ouvrages ci-dessus, peuvent
employer les livres dont l'usage n'aura pas été défendu par une décision spéciale du Comité d'arrondissement. Toute contravention à cette défense sera
punie comme il est dit à l'article 19.

Art. 12. — Le chant, compris, aux termes de la loi du 28 juin 1833, dans
le programme de l'instruction primaire supérieure, fera également partie, à
dater de l'année 1850, de l'enseignement dans toutes les Écoles primaires élémentaires. Des notions de dessin linéaire y seront aussi comprises.

Art. 13. — Les instituteurs, soit communaux, soit privés, ne peuvent
prendre d'autres titres que celui qui leur est assigné par la loi, et donner à
leurs Écoles d'autres désignations que celles d'Écoles communales ou privées
du degré élémentaire ou supérieur.

Art. 14. — Les instituteurs primaires du degré élémentaire ne peuvent recevoir dans leurs Écoles des élèves âgés de moins de six ans et de plus de quatorze ans accomplis.

Dans les communes où il n'y a ni salles d'asile, ni Écoles primaires
supérieures, le Comité d'arrondissement peut autoriser les instituteurs
du degré élémentaire à recevoir des élèves de l'âge de cinq à quinze ans
accomplis.

Les instituteurs primaires supérieurs ne peuvent recevoir dans leurs
Écoles des élèves âgés de moins de treize ans, et de plus de dix-huit ans
accomplis.

Des autorisations particulières et individuelles peuvent être accordées par le
Comité local de surveillance pour les élèves qui n'ont pas atteint l'âge ci-dessus,
ou qui l'ont dépassé.

Nul instituteur ne peut recevoir dans un cours d'adultes des élèves âgés de
moins de quinze ans.

TITRE III.

Nomination des instituteurs communaux.

Art. 15. — Lorsqu'il y a lieu de pourvoir à un emploi d'instituteur communal de troisième classe, le Conseil municipal présente deux candidats, qu'il
choisit, soit parmi les élèves des Écoles normales, soit parmi tous autres aspirants pourvus du brevet de capacité. Les instituteurs en fonctions, soit communaux, soit privés, peuvent toujours être compris dans les présentations.

Le Comité d'arrondissement nomme l'un des deux candidats dans les termes
de la loi du 28 juin 1833.

Lorsqu'il y a lieu de pourvoir à un emploi d'instituteur communal, soit de
deuxième classe, soit de première, le Conseil municipal présente au Comité
d'arrondissement deux candidats, qu'il choisit parmi les instituteurs qui appartiennent, depuis trois ans au moins, à la classe immédiatement inférieure, et
qui ont obtenu soit une des médailles d'encouragement qui se distribuent
chaque année, soit deux mentions honorables. Il est procédé à la nomination
comme il est dit au paragraphe 2 du présent article.

Les instituteurs en fonctions, soit communaux, soit privés, peuvent toujours
être compris dans les présentations.

Art. 16. — Les instituteurs privés qui exercent dans la commune peuvent
également être choisis comme candidats, sous la condition qu'ils soient établis

dans la commune depuis trois ans s'il s'agit d'être appelés à une École communale de seconde classe, ou qu'ils comptent six ans d'exercice s'il s'agit d'une École de première classe.

ART. 17. — Si, dans un délai d'un mois, le Conseil municipal, dûment mis en demeure, n'a pas fait de présentations, le Comité d'arrondissement nomme directement, dans les conditions voulues, à toute place d'instituteur vacante.

Dans le cas où le Comité d'arrondissement refuse de nommer entre les candidats présentés par le Conseil municipal, le Conseil municipal est immédiatement appelé à en délibérer.

Si le Conseil municipal persiste dans son choix, et si, ensuite, le Comité d'arrondissement persiste dans son refus, il en est référé par le Recteur de l'Académie au Ministre de l'Instruction publique, qui nomme.

TITRE IV.

Du régime des Écoles communales et des Écoles privées.

ART. 18. — Les Écoles communales et les Écoles privées sont ouvertes en tout temps aux délégués des Comités locaux, des Comités d'arrondissement et du Ministre de l'Instruction publique, sous les peines prévues en l'article 19.

ART. 19. — Toute contravention commise par un instituteur communal aux dispositions des articles 10, 11, 13, 14 et 18 de la présente loi constitue le cas de faute grave prévu par l'article 23 de la loi du 28 juin 1833.

Tout instituteur communal, suspendu ou révoqué de ses fonctions, en exécution de l'article 23 de la loi du 28 juin 1833, peut, dans le délai de huit jours, appeler du jugement du Comité d'arrondissement devant le Conseil académique, et, en dernier ressort, devant le Conseil royal de l'Université, dans les cas de révocation.

L'Inspecteur primaire du département peut, dans le délai de quinze jours, interjeter appel devant le Conseil académique, avec faculté de pourvoi pour l'instituteur, comme il est dit ci-dessus, en cas de révocation des jugements prononcés par le Comité d'arrondissement à l'égard des instituteurs communaux.

ART. 20. — En cas de contravention par un instituteur privé aux dispositions des articles 10, 11, 13, 14 et 18 de la présente loi, il est mandé devant le Conseil d'arrondissement, qui lui applique, s'il y a lieu, la peine de la réprimande, ou le renvoie devant le tribunal de première instance. Le tribunal prononce une amende de 50 à 200 francs. L'École peut être fermée.

ART. 21. — Tout instituteur communal, suspendu ou révoqué, ne peut exercer comme instituteur, dans la même commune ou dans le même arrondissement, qu'avec l'autorisation du Comité d'arrondissement.

En cas de contravention, l'École est fermée, et le contrevenant est puni des peines prévues en l'article 6 de la loi du 28 juin 1833.

TITRE V.

Pensions de retraite des instituteurs communaux.

ART. 22. — A l'époque où les instituteurs communaux commenceront à jouir de l'augmentation de traitement qui leur est accordée par la présente loi,

38.

il sera établi en leur faveur une caisse de retraite au moyen d'une retenue exercée sur leur traitement. Les conditions de l'établissement de cette caisse, celles de l'admission à la pension de retraite, seront réglées par une loi ultérieure.

Dispositions transitoires.

ART. 23. — Il sera pourvu au surcroît de dépense mis à la charge de l'État par les dispositions de la présente loi, au moyen d'allocations successives, qui seront ultérieurement portées au budget et réparties entre les instituteurs, en commençant par ceux de troisième classe, et en second lieu par ceux de seconde classe, dont le traitement sera le plus loin des fixations de la présente loi.

Les suppléments d'allocation qui pourront être demandés aux communes et aux départements, en vertu de l'article 3, ne seront exigibles qu'aux mêmes époques et dans les mêmes proportions que les allocations supplémentaires qui seront portées au budget de l'État.

Instruction du Ministre de l'Instruction publique, remettant aux Recteurs le droit 23 juillet 1847. **d'accorder des congés aux membres du corps enseignant, et rappelant les règles à suivre pour le traitement qu'ils conserveront pendant leurs congés.**

23 Juillet 1847.

Monsieur le Recteur, aux termes de l'arrêté du 31 mars 1812[1], MM. les Recteurs sont investis du droit d'accorder aux fonctionnaires de l'Université employés dans le ressort de leur Académie les congés dont la durée n'excède point une semaine, sauf à rendre compte au Grand-Maître. Les absences qui doivent se prolonger davantage ne peuvent avoir lieu qu'avec l'autorisation expresse et par écrit du Grand-Maître, sur l'avis du chef de l'Académie.

Dans certains cas, la nécessité où se trouvent les fonctionnaires de l'Université d'obtenir, pour quitter leur poste, la permission du Grand-Maître entraîne des inconvénients : de graves intérêts peuvent se trouver compromis, et le pouvoir central est, sans utilité, obligé d'intervenir pour statuer sur des demandes dont les motifs ne peuvent être bien appréciés que par l'autorité locale.

Ces considérations m'ont déterminé à remettre à MM. les Recteurs la décision des questions de congés, toutes les fois que les demandes seront fondées sur des motifs de santé impérieux ou des intérêts de famille pressants, en limitant cependant à deux mois, au plus, la durée de l'absence qui sera ainsi autorisée. MM. les Recteurs aviseront aux moyens de remplacer les fonctionnaires auxquels ils permettront de quitter leur poste. Si ces moyens n'étaient pas à leur disposition, il deviendrait indispensable d'ajourner le congé, à moins de nécessité urgente, jusqu'à ce que l'administration supérieure, avertie, eût pris des mesures pour assurer le service.

Lorsque vous accorderez un congé, vous aurez, Monsieur le Recteur, à fixer le traitement que le fonctionnaire conservera pendant son absence. Il y a, à cet égard, des règles ou des usages dont vous ne devrez vous écarter que quand

1. *Recueil de Lois et Règlements concernant l'Instruction publique*, tome V, page 336.

des circonstances particulières motiveront une exception; je crois utile de vous les rappeler.

Pendant la durée des congés dont il est ici question, les fonctionnaires de l'administration académique peuvent conserver la totalité de leur traitement. Les professeurs titulaires, suppléants et agrégés des Facultés conservent leur traitement fixe seulement.

Les proviseurs des Collèges royaux continuent de recevoir leur traitement entier.

Il en est de même des censeurs et des professeurs de ces établissements, si le congé est accordé pour cause de maladie (il est alors pourvu à leur remplacement aux frais du Collège, en vertu des règlements). Mais si l'absence de ces fonctionnaires est motivée par des affaires de famille, leur traitement fixe seulement leur est laissé, leur traitement éventuel étant dévolu à leur suppléant.

Les maîtres d'étude en congé ne reçoivent point de traitement.

Les fonctionnaires des Collèges communaux ne peuvent non plus, lorsqu'ils obtiennent un congé, conserver aucune partie de leur traitement, qui, comme celui des maîtres d'étude des Collèges royaux, est généralement trop faible pour ne pas être laissé tout entier au suppléant.

Les Inspecteurs et les sous-inspecteurs de l'instruction primaire peuvent conserver tout leur traitement.

Les directeurs d'Écoles normales primaires peuvent être suppléés, en cas d'absence, par un sous-inspecteur ou par un maître adjoint : la totalité de leurs appointements peut leur être laissée, quand la direction de l'École est confiée à un sous-inspecteur; mais, s'ils sont remplacés par un maître adjoint, ce maître reçoit une indemnité prélevée sur leur traitement.

Les maîtres adjoints, dans les Écoles normales primaires, peuvent être suppléés, pendant la durée de leur congé, soit par le directeur, soit par un de leurs collègues : dans le premier cas, ils peuvent conserver leur traitement entier; dans le second, il y a lieu d'affecter une partie de ce traitement à une indemnité pour le suppléant.

Les congés seront donnés sans traitement aux instituteurs primaires, la totalité de ce traitement, généralement très faible, devant être employée à indemniser leur suppléant. MM. les Recteurs pourront déléguer pour cette suppléance soit des instituteurs sans fonctions, soit des élèves des Écoles normales primaires.

Dans les cas particuliers où MM. les Recteurs ne croiraient pas pouvoir statuer eux-mêmes sur les demandes de congé, ils en référeraient au Grand-Maître de l'Université, en ayant soin de lui fournir tous les renseignements nécessaires pour éclairer sa décision.

En étendant ainsi le droit que l'arrêté du 31 mars 1842 a conféré à MM. les Recteurs relativement aux congés sollicités par leurs subordonnés, j'ai maintenu les autres prescriptions de cet arrêté. Vous continuerez donc, en ce qui vous concerne, à les faire exécuter. Il importe surtout que vous ne perdiez jamais de vue, et que vous rappeliez aux fonctionnaires placés sous votre autorité l'avertissement renfermé dans l'article 8, savoir : que les congés pendant le cours de l'année scolaire ne seront accordés que pour des cas extraordinaires, et par conséquent extrêmement rares.

Vous aurez soin, Monsieur le Recteur, toutes les fois que vous accorderez un congé, de m'en donner avis immédiatement, et de me rendre compte des dispositions que vous aurez prises pour le remplacement momentané du fonctionnaire auquel vous aurez permis de s'absenter.

Vous verrez, j'espère, Monsieur le Recteur, dans la mesure dont je vous informe une suite de mes constants efforts pour décentraliser en administration, autant que les intérêts et les droits du pouvoir supérieur le permettent, et pour donner à l'autorité rectorale des moyens croissants d'action et d'ascendant.

Recevez, etc.

Signé : SALVANDY.

Circulaire du Ministre de l'Instruction publique, relative à la création d'une maison   20 août 1847.
provisoire d'études destinée à compléter l'instruction des aspirantes à la direction
et à l'inspection des salles d'asile.

20 Août 1847.

Monsieur le Préfet, une maison provisoire d'études, destinée à compléter l'instruction des personnes qui désirent se vouer à la direction ou à l'inspection des salles d'asile, vient de s'ouvrir à Paris, rue Neuve-Saint-Paul, nº 12. Cette maison est placée sous la surveillance d'une Commission administrative, composée de dames faisant partie de la Commission supérieure des salles d'asile, et qui veulent bien donner une nouvelle preuve de leur zèle éclairé, en prêtant encore à l'institution le concours de leur expérience et de leur active coopération.

Je viens, Monsieur le Préfet, signaler cette maison à votre attention particulière. Les bienfaits sans nombre que répandent autour d'elles les salles d'asile, sont de plus en plus appréciés. Au point de vue des intérêts du présent, elles offrent aux mères les moyens d'employer avec sécurité toute leur journée au travail, ce capital du pauvre; aux enfants, un refuge assuré contre tous les dangers de l'abandon et de l'isolement. Au point de vue des intérêts de l'avenir, elles forment des générations saines de corps et d'esprit, qui pourront fournir plus facilement à leurs propres besoins, et seront ainsi, pour la patrie, une nouvelle source de richesse et de force. Tels sont les résultats que promettent les salles d'asile, et dont il n'est plus permis de douter.

Mais, pour obtenir ces résultats, il faut que ces établissements soient dirigés selon les principes éprouvés par une expérience de plusieurs années. Il faut que la méthode des salles d'asile, tout à la fois si ingénieuse et si simple, si bien appropriée à tous les besoins de l'enfance, reçoive partout une application régulière et constante. S'il en était autrement, si le caprice remplaçait la règle, on verrait bientôt ces précieux établissements dégénérer et se transformer, ici en garderies, où les enfants réunis et inoccupés contractent de funestes habitudes; là, en écoles, où leur intelligence est énervée par des études prématurées qui leur font prendre le travail en dégoût : double tendance également funeste, et dont il faut préserver avec soin l'institution.

S'assurer par une surveillance continue, exercée pendant plusieurs mois, du caractère et de l'aptitude de chaque candidat reconnu préalablement digne, par la pureté de sa vie intérieure, de la mission qu'elle veut remplir, l'éducation de l'enfance; lui enseigner tout ce qu'elle doit savoir pour la remplir convenablement; former ainsi des directrices pénétrées de la sainteté de leur tâche, et aussi des sujets capables de satisfaire aux besoins ultérieurs de l'inspection :

tel est le but qu'on s'est proposé d'atteindre en ouvrant la maison d'études provisoire pour les salles d'asile. L'ardente et intelligente charité, la sage expérience des différents membres de la Commission administrative qui la dirige, me font espérer qu'il sera facilement atteint.

La maison d'études provisoire admet des élèves pensionnaires et des élèves externes : les cours de théorie et d'enseignement pratique durent quatre mois. Pour y être admis, il faut être âgé de trente ans au moins, prendre l'engagement de solder mensuellement le prix de la pension, qui est fixé à 80 francs par mois, et subir convenablement l'examen d'entrée qui constate une instruction générale suffisante.

Toutes les demandes d'admission doivent être adressées au Ministère de l'Instruction publique.

Vous comprenez, Monsieur le Préfet, combien il serait utile d'avoir à la tête de la salle d'asile, qui doit servir d'asile modèle dans le département que vous administrez, une directrice qui, pendant un séjour de quatre mois dans l'établissement que je vous signale, se serait pénétrée du véritable esprit de l'institution, se serait rompue à tous les exercices de la méthode, en connaîtrait toutes les nécessités, tous les avantages, et pourrait, de retour dans votre département, aider à la propagation des vrais principes, former de jeunes élèves, rappeler dans la bonne voie les directrices qui s'en écartent, faire enfin que l'institution des salles d'asile produise tout ce qu'elle promet et tout ce qu'elle tiendra, dès qu'elle sera suffisamment comprise.

Le Conseil général de votre département va bientôt se réunir. Je vous engage à lui faire sentir tous les avantages qu'on peut retirer dans l'avenir de la présence d'un élève à la maison d'études pour le compte du département. La dépense sera peu considérable et ne peut devenir périodique. Dans certains cas exceptionnels, je pourrai, de mon côté, fournir sur les fonds de l'État une partie du prix de la pension, et alléger ainsi la charge que s'imposerait le Conseil général. Les communes peuvent aussi pourvoir à l'entretien d'une boursière, dont elles profiteraient plus tard tout spécialement. La ville du Mans a déjà donné l'exemple d'un pareil sacrifice.

Je vous prie, Monsieur le Préfet, de m'accuser réception de cette circulaire, et de me faire connaître ultérieurement l'accueil que le Conseil général aura fait à vos propositions.

Recevez, etc.

Signé : SALVANDY.

---

24 sept. 1847.   **Arrêté relatif à l'ouverture d'un concours pour la composition d'un livre de lecture courante destiné aux Écoles primaires.**

24 Septembre 1847.

Nous, Ministre secrétaire d'État au département de l'Instruction publique, Grand-Maître de l'Université de France,

Considérant qu'il importe de répandre dans les Écoles primaires les notions de toute nature propres à éclairer l'enfance et la jeunesse, à combattre de funestes préjugés et de déplorables habitudes ;

Considérant que ces notions diverses, pour être comprises par les enfants, doivent leur être présentées sous la forme la plus simple et la plus variée ; qu'elles ne peuvent être dans les Écoles l'objet d'un enseignement spécial ; que pour propager les connaissances élémentaires dont l'application usuelle doit exercer une heureuse influence sur les mœurs publiques, il convient de les graver de bonne heure dans la mémoire, et que le moyen d'arriver à ce résultat c'est de réunir ces notions dans un livre qui servirait à la fois d'exercice de mémoire, de lecture, d'écriture et d'exercice grammatical,

Avons arrêté ce qui suit :

Un concours au jugement du Conseil royal, sur le rapport de la section des études, est ouvert pour la composition d'un livre de lecture courante et d'exercice grammatical contenant les notions usuelles de toute nature les plus propres à détruire les préjugés et les mauvaises traditions, à propager les connaissances les plus utiles dans toutes les conditions de la vie, à inspirer l'amour du devoir et le respect des lois, à former les bons citoyens, en un mot à améliorer les mœurs publiques.

Le livre de lecture courante et d'exercice grammatical devra présenter les notions ci-dessus indiquées, d'une manière graduée, tant pour le fond que pour la forme, avec simplicité et précision, variété et intérêt, de telle sorte qu'après la lecture de chaque page ou de chaque article, les enfants puissent être interrogés sur ce qu'ils viennent de lire, afin que le souvenir s'en grave dans leur mémoire. Ce livre ne devra pas contenir la matière de plus de 200 pages d'impression petit in-8°.

L'auteur du livre qui aura été jugé digne du prix recevra de nous, en Conseil royal de l'Université, une médaille d'or de la valeur de 6 000 francs. Le livre couronné tombera immédiatement dans le domaine public, et il pourra être imprimé soit en un, soit en plusieurs petits volumes.

Des médailles de la valeur de 500 francs seront accordées aux auteurs des ouvrages qui, sans remplir entièrement les conditions du programme, seront reconnus utiles et moraux. Ces ouvrages tomberont également de plein droit dans le domaine public.

Les ouvrages présentés au concours devront être déposés, sans nom d'auteur, avec une devise seulement, au secrétariat du Ministère de l'Instruction publique, avant le 1er janvier 1849. La devise inscrite sur l'ouvrage sera reproduite au-dessus du nom de l'auteur, dans un bulletin cacheté, qui devra être déposé en même temps que le manuscrit.

Circulaire du Ministre de l'Instruction publique, relative à la dénomination des actes des Comités d'instruction primaire.

25 Septembre 1847.

Monsieur le Recteur, jusqu'à ce jour quelques Comités d'instruction primaire ont donné à leurs actes le titre d'*arrêté*, d'autres celui de *décision*, d'autres celui de *délibération*; nulle part il n'y a, sous ce rapport, uniformité.

Il convient d'adopter, à cet égard, des dispositions qui règlent d'une manière précise la qualification légale de ces actes, et préviennent toute confusion d'attributions et de pouvoir.

La loi du 28 juin 1833 ne contient aucune prescription formelle à ce sujet; mais, en recherchant les qualifications qu'elle donne aux divers actes des Comités, on ne trouve d'autres formules que celles-ci : *le Comité délibère, le Comité décide*. Il y a d'autant plus lieu de s'en tenir à ces formules, que la qualification d'arrêté n'appartient à aucun des actes émanés des corps administratifs délibérants, et qu'il ne peut être fait d'exception à une règle si générale.

Vous voudrez donc bien faire savoir aux divers Comités d'arrondissement de votre ressort académique que lorsqu'ils auront à prononcer la révocation d'un instituteur, ils devront employer cette formule : *le comité décide*; et que dans toutes les autres affaires ils devront employer celle-ci : *le comité délibère*.

Vous voudrez bien veiller à l'exécution de cette prescription.

Recevez, etc..

Signé : SALVANDY.

12 octobre 1847.

Avis portant annulation d'un brevet de capacité indûment délivré.

12 Octobre 1847.

La Section,

Vu le rapport de M. le Recteur de l'Académie de Nancy, en date du 11 septembre 1847, duquel il résulte que la Commission d'examen du département des Vosges, pour le brevet de capacité, a délivré ce brevet dans la session d'août au sieur......, élève-maître de première année de l'École normale primaire de Mirecourt, admis à l'examen de la seule autorité de la Commission avant là fin de son cours d'études;

Vu le procès-verbal des opérations de ladite Commission pour la session d'août;

Vu la décision du 11 octobre 1836, aux termes de laquelle le sieur...... n'avait pas qualité pour se présenter à l'examen,

Estime :

Que le brevet de capacité délivré au sieur....... doit être annulé, conformément à la décision du 11 octobre 1836.

Instruction du Ministre de l'Instruction publique, relative aux demandes de secours   10 nov. 1847.
faites pour des maisons d'école.

10 Novembre 1847.

Monsieur le Préfet, depuis quelques années le nombre des demandes de secours pour maisons d'école s'est tellement accru qu'il est impossible de donner suite, dans le courant de l'année et dans les limites du budget, à toutes celles de ces demandes qui, après examen en Conseil royal de l'Université, sont jugées dignes d'être prises en considération. Il résulte de cet état de choses des retards inévitables, mais également fâcheux pour les communes, qui n'obtiennent pas immédiatement de l'administration le concours qu'elles espèrent, et pour l'administration même, qui, après avoir stimulé le zèle des autorités municipales, se voit imputer des ajournements qu'elle déplore.

D'un autre côté, tout indique que les administrations municipales ne sont pas aussi sensibles aux délais qu'éprouvent l'ordonnancement et le payement des allocations prononcées en leur faveur, qu'aux lenteurs qu'entraîne auparavant l'approbation même de leurs projets, de leurs plans et de leurs votes, par suite de toutes les formalités et de toutes les garanties instituées à cet égard. En effet, M. le Ministre de l'Intérieur, qui doit présenter au Roi les ordonnances d'approbation, ne peut proposer ces ordonnances, aux termes de la jurisprudence du Conseil d'État, que lorsque les voies et moyens sont assurés complètement, c'est-à-dire lorsque le département de l'Instruction publique a pris une décision sur les demandes de secours ; et ce département, à son tour, est entravé et arrêté par l'insuffisance ou l'épuisement des crédits, ce qui arrête et entrave tout, les contrats d'acquisitions, les marchés pour travaux, les actes d'emprunt, l'emploi des ressources communales et départementales. Il m'a paru que ce qui importe à la sollicitude et à la responsabilité de M. le Ministre de l'Intérieur, c'est de savoir que les ressources affectées aux dépenses que les communes projettent seront complétées par des subventions certaines, mais non pas de rechercher sur quel exercice ces subventions sont imputables, en partie ou en totalité. Du moment qu'elles sont assurées, il n'y a plus aucun inconvénient à donner aux communes les autorisations dont elles ont besoin et à leur permettre de recouvrer immédiatement leurs impositions extraordinaires, ou de traiter des acquisitions qu'elles ont en vue, ou de mettre en adjudication les travaux.

En conséquence, à l'avenir, le chiffre de la subvention accordée sera déterminé et notifié indépendamment de la fixation de l'époque où devra avoir lieu l'ordonnancement. De cette manière, l'affaire suivra immédiatement son cours ; elle traversera, avec les ressources de la commune et du département, en attendant le subside de l'État, sans un retard inutile et préjudiciable, toute la filière des études et des décisions voulues ; les travaux pourront même être entrepris et s'avancer vers leur terme.

Conformément à ce principe, je vais déterminer le secours auquel ont droit, d'après les décisions prises en Conseil royal, les communes qui ont réclamé ; et je renverrai avec cette indication tous les projets que j'ai entre les mains, soit à M. le Ministre de l'Intérieur, soit à vous, Monsieur le Préfet, selon que ces projets devront être approuvés par une ordonnance royale ou par un arrêté préfectoral, mais sans fixer encore le moment auquel les secours seront délivrés.

Il m'a paru, en outre, que cette fixation devait être déterminée par MM. les Préfets, dans les limites et les formes que je vais avoir l'honneur de vous indiquer.

Tous les ans, et d'avance, une somme de 700 000 francs sera répartie entre les départements, proportionnellement au nombre des demandes de subvention qui me seront parvenues.

De votre côté, vous ferez la répartition du chiffre affecté à votre département entre les communes intéressées, dans les limites des décisions de l'autorité supérieure ou selon les besoins et les ressources de chaque commune. A cet effet, il suffira que vous m'adressiez, au commencement de chaque exercice, un état conforme au modèle ci-joint, sur le vu duquel je ferai immédiatement ordonnancer, en votre nom, les sommes que vous aurez déterminées jusqu'à concurrence des chiffres mis à votre disposition.

Vous pourrez ainsi, Monsieur le Préfet, combiner cet emploi des allocations sur les fonds de l'État avec celui des fonds départementaux, afin que les communes les plus pressées puissent recevoir immédiatement sur les uns ou sur les autres les sommes nécessaires pour utiliser leurs propres ressources et arriver plus promptement à la possession de leur École.

Vous pourrez aussi scinder les secours accordés par l'État, en les répartissant sur plusieurs exercices, mais de telle sorte qu'ils ne reposent jamais sur plus de trois exercices, terme souvent nécessaire, mais toujours suffisant pour l'achèvement des travaux projetés. Un plus grand nombre de communes participera ainsi en même temps à la distribution du subside confié par la libéralité des Chambres à la sollicitude du Gouvernement du Roi pour cet important service.

D'après les bases ci-dessus, vous auriez droit, pour l'année 1848, à une somme de......, sur laquelle j'ai déjà affecté par anticipation, à votre département, sur l'exercice 1848, une somme de....... De sorte que pour cette fois vous n'aurez, en réalité, à disposer sur l'exercice prochain que d'une somme de......

J'ai lieu d'espérer, Monsieur le Préfet, que les mesures adoptées pour ce service vous permettront, dès cette année, de donner suite à un assez grand nombre de projets d'acquisition ou de construction de maisons d'école qui resteraient autrement sans effet pendant longtemps encore. En prévenant les communes de l'époque à laquelle les secours promis leur seront délivrés, vous leur donnerez les moyens de prendre elles-mêmes des termes pour le payement, soit de leurs travaux de construction, soit de leurs acquisitions, et vous préviendrez tous les mécomptes auxquels l'état actuel des choses donne trop souvent lieu. Vous serez ainsi en mesure d'exciter avec sécurité les communes trop peu soucieuses des intérêts de l'instruction primaire; et, suivant le cas, s'il y a lieu, vous prendrez à leur égard des engagements dans les limites fixées, sans craindre de les jeter dans des entreprises qu'elles ne pourraient mener à bonne fin. Par tous ces moyens, nous remplirons le premier de nos devoirs, celui d'assurer, dans le délai le plus court, à toutes les parties de la population française, l'instruction, qui est un si grand élément du bien-être des peuples et de leur dignité.

Recevez, etc.

Signé : SALVANDY.

Avis relatif à l'intervention de l'Université dans l'acceptation
des donations faites à des congrégations enseignantes.

7 Décembre 1847.

Le Conseil, etc.,

Vu les avis en date des 26 février, 18 juin et 2 juillet 1847, relatifs à des legs faits en faveur des Frères des Écoles chrétiennes de Dijon, de Troyes et de Valognes, lesquels avis portent la condition de l'intervention des Recteurs au nom de l'Université dans la formule des ordonnances autorisant l'acceptation des dons et legs faits aux Frères des Écoles chrétiennes ;

Vu un avis du Conseil d'État, en date du 4 août 1847, relatif à des legs faits par la demoiselle Marguerite-Augustin Mons aux Frères des Écoles chrétiennes et aux sœurs de Saint-Charles établies à Lyon, ledit avis portant que les legs dont il s'agit étant faits à des établissements qui n'appartiennent pas essentiellement à l'Université, et les droits qui sont conférés à l'Université par les lois et règlements sur lesdits établissements n'emportant pas la nécessité de son intervention dans l'acceptation des dons et legs qui leur sont faits, il n'y a pas lieu, en conséquence, de faire intervenir l'Université dans l'acceptation des legs faits à la communauté des Frères des Écoles chrétiennes et à la congrégation des sœurs de Saint-Charles établies à Lyon ;

Vu des avis du Comité de l'Intérieur et de l'Instruction publique du Conseil d'État, en date des 29 août, 14 septembre et 12 octobre derniers, notamment celui du 12 octobre par lequel le Comité, se fondant sur l'ancienne jurisprudence du Conseil royal de l'Instruction publique, conforme à l'article 109 du décret du 17 mars 1808, à l'article 3 de l'ordonnance royale du 2 avril 1817 et à l'article 10 de la loi du 18 juillet 1837, et distinguant entre l'institut des Frères des Écoles chrétiennes, reconnus, aux termes de ces actes, aptes à posséder par eux-mêmes, à accepter dans les formes établies des dons et legs faits en leur faveur, et diverses associations charitables telles que les Frères de Saint-Antoine, de la Doctrine chrétienne, de l'Instruction chrétienne, etc..., lesquelles ne peuvent accepter directement les dons et legs qui leur sont faits, et pour lesquelles l'intervention du Conseil royal est expressément stipulée dans les ordonnances mêmes qui les ont reconnues, ledit Comité propose, en conséquence, de supprimer l'intervention du Recteur de l'Académie de Dijon, au nom de l'Université, dans le projet d'ordonnance ayant pour objet d'autoriser l'acceptation d'un legs fait par M. Fameau de la Horie à l'établissement des Frères des Écoles chrétiennes de Dijon ;

Vu un avis rendu le 2 avril 1839, par lequel le Conseil royal de l'Instruction publique, à l'occasion d'une donation de 300 000 francs faite par le sieur Charpentier à l'établissement des Frères des Écoles chrétiennes de la ville de Lyon, qui déclare qu'en principe et en fait l'institut des Frères des Écoles chrétiennes, dûment reconnu, est apte à recevoir toutes donations entre vifs ou testamentaires par l'intermédiaire soit du supérieur de chaque établissement donataire, soit du supérieur général dudit institut, suivant les circonstances des différents legs ;

Vu le décret organique de l'Université du 17 mars 1808 et spécialement l'article 109 ;

Vu les articles 910 et 937 du Code civil ;

Vu l'ordonnance du 2 avril 1817 relative aux legs ;

Attendu, quant à l'intervention de l'Université dans l'acceptation des libéralités soit entre vifs, soit testamentaires, faites aux corporations religieuses, que les principes du droit et les règles de conduite à observer à cet égard ont été posés, après une discussion approfondie, par le Conseil royal dans l'avis précité du 2 avril 1839, et que cet avis renferme les distinctions à faire et les dispositions à suivre en ce qui touche l'acceptation directe ou indirecte des corporations religieuses, et le mode d'intervention de l'Université suivant les cas, dans les actes quelconques relatifs à cette acceptation ;

Attendu que l'objet principal de l'intervention de l'Université dans les affaires où il s'agit de libéralités faites à des corporations religieuses, est l'exercice du droit, par le Conseil royal, de donner un avis préalable sur tout ce qui intéresse l'administration de l'enseignement ; que l'exercice de ce droit, en pareille matière est une garantie indispensable dans l'intérêt de l'État, dans l'intérêt des familles, et dans l'intérêt des corporations religieuses elles-mêmes,

Est d'avis qu'il y a lieu de maintenir en tous ses points la délibération prise le 2 avril 1839[1], d'observer exactement les distinctions et les réserves qu'elle fait, et d'y conformer, soit les acceptations portées en tête de la présente délibération soit celles au sujet desquelles le Conseil devra à l'avenir, comme par le passé, donner préalablement son avis.

[1]. Voir le texte de la délibération du 2 avril 1839, pages 411-414.

APPENDICE

I

CERTIFICATS D'ÉLÈVES-MAITRES

D'ÉCOLE NORMALE.

INSTRUCTION PUBLIQUE.

ÉCOLE NORMALE PRIMAIRE

ACADÉMIE D

ÉTABLIE A

Certificat d'Élève-Maître.

Le sieur (1)　　　　　, né à (2)　　　　　, est entré à
l'École le (3)　　　et est sorti le (3)　　　, après avoir satisfait à tous
les règlements en vigueur.

Religion. . . . . *Laisse à désirer.*
Caractère. . . . . . . *Léger.*
Conduite. . . . . . . *Légère.*
Capacité. . . . . . . *Convenable.*
Travail. . . . . *Passable.*
Progrès. . . . . *Assez satisfaisant.*
Aptitude pour l'enseignement. . . *Peu de zèle.*
Tenue et propreté. . . . . . *Négligées.*
Santé. . . . . *Très bonne.*

Place à l'examen de sortie sur *huit* élèves : *quatrième.*

La Commission lui a conféré le titre d'Élève-Maître du degré (4) *élémentaire* (5), à la suite des examens qu'il a subis et des notes qu'il a méritées pendant son séjour à l'École.

Certifié conforme aux registres.

A　　　, le　　　184 .

Le Directeur,

Vu et arrêté par nous, Membres de la Commission de surveillance.

A　　　, le　　　184 .

Vu et approuvé par nous, Recteur de l'Académie.

A　　　, le　　　184 .

(1) Nom et prénoms de l'élève.
(2) Lieu et date de naissance.
(3) Dates d'entrée et de sortie.
(4) Supérieur ou élémentaire.

(5) Dans la reproduction de ce modèle et des suivants, les parties, imprimées en caractères italiques, représentent les notes et indications spéciales aux modèles qui ont servi de type.

609

Certificat d'Élève-Maître délivré en 1847 par l'École normale d'Orléans.

INSTRUCTION PUBLIQUE.

ACADÉMIE D'ORLÉANS.

ÉCOLE NORMALE PRIMAIRE

ÉTABLIE A ORLÉANS.

Certificat d'Élève-Maître.

(1) Nom et prénoms de l'Élève.
(2) Lieu et date de naissance.

Le sieur (1) *Plateau (St. Adrien)* né à (2) *Ouzouer le Doyen (Loir-et-Loire)* le *8 Septembre 1827* ————————————— est entré à l'École le *7 Octobre 1844,* est sorti le *30 aoust 1847,* , après avoir satisfait à tous les réglements en vigueur.

Placé à l'examen de sortie sur *14* Élèves. *4.e*

(3) Supérieur ou élémentaire.

La Commission lui a conféré le titre d'Élève-Maître du dégré (3) *élémentaire* , à la suite des examens qu'il a subis et des notes qu'il a méritées pendant son séjour à l'École.

Certifié conforme aux registres.

A Orléans, le *27 aout* 184*5*

Le Directeur,

Vu et arrêté par nous, Membres de la Commission de surveillance.

A Orléans, le *28 aout* 184*7*

Vu et approuvé par nous, Recteur de l'Académie.

Orléans, le *28 aout* 184*7*

II

ENGAGEMENTS DÉCENNAUX.

INSTRUCTION PUBLIQUE.

ACADÉMIE D

ENGAGEMENT

DE SE VOUER POUR DIX ANS AU SERVICE
DE L'INSTRUCTION PUBLIQUE.

ÉCOLE NORMALE PRIMAIRE
ÉTABLIE A

Je soussigné   né à
département d   , le   , nommé
élève-maître à l'École normale primaire d
le   , atteint par la loi du 21 mars 1832 sur le
recrutement de l'armée, pour la classe de   , promets,
conformément à ladite loi, de me vouer pour dix ans au service de l'Instruction
publique, en qualité d'instituteur communal.

Fait à   , le   183 .

(Signature de l'Élève.)

Vu pour la légalisation de la signature ci-dessus.

A   , le   183 .

(Signature du Maire.)

Je soussigné (père ou tuteur) consens à ce que mon (fils ou pupille) se voue
pour dix ans au service de l'Instruction publique.

A   , le   183 .

(Signature du père ou du tuteur.)

Vu pour la légalisation de la signature ci-dessus.

A   , le   183 .

(Signature du maire de la commune
où réside le père ou le tuteur.)

Vu pour légalisation

A   , le   183 .

(Le Préfet ou le Sous-Préfet de l'arrondissement
dans lequel réside l'élève.)

Vu par le Recteur.

UNIVERSITÉ DE FRANCE.

EXTRAIT

DU REGISTRE DES DÉLIBÉRATIONS

DU CONSEIL ROYAL DE L'INSTRUCTION PUBLIQUE.

Séance du   183

Le Conseil royal de l'Instruction publique, sur le rapport de M. le Conseiller chargé des Écoles primaires, conformément à l'article 14 de la loi du 21 mars 1832, reçoit l'engagement de se vouer pendant dix ans au service de l'Instruction publique, contracté le   , par le sieur   ,
né à   , département d   ,
le   , instituteur primaire exerçant à   ,
département d   , autorisé le   .

Le Conseiller exerçant les   *Le Ministre Secrétaire d'État au département*
fonctions de Chancelier,   *de l'Instruction publique,*

Signé :   Signé :

Le Conseiller exerçant les fonctions de Secrétaire,

Signé :

Certifié conforme à l'original :

Le Conseiller exerçant les fonctions de Secrétaire,

Certificat de Présence en suite de la dispense du service militaire (p. 78).

ACADÉMIE

d.

DÉPARTEMENT

d

ARRONDISSEMENT

d

CANTON

d

COMMUNE

d

ÉCOLE COMMUNALE[1]

CERTIFICAT

de présence en suite de la dispense
du service militaire.

Je soussigné, maire de la commune d   , certifie que le sieur   , instituteur primaire, dispensé en cette qualité du service militaire, continue à exercer ses fonctions dans ladite commune, et remplit ainsi les conditions de son engagement décennal envers le Conseil royal de l'Instruction publique, contracté le

Fait à   , le   183 .

Transmis à M. le Président du Comité.

Le   183 .

Le Maire,

Transmis au Recteur par le Président
du Comité d

Le   183 .

(1) Élémentaire ou supérieure.

III

LETTRES D'OBÉDIENCE.

IHS

Nous soussignés, Supérieurs de la Congrégation des Soeurs de la Doctrine
Chrétienne, mandons à Anne Marguerite Derrin née à
Grébamenil, Vosges, le 13 Mars 1803, reçue en religion sous le
nom de Soeur Césarine, de se rendre au plus tôt à
Maurupt, Marne, pour y tenir l'École des Filles de cette commune.
En témoignage de quoi nous avons apposé ci-dessous le sceau de notre dite
Congrégation.

À Nancy, le 1 Novembre de l'année 1837

Lettre d'Obédience délivrée en 1838 par la Congrégation des Sœurs de Saint-Joseph.

CONGRÉGATION DE SAINT-JOSEPH,
Approuvée par Ordonnance royale le 23 mars 1838.

Nous Supérieure générale des Sœurs de Saint-Joseph,

Avons donné et par les présentes donnons obédience à _____

Notre Chère fille Sœur Euphrasie née Linthamer agée de 35 ans Supérieure

pour la paroisse de Précy-Marville _____

diocèse de Meaux _____ département de Seine-et-Marne.

Fait à Lyon _____ le 11 _____ du mois de Décembre

l'an de Notre-Seigneur Jésus-Christ 1838.

Article 13 de l'Ordonnance royale du 29 février 1836.

« Les Institutrices appartenant à une congrégation dont les statuts, régulièrement approuvés, renfermeraient l'obligation de se livrer à l'éducation de l'enfance, pourront être autorisées par le Recteur à tenir une école primaire élémentaire, sur le vu de leurs lettres d'obédience et sur l'indication, par la Supérieure, de la commune où les Sœurs seraient appelées. »

Sr. Linthamer, Joséphine, née à Paris le 10 8bre 1803.

Lettre d'Obédience délivrée en 1845 par la Supérieure générale
de la Congrégation des Filles de la Croix.

Nous, soussignée, Supérieure Générale de la Congrégation des Filles de la Croix, dites Sœurs de Saint-André, dont le chef-lieu est à La Puye, Diocèse de Poitiers, laquelle a été autorisée par Ordonnance, en date du 28 mai 1826 ; Chargeons notre Chère Sœur *St. Crissent (Me Priat) née le 23 Juillet 1821 à Pinas (Haute Pyrénées)*

de donner l'enseignement gratuit et l'instruction chrétienne dans la Maison de notre Institut, établie à *Bercy (Seine)* Diocèse de *Paris* priant Dieu de bénir ses travaux.

En foi de quoi nous lui avons délivré la présente, à laquelle nous avons apposé le Sceau de notre Congrégation, et que nous avons fait contre-signer par notre Chère Sœur Secrétaire.

De notre Maison de La Puye, le *11 Mars 1845*

*Sœur Madeleine
Supre Gale.*

Par la très Chère Sœur Supérieure Générale,

La Secrétaire,

Sœur Césarie

Lettre d'Obédience délivrée en 1846 par l'Évêque d'Évreux.

NOUS, NICOLAS-THÉODORE OLIVIER,

PAR LA MISÉRICORDE DIVINE ET LA GRACE DU SAINT SIÉGE APOSTOLIQUE,

ÉVÊQUE D'ÉVREUX,

Voulant entrer dans les vues de M. le Maire et des principaux Habitants de *Bondé près Crouilly, arrondissement de Meaux (Seine et Marne)* _____

qui nous ont demandé *une* _____ des Sœurs de notre Communauté de la *Providence dont la maison Mère est à Evreux (Eure)*

··· ____ et nous étant assurés qu'elle était suffisamment instruite , d'une conduite, d'une capacité et d'une vertu assez éprouvées, pour bien instruire les jeunes filles de ladite *Commune de Bondé* et donner, en cas de besoin, les soins convenables aux pauvres malades, avons autorisé et autorisons, en ce qui nous concerne *Sœur Saint Dorothé Elisa, née à Crouny, dép.t de l'Eure le 12 7bre 1816*

à se rendre en l'Ecole ~~Hospice~~ de *Bondé* qui *a* été préparée pour *la* recevoir, et où on *lui* assure une honnête existence.

Donné à Evreux, en notre Palais Episcopal, sous notre seing, le Sceau de nos armes et le contre-seing de notre Secrétaire, le *9 Janvier 1846*

Nota: La première lettre d'obédience donnée à cette Sœur Dorothé, pour l'envoie à Bondé eut à la date du 1er 9bre 1844 Nous avons annulé cette lettre d'obédience.

† Nic. Sv. d. Sœur,

Par Mandement,

IV

PROCÈS-VERBAUX, CERTIFICATS ET DIPLOMES

POUR LES ÉCOLES MATERNELLES.

SALLES D'ASILE

UNIVERSITÉ
DE FRANCE.

ACADÉMIE DE PARIS.

INSTRUCTION PRIMAIRE.

Procès-verbal de l'examen subi par le Sr ,
*né le   à   , département de   ;
à l'effet d'obtenir le certificat d'aptitude aux fonctions de surveillant de salle d'asile.*

MATIÈRES DE L'EXAMEN.	RÉSULTAT DE L'EXAMEN.	OBSERVATIONS.
EXAMEN MORAL. Zèle, activité, conduite irréprochable, principes moraux et religieux . . . . . (Programme général du 6 février 1838, art. 1er.)	*Très bien.*	*Ordre absolu :* n° 10. — *Ordre relatif :* 1er.
EXAMEN PRATIQUE. Connaissance des méthodes et des exercices. Aptitude à donner les soins de surveillance maternelle et de première éducation. Habileté à diriger une salle d'asile dans les exercices et les récréations . . . . (Programme général, art. 2 et 3.)	*Parfaitement bien.*	
EXAMEN D'INSTRUCTION. Instruction religieuse . . . . Notions élémentaires de : Lecture . . . . Écriture . . . . Calcul . . . . Chants moraux et religieux . Travaux d'aiguille . . . . . (Programme général, art. 4.) Dictée	*Très bien.* *Très bien.* *Bien.* *Parfaitement bien.* *Parfaitement bien.*	

Au nom et sous l'autorité du Ministre de l'Instruction publique, Grand-Maître de l'Université,

Nous, Membres de la Commission d'examen, réunis au nombre de dix dans la salle d'examen,

Après nous être fait représenter par le sieur   les pièces mentionnées en l'article 9 de l'ordonnance royale du 22 décembre 1837, et lui avoir fait subir publiquement l'examen d'instruction qui précède,

632

Avons jugé et jugeons que ledit sieur   est digne d'obtenir le certificat d'aptitude pour les fonctions de surveillant de salle d'asile.

En foi de quoi nous avons signé le présent procès-verbal dont un duplicata sera aussitôt transmis à M. le Recteur de l'Académie de Paris.

A Paris, le   184 .

(Signature du récipiendaire.)

(Signatures des Membres de la Commission.)

Procès-verbal de l'Examen pratique aux fonctions de Surveillant de salle d'asile
(p. 353 et 363).

<table>
<tr><td>EXAMEN
PRATIQUE.</td><td rowspan="3">SALLES D'ASILE
——o——

*Procès-verbal de l'examen pra-
tique subi par le sieur
inscrit sous le n° 8.*</td><td>COMMISSION D'EXAMEN
DU DÉPARTEMENT
DE LA SEINE.</td></tr>
</table>

12e SESSION.

Séance du   184 . — *Classe du*

Présidente : Mme CAUSSIN DE PERCEVAL; Assistantes : Mmes BOISSERIE-LASSERVE,
CHEVREAU-LEMERCIER, LECOMTE née VERNET.

MATIÈRES DE L'EXAMEN.		RÉSULTAT DE L'EXAMEN.	OBSERVATIONS.
ENTRÉE en classe.	Entrée en classe.	*Très bien.*	M..... a une parfaite tenue, une grande douceur, un zèle actif et intelligent; il possède parfaitement la méthode et captive bien l'attention des élèves. M....., dans les leçons qu'il a faites, s'est montré distingué et religieux.
	Marche.	*Très bien.*	
	Inspection des mains.	*Très bien.*	
	Prière.	*Bien.*	
	Chant.	*Très bien et très varié.*	
	Claquoir et sifflet.	*Très bons.*	
LECTURE au cercle.	Lecture au cercle	*Bien; douce et bonne surveillance.*	
	Exercice des ardoises.		
Montée au gradin.		*Parfaitement bien.*	
GRADIN.	Chant du cantique.	*Bien.*	
	Lecture.	*Très bien.*	
	Exercice du boulier.	*Bien.*	
	Addition.	*Bien.*	
	Soustraction	*Bien.*	
	Figures de géométrie.	*Très bien.*	
	Histoire sainte.	*Très bien.*	
	Grammaire.	*Bien.*	
	Géographie.	*Peu, mais bien.*	
	Règnes.	*Bien.*	
Questions générales.		*Religieuses, morales et intéressantes.*	
Histoire racontée et déductions morales.		*Sujet bien choisi mais peu développé en bons termes.*	
	Prières.	*Bien, avec bonne réflexion.*	
	Descente de l'estrade.	*Bien.*	
	Sortie de la classe.	*Bien.*	

(Signatures des Membres de la Commission.)

Certificat d'aptitude aux fonctions de Surveillante adjointe d'une Salle d'asile
(p. 353 et 389).

Université de France.

Commission d'examen des Salles d'asile du
département de la Seine

La Commission d'examen des Salles d'asile du
département de la Seine certifie que la Dame Chardonnens
Jeanne Étienne Roset née à Vielley
département du Doubs le 3 février 1792
est en état d'exercer les fonctions de Surveillant adjoint
dans une salle d'asile

Fait à Paris, le 25 Juin 1842

637

Certificat d'aptitude à la Direction des Salles d'asile (p. 358 et 389).

Ministère
de
l'Instruction publique.

Instruction primaire.

N° 186.

Université de France.

Académie de Paris.

Salles d'asile.
Certificat d'aptitude.

Nous, Membres de la Commission d'examen instituée pour vérifier l'aptitude des aspirants et aspirantes à la direction des Salles d'asile ;

Vu les articles 8 et 9 de l'Ordonnance royale du 22 décembre 1837 ;

Vu le procès-verbal de l'examen subi devant nous, les 15, 24, 28 en 29 Décembre 1846 par la D.lle Perrière, Marie Antoinette, née 8 février 1821 à Conche département de l' Eure demeurant à Paris département de la Seine ;

Avons délivré à la D.lle Perrière le présent certificat d'aptitude, qui lui est nécessaire à l'effet de se pourvoir de l'autorisation rectorale.

Fait à Paris le 29 Décembre 1846.

Signature de l'Impétrant.

M. Perrière

Vu par nous, Inspecteur général de l'Université,
Vice-Recteur de l'Académie de Paris,
Paris le 29 Décembre 1846.

UNIVERSITÉ
DE FRANCE.

ACADÉMIE
Paris

OUVROIRS.

BREVET DE CAPACITÉ.

Nous, *Recteur de l'Académie d* *[manuscript]*

[manuscript]

Vu le procès-verbal de l'examen subi à *[manuscript]* le 2 *Juin* 1843, devant la Commission chargée d'examiner les aspirantes à la direction des ouvroirs, par la d*[manuscript] Chasseloup, Désiré*, née le 8 *Juillet 1809* à *[manuscript]* canton de *[manuscript]* arrondissement de *[manuscript]* département de *la Vienne*

Vu le certificat d'aptitude délivré à ladite d*[manuscript] Chasseloup (Désiré)*, ledit certificat constatant qu'elle a fait preuve de la capacité requise pour diriger un ouvroir;

Vu les arrêtés du Conseil royal de l'instruction publique, en date des 30 octobre 1838 et 2 mars 1840.

Avons accordé à ladite d*[manuscript] Chasseloup, Désiré*, le présent brevet de capacité pour la direction d'un ouvroir, pour lui servir et valoir ce que de raison.

Délivré à *[manuscript]* le 2 *Juin* 1843.

Signature de l'impétrante : *[manuscript]*

Au nom et sous l'autorité de M. le Ministre de l'instruction publique, Grand-Maître de l'Université.

Le Recteur de l'Académie d *[manuscript]*

V

PROCÈS-VERBAUX, CERTIFICATS ET DIPLOMES

POUR LES ÉCOLES PRIMAIRES DE GARÇONS
ET DE FILLES.

MINISTÈRE

DE L'INSTRUCTION

PUBLIQUE.

INSTRUCTION PRIMAIRE
ÉLÉMENTAIRE.

DÉPARTEMENT

d

ACADÉMIE

DE PARIS.

Procès-verbal de l'examen subi par le sieur

né le   , à   , département d

à l'effet d'obtenir le brevet de capacité pour l'instruction

primaire élémentaire.

MATIÈRES DE L'EXAMEN.	RÉSULTAT DE L'EXAMEN.	OBSERVATIONS: (Indiquer le domicile du candidat et sa situation actuelle.)
Instruction morale et religieuse. { Catéchisme . . . . Histoire { Ancien Testament. . sainte. { Nouveau Testament.		
Lecture . . . . . { Imprimés. { français . . . . . . latins. . . . . Manuscrits ou cahiers lithographiés.		
Écriture. . . . . { bâtarde, en lettres. { ordinaires. . majuscules. ronde, en lettres. . { ordinaires. . majuscules. cursive, en lettres. { ordinaires. . majuscules.		
Procédés pour l'enseignement de la lecture et de l'écriture.		
Éléments de la langue française. { Grammaire. { Analyse grammaticale de phrases dictées . . . . . . Orthographe. { Théorique . . . . . Pratique.		
Éléments du calcul. { Théorie. Pratique. { Numération . . . . . Addition. Soustract. Multiplic. Division. } { appliquées aux nombres entiers et aux fractions décimales.		
Système légal des poids et mesures; conversion des anciennes mesures en nouvelles.		
Premières notions de géographie et d'histoire . .		

Nous, Membres de la Commission d'instruction primaire, réunis en la salle d
au nombre de   Membres, après avoir fait subir publiquement au sieur
l'examen qui précède,

Avons jugé que le sieur   était digne d'obtenir le brevet de capacité pour
l'instruction primaire élémentaire.

En foi de quoi nous avons signé le présent procès-verbal, dont un duplicata sera
aussitôt transmis à M. le Recteur de l'Académie.

A   , ce   183 .

(Signature du récipiendaire.)   *(Signatures des Membres de la Commission.)*

Procès-verbal d'examen du Brevet de Capacité pour l'instruction primaire
supérieure (p. 12, 36, 228 et 236).

MINISTÈRE	INSTRUCTION PRIMAIRE	DÉPARTEMENT
DE L'INSTRUCTION	SUPÉRIEURE.	d
PUBLIQUE.		

ACADÉMIE
DE PARIS.

Procès-verbal de l'examen subi par le sieur   ,
né le   , à   , département d   ,
*à l'effet d'obtenir le brevet de capacité pour l'instruction
primaire supérieure.*

MATIÈRES DE L'EXAMEN.	RÉSULTAT DE L'EXAMEN.	OBSERVATIONS.
Instruction morale et religieuse. Catéchisme............. Histoire sainte. Ancien Testament.. Nouveau Testament. (Avec développements.)		
Lecture.... Imprimés. français........ latins......... Manuscrits ou cahiers lithographiés............		
Écriture..... bâtarde, en lettres. ordinaires. majuscules. ronde, en lettres.. ordinaires. majuscules. cursive, en lettres. ordinaires. majuscules.		
Procédés pour l'enseignement de la lecture et de l'écriture............		
Éléments de la langue française. Grammaire. Analyse grammaticale de phrases dictées...... Orthographe. Théorie....... Pratique......		
Numération.....		
Éléments du calcul. Théorie. Pratique. Addition. Soustract. Multiplic. Division. appliquées aux nombres entiers et aux fractions décimales.		
Proportions..... Règles de trois et de société......		
Système légal des poids et mesures; conversion des anciennes mesures en nouvelles.......		
Notions de géométrie................		

MATIÈRES DE L'EXAMEN.	RÉSULTAT DE L'EXAMEN.	OBSERVATIONS.
Angles, perpendiculaires, parallèles; surfaces des triangles, des polygones, du cercle; volumes des corps les plus simples.		
Applications (Arpentage. . . . . usuelles)Toisé. . . . . de la géométrie. (Levé des plans.		
Dessin linéaire		
Notions des sciences physiques et de l'histoire naturelle applicables aux usages de la vie, et comprenant les définitions des machines les plus simples.		
Éléments de la géographie et de l'histoire générale, de la géographie et de l'histoire de France.		
Notions de la sphère.		
Chant. . . . . . (Musique. . . . . . Théorie. . .)Pratique. . (Plain-chant . . . . (Théorie. . .)Pratique. .		
Méthodes d'en- (simultané . . . . seignement.)mutuel.		

Nous, Membres de la Commission d'instruction primaire, réunis en la salle d au nombre de   Membres, après avoir fait subir publiquement au sieur l'examen qui précède,

Avons jugé que ledit sieur   était digne d'obtenir le brevet de capacité pour l'instruction primaire supérieure.

En foi de quoi nous avons signé le présent procès-verbal, dont un duplicata sera aussitôt transmis à M. le Recteur de l'Académie.

A   , ce   183 .

(*Signature du récipiendaire.*)

(*Signature des Membres de la Commission.*)

DÉPARTEMENT
de la *Seine*

CERTIFICAT D'APTITUDE

COMMISSION D'EXAMEN
d a *Paris*

POUR L'ENSEIGNEMENT PRIMAIRE ÉLÉMENTAIRE.

Nous, Membres de la Commission d'examen d *Département de la Seine*

Après nous être fait représenter le certificat de bonne vie et mœurs délivré à la d *lle Dubois (Adelphine)* née le *4 février 1821*
Montoire arrondissement d département d *Loir en Cher*

Et lui avoir fait subir publiquement un examen sur les matières qui, d'après les dispositions de l'article 1er de l'ordonnance royale du 23 juin 1836, constituent l'enseignement primaire élémentaire,

Avons jugé que ladite d *lle Dubois* était digne d'obtenir le brevet de capacité pour l'instruction primaire élémentaire.

En foi de quoi nous lui avons délivré le présent Certificat pour lui servir et valoir ce que de raison.

Fait à *Paris* le *30 Avril* 1839

Signature de la récipiendaire :
Dubois

Cons. d'un de l'adm.
Mai de Paris

DÉPARTEMENT
d' *Yonne*

COMMISSION D'EXAMEN
d' *Auxerre*

CERTIFICAT D'APTITUDE

POUR L'ENSEIGNEMENT PRIMAIRE SUPÉRIEUR.

Nous, Membres de la Commission d'examen d' *Auxerre*

Après nous être fait représenter le certificat de bonnes vie et mœurs délivré à la d^lle *Laure Joséphine* née le 18 août 1809 à *Auxerre* arrondissement d' *Auxerre* département d' *Yonne*

Et lui avoir fait subir publiquement un examen sur les matières qui, d'après les dispositions de l'article 1er de l'ordonnance royale du 23 juin 1836, constituent l'enseignement primaire supérieur,

Avons jugé que ladite d^lle *Laure Joséphine* était digne d'obtenir le brevet de capacité pour l'instruction primaire supérieure.

En foi de quoi nous lui avons délivré le présent Certificat pour lui servir et valoir ce que de raison.

Fait à *Auxerre* le 25 août 1839

Signature de la récipiendaire

Joséphine Laure

J. C. Marie *Milne*

649

Paris.—Imprimerie de Paul Dupont et Cie.

MINISTÈRE
DE
L'INSTRUCTION PUBLIQUE

UNIVERSITÉ DE FRANCE.

INSTRUCTION PRIMAIRE.

INSTRUCTION PRIMAIRE ÉLÉMENTAIRE.

BREVET DE CAPACITÉ.

Nous, abbé Caron, Brouita, Baudry de Balzac, Bournard, Eiguenbank, Gaulbied, Lefaive, Peroi, Miller, Rinard Curé à N. D. Veylard en Villon, Vice - Président et Membres de la Commission d'Instruction primaire, séant à Versailles, chef-lieu de l'arrondissement de Versailles, département de Seine-et-Oise, Académie de Paris, nommés par M. le Ministre Secrétaire d'État au département de l'Instruction publique, et chargés à ce titre : 1° d'examiner les Aspirants au Brevet de capacité pour l'instruction primaire ; 2° de délivrer lesdits Brevet aux Aspirants qui en auront été jugés dignes ;

Vu le procès-verbal dressé par nous aujourd'hui, et constatant que le sieur Jeanne Louis Charles Dioni, né le treize Août 1824, à Saint Rémy-en-l'eau, canton de Rambouillet, arrondissement de Rambouillet, département de Seine-et-Oise, a été examiné par nous sur l'instruction morale et religieuse, la Lecture, l'Écriture, les Éléments de la Langue française et du Calcul, le système légal des Poids et Mesures, les premières notions de la Géographie et de l'Histoire, ainsi que sur les procédés et les méthodes d'enseignement de ces diverses connaissances ;

Vu les articles 4 et 25 de la loi du 28 Juin 1833 ; et les articles 1, 5, 8, 10, 11 et 12, du règlement du Conseil royal de l'Instruction publique, en date du 19 juillet 1833 ;

Estimons que le candidat a fait preuve de la capacité requise pour donner l'Instruction primaire élémentaire, et, en conséquence, avons accordé audit sieur Jeanne Louis Charles Dioni le présent Brevet, pour lui servir et valoir ce que de raison.

Délivré à Versailles, le 1er Septembre 1841.

Signature de l'Impétrant :

Au nom et sous l'autorité de M. le Ministre de l'Instruction publique :

Les Membres de la Commission d'Instruction primaire,

654

Brevet de Capacité supérieur délivré en exécution du statut du 19 juillet 1833 (p. 12, 34 et 218).

MINISTÈRE DE L'INSTRUCTION PUBLIQUE. — UNIVERSITÉ DE FRANCE. INSTRUCTION PRIMAIRE.

Duplicata de

BREVET DE CAPACITÉ.

INSTRUCTION PRIMAIRE SUPÉRIEURE.

Nous [illegible]

Vice-Président et Membres de la Commission d'Instruction primaire, séant à *Châlons-sur-Marne* chef-lieu du département d*e la Marne* Académie d*e Paris* nommés par M. le Ministre Secrétaire d'État au département de l'Instruction publique, et chargés à ce titre: 1° d'examiner les Aspirants au Brevet de capacité pour l'Instruction primaire; 2° de délivrer ledit Brevet aux Aspirants qui en auront été jugés dignes;

Vu le procès-verbal par nous dressé cejourd'hui, et constatant que le sieur [illegible] né le [illegible] à [illegible] canton d[illegible] arrondissement d[illegible] département d*e la Marne* a été examiné par nous sur l'instruction morale et religieuse, la Lecture, l'Écriture, les Éléments de la Langue française et du Calcul, le système légal des Poids et Mesures, et, en outre, sur les Éléments de la Géométrie et ses applications usuelles, spécialement l'Arpentage; sur le Dessin linéaire; sur les notions des Sciences physiques et de l'Histoire naturelle applicables aux usages de la vie; sur le Chant; sur les éléments de l'Histoire et de la Géographie, et, surtout, de l'Histoire et de la Géographie de la France;

Vu les articles 4 et 25 de la loi du 28 juin 1833, et les articles 1, 5, 8, 9, 10, 11, 12 et 13 du règlement du Conseil royal de l'Instruction publique, en date du 19 juillet 1833;

Estimons que le candidat a fait preuve de la capacité requise pour donner l'Instruction primaire supérieure, et, en conséquence, avons accordé audit sieur [illegible] le présent Brevet, pour lui servir et valoir ce que de raison.

Délivré à *Châlons s/m.*, le [illegible] 18*38*.

Signature de l'impétrant.

Au nom et sous l'autorité de M. le Ministre de l'Instruction publique :

Les Membres de la Commission d'Instruction primaire,

COMMon D'EXAMEN — MARNE

[illegible]

ÉCOLE NORMALE ÉLÉMENTAIRE

FONDÉE PAR LA VILLE DE PARIS

Pour les Maîtres d'Enseignement Mutuel.

PIÈCES FOURNIES
Par l'Élève-Maître

Certificat de bonnes mœurs délivré le 1 Juillet 1835, par le maire du 8e arrond. de Paris.

Paris, le 20 octobre 1835.

Attestation remise à M. *Trèves (Samuel)* né le *Septembre 1796*, à *Metz* département de *la Moselle* admis, d'après l'autorisation de la Commission d'examen, à suivre le Cours normal ouvert le *1 Juillet 1835*.

Nous, Membres de la Commission spéciale chargés par M. le Préfet de l'examen des Élèves-Maîtres d'Enseignement mutuel, autorisés à cet effet par la Commission royale d'Instruction publique, en la pièce mentionnée ci-contre, attestons que M. *Trèves (Samuel)* a subi, en notre présence, un examen sur la théorie & sur la pratique de la méthode d'Enseignement mutuel, y compris la Calligraphie, la Lecture linéaire, _____ & qu'après s'être engagé à suivre exactement le Manuel des Écoles d'enseignement mutuel, il a été reçu Maître de premier ordre.

Paris, le *20 octobre 1835.*

655

OBSERVATIONS.

« Pendant la dernière session de la Commission d'examen pour les brevets de capacité du département de la Seine, le sieur Trèves a mis sous les yeux des examinateurs le brevet ci-joint. Sa forme, sa date du 20 octobre 1835, nous ont paru assez remarquables pour en faire l'objet d'un rapport particulier.

« Il suffit de jeter les yeux sur cette attestation pour comprendre qu'elle est illégalement accordée, et quoiqu'elle n'ait en elle-même aucune autorité, elle peut inspirer de la confiance à des maires et à des Comités locaux.

« Vis-à-vis la Commission d'examen, qui tire son autorité de l'article 25 de la loi du 28 juin, il y a donc une autre Commission d'examen qui autorise les instituteurs à suivre le cours de la *soi-disant École normale élémentaire?* qui exige un certificat de bonnes mœurs? qui fait subir des examens sur la théorie et la pratique de la méthode d'enseignement mutuel, sur la calligraphie et le dessin linéaire? qui les *reçoit maîtres* après qu'ils se sont *engagés à suivre exactement le manuel des écoles d'enseignement mutuel?*

« Si nous vous signalons ces faits, Monsieur le Ministre, c'est que nous les croyons en opposition avec les lois sur l'instruction primaire que vous avez données à la France, et dont vous voulez nécessairement l'exécution.

» Nous sommes disposés à user des plus grands ménagements; mais cependant, pour que nous soyons utiles, il ne faut pas que notre action se trouve à chaque instant paralysée, que les maires et les Comités locaux ne sachent point s'ils doivent obéir à telle ou telle autorité, en présence de la loi qui ☛ fait la part du pouvoir municipal et du pouvoir universitaire.

« Que l'on ait accordé des brevets, que l'on ait examiné des candidats lorsque la loi du 28 juin n'existait pas, on peut le comprendre; mais au 20 octobre 1835, c'est plus qu'un abus. »

(*Extrait d'un rapport, adressé le 19 décembre 1835 au Ministre de l'Instruction publique, par MM. Lamotte et Ritt, inspecteurs de l'instruction primaire du département de la Seine.*)

Diplôme de Maître de pension délivré par le Ministre, le 27 novembre 1838.

UNIVERSITÉ DE FRANCE.

Diplôme de Maître de Pension.

AU NOM DU ROI.

Nous, *Marcisse Achille de* **Salvandy**, *membre de l'Académie française, Ministre Secrétaire d'État au département de l'Instruction publique, Grand-Maître de l'Université;*

Vu le Rapport de M. l'Inspecteur Général des études, chargé de l'administration de l'académie de la Seine;

Donnons, par ces présentes, au Sieur **Daresz de Blancy**, *marié, ..., ..., bachelier ès lettres, né à .... (Seine et Oise) le 28 mai 1811,*

le Diplôme de Maître de Pension pour en jouir avec les droits et prérogatives qui y sont attachés par les lois et réglemens, et l'autorisons à diriger un pensionnat à Paris —— département de la Seine.

Fait au Chef-lieu et sous le Sceau de l'Université,
à *Paris, le 27 novembre 1838.*
Le Conseiller au Conseil royal de l'Instruction publique,
remplissant les fonctions de Chancelier,

Salvandy

Ministre Secrétaire d'État de l'Instruction publique,
Grand-Maître de l'Université;
Par le Ministre:
Le Conseiller exerçant les fonctions de Secrétaire du Conseil royal de
l'Instruction publique,

MINISTÈRE
DE
L'INSTRUCTION PUBLIQUE.

UNIVERSITÉ ROYALE
DE FRANCE.

ACADÉMIE DE PARIS.

ÉCOLES CHRÉTIENNES.

N°

BREVET DE CAPACITÉ POUR L'ENSEIGNEMENT PRIMAIRE

DEUXIÈME DEGRÉ.

Nous, , Ministre Secrétaire d'État au département de l'Instruction publique, exerçant les fonctions de Grand-Maître de l'Université de France et de Recteur de l'Académie de Paris,

En exécution des articles 2 de l'Ordonnance royale du 3 avril 1820 et 10 de l'Ordonnance royale du 21 avril 1828, sur l'Instruction primaire,

Sur la présentation qui nous a été faite par la demoiselle , née à département d , le , des lettres d'obédience qui lui ont été délivrées le par Mme la Supérieure d , autorisée comme association charitable en faveur de l'Instruction primaire, par Ordonnance royale en date du , dont la maison principale est établie à , et desquelles il résulte que ladite demoiselle a été admise dans cette Communauté pour se consacrer à l'instruction primaire des jeunes filles;

Considérant que, d'après les Ordonnances concernant l'Instruction primaire, ces lettres doivent tenir lieu des examens et certificats prescrits pour les autres institutrices;

Avons accordé à ladite demoiselle , désignée en religion sous le nom de sœur le présent brevet qui sera adressé à Mme la Supérieure d , et sera valable tout le temps pendant lequel la récipiendaire demeurera attachée à ladite Communauté.

Délivré à Paris, le 183

Par délégation de M. le Ministre de l'Instruction publique,

(Signature de la Sœur.)

L'Inspecteur général des Études,
chargé de l'Administration de l'Académie de Paris,

Brevet de Capacité

pour l'enseignement primaire des Filles.

Nous Conseiller d'État

Préfet du Département de Seine et Oise,

Sur le Certificat d'examen délivré à la Dame Desgré b..... par le Jury dudit Département, constatant qu'elle a répondu d'une manière satisfaisante — aux questions qui lui ont été adressées sur la Lecture, l'Écriture, l'orthographe & le calcul & les premiers de la religion .... qu'elle est en outre en état d'enseigner les diverses parties de l'instruction .... qu'elle a fait preuve de la capacité nécessaire pour exercer les fonctions d'Institutrice primaire du 1er degré, qu'elle a justifié par des Certificats authentiques de sa bonne conduite et de ses bonnes mœurs,

Avons accordé à ladite Dame Desgré .... âgée de 28 ... ans, demeurant à Versailles — le présent Brevet qui lui est indispensable pour obtenir l'autorisation spéciale d'exercer les fonctions d'Institutrice primaire du 1er degré, dans l'une des Communes de ce Département, conformément à l'article 12 de notre Arrêté du 25 Juillet 1816.

Délivré à Versailles, en l'Hôtel de la Préfecture, le 1er Février 1833.

UNIVERSITÉ
DE FRANCE.

INSTRUCTION PRIMAIRE ÉLÉMENTAIRE.

INSTRUCTION
PRIMAIRE.

N°: 521

BREVET DE CAPACITÉ.

Nous, Recteur ou l'Assesseur à l'Inspecteur Général des études, faisant fonctions de Recteur de l'académie de Paris.

Vu le procès-verbal de l'examen subi à *Paris* le *3 Décembre 1842*, devant la Commission chargée d'examiner les aspirantes au brevet de capacité, par la d.^elle *Boucheron (Louise Hortense)* née le *6 Novembre 1812* à *Meaux* canton de *Meaux*, arrondissement de *Meaux* département de *Seine-et-Marne*.

Vu le certificat d'aptitude délivré à ladite d.^elle *Boucheron (Louise Hortense)*, ledit certificat constatant qu'elle a fait preuve de la capacité requise pour donner l'instruction primaire élémentaire;

Vu les articles 1, 5 et 6 de l'ordonnance royale du 23 juin 1836,

Avons accordé à ladite d.^elle *Boucheron (Louise Hortense)* le présent brevet de capacité pour l'instruction primaire élémentaire, pour lui servir et valoir ce que de raison.

Délivré à *Paris* le *1 Décembre* 18*42*

Signature de l'Impétrante

Au nom et sous l'autorité de M. le Ministre de l'Instruction publique
Grand-Maître de l'Université

L'Inspecteur Général des études, faisant
fonctions de Recteur de l'Académie de Paris

Rouveure

663

Préfecture du Département de la Seine.

Instruction Publique.

Diplôme de Maîtresse de Pension.

Le Préfet du Département de la Seine,

Vu le rapport favorable qui lui a été fait par le Sous-Préfet de *[...]* sur les mœurs de M. Dame *Trouble* née *Valleret, Sel*

et vu des Dames de l'inspection des Écoles, annexé audit rapport;

Vu le procès-verbal de l'examen subi par cette Dame devant la Commission établie en exécution du règlement du 1er Décembre 1831, duquel procès-verbal il résulte qu'elle a les connaissances nécessaires pour diriger un Pensionnat de Demoiselles;

Autorise Madame *Trouble* à établir, dans le Département de la Seine, un Pensionnat pour l'éducation des jeunes personnes du sexe, à la charge par elle de se conformer à toutes les dispositions du règlement précité.

La présente autorisation sera adressée au Sous-Préfet *[...]* qui demeure chargé de la remettre à Madame *Trouble* *[...]*

À Paris, le 24 Septembre 1836.

Par le Préfet de la Seine,

Pour le Préfet du Département de la Seine *[...]*
Le Conseiller de Préfecture délégué *[...]*

DÉPARTEMENT DE LA SEINE. INSTRUCTION PUBLIQUE.

Diplôme de Maîtresse de Pension.

NOUS, MEMBRES DE LA COMMISSION D'EXAMEN, INSTITUÉE DANS LE DÉPARTEMENT DE LA SEINE, PAR DÉCISION DU MINISTRE DE L'INSTRUCTION PUBLIQUE,

Vu les articles 11 et 12 du Règlement du 7 Mars 1837;

Vu le Programme approuvé par le Préfet de la Seine, et portant que l'examen relatif au Diplôme de Maîtresse de pension comprend la Lecture, l'Écriture, la Grammaire française, l'Arithmétique, l'Histoire sainte, l'Histoire de France, la Cosmographie, la Géographie moderne, les Élémens de physique, et les Élémens d'histoire naturelle;

Vu le Procès-Verbal de l'examen subi devant Nous par Mademoiselle Robert de Quinay, Adélaïde, Maria, Louisa née le 19 Juin 1824, à La Rochelle Département de la Charente inférieure duquel Procès-Verbal il résulte qu'elle a les connaissances nécessaires pour diriger un Pensionnat de Demoiselles;

Avons délivré à ladite Demoiselle Robert de Quinay le DIPLÔME DE MAITRESSE DE PENSION, à la charge par elle de se conformer au Règlement précité.

A PARIS, LE 20 Juillet 1843.

En exécution de l'article 11 du Règlement, et sous l'autorité de M. le Ministre de l'Instruction publique,

LES MEMBRES DE LA COMMISSION D'EXAMEN,

Signature de l'Impétrante.

DE L'IMPRIMERIE DE CHAPELET, RUE DU VAUGIRARD, 9

667

PRÉFECTURE

DU DÉPARTEMENT DE LA SEINE.

INSTRUCTION PUBLIQUE.

DIPLÔME DE MAÎTRESSE D'ÉTUDE.

LE PRÉFET DU DÉPARTEMENT DE LA SEINE,

Vu le rapport favorable qui lui a été fait sur les mœurs de Mademoiselle *Varnier, Marie françoise*

Vu le procès-verbal de l'examen subi par cette dame devant la Commission établie en exécution du réglement du 1er. décembre 1821, duquel procès-verbal il résulte qu'elle a les connaissances nécessaires pour enseigner *la lecture, l'écriture, la Grammaire, l'arithmétique et d'histoire sainte*

Autorise Mademoiselle *Varnier* à exercer les fonctions de Maîtresse d'étude dans les écoles consacrées à l'éducation des jeunes personnes. du sexe, en y donnant des leçons de *lecture, d'écriture, de Grammaire, d'arithmétique et d'histoire sainte*

à la charge par elle de se conformer à toutes les dispositions du réglement précité.

A Paris, ce **26 Octobre 1829**

Par le Préfet,

LE PRÉFET DU DÉPARTEMENT DE LA SEINE,

Le Maître des Requêtes, Secrétaire général de la Préfecture,

Diplôme de Maîtresse d'École secondaire délivré en 1827
par le Préfet de la Seine.

Préfecture

du Département de la Seine.

Instruction Publique.

Diplôme de Maîtresse d'École secondaire.

Le Conseiller d'État Préfet du Département de la Seine,

Vu le rapport favorable qui lui a été fait par le Maire du 11ᵉ Arrondissement, sur les mœurs de Madame *Roblin née Grandsire, Charlotte* et l'avis des Dames de l'inspection des Écoles, annexé audit rapport ;

Vu le procès-verbal de l'examen subi par cette Dame devant la Commission établie en exécution du Réglement du 1ᵉʳ décembre 1801, duquel procès-verbal il résulte qu'elle a les connaissances nécessaires pour tenir une École de Demoiselles ;

Autorise Madame *Roblin* à établir dans le Département de la Seine une École pour l'instruction des jeunes personnes du sexe, où l'on enseignera *la Lecture, l'Écriture, la Grammaire, l'arithmétique et l'histoire sainte*

à la charge par elle de se conformer à toutes les dispositions du Réglement précité.

La présente autorisation sera adressée au *Sous Préfet de St Denis*, qui demeure chargé de la remettre à Madame *Roblin*

A Paris, ce *31 Août 1827*.

Le Conseiller d'État,
Préfet du Département de la Seine,

Par le Préfet de la Seine,
Le Maître des Requêtes,
Secrétaire général de la Préfecture,

VI

CERTIFICATS NÉCESSAIRES

POUR LA NOMINATION D'UN INSTITUTEUR.

Certificat de Moralité délivré en 1839 par le Maire d'une commune de Seine-et-Oise
pour les fonctions d'Instituteur (p. 12).

Mairie de
St Léger

Certificat
de Moralité

Nous soussigné, Maire
de la commune de Saint Léger appelée
secrétan de Rambouillet, Département
de Seine et oise.

Certifions que jeanne
Louise-Marie Désiré, Née en cette
Commune de Trêize mil huit-
Cent Vingt un, fille de jeanne
et Nicolas Jacavalier, et de catherine
Amélie Travert, est de bonne vie
et mœurs, nous n'avons que des
Louanges à faire de son aimable
Caractère. en foi de quoi Nous lui
avons délivré le Present, Pour lui servir
et valoir ce que de Raison.
fait à Saint Léger le 29 juillet 1839
Le Maire
Travert

Certificat de Moralité pour les fonctions d'Instituteur délivré en 1837
par les membres d'un Conseil municipal (p. 12)

Les soussignés Membres du Conseil municipal de la Commune d'Egly, Certifient, que le sieur Jacques Louis Duchesne maître d'École & Résidant dans la Commune depuis le premier Juin dix huit cent vingt un a toujours eu pendant ce laps de temps une conduite très-régulière, qu'aucun reproche ne peut lui être adressé, tant pour la moralité que pour la manière d'instruire les enfants.

Ils espèrent en Conséquence, que le Comité d'instruction publique, voudra bien le maintenir dans ses fonctions d'instituteur.

En foi de quoi ils lui ont délivré le présent Certificat

Egly ce 24 Janvier 1837

Lefevre, PICOT, Wery

aubé aubé Bourgeois

Bouvier Bourgeois

Malanfant

Certificat de Moralité pour les fonctions d'Instituteur délivré en 1837 par le Maire de Melun sur l'attestation de quatre conseillers municipaux (p. 12).

Académie
de Paris

Certificat de Moralité
pour les fonctions d'Instituteur

Département
de Seine et Marne

Arrondissement
de Melun

Commune
de Melun

(1) Désigner nominativement les trois membres du conseil municipal qui viennent constater la moralité de l'impétrant.

(2) Si l'impétrant n'habite pas la même commune depuis trois ans, un certificat semblable doit être demandé par lui au maire des autres communes où il aura eu son domicile depuis trois ans.

Nota. Ce modèle pourra servir non-seulement pour les certificats à délivrer; mais aussi pour les duplicata e à MM. Les Maires devront transmettre aux sous-préfets d'arrondissement et aux Recteurs, conformément à l'article 16 de l'ordonnance du 16 Juillet 1833.

Nous Maire de la commune de Melun arrondissement de Melun département de Seine et Marne sur l'attestation qui nous a été faite par M.M. Delfieu Rousseau Rossey et Garnet Dansongvée membres du conseil municipal, que le Sr Daybert Charlemagne Etienne né à Thieux arrondt de Meaux département de Seine et Marne le 15 Mai 1819 domicilié dans notre commune depuis le 1er Octobre 1837 est de bonnes vie et mœurs, et est digne par sa moralité de se livrer à l'enseignement, lui avons délivré, conformément à l'article 4 de la loi du 20 juin 1833, sur l'instruction primaire, le présent certificat pour lui servir ce que de droit.

Fait à Melun le 12 Septembre 1837
Les trois conseillers municipaux
Garnet Dansongvée

Le Maire

Vu pour légalisation de la signature du Maire de la commune de Melun

A Melun le 14 7bre 1837
Le Préfet,

Légalisation de la signature de M. le sous Préfet de

à le 185.
Le Préfet

Certificat de Moralité pour les fonctions d'Institutrice délivré en 1847 par le Maire
du 1er arrondissement de Paris sur l'attestation de témoins (p. 12).

Département
de la Seine.

MAIRIE DU 1ʳᴿ ARRONDISSEMENT.

VILLE DE PARIS.

ENSEIGNEMENT

Primaire

Paris, le 15 Novembre 1847.

Pardevant nous, Maire du premier arrondissement de Paris,

* *Sont comparus*

Mademoiselle *Varet* (*Héloïse*) — née à *Laignes* (*Côte-d'Or*) le 15 7ᵇʳᵉ 1834, demeurant à Paris, rue d'Astorg n° 18 (1ᵉʳ Arrond.) depuis le 15 7ᵇʳᵉ 1845 jusqu'au 23 Juillet 1847, la quelle nous a demandé de lui délivrer le certificat de moralité prescrit par la loi pour toute personne se destinant à l'enseignement

Et Messieurs *Porcher Delafontaine*, Avocat à la Cour royale, demeurant rue du faubg St honoré n° 19, *Charles Gabillot*, Négociant, Demeure Susdite, *Bezet*, propriétaire, Demeurant rue de la Madeleine n° 5, le premier Membre du Comité local, les deux derniers Inspecteurs Délégués dudit Comité, lesquels nous ont attesté que la dite Demoiselle est de bonne vie et mœurs et digne par sa moralité de se livrer à l'enseignement.

En foi de quoi nous, Maire susdit, avons délivré le présent, qui a été signé avec nous par l'impétrante et les témoins, après lecture faite.

A l'Hôtel de la Mairie, le Quinze Novembre 1847.

H. Varet

Le Maire

Modèle d'Exeat à accorder aux instituteurs en exécution de la circulaire
du 18 septembre 1838 (p. 400).

Nous, Recteur   , agissant
en vertu des pouvoirs à nous donnés par le Grand-
Maître de l'Université;

Vu la lettre par laquelle le sieur   ,
instituteur·communal à   , demande
l'autorisation de quitter cette résidence, et annonce avoir
fait part de cette intention à M. le Maire de la commune
d   , président du Comité local, par
lettre du   ;

Vu l'avis du Comité d'arrondissement de   ,
en date du   ;

Considérant (*s'il y a lieu*)   ,
autorisons le sieur   à cesser lesdites
fonctions.

VII

AUTORISATIONS DE TENIR UNE ÉCOLE,
ARRÊTÉS DE NOMINATION ET D'INSTITUTION.

Autorisation de diriger une Salle d'asile accordée en exécution de l'article 5
de l'ordonnance du 22 décembre 1837 (p. 352).

INSTRUCTION
PRIMAIRE.

SALLES
D'ASILE.

UNIVERSITÉ DE FRANCE

Au nom et sous l'autorité du Ministre de l'instruction publique, Grand-Maître de l'Université,

Nous,   , Recteur de l'Académie d   ,

Vu les articles 4 et suivants de l'ordonnance du 22 décembre 1837, sur les salles d'asile ; l'article 5 de la loi du 28 juin 1833 sur l'instruction primaire ; les articles 6, 7 et 11 de l'ordonnance du 23 juin 1835, sur l'instruction primaire ;

Vu la demande à nous adressée le   par N... à l'effet d'obtenir l'autorisation de diriger une salle d'asile située à   , arrondissement de   , département d   ;

Vu l'acte de naissance en date du   , constatant que N... est âgé de 24 ans accomplis; le certificat d'aptitude délivré le   par la commission de mères de famille établie à   ; le certificat de moralité délivré le   , à   , et le   , à   , dernière résidence de l'impétrant ;

Après avoir pris l'avis du Comité local d   et du Comité d'arrondissement d

Avons autorisé et autorisons par ces présentes N... (nom et prénoms), âgé de   , à diriger la salle d'asile établie à   , en qualité de surveillant , aux charges et aux conditions déterminées par les lois, statuts et règlements.

Fait au chef-lieu de l'Académie, à   , le

(Signature du Recteur.)

(Signature de l'impétrant.)

Autorisation de tenir une École primaire accordée en exécution de l'article 7
de l'ordonnance du 23 juin 1836 (p. 253).

DÉPARTEMENT
de *Seine-et-Marne.*

ARRONDISSEMENT
de *Coulomniers.*

CANTON
de *La Ferté-Gaucher.*

ACADÉMIE DE PARIS

Le Comité supérieur d'Instruction primaire séant à *Coulommiers,*

Vu la demande formée par la *dame**   , née à *Liancourt,* département de *l'Oise,* le 3 *janvier 1809,* à l'effet d'être autorisée à ouvrir une école primaire (1) *privée,* (2) dans la commune de *Jouy-sur-Morin,* canton de *La Ferté-Gaucher,*

Vu l'avis du comité local, en date du 5 *octobre 1836,*

Vu la délibération du Conseil municipal en date du   , portant fixation des avantages assurés à la postulante (3) ;

Vu le brevet de capacité du degré (4) *deuxième (élémentaire),* délivré à ladite *dame,* par le Recteur de l'Académie de *Paris,* sous la date du 26 *janvier 1833,* n° 2133.

Vu les certificats délivrés conformément à l'article 6 de l'ordonnance royale du 23 juin 1836, attestant la bonne conduite de ladite *dame* depuis l'époque où elle a obtenu son brevet de capacité ;

Vu les articles 7 et 11 de l'ordonnance royale du 23 juin 1836, relative aux Écoles primaires de filles ;

Considérant (5) *que ladite dame exerce provisoirement les fonctions pour lesquelles elle réclame l'autorisation légale, depuis l'obtention de son brevet de capacité, à la satisfaction de la commune,*

Est d'avis qu'il y a lieu d'autoriser *ladite dame* à tenir une école primaire (6) *privée,* (7) *élémentaire,* dans ladite commune

Délibéré à *Coulommiers,* le 13 *janvier 1837.*

Le *Président du Comité supérieur,*

Le Secrétaire,   Signé : *Voisin.*

Signé : *Sorelle.*

Nota. Les pièces mentionnées en la' présente délibération doivent être adressées à l'Académie.

*. Nom et prénoms de la demoiselle ou dame.
(1) Privée ou communale.
(2) Élémentaire ou supérieure.
(3) Cette délibération ne doit être produite que lorsqu'il s'agit d'une École communale.
(4) Élémentaire ou supérieur.
(5) S'il s'agit de pourvoir à la direction d'une École déjà existante, rappeler le nom de la précédente institutrice ; faire connaître si la place est vacante par décès, démission ou révocation.
(6) Privée ou communale.
(7) Élémentaire ou supérieure.

Gréard. *Lég. de l'Instr. primaire,* II.   44

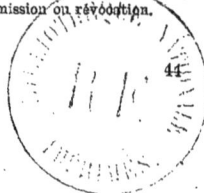

COMITÉ D'INSTRUCTION PRIMAIRE
de Rambouillet

ACADÉMIE
de Paris

DÉPARTEMENT
de Seine-et-Oise

Arrêté de nomination pour un Instituteur communal.

Nous Président et Membres du Comité d'Instruction primaire, séant à Rambouillet département de Seine-et-Oise académie de Paris.

Vu le Brevet de capacité pour l'Enseignement primaire [1] du second degré délivré le sept septembre mil huit cent trente-et-un par la Commission d'Instruction primaire, établie à Versailles département de Seine-et-Oise au sieur Jouanne [2] né à ... arrondissement de Rambouillet département de Seine-et-Oise le treize ... mil huit cent ...

Vu les Certificats de moralité en date [3] du neuf février ... délivrés audit sieur Jouanne ... par les Maires de ... commune de ...

Vu la présentation faite en sa faveur, le bon octobre mil huit cent quarante et un par le Conseil municipal de la commune de Saint Léger en Yvelines

Vu l'avis du Comité communal en date du vingt octobre 1841.

Vu l'article 22, paragraphe 6, de la loi du 28 juin, et l'article 28 de l'Ordonnance du 16 juillet 1833,

Avons nommé, conformément à la Loi, ledit Sieur Jouanne [2] Instituteur communal de commune [9] de Saint Léger en Yvelines arrondissement de Rambouillet département de Seine-et-Oise pour y donner l'Enseignement primaire [2] ...

Délivré à Rambouillet le neuf décembre 1841.

Les Membres du Comité,

Vu et Visé,
Le Recteur de l'Académie,

| UNIVERSITÉ | MINISTÈRE DE L'INSTRUCTION PUBLIQUE. | INSTRUCTION |
| DE FRANCE. | | PRIMAIRE. |

ARRÊTÉ D'INSTITUTION.

AU NOM DU ROI.

Nous, FRANÇOIS GUIZOT, Ministre Secrétaire d'état au département de l'Instruction publique, Grand-Maître de l'Université;

Vu l'article 22 de la loi du 28 juin 1833, concernant l'instruction primaire, et l'article 28 de l'ordonnance du 16 juillet de la même année;

Vu l'arrêté par lequel le comité d'arrondissement de *Rambouillet* département de *Seine et Oise* a nommé le sieur *Tareau (Michel)* instituteur primaire de la commune de *Dampierre* canton de *Chevreuse*

Considérant que toutes les formalités prescrites par la loi et les règlements sur l'instruction primaire ont été remplies,

AVONS INSTITUÉ, conformément à la loi, le sieur *Tareau (Antoine)* instituteur de ladite commune, pour y tenir une école primaire élémentaire.

Il sera procédé publiquement, par un membre du comité d'arrondissement ou par un délégué de ce comité, à l'installation dudit instituteur et à la réception du serment qu'il doit prêter aux termes des lois du 31 août 1830 et du 28 juin 1833.

Mention de la prestation du serment sera faite au procès-verbal des séances du comité en présence duquel elle aura eu lieu, ainsi qu'à la suite du présent arrêté d'institution.

M. le Recteur de l'Académie de *Paris* est chargé de l'exécution du présent arrêté.

Fait au chef-lieu et sous le sceau de l'Université.
A Paris, le *30 Octobre* 1836.

Le Conseiller au Conseil royal de l'Instruction publique exerçant les fonctions de Chancelier,

Le Ministre Secrétaire d'état au département de l'Instruction publique, Grand-Maître de l'Université,

Par le Ministre :

Le Conseiller secrétaire du Conseil royal de l'Instruction publique,

(2677)

693

Le soussigné

Le soussigné [1] *Duc de Chevreuse Maire* certifie que le sieur *Lamarre François Athanase*
a prêté le *serment d'fidélité au Roi, la* le serment prescrit par les lois des 31 août 1830 et 28 juin 1833, et qu'il a été immédiatement
installé dans les fonctions d'instituteur de la commune d'*a Dampierre*

Fait à *Dampierre* le *16 juillet* 183*7* *les membres du conseil*
Municipal Le Duc de Chevreuse maire

[1] Indiquer ici la qualité du fonctionnaire ou des
fonctionnaires en présence desquels la prestation du
serment a eu lieu.

UNIVERSITÉ
DE FRANCE.

MINISTÈRE DE L'INSTRUCTION PUBLIQUE.

INSTRUCTION
PRIMAIRE.

ARRÊTÉ D'INSTITUTION.

Au nom du Roi.

Nous, Ministre Secrétaire d'État au Département de l'Instruction Publique, Grand-Maître de l'Université;

Vu l'article 22 de la loi du 28 juin 1833, concernant l'instruction primaire, et l'article 28 de l'ordonnance du 16 juillet de la même année;

Vu l'arrêté par lequel le comité supérieur de *Rambouillet* département de *Seine-et-Oise* a nommé le sieur *Perrine* instituteur primaire de la commune d' *Ajou en Dabne* canton de *Rambouillet*

Considérant que toutes les formalités prescrites par la loi et les règlements sur l'instruction primaire ont été remplies,

Avons institué, conformément à la loi, le sieur *Perrine* instituteur de ladite commune, pour y tenir une école primaire élémentaire.

Il sera procédé publiquement, par un membre du comité supérieur ou par un délégué de ce comité, à l'installation dudit instituteur et à la réception du serment qu'il doit prêter, aux termes des lois du 31 août 1830 et du 28 juin 1833.

Mention de la prestation du serment sera faite au procès-verbal de cette séance du comité en présence duquel elle aura lieu, ainsi qu'à la suite du présent arrêté d'institution.

M. le Recteur de l'Académie d' *Paris* est chargé de l'exécution du présent arrêté.

Fait au chef-lieu et sous le sceau de l'Université.

A Paris, le *3e Mars* 1842.

Le Conseiller au Conseil royal de l'Instruction publique
exerçant les fonctions de Conseiller

Signé : *Theodore*

Le Ministre Secrétaire d'État au Département de l'Instruction Publique, Grand-Maître de l'Université;

Signé : *Villemain*

Par le Ministre :
Le Conseiller Secrétaire du Conseil royal de l'Instruction publique,

Signé : *Girardin*

Pour ampliation :
Le Chef du Secrétariat,
A. Sarrion

Le soussigné

Le soussigné (1) *membre du Conseil supérieur d'un* certifie ———— que le sieur *Jaumand Louis maned sivié*
a prêté, le *sept* février ———— le serment prescrit par les lois des 31 août 1830 et 18 juin 1833, et qu'il a été immédiatement installé dans les fonctions
d'instituteur de la commune de la *Commune Dent ul Seger et*
Fait à *Saint Seg*——— le *sept février juillet* 184 8.

Bindmur

(1) Indiquer ici la qualité du fonctionnaire ou des fonctionnaires en présence desquels la prestation du serment
a eu lieu.

et le f— en D— e Monsieur Lucivé de Saint Seger.
Ribot joingus — sion, the Buveau jean françois Madame Maire et Cuillard
Henry, l'Il épour in Buvot adjoint, oblivean jean 1810— Mentent matheu—
Membres d'un Corii Fiscal et Maritime Demand et Messeyrot Quentin Chimoin

Lemoine
Laveur *Craquelin*
Corbineau *Caillon*
Ribot Berteuil *Chimoin*

696

TABLE CHRONOLOGIQUE

DES MATIÈRES CONTENUES DANS LE TOME II

DE LA

LÉGISLATION SUR L'INSTRUCTION PRIMAIRE

1833-1847

[Dans la dernière colonne, *n* renvoie aux *Notes*.]

45.

APPENDICE

Paris. — Imprimerie DELALAIN FRÈRES, rue de la Sorbonne, 1 et 3.

PARIS. — IMPRIMERIE DELALAIN FRÈRES,

1 ET 3, RUE DE LA SORBONNE.

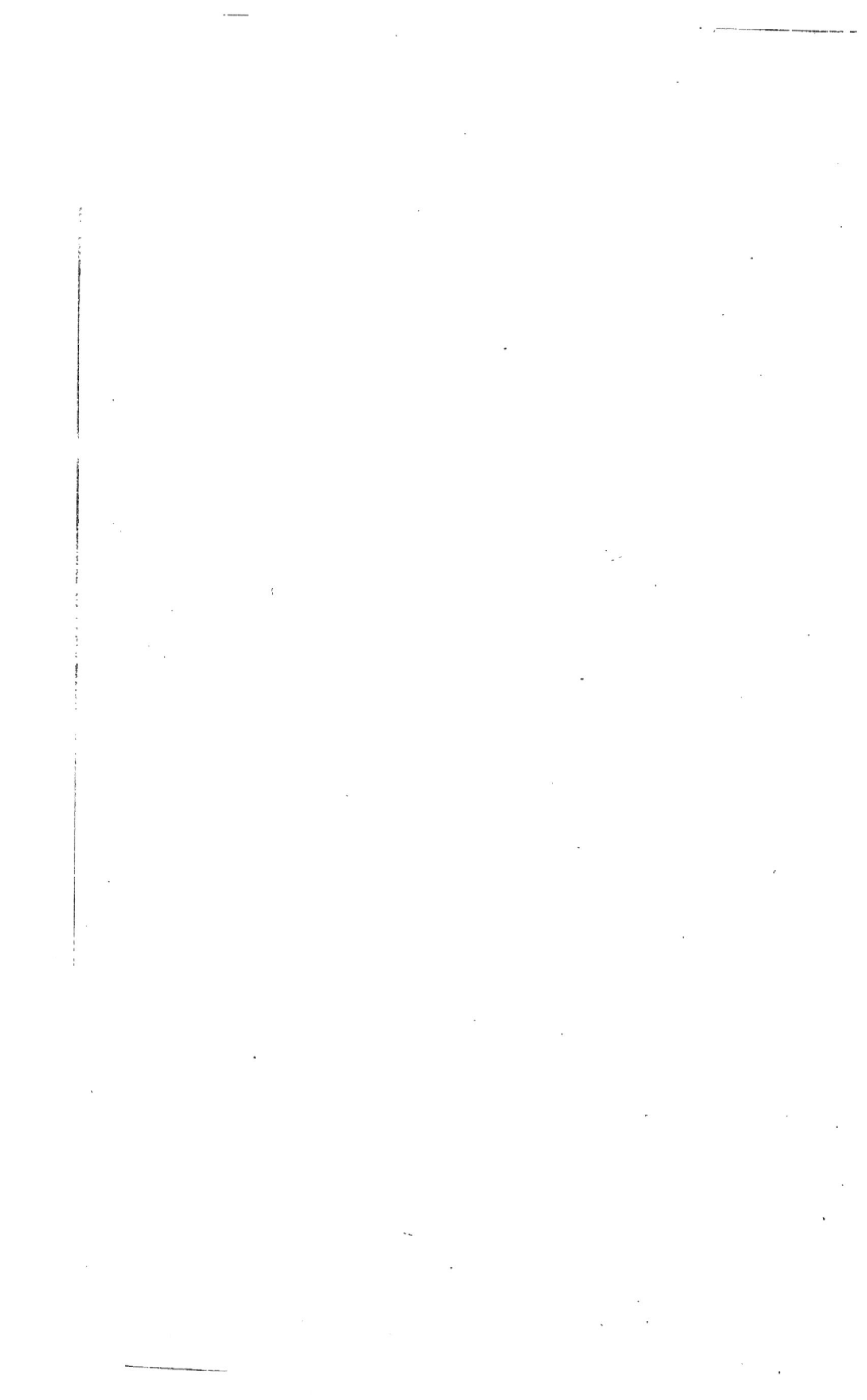

www.ingramcontent.com/pod-product-compliance
Lightning Source LLC
Chambersburg PA
CBHW031534210326
41599CB00015B/1892